房地产开发经营纠纷

214个裁判规则深度解析

Dispute of Real Estate
Development and Management

邬　砚/著

法律出版社 | LAW PRESS

重 印 说 明

本书于2020年11月第一次印刷,12月上市。承蒙各界朋友抬爱,市场销量尚可,很快面临加印的问题。在本书第一次印刷之后,最高人民法院为贯彻实施《民法典》,对建国以来现行的司法解释及相关规范性文件共计591件进行了全面清理。在清理的基础上,修改111件、废止116件、颁布与《民法典》配套的第一批新的司法解释7件。本书虽立基于《民法典》,但大量内容与原有司法解释紧密关联,必然受此影响。因此,加印之际,有必要对选择加印而非修订的缘由、司法解释的变化(含修改、废止与新增)对本书相应裁判规则的影响予以说明。

之所以选择加印而非修订,主要基于如下三个方面的考量:一是本次司法解释清理工作虽量大面广,但对本书214个裁判规则的实质影响并不大。以《关于审理城镇房屋租赁合同纠纷案件具体应用法律若干问题的解释》为例,最高人民法院在2020年修改时删除了第4条、第8条、第15条、第16条、第17条、第19条、第21条、第23条,看似大动干戈,实因这些条文的主要内容分别被《民法典》第706条、第724条、第717条、第718条、第719条、第732条、第728条、第726条所吸收,故对本书依据这些条文建构的裁判规则并无实质影响。二是本书的少数裁判规则确因司法解释的变化而应予调整,但其对在司法解释变化前已经作出生效裁判、在司法解释变化后进入再审的案件,仍具参考价值。如本书第7章"商品房买卖合同的惩罚性赔偿规则"所依托的2003年《关于审理商品房买卖合同纠纷案件适用法律若干问题的解释》第8条、第9条、第14条,虽在此次清理过程中被删除,但当事人申请再审或按照审判监督程序决定再审的案件,仍应执行2003年该解释,故该章内容仍有其价值。[①] 三是在此次清理过程中,最高人民法院废止了《关于适用〈中华人民共和国合同法〉若干问题的解释(一)》(法释〔1999〕19号)、《关于适用〈中华人民共和国合同法〉若干

---

① 最高人民法院《关于审理商品房买卖合同纠纷案件适用法律若干问题的解释》(法释〔2020〕17号)第24条第3款规定:"城市房地产管理法施行后订立的商品房买卖合同发生的纠纷案件,在本解释公布施行前已经终审,当事人申请再审或者按照审判监督程序决定再审的,不适用本解释。"

问题的解释(二)》(法释〔2009〕5号)等多部重要司法解释。在不久的将来,最高人民法院会按照“统一规划、分批制定,急用先行、重点推进”的原则,[①]颁布新的司法解释以填补这些被废止的司法解释留下的空白,而这些新的司法解释又将影响本书所建构的裁判规则。因此,在本书面世不久且新的司法解释指日可期的情况下,对本书的修订不宜操之过急。

在相关司法解释已然变化的情况下,选择加印而不作修订,则有必要向读者交代司法解释的变化对本书相应裁判规则的影响。目力所及,此次司法解释清理工作对本书的影响主要体现在如下方面:一是2005年《关于审理涉及国有土地使用权合同纠纷案件适用法律问题的解释》第11条[②]、第16条[③]被删除,本书【裁判规则13】所称“划拨土地使用权人未经批准转让划拨土地使用权,或将划拨土地使用权用于合作开发房地产的,应当认定转让合同或合作开发房地产合同无效”,不再成立。但需说明的是,在《关于审理涉及国有土地使用权合同纠纷案件适用法律问题的解释》修改前,本书已经指出,《关于审理涉及国有土地使用权合同纠纷案件适用法律问题的解释》第11条、第16条的规定,与最高人民法院《关于适用〈中华人民共和国合同法〉若干问题的解释(一)》第9条第1款、《关于适用〈中华人民共和国合同法〉若干问题的解释(二)》第8条、《全国法院民商事审判工作会议纪要》(法〔2019〕254号)第37条不合,应予修正,并主张将这类合同认定为“成立未生效合同,而非无效合同”。[④] 二是最高人民法院《关于适用〈中华人民共和国民法典〉有关担保制度的解释》(法释〔2020〕28号)第52条[⑤],将既往“预告登记抵押权人对预告登记的商品房不享有优先

---

① “最高人民法院贯彻实施民法典全面完成司法解释清理和首批司法解释新闻发布会”,载最高人民法院网,http://www.court.gov.cn/zixun-xiangqing 282011.html,2021年2月2日访问。

② 该条规定:“土地使用权人未经有批准权的人民政府批准,与受让方订立合同转让划拨土地使用权的,应当认定合同无效。但起诉前经有批准权的人民政府批准办理土地使用权出让手续的,应当认定合同有效。”

③ 该条规定:“土地使用权人未经有批准权的人民政府批准,以划拨土地使用权作为投资与他人订立合同合作开发房地产的,应当认定合同无效。但起诉前已经办理批准手续的,应当认定合同有效。”

④ 参见本书第43~44页。

⑤ 该条第1款规定:“当事人办理抵押预告登记后,预告登记权利人请求就抵押财产优先受偿,经审查存在尚未办理建筑物所有权首次登记、预告登记的财产与办理建筑物所有权首次登记时的财产不一致、抵押预告登记已经失效等情形,导致不具备办理抵押登记条件的,人民法院不予支持;经审查已经办理建筑物所有权首次登记,且不存在预告登记失效等情形的,人民法院应予支持,并应当认定抵押权自预告登记之日起设立。”第2款规定:“当事人办理了抵押预告登记,抵押人破产,经审查抵押财产属于破产财产,预告登记权利人主张就抵押财产优先受偿的,人民法院应当在受理破产申请时抵押财产的价值范围内予以支持,但是在人民法院受理破产申请前一年内,债务人对没有财产担保的债务设立抵押预告登记的除外。”

受偿权”的裁判规则,改为“已经办理建筑物所有权首次登记,且不存在预告登记失效等情形的,抵押权自预告登记之日起设立”,导致本书【裁判规则 134】【裁判规则 135】【裁判规则 136】应予修改;三是如前所述,在此次清理过程中,2003 年《关于审理商品房买卖合同纠纷案件适用法律若干问题的解释》第 8 条、第 9 条、第 14 条被删除,本书第 7 章所建构的“商品房买卖合同的惩罚性赔偿规则”对一审、二审案件不再适用;四是除上述实质性影响以外,《关于适用〈中华人民共和国合同法〉若干问题的解释(一)》等司法解释的废止、《关于审理商品房买卖合同纠纷案件适用法律若干问题的解释》等司法解释条文的修改与序号的调整,对书中的相关论述虽无损其实质,但文字表述则应因循变化后的司法解释作出调整。

需指出的是,针对开发商逾期办证的违约责任,2003 年《关于审理商品房买卖合同纠纷案件适用法律若干问题的解释》第 18 条第 2 款规定:“合同没有约定违约金或者损失数额难以确定的,可以按照已付购房款总额,参照中国人民银行规定的金融机构计收逾期贷款利息的标准计算。”后因我国推动利率市场化改革,央行逐步放开金融机构贷款利率管制,自 2015 年 10 月 24 日最后一次公布贷款基准利率后,再未公布贷款基准利率,由此导致在适用该条时失去了参照的依据。[①] 为解决这一问题,《第八次全国法院民商事审判工作会议(民事部分)纪要》第 18 条第 2 款规定:“合同没有约定违约责任或者损失数额难以确定的,可参照《最高人民法院关于审理民间借贷案件适用法律若干问题的规定》第二十九条第二款规定处理。”根据 2015 年《关于审理民间借贷案件适用法律若干问题的规定》(法释〔2015〕18 号)第 29 条第 2 款,[②]应当按照年利率 6% 的标准计算。后《关于审理民间借贷案件适用法律若干问题的规定》经过两次修

---

① 参见王丹:《房地产纠纷案件审理中的疑难问题》,载《民事审判指导与参考》2016 年第 4 辑(总第 68 辑),第 47 页。《中国人民银行关于人民币贷款利率有关问题的通知》(银发〔2003〕251 号)第 3 条第 1 款针对“罚息利率问题”规定,“逾期贷款(借款人未按合同约定日期还款的借款)罚息利率由现行按日万分之二点一计收利息,改为在借款合同载明的贷款利率水平上加收 30% -50%;借款人未按合同约定用途使用借款的罚息利率,由现行按日万分之五计收利息,改为在借款合同载明的贷款利率水平上加收 50% -100%”。据此,由于买卖双方之间并不存在约定的贷款利率,若无贷款基准利率,也就无法计算逾期贷款利率。

② 该款规定:“未约定逾期利率或者约定不明的,人民法院可以区分不同情况处理:(一)既未约定借期内的利率,也未约定逾期利率,出借人主张借款人自逾期还款之日起按照年利率 6% 支付资金占用期间利息的,人民法院应予支持;(二)约定了借期内的利率但未约定逾期利率,出借人主张借款人自逾期还款之日起按照借期内的利率支付资金占用期间利息的,人民法院应予支持。”

订,[1]最终在第 28 条第 2 款规定:“未约定逾期利率或者约定不明的,人民法院可以区分不同情况处理:(一)既未约定借期内利率,也未约定逾期利率,出借人主张借款人自逾期还款之日起参照当时一年期贷款市场报价利率标准计算的利息承担逾期还款违约责任的,人民法院应予支持;(二)约定了借期内利率但是未约定逾期利率,出借人主张借款人自逾期还款之日起按照借期内利率支付资金占用期间利息的,人民法院应予支持。”本书【裁判规则 167】提出的“逾期办证违约责任的确定,有约定的从约定,无约定且损失数额难以确定的,可以已付购房款为本金,按照相应的 LPR 标准计算损失”,与《关于审理民间借贷案件适用法律若干问题的规定》第 28 条第 2 款基本吻合。值得注意的是,2020 年 12 月 29 日修改的《关于审理商品房买卖合同纠纷案件适用法律若干问题的解释》第 14 条第 2 款重复了 2003 年该解释第 18 条第 2 款的规定。而据了解,央行不再规定贷款基准利率之后,虽未取消以前公布的贷款基准利率,但随着 2019 年央行改革完善贷款市场报价利率(LPR)形成机制,并推动存量浮动利率贷款定价基准向 LPR 转换,LPR 已经成为金融机构贷款定价的主要参考。因此,对无约定或者损失数额难以确定的逾期办证违约责任,究竟应当适用何种裁判规则,还需进一步斟酌。此外,对这些废止、修改或新增的司法解释,笔者尚处于学习、消化的过程中,在梳理、分析这些司法解释对本书建构的裁判规则的影响时,难免有所疏漏、错讹,还请读者见谅。

为方便读者查询,本次重印收录最新民法典及司法解释汇编的电子资料,读者可扫描下方二维码获取。

特此说明。

2021 年 3 月

---

① 分别为 2020 年 8 月 19 日发布的法释〔2020〕6 号、2020 年 12 月 29 日发布的法释〔2020〕17 号。

自　序

就建筑业与房地产业的关系而言,“建筑业是直接从事房屋生产和其他建筑物的建造、改造、装修、安装等的一个物质生产部门,属于第二产业,而房地产业则是从事房地产的投资开发、经营、管理和服务,主要在流通领域服务的产业部门,属于第三产业”,①但“在产业链条上,建筑业和房地产业是上下游的关联产业”②,二者的经济活动呈现出一种唇齿相依的合作关系。在此意义上,本书是《建设工程合同纠纷:254个裁判规则深度解析》③的姊妹篇。

房地产市场分为三级市场。其中,一级市场也称“土地市场”,是国土部门通过协议、招标或拍卖的方式,将土地使用权出让给房地产开发企业的土地交易市场。一级市场既是国家作为城市土地所有者直接参与经营的房地产市场,也是国家垄断的市场。二级市场分为两个板块:一是房产增量市场,即商品房首次进入流通领域进行交易而形成的市场,是指取得土地使用权的房地产开发企业经过开发建设,将新建成的房地产进行出售和出租的市场。二是土地二级市场,是指土地使用权人通过出售、交换等方式将土地使用权再转移的市场;三级市场也称“散盘市场”,是指购买房地产的单位和个人再次将房地产转让或租赁的市场,也即二手房市场。④ 通常所说的房地产开发经营,一般是指上述一级市场与二级市场,不包括三级市场。本书的讨论范围也相应地限定在一级市场与二级市场,不涉及三级市场。

作为有定居传统的农耕民族,房子在中国老百姓的心目中,不仅仅是物理属性的住宅,更是精神层面的“家”——只有拥有属于自己的房子,才算是有家,

---

① 符启林:《房地产法》,法律出版社2009年版,第1~2页。

② 冯小光:《建设工程施工合同纠纷案件法律适用的有关问题》,载《民事审判指导与参考》2018年第3辑(总第75辑),第126页。

③ 邬砚:《建设工程合同纠纷:254个裁判规则深度解析》,法律出版社2019年版。

④ 李延荣、周珂:《房地产法》,中国人民大学出版社2012年版,第27页。

才能“成家立业”“安居乐业”。对此,古有“安得广厦千万间,大庇天下寒士俱欢颜”①的名士喟叹,今有“住有所居”②的政治要求,还有“你和丈母娘之间的距离,只差一套房。没有,你只能喊阿姨”的民间调侃。房子在中国老百姓心目中的价值可见一斑。自 1998 年国家停止住房实物分配,推行住房商品化、社会化以来,③房地产业一路高歌猛进,且带动了建筑、建材、金融、家具、电器等产业的持续发展,迅速成为国民经济的支柱产业。④

房地产业在高速发展的同时,也因市场竞争失序、开发和交易行为失范等因素引发了大量纠纷。而观诸调整这类纠纷的既有裁判规则,因《民法典》的颁布施行而致规则亟待调整、因立法粗略而致规则模糊含混、因关联规范变迁而致规则陈旧过时、因裁判意见零散或冲突而让人无所适从的问题普遍存在。首先,2020 年 5 月 28 日,《民法典》横空出世,《民法总则》《合同法》《物权法》等基本法将于 2021 年 1 月 1 日废止,原本依托于《民法总则》《合同法》《物权法》等形成的裁判规则需“改换门庭”,与《民法典》新规不符的裁判规则需甄别、淘汰。其次,由于长期奉行“宜粗不宜细”的立法指导思想,《土地管理法》《城市房地产管理法》等相关法律的规定较为粗疏,难以为个案的司法裁判提供精细的法律规则。再次,作为分别调整房地产一级市场与二级市场的两部最重要的司法解释——《关于审理涉及国有土地使用权合同纠纷案件适用法律问题的解释》(法释〔2005〕5 号)、《关于审理商品房买卖合同纠纷案件适用法律若干问题的解释》(法释〔2003〕7 号),颁布至今已有十几年,虽仍处于有效状态,但其中的某些规定已经因相关法律制度的变化而“不合时宜”。如依据《合同法》第 51 条的“无权处分规则”而制定的《关于审理涉及国有土地使用权合同纠纷案件适用法律问题的解释》第 9 条,即因《关于审理买卖合同纠纷案件适用法律问题的解释》(法释〔2012〕8 号)第 3 条对无权处分合同效力的肯定、《民法典》对《合同法》第 51 条的摒弃,而应重新审视。最后,虽然最高人民法院针对房地产开发经营纠纷先后发布诸多案例,但案例所形成的裁判意见零散而不系统,甚至不同案例所形成的裁判意见“异见”纷呈。以预约合同与本约合同的区分标准为例,“成都讯捷通讯连锁有限公司与四川蜀都实业有限责任公司、四川友利投

---

① (唐)杜甫:《茅屋为秋风所破歌》。

② 习近平总书记在党的十九大报告中提出,“坚持房子是用来住的、不是用来炒的定位,加快建立多主体供给、多渠道保障、租购并举的住房制度,让全体人民住有所居”。

③ 国务院《关于进一步深化城镇住房制度改革加快住房建设的通知》(国发〔1998〕23 号)。

④ 国务院《关于促进房地产市场持续健康发展的通知》(国发〔2003〕18 号)。

资控股股份有限公司房屋买卖合同纠纷案”[①]所提出的裁判规则是:“究竟属于预约抑或本约,应探求当事人的真意予以认定”;在另一则指导性案例中,最高人民法院提出的裁判规则却是:“当事人签订的购房合同,如果具备了商品房买卖合同的主要条件,且其他内容不违反国家法律、法规规定的,应当认定为商品房买卖合同。”[②]前者着重于当事人的意思自治,后者着重于合同内容的完备,两个裁判规则并不一致。

针对《民法典》的制度迭代,需要重新确定裁判规则所依托的法律依据,并对既有裁判规则革故鼎新;针对立法的“先天缺失”,需要实践中细化裁判规则、填补法律漏洞;针对规则的陈旧过时,需要与时俱进、去芜存菁;针对裁判意见的零散、冲突,需要整合排序、消除抵牾。鉴于此,笔者试图在力所能及的范围内对房地产开发经营相关纠纷进行讨论、澄清疑义、明晰规则。

在写作上,本书具有如下两个方面特点:

一方面,仅针对实务中真实存在的问题进行讨论。第一,为了避免出现“假问题”式的研究,[③]笔者努力为每一个裁判规则寻找了一个契合度较高且文书质量较高的典型案例。第二,不重复法律、法规、司法解释已经明确的规则,而是就规则未涉及的问题或既有规则的衍生问题展开讨论。如根据《关于审理商品房买卖合同纠纷案件适用法律若干问题的解释》第 2 条的规定,开发商未取得商品房预售许可证明,与购房人订立的商品房预售合同无效。这一已经明确的规则,不纳入本书的讨论范围,而就围绕《关于审理商品房买卖合同纠纷案件适用法律若干问题的解释》第 2 条在实务中衍生出的争议进行讨论。如签订商品房预售合同时已经取得了商品房预售许可证,但嗣后因各种原因该预售许可证被政府有关部门撤销或者因有效期满而失效的,应当如何评价之前已经签订的商品房买卖合同的效力?[④] 签订商品房买卖合同后,开发商能够办理商品房预售许可证明而未办理,并以未办理商品房预售许可证明为由,请求确认商品房买卖合同无效的,如何评价商品房买卖合同的效力等?[⑤]

---

① “成都讯捷通讯连锁有限公司与四川蜀都实业有限责任公司、四川友利投资控股股份有限公司房屋买卖合同纠纷案”,最高人民法院(2013)民提字第 90 号民事判决,载《中华人民共和国最高人民法院公报》2015 年第 1 期,第 11 ~27 页。

② 最高人民法院民一庭:《具备商品房买卖实质性要件的合同,不能认定为预约合同》,载《民事审判指导与参考》2008 年第 4 集(总第 36 集),第 127 ~131 页。

③ 即作者自己假设一个问题,并展开研究进而得出结论,然而作者假设的问题在实践中并不存在。

④ 参见【裁判规则 98】,见本书第 281 页。

⑤ 参见【裁判规则 99】,见本书第 283 页。

另一方面,偏重实务路径。一是较多关注实务中的具体案例、各类高级人民法院的指导意见与裁判指引;二是立足于法律适用,仅站在解释论层面讨论法律适用问题,不站在立法论层面讨论法律建构问题;三是以现行规则为依托,强调可操作的实务解决方法,尽量避免或减少法学理论阐释。

需要说明的是,本书在介绍典型案例与参考案例时,以讨论的问题为视角,在不违背裁判原旨的前提下,对案件事实、争议焦点进行了大幅简省,读者若有兴趣,可根据本书提供的二维码自行查阅原文。在案例的选择上,典型案例与所讨论的裁判规则情形相同、观点相同;而所介绍的参考案例,有的与所讨论的裁判规则相同或类似,从而作为笔者观点的辅证,也有的与所讨论的裁判规则观点相左,从而作为笔者批判的对象。

是为序。

缩略语表

一、本书中，法律、法规等规范性文件名称一律使用简称，如《中华人民共和国民法典》，简称为《民法典》。

二、其他规范性文件简称如下：

序号	文件全称	文件简称	文号
1	最高人民法院《关于贯彻执行〈中华人民共和国民法通则〉若干问题的意见（试行）》	《民法通则意见》	法（办）发〔1988〕6号
2	最高人民法院《关于适用〈中华人民共和国合同法〉若干问题的解释（一）》	《合同法解释（一）》	法释〔1999〕19号
3	最高人民法院《关于建设工程价款优先受偿权问题的批复》	《建设工程价款优先受偿权的批复》	法释〔2002〕16号
4	最高人民法院《关于审理商品房买卖合同纠纷案件适用法律若干问题的解释》	《商品房买卖合同解释》	法释〔2003〕7号
5	最高人民法院《关于审理建设工程施工合同纠纷案件适用法律问题的解释》	《建设工程施工合同解释（一）》	法释〔2004〕14号
6	最高人民法院《关于审理涉及国有土地使用权合同纠纷案件适用法律问题的解释》	《国有土地使用权合同解释》	法释〔2005〕第5号
7	最高人民法院《关于审理民事案件适用诉讼时效制度若干问题的规定》	《诉讼时效规定》	法释〔2008〕11号
8	最高人民法院《关于适用〈中华人民共和国合同法〉若干问题的解释（二）》	《合同法解释（二）》	法释〔2009〕5号

续表

序号	文件全称	文件简称	文号
9	最高人民法院《关于审理建筑物区分所有权纠纷案件具体应用法律若干问题的解释》	《建筑物区分所有权解释》	法释〔2009〕7 号
10	最高人民法院《关于审理城镇房屋租赁合同纠纷案件具体应用法律若干问题的解释》	《房屋租赁合同解释》	法释〔2009〕11 号
11	最高人民法院《民事案件案由规定》	《案由规定》	法〔2011〕41 号
12	最高人民法院《关于审理买卖合同纠纷案件适用法律问题的解释》	《买卖合同解释》	法释〔2012〕8 号
13	最高人民法院《关于适用〈中华人民共和国公司法〉若干问题的规定(三)》	《公司法解释(三)》	法释〔2014〕2 号
14	最高人民法院《关于适用〈中华人民共和国民事诉讼法〉的解释》	《民事诉讼法解释》	法释〔2015〕5 号
15	最高人民法院《关于人民法院办理执行异议和复议案件若干问题的规定》	《执行异议复议规定》	法释〔2015〕10 号
16	最高人民法院《关于审理民间借贷案件适用法律若干问题的规定》	《民间借贷规定》	法释〔2020〕6 号修正
17	最高人民法院《关于适用〈中华人民共和国物权法〉若干问题的解释(一)》	《物权法解释(一)》	法释〔2016〕5 号
18	最高人民法院《第八次全国法院民事商事审判工作会议(民事部分)纪要》	《八民会纪要(民事部分)》	法〔2016〕399 号
19	最高人民法院《关于审理矿业权纠纷案件适用法律若干问题的解释》	《矿业权纠纷解释》	法释〔2017〕12 号
20	最高人民法院《关于审理建设工程施工合同纠纷案件适用法律问题的解释(二)》	《建设工程施工合同解释(二)》	法释〔2018〕20 号
21	最高人民法院《全国法院民商事审判工作会议纪要》	《九民会纪要》	法〔2019〕254 号
22	最高人民法院《关于民事诉讼证据的若干规定》	《证据规定》	法释〔2019〕19 号

目　　录

1. 建设用地使用权的取得规则

取得建设用地使用权，是从事房地产开发的前提条件。根据现行法律规定，取得建设用地使用权的方式，包括通过设立的方式原始取得、通过转让的方式继受取得两种。通过设立的方式原始取得，《民法典》第 347 条第 1 款[①]规定了两种情形：一是出让；二是划拨。通过转让的方式继受取得，包括以下三种情形：一是通过转让的方式受让取得建设用地使用权；二是通过受让项目权属的方式一并受让取得建设用地使用权；三是通过受让目标公司股权的方式间接取得建设用地使用权。

1.1 出让取得建设用地使用权

《城市房地产管理法》第 8 条规定："土地使用权出让，是指国家将国有土地使用权（以下简称土地使用权）在一定年限内出让给土地使用者，由土地使用者向国家支付土地使用权出让金的行为。"土地使用权出让属于土地一级市场，在出让关系中，出让方是市、县人民政府土地管理部门，受让方是土地使用者。

裁判规则 1

市、县级人民政府土地管理部门与用地申请人签订的"勾地协议"设置条件排除潜在竞买人的，因违反《招标投标法》公开、公平、公正的要求，应当认定为无效。

"勾地"的概念源于中国香港特区，是指香港地政总署定期列出公开的土地储备表，有意购买土地的人可以向地政总署提出"勾地"申请，并报出底价，如果勾地申请的底价达到市价的 80%，政府就会将该地块勾出并按规定组织拍卖，

① 《物权法》第 137 条第 1 款。

由价高者得。[①] 2006 年 5 月 31 日,国土资源部借鉴香港的勾地制度,[②]确立了土地预申请制度。《招标拍卖挂牌出让国有土地使用权规范(试行)》(国土资发〔2006〕114 号)第 5.4 条规定:"为充分了解市场需求情况,科学合理安排供地规模和进度,有条件的地方,可以建立用地预申请制度。单位和个人对列入招标拍卖挂牌出让计划内的具体地块有使用意向的,可以提出用地预申请,并承诺愿意支付的土地价格。市、县国土资源管理部门认为其承诺的土地价格和条件可以接受的,应当根据土地出让计划和土地市场情况,适时组织实施招标拍卖挂牌出让活动,并通知提出该宗地用地预申请的单位或个人参加。提出用地预申请的单位、个人,应当参加该宗地竞投或竞买,且报价不得低于其承诺的土地价格。"从上述规定来看,用地预申请制度与香港特区的勾地制度并无实质性区别,所以实践中,通常将用地预申请俗称为"勾地"。在勾地过程中,拟用地方与市、县国土资源管理部门通过多轮磋商沟通,达成一致意见后,通常会签订协议,将达成的一致意见用书面形式固定下来。这类协议往往冠名为"招商引资协议""投资开发协议""合作框架协议"等,也就是通常所称的"勾地协议"。针对"勾地协议"的效力,需要明确以下几个问题:

第一,《招标投标法》第 43 条规定:"在确定中标人前,招标人不得与投标人就投标价格、投标方案等实质性内容进行谈判。"从时间上看,勾地协议签订在招拍挂程序之前;从内容上看,勾地协议涉及预申请的地块、预申请的承诺出价等,非常符合第 43 条所禁止的招标前"实质性谈判"。但土地预申请制度的目的在于:对用地者而言,勾地可以合适的条件获取土地用于产业或房地产开发;对政府而言,勾地可以引入相关产业项目或知名企业,而且土地出让有人托底,能够避免土地出让落空。因此,土地预申请制度是现行法的一项特别制度设计,不应以《招标投标法》第 43 条的规定否定勾地协议的效力。

第二,《国有土地使用权合同解释》第 2 条第 1 款规定:"开发区管理委员会作为出让方与受让方订立的土地使用权出让合同,应当认定无效。"其理由在于,"根据《城市房地产管理法》第 7 条、第 11 条、第 14 条的规定,土地使用权出让是国家将国有土地使用权出让给土地使用者的行为,该行为由市、县级人民

---

① 周旭、李梅:《对我国土地财政的认识——基于香港和美国的土地财政》,载《经济研究导刊》2014 年第 26 期,第 176 页。

② 事实上,国土资源部在 2006 年年初发布的《招标拍卖挂牌出让国有土地使用权规范(征求意见稿)》中,所采纳的名称就是"勾地制度",但最终颁布的正式文本更名为土地预申请制度。

政府土地管理部门实施并订立书面出让合同。由此可见，土地使用权出让合同的出让主体是特定的，具有法定性”。[①] 那么勾地协议的签订主体应否遵循这一要求？在“沈阳市土地储备中心铁西分中心与寿光市东宇鸿翔木业有限公司等建设用地出让合同纠纷案”[②]中，寿光东宇鸿翔公司与开发区管理委员会签订《投资协议书》约定，寿光东宇鸿翔公司在开发区欲购买国有工业用地 39.439 亩并投资 1 亿元建设新型家居建材项目，土地转让方式为按照国家规定履行招拍挂手续。后在履行过程中发生争议，诉至法院。一审法院（辽宁省沈阳市中级人民法院）与二审法院（辽宁省高级人民法院）均认为：寿光东宇鸿翔公司与开发区管委会所签订的《投资协议书》系双方的真实意思表示，未违反相关法律、法规的强制性规定，应为合法、有效。但事实上，《招标拍卖挂牌出让国有土地使用权规范（试行）》第 5.4 条规定的主体与土地出让程序的要求相同，也限定为市、县国土资源管理部门。因此，在解释上应当认为，勾地作为土地预审请制度，作为土地出让的前序环节，应当准用《国有土地使用权合同解释》第 2 条第 1 款的规定，即非市、县国土资源管理部门签订的勾地协议，因主体不合法而无效。在后述【典型案例 11】“北京中科拜克生物技术有限公司等与辽宁东戴河新区管理委员会等建设用地使用权出让合同纠纷案”[③]中，针对东戴河管委会与北京中科公司签订的《项目合作协议书》与《补充协议》，最高人民法院就认为，《项目合作协议书》《补充协议》具有国有土地使用权出让合同性质，而东戴河管委会作为同级人民政府派出机构，无权签订土地使用权出让合同，故《项目合作协议书》《补充协议》应认定为无效。

参考案例裁判文书

参考案例1
辽宁省高级人民法院
（2015）辽民一终字第00223号民事判决书

第三，实践中，市、县级人民政府土地管理部门与用地申请人就“勾地”问题达成一致后，为了最大限度保证用地申请人成功获得土地使用权，往往会在“勾地协议”中设置一定条件排除潜在竞买人，或者要求市、县级人民政府土地管理

---

① 最高人民法院民事审判第一庭编著：《最高人民法院国有土地使用权合同纠纷司法解释的理解与适用》，人民法院出版社 2005 年版，第 33 ~ 34 页。

② 参考案例 1：“沈阳市土地储备中心铁西分中心与寿光市东宇鸿翔木业有限公司等建设用地出让合同纠纷案”，辽宁省高级人民法院（2015）辽民一终字第 00223 号民事判决。

③ 典型案例 11：“北京中科拜克生物技术有限公司等与辽宁东戴河新区管理委员会等建设用地使用权出让合同纠纷案”，最高人民法院（2017）最高法民终 340 号民事判决。相关文书可扫描本书第 37 页二维码。

参考案例裁判文书

参考案例2
山东省高级人民法院（2014）鲁民一初字第30号民事判决书

部门确保用地申请人获得土地使用权,这类约定违反了《招标投标法》公开、公平、公正的要求,应当认定为无效。除下述【典型案例 1】外,在“青岛中南世纪城房地产业投资有限公司与青岛市李沧区人民政府合同纠纷案”[①]中,李沧区政府(甲方)与中南公司(乙方)签订《补充协议》约定,“甲方将李沧东部项目地块土地挂牌后,在政策允许条件下力争设置条件以使乙方按照基准地价竞买成功”。山东省高级人民法院即认为,协议关于“力争设置条件以使乙方按照基准地价竞买成功”的约定,尽管设置了“在政策范围内”的条件,但是对“设置条件”按“基准地价使竞买成功”的约定,本身即违反了国家法律、行政法规的强制性规定,即《招投标法》第 32 条[②]与国土资源部《招标拍卖挂牌出让国有建设用地使用权规定》第 11 条[③],不能作为合法的合同义务履行。由于该约定系中南公司订立协议的主要目的,故应认定双方签订的《补充协议》因违反法律、行政法规的强制性规定而无效。

典型案例1

佛山市某水利工程有限公司
诉佛山市某街道办事处合同纠纷案[④]

典型案例裁判文书

典型案例1
广东省佛山市中级人民法院（2016）粤06民初139号民事判决书

基本案情:2012 年 7 月 25 日,水利公司与街道办事处签订《项目投资意向书》约定,水利公司在街道办事处所辖区域内投资建设“佛山市某区某码头项目”,项目用地将通过招拍挂流程公开出让,面积 307 亩,本意向书签署后五个工作日内,水利公司应

① 参考案例 2:“青岛中南世纪城房地产业投资有限公司与青岛市李沧区人民政府合同纠纷案”,山东省高级人民法院(2014)鲁民一初字第 30 号民事判决。

② 该条规定:“投标人不得相互串通投标报价,不得排挤其他投标人的公平竞争,损害招标人或者其他投标人的合法权益。投标人不得与招标人串通投标,损害国家利益、社会公共利益或者他人的合法权益。”

③ 该条规定:“出让人在招标拍卖挂牌出让公告中不得设定影响公平、公正竞争的限制条件。”

④ 典型案例 1:“佛山市某水利工程有限公司诉佛山市某街道办事处合同纠纷案”,广东省佛山市中级人民法院(2016)粤 06 民初 139 号民事判决。本案还存在街道办事处作为协议主体不合法的问题。

交诚意金2000万元，该笔款项在完成土地挂牌出让程序后30天内退回水利公司。2012年11月30日，双方签订《预购协议》约定，水利公司预申请购买的地块，用地面积约为204 666.67平方米（折合307亩），其中首期用地面积100亩；水利公司愿意以1亿元作为预申请购买上述地块的用地预申请意向金，并已根据双方签订的《项目投资意向书》支付意向金2000万元；街道办事处应尽力促使将全部项目用地出让给水利公司；在未获得水利公司书面通知退出该项目的情况下，街道办事处不得与第三方就该项目用地事宜进行协商及签订任何协议。后因街道办事处未能按照约定将项目土地按时出让，双方发生纠纷，诉至法院。

法院观点：广东省佛山市中级人民法院认为，双方签订的案涉《预购协议》虽系当事人双方真实意思表示，但由于该协议约定的"佛山市某街道办事处应尽力促使将全部项目用地出让给佛山市某水利工程有限公司"及"在未获得佛山市某水利工程有限公司书面通知退出该项目的情况下，佛山市某街道办事处不得与第三方就该项目用地事宜进行协商及签订任何协议"之内容表明，在案涉项目所涉土地采用招标、拍卖或者挂牌之任一方式公开出让的情形下，街道办事处均将尽力促成水利公司受让案涉项目地块，排斥除水利公司以外的竞买主体。因该约定明显有害案涉土块的公平竞买，有损除水利公司外的其他竞买主体的平等竞争，与《招标投标法》第6条及《拍卖法》第4条之规定相违，故该《预购协议》属无效合同。

裁判规则2

《国有建设用地使用权出让合同》虽然含有行政内容，但就性质而言，属于民事合同。如围绕合同签订或履行发生争议的，应当通过民事诉讼解决。

对建设用地使用权出让合同的性质，最高人民法院的行政审判部门与民事审判部门的观点有所不同。

行政审判部门认为，出让合同属于行政合同，应由行政诉讼调整。该观点有如下依据：一是2005年6月3日，针对辽宁省高级人民法院的请示，最高人民法院行政审判庭作出《关于土地实际使用人对行政机关出让土地的行为不服可否作为原告提起诉讼问题的答复》（〔2005〕行他字第12号）称："根据《中华人民共和国行政诉讼法》第二条和《最高人民法院关于执行〈中华人民共和国行政诉讼法〉若干问题的解释》第十二条的规定,土地的实际使用人对行政机关出让土地行为不服,可以作为原告提起行政诉讼。”二是 2009 年 12 月 23 日,针对四川省高级人民法院的请示,最高人民法院行政审判庭作出《关于土地管理部门出让国有土地使用权之前的拍卖行为以及与之相关的拍卖公告等行为性质的答复》(〔2009〕行他字第 55 号)称:“土地管理部门出让国有土地使用权之前的拍卖行为以及与之相关的拍卖公告等行为属于行政行为,当事人不服提起行政诉讼的,人民法院应当依法受理。”三是 2010 年 12 月 21 日,针对山东省高级人民法院的请示,最高人民法院行政审判庭作出《关于拍卖出让国有建设用地使用权的土地行政主管部门与竞得人签署成交确认书行为的性质问题请示的答复》(〔2010〕行他字第 191 号)称:“土地行政主管部门通过拍卖出让国有建设用地使用权,与竞得人签署成交确认书的行为,属于具体行政行为。当事人不服提起行政诉讼的,人民法院应当依法受理。”四是 2014 年 11 月 1 日修正的《行政诉讼法》第 12 条第(11)项规定,认为行政机关不依法履行、未按照约定履行或者违法变更、解除政府特许经营协议、土地房屋征收补偿协议等协议的,人民法院应当作为行政诉讼受理。有观点解释认为,该项规定的“等”包括了出让合同。最高人民法院行政审判庭在编著的《最高人民法院关于审理行政协议案件若干问题的规定理解与适用》一书中即认为,国有土地使用权出让合同属于行政协议。①

民事审判部门认为,出让合同的订立须遵循平等、自愿、有偿的原则,故土地使用权出让是一种民事法律行为,出让合同属于民事合同。该观点有如下依据:一是 2004 年 9 月 22 日,全国人大常委会法制工作委员会给最高人民法院的函复中明确:“现行法律中没有关于行政合同的规定。在国有土地使用权出让合同履行过程中,因土地管理部门解除国有土地使用权出让合同发生的争议,宜作为民事争议处理。”二是 2005 年 6 月 18 日颁布的《国有土地使用权合同解释》第 2 ~ 6 条规定了一系列调整出让合同的民事法律规范。三是最高人民法院在 2011 年修订的《案由规定》中明确规定,建设用地使用权出让合同纠纷、建设用地使用权转让合同纠纷是建设用地使用权合同纠纷项下的第四级案由。

实践中,上述两种观点均有一定市场。2015 年 12 月 8 日,浙江省高级人民法院下发了《关于房屋征迁纠纷等案件受理问题的通知》(浙高法〔2015〕171

① 最高人民法院行政审判庭编著:《最高人民法院关于审理行政协议案件若干问题的规定理解与适用》,人民法院出版社 2020 年版,第 424 ~ 429 页。

号)，该通知提出："集体土地上房屋征迁协议及国有土地使用权出让合同属于行政协议，由此发生的纠纷作为行政案件受理。"在"常德市擎天房地产开发有限责任公司与常德市人民政府、常德市国土资源局国有土地使用权出让合同案"①中，擎天公司与常德市国土局签订《国有建设用地使用权出让合同》后，擎天公司认为常德市政府、常德市国土局违反出让合同的约定，延期交付土地，要求支付违约金、延长过渡期间损失、阻工损失等，提起的就是行政诉讼，一审法院(岳阳市中级人民法院)、二审法院(湖南省高级人民法院)也是作为行政案件进行的审理。但是，在"长春市国土资源局与吉林省良品柏宏房地产开发有限公司建设用地使用权出让合同纠纷案"②中，因长春市国土局未按照出让合同的约定交付土地，良品柏宏公司遂提起民事诉讼。一审法院(吉林省高级人民法院)与二审法院(最高人民法院)均在民事诉讼程序中判令长春市国土局交地，如迟延交付的，还需承担迟延履行金。

参考案例裁判文书

参考案例3
湖南省高级人民法院（2017）湘行终63号行政裁定书

参考案例裁判文书

参考案例4
最高人民法院（2013）民一终字第92号民事判决书

在最高人民法院行政审判庭与民事审判第一庭统一意见之前，笔者倾向于将国有土地使用权出让合同认定为民事合同。《城市房地产管理法》③第16条规定："土地使用者必须按照出让合同约定，支付土地使用权出让金；未按照出让合同约定支付土地使用权出让金的，土地管理部门有权解除合同，并可以请求违约赔偿。"第17条规定："土地使用者按照出让合同约定支付土地使用权出让金的，市、县人民政府土地管理部门必须按照出让合同约定，提供出让的土地；未按照出让合同约定提供出让的土地的，土地使用者有权解除合同，由土地管理部门返还土地使用权出让金，土地使用者并可以请求违约赔偿。"上述规定表明，在出让土地使用权时，"国家行使的并非行政权而是所有权，不是以政权代表身份出现而是以所有者代表身份出现"④，"以出让方式取得的建设用地使

---

① 参考案例3："常德市擎天房地产开发有限责任公司与常德市人民政府、常德市国土资源局国有土地使用权出让合同案"，湖南省高级人民法院(2017)湘行终63号行政裁定。

② 参考案例4："长春市国土资源局与吉林省良品柏宏房地产开发有限公司建设用地使用权出让合同纠纷案"，最高人民法院(2013)民一终字第92号民事判决。

③ 《城市房地产管理法》于1994年颁布，在2007年、2019年进行了两次修订，但本章节所引用的条文序号及内容均未被修订。

④ 符启林：《房地产法》，法律出版社2009年版，第105页。

用权,具有交易性、有偿性和期限性”,“土地使用权的出让是一笔交易”[①],“是国家作为土地所有权人将土地使用权在一定年限内出让给受让人,从而创设土地使用权的一种民事行为”[②]。《民法典》第 348 条亦对出让合同进行了专门规定。正因为出让合同属于民事合同,最高人民法院《关于审理行政协议案件若干问题的规定》(法释〔2019〕17 号)第 2 条[③]也就没有将国有土地使用权出让合同纳入行政协议的范畴。

从《国有建设用地使用权出让合同(示范文本)》(GF-2008-2601)来看,的确包含了一定的行政内容。如合同第 19 条前段规定:“本合同项下宗地在使用期限内,政府保留对本合同项下宗地的规划调整权。”第 32 条规定:“受让人造成土地闲置,闲置满一年不满两年的,应依法缴纳土地闲置费;土地闲置满两年且未开工建设的,出让人有权无偿收回国有建设用地使用权。”这类约定,显然不属于平等主体之间的权利义务关系。究其原因,是因为在土地出让中,土地行政管理部门具有双重身份。一是在土地使用权出让合同中,土地行政管理部门代表国家对土地进行处分,即通过出让行为设立土地使用权,这一行为是所有权人的民事行为;二是在土地出让后,以管理者的身份,对受让人的用地行为实行行政管理。但是,“国家根据公共利益的需要依法行使的提前收回土地,或者对出让期限届满、闲置的土地依法无偿收回等行政措施,只是国家在土地使用权出让合同关系之外依法行使对土地利用的监督管理职权”。[④] 也就是说,虽然《国有建设用地使用权出让合同(示范文本)》约定了出让人的行政职权,但基于公权力“法无授权即禁止”的基本原则,出让合同并非该行政权的权源,“土地管理部门所行使的权力乃法律法规所赋予,而非出让合同的产物”。质言之,虽然《国有建设用地使用权出让合同(示范文本)》确实有些条款含有行政内容、承载了行政管理目标,但究其实质而言,合同目的在于确立用益物权——建设用地使用权,合同的订立遵循合同法的基本规则,应当认定为民事合同,进而纳入民事诉讼的解决范畴。

---

① 陈华彬:《民法物权论》,中国法制出版社 2010 年版,第 359 页。

② 韩延斌等:《房地产纠纷裁判思路与规范指引》(上),人民法院出版社 2014 年版,第 9 页。

③ 该条规定:“公民、法人或者其他组织就下列行政协议提起行政诉讼的,人民法院应当依法受理:(一)政府特许经营协议;(二)土地、房屋等征收征用补偿协议;(三)矿业权等国有自然资源使用权出让协议;(四)政府投资的保障性住房的租赁、买卖等协议;(五)符合本规定第一条规定的政府与社会资本合作协议;(六)其他行政协议。”

④ 韩延斌等:《房地产纠纷裁判思路与规范指引》(上),人民法院出版社 2014 年版,第 9 页。

不仅《国有建设用地使用权出让合同(示范文本)》属于民事合同,通过招拍挂方式出让国有土地使用权的,土地行政主管部门与竞得人签署国有土地使用权竞得成交确认书的行为,也属于民事行为。最高人民法院民一庭在发布的一则指导性案例中就认为,“土地行政主管部门与竞得人签署国有土地使用权竞得成交确认书的行为,是土地行政主管部门代表国有土地所有权人与国有土地使用权受让人,对双方民事权利义务的约定,其性质属于民事行为,由此引起纠纷诉至人民法院的,属于民事案件范畴”。[①]

典型案例2

梁昌运与霍邱县人民政府国土资源局建设用地使用权出让合同纠纷案[②]

典型案例裁判文书

典型案例2
六安市中级人民法院（2015）六民一初字第00020号民事判决书

基本案情:2014年6月19日,梁昌运与霍邱县国土局签订《国有建设用地使用权出让合同》约定,出让地面积为6106平方米;在2014年9月17日前交付使用;土地使用权出让金为5 953 350元。2014年6月7日,梁昌运交纳定金400万元,同年8月18日,梁昌运交清下余土地出让金1 953 350元。2014年12月18日,梁昌运发出《解除合同通知》,以土地未能交付为由,决定解除土地出让合同。后双方未能协商达成一致意见,梁昌运提起民事诉讼,要求双倍返还定金800万元、退还已付土地出让金1 953 350元、赔偿损失100万元。

法院观点:六安市中级人民法院认为,双方签订的《国有建设用地使用权出让合同》系双方当事人真实的意思表示,且不违背法律、行政法规的禁止性规定,合法有效。双方均应当依约履行各自的权利、义务。梁昌运依照合同约定的期限交清了全部的土地出让金,霍邱县国土局应当在合同约定的期限内交付

① 最高人民法院民一庭:《土地行政主管部门与竞得人签署国有土地使用权竞得成交确认书的行为属于民事行为》,载《民事审判指导与参考》2011年第1辑(总第45辑),第152页。

② 典型案例2:“梁昌运与霍邱县人民政府国土资源局建设用地使用权出让合同纠纷案”,六安市中级人民法院(2015)六民一初字第00020号民事判决。该案系最高人民法院2016年发布的“关于依法平等保护非公有制经济,促进非公有制经济健康发展民事商事典型案例”。

适合开发的建设用地,然霍邱县国土局一直未能交付涉案土地,故已构成违约,依法应当承担违约责任。根据合同的约定,在霍邱县国土局违约不能交付土地的情况下,梁昌运有权解除合同,有权要求霍邱县国土局双倍返还定金及已交付的土地出让金并承担赔偿责任。

裁判规则 3

在建设用地使用权公开出让程序中,出让公告属于要约邀请,竞买人报价属于要约,成交确认书属于承诺。如果出让人在竞买人报价后出具成交确认书前撤销出让公告的,则建设用地使用权出让合同未成立,但出让人应对竞买人承担缔约过失责任。

根据《招标拍卖挂牌出让国有建设用地使用权规定》(2007 年国土资源部令第 39 号)第 2 条第 1 款的规定,建设用地使用权公开出让程序包括招标、拍卖或者挂牌出让。这些程序又可以分解为如下四个环节:首先是出让人发布拍卖公告、招标公告或挂牌公告,其次是竞买人根据公告内容进行报价(或竞价),再次是出让人根据竞买人的报价(或竞价)确定竞得人(或中标人),并出具成交确认书,最后是出让人与竞得人(或中标人)签订书面的国有土地使用权出让合同。

《民法典》第 473 条第 1 款后段规定:"拍卖公告、招标公告、招股说明书、债券募集办法、基金招募说明书、商业广告和宣传、寄送的价目表等为要约邀请。"①据此,前述第一个环节所涉及的拍卖公告、招标公告或挂牌公告属于要约邀请。竞买人报价(或竞价)构成要约,根据竞买人的报价(或竞价),出让人出具成交确认书属于承诺。根据《民法典》第 483 条②、第 484 条第 1 款③的规定,出让人一旦出具成交确认书,则在出让人与竞买人之间成立建设用地使用权出让合同。实践中,在发布拍卖公告、招标公告或挂牌公告,竞买人报价之后,因规划调整或政策变化等原因,无法再按照原定计划出让土地的事例,并不鲜见。

---

① 《合同法》第 15 条第 1 款后段也规定:"寄送的价目表、拍卖公告、招标公告、招股说明书、商业广告等为要约邀请。"

② 《民法典》第 483 条规定:"承诺生效时合同成立,但是法律另有规定或者当事人另有约定的除外。"

③ 《民法典》第 484 条第 1 款规定:"以通知方式作出的承诺,生效的时间适用本法第一百三十七条的规定。"

如果出让人尚未出具成交确认书，则承诺未作出，出让合同未成立，出让人可以通过撤销出让公告的方式，终止招拍挂程序。

出让人在出具成交确认书前撤销出让公告，终止招拍挂程序的，由于此时出让合同尚未成立，出让人无须承担违约责任。但是，导致合同不成立的责任在出让人，故出让人应对竞买人承担合同不成立的责任，即缔约过失责任。

典型案例3

时间集团公司诉浙江省玉环县国土局土地使用权出让合同纠纷案①

典型案例裁判文书

典型案例3
最高人民法院（2003）民一终字第82号民事判决书

基本案情：2002年11月7日，玉环县国土局在《玉环报》上刊登《挂牌出让公告》，定于2002年11月21日8时至同年12月4日15时，在玉环县地产交易窗口挂牌出让玉环县珠港镇坎门鱼港花礁岩填海开发工程区域，参加竞买者在报名时须交纳保证金2000万元。2002年11月20日，玉环县国土局收到时间集团公司的“挂牌出让竞买申请书”。同日，时间集团公司汇入玉环县土地储备中心2000万元。次日，时间集团公司向玉环县国土局提供了“挂牌出让竞买报价单”，报价为5000万元。11月22日，玉环县国土局向时间集团公司发出《关于对2002－005号海域开发宗地停止挂牌出让的通知》，以挂牌出让未经省厅批准为由，决定停止对案涉地块的挂牌出让。同日，玉环县国土局将2000万元退还给时间集团公司。2003年1月9日，时间集团公司向浙江省高级人民法院提起诉讼，以时间集团公司已取得了本次挂牌的最高报价，是本次挂牌的竞得人为由，请求判令玉环县国土局继续履行合同，将案涉地块出让给时间集团公司。

法院观点：一审法院（浙江省高级人民法院）认为，本案的挂牌公告系要约邀请，而非要约；2002年11月21日，时间集团公司的报价系要约；玉环县国土

① 典型案例3：“时间集团公司诉浙江省玉环县国土局土地使用权出让合同纠纷案”，最高人民法院（2003）民一终字第82号民事判决，载《中华人民共和国最高人民法院公报》2005年第5期，第21～28页。

局停止挂牌时,既没有确定时间集团公司为中标人,也没有与其签订确认书,即尚未作出承诺,故双方之间的合同关系尚未成立。时间集团公司要求判决双方继续履行合同,缺乏法律依据,遂判决驳回时间集团公司的诉讼请求。一审判决后,时间集团公司提起上诉,最高人民法院认为,一方面,《合同法》第 15 条[①]载明,拍卖公告和招标公告的法律性质为要约邀请,本案刊登于报纸上的挂牌出让公告与拍卖公告、招标公告相同,亦是向不特定主体发出的以吸引或邀请相对方发出要约为目的的意思表示,其实质是希望竞买人提出价格条款,其性质应认定为要约邀请。时间公司于 2002 年 11 月 21 日所作的报价应为本案要约。国土局尚未对时间公司的报价作出承诺,双方关系仍停留于缔结合同过程中的要约阶段,因此,本案合同因尚未承诺而没有成立,双方当事人之间没有形成合同关系。因此,时间公司要求国土局继续挂牌并与之签订国有土地使用权出让合同的主张于法无据,不予支持。另一方面,虽然合同法对要约邀请的撤回未作条件限制,但在发出要约邀请后,要约邀请人撤回要约邀请,给善意相对人造成信赖利益损失的,应承担法律责任,即相应的缔约过失责任。[②]

裁判规则 4

在建设用地使用权公开出让程序中,应当保证竞买人之间充分竞价。如竞买人未能充分竞价的,应当认定出让程序违法,依据竞价结果签订的出让合同无效。

《招标拍卖挂牌出让国有建设用地使用权规定》(2007 年国土资源部令第 39 号)第 2 条规定了公开出让建设用地使用权的三种程序,即招标出让、拍卖出让与挂牌出让。其中,招标出让是指出让人发布招标公告,邀请特定或者不特定的自然人、法人和其他组织参加国有建设用地使用权投标,根据投标结果确定国有建设用地使用权人的行为;拍卖出让是指出让人发布拍卖公告,由竞买人在指定时间、地点进行公开竞价,根据出价结果确定国有建设用地使用权人的行为;挂牌出让是指出让人发布挂牌公告,按公告规定的期限将拟出让宗地

---

① 《民法典》第 473 条。

② 本案二审期间,虽然国土局同意承担缔约过失的赔偿责任,但时间公司直至二审庭审结束前仍坚持要求国土局承担继续履行合同或双倍返还保证金的责任,未就国土局缔约过失致其损失提出赔偿请求,限于当事人的诉讼请求和二审案件的审理范围,所以最高人民法院对此未予审理。

的交易条件在指定的土地交易场所挂牌公布，接受竞买人的报价申请并更新挂牌价格，根据挂牌期限截止时的出价结果或者现场竞价结果确定国有建设用地使用权人的行为。

无论采取哪种公开出让程序，根据《招标拍卖挂牌出让国有建设用地使用权规定》第3条的要求，都应当遵循公开、公平、公正和诚信的原则。尤其是在拍卖与挂牌的公开竞价环节，必须保证所有的竞买人充分竞价，以便最终选定的“最高应价”是真实的最高应价。如果非因竞买人自身原因未能充分竞价的，应当认定竞价程序违法，依据竞价结果签订的出让合同无效。

典型案例4

青海红鼎房地产有限公司与青海省国有资产投资管理有限公司、青海省产权交易市场确认合同有效纠纷案①

典型案例裁判文书

典型案例4
最高人民法院（2015）民二终字第351号民事判决书

基本案情：2011 年，国投公司委托产权市场公开挂牌交易 69 号标的物（地上附着物建筑面积 12 850.84m^2、土地面积34 505.50m^2）。2011 年 9 月 20 日，产权市场利用金马甲网络竞价系统组织参加竞价的三个竞买人对 69 号标的物进行网络竞价，在竞价进入限时竞价阶段，当红鼎公司报价 2893.78 万元后，伟业公司在限时 180 秒的竞价阶段，其计算机页面计时器在竞价倒计时至 19 秒时停止计时。在伟业公司操作人员询问原因及产权市场工作人员解答时，金马甲网络竞价系统自动生成《竞价结果通知单》，红鼎公司以成交价 2893.78 万元竞得 69 号标的物，此次竞价结束。国投公司认为，由于竞价过程中竞买一方计算机出现故障，给交易结果带来不可预见的影响，故对于当日的竞价结果不予确认。红鼎公司遂提起诉讼，请求其竞得 69 号标的物的竞价结果合法有效。

法院观点：一审法院（青海省高级人民法院）认为，红鼎公司按照金马甲竞

① 典型案例 4：“青海红鼎房地产有限公司与青海省国有资产投资管理有限公司、青海省产权交易市场确认合同有效纠纷案”，最高人民法院（2015）民二终字第 351 号民事判决，载《中华人民共和国最高人民法院公报》2017 年第 3 期，第 37～44 页。

价规则报价 2893.78 万元属于要约,金马甲系统自动生成的竞价结果属于承诺,红鼎公司作为竞买人,在此次竞买过程中按照交易规则竞价,并无过错。虽然在最后的限时竞价阶段,出现伟业公司操作的计算机页面计时器在倒计时 19 秒停止计时的现象,但这只是互联网的一种迟延现象,不影响加价操作,通过加价操作,可瞬时恢复正常。并且,此次交易经过了三个竞买人 16 轮的竞价,方产生最终的竞价结果,因此,金马甲网络竞价系统生成的竞价结果,应认定为合法有效。但最高人民法院在二审中认为,网络竞拍是拍卖的一种特殊形式,具有即时性和公开性的特点,其交易规则具有严格性,产权人、竞买人、竞买组织方均应严格遵守。本案中的计时器停止计时现象属于异常现象,产权市场并未对竞买人如何应对该种突发情况进行培训,即使如金马甲网络公司所称此种现象并不影响正常加价,但伟业公司对于出现该种异常情况时仍能正常加价以及如何操作并不知情,在伟业公司和国投公司均提出异议认为该事实导致交易未能充分竞价的情况下,应当认定该停止计时现象致使案涉交易未能实现充分竞价。综上,虽然金马甲网络竞价系统自动生成了《竞价结果通知单》,但因案涉交易违反交易规则,未能形成有效承诺,对于国投公司不具有约束力,交易未能成立。

裁判规则 5

建设用地使用权出让合同属于要式合同,以签订书面出让合同为成立要件。但通过招拍挂程序竞拍成功的,虽未签订书面出让合同,应当认定出让合同已经依法成立。

参考案例裁判文书

参考案例5
最高人民法院(2005)民一终字第83号民事判决书

《城市房地产管理法》第 15 条第 1 款规定:“土地使用权出让,应当签订书面出让合同。”《民法典》第 348 条第 1 款规定:“通过招标、拍卖、协议等出让方式设立建设用地使用权的,当事人应当采用书面形式订立建设用地使用权出让合同。”①就此,理论界与实务界均普遍认为,法律规定“出让人与受让人应当签订书面合同”,②表

① 《物权法》第 138 条第 1 款。
② 房绍坤主编:《房地产法》,北京大学出版社 2015 年版,第 63 页。

明“土地使用权出让属于要式法律行为”。[①] 那么如果通过招拍挂程序竞拍成功，但未签订书面出让合同的，应当如何界定竞得人与出让人之间的权利义务关系？

有观点认为，竞得人虽然通过招拍挂程序竞拍成功，但未签订书面出让合同的，应当认定出让合同未成立。在“浙江恒兴房地产有限公司与衢州市国土资源局拍卖出让国有土地使用权纠纷案”[②]中，衢州市国土局发布《拍卖公告》，公开拍卖两宗地的土地使用权。恒兴公司缴纳了1000万元保证金，在拍卖会上以2.53亿元最高应价成交。同日，恒兴公司在《拍卖会成交记录表》上签字并与拍卖公司签订《确认合同》，但未与国土局签订《出让合同》。后因土地利用发生争议，诉至法院。一审法院（浙江省高级人民法院）认为，“恒兴公司在以最高应价竞得该地块并与拍卖人签订《确认合同》后，应认为与国土局间国有土地使用权出让法律关系已成立”，并据此确定了双方的违约责任。但在二审中，最高人民法院认为，“《城市房地产管理法》第14条[③]规定，土地使用权出让，应当签订书面合同，即《出让合同》属于合同法第10条[④]规定的‘法律、行政法规规定采用书面形式的，应当采用书面形式’的合同。据此，双方没有依上述法律规定签订《出让合同》，其行为仍停留于缔结《出让合同》的要约阶段，《出让合同》未成立”。该案承办人在评析该案时进一步明确，“拍卖公告为要约邀请，即便恒兴公司以交纳1000万元保证金、签订《确认合同》的参与竞买方式，对国土局的要约邀请作出了回应，拍卖公司亦以拍板、落槌的方式宣告竞买终结，这些事实只证明拍卖程序的完结。根据法律规定，《出让合同》以书面形式订立并经双方当事人签字或者盖章为成立要件。因此，由于双方未能签订书面的《出让合同》，故当事人的行为仍停留于缔结《出让合同》的要约阶段，《出让合同》没有成立”。[⑤]

但是，《拍卖法》第51条规定：“竞买人的最高应价经拍卖师落槌或者以其他公开表示买定的方式确认后，拍卖成交。”拍卖既已成交，则应认定合同成立。

---

① 李延荣、周珂：《房地产法》，中国人民大学出版社2012年版，第86页。

② 参考案例5：“浙江恒兴房地产有限公司与衢州市国土资源局拍卖出让国有土地使用权纠纷案”，最高人民法院（2005）民一终字第83号民事判决。

③ 2007年，《城市房地产管理法》修订，该条的条文顺序变更为第15条。

④ 《民法典》第490条第2款。

⑤ 参见张雅芬：《当事人订立合同过程中均存在缔约过失，损失应各半承担——浙江恒兴房地产有限公司与衢州市国土资源局拍卖出让国有土地使用权纠纷上诉案》，载《民事审判指导与参考》2006年第3集（总第27集），第214～215页。

在拍卖公司以拍板、落槌的方式宣告竞买终结的情况下,仍然认定合同未成立,显然有悖《拍卖法》的程序设计。在“曾意龙与江西金马拍卖有限公司、中国银行股份有限公司上饶市分行、徐声炬拍卖纠纷案”中,最高人民法院即认为,拍卖合同的要约是竞买人的应价,拍卖人落槌为承诺,承诺一发出就立即到达要约人,拍卖合同依法成立。[①] 于是有判决转而提出,通过招拍挂程序竞拍成功,而未签订书面出让合同的,应当认定成立出让合同之预约合同,但出让合同之本约合同未成立。简言之,一方面,由于未签订书面出让合同,故出让合同未成立;另一方面,由于拍卖已经成交,故成立拍卖合同,该拍卖合同是出让合同的预约合同。至于最终未能签订书面出让合同导致出让合同未成立的法律责任,则根据预约合同的规则进行处理。在“淮南市国土资源局与淮南禹洲房地产开发有限公司建设用地使用权出让合同纠纷案”[②]中,淮南国土局以拍卖方式公开出让五宗地块的国有建设用地使用权,禹洲房产公司竞得该五宗地块的使用权,并与淮南国土局分别签订五份《成交确认书》,但双方因故未能签订《国有建设用地使用权出让合同》。一审法院(安徽省高级人民法院)即认为,从《成交确认书》的内容来看,是确认双方在未来某一时间签订正式的《国有土地使用权出让合同》,是为淮南国土局与禹洲房产公司订立《国有建设用地使用权出让合同》的前置程序和预备行为,符合预约合同的法律规定,但双方未能签订书面出让合同,作为要式合同,未实现预约向本约的转化。因淮南国土局不愿签订书面土地出让合同,故判令解除预约合同关系。二审中,最高人民法院予以维持。

参考案例裁判文书

参考案例6
最高人民法院(2016)最高法民终729号民事判决书

就此问题,可以参考《建设工程施工合同解释(二)》第 10 条确立的规则。《民法典》第 788 条第 2 款规定:“建设工程合同包括工程勘察、设计、施工合同。”[③]第 789 条规定:“建设工程合同应当采用书面形式。”[④]《招标投标法》第 46 条前段也规定:“招标人和中标人应当自中标通知书发出之日起三十日内,按照招标文件和中标人的投标文件订立书面合同。”据此,建设工程施工合同应为

---

① 俞宏武:《如何认定拍卖人违反拍卖程序落槌的效力》,载《民事审判指导与参考》2005 年第 4 集(总第 24 集),第 152 页。

② 参考案例 6:“淮南市国土资源局与淮南禹洲房地产开发有限公司建设用地使用权出让合同纠纷案”,最高人民法院(2016)最高法民终 729 号民事判决。

③ 《合同法》第 269 条第 2 款。

④ 《合同法》第 270 条。

要式合同。[①] 参照前文对建设用地使用权出让合同的论述，在通过招投标方式确定承包人的情况下，对于已中标但未签订书面施工合同的，也应当认定为仅成立施工合同的预约合同。但《建设工程施工合同解释（二）》第 10 条规定："当事人签订的建设工程施工合同与招标文件、投标文件、中标通知书载明的工程范围、建设工期、工程质量、工程价款不一致，一方当事人请求将招标文件、投标文件、中标通知书作为结算工程价款的依据的，人民法院应予支持。"该条采取的立场是"招标人发出中标通知书后，在招标人与招标人之间就成立施工合同的本约合同"，其理由称，如果认为招标人发出中标通知书后、签订书面施工合同书前，只是成立预约合同，"将导致任何一方当事人均可以在中标通知书发出后拒绝订约，其后果最多是构成预约合同的违约，而非本约合同的违约，这绝非《招标投标法》的原意。"因此，"中标通知书发出后，确定当事人权利义务依据的应当是招标文件、投标文件以及中标通知书，这些文件即构成当事人之间的书面合同"，进而主张"将招投标过程认定为在当事人之间成立本约合同"。[②] 也就是说，"在招标投标过程中招标文件、投标文件、中标通知书等均是书面的，且有当事人的签字或者盖章，符合了合同书面形式的要求。"[③]除建设工程施工合同以外，这一结论还有另外的解释方法可以支撑：相对于《民法典》而言，《招标投标法》《拍卖法》属于特别法，根据特别法优先于一般法的法律适用规则，应当根据《招标投标法》《拍卖法》的规定确定出让合同的成立。也就是说，应当根据中标通知书、拍卖成交确认书等确定出让合同的成立，而非书面的出让合同。针对一般买卖合同，《民法典》第 644 条"招标投标买卖的当事人的权利和义务以及招标投标程序等，依照有关法律、行政法规的规定"以及第 645 条"拍卖的当事人的权利和义务以及拍卖程序等，依照有关法律、行政法规的规定"的规定，即体现了这一思路。

需要指出的是，也有观点认为，应当将现行法关于建设用地使用权出让合同应采取书面形式订立的规定理解为倡导性规定，而非强制性规定。如此，针对建设用地使用权出让，无论是协议出让还是以招拍挂的方式出让，只要双方

---

① 崔建远主编：《合同法》，法律出版社 2016 年版，第 373 页。

② 最高人民法院民事审判第一庭编著：《最高人民法院建设工程施工合同司法解释（二）理解与适用》，人民法院出版社 2019 年版，第 238 ~ 239 页。

③ 何红锋：《招标投标程序中合同的成立时间》，载《招标采购管理》2016 年第 2 期，第 55 页。但事实上，招标公告为要约邀请，投标文件为要约，中标通知书为承诺，均非合同本身，而书面形式是对合同的要求，而非对要约、承诺的要求，故这一解释路径有点牵强。

当事人就出让事宜达成一致意见,无论是否签订书面的出让合同,出让合同关系即告成立。

典型案例5

四川省南充市鑫达房地产开发有限公司等诉南充泰达置业有限公司建设用地使用权出让合同纠纷案①

典型案例裁判文书

典型案例5
最高人民法院(2016)最高法民终187号民事判决书

基本案情:2011 年,南充市土地交易中心就顺庆区望天坝 1 号地块拍卖出让颁发《国有建设用地使用权拍卖出让须知》。2011 年 8 月 26 日,鑫达房产公司通过公开竞拍,以 482 万元/亩、总价款 133 863 450 元,竞得该宗地使用权(27.7725 亩)。同日,鑫达房产公司与南充国土局签订《国有建设用地使用权拍卖成交确认书》载明,竞得人必须按本宗土地拍卖须知约定的时间、地点签订《国有土地使用权出让合同》,若不按时签订,竞得人应承担全部法律责任。但双方就该宗土地尚未签订国有建设用地使用权出让合同就发生争议,鑫达房产公司诉至法院。

法院观点:一审法院(四川省高级人民法院)认为,根据《拍卖法》第 52 条、《民法通则》第 85 条②的规定,南充国土局与竞得人鑫达房产公司签订的《国有建设用地使用权拍卖成交确认书》系双方真实意思表示,合法有效。该成交确认书及相应拍卖出让公告、须知等附件明确约定了出让标的、价款、履行期限、违约责任等内容,已具备土地使用权出让合同主要条款。因此,确认双方土地使用权出让合同关系成立。二审中,最高人民法院也认为,"案涉'望天坝 1 号地块'土地使用权系鑫达房产公司于 2011 年 8 月 26 日通过公开竞拍的方式以 482 万元/亩、总价款 13 386.345 万元竞得,并于同日与南充国土局签订了《国有建设用地使用权拍卖成交确认书》。因此,南充国土局和鑫达房产公司签订的《国有建设用地使用权拍卖成交确认书》,系双方真实意思表示,内容合法,一

① 典型案例 5:"四川省南充市鑫达房地产开发有限公司等诉南充泰达置业有限公司建设用地使用权出让合同纠纷案",最高人民法院(2016)最高法民终 187 号民事判决。

② 《民法典》第 464 条第 1 款、第 465 条第 1 款。

审判决确认双方土地使用权出让合同关系合法成立,并无不当”。

裁判规则 6

基于土地用途管制制度,只有国有建设用地才能用于房地产开发。如果出让合同约定用于房地产开发的土地不是国有建设用地的,应当认定出让合同无效。

根据所有权主体的不同,可以把土地分为国有土地与集体土地;根据土地用途的不同,可以将土地分为农用地、建设用地和未利用地。我国法律实行严格的土地用途管制,就房地产开发而言,只能在国有建设用地上进行。《土地管理法》第 44 条第 1 款规定:“建设占用土地,涉及农用地转为建设用地的,应当办理农用地转用审批手续。”第 53 条规定:“经批准的建设项目需要使用国有建设用地的,建设单位应当持法律、行政法规规定的有关文件,向有批准权的县级以上人民政府自然资源主管部门提出建设用地申请,经自然资源主管部门审查,报本级人民政府批准。”《城市房地产管理法》第 2 条第 3 款也规定:“本法所称房地产开发,是指在依据本法取得国有土地使用权的土地上进行基础设施、房屋建设的行为。”也就是说,用于房地产开发的土地只能是国有建设用地。如果出让合同约定用于房地产开发的土地不是国有建设用地的,应当认定合同无效。

典型案例6

青岛市国土资源和房屋管理局崂山国土资源分局与青岛乾坤木业有限公司土地使用权出让合同纠纷案[①]

基本案情:2002 年 1 月 31 日,山东省人民政府下发鲁政土字〔2002〕35 号《山东省人民政府关于青岛市崂山区城市建设用地的批复》称:青岛市崂山区土

① 典型案例 6:“青岛市国土资源和房屋管理局崂山国土资源分局与青岛乾坤木业有限公司土地使用权出让合同纠纷案”,最高人民法院(2007)民一终字第 84 号民事判决,载《中华人民共和国最高人民法院公报》2008 年第 5 期,第 30 ~ 36 页。

典型案例裁判文书

典型案例6
最高人民法院（2007）民一终字第84号民事判决书

地管理局拟征用该区北宅街道办事处沟崖村等两个村园地 133 333 平方米(折合 200 亩),作为青岛市崂山区政府建设储备用地(涉及本案的为 84 亩)。经审查,该批次用地符合青岛市崂山区土地利用总体规划,上报农用地转用方案和征用土地方案切实可行,同意该批次用地。2003 年 1 月 16 日,原青岛市崂山区国土资源局与乾坤公司签订《国有土地使用权出让合同》约定,崂山区国土局出让给乾坤公司的宗地位于北宅街道沟崖村麦沟路北、松岭路西,宗地面积为175 907平方米,其中出让土地面积为146 383平方米;本合同自山东省人民政府批准之日起生效。上述合同涉及的146 383平方米土地中,84 亩土地经鲁政土字〔2002〕35 号文批准转为建设用地,其余 131 亩尚未办理批准手续。后在合同履行过程中发生争议,乾坤公司诉至法院,请求继续履行《国有土地使用权出让合同》。

法院观点:一审法院(山东省高级人民法院)认为,双方当事人签订的《国有土地使用权出让合同》涉及的土地中,有部分履行了农用地转为建设用地的批准手续,崂山国土资源分局对该部分土地有权进行出让,其余部分未经人民政府批准,仍然为农村集体土地,崂山国土资源分局对此无权处分。因此,双方签订的《国有土地使用权出让合同》部分有效。二审中,最高人民法院认为,《国有土地使用权出让合同》虽约定合同须经山东省人民政府批准方可生效,但在合同签订前,合同项下的 84 亩土地已经山东省人民政府批准,由农业用地转为建设用地,故这部分土地未经审批不影响相应部分的合同效力;合同项下其余部分土地尚未办理农用地转用审批手续,依法不得出让。因此,应当认定合同中经过政府批准的 84 亩土地使用权出让有效,未经政府批准的 131 亩土地使用权出让无效。

裁判规则 7

依法应当通过招拍挂等公开竞价方式出让的国有建设用地,未经公开竞价直接以协议方式出让的,应当认定出让合同无效。

为规范国有土地使用权出让行为,优化土地资源配置,建立公开、公平、公正的土地使用制度,现行法力推招拍挂制度。国务院《关于加强国有土地资产管理的通知》(国发〔2001〕15 号)提出:“商业性房地产开发用地和其他土地供应计划公布后同一地块有两个以上意向用地者的，都必须由市、县人民政府土地行政主管部门依法以招标、拍卖方式提供，国有土地使用权招标、拍卖必须公开进行。”国土资源部《招标拍卖挂牌出让国有土地使用权规定》(2007 年国土资源部令第 39 号)第 4 条第 1 款规定：“工业、商业、旅游、娱乐和商品住宅等经营性用地以及同一宗地有两个以上意向用地者的，应当以招标、拍卖或者挂牌方式出让。”其中所谓的挂牌，“是指出让人发布挂牌公告，按公告规定的期限将拟出让土地的交易条件在指定的土地交易场所挂牌公布，接受竞买人的报价申请并更新挂牌价格，根据挂牌期限截至时的出价结果确定建设用地使用者的民事法律行为”。[①]

就此，有观点认为，《合同法解释(一)》第 4 条规定：“合同法实施以后，人民法院确认合同无效，应当以全国人大及其常委会制定的法律和国务院制定的行政法规为依据，不得以地方性法规、行政规章为依据。”《民法典》第 153 条第 1 款也规定：“违反法律、行政法规的强制性规定的民事法律行为无效。但是，该强制性规定不导致该民事法律行为无效的除外。”《关于加强国有土地资产管理的通知》是国务院规范性文件，《招标拍卖挂牌出让国有土地使用权规定》是部门规章，均不是行政法规，不能作为否定出让合同效力的依据。在 2004 年的“崂山国土局与南太置业公司国有土地使用权出让合同纠纷案”[②]中，崂山区国土局未经招拍挂程序，直接与南太公司签订《国有土地使用权出让合同》，将位于沙子口街道办事处段家埠村的 152 702 平方米土地出让给南太公司，用于建设住宅。最高人民法院在二审中就认为，《招标拍卖挂牌出让国有土地使用权规定》[③]是国土资源部为加强土地管理而制定的部门规章。根据《合同法》第 52 条第(5)项的规定和《合同法解释(一)》第 4 条的规定，不能作为确认合同无效的依据。因此，双方签订的《国有土地使用权出让合同》虽然违反国土资源部制定的部门规章，但不应认定为无效。此外，崂山区国土局出让讼争土地的行为违反有关行政管理规定，需要完善招标拍卖挂牌手续，故《国有土地使用权出让合同》无法继续履

参考案例裁判文书

参考案例7
最高人民法院（2004）民一终字第106号民事判决书

① 符启林：《房地产法》，法律出版社 2009 年版，第 116 页。

② 参考案例 7：“崂山国土局与南太置业公司国有土地使用权出让合同纠纷案”，最高人民法院(2004)民一终字第 106 号民事判决，载《中华人民共和国最高人民法院公报》2007 年第 3 期，第 27 ~ 42 页。

③ 2007 年 11 月 1 日，《招标拍卖挂牌出让国有土地使用权规定》被修订，名称变更为《招标拍卖挂牌出让国有建设用地使用权规定》。

行,但不影响和限制合同的效力。该案承办人在评析该案时认为,“国务院通知和国土资源部规章,都没有上升为法律和行政法规层面”,因此,未依法招拍挂就出让国有土地使用权,“是地方国土部门违反行政管理规定的违规行为”①,不能据此否定合同效力。

但是,在法律层面,《城市房地产管理法》第 13 条第 1 款规定:“土地使用权出让,可以采取拍卖、招标或者双方协议的方式。”第 2 款规定:“商业、旅游、娱乐和豪华住宅用地,有条件的,必须采取拍卖、招标方式;没有条件,不能采取拍卖、招标方式的,可以采取双方协议的方式。”《民法典》第 347 条第 2 款②规定:“工业、商业、旅游、娱乐和商品住宅等经营性用地以及同一土地有两个以上意向用地者的,应当采取招标、拍卖等公开竞价的方式出让。”从而将《招标拍卖挂牌出让国有土地使用权规定》“有关经营性用地及同一土地上有两个以上意向用地者应当采取拍卖、变卖等公开竞价的方式出让,上升为《物权法》的规定,使之具有更强的法律效力”。③ 当前,实务界普遍认为,“《物权法》实施后,未采取招标、拍卖或者挂牌等法定出让方式订立的经营性建设用地使用权出让合同,因违反了《物权法》的强制性规定应认定无效。”④在《民法典》施行之后,更是如此。山东省高级人民法院《2011 年全省民事审判工作会议纪要》(鲁高法〔2011〕297 号)第二部分“关于房地产纠纷案件”第 1 条即规定:“2002 年 7 月 1 日⑤之后,凡是以协议方式签订的经营性建设用地使用权出让合同应依法认定为无效,但 7 月 1 日之前已经政府有关部门前置审批或者签订土地使用权出让合同的除外。”

需要说明的是,对于公开竞价的方式,《物权法》与《民法典》“只是列举了现行法律中已作规定的招标和拍卖两种出让方式,没有对现实中存在的公开竞价的方式一一列举,但这并不表明出让土地时不能采取挂牌或者其他公开竞价的方式”。⑥

---

① 程新文:《国有土地使用权出让合同效力的认定条件以及国家政策在此类合同履行中的具体体现——青岛市崂山区国土资源局与青岛南太置业有限公司国有土地使用权出让合同纠纷上诉案》,载《民事审判指导与参考》2006 年第 1 集(总第 25 集),第 196、197 页。

② 《物权法》第 137 条第 2 款的规定与此相同。

③ 最高人民法院物权法研究小组编著:《〈中华人民共和国物权法〉条文理解与适用》,人民法院出版社 2007 年版,第 417 页。

④ 韩延斌等:《房地产纠纷裁判思路与规范指引》(上),人民法院出版社 2014 年版,第 17 页。

⑤ 《招标拍卖挂牌出让国有土地使用权规定》施行之日。

⑥ 胡康生主编:《中华人民共和国物权法释义》,法律出版社 2007 年版,第 314 页。

典型案例7

普格县政府与三鑫环保公司合同纠纷案①

典型案例裁判文书

典型案例7
四川省高级人民法院（2015）川民终字第1136号民事判决书

基本案情：2010 年 3 月 18 日，四川远星橡胶有限责任公司、雅安和鑫橡塑有限责任公司作为乙方，普格县政府作为甲方，签订《橡胶综合利用投资项目投资协议》约定：乙方拟在甲方规划区范围内，投资设立普格和鑫橡塑有限责任公司，建设废旧轮胎回收并再利用项目，项目总规划用地面积为 30～50 亩，用地性质为工业用地，供地方式为协议出让，土地价格为壹万元/亩。后因乙方公司退出投资，普格和鑫橡塑有限责任公司并未设立。2010 年 4 月 15 日，夏禄山、蒲恒贵、巫明旭作为新的项目投资人，以三鑫环保公司的名义，且以 2010 年 3 月 18 日的《项目投资协议》为基础，向普格县发展和改革局请求开展前期工作，普格县相关部门为三鑫环保公司划定了土地。2010 年 6 月 2 日，四川远星橡胶有限责任公司、雅安和鑫橡塑有限责任公司称，两公司不再参与普格和鑫橡塑有限责任公司项目的股份投资和生产经营建设，该项目由夏禄山、蒲恒贵、巫明旭接管普格和鑫橡塑有限责任公司项目股份投资并承建。2010 年 8 月 13 日，三鑫环保公司在普格县工商局登记成立。三鑫环保公司实际作为《项目投资协议》项目公司在履行该协议。该项目已于 2011 年 3 月建成投产，但项目建成不久，2011 年就被卫星遥感确定为违法用地。2014 年 9 月 22 日，三鑫环保公司提起诉讼，请求普格县政府立即办理国有土地使用权证。

法院观点：二审中，在认定三鑫环保公司是《项目投资协议》合同相对方的基础上，四川省高级人民法院认为，根据《物权法》第 137 条第 2 款②之规定，对国有土地出让用于工业、商业等经营性用途的，应当采取招标、拍卖等公开竞价的方式出让。本案案涉《项目投资协议》约定以"协议出让"方式将土地提供给投资方作为工业用地，违反了《物权法》第 137 条第 2 款的规定，应当认定无效。

---

① 典型案例 7："普格县政府与三鑫环保公司合同纠纷案"，四川省高级人民法院(2015)川民终字第 1136 号民事判决。

② 《民法典》第 347 条第 2 款。

裁判规则 8

在招拍挂程序之外,出让方以土地换项目、先征后返、补贴、奖励等形式直接或变相减免土地出让金的,因排除其他竞买者,且损害国家利益,应当认定减免行为无效。

实践中,地方人民政府为吸引投资,常常与企业约定,企业通过招拍挂程序取得土地使用权后,政府再通过配套费返还,或者以其他财政补贴的方式,减免部分土地出让收入。在引进大型基建项目时,通过各种方式减免土地出让金更是普遍做法。就此,财政部、国土资源部、中国人民银行《国有土地使用权出让收支管理办法》(财综〔2006〕68 号)第 10 条规定:“任何地区、部门和单位都不得以‘招商引资’、‘旧城改造’、‘国有企业改制’等各种名义减免土地出让收入,实行‘零地价’,甚至‘负地价’,或者以土地换项目、先征后返、补贴等形式变相减免土地出让收入;也不得违反规定通过签订协议等方式,将应缴地方国库的土地出让收入,由国有土地使用权受让人直接将征地和拆迁补偿费支付给村集体经济组织或农民等。”国土资源部《节约集约利用土地规定》(2014 年国土资源部令第 61 号,2019 年修正)第 22 条第 3 款也规定:“禁止以土地换项目、先征后返、补贴、奖励等形式变相减免土地出让价款。”值得思考的是,上述规定属于管理性强制性规定还是效力性强制性规定?政府与企业违反上述规定签订土地出让金的“返还”或者“补贴”协议是否有效?

首先,需要将这类协议与勾地协议区分开。实践中,为了规避现行法的禁止性规定,这类协议通常冠以“勾地协议”之名,试图鱼目混珠。从时间上看,这两类协议都签订在招拍挂程序之前;但从内容上看,勾地协议仅涉及预申请的地块、预申请的承诺出价等,不涉及出让方在成交后直接或变相减免土地出让金的内容。

其次,针对这类协议,有观点认为,“根据《合同法解释(一)》第 4 条的规定,因‘违反法律、行政法规的强制性规定’无效的,只能以全国人大及其常委会制定的法律和国务院制定的行政法规为依据,而不包括地方性法规、行政规章等。考虑到目前法律、行政法规尚未对以奖励、补贴形式返还土地出让金的行为作出否定性规定,法院如以《国有土地使用权出让收支管理办法》《节约集约利用土地规定》等部门规章以及地方政府发布的政策文件为依据,判令协议无效，缺乏必要依据”。[①] 的确，《国有土地使用权出让收支管理办法》《节约集约利用土地规定》不足以作为否定减免土地出让金行为效力的直接法律依据。但基于下述理由，对于在招拍挂程序之外，出让方以土地换项目、先征后返、补贴、奖励等形式直接或变相减免土地出让金的，应当认定减免行为无效。一方面，在招拍挂程序之外，以土地换项目、先征后返、补贴、奖励等形式直接或变相减免土地出让金，将使受让方实际支付的出让金低于其在招拍挂程序中的出价，构成“以不合理的条件限制或者排斥潜在投标人”，违反了公开竞价机制对公平、公正的要求，根据《招标投标法》第 5 条[②]、第 18 条第 2 款[③]的规定，应当认定该行为无效。另一方面，《国有土地使用权出让收支管理办法》第 4 条规定：“土地出让收支全额纳入地方政府基金预算管理。收入全部缴入地方国库，支出一律通过地方政府基金预算从土地出让收入中予以安排，实行彻底的‘收支两条线’管理。在地方国库中设立专账（登记簿），专门核算土地出让收入和支出情况。”据此，出让方以土地换项目、先征后返、补贴、奖励等形式直接或变相减免土地出让金的，损害的是国家利益，根据《民法典》第 154 条[④]的规定，应当认定为无效。

再次，与此问题相关的是，根据现行法律规定，土地使用权的出让方仅限于市、县人民政府土地管理部门。[⑤] 而出让方在收取土地出让金之后，往往会分配一定比例给土地所在地的下级政府（如镇政府、园区管委会等）。如果土地所在地的下级政府基于招商引资的考虑，将分配所得的土地出让金全部或部分返还给受让方的，如何评价该行为的效力？在“扬州市江都区真武镇人民政府诉日泰集团有限公司公司合资、合作开发房地产合同纠纷案”[⑥]中，真武镇政府与日泰集团在《补充协

参考案例裁判文书

参考案例8
最高人民法院（2017）最高法民申3974号民事裁定书

① 吴强：《以财政补贴、奖励方式变相减免土地出让金的协议是否有效?》，载 https://baijiahao.baidu.com/s?id=1560350079174896&wfr=spider&for=pc，2018 年 10 月 11 日访问。

② 该条规定：“招标投标活动应当遵循公开、公平、公正和诚实信用的原则。”

③ 该款规定：“招标人不得以不合理的条件限制或者排斥潜在投标人，不得对潜在投标人实行歧视待遇。”

④ 该条规定：“行为人与相对人恶意串通，损害他人合法权益的民事法律行为无效。”

⑤ 《国有土地使用权合同解释》第 1 条规定：“本解释所称的土地使用权出让合同，是指市、县人民政府土地管理部门作为出让方将国有土地使用权在一定年限内让与受让方，受让方支付土地使用权出让金的协议。”

⑥ 参考案例 8：“扬州市江都区真武镇人民政府诉日泰集团有限公司公司合资、合作开发房地产合同纠纷案”，最高人民法院（2017）最高法民申 3974 号民事裁定。

议(一)》中约定,案涉土地以 85 万元/亩进入招、拍、挂程序,对超过 85 万元/亩的部分,扣除市政府 20% 的统筹,镇政府分配获得 80%,镇政府应将该 80% 全额返还给日泰集团。一审法院(江苏省扬州市中级人民法院)、二审法院(江苏省高级人民法院)与再审法院(最高人民法院)均认定,该约定有效。

最后,需要说明的是,这一规则限于通过招拍挂等公开竞价机制出让建设用地使用权的情形,如果采用协议出让方式,即使存在出让方以土地换项目、先征后返、补贴、奖励等形式直接或变相减免土地出让金的情况,只要实际的出让价(指减免之后的最终价)未低于按国家规定所确定的最低价,无须否定减免行为的效力。在“重庆融豪投资(集团)有限公司诉泸州市江阳区人民政府等合同纠纷案”[①]中,江阳区政府与融豪投资公司未经招拍挂程序直接签订《泸州市江阳区一级土地整理项目招商投资协议书》后,以违反国务院办公厅《关于规范国有土地使用权出让收支管理的通知》为由,要求终止履行协议,法院则在认定协议有效的基础上判令继续履行。当然,如果应当实行招拍挂,为了便于减免土地出让金而实行协议出让的,根据前述【裁判规则 7】,则应当直接认定协议出让行为无效(而非减免行为无效)。

参考案例裁判文书

参考案例9
重庆市高级人民法院
(2014)渝高法民初字第
00070号民事判决书

典型案例8

青岛民建联合投资担保有限公司与青岛中央商务区开发建设有限公司公司土地出让金损害赔偿纠纷案[②]

基本案情:2004 年 4 月 2 日,经青岛市市北区区委、区政府研究决定,成立商务区开发公司。主要职责是在青岛中央商务区开发建设管理委员会的领导下,搞好商务区规划设计、项目运作、招商引资、基础设施配套、对外合作、拆迁

① 参考案例 9:“重庆融豪投资(集团)有限公司诉泸州市江阳区人民政府等合同纠纷案”,重庆市高级人民法院(2014)渝高法民初字第 00070 号民事判决。该案系“最高人民法院发布十起依法平等保护非公有制经济典型案例之三”。

② 典型案例 8:“青岛民建联合投资担保有限公司与青岛中央商务区开发建设有限公司公司土地出让金损害赔偿纠纷案”,最高人民法院(2017)最高法民终 359 号民事判决。

典型案例裁判文书

典型案例8
最高人民法院（2017）最高法民终359号民事判决书

安置等工作，完成好区委、区政府交办的相关任务。2009 年 7 月 13 日，商务区开发公司（甲方）与民建投资公司（乙方）签订《协议书》与《补充协议》，就青岛中央商务区范围内 A－2－2－1－1A、A－2－2－1－3、A－2－2－1－4 三地块约定如下：乙方对三地块投资 12 亿元人民币，建设“民建大厦”；鉴于三地块开发任务重、建设周期长，为保障开发建设品质，如乙方竞得该地块且签订土地成交确认书之日起三个月内开工，甲方同意给予乙方如下优惠政策：1. 甲方承诺，经乙方同意，A－2－2－1－1A 地块最终确认的楼面地价为 1700 元/平方米，A－2－2－1－3、A－2－2－1－4 地块最终确认的楼面地价为 2600 元/平方米；2. 甲方在乙方缴纳完成全部土地出让金，并取得三地块土地使用权证且按协议约定开工后，依乙方最终挂牌（拍卖）成交的楼面地价与甲方上述承诺的三地块的楼面地价的差额部分，分别乘以各地块成交面积计算得出应返还的总土地出让金差额，由甲方按时、足额返还乙方。2011 年 5 月 27 日，民建投资公司参与了 A－2－2－1－3 地块的公开竞拍，最终以 8310 元/平方米的价格竞得，成交总价 623 873 250 元。2011 年 8 月 8 日，民建置业公司缴纳了该笔地块出让金。后双方发生纠纷，民建投资公司诉至法院，请求商务区开发公司返还约定的差额 428 678 250 元。

法院观点：一审法院（山东省高级人民法院）认为，民建投资公司与商务区开发公司在涉案地块土地使用权拍卖出让前，以约定土地出让金返还的方式排除其他竞买者，违反了政府拍卖出让土地使用权应当遵循的公开竞价原则。因此，《协议书》及《补充协议》无效。一审判决后，民建投资公司提起上诉。最高人民法院认为，尽管商务区开发公司不是涉案土地使用权的招标人，但商务区开发公司系青岛市市北区区委、区政府决定成立，从其担负的职责来看，事实上能够对涉案土地使用权的拍卖有着相当的推动作用和影响力。民建投资公司与商务区开发公司在涉案地块土地使用权拍卖出让前，以约定土地出让金返还的方式排除其他竞买者，违反了拍卖出让土地使用权应当遵循的公平公开原则。并且，双方约定的返还标的直接指向土地出让金，亦损害了国家利益。原审法院依法认定上述协议无效，并无不当。

裁判规则 9

依法采取协议方式出让土地使用权,约定的出让金低于按国家规定所确定的最低价的,该价格条款无效。受让方既可以请求按照订立合同时的市场评估价格补齐土地使用权出让金,也可以请求解除合同。出让方只有在受让方不同意解除合同的情况下,才可以请求按照市场评估价格补足土地使用权出让金。

无论是《城市房地产管理法》还是《民法典》,均认可以协议的方式出让土地使用权。但"鉴于协议出让建设用地使用权的弊端较多,法律、法规及规章越来越限制协议出让建设用地使用权的范围"。[①]《协议出让国有土地使用权规定》(2003 年国土资源部令第 21 号)第 3 条即规定:"出让国有土地使用权,除依照法律、法规和规章的规定应当采用招标、拍卖或者挂牌方式外,方可采取协议方式。"此外,为避免协议出让存在的"缺乏竞争机制"问题,《城市房地产管理法》第 13 条第 3 款规定:"采取双方协议方式出让土地使用权的出让金不得低于按国家规定所确定的最低价。"如果低于最低价的,《国有土地使用权合同解释》第 3 条第 1 款规定:"经市、县人民政府批准同意以协议方式出让的土地使用权,土地使用权出让金低于订立合同时当地政府按照国家规定确定的最低价的,应当认定土地使用权出让合同约定的价格条款无效。"第 2 款进一步规定:"当事人请求按照订立合同时的市场评估价格交纳土地使用权出让金的,应予支持;受让方不同意按照市场评估价格补足,请求解除合同的,应予支持。因此造成的损失,由当事人按照过错承担责任。"就此,需明确以下问题:

第一,以协议方式出让建设用地使用权的范围受到严格限制,而适用这一规则的前提是"经市、县人民政府批准同意以协议方式出让","而不适用于其他以招投标、公开挂牌等方式出让土地的情形"。[②] 如果本应进行招拍挂,而擅自以协议方式出让的,应当适用【裁判规则 7】直接认定出让合同无效,而非根据【裁判规则 9】认定价格条款无效。

第二,依法采取协议方式出让建设用地使用权,但出让金低于订立合同时

---

① 崔建远:《物权法》,中国人民大学出版社 2009 年版,第 321 页。

② 最高人民法院民事审判第一庭编著:《最高人民法院国有土地使用权合同纠纷司法解释的理解与适用》,人民法院出版社 2005 年版,第 38 页。

当地政府按照国家规定确定的最低价的,“并非确认整个协议出让的合同全部归于无效,而只是合同部分条款无效,即仅仅是土地出让合同中关于约定出让金价款问题的条款无效”。①

第三,价格条款无效的法律后果,因合同相对人的不同而有所不同。对于协议价低于最低价的价差部分,出让方和受让方中的任何一方,请求按照订立合同时的市场评估价格交纳土地使用权出让金的,都应予以支持;但不同意按照市场价格补足出让金,进而请求解除合同时,只限于受让方提出请求,才可支持。② 当然,如果受让方既不同意解除合同,也迟迟不补足出让金,应当允许出让方解除合同。但在此情形下,出让方解除合同的依据不是价格条款无效,而是受让方不履行合同主要义务导致无法实现合同目的,即《民法典》第 563 条第 1 款第(4)项。

第四,价格条款因协议价低于订立合同时当地政府按照国家规定确定的最低价而无效,但其法律后果并非补足协议价与最低价之间的价差,而是补足协议价与订立合同时的市场评估价格之间的价差。③

第五,如果受让方选择解除合同的,对合同解除后的损失赔偿,应当根据当事人过错程度予以确定,通常情况下,土地出让方作为国有土地的管理者,应当承担主要责任。④

---

① 最高人民法院民事审判第一庭编著:《最高人民法院国有土地使用权合同纠纷司法解释的理解与适用》,人民法院出版社 2005 年版,第 38 ~ 39 页。

② 韩延斌:《〈最高人民法院关于审理涉及国有土地使用权合同纠纷案件适用法律问题的解释〉的理解适用》,载《民事审判指导与参考》2005 年第 2 集(总第 22 集),第 66 页。

③ 事实上,站在法逻辑的角度,这样的法律后果并不一定合理,补足协议价与最低价之间的价差,也许是更好的选择。

④ 刘迎春:《土地出让金约定条款中存在的问题及对策》,载《民事审判指导与参考》2005 年第 2 集(总第 22 集),第 116 ~ 117 页。

典型案例9

中山市国土资源局与曹耀康建设用地使用权出让合同纠纷案[①]

典型案例裁判文书

典型案例9
广东省中山市中级人民法院(2017)粤20民终2677号民事判决书

基本案情:2011 年 10 月 24 日,中山市国土资源局(甲方)与曹耀康(乙方),签订《国有土地使用权出让合同》约定,乙方土地位于大涌镇石井村,总用地面积为 928 平方米,性质为划拨厂房用地,乙方持有该房产所有权证书及使用范围内土地的使用证,现甲方将该宗地以协议的方式出让给乙方,土地使用权出让的年限为五十年,土地使用权出让金为每平方米 15 元,总额为13 920元。合同签订后,曹耀康于2011 年 12 月 1 日向中山市国土资源局交纳土地使用权出让金13 920元。后中山市国土资源局认为,广东省国土资源厅颁布《广东省协议出让国有土地使用权最低价标准》规定的最低价标准为 118 元/平方米,出让合同中约定的土地使用权出让金标准低于该最低价,遂于2014 年7 月15 日诉至一审法院,请求确认《国有土地使用权出让合同》中的价格条款为无效条款,判令曹耀康按照订立合同时的土地市场评估价格补交土地出让金436 160元。经评估,案涉土地在2011 年 10 月 24 日的评估总值为450 080元,单位地价 485 元/平方米。

法院观点:广东省中山市中级人民法院(二审法院)认为:中山国土资源局与曹耀康约定的土地出让金低于上述 118 元/平方米的最低价标准,应当认定双方签订的国有土地使用权出让合同中的价格条款无效。因受让方既不同意按照市场评估价格补足,也不请求解除合同,中山市国土资源局要求按照合同订立时的土地市场评估价格补缴涉案地块的土地出让金436 160元,符合法律规定,应当予以支持。

① 典型案例 9:"中山市国土资源局与曹耀康建设用地使用权出让合同纠纷案",广东省中山市中级人民法院(2017)粤 20 民终 2677 号民事判决。

裁判规则 10

土地受让人未按《国有建设用地使用权出让合同》约定足额缴纳土地出让收入的，应当承担违约责任。但就出让合同约定的按日加收违约金额1‰的违约金，虽有行政规章为据，土地受让人仍然可以申请酌情调减。

国务院办公厅《关于规范国有土地使用权出让收支管理的通知》（国办发〔2006〕100 号）第 7 条第 2 款规定："土地出让合同、征地协议等应约定对土地使用者不按时足额缴纳土地出让收入的，按日加收违约金额 1‰的违约金。违约金随同土地出让收入一并缴入地方国库。对违反本通知规定，擅自减免、截留、挤占、挪用应缴国库的土地出让收入，不执行国家统一规定的会计、政府采购等制度的，要严格按照土地管理法、会计法、审计法、政府采购法、《财政违法行为处罚处分条例》（国务院令第 427 号）和《金融违法行为处罚办法》（国务院令第 260 号）等有关法律法规进行处理，并依法追究有关责任人的责任；触犯刑法的，依法追究有关人员的刑事责任。"财政部、国土资源部、中国人民银行《关于印发〈国有土地使用权出让收支管理办法〉的通知》（财综〔2006〕68 号）第 34 条规定，"对国有土地使用权人不按土地出让合同、划拨用地批准文件等规定及时足额缴纳土地出让收入的，应当按日加收违约金额 1‰的违约金。违约金随同土地出让收入一并缴入地方国库"。在此基础上，针对《国有建设用地使用权出让合同》（示范文本）（GF－2008－2601），国土资源部与国家工商行政管理总局发出《关于发布〈国有建设用地使用权出让合同〉示范文本的通知》（国土资发〔2008〕86 号），通知第 14 条要求，"本合同第三十条和第三十七条中，受让人不能按合同约定及时支付国有建设用地使用权出让价款，出让人不能按合同约定及时提供出让土地的，应当根据《国务院办公厅关于规范国有土地使用权出让收支管理的通知》（国办发〔2006〕100 号）的有关规定和双方当事人权利义务对等原则，违约金比例按 1‰填写。国家新出台的法律政策对受让人不能按时支付国有建设用地使用权出让价款的违约金比例有规定的，签订出让合同时，应当按照最新规定填写"。据此，土地受让人迟延支付土地出让金的，按照每日1‰的标准计算违约金，既有行政规章的明确规定，也有出让合同的明确约定。但是，《民法典》第 585 条第 2 款规定："约定的违约金低于造成的损失的，人民法院或者仲裁机构可以根据当事人的请求予以增加；约定的违约金过分高于造成的损失的,人民法院或者仲裁机构可以根据当事人的请求予以适当减少。”①实践中,土地受让人普遍主张 1‰的违约金标准过高,进而要求降低。这一请求应否得到支持?

参考案例裁判文书

参考案例10
最高人民法院（2017）
最高法民终561号民事判决书

就此问题,最高人民法院的裁判意见未臻统一。在“昆明市国土资源局等诉云南仁泽房地产开发有限公司建设用地使用权出让合同纠纷案”②中,针对仁泽公司迟延支付土地出让金的行为,昆明国资局、滇池管委会诉请按照每日 1‰的标准计算违约金。云南省高级人民法院认为,昆明国资局、滇池管委会并未提交证据证明其实际损失,并综合考虑仁泽公司已进入重组阶段的实际情况,将违约金调整为中国人民银行同期同类贷款利率。但最高人民法院在二审中认为,“土地出让合同相较于普通的民事合同的确具有其特殊性,其中一方主体为政府国土资源行政主管部门,由其提供的土地出让合同格式文本必然会受到相关法律、法规和规范性文件的约束。国务院《国有土地收支通知》对于国有土地出让合同中土地使用者不按时足额缴纳土地出让收入的违约金标准作了明确规定,并明确了对违反本通知规定的责任后果。此规范性文件中关于土地出让合同违约金标准的规定,系针对国有土地交易市场作出的政策性规定,体现在土地出让合同中,不属于双方能够任意协商达成的条款,该类条款如不存在违反法律、行政法规强制性效力性规定的情形,原则上不宜以私法判决的方式否定其效力,亦不宜依职权作相应调整,而应以此为依据确认各方当事人的民事权利义务。况且,房地产企业在签订合同、取得土地使用权时,对于土地出让合同的内容包括违约责任的约定应当是知道的,合同一旦签署,应当对政府主管部门和房地产企业双方具有约束力”。但在下述【典型案例 10】中,最高人民法院又对每日 1‰的违约金进行了调减。

按照每日 1‰的标准计算违约金,其依据有二:一是行政规定;二是合同约定。就行政规定而言,“《国务院办公厅关于规范国有土地使用权出让收支管理的通知》《财政部、国土资源部、中国人民银行关于印发〈国有土地使用权出让收

① 《合同法》第 114 条第 2 款也规定:“约定的违约金低于造成的损失的,当事人可以请求人民法院或者仲裁机构予以增加;约定的违约金过分高于造成的损失的,当事人可以请求人民法院或者仲裁机构予以适当减少。”

② 参考案例 10:“昆明市国土资源局等诉云南仁泽房地产开发有限公司建设用地使用权出让合同纠纷案”,最高人民法院(2017)最高法民终 561 号民事判决。

支管理办法〉的通知》及《国土资源部、国家工商行政管理总局关于发布〈国有建设用地使用权出让合同示范文本〉的通知》，这些规定系行政规定，不能直接作为民事合同中违约金承担的依据。如果双方当事人在土地使用权出让合同中的格式化条款中作了与行政规定相同的约定，可以作为民事合同中违约金的承担依据，但是土地使用权受让人可以作为平等民事主体有权请求人民法院对于过分高于实际损失的违约金予以适当减少，人民法院可以进行调整”。① 就合同约定而言，《民法典》第 585 条第 2 款已经明确规定，如约定的违约金过高，法院可依违约方的申请进行调减。因此，如土地受让人未按约定足额缴纳土地出让收入的，虽应承担违约责任。但就合同约定的按日加收违约金额 1‰的违约金，虽有行政规章为据，违约方仍然可以申请酌情调减。在“泸州天地井然房地产开发有限公司与泸州市国土资源局国有建设用地使用权出让合同纠纷案”②中，法院因天地井然公司在泸州国土局延长付款期限后仍未及时足额付款且出让地块有所升值，未调减违约金，但仍然承认天地井然公司有权请求法院调低违约金。即便在前述“昆明市国土资源局等诉云南仁泽房地产开发有限公司建设用地使用权出让合同纠纷案”③中，最高人民法院虽认定按照每日 1‰计算违约金的标准不应调减，但“考虑到昆明国资局因仁泽公司违约所受损失及仁泽公司重组中的实际情况，基于公平原则，仁泽公司的违约责任按照合同约定的违约金标准计算至一审法院受理昆明国资局起诉的 2016 年 12 月 12 日止为宜，此足以体现对仁泽公司违约的惩罚”。从而未按照昆明国资局的请求将违约金计算至仁泽公司付清全部土地出让金之日止，事实上也起到了对违约金进行调减的效果。

参考案例裁判文书

参考案例11
四川省高级人民法院（2014）川民终字第299号民事判决书

最高人民法院(2014)民申字第1825号民事裁定书

---

① 王毓莹：《未按约交纳土地出让金时违约责任的认定——贵阳市国土资源局与贵州太升房地产开发有限公司建设用地使用权出让合同二审纠纷案》，载《民事审判指导与参考》2016 年第 4 辑（总第 68 辑），第 198 页。

② 参考案例 11：“泸州天地井然房地产开发有限公司与泸州市国土资源局国有建设用地使用权出让合同纠纷案”，四川省高级人民法院（2014）川民终字第 299 号民事判决、最高人民法院（2014）民申字第 1825 号民事裁定。

③ 参考案例 10：“昆明市国土资源局等诉云南仁泽房地产开发有限公司建设用地使用权出让合同纠纷案”，最高人民法院（2017）最高法民终 561 号民事判决。相关文书可扫描本书第 32 页二维码。

典型案例10

贵阳市国土资源局与贵州太升房地产开发有限公司建设用地使用权出让合同纠纷案[①]

典型案例裁判文书

典型案例10
最高人民法院（2016）最高法民终633号民事判决书

基本案情:经公开招投标程序,贵阳市国土局将宗地编号为G(14)049的建设用地使用权出让给太升公司。《出让合同》约定,出让价款22 115万元;受让人应在2014年12月3日前一次性付清国有建设用地使用权出让价款;受让人不能按时支付国有建设用地使用权出让价款的,自滞纳之日起,每日按迟延支付款项的1‰向出让人缴纳滞纳金。签订合同后,太升公司先后支付了121 159 936.2元出让款,尚欠99 990 063.8元。贵阳市国土局遂向法院起诉,要求太升公司支付土地出让款99 990 063.8元,支付截至起诉之日的滞纳金43 926 359元,并自起诉之日起至付清出让款之日止,按所欠金额的日1‰支付滞纳金。太升公司提出,出让合同约定的违约金标准过高,请求予以调整。

法院观点:一审法院(贵州省高级人民法院)认为,根据出让合同约定的每日迟延支付款项1‰的标准计算,每年约为36%,相当于中国人民银行同期同类贷款利率的6倍之多。因此,出让合同约定的违约金标准过高,遂将违约金标准调整为每年按迟延付款金额的24%计算。一审判决后,双方上诉。最高人民法院在二审中认为,国务院办公厅《关于规范国有土地使用权出让收支管理的通知》系从行政管理角度规范国有土地出让收入的缴纳,属于行政规章,在调整平等民事主体之间的法律关系中不宜直接作为计算违约金的依据。双方当事人对于违约金的承担虽然参照上述规定作了约定,但是土地使用权受让人作为民事平等主体,有权请求人民法院对于过分高于实际损失的违约金予以适当减少,人民法院可以进行调整。综合涉案合同的履行情况、太升公司的过错程度、预期利益等以及贵阳市国土局的损失情况,根据公平原则和诚实信用原则,最高人民法院确定,应以中国人民银行公布的同期同类贷款利率的二倍计算涉案违约金。

---

① 典型案例10:"贵阳市国土资源局与贵州太升房地产开发有限公司建设用地使用权出让合同纠纷案",(2016)最高法民终633号民事判决。

裁判规则 11

在签订《国有建设用地使用权出让合同》后、受让人取得建设用地使用权前,因规划调整、政策变化等原因,行政机关不再出让建设用地使用权的,应当返还已经支付的土地出让金,并赔偿包括期待利益在内的损失。

《民法典》第 209 条第 1 款规定:“不动产物权的设立、变更、转让和消灭,经依法登记,发生效力;未经登记,不发生效力,但是法律另有规定的除外。”[①]因此,在签订国有建设用地使用权出让合同后,该宗地的使用权登记在受让人名下之前,受让人尚未取得建设用地使用权。此时,如因规划调整、政策变化等原因,行政机关不再出让建设用地使用权的,应当对受让人承担违约责任,包括返还已经支付的土地使用权出让金,赔偿含期待利益在内的损失。适用本【裁判规则 11】时,需注意以下问题:

第一,行政机关不再出让建设用地使用权的原因与受让人无关。如果系受让人的原因导致行政机关不再出让建设用地使用权的,则受让人无权追究行政机关的违约责任。实践中,这个阶段最常见的受让人原因,通常是受让人未按国有建设用地使用权出让合同的约定支付出让价款。

第二,《民法典》第 590 条第 1 款前段规定:“当事人一方因不可抗力不能履行合同的,根据不可抗力的影响,部分或者全部免除责任,但是法律另有规定的除外。”[②]《国有建设用地使用权出让合同》(示范文本)(GF-2008-2601)第 28 条也约定:“合同双方当事人任何一方由于不可抗力原因造成的本合同部分或全部不能履行,可以免除责任,但应在条件允许下采取一切必要的补救措施以减少因不可抗力造成的损失。当事人迟延履行期间发生的不可抗力,不具有免责效力。”一般认为,不可抗力包括以下几种:一是自然灾害,二是政府行为,三是社会异常事件。其中,政府行为是指当事人在订立合同以后,政府当局颁发新的政策、法律和行政措施而导致合同不能履行。[③] 实践中,行政机关往往主张规划调整、政策变化构成不可抗力。的确,“由于国家行使立法、行政、司法等职

① 《物权法》第 9 条第 1 款规定:“不动产物权的设立、变更、转让和消灭,经依法登记,发生效力;未经登记,不发生效力,但法律另有规定的除外。”

② 《合同法》第 117 条第 1 款前段规定:“因不可抗力不能履行合同的,根据不可抗力的影响,部分或者全部免除责任,但法律另有规定的除外。”

③ 王利明:《违约责任论》,中国政法大学出版社 2003 年版,第 372~373 页。

能而致债务不履行及损害的发生或扩大,学说上认为,在某些特别的条件下,此类国家原因也属于不可抗力的范围”。[①] 但政府行为作为一种行政行为,又分为抽象行政行为和具体行政行为。抽象行政行为是指行政主体针对不特定行政相对人所作的行政行为,包括行政立法行为和制定规范性文件行为;具体行政行为是指行政主体针对特定行政相对人所作的行政行为,包括行政许可、行政征收、行政处罚、行政强制等。对抽象行政行为,任何人在其效力范围内均需无条件服从,符合“不能预见、不能避免、不能克服”的要求,构成不可抗力。而对具体行政行为,相对人可以通过协商、诉讼途径寻求救济。一旦具体行政行为被认定为不当或错误,对相对人因此而受的损失(包括违约损失),行政机关应予补偿或赔偿。因此,具体行政行为一般不构成不可抗力。[②] 规划调整、地方政策变化通常属于具体行政行为的范畴,也就不构成不可抗力。最高人民法院《关于充分发挥审判职能作用为企业家创新创业营造良好法治环境的通知》(法〔2018〕1 号)第 3 条要求:“依法保护诚实守信企业家的合法权益。妥善认定政府与企业签订的合同效力,对有关政府违反承诺,特别是仅因政府换届、领导人员更替等原因违约、毁约的,依法支持企业的合理诉求。妥善审理因政府规划调整、政策变化引发的民商事、行政纠纷案件,对于确因政府规划调整、政策变化导致当事人签订的民商事合同不能履行的,依法支持当事人解除合同的请求。对于当事人请求返还已经支付的国有主体使用权出让金、投资款、租金或者承担损害赔偿责任的,依法予以支持。对企业家财产被征收征用的,要综合运用多种方式进行公平合理的补偿。”该规定表明,规划调整、政策变化不构成不可抗力,地方政府不能以此为由免除损害赔偿责任。在“重庆西五物业发展有限公司与重庆斌鑫集团有限公司合作开发房地产合同纠纷案”[③]中,西五公司承诺通过政府有关部门将该地块规划容积率调整为 8 以上,后因相关政府部门暂缓调整容积率受阻,西五公司以不可抗力抗辩。重庆市高级人民法院即认为,“政府部门决定暂缓调整容积率,系属针对特定对象作出的具体行政行为。对于合法的具体行政

参考案例裁判文书

参考案例12
重庆市高级人民法院
(2009)渝高法民终字
第121号民事判决书

---

① 韩世远:《合同法总论》,法律出版社 2011 年版,第 375 页。

② 邹挺骞、王蕾:《论不可抗力规则及其裁判衡量》,载《民事审判指导与参考》2008 年第 4 集(总第 36 集),第 228 ~229 页。

③ 参考案例 12:“重庆西五物业发展有限公司与重庆斌鑫集团有限公司合作开发房地产合同纠纷案”,重庆市高级人民法院(2009)渝高法民终字第 121 号民事判决。

行为，相对人在事先即可依据已经颁布的法律、法规作出预判，故属于可以预见的范畴；对于不合法的具体行政行为，相对人可以通过行政复议、行政诉讼进行救济，亦即可以避免。因此，具体行政行为不构成不可抗力”。

第三，由于规划调整、政策变化不构成不可抗力，行政机关不再出让建设用地使用权的行为，构成违约，应当承担违约责任；又由于国有建设用地使用权出让合同违反调整后的规划、变化后的政策，不能实际履行，应当予以解除，故该违约责任属于合同解除的违约责任。对合同解除的违约责任，根据《买卖合同解释》第26条①的规定，“解除合同虽然可使合同溯及地归于消灭，但在赔偿问题上应对溯及力加以限制，仍按可得利益损失进行赔偿，并在赔偿可得利益之后，当事人的订约费用、履约准备费用等信赖利益只能当成交易成本从可得利益中获得补偿；而且，可得利益应当由缔结合同时当事人可预见的规则控制其赔偿范围”。② 也就是说，在合同解除的情况下，可得利益（也称履行利益、期待利益）属于违约责任的范畴。

典型案例11

北京中科拜克生物技术有限公司等与辽宁东戴河新区管理委员会等建设用地使用权出让合同纠纷案③

典型案例裁判文书

典型案例11
最高人民法院（2017）
最高法民终340号民事判决书

基本案情：2009年5月5日，东戴河管委会与北京中科公司（以下简称乙方）签订《项目合作协议书》和《补充协议》约定，北京中科公司在滨海经济区内投资建设生物兽药、干扰素项目，并为东戴河管委会提供高新技术扶持资金200万元，东戴河管委

① 该条规定：“买卖合同因违约而解除后，守约方主张继续适用违约金条款的，人民法院应予支持；但约定的违约金过分高于造成的损失的，人民法院可以参照合同法第一百一十四条第二款的规定处理。”

② 王闯：《关于审理买卖合同纠纷案件的若干重要问题（下）——解读〈关于审理买卖合同纠纷案件适用法律问题的解释〉》，载《民事审判指导与参考》2012年第3辑，第68页。

③ 典型案例11：“北京中科拜克生物技术有限公司等与辽宁东戴河新区管理委员会等建设用地使用权出让合同纠纷案”，最高人民法院（2017）最高法民终340号民事判决。

会在生命科学园内无偿提供60亩土地。签约后,北京中科公司随即组织进场施工建设(后经鉴定,建筑物造价3 023 639.98元)。2010年9月25日,绥中滨海经济区国土局与绥中中科公司(系北京中科公司成立的项目公司)签订《国有建设用地使用权出让合同》约定,由国土局向绥中中科公司出让工业用地4.3113公顷,出让价款为900万元。2010年12月1日,绥中中科公司按约缴纳了土地出让金900万元及相关税费,但未取得该宗土地使用权的物权登记。依照当时滨海经济区招商引资的优惠政策,2010年12月2日,绥中滨海经济区将土地出让金900万元及相关税费全额退给了绥中中科公司。2011年5月19日,绥中县人民政府作出《关于收回三宗国有土地使用权的批复》,将出让给绥中中科公司的工业用地4.3113公顷予以收回。2012年4月18日,绥中国土局将本案诉争的土地使用权出让给保定宇邦公司,用于房地产开发。北京中科公司与绥中中科公司随即起诉要求请求解除《项目合作协议书》、《补充协议》和《国有建设用地使用权出让合同》,赔偿直接和间接损失47 779 256.92元。

法院观点:最高人民法院在二审中认为,《项目合作协议书》《补充协议》具有国有土地使用权出让合同性质,而东戴河管委会作为同级人民政府派出机构,无权签订土地使用权出让合同,故《项目合作协议书》《补充协议》应认定无效,东戴河管委会应赔偿北京中科公司和绥中中科公司项目投资3 023 639.98元。《国有建设用地使用权出让合同》与《项目合作协议书》、《补充协议》指向同一宗建设用地,但并非对《项目合作协议书》《补充协议》追认或者补充,具有独立性,其依法成立并生效。绥中国土局在《国有建设用地使用权出让合同》约定的投资建设和土地使用权出让期限内,将案涉项目用地另行出让,导致合同目的不能实现,构成根本违约,应承担相应责任。绥中国土局出让给保定宇邦公司的土地出让金每平方米1215.13元,绥中中科公司受让的案涉项目用地面积43 113平方米,绥中国土局因违约再次出让案涉项目用地获得土地出让金5000万元左右。绥中国土局对绥中中科公司的合同利益进行适当赔偿的范围,应当考虑绥中国土局因上述违约行为的获利、绥中中科公司基于《国有建设用地使用权出让合同》本可享有的合同期内工业用地的土地使用权益、实际投入的资金金额和资金使用利益的损失,以绥中中科公司曾交纳的土地使用权出让金900万元作为涉案工业用地土地价格参考,结合该公司能否按期投产经营具有一定的不确定性,加之未来经营风险、市场风险等因素,综合认定。据此,最高人民法院以5000万元为基数,酌定绥中国土局在5000万元15%的范围内即

750 万元,对绥中中科公司承担违约赔偿责任。

裁判规则 12

在受让人取得建设用地使用权后,行政机关收回建设用地使用权的,应当对受让人按照作出收回土地使用权决定时的市场评估价给予补偿。并自作出收回土地使用权决定之日起,支付同期银行贷款利息。

实践中,在受让人签订国有土地使用权出让合同并登记取得建设用地使用权之后,因规划调整等原因,行政机关收回建设用地使用权的情形并不鲜见。如果土地使用权被收回非因土地使用权人原因,行政机关应当对受让人按照作出收回土地使用权决定时的市场评估价给予补偿,并自作出收回土地使用权决定之日起,支付同期银行贷款利息。具体而言:

第一,与前述【裁判规则 11】相同,适用【裁判规则 12】的前提是土地使用权被收回不能归咎于土地使用权人。如果土地使用权被收回的责任在土地使用权人一方,如未按期足额支付出让价款或者满二年未动工开发导致土地使用权被收回的,土地使用权人无权要求行政机关承担【裁判规则 12】的补偿责任。

第二,确定补偿标准的时间节点是“作出收回土地使用权决定时”,也就是按照作出收回决定时土地使用权的市场价格进行赔偿。之所以选择“作出收回土地使用权决定时”作为时间节点,是基于物权转移的考量。《民法典》第 229 条①规定:“因人民法院、仲裁机构的法律文书或者人民政府的征收决定等,导致物权设立、变更、转让或者消灭的,自法律文书或者征收决定等生效时发生效力。”也就是说,行政机关作出收回土地使用权决定时,土地使用权人就丧失了建设用地使用权,进而产生赔偿请求权,故应以行政机关作出收回土地使用权决定时作为确定补偿标准的时间节点。

第三,行政机关应当自作出收回土地使用权决定之日起,支付同期银行利息损失。虽然下述【典型案例 12】的裁判要旨称,“因行政补偿决定违法造成逾期付补偿款的,人民法院可以根据当事人的实际损失等情况,判决其承担逾期支付补偿款期间的同期银行利息损失”。事实上,基于利息的法定孳息属性,不应将利息归属于损失赔偿的范畴,而应跟随本金一并支付,即自应当支付补偿

① 《物权法》第 28 条。

款之日起,应计算利息。

典型案例12

定安城东建筑装修工程公司与海南省定安县人民政府、第三人中国农业银行定安支行收回国有土地使用权及撤销土地证案[①]

典型案例裁判文书

典型案例12
最高人民法院(2012)行提字第26号行政判决书

基本案情:1995 年 12 月 27 日,因县建委拖欠城东公司工程款804 720元,县政府作出《关于出让国有土地使用权给定安城东建筑装修工程公司的决定》,将位于塔岭开发区东北侧的6706 平方米土地,以总价款804 720元出让给城东公司作为建设用地。1996 年 1 月 22 日,县政府给城东公司颁发了《国有土地使用证》(以下简称第 6 号国土证)。此后,城东公司在该宗土地上开办了水泥预制厂。2007 年 12 月 29 日,县政府作出《关于撤销定安国用(96)字第 6 号〈国有土地使用证〉的决定》(以下简称 150 号撤证决定),撤销第 6 号国土证。城东公司不服该决定,向海南省第一中级人民法院提起行政诉讼,要求赔偿。县政府主张应按出让价补偿。审理中,经评估,涉案土地在 2007 年 11 月 5 日的市场价格为 135 万元。

法院观点:该案历经一审、二审后,最高人民法院提审。最高人民法院认为,根据《土地管理法》第 58 条第 2 款的规定,收回国有土地使用权的,对土地使用权人应当给予适当补偿。所谓“适当补偿”应当是公平合理的补偿,即按照被收回土地的性质、用途、区位等,以作出收地决定之日的市场评估价予以补偿。县政府按土地原成本价予以补偿于法无据。考虑到涉案土地登记资料中“土地用途”栏系空白,结合当地土地交易市场情况,对涉案土地以使用年限最长、市场价值最高的“住宅用地”用途进行评估,有利于维护行政相对人的合法

---

① 典型案例 12:“定安城东建筑装修工程公司与海南省定安县人民政府、第三人中国农业银行定安支行收回国有土地使用权及撤销土地证案”,最高人民法院(2012)行提字第 26 号行政判决,载《中华人民共和国最高人民法院公报》2015 年第 2 期,第 39 ~45 页。

权益,即135万元。县政府在支付补偿款的同时,还应当支付自决定收回土地使用权之日起至实际支付全部补偿款之日的同期银行贷款利息。

1.2 划拨取得建设用地使用权

所谓划拨,"是指国土资源管理部门将某宗国有土地的建设用地使用权授予用地者。"①土地划拨属于行政行为,具有如下特点:一是基于公益目的。根据《土地管理法》第54条的规定,划拨土地一般限于国家机关用地和军事用地,城市基础设施用地和公益事业用地,国家重点扶持的能源、交通、水利等基础设施用地等。二是通过行政划拨方式取得建设用地使用权的用地者,无须支付对价。② 三是划拨土地使用权不得随意转让,只有依法办理相关批准手续并缴纳土地出让金后,才能转让。四是划拨取得的建设用地使用权没有确定的终期。五是具有行政性。即只有经过严格的行政审批程序,才能划拨土地。③

裁判规则 13

划拨土地使用权人未经批准转让划拨土地使用权,或将划拨土地使用权用于合作开发房地产的,应当认定转让合同或合作开发房地产合同无效。

划拨土地是国家基于特定公益目的将土地无偿交由土地使用者使用,因此,划拨土地使用权的处分权能受到严格限制。对此,《国有土地使用权合同解释》用第11条、第12条、第13条三个条文进行了集中规范。

首先,划拨土地使用权人未经批准转让划拨土地使用权的,应当认定转让合同无效。《城镇国有土地使用权出让和转让暂行条例》(国务院令第55号)第44条规定:"划拨土地使用权,除本条例第四十五条规定的情况外,不得转让、出租、抵押。"第45条第1款规定:"符合下列条件的,经市、县人民政府土地管理部门和房产管理部门批准,其划拨土地使用权和地上建筑物、其他附着物所有权可以转让、出租、抵押:(一)土地使用者为公司、企业、其他经济组织和个人;

---

① 崔建远:《物权法》,中国人民大学出版社2009年版,第316页。

② 划拨土地的用地者无须支付对价,但这并不意味着划拨土地使用权的取得完全是无偿的。事实上,用地者仍然需要承担相应的成本,只是无须支付地价。

③ 陈华彬:《民法物权论》,中国法制出版社2010年版,第358页。

(二)领有国有土地使用证;(三)具有地上建筑物、其他附着物合法的产权证明;(四)依照本条例第二章的规定签订土地使用权出让合同,向当地市、县人民政府补交土地使用权出让金或者以转让、出租、抵押所获效益抵交土地使用权出让金。"最高人民法院在制定《国有土地使用权合同解释》时认为,"此规定属于国家法律的强制性规定,违反此规定的,应当认定合同无效"。[①] 第 11 条前段据此规定:"土地使用权人未经有批准权的人民政府批准,与受让方订立合同转让划拨土地使用权的,应当认定合同无效。"

其次,除直接转让划拨土地使用权的合同无效以外,将划拨土地使用权用于合作开发房地产的合同也应认定无效。"合作开发房地产应当以有偿出让方式取得的国有土地的使用权为开发对象,而不能以无偿划拨的土地使用权为合作开发的对象。《城市房地产开发经营管理条例》第 12 条明确规定:'房地产开发用地应当以出让方式取得;但是,法律和国务院规定可以采取划拨方式的除外。'《解释》正是以上述规定为依据,规定'土地使用权人以划拨土地使用权作为投资与他人订立合同合作开发房地产的,应当认定合同无效'。"[②]

最后,虽然土地使用权人以划拨土地使用权作为投资与他人订立的合作开发房地产合同无效,但"此种合同效力受到限制,应主要限于合作开发的房地产用于向社会公开销售的情形,也就是说,划拨建设用地使用权人以划拨建设用地使用权作为出资合作开发房地产,目的是通过开发建设商品房向社会销售而获得收益,违反了划拨建设用地使用权的特定用途,使用权人与他人订立的合作开发房地产合同若未取得有批准权的政府部门前置审批,应认定无效,但是,划拨建设用地使用权人以土地出资与他人合作建设的房屋非用于向社会销售,而是与开发方约定房屋建成后自行使用。笔者认为,此种情形下划拨建设用地使用权人与他人订立的合作开发房地产合同不违反划拨建设用地使用权的特定用途,建设用地使用权人也不以获得开发收益为目的,不宜认定合作开发房地产合同无效"。[③] 也就是说,对于将划拨土地使用权作为投资的行为,应当区分是否用于房地产开发经营。如果是用于与他人合作开发房地产的,应当认定

---

① 最高人民法院民事审判第一庭编著:《最高人民法院国有土地使用权合同纠纷司法解释的理解与适用》,人民法院出版社 2005 年版,第 147 页。

② 最高人民法院民事审判第一庭编著:《最高人民法院国有土地使用权合同纠纷司法解释的理解与适用》,人民法院出版社 2005 年版,第 186 ~ 187 页。

③ 王永起:《关于房地产合同效力认定的若干问题》,载《山东法官培训学院学报》2018 年第 4 期,第 129、132 页。

合同无效;如果仅是用于与他人合作建房,所建房屋只是为了满足自身需要,并不用于销售、经营,则不宜轻易否定合同效力。

最高人民法院民一庭在一则指导性案例中,就持这一观点。该案中,汽修厂与中行签订《合作建房合同》约定,汽修厂出地,中行出资,在汽修厂所在地修建一幢十二层的综合办公楼,建成后双方按5∶5分成;属于中行分得的部分,由汽修厂负责办理产权转让手续。房屋建成后,按照约定的分配方式实际交付双方使用。但因汽修厂所出土地性质为国有划拨工业用地,未办理出让审批手续,故汽修厂在以自己名义取得全部房屋的所有权证后,未将相应房屋的所有权变更登记在中行名下。最高人民法院民一庭在评析该案时认为,《合作建房合同》体现了合作建房各方共同出资、共担风险、共享利润的法律特点,故合同性质应认定为在国有划拨土地上的合作建房合同。鉴于合作建房目的是改造汽修厂老旧办公楼,部分由划拨土地使用权人自用及部分交由中行使用,而非擅自变性为开发项目以售房等开发行为获益;不存在违反城市总体规划或项目规划、擅自变更土地性质等违法行为,合作建房合同已经基本履行完毕,中行已实际占有分配房屋18年余,故《合作建房合同》应属有效。汽修厂应按照合同约定的履行步骤,继续履行为中行办理权属证书的合同义务,如需变更土地性质为出让,尚需履行规划审批及报经有批准权的人民政府批准,与土地管理部门签订出让合同等法定程序;如不改变土地性质,要变更部分划拨用地的使用权人,也需报有批准权的人民政府批准。但不能因为后续合同义务未履行完毕而反推在前订立的民事合同无效。①

值得注意的是,《国有土地使用权合同解释》第11条、第16条明确规定,划拨土地使用权人未经批准转让划拨土地使用权,或将划拨土地使用权用于合作开发房地产的,应当认定转让合同或合作开发房地产合同无效。该规定明确清晰,且系现行有效的司法解释,所以在当前的司法实务中,普遍将这类转让合同与合作开发房地产合同认定为无效合同。但事实上,在《国有土地使用权合同解释》颁布施行前,针对需经批准的合同的效力问题,《合同法解释(一)》第9条第1款已经规定:"依照合同法第四十四条第二款的规定,法律、行政法规规定合同应当办理批准手续,或者办理批准、登记等手续才生效,在一审法庭辩论终结前当事人仍未办理批准手续的,或者仍未办理批准、登记等手续的,人民法

---

① 最高人民法院民一庭:《以划拨土地使用权与他方签订的合作建房合同应如何认定其效力》,载《民事审判指导与参考》2015年第4辑(总第64辑),第160~165页。

院应当认定该合同未生效;法律、行政法规规定合同应当办理登记手续,但未规定登记后生效的,当事人未办理登记手续不影响合同的效力,合同标的物所有权及其他物权不能转移。”即应经批准而未经批准的合同系未生效合同,并非无效合同。其后,2009 年颁布的《合同法解释(二)》第 8 条规定:“依照法律、行政法规的规定经批准或者登记才能生效的合同成立后,有义务办理申请批准或者申请登记等手续的一方当事人未按照法律规定或者合同约定办理申请批准或者未申请登记的,属于合同法第四十二条第(三)项规定的‘其他违背诚实信用原则的行为’,人民法院可以根据案件的具体情况和相对人的请求,判决相对人自己办理有关手续;对方当事人对由此产生的费用和给相对人造成的实际损失,应当承担损害赔偿责任。”之所以可以“判决相对人自己办理有关手续”,其原因在于合同已经成立,只是尚未生效,①而非无效。针对成立未生效合同与无效合同的区别,《九民会纪要》第 37 条规定,法律、行政法规规定某类合同应当办理批准手续生效的,依据《合同法》第 44 条第 2 款②的规定,批准是合同的法定生效条件,未经批准的合同因欠缺法律规定的特别生效条件而未生效。无效合同从本质上来说是欠缺合同的有效要件,或者具有合同无效的法定事由,自始不发生法律效力。而未生效合同已具备合同的有效要件,对双方具有一定的拘束力,任何一方不得擅自撤回、解除、变更,但因欠缺法律、行政法规规定或当事人约定的特别生效条件,在该生效条件成就前,不能产生请求对方履行合同主要权利义务的法律效力。因此,正确的选择也许应当是调整司法政策,认定未经批准转让划拨土地使用权合同或以划拨土地使用权作为出资与他人合作开发房地产合同,是成立未生效合同,而非无效合同。

---

① 最高人民法院研究室编著:《最高人民法院关于合同法司法解释(二)理解与适用》,人民法院出版社 2009 年版,第 71 ~ 72 页。

② 《民法典》第 502 条第 2 款。

典型案例13

哈尔滨新一房地产开发有限责任公司与哈尔滨铁路局履行协议、赔偿纠纷案①

典型案例裁判文书

典型案例13
最高人民法院（2008）民一终字第95号民事判决书

基本案情：2003 年 5 月 6 日，哈铁局与新一公司签订《协议书》约定，哈铁局将南棵、通卫、先锋、北棵及哈南五块土地出让给新一公司，成交价为 5000 万元。2003 年 5 月 20 日，哈尔滨市政府下发〔2003〕27 号文件称，为搞好铁路沿线环境综合整治，规划拆迁铁路沿线两侧各 30 米范围内的棚厦房屋，目前筹资小区 7 个，哈铁局为南棵、通卫、先锋三个小区。之后，双方先后签订《购房协议书》《非住宅房屋拆迁补偿协议书》《南棵小区拆迁购房协议》等，后在履行过程中发生争议，诉至法院。经查，南棵、通卫、先锋、北棵及哈南五块土地均为划拨地。

法院观点：针对《协议书》的效力，最高人民法院在二审中认为，《协议书》是哈铁局为转让国有划拨的通卫、南棵、北棵、先锋和哈南五个小区土地与新一公司订立的协议。但依据市政府〔2003〕27 号文件，属于哈铁局有权转让的地块为南棵小区、通卫小区及体育场三块用地。《协议书》约定的北棵与哈南两块土地属于哈铁局通过政府无偿划拨方式取得，在其与新一公司签订《协议书》时未获得政府批准，新一公司起诉前，亦未经政府批准和办理出让手续，根据《城市房地产管理法》第 40 条、《国有土地使用权合同解释》第 11 条的规定，应当认定《协议书》中关于哈铁局将具有国有划拨土地性质的北棵与哈南两块土地与新一公司签订的《协议书》部分无效。

裁判规则 14

划拨土地使用权人以划拨土地使用权作为设立项目公司出资的，出资协议有效。划拨土地使用权人不能补办土地出让手续的，应当承担未全面履行出资义务的违约责任。

---

① 典型案例 13：“哈尔滨新一房地产开发有限责任公司与哈尔滨铁路局履行协议、赔偿纠纷案”，最高人民法院（2008）民一终字第 95 号民事判决。

《国有土地使用权合同解释》第 16 条前段规定:“土地使用权人未经有批准权的人民政府批准,以划拨土地使用权作为投资与他人订立合同合作开发房地产的,应当认定合同无效。”其理由在于划拨土地的用途具有特定性,只能用于划拨用途,不能擅自用于商业开发。但是,划拨土地使用权人以划拨土地使用权作为设立项目公司出资的,则又另当别论。

对划拨土地使用权人将划拨土地用于合作开发房地产,应当区分“投资”与“出资”。所谓“投资”,是指《国有土地使用权合同解释》第 14 条所称的当事人以提供出让土地使用权、资金等作为共同投资,共享利润、共担风险合作开发房地产的行为。在这种模式下,合作各方不成立项目公司,通过合作开发房地产合同界定彼此之间的权利义务关系。所谓“出资”,是指合作各方成立项目公司,由项目公司实施房地产开发,合作各方的权利通过股权得以实现。如果划拨土地使用权人以划拨土地使用权作为设立项目公司的出资,《公司法解释(三)》第 8 条规定:“出资人以划拨土地使用权出资,或者以设定权利负担的土地使用权出资,公司、其他股东或者公司债权人主张认定出资人未履行出资义务的,人民法院应当责令当事人在指定的合理期间内办理土地变更手续或者解除权利负担;逾期未办理或者未解除的,人民法院应当认定出资人未依法全面履行出资义务。”据此,虽然出资人以划拨土地使用权出资,违反了划拨土地用途要求的相关法律法规,构成未全面履行出资义务,但不应认定出资协议无效,法院可以责令划拨土地使用权人在合理的时间内办好权属变更手续——由划拨地变更为出让地,若未在该合理出资时间内完成的,法院即应要求其承担出资不实的法律责任,包括对其他股东、公司债权人的相应责任。①

① 最高人民法院民事审判第二庭编著:《最高人民法院关于公司法司法解释(三)、清算纪要理解与适用》,人民法院出版社 2016 年版,第 132、141 页。

典型案例14

海南三亚国家级珊瑚礁自然保护区管理处与周春梅、三亚中海生态旅游发展有限公司股东出资纠纷案①

典型案例裁判文书

典型案例14
最高人民法院（2016）最高法民再87号民事判决书

基本案情：2002年4月28日，珊瑚礁管理处与周春梅订立《合作合同》约定：珊瑚礁管理处出资400万元，周春梅出资600万元，共同设立中海公司；珊瑚礁管理处"主要以9454m^2土地和已建好的码头设施参股"，周春梅"主要以资金方式参股"，合作期30年。2002年12月1日，周春梅、方锦文、珊瑚礁管理处三方签订中海公司章程。2002年12月24日，中海公司成立，注册资金500万元。根据2002年12月1日中海公司章程，珊瑚礁管理处以9454m^2土地作价150万元出资（该土地系国有划拨地）。目前为止，珊瑚礁管理处已将案涉土地移交中海公司使用，但未将该土地使用权移转登记至中海公司名下。周春梅以现金200万元出资，周春梅另以方锦文名义以现金150万元出资。后周春梅起诉要求珊瑚礁管理处将9454m^2土地权属过户登记至中海公司名下。

法院观点：一审法院（三亚市中级人民法院）认为，将案涉土地使用权移转登记至中海公司名下，是珊瑚礁管理处根据中海公司2002年章程对中海公司负担的出资义务，遂判决珊瑚礁管理处将9454m^2土地使用权移转登记至中海公司名下。二审法院（海南省高级人民法院）予以维持。再审中，最高人民法院认为，《合作合同》系有效合同。根据约定，珊瑚礁管理处对中海公司负有出资义务，但依据《土地管理法》等相关法律法规，划拨土地使用权只能用于划拨用途，出资人欲以划拨土地使用权作为出资，应由国家收回直接作价出资或者将划拨土地使用权变更为出让土地使用权。因珊瑚礁管理处未能在法院指定的

① 典型案例14："海南三亚国家级珊瑚礁自然保护区管理处与周春梅、三亚中海生态旅游发展有限公司股东出资纠纷案"，最高人民法院（2016）最高法民再87号民事判决。

期间内完成土地变更登记行为①,故判决确认珊瑚礁管理处未全面履行对中海公司的股东出资义务。

裁判规则 15

划拨土地使用权人先办理土地使用权出让手续,再将土地使用权变更至受让方名下的,构成“先出让再转让”。对划拨土地使用权人与受让方之间的法律关系,应当认定为出让土地使用权转让合同。该转让行为,无须有批准权的人民政府批准。

所谓“先出让再转让”,是指原划拨土地使用权人先向国土管理部门办理土地出让手续,缴纳土地使用权出让金,将土地性质转变为出让土地,再将该出让土地使用权变更登记至受让人名下。此时,转让的标的物已不是划拨土地使用权,而是已经转化为出让土地的使用权。② 在“先出让”环节——划拨土地使用权人向国土管理部门办理土地出让手续,需要得到政府主管部门的批准;在“再转让”环节,转让人与受让人之间是出让土地使用权转让关系,不再需要政府主管部门的批准。即使转让人先与受让方签订合同转让划拨土地使用权,但只要“划拨土地使用权人在起诉前经过政府主管部门的追认批准,在与政府办理土地使用权出让手续后,已经转化为出让土地的使用权人,而根据出让土地使用权转让的相关规定,应当认定转让合同有效”。③

① 最高人民法院认为,根据《公司法解释(三)》第 8 条等规定,人民法院应当在诉讼过程中给当事人指定合理的期间,由其办理相关的土地变更手续,并视变更手续完成的结果再行作出判决。故在再审审查期间给予了珊瑚礁管理处相应的时间办理土地变更手续,再审审理过程中,又为珊瑚礁管理处指定了两个月(2016 年 4 月 23 日至 6 月 22 日)的合理期限办理土地变更登记手续,但珊瑚礁管理处仍未能在指定的期间内完成土地变更登记行为。

② 韩延斌:《〈最高人民法院关于审理涉及国有土地使用权合同纠纷案件适用法律问题的解释〉的理解适用》,载《民事审判指导与参考》2005 年第 2 集(总第 22 集),第 79 页。

③ 最高人民法院民一庭编著:《最高人民法院国有土地使用权合同纠纷司法解释的理解与适用》,人民法院出版社 2005 年版,第 151 页。

典型案例15

山西嘉和泰房地产开发有限公司与太原重型机械(集团)有限公司土地使用权转让合同纠纷案①

典型案例裁判文书

典型案例15
最高人民法院(2007)民一终字第62号民事判决书

基本案情:太重公司与嘉和泰公司签订《协议书》约定,太重公司将一宗划拨土地以94万元/亩的价格转让给嘉和泰公司,太重公司负责办理土地出让手续,土地出让金及相关出让费用由嘉和泰公司按太重公司与土地管理部门签署的《国有土地出让合同》约定的付款方式及付款时间支付给太重公司,再由太重公司向政府相关部门缴纳;太重公司土地出让手续办理完毕且嘉和泰公司向太重公司支付全部土地补偿金后,太重公司即为嘉和泰公司办理土地使用权转让手续。后在履行过程中发生争议,太重公司诉至法院。嘉和泰公司提出,《协议书》约定转让划拨土地,违反了《城市房地产管理法》的规定,是效力瑕疵合同。

法院观点:一审法院(山西省高级人民法院)认为,太重公司与嘉和泰公司签订《协议书》时,该土地为划拨用地,但双方在履行合同过程中,在经政府管理部门批准后,该划拨用地使用权已转化为出让土地使用权,根据《国有土地使用权合同解释》第11条规定,应认定为合法有效。二审中,最高人民法院也认为,《协议书》签订时,嘉和泰公司及太重公司均知道该宗土地属于划拨用地,所以在《协议书》中约定,由太重公司负责办理土地出让手续,土地出让手续办理完毕,即为嘉和泰公司办理土地使用权转让手续。二者之间应为土地使用权转让关系,这一做法并不违反土地管理部门的相关规定,应属有效。

---

① 典型案例15:“山西嘉和泰房地产开发有限公司与太原重型机械(集团)有限公司土地使用权转让合同纠纷案”,最高人民法院(2007)民一终字第62号民事判决,载《中华人民共和国最高人民法院公报》2008年第3期,第27~39页。

裁判规则 16

划拨土地使用权人将划拨土地使用权交由国土部门收回,由受让方与国土部门办理土地出让手续的,构成“先转让再出让”。对划拨土地使用权人与受让方之间的法律关系,应当认定为补偿合同。

《国有土地使用权合同解释》第 12 条规定:“土地使用权人与受让方订立合同转让划拨土地使用权,起诉前经有批准权的人民政府同意转让,并由受让方办理土地使用权出让手续的,土地使用权人与受让方订立的合同可以按照补偿性质的合同处理。”此即所谓的“先转让再出让”。也就是说,原划拨土地使用权人直接与受让人签订转让合同,约定将划拨土地转让给受让人,但由受让人与国土管理部门办理出让手续,将土地性质转变为出让土地。这一流转过程的法律关系如下:第一,政府将划拨土地使用权从原划拨土地使用权人手中收回;第二,与此相应,原划拨土地使用权人同意政府收回其划拨土地使用权,是因为可以得到一定的收益,即受让人按照合同约定应当支付给原划拨土地使用权人相应价款;第三,政府将该宗地出让给受让人,因而土地出让关系的相对人是政府与受让方。

根据《城市房地产管理法》第 23 条第 1 款的规定,用地人从国家手中取得划拨土地使用权时,无须按照市场价格支付土地使用权出让金。但是,这并不意味着划拨土地使用权的取得完全是无偿的。事实上,“划拨土地使用权人在取得划拨土地使用权时往往要付出一定的代价,比如,划拨土地使用权人获取的如果是一片居民住宅地,他就要负责拆迁、安置等。又如,国家划拨给划拨土地使用权人的土地为一片荒地,划拨土地使用权人要想利用这片土地,还要进行大量的投入,由生地变为熟地,当国家收回时,该宗土地就不需要进行太大的投入了”。①

在“先转让再出让”的模式下,划拨土地使用权人必须放弃划拨土地使用权,这也就意味着利益上的损失,包括土地利用权的丧失、曾经的投入化为乌有。原土地使用权人不会无缘无故放弃已享有的土地使用权。实践中,“原土地使用权人为了使自身利益最大化,往往采取先与竞买人签订协议要求竞买人

① 王毓莹:《经有权人民政府批准转让划拨土地使用权的,应按照补偿合同性质处理——海天公司与京门公司、海商建公司合资、合作开发房地产合同纠纷上诉案》,载《民事审判指导与参考》2012 年第 2 辑(总第 50 辑),第 201 页。

满足其利益要求后才将土地交由国土部门收回后以招拍挂形式出让土地使用权”。[1] 因此，“原划拨土地使用权人同意政府收回其划拨土地的使用权，是因为对其放弃划拨土地使用权可能带来的不利益，受让方将给予补偿”。[2] 也就是说，对划拨土地使用权人与受让方签订的合同约定的款项，可视为对原划拨土地使用权人土地被收回的补偿，只是给予补偿的主体不是政府，而是受让方。[3] 正因如此，在“先转让再出让”的模式下，“划拨土地使用权人与受让方之间的转让合同应当定位于按照补偿性质的合同处理”，[4]在合同类型上，该合同属于无名合同。

此外，所谓“有批准权的人民政府”，“根据《城镇国有土地使用权出让和转让暂行条例》第 45 条和《划拨土地使用权管理暂行办法》第 5 条的规定，有批准权的人民政府是指市、县人民政府的土地管理部门。设有区的市，其权力部门仍是市级主管部门而不是区级主管部门”。[5] 所谓“批准办理土地使用权出让手续”，“应当放之于宽泛和广义的语境中。通常人民政府对土地使用权转让并没有设立专门的批准机关，也没有规定单独批准的法律程序。如果受让人已经与有批准权的人民政府土地管理部门订立土地使用权出让合同，办理了土地出让手续的，则应视为政府主管部门对划拨土地使用权转让合同的批准”。[6] 最高人民法院在“延安

参考案例裁判文书

参考案例13
延安三利建筑工程有限公司与中国外运延安支公司转让合同纠纷案

---

① 肖峰：《国有土地使用权受让人与国有土地原使用权人约定交地义务不足以否定国有土地使用权受让人与国土部门随后签订的国有土地使用权出让合同性质——上诉人长沙兆盛房地产有限公司、上诉人长城信息产业股份有限公司与被上诉人长沙市国土资源局土地使用权转让合同纠纷案》，载《民事审判指导与参考》2013 年第 2 辑（总第 54 辑），第 188 页。

② 王毓莹：《经有权人民政府批准转让划拨土地使用权的，应按照补偿合同性质处理——海天公司与京门公司、海商建公司合资、合作开发房地产合同纠纷上诉案》，载《民事审判指导与参考》2012 年第 2 辑（总第 50 辑），第 199 ~ 200 页。

③ 韩延斌：《〈最高人民法院关于审理涉及国有土地使用权合同纠纷案件适用法律问题的解释〉的理解适用》，载《民事审判指导与参考》2005 年第 2 集（总第 22 集），第 81 页。

④ 《民事审判指导与参考》研究组：《划拨土地使用权转让经政府主管部门批准由受让方直接办理土地使用权出让手续，划拨土地使用权转让合同的性质如何认定》，载《民事审判指导与参考》2016 年第 2 辑（总第 66 辑），第 258 页。

⑤ 最高人民法院民一庭编著：《最高人民法院国有土地使用权合同纠纷司法解释的理解与适用》，人民法院出版社 2005 年版，第 152 页（原文写成“权利部门”，应系笔误）。

⑥ 韩延斌等：《房地产纠纷裁判思路与规范指引》（上），人民法院出版社 2014 年版，第 141 页。

三利建筑工程有限公司与中国外运延安支公司转让合同纠纷案”①中就指出,所谓“批准办理土地使用权出让手续”,一般是政府向划拨土地使用权人出具批准文件,但政府直接为受让方办理国有土地使用权证的,也可视为政府准予转让。而且第 12 条规定的关键在于划拨土地使用权须经有批准权的人民政府批准,对于是否需要办理土地使用权出让手续、缴纳土地使用权出让金,属政府行政管理职权范畴,不应因此影响民事合同效力。

典型案例16

北京海天房地产开发有限公司与北京市京门房地产开发公司、北京市海淀区商业设施建设经营公司合资、合作开发房地产合同纠纷案②

典型案例裁判文书

典型案例16

北京海天房地产开发有限公司与北京市京门房地产开发公司、北京市海淀区商业设施建设经营公司合资、合作开发房地产合同纠纷案

基本案情:2000 年 1 月 7 日,海商建公司、京门公司、龙格兰公司签订《合作建设“海天大厦”的协议书》约定,海商建公司提供原有全部商业设施、地上建筑及16 006平方米的土地使用权、京门公司提供11 500平方米的土地使用权、龙格兰公司负责合作后的全部投资,三方共同合作建设海天大厦;大厦落成后,海商建公司分得15 000平方米,京门公司分得14 000平方米,其余部分分给龙格兰公司。该协议签订后,京门公司交付了11 500平方米土地,该土地系国有划拨土地,交付时未取得政府相关部门颁发的权属证书,但从政府有关部门出具的批文来看,京门公司对该土地享有使用权。交付后,海天公司经向政府申请,并与政府签订土地出让合同,取得了11 500平方米土地的使用权。后因未能按约分得约定的建筑面积,京门公司提起本案诉讼。

法院观点:最高人民法院在二审中认为,《合作建设“海天大厦”的协议书》,是三方当事人的真实意思表示,且未违反法律法规的强制性规定,应为有效合同。

---

① 参考案例 13:“延安三利建筑工程有限公司与中国外运延安支公司转让合同纠纷案”,【法宝引证码】CLI. C. 1339056。

② 典型案例 16:“北京海天房地产开发有限公司与北京市京门房地产开发公司、北京市海淀区商业设施建设经营公司合资、合作开发房地产合同纠纷案”,【法宝引证码】CLI. C. 1500696。

从协议书约定的内容看，京门公司不承担经营风险，只收取固定收益，应当认定涉案合同的性质名为合作开发房地产合同、实为土地使用权转让合同。本案中，海天公司虽主张其是基于与政府签订的土地使用权出让合同获得涉案土地的使用权证，但是从本案的实际情况看，其是基于双方所签订的《合作建设“海天大厦”的协议书》中的合同约定取得的涉案土地使用权。虽然京门公司交付时涉案土地为国有划拨用地，但其转让土地使用权已经取得海淀区政府的同意。根据《国有土地使用权合同解释》第 12 条的规定，本案应当按照补偿性质的合同处理。

裁判规则 17

划拨土地使用权人与受让方约定实行“先转让再出让”，但受让方未能在招拍挂程序中竞得土地使用权的，应当以合同无法实际履行为由，解除双方之间的补偿合同关系。

针对划拨土地使用权人与受让方约定实行“先转让再出让”的，《国有土地使用权合同解释》第 12 条规定：“起诉前经有批准权的人民政府同意转让，并由受让方办理土地使用权出让手续的……”也就是说，只有受让方通过出让程序取得了土地使用权，才能适用该条。实践中，土地使用权出让普遍实行招拍挂制度，在竞价机制下，拟受让方可能因出价不足而无法取得该宗地。就此，应当如何评价划拨土地使用权人与拟受让方之间的权利义务关系？

参考案例裁判文书

参考案例14

山东省临沂市中级人民法院（2014）临民一初字第98号民事判决书

在“山东三泉置业有限公司诉临沂蒙环建冶有限公司建设用地使用权转让合同纠纷案”[①]中，三泉公司与蒙环公司签订协议约定，将蒙环公司所有的面积为 3.02538 公顷的划拨土地以 1750 万元的总价出让给三泉公司，蒙环公司负责协调办理该宗土地的国有土地出让手续，在国土部门举行招、拍、挂时确保三泉公司在不高于总价款的情况下顺利摘牌。但案涉土地使用权于 2014 年 10 月 23 日通过招拍挂出让方式，由案外人竞得。山东省临沂市中级人民法院认为，鉴于本案当事人之间协议转让标的为划拨土地的使用权，现已由国土部门通过招拍挂的方式出

① 参考案例 14：“山东三泉置业有限公司诉临沂蒙环建冶有限公司建设用地使用权转让合同纠纷案”，山东省临沂市中级人民法院(2014)临民一初字第 98 号民事判决。

让给案外人,根据《国有土地使用权合同解释》第 11 条之规定,当事人之间签订的该协议无效。在下述【典型案例 18】"山东省总工会等与青岛华丽房地产有限公司国有建设用地使用权转让合同纠纷案"[①]中,针对划拨土地使用权人与拟受让方实行"先转让再出让",后在政府批准的土地出让程序中,土地使用权被案外人竞得,受让方未能竞得,一审法院(山东省高级人民法院)也认为,本案讼争土地为国有划拨土地,青岛市土房局将土地收回纳入储备后,以招标、拍卖方式公开出让,其后通过拍卖程序出让给案外人。因此,可以认定双方订立的划拨土地使用权转让合同未得到青岛市政府的批准。根据《国有土地使用权合同解释》第 11 条的规定,应当认定为无效。

但是,划拨土地使用权人与拟受让方之间的转让合同在前,政府的批准行为在后,且政府批准与否无法事先确定,如果将批准作为确定合同效力的依据,也就意味着以事后不确定的行为确定在先行为的效力,不符合惯常的逻辑。此其一。其二,如果将拟受让方实际竞得土地使用权作为确定转让合同的依据,则拟受让方可以通过是否参与竞拍、是否提高竞价等事后行为决定合同效力,相当于在合同签订后将合同效力交由一方当事人决定,显然不尽合理。反之,认定转让划拨土地使用权合同有效,如未获政府批准的,或拟受让方未实际竞得土地使用权的,以合同无法实际履行为由,予以解除,并根据当事人过错分担损失,既简洁明了,又有利于督促当事人积极诚信履约。

典型案例17

哈尔滨新一房地产开发有限责任公司与哈尔滨工业资产经营有限责任公司、哈尔滨电碳厂合同纠纷案[②]

基本案情:2009 年 9 月 9 日,工业公司、电碳厂与新一公司签订《资产转让协议》约定,电碳厂将其335 126.2平方米划拨土地使用权以 3.8 亿元的价格转让给新一公司,并到哈尔滨产权交易中心办理产权转让手续、进行挂牌交易,新

---

① 典型案例 18:"山东省总工会等与青岛华丽房地产有限公司国有建设用地使用权转让合同纠纷案",最高人民法院(2013)民一终字第 47 号民事判决。相关文书可扫描本书第 57 页二维码。

② 典型案例 17:"哈尔滨新一房地产开发有限责任公司与哈尔滨工业资产经营有限责任公司、哈尔滨电碳厂合同纠纷案",最高人民法院(2017)最高法民终 776 号民事判决。

一公司摘牌受让标的资产。但在其后的出让程序中，该宗地最终被案外人哈尔滨市振业房地产开发有限公司以15.62亿元的价格摘牌受让。新一公司遂向法院起诉，请求解除《资产转让协议》，工业公司和电碳厂赔偿相应损失。工业公司与电碳厂辩称，《资产转让协议》属于国有划拨土地使用权转让协议，且在起诉前该转让行为未经有批准权的人民政府批准，应当认定无效。

典型案例裁判文书

典型案例17
最高人民法院（2017）最高法民终776号民事判决书

法院观点：针对《资产转让协议》的效力，最高人民法院在二审中认为，电碳厂土地已经市政府批准挂牌出让，表明《资产转让协议》所涉电碳厂土地转让已经政府部门批准。尽管新一公司最终没有受让取得电碳厂土地使用权，参照《国有土地使用权合同解释》第12条的规定，应当认定《资产转让协议》有效。但因土地被第三人竞得，工业公司、电碳厂不能履行合同义务，故《资产转让协议》因无法继续履行应予解除。

裁判规则18

划拨土地使用权人与拟受让方之间的补偿合同无效或被解除的，对相应损失分担与利益分配，有约定的从约定。无约定的，应当在相互返还取得的财产基础上，按照双方过错予以确定。其中，划拨土地使用权人因放弃划拨土地使用权而由政府给予的补偿，既非划拨土地使用权的对价，亦非划拨土地使用权的增值，更不是用划拨土地出资后的投资收益，拟受让方无权要求分配。

如前所述，划拨土地使用权人与受让方实行“先转让再出让”，如果未获由批准权的人民政府批准同意的，合同无效；如果拟受让方未竞得土地使用权的，应当以合同无法实际履行为由予以解除。但由于批准行为、出让行为均发生在转让合同签订之后，这也就意味着在合同无效得以确定或合同被解除前，划拨土地使用权人或拟受让方会有相应的履行行为，如划拨土地使用权人将土地使用权交政府主管部门用以出让，从而导致划拨土地使用权的丧失，而拟受让方在此之前通常会向划拨土地使用权人支付一定的价金。此外，土地使用权被他人受让，划拨土地使用权人仍然会得到相应的补偿款。在此情况下，对这些损失或利益应当如何分担或分配？

首先，基于对意思自治的尊重，如果转让合同对此有约定的，应当从约定。

即使划拨土地使用权人与拟受让方之间的转让合同无效,但双方之间关于拟受让方未取得土地使用权情况下的损失分担与利益分配约定,相当于清理条款,根据《民法典》第 567 条[1]的规定,该约定应属有效。实践中,划拨土地使用权人与拟受让方作为理性的市场主体,考虑到政府是否同意出让、拟受让方能否以理想价位竞得土地均具有较大程度的不确定性,往往会在合同中对拟受让方未取得土地使用权的法律后果作出妥当安排。如“浙江省乐清市乐城镇石马村村民委员会与浙江顺益房地产开发有限公司合作开发房地产合同纠纷案”[2]中,双方在合同中就约定,若挂牌出让时由顺益公司取得该地块,则村委会收取 5000 万元补偿款;若由其他公司取得该地块,村委会净得出让金少于 5000 万元,不足部分由顺益公司补足,村委会净得出让金多于 5000 万元,多余部分双方各半分成。

参考案例裁判文书

参考案例15
最高人民法院(2006)民一终字第59号民事判决书

其次,《民法典》第 157 条规定:“民事法律行为无效、被撤销或者确定不发生效力后,行为人因该行为取得的财产,应当予以返还;不能返还或者没有必要返还的,应当折价补偿。有过错的一方应当赔偿对方由此所受到的损失;各方都有过错的,应当各自承担相应的责任。法律另有规定的,依照其规定。”[3]第 566 条第 1 款规定:“合同解除后,尚未履行的,终止履行;已经履行的,根据履行情况和合同性质,当事人可以请求恢复原状或者采取其他补救措施,并有权请求赔偿损失。”[4]据此,如果转让合同对拟受让方未取得土地使用权情况下的法律后果未作约定或约定不明的,在相互返还(含折价补偿)的基础上,应当按照双方过错确定损失赔偿。实践中的争议在于,划拨土地使用权人放弃划拨土地使用权交由政府主管部门出让后,政府主管部门通常会支付一定的补偿费给划拨土地使用权人,对此,拟受让方是否有权要求参与分配?

---

① 该条规定:“合同的权利义务关系终止,不影响合同中结算和清理条款的效力。”《合同法》第 98 条的规定与此基本相同。

② 参考案例 15:“浙江省乐清市乐城镇石马村村民委员会与浙江顺益房地产开发有限公司合作开发房地产合同纠纷案”,最高人民法院(2006)民一终字第 59 号民事判决,载《中华人民共和国最高人民法院公报》2008 年第 9 期,第 17 ~ 22 页。

③ 《合同法》第 58 条规定:“合同无效或者被撤销后,因该合同取得的财产,应当予以返还;不能返还或者没有必要返还的,应当折价补偿。有过错的一方应当赔偿对方因此所受到的损失,双方都有过错的,应当各自承担相应的责任。”

④ 《合同法》第 97 条规定:“合同解除后,尚未履行的,终止履行;已经履行的,根据履行情况和合同性质,当事人可以要求恢复原状、采取其他补救措施,并有权要求赔偿损失。”

《城镇国有土地使用权出让和转让暂行条例》(1990 年国务院令第 55 号)第 47 条第 2 款规定:“对划拨土地使用权,市、县人民政府根据城市建设发展需要和城市规划的要求,可以无偿收回,并可依照本条例的规定予以出让。”第 3 款规定:“无偿收回划拨土地使用权时,对其地上建筑物、其他附着物,市、县人民政府应当根据实际情况给予适当补偿。”也就是说,地方政府收回划拨土地使用权时,实行无偿收回,只是对其地上建筑物、其他附着物,根据实际情况适当补偿。该补偿既非划拨土地使用权的对价,亦非划拨土地使用权的增值,更不是用划拨土地出资后的投资收益。而且何谓“适当”,本身是政府综合个案相关主客观因素,自由裁量的结果,并无客观统一标准。[1] 因此,在划拨土地使用权人与拟受让方实行“先转让再出让”,因拟受让方未竞得土地使用权致使合同无效的情况下,对政府因收回土地而给予土地使用权人的补偿,不应视为土地使用权人的收益或土地的增值,除非当事人有特别约定,否则拟受让方无权要求参与分配。

典型案例18

山东省总工会等与青岛华丽房地产有限公司国有建设用地使用权转让合同纠纷案[2]

典型案例裁判文书

典型案例18
最高人民法院(2013)民一终字第47号民事判决书

基本案情:2000 年 9 月 19 日,省总工会、工人疗养院(甲方)、华丽公司(乙方)签订《协议书》约定,共同开发青岛工人疗养院院区项目;甲方以青岛工人疗养院院区内 72 亩土地(系划拨地)作为合作开发建设用地,乙方承担合作开发建设项目所需的全部费用,并向甲方支付 6000 万元补偿费用;甲方享有合作建设项目中12 000

① 参见肖峰:《人民政府依法收回划拨土地使用权后对原划拨土地使用权人的补偿不是划拨土地使用权本身的对价,不包括对划拨土地使用权增值部分的补偿——上诉人山东省总工会、上诉人山东省青岛工人疗养院与被上诉人青岛华丽房地产有限公司国有建设用地使用权转让合同纠纷案》,载《民事审判指导与参考》2014 年第 3 辑(总第 59 辑),第 183 ~ 187 页。

② 典型案例 18:“山东省总工会等与青岛华丽房地产有限公司国有建设用地使用权转让合同纠纷案”,最高人民法院(2013)民一终字第 47 号民事判决。

平方米的房产、乙方享有全部剩余房产。2001 年 9 月,青岛市国土资源和房屋管理局决定,工人疗养院除留下按原用途自用部分外,其余改造开发用地由青岛市收回纳入储备后,以招标、拍卖方式公开出让,并按规定进行补偿。2008 年 1 月 21 日,考虑到《协议书》已不能按计划履行,省总工会、工人疗养院与华丽公司又签订了《遗留协议》,约定解除《协议书》;省总工会收到政府土地补偿金之后,返还华丽公司已经支付的 3200 万元补偿金及相当于银行同期贷款利息和相关实际支出;在省总工会资产增值获利的基础上,对华丽公司的投入给予适当的效益补偿。2010 年 3 月 12 日,案涉土地使用权通过拍卖程序出让。青岛市政府土地储备中心在扣除相关费税后将 14.8 亿元土地拍卖款全部返还给省总工会。华丽公司诉至法院,要求省总工会支付土地升值的效益补偿。

法院观点:一审法院(山东省高级人民法院)认为,考虑到华丽公司在《协议书》签订后积极投入资金进行拆迁安置、项目运作,为该项目土地的开发增值作出了贡献,应在出让土地增值获利范围内给予华丽公司适当补偿。具体计算上,根据华丽公司的投入(46 647 277.19元)在项目总投资(40 000万元)中的占比,乘以土地变现收益的 30%,确定为51 778 430元。但二审中,最高人民法院认为,一审法院认定案涉土地使用权补偿费中有 30% 为增值获利缺乏依据,一审法院以华丽公司对项目的投入总额与青岛市有关部门批复中确定的项目总投资40 000万元之间的比例作为项目效益补偿比例缺乏依据。并据此改判驳回华丽公司关于效益补偿的诉讼请求。二审承办人进一步认为,"案涉土地使用权即便有升值也是自然升值,而不是因为华丽公司的投资或者劳动升值。""土地使用权升值后,政府补贴的对象也是原划拨土地使用权人,华丽公司并不是原土地使用权人。""地方人民政府收回划拨土地使用权时,是无偿收回。只是对其地上建筑物、其他附着物,根据实际情况给予适当补偿。""原划拨土地使用权人并无所谓补偿款之外的投资效益。"①

① 参见肖峰:《人民政府依法收回划拨土地使用权后对原划拨土地使用权人的补偿不是划拨土地使用权本身的对价,不包括对划拨土地使用权增值部分的补偿——上诉人山东省总工会、上诉人山东省青岛工人疗养院与被上诉人青岛华丽房地产有限公司国有建设用地使用权转让合同纠纷案》,载《民事审判指导与参考》2014 年第 3 辑(总第 59 辑),第 183 ~ 185 页。

裁判规则 19

划拨土地使用权人将划拨土地使用权转让给受让方，受让方经批准直接取得该划拨土地使用权的，构成“转划拨”。对划拨土地使用权人与受让方之间的法律关系，应当认定为补偿合同。

《国有土地使用权合同解释》第 13 条规定：“土地使用权人与受让方订立合同转让划拨土地使用权，起诉前经有批准权的人民政府决定不办理土地使用权出让手续，并将该划拨土地使用权直接划拨给受让方使用的，土地使用权人与受让方订立的合同可以按照补偿性质的合同处理。”此即所谓的“转划拨”。

《城市房地产管理法》第 40 条第 2 款规定：“以划拨方式取得土地使用权的，转让房地产报批时，有批准权的人民政府按照国务院规定决定可以不办理土地使用权出让手续的，转让方应当按照国务院规定将转让房地产所获收益中的土地收益上缴国家或者作其他处理。”据此，在划拨土地使用权人将划拨土地使用权进行转让时，政府主管部门认为受让方具备使用划拨土地使用权的条件，批准同意转让，并决定不办理土地使用权出让手续，而将该土地直接划拨给受让方使用。这一模式涉及的法律关系与“先转让再出让”较为类似，一是政府将原划拨土地使用权人的划拨土地使用权收回；二是政府向受让方授予划拨土地使用权；三是受让方对原划拨土地使用权人的补偿。

可以通过“转划拨”方式取得的划拨土地，主要限于国家暂时无法或不需要转为出让方式供应的地块，包括待拟定发展规划的临时用地，以及其他认为不宜长期固定使用的土地，或者不宜确定出让年限的地块等。[①] 具体可以参照原

① 贺小荣：《合作开发房地产合同的效力认定及补正原则》，载《民事审判指导与参考》2005 年第 2 集（总第 22 集），第 104 页。

建设部《城市房地产转让管理规定》(2001 年建设部令第 96 号)第 12 条①的规定。需要注意的是,因划拨土地不得用于商业开发,也就意味着受让方虽然获得了该宗地,但不得用于房地产开发。

典型案例19

重庆千斤顶厂与重庆市北碚区新城建设有限责任公司建设用地使用权转让合同纠纷案②

典型案例裁判文书

典型案例19
重庆市第一中级人民法院(2017)渝01民终1344号民事判决书

基本案情:2012 年 9 月 14 日,重庆千斤顶厂与北碚新城公司签订《协议》约定,北碚新城公司向重庆千斤顶厂支付 1460 万元,回购《重庆市人民政府关于重庆千斤顶厂新产品扩产出品创汇工程征用土地的批复》中所述国有土地使用权及收益权等权益,即 D3 - 7/01、D3 - 4/02 地块。该地块的土地使用权类型为划拨,土地用途为工业。协议签订后,北碚新城公司按约支付了土地回购款。2014 年 7 月 16 日,重庆市政府向北碚区政府下发《关于重庆市北碚区新城建设有限责任公司建设北碚组团 D 标准分区 D3 - 7/03、D3 - 4 - 2/04 号地块农转非安置房工程划拨国有建设用地的批复》。同日,重庆市国土资源和房屋管理局签发了涉案地块目的《国有建设用地划拨决定书》。2016 年 5 月 10 日,重庆千斤顶厂诉至法院,请求撤销《协议》。

法院观点:重庆市第一中级人民法院(二审法院)认为,根据《国有土地使用

---

① 该条规定:"以划拨方式取得土地使用权的,转让房地产时,属于下列情形之一的,经有批准权的人民政府批准,可以不办理土地使用权出让手续,但应当将转让房地产所获收益中的土地收益上缴国家或者作其他处理。土地收益的缴纳和处理的办法按照国务院规定办理:(一)经城市规划行政主管部门批准,转让的土地用于建设《中华人民共和国城市房地产管理法》第二十三条规定的项目的;(二)私有住宅转让后仍用于居住的;(三)按照国务院住房制度改革有关规定出售公有住宅的;(四)同一宗土地上部分房屋转让而土地使用权不可分割转让的;(五)转让的房地产暂时难以确定土地使用权出让用途、年限和其他条件的;(六)根据城市规划土地使用权不宜出让的;(七)县级以上人民政府规定暂时无法或不需要采取土地使用权出让方式的其他情形。依照前款规定缴纳土地收益或作其他处理的,应当在房地产转让合同中注明。"

② 典型案例 19:"重庆千斤顶厂与重庆市北碚区新城建设有限责任公司建设用地使用权转让合同纠纷案",重庆市第一中级人民法院(2017)渝 01 民终 1344 号民事判决。

权合同解释》第 13 条的规定，划拨土地使用权人将划拨土地使用权转让给具有划拨土地使用权资格的受让方后，起诉前有批准权的人民政府决定将土地使用权直接划拨给受让方使用，当事人双方订立的合同是有效的，只是合同的性质转化为补偿性质的合同。本案中，重庆千斤顶厂、北碚新城公司签订《协议》后，重庆市政府已经下发了《关于重庆市北碚区新城建设有限责任公司建设北碚组团 D 标准分区 D3－7/03、D3－4－2/04 号地块农转非安置房工程划拨国有建设用地的批复》。同日，重庆市国土资源和房屋管理局签发了《国有建设用地划拨决定书》。故，重庆千斤顶厂、北碚新城公司于 2012 年 9 月 14 日签订的《协议》可认定为补偿性质的合同。双方签订的《协议》系双方当事人真实意思表示，不违反法律、法规的强制性规定，合法、有效。

1.3 转让取得建设用地使用权

建设用地使用权转让属于土地二级市场。《城镇国有土地使用权出让和转让暂行条例》(1990 年国务院令第 55 号)第 19 条第 1 款规定："土地使用权转让是指土地使用者将土地使用权再转移的行为，包括出售、交换和赠与。"

裁判规则 20

建设用地使用权转让是要式法律行为，转让方与受让方虽达成转让的合意，但未签订书面出让合同的，应当认定转让合同未成立。但一方已经履行主要义务，对方接受的除外。

针对建设用地使用权转让，《民法典》第 354 条前段规定，"建设用地使用权转让、互换、出资、赠与或者抵押的，当事人应当采用书面形式订立相应的合同"。[①] 应当认定，"建设用地使用权转让是要式民事法律行为"[②]，建设用地使用权转让合同是要式合同——必须以书面形式签订。"在合同法理论上，必须采取书面形式的合同属于一种要式合同，要式合同一般适用于交易复杂、涉及利益巨大的情形。建设用地使用权流转之所以必须采用书面形式的要式合同，是因

① 《物权法》第 144 条前段与此基本相同。
② 符启林：《房地产法》，法律出版社 2009 年版，第 138 页。

为建设用地使用权涉及对土地这一重要资源的利用,关系到国家、社会和用地人的重大利益,要求采用书面形式可以有效地明确权利、义务,避免潜在的争议。”①

既然建设用地使用权转让合同是要式合同,“按照《合同法》的规定,未履行法定形式的后果,原则上合同不成立”。② 也就是说,转让方与受让方虽达成转让的合意,但未签订书面出让合同的,应当认定转让合同不成立。对于双方达成的转让建设用地使用权的合意,可以认定为建设用地使用权转让合同的预约合同,进而按照预约合同的规则③处理。但是,根据履行治愈形式瑕疵理论,《民法典》第 490 条第 1 款规定:“当事人采用合同书形式订立合同的,自当事人均签名、盖章或者按指印时合同成立。在签名、盖章或者按指印之前,当事人一方已经履行主要义务,对方接受时,该合同成立。”④也就是说,虽未签订书面转让合同,但一方已经履行主要义务且对方接受的,应当认定转让合同已经成立。

需要说明的是,与【裁判规则 5】相同,有观点认为,应当将现行法关于建设用地使用权转让合同应采取书面形式订立的规定理解为倡导性规定,而非强制性规定。如此,只要双方当事人就建设用地使用权转让事宜达成一致意见,无论是否签订书面的转让合同,转让合同关系即告成立。

典型案例20

郑少春等与莆田市中医院建设用地使用权纠纷案⑤

基本案情:中医院名下有莆国用(1998)第 9801500、9801501、9801502 和

---

① 胡康生主编:《中华人民共和国物权法释义》,法律出版社 2007 年版,第 326 页。

② 梁慧星:《民法总论》,法律出版社 2017 年版,第 168 页。

③ 目前,我国法律调整预约合同的规则主要是《买卖合同解释》第 2 条与《民法典》第 495 条。《买卖合同解释》第 2 条规定:“当事人签订认购书、订购书、预订书、意向书、备忘录等预约合同,约定在将来一定期限内订立买卖合同,一方不履行订立买卖合同的义务,对方请求其承担预约合同违约责任或者要求解除预约合同并主张损害赔偿的,人民法院应予支持。”《民法典》第 495 条规定:“当事人约定在将来一定期限内订立合同的认购书、订购书、预订书等,构成预约合同。当事人一方不履行预约合同约定的订立合同义务的,对方可以请求其承担预约合同的违约责任。”

④ 《合同法》第 37 条。

⑤ 典型案例 20:“郑少春等与莆田市中医院建设用地使用权纠纷案”,最高人民法院(2014)民提字第 125 号民事判决。由于诉讼中,双方对土地转让价款、土地四至范围、面积的陈述均不一致,故本案不能适用“一方已经履行主要义务,对方接受的”但书规则。

9801503 号共计四块土地。中医院曾与郑少春商谈土地转让问题，但双方没有签订土地使用权转让合同（诉讼中，双方对土地转让价款、土地四至范围、面积的陈述均不一致）。2000 年 11 月 10 日，郑少春预付 20 万元土地款给中医院，同日，中医院将本案讼争的土地交付郑少春使用。2001 年 1 月 18 日，中医院又收到郑少春支付的土地款 20 万元及代垫购车款 26 万元。从 2006 年 2 月 22 日起，郑少春将案涉土地和店面出租给志强汽贸。2008 年 3 月 10 日，中医院向法院提起诉讼，请求判令郑少春、志强汽贸将土地返还给中医院。郑少春辩称，虽然郑少春与中医院之间没有达成书面合同，但已实际履行八年之久，双方之间属于土地转让行为，该转让行为合法、有效。

典型案例裁判文书

典型案例20
最高人民法院（2014）民提字第125号民事判决书

法院观点：最高人民法院在再审中认为，《城镇国有土地使用权出让和转让暂行条例》第 20 条、《物权法》第 144 条，[①]均规定土地使用权转让应当采用书面形式签订转让合同。土地使用权转让系重大交易，前述法律、行政法规明确规定土地使用权转让应当签订书面转让合同，故该法律行为在性质上属于要式法律行为。尽管中医院承认其与郑少春曾经就土地使用权转让进行磋商，且双方当事人也有一定的履行行为，但在中医院明确否认其与郑少春之间最终确立的就是土地使用权转让法律关系的情况下，可以认定双方当事人订立书面合同的可能性已经不存在。如果直接确认双方当事人之间已经确立了土地使用权转让法律关系，则有可能出现通过司法手段强制当事人缔结要式合同的后果。最终，最高人民法院认定，双方当事人未就土地使用权转让最终达成一致，并判令郑少春退还土地。

裁判规则 21

建设用地使用权转让合同约定的转让期限超过建设用地使用权剩余期限的，转让合同有效。因超期部分履行不能，受让人可请求解除合同或减少转让价款，并要求转让人承担相应违约责任。

出让取得的建设用地使用权具有期限性，而建设用地使用权的转让是土地使用者将土地使用权再转移的行为，“原权利人所享有的权利仅仅是依出让合

① 《民法典》第 354 条。

同取得的一定期限的建设用地使用权,因而受让人享有的只能是原权利人剩余期限的权利"。[①] 就此,《城市房地产管理法》第 43 条规定:"以出让方式取得土地使用权的,转让房地产后,其土地使用权的使用年限为原土地使用权出让合同约定的使用年限减去原土地使用者已经使用年限后的剩余年限。"《民法典》第 354 条规定:"建设用地使用权转让、互换、出资、赠与或者抵押的,当事人应当采用书面形式订立相应的合同。使用期限由当事人约定,但是不得超过建设用地使用权的剩余期限。"[②]如果转让合同约定的期限超过剩余期限的,应当如何评价该行为的效力呢?

实践中,在单纯的建设用地使用权转让合同中约定的转让期限超过建设用地使用权剩余期限的,较为少见,更多的是在商品房买卖合同中约定的土地使用权期限超过剩余期限。就此,有观点主张,应参照合同法关于超期转租的规则,直接认定超过剩余期限的部分无效。《房屋租赁合同解释》第 15 条规定:"承租人经出租人同意将租赁房屋转租给第三人时,转租期限超过承租人剩余租赁期限的,人民法院应当认定超过部分的约定无效。但出租人与承租人另有约定的除外。"其理由如下,"承租人将房屋转租,依据的恰恰是其与出租人订立的房屋出租合同,权源也是依据该房屋出租合同享有的对房屋租赁期内的占有和使用权。因此,转租合同具有一定的依附性。如果转租合同约定的租赁期限超出了承租人的剩余租赁期限,而租赁合同约定的履行期限又届满,承租人就丧失了对于该房屋进行处分的合法权源,当然该行为应归于无效"。建设用地使用权转让合同与转租合同非常类似,都是将取得的有期限限制的权利转让给第三人,本着"类似问题类似处理"的法理,对转让建设用地使用权,转让期限超过剩余期限的,也应当直接认定超过部分无效。

就此,实务界更倾向于以无权处分为由认定转让合同有效,进而以履行不能为由解除合同,并要求转让方承担违约责任。其理由有二:一方面,建设用地使用权转让合同与转租合同存在本质区别,前者转让的是用益物权,后者转让的是债权,权利性质迥然有别;另一方面,如果转让期限超过剩余期限,则转让人对超期部分缺乏进行处分的合法权源,构成无权处分。在《房屋租赁合同解

---

① 符启林:《房地产法》,法律出版社 2009 年版,第 133 页。

② 《物权法》第 144 条。

释》之后颁布的《买卖合同解释》第3条第1款[①]已经明确，无权处分合同系有效合同，故不应以“丧失了对于该房屋进行处分的合法权源”为由，认定超期部分无效。《民法典》第597条第1款更是明确规定：“因出卖人未取得处分权致使标的物所有权不能转移的，买受人可以解除合同并请求出卖人承担违约责任。”据此，在认定超剩余期限转让合同有效的前提下，由于超期部分履行不能，转让人应当承担相应违约责任。

典型案例21

郑正与惠州市惠阳本因坊实业有限公司商品房预售合同纠纷案[②]

典型案例裁判文书

典型案例21
广东省惠州市中级人民法院（2016）粤13民终1808号民事判决书

基本案情：2012年7月28日，郑正与本因坊公司签订《商品房（商铺）买卖合同》约定，郑正购买本因坊公司开发的杏林苑小区商铺，总价为191 711元；土地规划用途为商业住宅；土地使用权年限自2006年8月25日至2076年8月25日。2015年8月24日，双方签订《补充协议》约定，按原买卖合同单价多退少补原则，本因坊公司应向郑正退回款项28 617元，最终成交总额为163 094元，实际已退回款项3356元。郑正已支付房款共计166 450元。另查明，土地使用权证显示，涉案商业用地使用期限至2046年8月3日止。郑正向法院起诉，请求撤销《商品房（商铺）买卖合同》，本因坊公司退回购房款163 094元并赔偿利息损失。

法院观点：二审中，广东省惠州市中级人民法院认为，双方签订的使用年限为70年的商品房买卖合同违反了《城镇国有土地使用权出让和转让暂行条例》中“商业用地使用权最高出让年限是四十年”的规定而履行不能，故郑正请求解除涉案商品房买卖合同，具有事实与法律依据，予以支持。郑正已向本因坊公司缴纳了房款163 094元，由于涉案商品房买卖合同已被解除，故本因坊公司应

---

① 该款规定：“当事人一方以出卖人在缔约时对标的物没有所有权或者处分权为由主张合同无效的，人民法院不予支持。”

② 典型案例21：“郑正与惠州市惠阳本因坊实业有限公司商品房预售合同纠纷案”，广东省惠州市中级人民法院（2016）粤13民终1808号民事判决。

当将该部分款项退还给郑正。鉴于本因坊公司的违约行为给郑正造成了一定的资金损失,故酌情判决本因坊公司以已付款163 094元为基数,按照中国人民银行同期同类贷款利率计付利息给郑正。[①]

裁判规则 22

《城市房地产管理法》第 39 条第 1 款第(1)项系针对土地使用权权属变更所作的行政管理性规定,而非效力性强制性规定。转让土地使用权时,转让人尚未支付全部土地使用权出让金,或未取得土地使用权证书的,虽不能办理土地使用权权属变更登记,但不影响转让合同的效力。

为防止炒卖地皮,现行法设定了转让建设用地使用权的限制条件。根据《城市房地产管理法》第 39 条第 1 款第(1)项的规定,以出让方式取得土地使用权的,转让房地产时,应当按照出让合同约定已经支付全部土地使用权出让金,并取得土地使用权证书。如果转让土地使用权时,转让人尚未支付全部土地使用权出让金,或未取得土地使用权证书的,应当如何评价转让合同的效力?

《国有土地使用权合同解释》第 9 条规定:"转让方未取得出让土地使用权证书与受让方订立合同转让土地使用权,起诉前转让方已经取得出让土地使用权证书或者有批准权的人民政府同意转让的,应当认定合同有效。"在以往的司法实践中,绝大多数法院认为可以对该条规定进行反对解释,即不满足规定条件的转让合同无效。其理由是,转让方未取得出让土地使用权就与受让方订立合同转让土地使用权,属于无权处分行为,根据《合同法》第 51 条的规定,该转让土地使用权的合同应当为效力待定的合同。在当事人向人民法院起诉前,如转让方仍未取得出让土地使用权证书或者有批准权的人民政府没有批准,不仅其转让行为无效而且其订立的转让合同也应认定为无效。[②] 最高人民法院《关于土地转让方未按规定完成土地的开发投资即签订土地使用权转让合同的效

---

① 需要指出的是,原告诉请的是撤销合同,而法院判决解除合同,是否妥当,尚需斟酌。

② 参见最高人民法院民事审判第一庭编著:《最高人民法院国有土地使用权合同纠纷司法解释的理解与适用》,人民法院出版社 2005 年版,第 111 ~ 119 页。

力问题的答复》(法函〔2003〕34 号,现已失效)①即规定,未按照出让合同约定支付全部土地使用权出让金,并取得土地使用权证书,而进行转让的,其转让合同无效。重庆市高级人民法院《关于当前民事审判若干法律问题的指导意见》(2007 年 11 月 22 日)第 34 条第 1 款也规定,“在当事人向人民法院起诉前,仍未取得建设用地使用权或仍未获得有批准权的人民政府批准的,有关的建设用地使用权转让合同应当认定为无效”。在“广西北生集团有限责任公司与北海市威豪房地产开发公司、广西壮族自治区畜产进出口北海公司土地使用权转让合同纠纷案”②中,北生集团与威豪公司签订《土地合作开发协议书》约定,双方合作开发乡镇企业城范围内土地 150 亩;威豪公司按每亩 20.5 万元标准交付合作开发费用,共计 3075 万元。但北生集团一直未取得讼争土地的土地使用权。在认定《土地合作开发协议书》名为合作开发实为土地使用权转让协议的基础上,最高人民法院认为,因北生集团未取得讼争土地的使用权即与威豪公司签订协议转让该土地的使用权,也未在一审审理期间补办有关土地使用权登记或变更登记手续,故双方当事人签订的《土地合作开发协议书》应为无效。

参考案例裁判文书

参考案例16
最高人民法院(2005)民一终字第104号民事判决书

但随着法律观念的更新,尤其是对合同效力管控的放松,上述规则有所变化。最高人民法院《关于当前形势下进一步做好房地产纠纷案件审判工作的指导意见》(法发〔2009〕42 号)第 2 条规定:“要正确理解城市房地产管理法等法律、行政法规关于土地使用权转让条件的规定,准确把握物权效力与合同效力的区分原则,尽可能维持合同效力,促进土地使用权的正常流转。”2012 年颁布的《买卖合同解释》第 3 条第 1 款规定:“当事人一方以出卖人在缔约时对标的物没有所有权或者处分权为由主张合同无效的,人民法院不予支持。”该款采取限缩解释的方法,认为“《合同法》第 51 条中规定的‘处分’和‘合同’,仅指处分行为即标的物之物权的转移变更,而不包括负担行为即处分合同在内。在出卖他人之物情形,处分合同的效力并非未定,而是确定有效的;真正效力未定的应

---

① 2013 年 2 月 26 日,最高人民法院《关于废止 1997 年 7 月 1 日至 2011 年 12 月 31 日期间发布的部分司法解释和司法解释性质文件(第十批)的决定》(法释〔2013〕7 号),以“与物权法关于不动产转让合同效力的规定相冲突”为由,废止了该函。这进一步印证了【裁判规则 22】所持立场。

② 参考案例 16:“广西北生集团有限责任公司与北海市威豪房地产开发公司、广西壮族自治区畜产进出口北海公司土地使用权转让合同纠纷案”,最高人民法院(2005)民一终字第 104 号民事判决,载《中华人民共和国最高人民法院公报》2006 年第 9 期,第 6 ~ 15 页。

当是处分人履行合同的行为以及履行合同的结果,即无权处分行为效力未定”。[①] “买卖合同司法解释虽然主要适用动产,但在不动产交易上,也要与该解释第三条规定的精神保持一致。”[②]《民法典》更是直接摒弃了《合同法》第 51 条的规定。据此,根据最高人民法院《关于当前形势下进一步做好房地产纠纷案件审判工作的指导意见》第 2 条、《买卖合同解释》第 3 条第 1 款的规定以及《民法典》的立场,转让方未取得出让土地使用权证书与受让方订立合同转让土地使用权,无论起诉前转让方是否取得出让土地使用权证书,或有批准权的人民政府是否同意转让,该转让合同都是有效合同。如果由于转让方未取得出让土地使用权证书或有批准权的人民政府不批准,导致合同无法履行的,则应根据《买卖合同解释》第 3 条第 2 款的规定,要求转让方承担违约责任。

典型案例22

北京秦龙万通投资有限公司与珠海市嘉德利投资有限公司、中经信(珠海)国际担保有限公司、中国人民解放军空军后勤部驻广州办事处建设用地使用权转让合同纠纷案[③]

典型案例裁判文书

典型案例22
广东省高级人民法院(2013)粤高法民一终字第40号民事判决书

最高人民法院(2015)民申字第196号民事裁定书

基本案情:2007 年 1 月 17 日,空军广州办与秦龙公司签订《军用土地使用权转让合同》,将总面积为122 111.9平方米的 A、B、C、D 四宗土地转给秦龙公司。2007 年 1 月 22 日,中国人民解放军空军后勤部批复同意空军广州办将土地有偿转让给秦龙公司。2007 年 3 月 30 日,嘉德利公司与秦龙公司、中经信公司签订《协议书》约定,秦龙公司将其从空军广州办取得的四幅商住用地中的 B、C 两幅土地

① 最高人民法院民事审判第二庭编著:《最高人民法院关于买卖合同司法解释理解与适用》,人民法院出版社 2012 年版,第 79 页。

② 程新文:《关于当前民事审判工作中的若干具体问题》(2015 年 12 月 24 日),载《民事审判指导与参考》2015 年第 4 辑(总第 64 辑),第 57 页。

③ 典型案例 22:“北京秦龙万通投资有限公司与珠海市嘉德利投资有限公司、中经信(珠海)国际担保有限公司、中国人民解放军空军后勤部驻广州办事处建设用地使用权转让合同纠纷案”,广东省高级人民法院(2013)粤高法民一终字第 40 号民事判决、最高人民法院(2015)民申字第 196 号民事裁定。

使用权转让给嘉德利公司，土地使用权性质为出让，用途为商住用地。2007年4月20日，嘉德利公司依约将部分转让款2000万元支付到空军广州办的广州市商业银行账户。2009年3月25日，秦龙公司向嘉德利公司发出函件称，协议签订时并未取得该块土地使用权证书，《军用土地使用权转让合同》应为无效合同。嘉德利公司提起诉讼，请求判令秦龙公司继续履行《协议书》。另查明，诉讼前，A地块已过户给秦龙万通公司，B、C、D地块尚未过户，登记在空军广州办名下，性质为商住用地。

法院观点：一审法院（广东省珠海市中级人民法院）与二审法院（广东省高级人民法院）均认为，秦龙公司是否取得涉案土地权属证书，属于政府土地行政管理部门的管理措施，不影响对本案土地使用权转让合同效力的认定。故秦龙公司关于合同无效的抗辩，不能成立。二审判决后，秦龙公司向最高人民法院申请再审。最高人民法院认为，《城市房地产管理法》第38条第（6）项关于"未依法登记领取权属证书的房地产，不得转让"的规定，只是房地产登记部门在行使行政管理职能时审查房地产变更登记的所需条件，不是《合同法解释（二）》第14条所指的效力性强制性规定。而《国有土地使用权合同解释》第9条的规定，并未直接否定合同的效力或确认自始无效。故秦龙公司关于原判决认定《协议书》有效系适用法律错误的主张因无法律依据而不能成立。

裁判规则23

土地使用权转让合同约定的土地用途与原核准土地用途不一致的，不影响转让合同的效力。至于土地用途能否按约实现改变，属于合同履行范畴。

如前所述，根据土地性质不同，可将建设用地分为出让土地与划拨土地。除此之外，根据土地用途不同，还可将建设用地分为工业用地、商业用地、娱乐用地、住宅用地等，"我国对建设用地实行用途管制"，[①]受让方必须按照出让合同约定用途利用土地。如果出让合同的受让方擅自改变土地用途的，如将工业用地转让给他人作为建设用地，或将工业用地与他人合作开发房地产的，应当如何评价合同效力？

一方面，土地用途受到现行法的管制。《民法典》第350条后段规定："需要

① 胡康生主编：《中华人民共和国物权法释义》，法律出版社2007年版，第316页。

改变土地用途的,应当依法经有关行政主管部门批准。”①《城市房地产管理法》第 18 条规定:“土地使用者需要改变土地使用权出让合同约定的土地用途的,必须取得出让方和市、县人民政府城市规划行政主管部门的同意,签订土地使用权出让合同变更协议或者重新签订土地使用权出让合同,相应调整土地使用权出让金。”第 44 条规定:“以出让方式取得土地使用权的,转让房地产后,受让人改变原土地使用权出让合同约定的土地用途的,必须取得原出让方和市、县人民政府城市规划行政主管部门的同意,签订土地使用权出让合同变更协议或者重新签订土地使用权出让合同,相应调整土地使用权出让金。”《城镇国有土地使用权出让和转让暂行条例》第 18 条规定:“土地使用者需要改变土地使用权出让合同规定的土地用途的,应当征得出让方同意并经土地管理部门和城市规划部门批准,依照本章的有关规定重新签订土地使用权出让合同,调整土地使用权出让金,并办理登记。”国务院《关于加强国有土地资产管理的通知》(国发〔2001〕15 号)规定:“土地使用者需要改变原批准的土地用途、容积率等、必须依法报经市、县人民政府批准。对原划拨用地,因发生土地转让、出租或改变用途后不再符合划拨用地范围的,应依法实行出让等有偿使用方式;对出让土地,凡改变土地用途、容积率的,应按规定补交不同用途和容积率的土地差价。”《国有土地使用权合同解释》第 5 条规定,“受让方经出让方和市、县人民政府城市规划行政主管部门同意,改变土地使用权出让合同约定的土地用途,当事人请求按照起诉时同种用途的土地出让金标准调整土地出让金的,应予支持”。可见改变土地用途,需要报经市、县人民政府批准,并取得出让人的同意;②还要根据变更后的土地用途补缴土地出让金。

另一方面,上述规定表明土地用途是可以依法变更的,而且指向的都是对土地的实际利用行为,不足以成为否定合同效力的依据。换句话说,如果出让合同的受让方擅自改变土地用途的,如将工业用地转让给他人作为建设用地,或将工业用地与他人合作开发房地产的,由于违反上述规定,合同无法实际履行,但不宜以此为由认定合同无效。《国有土地使用权合同解释》第 6 条规定:“受让方擅自改变土地使用权出让合同约定的土地用途,出让方请求解除合同的,应予支持。”其称“解除”而非“无效”,清晰地表明了认可合同效力的立场。

---

① 《物权法》第 140 条后段。

② 参见韩延斌等:《房地产纠纷裁判思路与规范指引》(上),人民法院出版社 2014 年版,第 22 ~ 23 页。

重庆市高级人民法院民一庭也认为:“以工业用地与他人合作开发房地产的,只要当事人一方具备房地产开发经营资质,就应当认定合同有效。当然,合作各方应当依法变更土地使用权性质和用途,否则规划等行政审批不能通过,后续的开发、销售行为无法实施。”①

除下述【典型案例 23】外,在“河南花园置业有限公司与河南鑫苑置业有限公司土地使用权转让合同纠纷案”②中,花园公司与鑫苑公司签订《出让土地使用权转让协议书》约定,花园公司将出让取得的一宗地以15 295万元的价格转让给鑫苑公司,该宗地转让前使用性质属于工业,转让约定的性质为国有出让(混合住宅)。后在履行过程中发生争议,遂诉至法院。一审法院(河南省高级人民法院)认为,该协议书涉及的土地用途变更问题,属于协议书能否完全履行的问题,并不直接影响协议书的效力。最高人民法院在二审中也认可了协议书的效力。

参考案例裁判文书

有章

参考案例17
最高人民法院(2006)民一终字第26号民事判决书

典型案例23

宁夏金力泰钢结构有限公司与银川开发区宏建房地产开发有限公司合作、合资开发房地产合同纠纷案③

基本案情:2010 年 11 月 27 日,宏建公司(甲方)与金力泰公司(乙方)签订《联合开发协议》约定,双方就乙方所属 205.55 亩工业用地及其地上附着物现状和现有设施设备进行联合开发建设;在以上建设用地范围内,其中 100 亩地含附着物在内,按现价土地使用性质作价 40 万元/亩,由甲方以 4000 万元购买方式一次性付给乙方,该购买部分变更土地使用性质及过户所发生税费补缴由甲方

典型案例裁判文书

有章

典型案例23
最高人民法院(2015)民一终字第57号民事判决书

---

① 重庆市高级人民法院民一庭:《民事审判法律适用问题研究综述(二)》(2015 年 7 月 8 日)。

② 参考案例 17:“河南花园置业有限公司与河南鑫苑置业有限公司土地使用权转让合同纠纷上诉案”,最高人民法院(2006)民一终字第 26 号民事判决。

③ 典型案例 23:“宁夏金力泰钢结构有限公司与银川开发区宏建房地产开发有限公司合作、合资开发房地产合同纠纷案”,最高人民法院(2015)民一终字第 57 号民事判决。

承担;另外的 105.55 亩作为乙方提供的双方合作建设用地,含地上附着物变更土地使用性质前作价 40 万元/亩(工业用地现状条件价),变更土地使用性质所发生税费由乙方承担;在甲方购买 100 亩土地后,剩余 105.55 亩建设用地范围内,以竣工成品房条件返还给乙方 26%,剩余 74% 由甲方自行支配;甲方负责项目的建设成本与税费。后在履行过程中发生争议,宏建公司诉至法院,请求解除《联合开发协议》,金力泰公司辩称,《联合开发协议》无效。

法院观点:一审法院(宁夏回族自治区高级人民法院)认为,本案工业用地转换为商住用地,是否获得政府主管部门批准,并不影响双方签订的《联合开发协议》的效力。一审判决后,金力泰公司上诉称,《联合开发协议》约定的开发土地系法律禁止进行商住房开发的工业用地,违反了法律、行政法规的效力性、强制性规定,应认定无效。最高人民法院认为,"双方协议变更讼争用地性质并履行法定出让、补缴费用、过户、行政审批等程序,符合法律规定。至于约定内容能否全面实际履行,是考量合同应否解除或终止的因素,并不能因此认定合同无效。金力泰公司与贺兰县国土资源局签订的《国有土地使用权出让合同》第十七条和第二十四条明确约定,变更土地用途或转让土地均应报贺兰县国土资源局批准,说明该宗土地变更用途或转让并非禁止,可以通过申报批准而实现。金力泰公司关于协议无效的主张,缺乏法律依据,不能成立"。

裁判规则 24

基于改变土地用途的程序性要求,转让方将土地交土地管理部门收回并变更土地用途后进行招拍挂,拟受让方通过招拍挂程序竞买的,转让方与拟受让方之间的法律关系为补偿合同关系。

如前所述,我国对土地用途实行严格管制,如需改变土地用途,在有的情况下,原土地使用权人需将土地交回给土地管理部门,由土地管理部门改变土地用途后,再通过合法方式出让。如甲公司享有一宗工业土地的使用权,拟转让给乙公司,但乙公司打算将该宗地用于开发商住楼,由于涉及工业用地转变成商住用地,则需由甲公司将该宗地交土地管理部门收回,重新确定土地用途,并通过招拍挂方式按照新用途重新出让,乙公司只能参加招拍挂程序的竞价,甲公司与乙公司之间不得直接转让。

在此情况下,虽然甲公司与乙公司之间存在合同关系,且乙公司之所以能够通过招拍挂程序竞得土地，起源于甲公司将该宗地交土地管理部门收回。但站在合同相对性的角度，乙公司系基于与土地管理部门的出让合同取得土地使用权。若此，应当如何界定甲公司与乙公司之间合同关系的性质？就此，可以参考《国有土地使用权合同解释》第12条。该条规定："土地使用权人与受让方订立合同转让划拨土地使用权，起诉前经有批准权的人民政府同意转让，并由受让方办理土地使用权出让手续的，土地使用权人与受让方订立的合同可以按照补偿性质的合同处理。"比较二者可知，两者都是原土地权利人放弃土地使用权，都是拟受让人通过出让程序从土地管理部门取得土地，而拟受让人通过出让程序从土地管理部门取得土地都源于原土地权利人将土地交土地管理部门收回。因此，参照《国有土地使用权合同解释》第12条的规定，应当将甲公司与乙公司之间的合同关系界定为补偿合同关系。下述【典型案例24】即是如此。在该合同项下，原土地权利人将土地使用权将土地管理部门收回，而拟受让人在招拍挂程序中未能竞得土地，则应参照【裁判规则17】，解除二者之间的补偿合同关系。

典型案例24

山东容商置业有限公司与微山县金谷建材贸易有限公司建设用地使用权转让合同纠纷案[①]

典型案例裁判文书

典型案例24
山东省高级人民法院
（2016）鲁民终2047号
民事判决书

基本案情：1993年，金谷公司通过出让方式取得东风路东首的10 520平方米工业用地使用权。2011年9月20日，微山县人民政府发文同意将上述土地收回，纳入政府储备，并挂牌出让。2011年10月27日，金谷公司与容商公司签订《房地产合作开发协议》约定，金谷公司提供土地使用权，容商公司提供资金、技术及管理，双方合作开发，容商公司向金谷公司支付固定收益2000万元。2011年10月31日，容商公司通过竞拍中标涉案土地，并于11月8日与微山县国土资源局签订

① 典型案例24："山东容商置业有限公司与微山县金谷建材贸易有限公司建设用地使用权转让合同纠纷案"，山东省高级人民法院（2016）鲁民终2047号民事判决。

《国有建设用地使用权出让合同》约定,土地出让金1356万元,土地用途为商业居住用地。后容商公司陆续交纳土地出让金及契税、印花税共计14 066 325元。但截至庭审结束,涉案土地没有办理《国有土地使用权证》《建设工程规划许可证》和房地产开发项目立项手续。2013年9月27日,微山县人民政府将涉案土地交由嵊州市阳光房地产开发有限公司用于安置房建设和住宅商业开发。后金谷公司诉至法院,请求容商公司按照合同约定支付土地转让收益1322万元(2000万元－政府已经支付的土地出让金补偿款320万元－政府承诺支付的土地附属物补偿款328万元－容商公司已支付的拆迁补偿款30万元)。容商公司辩称,合作协议所谓的合作方式违背法律关于土地开发利用的强制性规定,应为无效协议。

法院观点:一审法院(山东省济宁市中级人民法院)与二审法院(山东省高级人民法院)均认为,双方签订的合同虽然名为《房地产合作开发协议》,但从合同的主要内容来看,应当认定为土地使用权转让合同。该合同为双方当事人真实意思表示,不违反法律的强制性规定,为有效合同。再审中,针对《房地产合作开发协议》的性质问题,最高人民法院承办人评析认为,"《国有土地使用权合同解释》第12条规定,'土地使用权人与受让方订立合同转让划拨土地使用权,起诉前经有批准权的人民政府同意转让,并由受让方办理土地使用权出让手续的,土地使用权人与受让方订立的合同可以按照补偿性质的合同处理',据此案涉《房地产合作开发协议》性质上转化为补偿合同,协议约定转让的工业用地已经微山县人民政府批准同意,合同约定的容商公司应向金谷公司支付的固定收益2000万元,应视为对金谷公司原有的工业用地使用权的补偿"。[①]

裁判规则25

基于改变土地用途的程序性要求,转让方将土地交土地管理部门收回并变更土地用途后,拟受让方通过招拍挂程序竞买,如双方约定,转让方为拟受让方的竞价提供帮助,排斥其他潜在竞买人的,因违反《招标投标法》公开、公平、公正的要求而无效。

---

① 付少军:《招拍挂程序是否影响建设用地使用权转让合同的效力——山东容商置业有限公司与微山县金谷建材贸易有限公司建设用地使用权转让合同纠纷再审案》,载《民事审判指导与参考》2019年第1辑(总第77辑),第193页。

如前所述，我国对土地用途实行严格管制。如甲公司的工业土地欲转让给乙公司用于商业开发，需由甲公司将该宗地交土地管理部门收回，重新确定土地用途，并通过招拍挂方式按照新用途重新出让，乙公司只能参加招拍挂程序的竞价。

在上述情形下，由于乙公司只能参加招拍挂程序的竞价，这就导致其取得该宗地的机会受到其他潜在竞买人的冲击，可能性大大降低。为确保或提高乙公司取得该宗地的机会，甲乙双方通常会签订协议约定，甲公司为乙公司提供某种保障。比如，甲公司因将该宗地交土地管理部门收回，会根据招拍挂的竞价情况获得相应的补偿，甲公司承诺将“溢价”的补偿支付给乙公司，使乙公司获得该宗地的实际成本低于其在招拍挂程序的出价，从而使乙公司在招拍挂程序中取得实质性的竞争优势。又如，直接约定转让人应保证拟受让人在招拍挂程序中取得该宗地等。这类约定利用转让人的优势地位，强化了拟受让人的竞争优势，进而排挤其他竞买人，违反了招拍挂程序公开、公平、公正的要求，侵犯了其他竞买人的合法权益，应当认定为无效。除下述【典型案例 25】“威海同仁食品有限公司诉杭州纳驰投资有限公司合资、合作开发房地产合同纠纷案”外，在“新凯汽车集团有限公司诉张鲲鹏建设用地使用权转让合同纠纷案”① 中，最高人民法院在再审审查中就认为，“张鲲鹏与新凯公司、张斌签订的两份《土地转让合同》中均约定，只要张鲲鹏按合同约定参与摘牌，新凯公司应负责确保该地块摘到张鲲鹏个人或者指定公司名下的约定内容。而案涉两块土地以居住用地性质出让时，依法应采取招拍挂等方式公开竞价进行。因此，两份《土地转让合同》中约定的内容违反了《物权法》和《招标投标法》的强制性规定，根据《合同法》第 52 条的规定，两份《土地转让合同》无效”。

参考案例裁判文书

参考案例18
最高人民法院（2017）最高法民申4805号民事裁定书

① 参考案例 18：“新凯汽车集团有限公司诉张鲲鹏建设用地使用权转让合同纠纷案”，最高人民法院（2017）最高法民申 4805 民事裁定。

典型案例25

威海同仁食品有限公司诉杭州纳驰投资有限公司合资、合作开发房地产合同纠纷案①

典型案例裁判文书

典型案例25
山东省高级人民法院（2016）鲁民终735号民事判决书

最高人民法院(2016)最高法民申2445号民事裁定书

基本案情：2013 年 11 月 19 日，同仁公司与纳驰公司签订《协议书》约定，纳驰公司协调乳山市政府回收其工业用地使用权，办理商住房地产开发用地出让，并协助同仁公司将上述宗地的土地使用权通过招拍挂的方式出让给同仁公司进行商住开发。同日，双方另行签订《补充协议书》约定，土地成交价为 71 万元/亩（差价不含税），如招拍挂成交价低于 71 万元/亩，同仁公司按每亩 71 万元向纳驰公司补足；如果同仁公司实际竞拍价格超过 71 万元/亩（不包括 71 万元/亩），纳驰公司将超过 71 万元/亩部分的 80% 返还给同仁公司。后在履行过程中发生争议，诉至法院。经查，纳驰公司享受退城进园政策优惠，在涉案土地收回并另行出让后，享受土地出让收益的 80% 的返利。

法院观点：在认定《协议书》与《补充协议书》名为合资合作开发房地产合同实为土地使用权转让合同的基础上，一审法院（山东省威海市中级人民法院）与二审法院（山东省高级人民法院）均认为，纳驰公司因享受返利优惠政策，其与涉案土地招拍挂确定的土地出让价格具有直接利害关系并具有一定优势，价格越高，其获利越大，而同仁公司作为投标人，其在招投标之前便与纳驰公司接触并签订了涉案合同，并在补充协议中确定了 71 万元/亩的交易底价，同时约定在中标价格出现差异时，双方多退少补平衡利益，使同仁公司在竞标底价、成交价格等方面较其他竞标人有明显竞争优势，故双方的上述约定实际上系通过纳驰公司享有的政策优势，控制招投标价格，通过不正当方式强化了同仁公司的竞争优势，进而排挤其他投标人，侵犯了其他投标人的合法权益，上述行为违

① 典型案例 25：“威海同仁食品有限公司诉杭州纳驰投资有限公司合资、合作开发房地产合同纠纷案”，山东省高级人民法院（2016）鲁民终 735 号民事判决、最高人民法院（2016）最高法民申 2445 号民事裁定。

反了《招标投标法》的强制性规定，涉案《协议书》及《补充协议书》应属无效合同。再审审查中，最高人民法院也认为，《招标投标法》第3条对必须进行招标的“工程建设项目”作了规定，但并未排除该法对其他招标事项的适用。本案双方约定由政府对案涉土地采取招拍挂的方式出让，即应该适用招标投标法等法律。《补充协议书》约定，当土地实际成交价格超过71万元/亩时，同仁公司将超过部分的80%返还给纳驰公司。该约定的实质是同仁公司利用其享有的政策优势，通过不正当方式将不确定的招投标价异化为固定的协议价格，违反了《招标投标法》第32条的强制性规定。

1.4 通过项目转让取得建设用地使用权

房地产项目是对房地产开发企业取得的在享有土地使用权的土地上进行开发和经营的一系列权利的总称。[①] 在此基础上的项目转让，“是指享有土地使用权和项目建设开发权的当事人，在办理审批手续和土地使用权转让手续后，将项目的建设开发权及土地使用权让渡给他人的民事行为”。[②] 在房地产项目转让中，土地使用权转让居于核心地位，开发建设权依附于土地使用权之上，因此，房地产项目转让被称为土地使用权转让的一种特殊形式。

裁判规则 26

房地产项目转让合同的标的，应当根据转让合同约定的转让内容进行甄别。如果涉及转让方对第三人债务的，应当认定为权利义务的概括转移；如果不涉及转让方对第三人债务的，则应认定为土地使用权及地上建成物等财产权的转让。

在房地产项目开发建设过程中，房地产开发企业会与众多特定的当事人发生债权债务法律关系。尤其是为了项目的开发建设和经营，开发商需要签署一系列合同，比如，国有土地使用权出让合同、房屋拆迁补偿安置协议、建设工程施工合同、商品房预售合同等。开发商通过签订上述合同与合同相对方形成合

① 韩延斌等：《房地产纠纷裁判思路与规范指引》（上），人民法院出版社2014年版，第467页。

② 贾劲松：《因项目转让而产生的建筑工程承包合同纠纷的裁判原则——岳阳利德房地产开发有限公司与湖岳阳天龙建筑装饰公司、长沙市棉麻土产总公司、湖南众立物业有限公司工程款纠纷案》，载《民事审判指导与参考》2004年第2集（总第18集），第206页。

同之债。在房地产项目转让时,转让方往往还有诸多的合同债务没有履行,如应付工程款、劳务报酬、货款、贷款本息、交付商品房等。在项目转让的情况下,如何界定转让的标的物,就涉及相应的义务负担主体。换句话说,如果认定房地产项目转让的标的物是土地使用权及地上建成物等财产权,那么项目受让方就只需承担这些财产上存在的物的负担,除此之外的债务与受让方无关;如果认定房地产项目转让的标的物是该项目所涉及的权利义务的概括转移,那么受让方就应承担该项目涉及的债务。

参考案例裁判文书

参考案例19
最高人民法院(2012)民提字第122号民事判决书

在"东莞市利成电子实业有限公司等与东莞市大岭山镇房地产开发公司等项目转让合同纠纷案"[①]中,长新公司挂靠大岭山房地产公司从颜屋村委会处受让土地,用于开发"莲湖山庄"项目,后长新公司将"莲湖山庄"项目转让给利成公司、宝源公司。就该转让行为,最高人民法院认为,由于其所约定转让的标的物涉及长新公司与颜屋村委会、大岭山房地产公司签订的《土地使用权转让合同》《土地转让补充合同》中的权利义务转让,根据《合同法》第88条[②]的规定,应当征得颜屋村委会的同意。但在后述【典型案例27】"陈洁颖与漳州市毅达房地产发展有限公司、漳州福晟房地产开发有限公司商品房销售合同纠纷案"[③]中,最高人民法院则认为,在《项目转让协议》中,毅达公司未转让其与陈洁颖所签《商品房买卖合同》,项目转让的标的物是"项目资产",属于项目主体自主处分的范围。

比较两个案例可知,甄别房地产项目转让合同的标的物,应当以转让合同的约定为依据。如果转让的标的物包括转让方对第三人债务的,则应认定为权利义务的概括转让,如前述"东莞市利成电子实业有限公司等与东莞市大岭山镇房地产开发公司等项目转让合同纠纷案"。在此情形下,转让方退出与其前手的法律关系,由受让方与转让方的前手直接建立法律关系;如果不涉及转让方对第三人债务的,则应认定为土地使用权及地上建成物等财产权的转让,如

---

① 参考案例19:"东莞市利成电子实业有限公司等与东莞市大岭山镇房地产开发公司等项目转让合同纠纷案",最高人民法院(2012)民提字第122号民事判决,该案判决系经最高人民法院审判委员会研究决定。

② 《民法典》第555条。

③ 典型案例27:"陈洁颖与漳州市毅达房地产发展有限公司、漳州福晟房地产开发有限公司商品房销售合同纠纷案",最高人民法院(2014)民申字第2241号民事裁定。相关文书可扫描本书第82页二维码。

后述“陈洁颖与漳州市毅达房地产发展有限公司、漳州福晟房地产开发有限公司商品房销售合同纠纷案”。在此情形下，转让方与其前手的法律关系不变，且该法律关系与受让方无关。

典型案例26

湖南金天地房地产开发有限公司与永州市恒丰房地产有限公司项目转让合同纠纷案①

典型案例裁判文书

典型案例26
最高人民法院（2018）最高法民再154号民事判决书

基本案情：2012年7月24日，汉寿县人民政府与恒丰公司签订了《项目合同书》约定，项目用地面积约37.3亩，按城市商居用地规划要求建设，项目总投资约3亿元；由恒丰公司做好项目的土地征收、房屋拆迁安置补偿工作，负责项目建设的一切费用，按汉寿县人民政府批准的用地规划办理用地手续，缴纳出让金。2013年9月、10月，恒丰公司与金天地公司签订《转让开发协议书》和《项目转让协议》约定，将恒丰公司开发的前述项目转让给金天地公司；恒丰公司前期签订的拆迁安置合同应移交金天地公司继续有效，由金天地公司负责履行。转让费总额双方商定确认为2000万元。2014年9月10日，汉寿县人民政府书面函复金天地公司和恒丰公司：“同意恒丰公司将其与汉寿县人民政府于2012年7月24日签订的《项目合同书》中的有关权利和义务一并转让给金天地公司。”此后，金天地公司对项目进行升级改造，并于2016年12月18日开盘销售。后恒丰公司起诉要求金天地公司支付项目转让款等。

法院观点：二审法院（湖南省高级人民法院）认为，按照恒丰公司与汉寿县人民政府签订的《项目合同书》约定，恒丰公司的权利是依照合同约定取得开发权益，而义务包括与项目相关的土地征收、房屋拆迁安置及补偿工作，依法办理用地手续，缴纳土地出让金。恒丰公司已按照合同约定完成了部分房屋拆迁安置补偿工作。之后恒丰公司与金天地公司签订《转让开发协议书》及系列补充

① 典型案例26：“湖南金天地房地产开发有限公司与永州市恒丰房地产有限公司项目转让合同纠纷案”，最高人民法院（2018）最高法民再154号民事判决。

协议,约定恒丰公司将汉寿县新西套市场改造项目转让给金天地公司完成,恒丰公司退出项目,恒丰公司与金天地公司之间实际形成的是合同权利义务的整体转让关系,即恒丰公司将其依据与汉寿县人民政府签订的《汉寿县新西套市场升级改造项目合同书》应当享有的权利和履行的义务,概括转移给金天地公司。再审中,最高人民法院也认为,“恒丰公司与金天地公司签订的《转让开发协议书》《项目转让协议》,是将原《项目合同书》项下的权利义务概括转移给金天地公司”。“故《转让开发协议书》《项目转让协议》有效,金天地公司由此取代恒丰公司成为《项目合同书》中的项目开发主体。”

裁判规则 27

在仅涉及土地使用权及地上建成物等财产权的项目转让中,对转让方在项目开发过程中所负债务,受让方不承担责任。但附着于土地使用权及地上建成物的物权、具有物权效力的债权以及被拆迁人的债权除外。

如前所述,房地产项目转让合同既可能是权利义务的概括转移,也可能是土地使用权及地上建成物等财产权的转让。如果认定为土地使用权及地上建成物等财产权的转让的,那么对转让方在项目开发过程中所负债务,受让方无须承担责任,但附着于土地使用权及地上建成物的物权、具有物权效力的债权以及被拆迁人的债权除外。

在仅涉及土地使用权及地上建成物等财产权的项目转让中,项目转让合同和原项目主体对外负债的合同是各自独立的。根据合同效力相对性原则,每个合同只能约束自己的合同相对方,对于合同以外的第三方并不具有当然的约束力。如 B 公司作为开发商,与 A 公司签订了建设工程施工合同,A 公司完成了部分施工内容,之后 B 公司将项目转让给 C 公司,A 公司遂向 B 公司与 C 公司主张工程款。法院认为,“由于 C 公司与 A 公司不存在合同关系,故 C 公司对工程款不承担清偿责任”。[①] 也就是说,对转让方在项目开发过程中所负债务,受让方原则上无须负责。但存在如下三种例外情形:

一是附着于土地使用权及地上建成物的物权。对于用项目资产设定的物

① 最高人民法院民一庭:《施工合同约定工程尾款待验收通过后支付,如工程验收客观上无法进行,施工人请求支付给尾款,诉讼时效期间应当如何计算》,载《民事审判指导与参考》2012 年第 1 辑(总第 49 辑),第 132 页。

权负担,如抵押权、建设工程价款优先受偿权等,基于物权的追击力,受让方应予继受。在前例中,虽然C公司对工程款不承担清偿责任,但A公司可依照《合同法》第286条的规定,向建筑物所有人(C公司)主张优先受偿权,并可通过对建筑工程的拍卖及折价等方式,保障工程款债权的实现。[①]

二是具有物权效力的债权。最典型的就是购房人进行了预告登记的债权。《民法典》第221条第1款规定:"当事人签订买卖房屋的协议或者签订其他不动产物权的协议,为保障将来实现物权,按照约定可以向登记机构申请预告登记。预告登记后,未经预告登记的权利人同意,处分该不动产的,不发生物权效力。"[②]据此,转让方对预告登记房屋的处分,包括物权的设定、变更、转移等,受到限制,虽然其与受让方签订的项目转让合同——基于原因行为与物权变动相区分原则——并不因此无效,受让方必须承担将房屋交付给购房人的义务。

但是,对于未经预告登记的购房合同,购房人的债权仅系一般债权,受让方无须承担责任。1995年1月23日颁布的《城市房地产开发经营管理暂行办法》(1995年建设部令第41号发布,2001年建设部令第92号予以废止)第24条第1款原本规定:"已经预售商品房的,预售人转让房地产开发项目,原商品房预售合同由项目受让人继续履行。项目转让人、项目受让人、商品房预购人三方应当签订原商品房预售合同的补充合同。"一些地方也有类似规定,如重庆市人大常委会颁布的《重庆市城镇房地产交易管理条例》第23条第1款规定:"预售人依法转让在建商品房项目的,应当自申请转让之日起,停止预售。在批准转让之日起十五日内,书面告知预购人,并在本市公开发行的报刊上公告。"第3款规定:"预购人在被告知之日起三十日内,有权解除商品房买卖合同。预售人和预购人应当在解除合同之日起十五日内到原登记备案的房地产交易管理机构办理合同登记备案注销。预购人愿意继续履行商品房买卖合同或者在被告知之日起三十日内未提出异议的,原预售人的权利义务全部转移给项目受让人。项目受让人应当在取得商品房预售许可证后,与预购人重新签订买卖合同,并向房地产交易管理机构办理变更登记。"但是,2001年7月1日,建设部发布《关于废止〈国家优质工程奖评选与管理办法〉等部令的决定》(2001年建设部令第92号),废止了《城市房地产开发管理暂行办法》。1998年7月20日,国务院颁

① 参见最高人民法院民一庭:《建筑物所有人依据合同约定对建筑工程总承包人应付工程款不承担责任的,应予支持》,载《民事审判指导与参考》2012年第1辑(总第49辑),第113页。

② 《物权法》第20条第1款与此基本相同。

布《城市房地产开发经营管理条例》,后经 2011 年 1 月 8 日、2018 年 3 月 19 日、2019 年 3 月 24 日三次修正,均没有再规定项目转让由受让人继续履行预售合同。下述【典型案例 27】即表明,对于转让方与购房人签订的未经预告登记的购房合同,受让方无须承担责任。

三是被拆迁人的债权。基于对被拆迁人的特别保护,国务院《城市房地产开发经营管理条例》第 21 条规定:“房地产开发企业转让房地产开发项目时,尚未完成拆迁补偿安置的,原拆迁补偿安置合同中有关的权利、义务随之转移给受让人。项目转让人应当书面通知被拆迁人。”

需要注意的是,《城市房地产管理法》第 42 条规定:“房地产转让时,土地使用权出让合同载明的权利、义务随之转移。”严格来说,转让方在土地使用权出让合同中所附的义务只有支付土地出让金的义务,在仅涉及土地使用权及地上建成物等财产权的项目转让中,该义务不随项目转移至受让方。该条规定的主旨在于受让方必须接受出让合同对土地使用权的限定,如使用年限、容积率、土地用途等。由于房地产转让合同以土地使用权出让合同为前提,而出让合同已经限定了土地使用权的内容(使用年限、容积率、土地用途等限定),受让方作为权利继受者,自然应当接受出让合同对土地使用权的限定。

典型案例27

陈洁颖与漳州市毅达房地产发展有限公司、漳州福晟房地产开发有限公司商品房销售合同纠纷案①

典型案例裁判文书

典型案例27
最高人民法院(2014)民申字第2241号民事裁定书

基本案情:涉案房地产原由毅达公司开发,属于该公司经营项目。开发过程中,毅达公司与陈洁颖签订了《商品房买卖合同》。后毅达公司因资金短缺、无力继续开发涉案房地产,遂与福晟公司签订《项目转让协议》,将“毅达新城”项目中的特定资产等转让给福晟公司。协议签订后,该项目的物权(包括但不限于土地使用权、用

① 典型案例 27:“陈洁颖与漳州市毅达房地产发展有限公司、漳州福晟房地产开发有限公司商品房销售合同纠纷案”,最高人民法院(2014)民申字第 2241 号民事裁定。

地及建设规划许可证、预售许可证)已过户至福晟公司名下。后陈洁颖以涉案房地产项目应当属于整体转让,毅达公司对讼争房的债务也应一并转让为由,主张福晟公司作为新的义务主体应向陈洁颖履行交房义务或返还购房款。

法院观点:最高人民法院在再审审查中认为,涉案房地产原由毅达公司开发,属于该公司经营项目,在符合土地用途、规划设计等条件的情况下,毅达公司有权处置项目资产。毅达公司在资金短缺、无力继续开发涉案房地产时,在《项目转让协议》中将"毅达新城"项目中的特定资产等转让给福晟公司,是其自主处分其资产的行为。在《项目转让协议》中,毅达公司未转让其与陈洁颖所签《商品房买卖合同》,福晟公司亦明确不受让该合同,该约定属于双方意思自治范围。故涉案《商品房买卖合同》的主体仍为毅达公司和陈洁颖,根据债的相对性原则,陈洁颖应当向合同相对人毅达公司主张其权利,无权要求非合同相对方福晟公司履行其与毅达公司《商品房买卖合同》约定的交房或承担返还购房款的义务。

裁判规则 28

《城市房地产管理法》第 39 条第 1 款第(2)项系针对土地使用权权属变更所作的行政管理性规定,而非效力性强制性规定。如转让土地使用权时未达到开发投资要求的,虽不能办理土地使用权权属变更登记,但不影响转让合同的效力。

现行法针对炒卖地皮行为设定的限制条件,除《城市房地产管理法》第 39 条第 1 款第(1)项以外,还要求转让方完成一定比例的开发投资,即《城市房地产管理法》第 39 条第 1 款第(2)项——"按照出让合同约定进行投资开发,属于房屋建设工程的,完成开发投资总额的百分之二十五以上,属于成片开发土地的,形成工业用地或者其他建设用地条件。"①

在 2004 年之前,实务界的主流观点是,不符合《城市房地产管理法》第 39 条第 1 款第(2)项规定的,转让合同无效。最高人民法院《关于土地转让方未按

① 严格意义上讲,这种转让应当认定为项目转让——土地使用权及建成物的一并转让,而非单纯的土地使用权转让。

参考案例裁判文书

参考案例20
最高人民法院（2000）民终字第135号民事判决书

规定完成土地的开发投资即签订土地使用权转让合同的效力问题的答复》（法函〔2003〕34 号）规定，转让时未达到上述投资要求的，转让合同无效。在“河南天坤交通旅游有限公司与华明（郑州）置业有限公司土地使用权转让纠纷案”[①]中，最高人民法院在二审中提出，“华明公司在转让土地中的投资没有完成开发投资总额的 25%，双方当事人之间的土地转让行为不符合《城市房地产管理法》第 38 条关于房地产转让条件的规定。华明公司与天坤公司签订的《国有土地使用权转让合同》应认定无效”。广东省高级人民法院《关于〈合同法〉施行后认定房地产开发经营合同效力问题的指导意见》（粤高法发〔2001〕41 号）第 3 条后段规定：“1995 年 1 月 1 日《城市房地产管理法》施行后，认定合同效力应当在投资条件和法定手续两个方面从严，即如果转让方不具备足额的投资条件，或者‘在起诉前’尚未办理房地产转让前的法定手续，应当认定合同无效。”

从 2004 年开始，对《城市房地产管理法》第 39 条第 1 款第（2）项的观点开始转变。在下述【典型案例 28】中，最高人民法院一改在前述“河南天坤交通旅游有限公司与华明（郑州）置业有限公司土地使用权转让纠纷案”所持立场，转而认为，《城市房地产管理法》第 39 条第 1 款第（2）项的规定，不是认定土地使用权转让合同效力的强制性规定，当事人仅以转让国有土地使用权未达到该项规定条件为由，请求确认转让合同无效的，不予支持。也就是说，“鉴于该条主要是针对当时普遍存在的‘炒地皮’现象所作的限制性规定，而目前该种现象已经基本得到遏制”，[②]应当认为，《城市房地产管理法》第 39 条是针对行政管理部门对不符合规定条件的土地在办理土地使用权权属变更登记问题上所作出的行政管理性质的规定，而非针对转让合同效力的强制性规定。2013 年 2 月 26 日，最高人民法院发布《关于废止 1997 年 7 月 1 日至 2011 年 12 月 31 日期间发布的部分司法解释和司法解释性质文件（第十批）的决定》（法释〔2013〕7 号），以“与物权法关于不动产转让合同效力的规定相冲突”为由，废止了前述《关于土地转让方未按规定完成土地的开发投资即签订土地使用权转让合同的

---

① 参考案例 20：“河南天坤交通旅游有限公司与华明（郑州）置业有限公司土地使用权转让纠纷案”，最高人民法院（2000）民终字第 135 号民事判决。

② 王丹：《房地产纠纷案件审理中的疑难问题》，载《民事审判指导与参考》2016 年第 4 辑（总第 68 辑），第 36 页。

效力问题的答复》。其后,《八民会纪要(民事部分)》第 13 条明确规定:“城市房地产管理法第三十九条第一款第二项规定并非效力性强制性规定,当事人仅以转让国有土地使用权未达到该项规定条件为由,请求确认转让合同无效的,不予支持。”也就是说,转让地块是否具备转让条件及能否过户等,属于合同履行问题,与合同效力无关。

典型案例28

柳州市全威电器有限责任公司、柳州超凡房地产开发有限责任公司与南宁桂馨源房地产有限公司土地使用权转让合同纠纷案①

典型案例裁判文书

典型案例28
最高人民法院(2004)民一终字第46号民事判决书

基本案情:2003 年 6 月 26 日,全威公司与柳州市国土资源局签订《国有土地使用权出让合同》,受让取得了柳石路 153 号国有出让土地。2003 年 9 月 18 日,全威公司、超凡公司与桂馨源公司签订《土地开发合同》约定,全威公司将案涉土地转让给桂馨源公司,土地转让价款为 2860 万元。2003 年 12 月 29 日,全威公司、超凡公司致函桂馨源公司,决定从即日起终止《土地开发合同》。2004 年 1 月 13 日,桂馨源公司向一审法院提起诉讼,请求判令全威公司与超凡公司继续履行合同。一审法院认为,《土地开发合同》有效,桂馨源公司作为守约方主张继续履行合同的诉讼请求于法有据,应予支持。超凡公司不服,提起上诉称,该宗地的土地出让金至今未全部付清,当事人对该块“工业用地”至今没有投入开发资金,更未达到 25% 的投资标准,合同签订时尚未取得国有土地使用权证,故应当认定《土地开发合同》无效,由双方承担同等过错责任。

法院观点:二审中,最高人民法院认为,《土地开发合同》性质为土地使用权转让合同。该《土地开发合同》为三方当事人协商一致后作出的真实意思表示,

① 典型案例 28:“柳州市全威电器有限责任公司、柳州超凡房地产开发有限责任公司与南宁桂馨源房地产有限公司土地使用权转让合同纠纷案”,最高人民法院(2004)民一终字第 46 号民事判决,载《中华人民共和国最高人民法院公报》2005 年第 7 期,第 13 ~ 21 页。

内容亦不违反法律规定。土地出让金的交纳问题,属土地出让合同当事人即柳州市国土资源局和全威公司之间的权利义务内容,其是否得到完全履行不影响对本案土地使用权转让合同效力的认定。关于投资开发的问题,《城市房地产管理法》第 38 条关于土地转让时投资应达到开发投资总额 25% 的规定,是对土地使用权转让合同标的物设定的于物权变动时的限制性条件,转让的土地未达到 25% 以上的投资,属合同标的物的瑕疵,并不直接影响土地使用权转让合同的效力,第 38 条中的该项规定,不是认定土地使用权转让合同效力的法律强制性规定。综上,《土地开发合同》应认定有效。

裁判规则 29

房地产项目转让中的受让方不具备房地产开发资质的,不能独自实施房地产项目开发,但不影响项目转让合同的效力。

"房地产开发事关人民群众的切身利益和社会公共利益",[①]所以现行法对房地产业实行市场准入制度。《城市房地产管理法》第 30 条第 1 款规定:"房地产开发企业是以营利为目的,从事房地产开发和经营的企业。设立房地产开发企业,应当具备下列条件:(一)有自己的名称和组织机构;(二)有固定的经营场所;(三)有符合国务院规定的注册资本;(四)有足够的专业技术人员;(五)法律、行政法规规定的其他条件。"《国有土地使用权合同解释》第 15 条第 1 款规定:"合作开发房地产合同的当事人一方具备房地产开发经营资质的,应当认定合同有效。"第 2 款规定:"当事人双方均不具备房地产开发经营资质的,应当认定合同无效。但起诉前当事人一方已经取得房地产开发经营资质或者已依法合作成立具有房地产开发经营资质的房地产开发企业的,应当认定合同有效。"那么项目转让的受让人是否应当具备房地产开发资质?换句话说,如果受让方不具备房地产开发资质的,是否影响项目转让合同的效力?

有观点认为,根据房地产业的市场准入制度,受让方必须是具有房地产开发经营资质的企业。不过,目前占主流的观点认为,受让方虽然不具备开发资质,不能独自实施房地产项目的开发,但其可以联合其他具备房地产开发经营

① 最高人民法院民事审判第一庭编著:《最高人民法院国有土地使用权合同纠纷司法解释的理解与适用》,人民法院出版社 2005 年版,第 175 页。

资质的企业对其获得的房地产项目进行开发,也可以选择不实施开发,而是将获得的房地产项目再转让给他方,因此,受让方可以是房地产开发企业以外的主体。[①] 如果受让方不具备房地产开发资质的,不影响项目转让合同的效力。

典型案例29

秦皇岛瑾海家政服务有限公司诉山海关开发区兰海实业贸易发展有限公司项目转让合同纠纷案[②]

基本案情:2006 年 6 月 20 日,兰海公司与瑾海公司签订《兰海花园建设项目出让合同书》约定,兰海花园项目占地面积11 333.3平方米,共建有普通住宅楼一栋 6 层,建筑面积 5610.5 平方米,独立式别墅 10 栋,建筑面积 3462.16 平方米,商铺两层,建筑面积 1067.18 平方米,其他面积约 176 平方米;整体建设项目的土建工程已全部完工,别墅门窗玻璃及外墙装饰工程全部完成,整个工程的大配套项目除供暖以外均已到位,土地有偿使用费未交清,部分建设手续未办理完善;兰海公司以 1880 万元的价格出让给瑾海公司;瑾海公司负责办理兰海花园所需的各种建筑手续,除土地出让金由兰海公司负责支付外,其他费用均全部由瑾海公司承担;瑾海公司负责兰海花园的后续工程建设。合同签订后,兰海公司将兰海花园项目全部交给了瑾海公司。后在履行过程中发生争议,诉至法院。

典型案例裁判文书

典型案例29
河北省高级人民法院(2015)冀民再终字第157号民事判决书

法院观点:虽然转让方兰海公司与受让方瑾海公司均无房地产开发资质,但秦皇岛市中级人民法院一审认为,"《兰海花园建设项目出让合同书》是双方当事人的真实意思表示,且不违反国家法律规定,为合法有效合同"。河北省高级人民法院在二审中也认为,"《兰海花园建设项目出让合同书》合法有效"。后因瑾海公司申请再审,最高人民法院以(2014)民申字第 1446 号民事裁定指令河北省高级人民法院再审本案。再审中,河北省高级人民法院虽未直接评述

---

① 韩延斌等:《房地产纠纷裁判思路与规范指引》(上),人民法院出版社 2014 年版,第 473 页。

② 典型案例 29:"秦皇岛瑾海家政服务有限公司诉山海关开发区兰海实业贸易发展有限公司项目转让合同纠纷案",河北省高级人民法院(2015)冀民再终字第 157 号民事判决。

《兰海花园建设项目出让合同书》的效力,但其认为"瑾海公司未按合同约定在2006年7月30日前支付项目转让款400万元,已构成违约""兰海公司未在合同约定的期限内交付上述资料,且该项目与他人有经济纠纷并涉诉,违反合同约定,兰海公司亦构成违约",表明河北省高级人民法院在再审中依然认为《兰海花园建设项目出让合同书》合法有效。

裁判规则30

每一宗土地都是法律意义上的特定物。转让合同签订后,转让土地因行政行为被置换的,转让方构成法律上的履行不能,受让方无权要求以置换后的土地替代履行。

在转让方与受让方签订国有土地使用权转让合同之后、土地使用权变更登记之前,因规划调整或其他原因,政府收回转让方的土地使用权,置换为其他地块,受让方可否要求以置换后的土地替代履行?

民法上的物有种类物与特定物之分。其中,特定物是独具特征或被特定化并且无从替代的物。特定物既包括独一无二的物,如鲁迅某书手稿、刘海粟的某幅画等;也包括经当事人指定后被特定化的种类物,如经挑选确定的家具等。特定物因其不可替代性,故也称不可替代物。种类物是以品种、规格、质量或度量衡确认的一类具有共同特征的物,如1吨煤、20公斤大米等。种类物在交易时,具有可替代性,故也称可替代物。区分种类物与特定物的意义之一在于,当特定物作为债的履行标的物时,该物于交付对方当事人前灭失的,债务人可免除交付义务,改负赔偿责任。而若以种类物作为债的履行标的物时,债务人不能以交付前物已灭失作为免除交付的抗辩理由,仍需以同样品质、数量的种类物交付。土地是"一块有特定四至的地球的表面"[①],也就是说,任何一宗土地,只要四至确定,就满足特定化的要求,进而构成特定物。因此,在转让合同约定的土地被收回后,转让方不再享有该宗地的土地使用权,转让合同构成法律上的履行不能,应当通过合同解除制度予以救济,受让方无权要求以置换后的土地替代履行。

① 梁慧星、陈华彬:《物权法》,法律出版社2003年版,第28页。

需要讨论的是，在“邹春金与陈怀深等土地使用权转让合同纠纷案”[①]中，鲁泉公司与陈怀深签订《土地使用权转让合同》后，五指山市委决定将转让合同标的物的用途由旅游用地调整为公园绿化地，五指山国土局作出了具体土地置换方案。陈怀深起诉要求鲁泉公司继续履行合同。最高人民法院在再审中认为，“虽然合同涉及土地因政府规划调整的原因，需进行土地置换，合同约定的标的物发生变更，转让置换后的土地使用权符合合同的签约目的，合同仍具有继续履行的客观可能性”。就此，笔者认为，标的物的变更属于债之更改的范畴，而债之更改需缔约双方达成更改的合意。在双方未达成更改合意的情况下，直接判决以置换后的土地替代履行，有违现行法对特定物的制度设计。就此，下述【典型案例 30】“唐山新戴河房地产开发有限公司诉唐山康泰建筑工程有限公司建设用地使用权转让合同纠纷案”有相对详尽的论述，可资参考。

参考案例裁判文书

参考案例21
最高人民法院（2013）民提字第184号民事判决书

典型案例30

唐山新戴河房地产开发有限公司诉唐山康泰建筑工程有限公司建设用地使用权转让合同纠纷案[②]

基本案情：2001 年 12 月 21 日，新戴河公司与乐亭县政府签订《打网岗岛海域及岛屿开发使用协议书》约定，新戴河公司对打网岗岛进行旅游开发，在打网岗岛开发的土地和海域转让时，乐亭县政府全力支持并及时确权办证。2004 年 5 月 25 日，新戴河公司与康泰公司签订《土地使用权转让合同》约定，新戴河公司将打网岗岛内 800 亩土地转让给康泰公司。合同签订后，康泰公司支付新戴河公司土地使用权转让金 110 万元，但一直未取得土地使用权过户登记手续。2010 年 6 月 29

典型案例裁判文书

典型案例30
最高人民法院（2015）民提字第35号民事判决书

① 参考案例 21：“邹春金与陈怀深等土地使用权转让合同纠纷案”，最高人民法院（2013）民提字第 184 号民事判决。

② 典型案例 30：“唐山新戴河房地产开发有限公司诉唐山康泰建筑工程有限公司建设用地使用权转让合同纠纷案”，最高人民法院（2015）民提字第 35 号民事判决。

日,唐山市政府决议由乐亭县政府对属于新戴河公司开发的打网岗岛内10 147亩土地(含康泰公司受让的800 亩土地),按照“总量不变,用地性质不变”的原则,对地块位置另行在打网岗岛内予以调整,并换发新证。后新戴河公司取得了置换调整后的土地使用权证。康泰公司起诉要求取得置换后的地块内的800亩土地。

法院观点:一审法院(河北省唐山市中级人民法院)认为,因土地是被平移置换调整,并非已经灭失,康泰公司受让的800 亩土地有被置换的替代土地,故康泰公司要求新戴河公司交付土地、办理土地使用权过户登记手续的请求符合法律规定,应当予以支持。二审中,河北省高级人民法院也认为,虽然新戴河公司土地被平移置换调整,但土地置换后,新戴河公司的土地面积并未减少,且相当大一部分土地与原土地位置重合,不存在标的物灭失、合同目的无法实现的情况,可以继续履行。但最高人民法院在提审中认为,土地使用权转让系特定物转让,不同位置、用途、不同地质构造及其他外部条件的土地均是特定、唯一和不可替代的。本案《土地使用权转让合同》约定的标的物系十里长滩建设的一部分,用途应依规划而定,当事人对于土地范围和用途的约定明确、具体,故合同标的物具有特定性、唯一性和不可替代性。在土地调整后,案涉《土地使用权转让合同》项下的标的物虽然就自然属性而言依旧存在,但该标的物权利主体以及用途等已因规划变更而发生重大变化,应认定已经构成法律意义上的灭失。新戴河公司不再享有该合同项下土地使用权,新戴河公司所负转让该合同项下土地使用权给康泰公司的主要合同义务已经无法履行。根据合同法关于合同订立和变更的基本原则,在土地的位置及用途均发生重大变化的情形下,康泰公司要求新戴河公司在调整后的土地中转让给其“同等条件”的800 亩土地,其依据和基础只能是当事人之间就此达成的新的合意。在新戴河公司与康泰公司未就此达成合意的情形下,二审判决认为新戴河公司调整后的土地中有可替代执行的800 亩土地,并判决新戴河公司以调整后的同等条件下的800 亩土地履行合同,在实质上是替代了当事人的协商与合意,违反了合同自由的合同法基本原则。

1.5 通过受让目标公司股权的方式间接取得建设用地使用权

根据财政部、国家税务总局《关于营业税若干政策问题的通知》(财税

〔2003〕16 号)、《土地增值税暂行条例》(1994 年国务院令第 138 号,2011 年修订)、《印花税暂行条例》(2011 年国务院令第 588 号)、《城镇土地使用税暂行条例》(2006 年国务院令第 483 号,2019 年修正)、《契税暂行条例》(1997 年国务院令第 224 号,2019 年修正)等相关规定,转让建设用地使用权的,转让人需交纳营业税、城市维护建设税和教育费附加、土地增值税、企业所得税、印花税,受让方需交纳城镇土地使用税、印花税、契税。实践中,为了规避上述税费,拟受让人常通过收购土地使用权人股权的方式,迂回地取得土地使用权。就此,应当如何评价该行为的性质与效力?

裁判规则 31

以受让目标公司股权的方式间接取得建设用地使用权的,应当认定为股权转让行为。该转让行为不违反法律、法规的强制性规定,应属有效。

江苏省高级人民法院民一庭认为,“以股权转让方式获得土地使用权,既绕过了有关监管部门的监管,也逃避了土地增值税、营业税、契税的征收”,进而主张,“如果股权全部转让或转让后达到绝对控股比例,则应认定为土地使用权转让,明确该行为系以合法形式掩盖非法目的,在合同效力上应无效。”①但相隔时间不远的江苏省高级人民法院《关于审理房地产合同纠纷案件若干问题的解答(征求意见稿)》(苏高法电〔2017〕559 号)第 72 条则规定:“以转让股权的方式转移国有土地使用权,一方当事人主张无效的,人民法院不予支持,但构成非法倒卖土地犯罪的除外。”

首先需要明确的是,如果转让合同虽冠名为股权转让,但合同约定的标的物是土地使用权(或土地使用权及其建成物)的,则应认定“名为股权转让实为土地使用权转让”,并根据土地使用权转让的规则评价合同效力。在“郑志文与卓高虎等房屋转让合同纠纷案”②中,神华公司以 2150 万元的价格竞得荆州大世界商厦全部资产

参考案例裁判文书

参考案例22
最高人民法院(2006)民一终字第38号民事判决书

① 江苏省高级人民法院民一庭:《房地产调控背景下房地产纠纷风险防控及司法对策研究》,载《民事审判指导与参考》2017 年第 2 辑(总第 70 辑),第 180、189 页。

② 参考案例 22:“郑志文与卓高虎等房屋转让合同纠纷案”,最高人民法院(2006)民一终字第 38 号民事判决。

(含土地使用权、地上建筑物、机器设备)后,与蔡小荣、卓高虎、蔡秀平(乙方)签订《股权权利分割转让协议书》约定,将原“大世界商厦”现“新世界名店城”全部股权权利分割转让给乙方;乙方承担“新世界名店城”的所有债权债务,负责“新世界名店城”裙楼部分的装修并承担装修中的各项费用及安全管理,承担“新世界名店城”营销中的所有费用,负责售后服务及物业管理,并承担物业管理的全部责任及所需的全部费用等。针对该协议,湖北省高级人民法院在一审中认为,虽然本案《股权权利分割转让协议书》约定神华公司将其持有股权的原“大世界商厦”现“新世界名店城”全部股权权利分割转让给蔡小荣、卓高虎、蔡秀平,因神华公司并未就新世界名店城房地产项目成立项目公司,故其不可能转让该项目的股权,其转让的只能是新世界名店城房地产的所有权。二审法院(最高人民法院)也认为,该协议约定转让的标的物实为“新世界名店城”,应认定为房地产转让合同。

如果转让合同约定的标的物确系股权,并不直接指向土地使用权(或土地使用权及其建成物)的,即使转让的股权比例达到绝对控股甚至全部股权的,也不应以此为由认定为土地使用权转让合同,或者以合法形式掩盖非法目的的股权转让合同。受让取得土地使用权公司的股权并不为法律所禁止,通过这种方式间接取得土地使用权,也就不构成所谓的非法目的。如在“薛惠玶与陆阿生、江苏苏浙皖边界市场发展有限公司、江苏明恒房地产开发有限公司委托代理合同纠纷案”[①]中,薛惠玶主张,案涉《股权转让协议》实质是以股权转让形式实质转移土地使用权的行为,系以合法形式掩盖非法目的,应认定为无效。最高人民法院即认为,公司股权转让与作为公司资产的土地使用权转让为两个独立的法律关系,现行法律并无效力性强制性规定禁止以转让房地产项目公司股权形式实现土地使用权或房地产项目转让的目的。此其一。其二,土地使用权属于公司财产权的范畴,股权则属于股东权利。二者虽有联系(如公司财产减少会导致股权价值贬损),但毕竟是不同主体享有的不同性质的权利。二者的权利效力、行使方式大相径庭,不宜轻易认定“名为股权转让实为土地使用权转让”。如合同约定转让的股权比例为95%,在界定为“名为股权转让

参考案例裁判文书

参考案例23
薛惠玶与陆阿生、江苏苏浙皖边界市场发展有限公司、江苏明恒房地产开发有限公司委托代理合同纠纷案

① 参考案例23:“薛惠玶与陆阿生、江苏苏浙皖边界市场发展有限公司、江苏明恒房地产开发有限公司委托代理合同纠纷案”,【法宝引证码】CLI. C. 8709313。

实为土地使用权转让”的情况下，如何确定转让的土地使用权范围，是100%还是95%？或者是其他什么比例？其三，股东在享有股权的同时，也要负担相应的义务，尤其是控股股东，如果认定为“名为股权转让实为土地使用权转让”，也就意味着股东义务的免除，甚至可能导致控股股东滥权行为的不当免责。因此，以受让目标公司股权的方式间接取得建设用地使用权的，应当认定为股权转让行为。该转让行为不构成以合法形式掩盖非法目的，应属有效。

典型案例31

西藏唐蕃投资有限公司、曲珍与西藏林芝嘉龙建筑房地产开发有限公司股权转让合同纠纷案①

典型案例裁判文书

典型案例31

西藏唐蕃投资有限公司、曲珍与西藏林芝嘉龙建筑房地产开发有限公司股权转让合同纠纷案

基本案情：唐蕃实业公司拥有“柳梧新区北京大道以东、世纪大道以北42.85亩商业用地”的土地使用权和建设用地规划许可证。唐蕃投资公司、曲珍是唐蕃实业公司股东，分别持有唐蕃实业公司40.2923%股权、59.7077%股权。2013年，唐蕃投资公司与嘉龙建筑公司签订《产权交易合同》约定，唐蕃投资公司（同时代表曲珍）将所持唐蕃实业公司100%股权作价62 342 518元转让给嘉龙建筑公司。2014年1月，因唐蕃投资公司未履行交付土地出让付款发票及唐蕃实业公司资质证照原件等义务，嘉龙建筑公司发函催告移交，并要求相应顺延余款交付时间。4月，唐蕃投资公司后以嘉龙建筑公司迟延付款为由发函解除《产权交易合同》。其后，嘉龙建筑公司提起诉讼，要求解除《产权交易合同》，返还已付转让款等。一审法院（西藏自治区高级人民法院）判决解除《产权交易合同》，返还已付转让款。唐蕃投资公司、曲珍提起上诉称，嘉龙建筑公司签订《产权交易合同》的真正目的是通过股权转让的方式购买案涉土地，而不是购买公司股权。

---

① 典型案例31：“西藏唐蕃投资有限公司、曲珍与西藏林芝嘉龙建筑房地产开发有限公司股权转让合同纠纷案”，【法宝引证码】CLI. C. 11183880。

法院观点:最高人民法院在二审中认为,“《产权交易合同》第一条对产权交易标的明确作了规定:本合同标的为甲方与曲珍依法共同持有的西藏唐蕃实业有限公司 100% 股权。从合同约定的内容看,涉及的不仅仅是土地使用权,还包括营业执照等相关证照手续的移交。案涉合同内容包括产权转让以及相应的工商变更登记等,单纯的土地使用权转让合同并不能涵盖上述内容”。“《产权交易合同》系各方当事人真实的意思表示,且不违反法律的禁止性规定,应为有效。”

1.6 通过与地方政府签订招商引资协议取得建设用地使用权

为招商引资,地方政府常与开发商约定,政府提供建设用地、给予税收减免或政策扶持,开发商承诺达到一定的建设规模或承担棚户区改造任务等。对于这类协议,应当如何确定其性质与效力?

裁判规则 32

开发商与地方政府经平等协商达成的政府提供建设用地或给予政策优惠、开发商承诺相应的建设任务的招商引资协议,属于民事合同。地方政府提供建设用地的约定不违反招拍挂制度要求的,应属有效。

因招商引资合同引发的纠纷应通过民事诉讼程序还是行政诉讼程序处理,取决于对招商引资协议性质的认定。就此,由于每个合同约定的权利义务都有所不同,故招商引资协议性质与效力应根据具体案情具体分析,不能一概而论。就本裁判规则而言,需要注意以下问题:

第一,认定招商引资协议属于民事合同的前提,是招商引资协议系开发商与地方政府经平等协商达成。如果招商引资方面的条件是地方政府单方作出,并未与开发商协商的,则不宜认定为民事合同。最高人民法院在“大庆市振富房地产开发有限公司与大庆市人民政府债务纠纷案”①中就认为,“法人响应政府号召,以向政府书面

参考案例裁判文书

参考案例24
最高人民法院(2006)民一终字第47号民事裁定书

① 参考案例 24:“大庆市振富房地产开发有限公司与大庆市人民政府债务纠纷案”,最高人民法院(2006)民一终字第 47 号民事裁定。

请示报告并经政府审批同意的形式介入市政建设,政府在不通知法人参加的情况下单方就法人介入市政建设而享有的优惠政策作出决定,法人只能按照政府决定执行的,法人与政府之间并非民法意义上的平等主体关系,双方亦没有就此形成民事合同关系。因此发生纠纷的,尽管双方之间的纠纷具有一定的民事因素,亦不属于人民法院受理民事案件的范围"。此外,如最高人民法院在"香港斯托尔实业(集团)有限公司诉泰州市人民政府、泰州市海陵区人民政府、泰州海陵工业园区管理委员会招商引资协议案"中所言,"如果政府在招商引资协议中行使的是行政职权,协议的目的是为实现社会公共利益或者行政管理目标,协议的主要内容约定的是行政法上的权利义务关系,也应当认定为为行政合同,而非民事合同"。①

参考案例裁判文书

参考案例25
最高人民法院(2017)
最高法行再99号行政裁定书

第二,地方政府的主要义务限于在法律授权范围内向开发商提供建设用地,并给予适当优惠、必要协助。政府招商引资合同涉及的内容通常较为广泛,但性质认定应主要就政府一方的义务范围进行审查判断。如政府一方义务仅是依法提供建设用地、协助办理相关证件手续、在既有政策范围内按照法律规定给予适当优惠等,并未超出法律授权范围的,即使合同中体现了一定行政权力,但并非合同主要标的,不影响民事合同的性质。广东省高院在《关于审理建设用地使用权合同纠纷案件的指引》(粤高法〔2017〕199 号)第 3 条前段即规定:"政府或者相关行政部门对外签订的招商引资合同,因合同约定的协助办理建设用地使用权出让手续、完成土地前期开发等民事权利义务内容产生的纠纷,属于民事案件受理范围。"反之,若政府一方将公权力作为合同主要标的,只有合同相对方才能获得相应权利,合同之外其他企业即使符合条件,也不能取得相应对价的,则该类合同将行政公权力作为合同主要标的,应当认定为行政合同,不能按照民事合同处理方式予以解决。在"重庆红星美凯龙企业发展有限公司其他合同纠纷

参考案例裁判文书

参考案例26
最高人民法院(2017)
最高法民终350号民事裁定书

① 参考案例25:"香港斯托尔实业(集团)有限公司诉泰州市人民政府、泰州市海陵区人民政府、泰州海陵工业园区管理委员会招商引资协议案",最高人民法院(2017)最高法行再99号行政裁定。

案"[①]中,2013 年 11 月 11 日,以玉林市政府为甲方、以重庆红星公司与广西拓福公司为乙方签订的《合作协议》,约定甲方提供用地、乙方自筹资金在竞得目标地块后建设红星国际广场大型城市综合体项目;甲方负责项目全面协调乙方办理相关手续、按照"一企一策"原则为乙方项目提供优惠政策。2013 年 12 月 16 日,以玉东新区管委会为甲方、以重庆红星公司与广西拓福公司为乙方签订《补充协议》约定,乙方实际摘牌单价如超过 50 万元/亩的,超过部分的土地价款由甲方作为给予乙方的财政扶持金通过合法合规的方式兑现给乙方;甲方协助乙方办理国有土地使用权证,协助乙方办理项目审批、控规调整、报建、工商登记、税务登记、项目用水、用电、用气等手续,根据相关政策对乙方项目在相关优惠政策及建成营业后的税收给予优惠等。针对《合作协议》与《补充协议》,最高人民法院认为,"玉林市政府,与其他合同主体在平等、自愿基础上就建设'红星国际广场'项目事宜达成一致,签订了《合作协议》,玉林市政府主要义务是提供用地,出让国有土地使用权,《合作协议》应属于民事合同。《补充协议》对《合作协议》的项目内容、出让价款、建设进度等进行了补充,仍然是民事合同。其中第六条规定甲方(玉东新区管委会)的义务主要是:协助乙方(重庆红星公司、广西拓福公司)办理《国有土地使用权证》、项目审批等手续,并给予乙方优惠政策。从约定内容可见,甲方协调乙方办理手续不是行政机关行使行政职权的行为,而是辅助另一方合同主体履行合同,非行政管理事项,亦属于民事合同"。

第三,如【裁判规则 7】所言,依法应当通过招拍挂等公开竞价方式出让的国有建设用地,未经公开竞价直接以协议方式出让的,应当认定出让合同无效。因此,招商引资协议中政府提供建设用地的约定,不能违反招拍挂制度要求。包括应当进行招拍挂的,不能实行协议出让;可以协议出让的,出让价不能低于按国家规定所确定的最低价;协议主体应当是市县人民政府土地管理部门,或得到市县人民政府土地管理部门的认可,等等。

第四,招商引资协议往往约定了相应的税收减免、政策扶持等优惠政策。如【裁判规则 8】所言,在招拍挂程序之外,出让方以土地换项目、先征后返、补贴、奖励等形式直接或变相减免土地出让金的,因排除其他竞买者,且损害国家利益,应当认定减免行为无效。因此,如果招商引资协议中约定直接或变相减

① 参考案例 26:"重庆红星美凯龙企业发展有限公司其他合同纠纷案",最高人民法院(2017)最高法民终 350 号民事裁定。

免土地出让金的,也应认定无效。

典型案例32

日照国晖电子科技有限公司与山东国恒能源有限公司、山东日照高新技术开发区管理委员会招商合同纠纷案[①]

典型案例裁判文书

典型案例32
最高人民法院（2011）民提字第45号民事判决书

基本案情:2005 年 12 月 27 日,开发区管委会与中恒公司就中恒公司持有的“高性能锂离子电池及材料生产项目”落户日照市高科技工业园区事宜签订《招商、投资协议书》约定,开发区管委会将高科技工业园区内 294.89 亩土地,作为引进该项目的工业生产及配套设施用地;中恒公司在日照市高科技工业园设立生产企业;开发区管委会以每亩 52 600 元价格出让该宗土地使用权,共计 15 511 214 元。其后,中恒公司成立国恒公司作为项目公司。2006 年 12 月 30 日,日照市人民政府批复同意国恒公司使用临沂北路西、园中南路北土地面积 93 099 平方米建设锂电池生产厂房。2007 年 2 月 9 日,日照市人民政府向国恒公司颁发了上述土地的使用权证书。[②] 后在履行过程中发生争议,国恒公司提起民事诉讼,诉至法院。

法院观点:最高人民法院经提审认为,开发区管委会与中恒公司签订的《招商、投资协议书》,约定了日照市高科技工业园区引进中恒公司“高性能锂离子电池及材料生产项目”的相关事宜,其内容系双方的真实意思表示,且不违反法律法规的禁止性规定,应为有效协议。其中,该协议所涉及的开发区管委会分二期提供 294.89 亩建设用地的约定内容,后经日照市国土资源局(高科技工业园办事处)批准,且经日照市东港区发展计划局登记备案,亦应为有效。

---

① 典型案例 32:“日照国晖电子科技有限公司与山东国恒能源有限公司、山东日照高新技术开发区管理委员会招商合同纠纷案”,最高人民法院(2011)民提字第 45 号民事判决。

② 该案中,开发区管委会系日照市东港区人民政府在日照市高科技工业园区设立的政府招商引资管理服务机构,其没有出让土地的权限。但日照市人民政府向国恒公司颁发土地使用权证书,表明该合同得到市县人民政府土地管理部门的认可。

2. 合作开发房地产合同裁判规则

“在房地产的开发过程中，由于土地资源的稀缺性、资本需求的密集性以及政府对开发资质管制的严格性，使得土地、资金、资质成为我国房地产开发必备的三大要素。如果民事主体不能同时具备这三项条件，而又要参与房地产开发项目，则只能选择以合作开发的方式进行房地产开发。”①与此同时，由于《国有土地使用权合同解释》第14条承认了“合作开发房地产合同”的合法地位，为规避政府的某些监管措施，实践中又演化出若干有名无实的“伪合作开发房地产合同”。这些合同类型纷繁复杂，其法律后果迥然相异，有必要予以厘清。

2.1 合作开发房地产合同的认定标准

“合作开发房地产合同，是指两方或两方以上的当事人约定，由一方提供土地，另一方提供资金、技术、劳务等，共同开发土地、建筑房屋，并在项目开发完成后按约定比例分享利益的协议。”②就此，《国有土地使用权合同解释》第14条规定：“本解释所称的合作开发房地产合同，是指当事人订立的以提供出让土地使用权、资金等作为共同投资，共享利润、共担风险合作开发房地产为基本内容的协议。”根据该项规定，合作开发关系的成立必须具备三个法定条件：一是共同投资，即合作各方按照协议约定以土地、资金等作为资本，投入合作项目之中；二是共享利润，即合作各方对合作开发获得的利润按约定比例共同分配利益；三是共担风险，即合作各方不仅仅享有对合作项目的利润分配，更要按照约定比例承担合作项目的经营风险及不利后果。合作开发关系的成立必须同时具备这三项法定条件，缺一不可。

---

① 韩延斌等：《房地产纠纷裁判思路与规范指引》（上），人民法院出版社2014年版，第413页。

② 贺小荣：《合作开发房地产合同的效力认定及补正原则》，载《民事审判指导与参考》2005年第2集（总第22集），第94页。

裁判规则 33

合作开发房地产合同所要求的“共同投资”，是指合作各方将自有资金或资产投入项目开发中。利用项目进行的融资不属于合作各方的投资，也不属于共同投资。

“共同投资是认定双方之间是否存在合作开发房地产合同的前提和基础。”[①]在界定是否构成“共同投资”时，须注意以下问题：

第一，“在合作开发房地产的融资模式中，应区分项目融资与合作开发当事人自行融资。”[②]所谓当事人自行融资，是指当事人利用自有资金进行的出资；所谓项目融资，是指利用合作项目本身，对外预售、预租或抵押等所取得资金。如重庆市高级人民法院在“周光禄与重庆翔鹰房地产开发有限公司合作开发房地产合同纠纷案”[③]中所言：“在房地产开发中，资金循环利用的情况大量存在，因此，在分配利润时，应以初始投入而非总投入为依据。”也就是说，“项目融资不属于当事人任何一方的投资”。[④]《国有土地使用权合同解释》第 23 条即规定，“合作开发房地产合同的当事人要求将房屋预售款充抵投资参与利润分配的，不予支持”。在“江力公司与海特公司合作开发房地产合同纠纷案”[⑤]中，双方约定，江力公司出地（折价 300 万元），海特公司出资 500 万元，进行共同开发。在江力公司出地后，海特公司将该地块抵押贷款获得 200 万元。在分配项目收益时，双方均主张，贷款所获 200 万元

参考案例裁判文书

参考案例27
重庆市高级人民法院（2009）渝高法民终字第214号民事判决书

参考案例裁判文书

参考案例28
江力公司与海特公司合作开发房地产合同纠纷案

---

① 最高人民法院民一庭：《双方当事人签订合作开发房地产后又签订建设工程施工合同，由一方负责施工并取得工程款，应当认定合同变更为建设工程施工合同》，载《民事审判指导与参考》2012 年第 2 辑（总第 50 辑），第 103 页。

② 最高人民法院民一庭：《以合作开发项目国有土地使用权抵押所取得的贷款的归属》，载《民事审判指导与参考》2012 年第 4 辑（总第 52 辑），第 137 页。

③ 参考案例 27：“周光禄与重庆翔鹰房地产开发有限公司合作开发房地产合同纠纷案”，重庆市高级人民法院（2009）渝高法民终字第 214 号民事判决。

④ 最高人民法院民一庭：《以合作开发项目国有土地使用权抵押所取得的贷款的归属》，载《民事审判指导与参考》2012 年第 4 辑（总第 52 辑），第 137、138 页。

⑤ 参考案例 28：“江力公司与海特公司合作开发房地产合同纠纷案”，载《民事审判指导与参考》2012 年第 4 辑（总第 52 辑），第 133～138 页。

应作为己方的出资。最终法院认为,这 200 万元既不是当事人任何一方的投资,也不是双方的共同投资,而是项目融资,不应作为出资参与利润分配。

参考案例裁判文书

参考案例29
安徽省高级人民法院(2016)皖民终545号民事判决书

最高人民法院(2017)最高法民申4195号民事裁定书

第二,合作开发房地产的出资是指用于项目开发、通过项目收益得以回收的出资。在下述【典型案例 33】中,乙公司的投资回收与项目收益无关,无论项目有无收益、有多大收益,乙公司均有权主张投资回收,所以乙公司的投资不能视为合作开发房地产的投资。当然,如果合作开发房地产合同约定,一方以完成项目施工内容作为合作项目出资方式,并根据实际投入情况分配建设成果的,则应当认定施工行为构成投资,投资金额可以通过工程造价鉴定的方式确定。"王井宝诉安徽绿色港湾酒店管理有限公司等合资、合作开发房地产合同纠纷案"①即是如此。

典型案例33

甲公司与乙公司建设工程施工合同纠纷案②

典型案例裁判文书

典型案例33
甲公司与乙公司建设工程施工合同纠纷案

基本案情:甲公司与乙公司签订《合作开发房地产合同书》约定,双方共同开发某商品房项目,甲公司负责取得涉案项目的施工许可,负责前期办理基建手续和上缴国家规定的各种收费的全部资金;乙公司应负责涉案土建工程的全部资金;双方均等承担合作项目的风险和利益。合同签订后,双方成立了项目组,设立了共管账户,甲公司投入了 600 万元。后甲公司与乙公司签订建设工程施工合同约定,涉案项目由乙公司作为施工人进行施工,并约定工

---

① 参考案例 29:"王井宝诉安徽绿色港湾酒店管理有限公司等合资、合作开发房地产合同纠纷案",安徽省高级人民法院(2016)皖民终 545 号民事判决、最高人民法院(2017)最高法民申 4195 号民事裁定。

② 典型案例 33:"甲公司与乙公司建设工程施工合同纠纷案",载《民事审判指导与参考》2012 年第 2 辑(总第 50 辑),第 100 ~ 105 页。该案是以最高人民法院民一庭名义发布的指导性案例。

程价款500万元。涉案工程完工后,乙公司通过起诉甲公司取得了涉案工程款500万元。涉案项目已经建成,并已经对外销售。现甲公司诉至法院,请求确认双方之间的房地产合作开发关系因解除而不复存在。乙公司辩称,双方签订的房地产合作开发合同成立并生效后,其按合同约定履行了投资义务,参与了经营和销售。

法院观点:最高人民法院评析认为,合作开发房地产合同是指当事人订立的以提供出让土地使用权、资金等作为共同投资,共享利润、共担风险合作开发房地产为基本内容的协议,故共同投资是认定双方之间是否存在合作开发房地产合同关系的基础。乙公司完成了涉案工程的施工,同时其亦已获得相应对价,即取得了全部工程款。乙公司在涉案项目中通过获取工程价款,让涉案项目的风险由甲公司一人来承担,这已经脱离了双方签订合作开发房地产合同共担利益、共享风险的初衷。双方之间的权利义务关系由共同投资、共享利益、共担风险合作开发房地产合同转变为一方负责工程建设,另一方支付工程价款的建设施工合同。

裁判规则 34

合作开发房地产合同所要求的"共享利润",是指合作各方对合作开发的项目成果按比例进行分配。各方所分得的利润应随项目开发经营情况而上下浮动。如果所分得的利润与项目开发经营情况不具有关联关系的,不构成"共享利润"。

所谓共享利润,是指由合作各方对合作开发项目利润共同分配。该分配是对"合作成果的绝对分割"①,主要包括按照比例进行产权分成(分配房屋)和利润分成。"共享利润"的核心要义在于,合作各方所获得的回报(利润)应随项目开发经营情况而上下浮动。如果所获回报与项目开发经营情况无关的,不构成"共享利润"。以产权分成为例,甲乙双方联建,如果约定对建设成果双方三七分成的,则为共享利润;如果约定无论最终建成的面积如何,甲均分得固定面积或固定套数的房屋,则不构成共享利润。利润分成方式与此相同,如果获得

---

① 韩延斌:《国有土地使用权出让、转让纠纷中的法律对策及其展望》,载《民事审判指导与参考》2004年第2集(总第18集),第146页。

的所谓“利润”不随项目开发经营情况而上下浮动的话,则不构成“共享利润”,下述【典型案例 34】即为适例。

需要指出的是,第一,在甄别当事人约定的利润分配是否随项目开发经营情况而上下浮动时,应探寻文字背后的当事人真意。如甲公司出地、乙公司出资进行联合开发,约定建成面积10 000平方米,甲公司分得 3000 平方米、乙公司分得剩余面积。此时,应当结合合同的其他约定探寻当事人的真实意思。如当事人的真实意思是无论最终建成面积是多少,甲公司均分得固定的 3000 平方米,则不构成“共享利润”;如当事人的真实意思是甲公司应分得 3000 平方米是建立在建成面积为10 000平方米的基础之上,即利润在甲乙之间按照 3∶7 的比例分配,则构成“共享利润”。第二,即便约定分得固定面积房屋,房屋本身的价值也会随市场的变化而上下浮动,但这种浮动是市场行情导致的,与项目开发经营行为无关,故仍应认定获取的是固定回报。

典型案例34

中国科学院植物研究所、北京中植梦绿生物新技术公司与华纺房地产开发公司、北京首都创业集团有限公司、万锐投资有限公司、北京万创华房地产有限公司合资、合作开发房地产合同纠纷案①

典型案例裁判文书

典型案例34

中国科学院植物研究所、北京中植梦绿生物新技术公司与华纺房地产开发公司、北京首都创业集团有限公司、万锐投资有限公司、北京万创华房地产有限公司合资、合作开发房地产合同纠纷案

基本案情:1998 年 3 月,中植公司与华纺公司、首创公司、万锐公司签订《合作合同》约定:中植公司负责腾空坐落于北京市西直门外大街 141 号的开发建设用地,华纺公司、首创公司、万锐公司提供全部建设经营管理所需资金;中植公司应获得搬迁补偿费和其他补偿费共计 1.5 亿元;华纺公司、首创公司、万锐公司获得项目开发利益,原则上应于所建物

① 典型案例 34:《中国科学院植物研究所、北京中植梦绿生物新技术公司与华纺房地产开发公司、北京首都创业集团有限公司、万锐投资有限公司、北京万创华房地产有限公司合资、合作开发房地产合同纠纷案》,载《民事审判指导与参考》2010 年第 4 集(总第 44 集),第 234 ~244 页。

业销售完毕并缴清应缴税费后的三个月内结清并分配。后在履行过程中发生争议，诉至法院。

法院观点：针对《合作合同》的约定，一审法院（北京市高级人民法院）认为，“中植公司与华纺公司、首创公司、万锐公司签订的《合作合同》，是以中植公司提供土地使用权，与华纺公司等企业进行房地产项目开发，中植公司一方获得15 000万元补偿费，而华纺公司等企业获得项目开发利益为主要内容的。中植公司在合同履行过程中并不承担合作风险，只是收取固定的利益。故双方签订的合同性质应当认定为名为合作实为土地使用权转让”。二审中，最高人民法院也认定，根据约定，中植公司一方获得 15 000 万元补偿费，该补偿费不依物业的可建面积、投资总额、经营盈亏的变化而变化。从上述内容来看，双方当事人约定中植公司只收取固定收益，不承担任何经营风险，依照《国有土地使用权合同解释》第 24 条的规定，双方所签订的合同应当认定为土地使用权转让合同。

裁判规则 35

合作开发房地产合同所要求的“共担风险”，是指合作各方均应负担项目的经营风险。如果合作开发房地产合同约定，一方获得固定金额回报或获得固定面积房屋的，均不构成共担风险。

合作开发房地产合同的风险，是指经营失败的风险，包括项目未能建成、经营不善导致亏损等。“共担风险”则要求合作各方均应负担上述经营风险。“利之所得，损之所归”，共享利润与共担风险如一枚硬币的两面，二者相辅相成、相互决定。如果不构成共享利润，通常也不构成共担风险，反之亦然。在前述【典型案例 34】“中国科学院植物研究所、北京中植梦绿生物新技术公司与华纺房地产开发公司、北京首都创业集团有限公司、万锐投资有限公司、北京万创华房地产有限公司合资、合作开发房地产合同纠纷案”中，最高人民法院在认定中植公司“只收取固定收益”的基础上，就进一步认定，中植公司“不承担任何经营风险”。实践中，如合作开发房地产合同约定，不论项目盈亏状况，一方均获得固定金额回报或固定面积房屋的，均不属于共担风险。

典型案例35

烟台明达电力照明工程有限公司与山东中翔实业有限公司、烟台鑫宏置业有限公司、张荣华土地使用权转让合同纠纷案①

典型案例裁判文书

典型案例35
山东省高级人民法院（2017）鲁民终1871号民事判决书

基本案情:2011 年 1 月 28 日,明达公司(甲方)、中翔公司(乙方)、田仁德(丙方)、张荣华(丁方)签订合作开发房地产合同约定:甲乙双方合作开发位于烟台市莱山区迎春大街宗地;甲方以 7427.5 平方米出让土地使用权投入合作;乙方投拨合作开发项目建设、安装、配置等全部资金;甲方在合作开发过程中取得固定利益 5000 万元。甲方应取得的该固定利益 5000 万元不受双方合作项目盈亏限制和影响,乙方对此予以确认为;丙方个人自愿为甲方履行本合作开发合同提供连带担保责任,丁方个人自愿为乙方履行本合作开发合同提供连带担保责任。后在履行过程中发生争议,诉至法院。

法院观点:山东省高级人民法院认为,民事法律行为应探究当事人的真实意思表示,而不能仅仅根据当事人合同中所采用的名称即认定当事人之间的法律关系性质。虽然涉案合同名称为合作开发房地产合同,但其实质内容是明达公司在此合作开发项目中只收取固定收益,既不按照投资比例进行利润分成,也不承担该项目开发经营风险,即双方当事人之间的法律关系已经不具备合作开发房地产所应具备的"共担风险"特征,其所收取的固定利益已经成为"投入"的土地使用权的对价,应当认定为土地使用权转让法律关系。

裁判规则 36

合作开发房地产合同关系的成立,必须同时具备共同投资、共享利润、共担风险三个条件,缺一不可。

《国有土地使用权合同解释》第 14 条规定:"本解释所称的合作开发房地产

① 典型案例 35:"烟台明达电力照明工程有限公司与山东中翔实业有限公司、烟台鑫宏置业有限公司、张荣华土地使用权转让合同纠纷案",山东省高级人民法院(2017)鲁民终 1871 号民事判决。

合同，是指当事人订立的以提供出让土地使用权、资金等作为共同投资，共享利润、共担风险合作开发房地产为基本内容的协议。”在理解上应当认为，合作开发房地产合同关系所要求的三个条件，必须同时具备，缺一不可。

在这三个条件中，如前所述，共享利润与共担风险如一枚硬币的两面，只要利润具有共同性，则风险也相应具有共同性，二者相辅相成，紧密结合在一起。可能发生分离的，是投资与回报，即仅有共同投资，而无共享利润、共担风险。在“福建德华建设工程有限公司、南充市嘉陵区嘉铭房地产开发有限公司合资、合作开发房地产合同案”①中，嘉铭公司分别与德华建司、德华置业签订《合作框架协议》《合作协议》约定：双方合作开发南山府邸工程项目，嘉铭公司负责所有建设手续审批、土地竞拍和土地款缴纳，德华建司与德华置业以总承包方式负责项目建设、经营和管理；嘉铭公司需要住房不超过1780套，建筑面积不超过206 000 m^2，车位不超过1500个；住房2600元/m^2，车位每个4万元；嘉铭公司购买房屋和车位的价格包括土地及相关费用、一切工程建设费用等，嘉铭公司支付的土地出让金先从购房款中列支；嘉铭公司需求房屋、车位以外的商品房、商铺和车位均由德华建司与德华置业自行经营、销售或持有，其获得收益中的部分用来弥补嘉铭公司所购住房和车位建设的差价，盈亏由德华建司与德华置业自负。四川省高级人民法院在一审中即认为，“嘉铭公司在‘合作’中的权利是获得所需住房和车位，其对价是按固定单价支付价款并在合作完成后，将‘南充市嘉陵区嘉铭房地产开发有限公司’的资质和人员无偿转让给德华建司或德华置业，以实现土地使用权的转让。故嘉铭公司不存在合作开发的市场经营风险，德华建司、德华置业存在开发和销售的市场风险。嘉铭公司实际上是以获取固定利益的方式（以不受市场影响的固定的优惠的价格购买房屋和车位）转让土地使用权”。最高人民法院在二审中也认为，“嘉铭公司实际上是在不承担经营风险的前提下，以不受市场因素影响的固定优惠价格购买房屋和土地，从而将案涉土地使用权以不过户的方式转让给德华建司与德华置业。一审法院认定案涉法律关系为土地使用权转让合同关系，并无不当”。该案中，嘉铭公司与德华建司、德华置业各有出资，但风险各别。这类三个条件有所缺失的经营模式，不能认定为合作开发房地产合同。

参考案例裁判文书

参考案例30
最高人民法院（2019）
最高法民终628号民事
判决书

① 参考案例30：“福建德华建设工程有限公司、南充市嘉陵区嘉铭房地产开发有限公司合资、合作开发房地产合同案”，最高人民法院（2019）最高法民终628号民事判决。

典型案例36

秦皇岛绿色房地产有限公司与秦皇岛市商业银行股份有限公司长城支行其他合同纠纷案①

典型案例裁判文书

典型案例36
秦皇岛绿色房地产有限公司与秦皇岛市商业银行股份有限公司长城支行其他合同纠纷案

基本案情:1995 年 6 月 19 日,长城信用社与秦皇岛军分区后勤部签订《房地产调换建设协议书》约定,长城信用社向秦皇岛军分区后勤部支付 420 万元,秦皇岛军分区后勤部将秦皇岛海港区武装部大院的土地划归长城信用社。1995 年 10 月 10 日,长城信用社与绿色公司签订了《协议书》约定,长城信用社协助将秦皇岛海港区武装部大院的土地证办至绿色公司名下,并以贷款的方式为绿色公司解决部分资金不足的问题;绿色公司全面负责工程的立项、设计、招标、销售等业务;工程竣工后,绿色公司无偿返还长城信用社 600 平方米营业用房。协议签订后,绿色公司向长城信用社支付了 460 万元的土地费用,并向长城信用社返还了 26 套住房(代替约定的 600 平方米营业用房),长城信用社协助绿色公司办理了立项、开工等手续,绿色公司利用长城信用社的贷款及自有资金和部分自有土地进行了开工建设。后双方发生争议,诉至法院。

法院观点:最高人民法院在二审中认为,合作开发关系的成立必须同时具备共同投资、共享利润、共担风险这三项法定条件,缺一不可。首先,从共同投资的角度看,在长城信用社与绿色公司签订的各个协议书和绿色商厦项目的开发建设全过程中,没有任何关于双方共同投资合作开发的内容,长城信用社除了承担协助办理土地调换手续和以贷款方式为绿色公司解决部分资金不足的问题外,并无实际资本投入,全部由绿色公司自行投资开发建设。绿色商厦开发所用土地的土地款实际支付主体也是绿色公司,而非长城信用社。其次,从共享利润的角度看,双方协议约定的只是工程竣工后,绿色公司同意无偿返还长城信用社 600 平方米营业用房,后改为返还 26 套住宅。从该项约定看,虽然外在体现为一种利润,但明确为无偿返还,而且这种固定利润,也不是对合作开

---

① 典型案例 36:"秦皇岛绿色房地产有限公司与秦皇岛市商业银行股份有限公司长城支行其他合同纠纷案",【法宝引证码】CLI. C. 2126797。

发项目利润的分配。最后，从共担风险的角度看，长城信用社与绿色公司更没有在双方的各个协议中予以明确约定，而共担风险的内容是判定是否为合作开发关系的关键环节。只有共同投资、共享利润没有共担风险的约定也不能认定为是合作开发。据此，绿色公司与长城信用社之间不是合作开发关系，而属于无名合同关系。

裁判规则 37

合作开发房地产合同要求开发行为具有"共同性"，即针对同一项目共同投资、共享利润、共担风险。如果将同一项目切分为独立的开发单元，各方分别投资开发的，不应认定为合作开发房地产合同。

在合作开发房地产合同中，无论是共同投资，还是共享利润，抑或共担风险，均强调"共同性"。也就是说，针对合作开发的项目，虽需分别投资、分享利润、分担风险，但开发行为具有"共同性"，各方的投资构成对项目的整体投资，各方分配的利润是项目的整体利润，各方分担的风险是项目的整体风险。

实践中，在地价一路高歌猛进的市场背景之下，单个开发主体因资金实力不够，联合其他主体共同取得开发用地后，将土地进行切分，各自开发一部分。又或者单个开发主体取得开发用地后，基于各种考虑，不愿独自完成全部开发，而以合作开发为名，引入其他开发主体，约定各自开发一部分。这种模式之下，这些开发主体对外均冠以"合作开发""联合开发"之名，但在开发主体之间，各自开发范围相互独立，虽在公共设施、公共建筑方面有所交集，需对相关费用进行分担，但总体而言，互不干涉、独立经营、自负盈亏，开发行为不具有"共同性"，不应认定为合作开发房地产合同。在"天津津投金厦房地产发展股份有限公司与天津市东丽软件园建设开发有限公司、天津三联投资集团有限公司合资、合作开发房地产合同纠纷案"[①]中，针对软件园建设公司取得的土

参考案例裁判文书

参考案例31

天津津投金厦房地产发展股份有限公司与天津市东丽软件园建设开发有限公司、天津三联投资集团有限公司合资、合作开发房地产合同纠纷案

① 参考案例 31："天津津投金厦房地产发展股份有限公司与天津市东丽软件园建设开发有限公司、天津三联投资集团有限公司合资、合作开发房地产合同纠纷案"，载《民事审判指导与参考》2009 年第 3 集（总第 39 集），第 183～190 页。遗憾的是，最高人民法院在二审中认为，该合同属于"房地产合资、合作开发合同"。

地,当事人通过《补充协议》约定,“按独立分别开发的原则分割建设项目,分别投资开发”,“相关税费各自分担”。根据该约定,各方当事人的风险与利益已经分离,不再具有共同性,不应认定为合作开发房地产合同,而应认定为土地使用权转让。

典型案例37

广东华德汇实业有限公司与株洲现代服饰仓储物流有限公司等建设用地使用权纠纷案①

典型案例裁判文书

典型案例37
最高人民法院(2019)最高法民终323号民事判决书

基本案情:2010 年 9 月 30 日,现代服饰物流公司以20 833万元竞得谭家塅村 168 亩土地。12 月 14 日,华德汇公司与现代服饰物流公司、国投公司、基翔公司、楼洪剑签订《承包经营合作合同书》约定:对现代服饰物流公司已经取得的 168 亩商业物流用地,由华德汇公司独立承包开发、经营其中的 87 亩商住用地;现代服饰物流公司设立全资子公司 A(汇美公司),由 A 公司独立开发建设、经营销售该 87 亩商住地及其地上建筑物;现代服饰物流公司另外成立 B 公司(汇通公司)独立经营上述 168 亩土地中另外的 81 亩物流用地,与华德汇公司无关。华德汇公司永久承包经营 A 公司及开发 87 亩商住用地的承包费为 1942 万元,作为以后现代服饰物流公司转让 A 公司全部股权给华德汇公司时华德汇公司应支付的股权对价款。现代服饰物流公司与华德汇公司共同负责项目整体规划报批,报批后 A 公司地块项目可以单独报建,单独验收,华德汇公司承担 A 公司经营活动中的一切责任。其后,现代服饰物流公司将汇美公司全部股权转让给华德汇公司。在项目开发过程中,华德汇公司、汇美公司认为汇通公司违反合同约定,导致整个项目物流功能缺失,给汇美公司的物业价值及经营带来了重大损失,诉至法院。

法院观点:针对《承包经营合作合同书》的性质,一审法院(湖南省高级人民

① 典型案例 37:“广东华德汇实业有限公司与株洲现代服饰仓储物流有限公司等建设用地使用权纠纷案”,最高人民法院(2019)最高法民终 323 号民事判决。

法院)认为,华德汇公司与现代服饰物流公司分别对87亩与81亩土地进行开发,并约定各自投资建设,开发经营过程中风险各自独立承担,开发经营利润各自独享,因此双方关系不具备共同投资、共享利润、共担风险的特征,不符合合作开发关系要件,双方不存在合作开发房地产关系。华德汇公司的主要权利是通过受让汇美公司全部股权的方式取得87亩土地的国有土地使用权及独立开发、经营权,在汇美公司股权转让前实际控制该公司等,华德汇公司的主要义务是通过汇美公司负责缴纳该87亩土地出让金,承担设立汇美公司的出资等费用。故《承包经营合作合同书》虽名为"承包经营合作合同",实为国有土地使用权转让合同。二审中,最高人民法院认为,"原审法院考察当事人签订合同的真实意思表示及合同约定内容,来判断合同当事人之间的法律关系,认为涉案合同虽名为合作合同书,但现代服饰物流公司与华德汇公司之间不存在共同投资、共享利润、共担风险的合作关系,事实上是现代服饰物流公司通过转让汇美公司全部股权给华德汇公司的方式,实现了土地使用权的转让,以此确认涉案合同为国有土地使用权转让合同,并无不当,本院予以维持"。

裁判规则 38

当事人仅约定共同出资,未约定共享利润、共担风险的,应当根据合同其他约定,并结合合同履行情况,探寻当事人真意。如果没有排除共享利润、共担风险的,应推定为合作开发房地产合同。

如果当事人双方仅就共同出资进行了约定,而对共享利润或共担风险未作明确约定的,应当如何界定当事人之间的法律关系?就此,应当根据合同其他约定,并结合合同履行情况,探寻当事人真意。首先,根据市场经济主体是"理性人"的理论预设,有出资就应当有回报,有回报就应当承担风险。因此,仅约定共同出资,未约定共享利润或共担风险,并不能得出一方仅负有投资义务、不享有利润分配或不承担经营风险的结论。其次,由于共同投资的情况下,既有可能是合作开发房地产合同关系,也有可能是土地使用权转让合同关系、借款合同关系,等等。由于未约定利润分享与风险分担的模式,导致法律关系的性质不明。所以应当根据合同其他约定,并结合合同履行情况,探寻当事人真意。再次,如果当事人的真实意思不明确或不得而知,由于已经具备共同出资这一要件,只要合同中没有明确约定一方在合作中不承担风险或不分享利润,应当推定为合作开发房地产合同。最后,由于合同没有约定共享利润或共担风险,在将合同推定为合作开发合同后,如何解决利润分配和风险分担?就此,可以参照《国有土地使用权合同解释》第20条、第22条的规定,按照约定的投资比例确定,如果未足额交纳出资的,则按照实际投资比例确定。

典型案例38

海南融元实业有限公司与海南金凯汽车工业有限公司合作开发房地产合同纠纷案①

典型案例裁判文书

典型案例38
海南省高级人民法院(2012)琼民二终字第211号民事判决书

基本案情:2008年8月26日,融元公司与金凯公司签订《项目合作协议》约定:双方合作开发"三亚凯旋花园";双方共同组建项目公司,公司注册资本为1000万元;金凯公司提供30亩国有工业用地入股至双方共同组建的项目公司(根据目前三亚市城市规划可将该地调整变性为居住用地),融元公司提供该项目的全部建设资金;金凯公司占项目公司40%份额,融元公司占60%份额;新的项目公司暂定为"海南凯旋地产开发有限公司";项目土地完成土地变性审批工作后,融元公司支付所有土地变性费用给政府相关部门及金凯公司的费用后,金凯公司在公司的股份权益从40%调整为15%,融元公司在公司的股份权益从60%调整为85%;如下一步金凯公司再增加30亩合作土地时,融元公司应再追加1000万元的合作款项给金凯公司,并按总开发面积的15%分房给金凯公司。当日,融元公司向金凯公司支付了500万元的履约保证金。2009年11月3日,金凯公司又将涉案土地作为出资,与吕新山、弘美丽岛公司签订了项目投资入股合同书,并组建了项目合作公司(第三人德怡和公司)。其后,融元公司诉至法院,请求确认《项目合作协议》为土地使用权转让协议,判令金凯公司承担违约责任。

法院观点:针对《项目合作协议》的性质,一审法院(三亚市中级人民法院)认为,虽然融元公司和金凯公司所签合同名为《项目合作协议》,但从合同主要

---

① 典型案例38:"海南融元实业有限公司与海南金凯汽车工业有限公司合作开发房地产合同纠纷案",海南省高级人民法院(2012)琼民二终字第211号民事判决。

条款来理解,涉案合同应视为以“项目合作”为名,以“合资设立公司”为实之合同,即双方所签合同为公司设立合同。但二审中,海南省高级人民法院认为,依据《项目合作协议》的约定,金凯公司系以自有的30亩国有工业用地使用权作为出资,而融元公司则提供变更土地用途及建设所需全部资金,双方共同设立项目公司进行房地产开发建设,并按比例分配房产。可见,双方设立项目公司进行房地产开发仅系合作的一种方式,即紧密型合作。依据《国有土地使用权合同解释》第24条的规定,只有合作开发房地产合同约定提供土地使用权的当事人不承担经营风险,只收取固定利益的,才应当认定为土地使用权转让合同。本案中,融元公司与金凯公司所签《项目合作协议》中并未约定金凯公司不承担经营风险,只收取固定利益;且依约定,双方采取的是设立项目公司进行紧密型合作,紧密型合作本身就意味着双方是共担风险,共享利润。融元公司向金凯公司共计支付1000万元的实质是双方通过调整在项目公司中所占股份比例从而达到调整房产分配比例的目的。据此,原审将该协议认定为公司设立合同并将本案案由确定为公司设立纠纷错误,应当予以纠正。

裁判规则39

在签订合作开发房地产合同的同时,另行签订合同将一方根据合作开发房地产合同应取得的收益转化为固定数额收益的,应当根据该固定数额收益确定当事人之间法律关系的性质。

实践中,如果各方当事人之间既签订有合作开发房地产合同,又以合作开发合同为基础,将一方在合作开发中应取得的收益转化为固定数额收益的,应当如何界定各方当事人之间法律关系的性质?

就此,有两种思路:一是认定当事人之间存在两层法律关系,第一层法律关系是合作开发房地产合同关系,第二层法律关系是固定数额收益合同法律关系。若此,在下述【典型案例39】中,则应界定为合作开发房地产合同关系+包销合同关系。二是认定当事人之间仅存在一层法律关系,至于该法律关系的性质,则应将两个合同视为一个整体——合作开发房地产合同确定的投资+固定数额收益合同确定的收益,综合判断。第二种思路之下,固定数额收益合同对法律关系性质具有决定性作用。

之所以会出现“合作开发房地产合同+固定数额收益合同”的模式,其原因在于,当事人的真实意思是通过出资(出土地或出资金),获得固定收益,但如直接约定出土地→获得固定收益,则需缴纳大额的土地交易税费;如约定出资金→获得固定收益,在《民间借贷规定》出台前,将面临合同无效的问题。所以当事人就通过两层合同的设计,规避上述问题。由于当事人的真实意思是"出资→获得固定收益",所以应当采取前述第二种思路,根据固定数额收益确定当事人之间法律关系的性质。

需要注意的是,对于所谓签订合作开发房地产合同的"同时",要求不应过于苛刻。只要两个合同的签订时间相距不远,足以推断当事人的真实意思是出资→获得固定收益即可。如在签订固定数额收益的合同之时,合作开发尚未完成,无法确定或难以预测项目收益的,则应根据固定数额收益确定合同性质。如果在签订合作开发房地产合同后、项目开发基本完成时,基于对项目收益的评估或预测,将一方根据投资所应当享有的收益确定为固定数额收益的,此时当事人的真实意思是对合作开发收益进行结算,而非规避税收、合同效力方面的规定,则不属于【裁判规则 39】的范畴,而应适用【裁判规则 40】。

典型案例39

陈全、皮治勇诉重庆碧波房地产开发有限公司、夏昌均、重庆奥康置业有限公司合同纠纷案①

典型案例裁判文书

典型案例39
最高人民法院(2009)民申字第1760号民事裁定书

基本案情:2006 年 8 月 29 日,奥康公司与碧波公司签订《合同书》以及《包销协议》。《合同书》约定:奥康公司与碧波公司联合开发鞋都工业园配套住宅小区,奥康公司以土地作为联合开发的投入,碧波公司负责投入该项目所需的建设资金;奥康公司分得此项目房屋建筑面积18 000平方米住房,其余联合开发项目的资产全部归碧波公司所有。《包销协议》约定:奥康公司将在联合开发合同中所分得的

① 典型案例 39:陈全、皮治勇诉重庆碧波房地产开发有限公司、夏昌均、重庆奥康置业有限公司合同纠纷案,最高人民法院(2009)民申字第 1760 号民事裁定,载《中华人民共和国最高人民法院公报》2010 年第10 期,第31 ~36 页。该案二审情况可参见重庆市高级人民法院(2009)渝高法民终字第141 号民事判决。

18 000平方米住房作价为1980万元,委托碧波公司进行包销。后陈全、皮治勇、夏昌均三人依托碧波公司实施项目开发,并在开发过程中发生争议。

法院观点:针对奥康公司与碧波公司之间法律关系的性质,二审法院(重庆市高级人民法院)认为,就合作开发房地产合同所要求的"共享利润"而言,该1980万元系由碧波公司直接支付,并非该项目本身所产生的利润;就共担风险而言,奥康公司获得的1980万元系固定金额,并不因项目能否顺利完成、房屋能否顺利销售、销售所得是否大于成本而有所改变,故奥康公司并未承担该项目的风险,因此,双方之间的法律关系不符合合作开发房地产合同的成立条件。结合《合同书》与《包销协议》的约定,奥康公司在该项目中的义务是将土地交由碧波公司开发,权利是获得碧波公司支付的1980万元价款,应当认定为土地使用权转让关系。在再审审查中,最高人民法院也认为,奥康公司在与碧波公司联合开发过程中的主要义务是提供土地并办理相关手续,所分配的利益是18 000平方米住房的包销款1980万元,不承担经营风险,符合《国有土地使用权合同解释》第24条的规定,应当认定为土地使用权转让合同。

裁判规则 40

在签订合作开发房地产合同后、项目开发基本完成时,基于对项目收益的评估或预测,将一方根据投资所应当获得的收益确定为固定数额收益的,系对合作开发房地产合同的结算,当事人之间的法律关系仍应认定为合作开发房地产合同关系。

如前所述,如果在签订合作开发房地产合同后、项目开发基本完成时,基于对项目收益的评估或预测,将一方根据投资所应当享有的收益确定为固定数额收益的,不应根据固定数额收益合同确定当事人间法律关系的性质。那么应当如何界定当事人间法律关系的性质?如何认识该固定数额收益合同?在签订合作开发房地产合同后、项目开发基本完成时,基于对项目收益的评估或预测,将一方根据投资所应当享有的收益确定为固定数额收益,其实质是对合作开发收益进行结算。就此,《民间借贷规定》第15条第1款规定:"原告以借据、收据、欠条等债权凭证为依据提起民间借贷诉讼,被告依据基础法律关系提出抗辩或者反诉,并提供证据证明债权纠纷非民间借贷行为引起的,人民法院应当依据查明的案件事实,按照基础法律关系审理。"也就是说,结算之后,仍应根据当事人之间的基础法律关系—合作开发房地产合同关系—确定当事人间法律关系的性质。至于将一方根据投资所应当享有的收益确定为固定数额收益的合同,则应认定为结算协议。根据《民法典》第 567 条①的规定,该结算协议的效力具有独立性。

典型案例40

重庆泽天物业有限公司与王晓飞合资、合作开发房地产合同纠纷案②

典型案例裁判文书

典型案例40
重庆市高级人民法院(2017)渝民终68号民事判决书

最高人民法院(2017)最高法民申1796号民事裁定书

基本案情:2010 年 1 月 28 日,泽天公司与王晓飞签订《项目投资合作协议》约定,双方合作开发合川文峰塔片区改造项目;王晓飞投入项目资本金 3000 万元,享有并承担该项目 15% 的权益和风险;该项目具体的开发和运营由泽天公司管理团队全权负责,王晓飞不具体参与。2013 年 1 月 21 日,泽天公司与王晓飞签订《合作项目结算协议》约定,截至 2012 年 12 月 31 日,合川文峰塔片区改造项目已基本建成,双方一致确认项目的开发收益总额为 43 018万元,按合作协议的约定,王晓飞可分得税后6453 万元,王晓飞同意泽天公司在2013 年9 月 30 日前分期分批支付王晓飞投资本金及回报共计 9453 万元。后泽天公司未按约付款,王晓飞诉至法院。泽天公司辩称,《合作项目结算协议》约定,王晓飞不承担经营风险,只收取固定数额货币的,应当认定为借款合同。

法院观点:重庆市高级人民法院认为,《项目投资合作协议》符合《国有土地使用权合同解释》第 14 条规定的合作开发房地产合同应具有的共同投资、共享利润、共担风险的基本特征。泽天公司与王晓飞之间应系合作开发房地产合同法律关系。《合作项目结算协议》系在建设项目已基本建成后,双方基于当时的

---

① 该条规定:“合同的权利义务关系终止,不影响合同中结算和清理条款的效力。”《合同法》第 98 条的规定与此基本相同。

② 典型案例 40:“重庆泽天物业有限公司与王晓飞合资、合作开发房地产合同纠纷案”,重庆市高级人民法院(2017)渝民终 68 号民事判决、最高人民法院(2017)最高法民申 1796 号民事裁定。

市场状况对整个项目销售利润进行评估后,就双方投资本金和投资收益的分配所进行的结算。该结算协议不影响双方合作开发房地产合同基础法律关系的成立,不应当认定为借款合同。再审审查中,最高人民法院也认为,泽天公司与王晓飞基于当时的市场状况对销售利润进行评估后,通过《合作项目结算协议》就双方投资和收益的分配进行结算,不影响案涉《项目投资合作协议》的性质,此种结算不属于《国有土地使用权合同解释》第 26 条规定的情形,应属有效,王晓飞与泽天公司之间并未因《合作项目结算协议》的签订转化为借款关系。

裁判规则 41

一方虽向合作方公司投资入股,但仅就合作方公司的某一项目共享利润、共担风险的,不构成对合作方的股权投资,双方之间就合作项目成立合作开发房地产关系。

若甲公司与乙公司约定,甲公司通过增资方式入股乙公司,但入股后,甲公司仅就乙公司的某一项目与乙公司共享利润、共担风险,不涉及乙公司的其他经营事项,应当如何界定甲公司与乙公司之间法律关系的性质?这类经营模式之下,当事人的真实意思是就合作项目进行合作开发,之所以选择所谓的“增资扩股”,一方面,可以规避合作开发所要求的相关手续变更之烦琐;另一方面,“入股方”对项目经营可以基于股东身份进行有效管控。根据《民法典》第 146 条①的规定,由于“增资扩股”并非当事人的真实意思,故甲公司入股乙公司的约定无效;由于当事人的真实意思是就合作项目进行合作开发,故应当认定双方就合作项目成立合作开发房地产关系。

需要说明的是,在这类经营模式下,普遍存在这一约定——在项目完成后,甲公司应将持有的乙公司股权转让给乙公司原股东指定的人或作减资处理。这类约定符合双方就单一项目开展合作开发的利益安排,应属有效。而且由于“增资扩股”本身系无效约定,故即使不存在这一约定,在项目利润分配完毕后,乙公司也有权要求甲公司减资或将股权转回。

---

① 该条第 1 款规定:“行为人与相对人以虚假的意思表示实施的民事法律行为无效。”第 2 款规定:“以虚假的意思表示隐藏的民事法律行为的效力,依照有关法律规定处理。”

典型案例41

青岛聚盛房地产开发有限公司诉青岛恒泰房地产开发有限公司公司合资、合作开发房地产合同纠纷案[①]

典型案例裁判文书

典型案例41
山东省青岛市中级人民法院（2016）鲁02民初123号民事判决书

最高人民法院（2017）最高法民申2033号民事裁定书

基本案情:2002 年 11 月 26 日,恒泰公司与聚盛公司签订《联建协议》约定,双方就聚盛公司取得的51 638平方米土地进行联合建设。2014 年 12 月 5 日,双方又签订《合作开发协议》约定,改变原约定联合开发合作方式,采取股权合作方式,即恒泰公司出资入股聚盛公司的方式进行合作开发;本协议签订后五日内,双方共同办理聚盛公司增资事宜,由恒泰公司出资 800 万元(等值 130 万美元),持有聚盛公司 50% 股权,聚盛公司原股东共同持有聚盛公司 50% 股权;恒泰公司出资入股聚盛公司,仅对双方合作项目享有权利,承担义务。聚盛公司其余经营项目及债权债务与恒泰公司无关。在项目利润分配完毕后,恒泰公司将持有的聚盛公司股权转让给聚盛公司原股东指定的人或做减资处理。之后,恒泰公司与聚盛公司股东签订了《青岛聚盛房地产开发有限公司增资扩股协议》,并完成了恒泰公司成为聚盛公司股东的变更登记。因在履行过程中发生争议,诉至法院。

法院观点:针对双方之间法律关系的性质,青岛市中级人民法院认为,恒泰公司与聚盛公司之间并非公司法所规定的公司与股东之间的法律关系,双方之间名为股权转让实际仍为合资、合作开发房地产关系。再审审查中,最高人民法院也认为,虽然双方约定以股权投资形式进行合作开发,但双方协议明确约定投资方仅对合作项目享有权利和承担义务,且投资方承诺在项目利润分配完毕后将持有的被投资方股权转让给被投资方原股东指定的人或作减资处理,投资方不再作为对方的股东。因此,聚盛公司和恒泰公司之间并非公司法意义上

---

① 典型案例 41:“青岛聚盛房地产开发有限公司诉青岛恒泰房地产开发有限公司公司合资、合作开发房地产合同纠纷案”,青岛市中级人民法院(2016)鲁 02 民初 123 号民事判决、最高人民法院(2017)最高法民申 2033 号民事裁定。

的公司与股东之间的法律关系，而是名为增资入股，而实为合资、合作开发房地产。

2.2 名实不符的“合作开发房地产合同”甄别规则

“实践中，合资、合作建房的形式、方式种类繁多。”[1]名实不符的情形时有发生。“如果双方权利义务内容表明合作风险并非当事人共同承担，则其法律关系实质已非合作开发房地产。”[2]详言之，合同的性质一般通过合同名称与合同内容表现出来，因此，认定合同性质既要看合同名称，更要看合同内容，当合同名称与合同内容不一致时，也即“名实不符”时，则要根据合同内容来认定合同性质。当合同内容相互矛盾时，则要根据合同中是否有特别约定以及当事人的实际履约情况，综合认定合同性质。[3]《国有土地使用权合同解释》第 16 条、第 24 条至第 27 条先后规定了名为合作开发实为划拨土地使用权补偿合同——如“重庆巴渝房地产开发有限公司与重庆建设工业有限责任公司土地使用权补偿纠纷案”[4]，名为合作开发实为土地使用权转让——如“四川省聚丰房地产开发有限责任公司与达州广播电视大学合资、合作开发房地产合同纠纷案”[5]，名为合作开发实为房屋买卖合同、名为合作开发实为借款合同、名为合作开发实为房屋租赁合同五种类型。在现实生活中，名实不符的“合作开发合同”类型远不止此。还需注意的是，对于这种

参考案例裁判文书

参考案例32
重庆市高级人民法院（2007）渝高法民终字第208号民事判决书

参考案例裁判文书

参考案例33
最高人民法院（2013）民一终字第18号民事判决书

---

① 马莉萍、焦卫：《处理房地产纠纷若干难点的思考》，载《政治与法律》2004 年第 3 期，第 70 页。

② 辛正郁：《名实不符的合作开发房地产合同的认定与处理原则》，载《民事审判指导与参考》2005 年第 2 集（总第 22 集），第 118 页。

③ 参见徐瑞柏：《“名不符实”合同性质的认定与过错责任承担问题——何淑萍与哈尔滨金展贸易有限公司房屋买卖合同纠纷再审案》，载《民事审判指导与参考》2009 年第 3 集（总第 39 集），第 180 ~ 181 页。

④ 参考案例 32：“重庆巴渝房地产开发有限公司与重庆建设工业有限责任公司土地使用权补偿纠纷案”，重庆市高级人民法院（2007）渝高法民终字第 208 号民事判决。

⑤ 参考案例 33：“四川省聚丰房地产开发有限责任公司与达州广播电视大学合资、合作开发房地产合同纠纷案”，最高人民法院（2013）民一终字第 18 号民事判决，载《中华人民共和国最高人民法院公报》2014 年第 10 期，第 30 ~ 38 页。

参考案例裁判文书

参考案例34

中建一局集团第六建筑有限公司与河北置业房地产开发有限公司及河北省国际信托房地产公司破产清算组建设工程施工合同纠纷案

名实不符合同的法律性质的认定,不仅会影响“合作”各方内部的权利义务关系,在有的情况下,还会因法律关系的变化(由名到实)影响对外责任的承担。“中建一局集团第六建筑有限公司与河北置业房地产开发有限公司及河北省国际信托房地产公司破产清算组建设工程施工合同纠纷案”①即为典型例证。

裁判规则 42

合同约定,一方获得国有土地使用权后交由另一方建设,建设完成后,一方获得房屋并向另一方支付建设成本及管理费用的,应当认定为委托代建合同,而非合作开发房地产合同。

所谓委托代建,参照《公路建设项目代建管理办法》(2015 年交通运输部令第 3 号)第 2 条第 2 款②的规定,是指受建设项目的项目法人委托,由专业化的项目管理单位承担项目建设管理及相关工作的建设管理模式。2004 年,国务院《关于投资体制改革的决定》(国发〔2004〕20 号)第三部分“完善政府投资体制,规范政府投资行为”第 5 条提出:“对非经营性政府投资项目加快推行‘代建制’,即通过招标等方式,选择专业化的项目管理单位负责建设实施,严格控制项目投资、质量和工期,竣工验收后移交给使用单位。”在民间资本投资项目中,也偶有采用代建制的情形。

“委托代建合同与施工合同是两个独立的法律关系。”③“在项目建设过程中施工方、设计方、监理等不与委托方签订合同,而直接与受托方房产公司签订

---

① 参考案例 34:“中建一局集团第六建筑有限公司与河北置业房地产开发有限公司及河北省国际信托房地产公司破产清算组建设工程施工合同纠纷案”,载《民事审判指导与参考》2010 年第 1 集(总第 41 集),第 267 ~276 页。该案判决让人难以理解的是,在认定信托公司是《施工合同》当事人、置业公司并非合同缔约人的基础上,判决信托公司承担12 314 976.04元工程款支付责任后,却又要求置业公司对信托公司8 501 527.04元工程欠款不能清偿部分承担 1/2 的赔偿责任。不知道要求置业公司承担该赔偿责任的依据何在?

② 该款规定:“本办法所称代建,是指受公路建设项目的项目法人(以下简称‘项目法人’)委托,由专业化的项目管理单位(以下简称‘代建单位’)承担项目建设管理及相关工作的建设管理模式。”

③ 冯小光:《回顾与展望——写在〈最高人民法院关于审理建设工程施工合同纠纷案件适用法律问题的解释〉颁布实施三周年之际》,载《民事审判指导与参考》2008 年第 1 集(总第 33 集),第 85 页。

合同,项目的立项、勘察、设计、施工、监理、竣工验收直至交钥匙等全过程全部由房产公司完成。"[①]在委托代建的情况下,如"瑞安市中瑞房地产开发有限公司诉瑞安市锦湖街道五星村村民委员会等委托代建合同纠纷案"[②]所言,"法律、法规对代建人的资质并无相应的强制性规定",而建设工程施工合同则要求施工人具备相应资质,否则施工合同无效。

参考案例裁判文书

参考案例35
浙江省瑞安市人民法院(2013)温瑞民初字第1535号民事判决书

委托代建合同有别于商品房买卖合同。商品房买卖合同是指出卖人将房屋所有权转移给买受人,买受人支付价款的合同。委托代建合同是指建房人获得国有土地使用权后委托房地产建设企业代建房屋,并向受托房地产企业支付酬金的协议。也就是说,在委托代建的模式下,委托方既是项目业主,也是"购买人";在商品房买卖的模式下,项目业主是开发商,其与最终的房屋使用主体——购房人——不会发生身份重合。如果委托代建合同约定,由开发商办理规划许可证、准建证、土地使用证等手续,并由委托方按地价与房价之和向开发商付款的方式取得房屋所有权,根据国家税务总局《关于城镇居民委托代建房屋契税征免问题的批复》(国税函〔1998〕829 号),则应当认定为以预付款方式购买商品房的行为,而非房屋代建。

委托代建合同与商品房定造合同较易混淆。二者的共同点在于,商品房的建造不由代建人或开发商单方决定,项目业主与定造人会参与甚至决定商品房的户型、交房时间、装饰装修等内容。二者的区别在于,在委托代建合同的情况下,如最高人民法院在"安徽铸信建筑工程有限公司与定远县住房和城乡建设局、定远县人民政府委托合同纠纷案"[③]中所言,"在代建法律关系中,铸信公司为定远县政府和定远县建设局的受托人。铸信公司接受委托后应当选任施工人,并代表委托人与施工方签订建设工程施工合同,其地位相当于发包人"。也就是说,项目立项、规划、土地使用等各项手续均以委托人的名义办理,土地使用权和项目所有权

参考案例裁判文书

参考案例36
最高人民法院(2014)民一终字第60号民事判决书

① 林昌勤、林顺康、黄媛媛:《浅析委托代建房》,载《中国房地产金融》2012 年第 8 期,第 30 页。

② 参考案例 35:"瑞安市中瑞房地产开发有限公司诉瑞安市锦湖街道五星村村民委员会等委托代建合同纠纷案",浙江省瑞安市人民法院(2013)温瑞民初字第 1535 号民事判决。

③ 参考案例 36:"安徽铸信建筑工程有限公司与定远县住房和城乡建设局、定远县人民政府委托合同纠纷案",最高人民法院(2014)民一终字第 60 号民事判决。

参考案例裁判文书

参考案例37
最高人民法院（2015）民一终字第179号民事判决书

也自始属于委托人,代建人的主要权利是获得其代建行为的对价。而商品房定造合同属于特殊的商品房买卖合同,如最高人民法院在“陕西圣安房地产开发有限公司、陕西圣安房地产开发有限公司延安分公司与延长油田股份有限公司川口采油厂商品房买卖合同纠纷案”[①]中所言,在商品房定造合同中,“房地产开发企业是以自己的名义办理项目立项、规划、土地使用等各项手续,并享有标的物的所有权,合同双方当事人履行合同的法律后果是标的物所有权转移,房地产开发企业的主要权利是获得买受人所支付的购买房屋的对价”。

一般认为,在委托代建的情形下,双方之间的法律关系属于委托关系。江苏省高级人民法院《关于审理房地产合同纠纷案件若干问题的解答(征求意见稿)》(苏高法电〔2017〕559 号)第 73 条即规定:“对于委托代建的性质认定应当回归双方签订的委托代建协议的内容,如果合同中包含共享利润、共担风险内容的,应认定为合作开发房地产合同。如果合同中不包含共享利润、共担风险内容的,则仅具有委托关系,应按合同法有关委托合同的规定处理。”

代建合同属于委托合同,其性质有别于合作开发合同。将代建合同定性为委托合同的法律意义在于:包括合作开发合同在内的一般民事合同,其违约责任的归责原则是严格责任,一旦违约事实出现,就应当承担责任,除非有法定或者约定的免责事由。而委托合同实行的则是过错责任,在有偿委托的情况下,受托人有过错的,才承担责任,在无偿委托的情况下,只有受托人有重大过错的,才承担责任。

① 参考案例 37:“陕西圣安房地产开发有限公司、陕西圣安房地产开发有限公司延安分公司与延长油田股份有限公司川口采油厂商品房买卖合同纠纷案”,最高人民法院(2015)民一终字第 179 号民事判决。

典型案例42

呼和浩特市东瓦窑农副产品批发市场有限责任公司与呼和浩特市东瓦窑房地产开发有限责任公司委托代建合同纠纷案①

基本案情:批发市场公司与房地产公司签订《呼和浩特市东瓦窑农副产品批发市场扩建一期工程委托承办建设协议书》约定,由批发市场公司提供建设资金,委托房地产公司负责承办建设批发市场内扩建的封闭保温式交易大厅、冷库、综合楼及全部附属工程。房地产公司按扩建项目全部结算款项的5%收取批发市场公司管理费。其后,双方因工程结算与工程移交发生纠纷,批发市场公司诉至法院,以房地产公司未在约定期限内交付工程为由,要求房地产公司承担违约责任。

典型案例裁判文书

典型案例42
呼和浩特市东瓦窑农副产品批发市场有限责任公司与呼和浩特市东瓦窑房地产开发有限责任公司委托代建合同纠纷案

法院观点:最高人民法院在二审中指出,本案的性质为委托代建关系。《合同法》第406条规定:"有偿的委托合同,因受托人的过错给委托人造成损失的,委托人可以要求赔偿损失。"②据此,受托人的违约责任以其存在过错为前提。批发市场公司要追究房地产公司在交付建设工程方面的违约责任,必须证明房地产公司在交付建设工程方面存在过错。如果没有证据证明房地产公司在这方面存在过错,即使迟延交付,房地产公司也不承担责任。从批发市场公司提供的证据来看,其没有举出房地产公司在交付建设工程方面存在过错的证据,故对批发市场公司要求房地产公司承担违约责任的请求,不予支持。

---

① 典型案例42:"呼和浩特市东瓦窑农副产品批发市场有限责任公司与呼和浩特市东瓦窑房地产开发有限责任公司委托代建合同纠纷案",载《民事审判指导与参考》2007年第4集(总第32集),第213~227页。

② 《民法典》第929条第1款前段的规定与此基本相同。

裁判规则43

合同约定,一方将建成的房屋按照确定的销售基价交另一方对外销售,另一方取得销售基价与实际销售价格之间的差价,并承担销售不能的风险的,应当认定为房屋包销合同,而非合作开发房地产合同。

根据《商品房买卖合同解释》第20条的规定,包销是指开发商以包销基价将其开发建设的房屋交由包销人以开发商名义进行销售,包销期满,对未销售的房屋由包销人按照合同约定的包销价格购买的行为。包销人赚取的是包销基价与销售价格之间的差价,同时承担推销不出去的风险——包销期满未销售的房屋由包销人按照合同约定的包销价格购买。① 据此,如果合同约定,一方负责房屋开发建设,并将建成的房屋按照确定的销售价格交由另一方以自己名义对外销售,另一方取得销售基价与实际销售价格之间的差价,并承担销售不能的风险的,应当认定房屋包销合同。

虽然《商品房买卖合同解释》对包销合同进行了规定,但对于包销合同的性质,一直存在争议。在最高人民法院民一庭于2008年发布的一则指导性案例中,投资公司与建设公司签订《合作开发协议》约定,建设公司出地、负责房屋建设,并为购买人办理产权手续;投资公司负责以1690元/平方米的单价整体包销;房屋的规划建设图纸、建筑用材由双方共同商定。对该合同性质,有三种观点:一是商品房买卖合同;二是合作开发合同;三是无名合同。最高人民法院民一庭采纳了合作开发合同的观点。其主要理由有二:一是合同约定的名称是合作开发,这是当事人的真实意思表示,在合同性质难以认定时,依照当事人的约定定性,既有利于合同目的的实现,也有利于当事人遵守诚实信用原则;二是建设公司获得了建设房屋所得利润,投资公司获得的是销售房屋的所得利润,因此,双方实际上是共享了投资利润。② 按照这一逻辑,包销合同属于合作开发房地产合同的亚类型。但在下述【典型案例43】中,最高人民法院转而认为,包销合同既非合作开发房地产合同,亦非房屋买卖合同。如该案承办人所言,"按照

---

① 最高人民法院民事审判第一庭编著:《最高人民法院关于审理商品房买卖合同纠纷案件司法解释的理解与适用》,人民法院出版社2003年版,第241~244页。

② 最高人民法院民一庭:《当事人的约定不违反法律、行政法规的强制性规定的,应以当事人的意思表示认定合同》,载《民事审判指导与参考》2008年第4集(总第36集),第132~135页。

现行民事基本法律所做的类型化区分标准看，属于无名法律关系”。① 理论上，包销合同与代理合同、合作开发合同、房屋买卖合同、居间合同均有相似之处，但又存在区别。因此，应当将包销合同作为有别于合作开发房地产合同的无名合同，参照当事人的意思自治和合同目的，确定当事人之间的权利义务关系。

典型案例43

上海众昌置业发展有限公司与上海盛天房地产咨询有限公司、上海联鑫房产咨询有限公司商品房包销合同纠纷案②

典型案例裁判文书

典型案例43
最高人民法院（2006）民一终字第55号民事判决书

基本案情：2004年1月4日，众昌公司作为甲方，盛天公司、联鑫公司作为乙方，签订《众昌金城大厦包销合同》约定：乙方包销甲方开发的众昌金城大厦4层至28层，包销底价为每平方米9000元，乙方可自行确定销售价格，销售价格高于包销底价的部分归乙方所有。不论盈亏，乙方均应保障甲方按期如数获得约定的包销总额。后在履行过程中发生争议，盛天公司、联鑫公司诉至法院。

法院观点：一审法院（上海市高级人民法院）认为，“关于包销合同的性质，我国立法并未予以规定，通常是将之作为无名合同，参照当事人的意思自治和合同目的，适用与该合同相似的有名合同的法律规定处理”。最高人民法院在二审中也认为，“房地产包销是在实践中发展起来的，我国相关法律、行政法规并没有明确具体的规定，从法律性质上讲，包销法律关系既有别于‘独家代理’，也不同于一般意义上的房地产中介服务”。

---

① 辛正郁：《税收征管法律、行政法规与民事合同效力——上海众昌置业发展有限公司与上海盛天房地产咨询有限公司、上海联鑫房产咨询有限公司商品房包销合同纠纷上诉案》，载《民事审判指导与参考》2008年第3集（总第35集），第242页。

② 典型案例43：“上海众昌置业发展有限公司与上海盛天房地产咨询有限公司、上海联鑫房产咨询有限公司商品房包销合同纠纷案”，最高人民法院（2006）民一终字第55号民事判决。

裁判规则 44

合同约定,一方借用另一方的名义从事房地产开发,并独立投资、自负盈亏,另一方不参与投资经营的,应当认定为挂靠经营合同,而非合作开发房地产合同。

所谓挂靠,“就是借用他人的营业名义。对这类情形,日本民法学界称为‘名义贷与’,我国台湾地区则称为‘名义借贷’,俗称‘靠行’或‘寄行’。”[①]挂靠行为普遍发生在实行市场准入的领域,比如建设工程施工、货物运输、医疗器械供应等,挂靠的目的就在于借用他人已经取得的市场准入的资质。

因房地产开发项目涉及公共安全与公共利益,我国法律对该行业实行严格的准入制度,只有房地产开发企业才能从事与其资质相适应的房地产开发经营活动,这就引发了房地产开发领域的挂靠问题。在房地产开发的挂靠经营中,挂靠人虽以被挂靠的房地产开发企业名义从事开发经营活动,但实际上由挂靠人独立经营、自负项目盈亏;通常情况下,挂靠人须向被挂靠人缴纳一定金额的费用,作为借用资质的对价,这部分费用通常以管理费、承包费等形式表现出来。但是,也存在“被挂靠方不向挂靠方收取任何好处,只是出于亲友之间的关系而允许其挂靠”[②]的情形。也就是说,被挂靠人是否收取费用,不是挂靠经营的构成要件,不影响挂靠的认定。[③] 因此,如果合同约定,一方借用另一方的名义从事房地产开发,并独立投资、自负盈亏,另一方不参与投资与经营的,应当认定为挂靠经营合同。

参考案例裁判文书

参考案例38
重庆市高级人民法院
(2010)渝高法民终字第89号民事判决书

应当注意区分挂靠与承包。挂靠模式之下,挂靠人独立投资、自负盈亏,被挂靠人不参与投资经营;承包模式之下,承包人经营的是发包人的资产。在“重庆翁达物业发展有限公司与何平承包经营合同纠纷案”[④]中,何平与翁达公司签订《承包经营合

---

① 邬砚:《建设工程合同纠纷:254 个裁判规则深度解析》(增订版),法律出版社 2019 年版,第 280 页。

② 王峥:《论挂靠企业民事责任的承担》,载《辽宁公安司法管理干部学院学报》2002 年第 3 期,第 35 页。

③ 邬砚:《建设工程合同纠纷:254 个裁判规则深度解析》(增订版),法律出版社 2019 年版,第 278 页。

④ 参考案例 38:“重庆翁达物业发展有限公司与何平承包经营合同纠纷案”,重庆市高级人民法院(2010)渝高法民终字第 89 号民事判决。

同》约定，何平成立项目部，以翁达公司名义对外实施法律行为，翁达公司按照固定比例收取费用，项目部独立投资、独立核算，盈亏由何平享有或承担。该《承包经营合同》的实质就是何平以承包经营之名，借用翁达公司资质，由其个人从事房地产开发，构成挂靠经营。在“广东省东莞市樟木头镇石新社区居民委员会与黄淦波、东莞市观音山森林公园开发有限公司承包经营合同纠纷案”[①]中，石新居委会与黄淦波就观音山森林公园签订《联合开发协议书》约定，石新居委会将观音山森林公园交由黄淦波开发经营，黄淦波每年向石新居委会交纳固定数额的承包费，黄淦波的所有运作、资金使用、债权债务均由黄淦波负责，与石新居委会无关。由于观音山森林公园系石新居委会的资产，故一审法院（广东省高级人民法院）与二审法院（最高人民法院）均认为，《联合开发协议书》虽名为联合开发合同，但不具有共享利润、共担风险的属性，实为承包经营合同。至于房地产开发挂靠经营合同的效力问题，【裁判规则 50】将做专门讨论，此处不赘述。

参考案例裁判文书

参考案例39
最高人民法院（2013）民一终字第44号民事判决书

典型案例44

重庆瑞安物业发展有限公司与解庆柏、张忠于合资、合作开发房地产合同纠纷案[②]

基本案情：2010 年 3 月 10 日，解庆柏与张忠于签订《“华渝怡景苑”房地产开发项目合作框架协议》约定，就与华渝厂联合开发经济适用房项目，双方挂靠瑞安公司，以瑞安公司名义与华渝厂签订《经济适用房联建意向协议》，并成立项目部实行独立经营、独立管理、独立核算、自负盈亏。2010 年 3 月 20 日，瑞安公司（甲方）与解庆柏、张忠于（乙方）签订《“华渝怡景苑”项目挂靠承包合同书》约定，乙方

典型案例裁判文书

典型案例44
重庆市高级人民法院（2015）渝高法民终字第00393号民事判决书

---

① 参考案例 39：“广东省东莞市樟木头镇石新社区居民委员会与黄淦波、东莞市观音山森林公园开发有限公司承包经营合同纠纷案”，最高人民法院（2013）民一终字第 44 号民事判决。

② 典型案例 44：“重庆瑞安物业发展有限公司与解庆柏、张忠于合资、合作开发房地产合同纠纷案”，重庆市高级人民法院（2015）渝高法民终字第 00393 号民事判决。

挂靠在甲方企业之下,甲方同意并授权予乙方以甲方主体对外承接房地产项目开发建设,并成立"华渝怡景苑"项目部,独立开展工作,并设立项目部专用银行账户;甲方向乙方收取管理费、服务费共计200万元。后在履行过程中发生争议,诉至法院。

法院观点:一审法院(重庆市第一中级人民法院)认为,本案《"华渝怡景苑"房地产开发项目合作框架协议》和《"华渝怡景苑"项目挂靠承包合同书》,实质是解庆柏和张忠于个人挂靠并借用瑞安公司房地产开发资质,以瑞安公司名义与华渝厂进行联合开发房地产。二审中,重庆市高级人民法院也认为,双方之间构成"违法挂靠"。

裁判规则45

合同约定,合作一方当事人以投资额为基础、根据项目开发经营情况取得收益,但其投资收益受最低收益标准保障的,有违"共担风险"的要求,不应认定为合作开发房地产合同。

如前所述,共同投资、共享利润、共担风险是合作开发房地产合同的构成要件。如果当事人在合同中约定,合作一方当事人不承担经营风险,只收取固定利益(或固定数额的货币),则与以"共同投资、共享利润、共担风险"为基本内容的合作开发房地产合同相悖离。但需强调的是,根据《国有土地使用权合同解释》第24条①与第26条②的规定,认定名为合作开发房地产合同实为土地使用权转让合同或借款合同时,必须符合下列条件:一是合同约定提供土地(或资金)的一方当事人不承担经营风险;二是提供土地(或资金)的一方当事人只收取固定利益(或固定数额的货币)。如果合同只是约定提供土地(或资金)的当事人享有保底收益,而非只收取固定利益(或固定数额的货币)的,则其收益在下限(最低收益标准)之上是浮动的,是以投资额为基础,根据项目开发经营情况变化的,并非固定利益(或固定数额的货币)。若此,应当如何界定这类合同的性质?

① 该条规定:"合作开发房地产合同约定提供土地使用权的当事人不承担经营风险,只收取固定利益的,应当认定为土地使用权转让合同。"

② 该条规定:"合作开发房地产合同约定提供资金的当事人不承担经营风险,只收取固定数额货币的,应当认定为借款合同。"

这类合同通常冠以合作开发房地产合同之名，且约定了共同投资、共享利润，只是风险分担上有所不同，所以实践中较多判决将这类合同认定为合作开发房地产合同。在“马鞍山中加投资有限公司等诉上海浦城房地产有限公司合资、合作开发房地产合同纠纷案”[①]中，中加投资公司取得了马土招 2003－4 号地块的土地使用权。2004 年 6 月 14 日，中加投资公司与浦城公司签订《合作协议》约定：浦城公司出资 1.1 亿元取得前述地块中 10 万平方米的商品房的合作开发建设权利（不含门面房）；浦城公司所得该部分项目可售商品房总建筑面积 10 万平方米；该部分项目商品房可预售时，中加投资公司保证销售价格的底价为 2500 元/平方米以上，如因各种因素该项目销售均价小于 2500 元/平方米时，则中加投资公司负责向浦城公司补足小于 2500 元/平方米的差额，或确保最低净利不小于 500 元/平方米收益。后双方发生争议，诉至法院。中加投资公司主张，《合作协议》中约定了中加投资公司保证房屋销售价格不低于每平方米 2500 元，属浦城房地产公司不承担经营风险，只收取固定利益，因而双方签订的合作协议性质为借款合同。最高人民法院认为，就浦城房地产公司的收益分配问题，当事人约定的条件为：当项目商品房可预售时，中加投资公司保证该其销售的最低价格不低于 2500 元/平方米。该约定内容不能认定为浦城房地产公司收取固定数额货币，也即并不符合“只收取固定数额货币”的条件，案涉合作协议的性质不能认定为借款合同，而应认定为合作开发房地产合同。

参考案例裁判文书

参考案例40
最高人民法院（2016）
最高法民终8号民事判决书

从理论上看，所谓最低收益标准（一般称为保底条款），存在三种可能：一是以投入本金为基数的保底；二是以投入本金及一定回报（如本金＋本金贷款息）为基数的保底；三是以投入本金一定比例（如本金的 80%）为基数的保底。其中第一、二种模式中，受最低收益标准保障的一方，并未承担经营风险，不符合合作开发房地产合同的构成要件。第三种模式中，投资人事实上参与了风险分担，只是设定了风险的下限，但在风险分担上，缺乏“共同性”。如最高人民法院在“何世华与诺林

参考案例裁判文书

参考案例41
最高人民法院（2018）
最高法民终799号民事判决书

① 参考案例 40：“马鞍山中加投资有限公司等诉上海浦城房地产有限公司合资、合作开发房地产合同纠纷案”，最高人民法院（2016）最高法民终 8 号民事判决。

(厦门)房地产开发有限公司民间借贷纠纷案”[①]中所言,“共同出资是该类合同的前提条件,共享利润、共担风险是合作的必备要件,此因当事人共同出资合作的目的就是要对合作成果所带来的经济利益共同分享,与此相对应,对合作过程中以及合作的不利后果和风险也要共同承担,这也是民事权利义务相一致原则的内在要求和具体体现”。在合作一方承担的经营风险与分配的利润相割裂的情况下,其风险的分担已经不具有“共同性”,不应再认定为合作开发合同。

如果将这类合同定性为合作开发房地产合同,还会面临两个方面的问题:一是合同约定违反了合作各方应“共担风险”的要求,应否评价为无效(保底条款无效或合同无效)?在“温州市南亚饭店与温州市鹿城区洪殿街道黎一村民委员会等合作建房合同纠纷案”[②]中,在将南亚饭店与黎一村委会之间的《合股经营协议书》认定为合作建房合同的基础上,《合股经营协议书》中约定的保底条款即被认定为无效。二是这类合同应否适用最高人民法院《关于审理联营合同纠纷案件若干问题的解答》[法(经)发〔1990〕27 号]关于保底条款无效的规定?就此,【裁判规则 53】将做专门讨论,此处不赘述。

参考案例裁判文书

参考案例42
最高人民法院(2005)民一终字第26号民事判决书

如前所述,对于合作一方的投资收益受最低收益标准保障的,不应认定为合作开发房地产合同。那么应当如何界定该合同的性质?有观点主张,如果该方的投资是土地使用权,则应参照《国有土地使用权合同解释》第 24 条的规定,认定为土地使用权转让合同,如果该方的投资是资金,则应参照《国有土地使用权合同解释》第 26 条的规定,认定为借款合同。但这一思路无法解释最低收益标准之上处于浮动状态的收益问题。由于这类合同(共同投资、共享利润、风险独立)在现行法中无明文规定,笔者倾向于认定为无名合同。下述【典型案例 45】即将这类合同定性为混合契约。

参考案例裁判文书

参考案例43
青海省高级人民法院(2016)青民终13号民事判决书

需要注意的是,本为合作开发房地产合同关系,后因开发受阻等原因解除合作开发关系,并对已经

---

① 参考案例 41:“何世华与诺林(厦门)房地产开发有限公司民间借贷纠纷案”,最高人民法院(2018)最高法民终 799 号民事判决。

② 参考案例 42:“温州市南亚饭店与温州市鹿城区洪殿街道黎一村民委员会等合作建房合同纠纷案”,最高人民法院(2005)民一终字第 26 号民事判决。

发生的债权债务关系进行清理，进而确定一方对另一方的补偿金额，往往表现为一方按照投资额获得固定数额货币。这类情形下，合作各方之间达成的补偿约定为合同终止履行后的清理条款，而非保底条款，双方之间的法律关系仍应认定为合作开发房地产合同关系。[①] “武保利与青海鹏润投资有限公司合同纠纷案”[②]即为适例。此外，合作各方在开发即将完成的情况下，对项目利润进行清算进而达成利润分配协议的，也通常表现为一方按照投资额获得固定数额货币。这类情形下，合作各方达成的约定为合同履行后的结算条款，也非保底条款，双方之间的法律关系仍应认定为合作开发房地产合同关系。就此，可以参考“广西长达投资有限公司与广西幼儿师范高等专科学校建设用地使用权转让合同纠纷案”[③]。

参考案例裁判文书

参考案例44

广西壮族自治区高级人民法院（2014）桂民一终字第15号民事判决书

最高人民法院(2014)民申字第1247号民事裁定书

典型案例45

刘文生与深圳市建安(集团)股份有限公司民间借贷纠纷案[④]

基本案情：2012 年 3 月 22 日，陈柱与建安集团签订《承包合同》约定，陈柱承包经营建安集团属下江西分公司，承包期限三年。2013 年 7 月 18 日，为共同承建章江花园项目，陈柱以江西分公司(甲方)名义与刘文生(乙方)签订《合作协议》。第二条“股份比例及出资方式”约定：本项目甲、乙双方占 50% 股份；

① 最高人民法院民一庭：《如何区分合作开发房地产合同中的清理条款与“名为合作实为借贷”合同》，载《民事审判指导与参考》2015 年第 2 辑(总第 62 辑)，第 157 页。

② 参考案例 43：“武保利与青海鹏润投资有限公司合同纠纷案”，青海省高级人民法院(2016)青民终 13 号民事判决。

③ 参考案例 44：“广西长达投资有限公司与广西幼儿师范高等专科学校建设用地使用权转让合同纠纷案”，广西壮族自治区高级人民法院(2014)桂民一终字第 15 号民事判决、最高人民法院(2014)民申字第 1247 号民事裁定。

④ 典型案例 45：“刘文生与深圳市建安(集团)股份有限公司民间借贷纠纷案”，江西省高级人民法院(2018)赣民终 117 号民事判决、最高人民法院(2018)最高法民申 5639 号民事裁定。需要指出的是，最高人民法院在认定“《合作协议》是一种以保证刘文生收益为前提进行利润分配的混合契约”的同时，又认为“二审法院认定双方系合伙关系，并无不当”。而合伙关系与混合契约关系显然无法并存。此外，刘文生与深圳市建安(集团)股份有限公司之间的法律关系实为联合建设，而非合作开发房地产，但该案所涉及的法律问题与本裁判规则相同。

典型案例裁判文书

典型案例45
江西省高级人民法院（2018）赣民终117号民事判决书
最高人民法院（2018）最高法民申5639号民事裁定

甲、乙双方单方的累计出资在2000万元以下(含)按月利率3%计算利息,2000万元以上按月利率3.5%计算利息;第三条"出资额的返还、利润分配及风险承担"约定:每期业主计量款到账后在确保工程建设的前提下,先行分期分批将乙方的出资额返还,乙方的投资款最长不超过2014年6月6日前返清后,其次将甲方的出资额返还,再预付乙方的前期纯利润560万元。工程通过验收暨合作投资结束时,再行双方的利润分配。甲方向乙方承诺:无论项目工程首批净利润、业主扣除5%质保金后的盈亏,除项目工程支付给乙方的财务费用及管理人员工资外,确保乙方前期纯利润560万元并在工程结束时先行支付,其他债务及法律责任由甲方单方承担。如项目工程首批纯利润实际实现的利润高于1120万元时则按原方案分配。后在履行过程中发生争议,刘文生诉至法院。

法院观点:针对《合作协议》第2条第3款约定双方出资按月利率3%或3.5%计息,第3条第2款、第3款约定优先保证刘文生收回投资本金并享有560万元的前期纯利润,最高人民法院在再审审查中认为,《合作协议》并未约定刘文生单纯享有固定收益,结合《合作协议》前述第2条、第3条的其他款项,应当认定为是一种以保证刘文生收益为前提进行利润分配的混合契约,双方对利润共享的意思表示仍然是清晰明确的,也没有完全排除刘文生一方的风险,且该约定亦未违反法律和行政法规的强制性规定,应当认定合法有效。

裁判规则46

当事人签订的"合作开发房地产合同"约定的权利义务关系,超越了"共同投资、共享利润、共担风险"的范畴,也不能为其他有名合同所涵摄,应认定为无名合同或混合合同,并以合同约定为基础,确定各方当事人的权利义务关系。

前述种种合同类型并不足以覆盖现实生活中各色各样的"合作开发房地产合同"。实践中,还有若干"合作开发房地产合同"难以界定其性质。

一是无法为现行法规定的有名合同所涵摄的"合作开发房地产合同"。比如,万科集团近年所推行的"品牌许可使用"。在这种模式之下,万科集团与其他房地产商合作,但万科集团既不提供资金,也不提供土地使用权,只是提供万科的品牌,同时基于对品牌的维护,对项目的开发要进行一定程度的监管。这种合作明显有别于"共同投资、共享利润、共担风险"的合作开发房地产。又如,双方签订的合同名为合作开发,但双方权利义务不仅不符合合作开发合同关系,也不具备《合同法》所规定的有名合同类型的典型特征,如【典型案例 36】"秦皇岛绿色房地产有限公司与秦皇岛市商业银行股份有限公司长城支行其他合同纠纷案"①中,双方约定,项目全部由绿色公司投资开发建设,长城信用社除承担协助办理土地调换手续和以贷款方式为绿色公司解决部分资金不足的问题外,并无实际资本投入,在利润分配上,由绿色公司给予长城信用社 26 套住宅。对于这类"合作开发合同",则应归属于无名合同,并按照合同约定的内容来确定当事人各自的权利义务,分配各自的民事责任。②

二是"合作开发房地产合同"包括多重内容,以致性质难以界定,即类型混合的合同。在最高人民法院民一庭发布的一则指导性案例中,解放军某部与张某签订合同约定,部队提供划拨土地,张某在土地上建设商业大厦,建成后产权归部队,张某使用该大厦十二年,且须每年缴纳租金 82 万元。对该合同的性质,存在三种观点:一是一方出地、一方出资、共同建房,建成后一方取得所有权,一方取得一定期限的使用权,应认定为合作开发房地产合同;二是张某取得的使用权,是以对工程建设的投资以及每年 82 万元的租金作为前提,故该合同应定性为房屋预租合同;三是该合同包含联合建房和房屋租赁双重法律关系。③事实上,该合同包含两部分内容:一是张某为部队投资建设房屋,该法律关系属于委托建房,而非合作建房;二是张某租用建成后的房屋,该法律关系属于房屋预租。在合同法理论上,这类合同属于类型混合合同,即一个合同包含多种法律关系。对于类型混合的合同,应当区别不同法律关系,根据对应法律规范,予以分别处理。在上例中,对委托建房法律关系,如果约定张某本人进行建设,由

---

① 典型案例 36:"秦皇岛绿色房地产有限公司与秦皇岛市商业银行股份有限公司长城支行其他合同纠纷案",载《民事审判指导与参考》2013 年第 1 辑(总第 53 辑),第 166 ~ 183 页。相关文书可扫描本书第 106 页二维码。

② 韩延斌:《当事人双方对相互间的法律关系主张各异,应根据双方间合同约定的内容和实际履行情况研析判定双方之间的权利义务关系,确定各自的民事责任——秦皇岛绿色房地产有限公司与秦皇岛市商业银行股份有限公司长城支行其他合同纠纷上诉案》,载《民事审判指导与参考》2013 年第 1 辑(总第 53 辑),第 183 页。

③ 最高人民法院民一庭:《投资建设他人划拨土地上立项的房屋并承租建成后房屋的合同性质和效力》,载《民事审判指导与参考》2009 年第 1 集(总第 37 集),第 128 ~ 132 页。需要说明的是,最高人民法院民一庭认为,该合同属于房屋预租合同。

于张某缺乏建设资质,应当认定为无效;对房屋预租关系,“只要所建设的房屋取得了合法建设手续,租赁标的物便具有了合法性,以认定有效为宜”。[①] 换句话说,无须纠结于合同的性质本身。

典型案例46

中山彤泰投资发展有限公司与中山火炬开发区建设发展有限公司建设用地使用权转让合同、房屋买卖合同纠纷案[②]

典型案例裁判文书

典型案例46
最高人民法院(2014)民一终字第286号民事判决书

最高人民法院(2017)最高法民申648号民事裁定书

基本案情:彤泰公司与火炬公司先后签订了六份合同,分别是2002年3月28日《土地转让及房地产开发合同》、2002年3月30日《土地转让合同》、2002年9月1日《土地转让及房地产开发合同》、2002年11月28日《土地转让及房地产开发合同第四条修正案》、2005年5月10日《协议书》、2006年10月28日《补充协议书》。上述合同约定的主要内容是,在涉案项目的开发过程中,彤泰公司向火炬公司出让房屋,火炬公司向彤泰公司转让建设用地使用权,并以建设用地使用权转让款直接抵充部分房屋转让款。后彤泰公司针对建设用地使用权、购房款、1900平方米商铺,提起诉讼。

法院观点:一审法院(广东省高级人民法院)认为,本案双方同时存在建设用地使用权转让合同关系和房屋买卖合同关系,本案案由应为建设用地使用权转让合同、房屋买卖合同纠纷。最高人民法院在二审中提出,在本案法律关系框架内,基于双方当事人各自角度和合同目的之间的差异,确实呈现出房屋转让(分配)和建设用地使用权转让的复合性特征。一方面,综合双方当事人相关约定的内容、背景、目的,在合同解释时应当将火炬公司负有相关土地转让义务

① 最高人民法院民一庭:《投资建设他人划拨土地上立项的房屋并承租建成后房屋的合同性质和效力》,载《民事审判指导与参考》2009年第1集(总第37集),第132页。

② 典型案例46:“中山彤泰投资发展有限公司与中山火炬开发区建设发展有限公司建设用地使用权转让合同、房屋买卖合同纠纷案”,最高人民法院(2014)民一终字第286号民事判决、最高人民法院(2017)最高法民申648号民事裁定。

确定为当事人达成房屋转让交易的对价基础，而从权利义务角度看，土地使用权转让在双方当事人之间亦具有一定的独立性。另一方面，案涉房屋转让确与一般房屋买卖不同，但其原因实为火炬公司所负对价支付义务的特殊性，即需向彤泰公司转让相应面积的建设用地使用权。而彤泰公司因依成本价转让案涉房屋所失利益，系通过受让相应建设用地使用权予以填补。综上，尽管本案当事人法律关系与单纯、独立的房屋转让、建设用地使用权转让存在一定差别，即房屋所有权与建设用地使用权互为对待给付，但可以认定本案双方当事人之间除房屋转让之外还存在建设用地使用权转让法律关系。

2.3 合作开发房地产合同的效力判定规则

实践中，影响合作开发房地产合同效力的因素主要包括房地产开发资质、开发土地的性质与用途、合同中的保底约定等。

裁判规则 47

在合作开发房地产的情况下，对该项目所要求的房地产开发经营资质，在各合作方之间实行“就高不就低”原则，只要有一方当事人能够达到所要求的开发经营资质即可。

现行法对房地产开发实行市场准入制度。《房地产开发企业资质管理规定》(2015 年住建部令第 24 号)第 3 条第 2 款规定：“未取得房地产开发资质等级证书(以下简称资质证书)的企业，不得从事房地产开发经营业务。”第 5 条将房地产开发企业按照企业条件分为一、二、三、四共四个资质等级。在此基础上，第 18 条第 3 款规定：“各资质等级企业应当在规定的业务范围内从事房地产开发经营业务，不得越级承担任务。”其理由在于，“房地产开发关系到国计民生和社会公共安全，作为一个特种行业，房地产的开发经营应收房地产市场准入许可限制，其经营者应是依照《城市房地产管理法》第 29 条规定设立的房地产开发企业法人，否则不得进行房地产开发经营”。[①]

① 韩延斌：《国有土地使用权出让、转让纠纷中的法律对策及其展望》，载《民事审判指导与参考》2004 年第 2 集(总第 18 集)，第 147 页。其所称的第 29 条，现为第 30 条。

针对建设资质等级,《建筑法》第 27 条第 2 款规定:“两个以上不同资质等级的单位实行联合共同承包的,应当按照资质等级低的单位的业务许可范围承揽工程。”也就是说,在联合建设的情形下,对承包人资质等级实行“就低不就高原则”。但与建设工程施工合同不同的是,《国有土地使用权合同解释》第 15 条第 1 款规定:“合作开发房地产合同的当事人一方具备房地产开发经营资质的,应当认定合同有效。”第 2 款规定:“当事人双方均不具备房地产开发经营资质的,应当认定合同无效。但起诉前当事人一方已经取得房地产开发经营资质或者已依法合作成立具有房地产开发经营资质的房地产开发企业的,应当认定合同有效。”也就是说,在合作开发房地产的情况下,对该项目所要求的房地产开发经营资质,在各合作方之间实行“就高不就低”原则,只要有一个合作方能够达到所要求的开发经营资质,就应当认定合作开发房地产合同有效。

典型案例47

盐城港口集团有限公司诉盐城市馨安房地产开发有限公司合作开发房地产合同纠纷案①

典型案例裁判文书

典型案例47
盐城港口集团有限公司诉盐城市馨安房地产开发有限公司合作开发房地产合同纠纷案

基本案情:港口公司与馨安公司签订《联合开发协议书》约定:港口公司将其拥有的某商办用地用于双方联合开发;协议签订后 15 日内馨安公司向港口公司缴纳合作保证金 50 万元,港口公司收到保证金后 30 日内将该宗地使用权过户至馨安公司名下;土地登记至馨安公司名下后,双方共同提供建设资金准备开工;馨安公司负责建筑,建成后房屋所有权各半分割。协议签订后,涉案地块过户至馨安公司名下,并缴纳契税 282 792 元,后因双方对利益分配发生争议,诉至法院。

法院观点:江苏省高级人民法院在二审中认为,港口公司与馨安公司就涉案地块进行合作开发,明确了具体合作事宜,协议内容反映,双方系合作开发房

① 典型案例 47:“盐城港口集团有限公司诉盐城市馨安房地产开发有限公司合作开发房地产合同纠纷案”,江苏省盐城市中级人民法院(2009)盐民一初字第 0014 号民事判决、江苏省高级人民法院(2009)苏民终字第 0280 号民事判决。

地产关系。考虑到房地产开发可能对广大消费者的利益和社会稳定带来的影响,故房地产开发必须有一方具备开发资质。根据《国有土地使用权合同解释》第15条的规定,虽然房地产开发也存在市场准入的要求,但合作双方只要有一方具有资质即可。本案中,馨安公司具备房地产开发资质,其与港口公司的合作符合法律规定,双方的合同合法有效。

裁判规则48

基于自用目的合作开发房地产,由于开发行为不具有经营性,故合作方是否具备房地产开发经营资质、土地是否为划拨土地,不影响合作开发房地产合同的效力。

从房地产开发行为的目的来看,可以将房地产开发分为以经营为目的的房地产开发和以自用为目的的房地产开发。在以自用为目的的房地产开发中,开发者即使用者,开发产品不进入房地产市场流通,只是一种生产资料与消费资料,而非商品。[①] 也就是说,这种开发行为不具有经营性。而《房地产开发企业资质管理规定》(2015年住建部令第24号)第18条第3款禁止的是房地产开发经营业务。因此,非经营性质的合作开发行为,不受开发经营资格的限定。如一方出地、一方出资,合作建房用于自用,不对外销售的,不构成经营行为,合作各方均无须具备经营资格。[②] 与此类似,根据《国有土地使用权合同解释》第16条前段的规定,以划拨土地使用权作为投资与他人订立合同合作开发房地产的,应当认定合同无效。但是,如果只是以划拨土地与他人合作建房,所建房屋供自用而非对外销售的,不应据此否定合同效力。

---

① 符启林:《房地产法》,法律出版社2009年版,第178页。

② 韩延斌:《国有土地使用权出让、转让纠纷中的法律对策及其展望》,载《民事审判指导与参考》2004年第2集(总第18集),第147页。贺小荣:《合作开发房地产合同的效力认定及补正原则》,载《民事审判指导与参考》2005年第2集(总第22集),第97页。

典型案例48

中国银行诉某汽修厂合作建房合同纠纷案①

典型案例裁判文书

典型案例48
中国银行诉某汽修厂合作建房合同纠纷案

基本案情:1993 年 4 月 22 日,汽修厂与中行签订《合作建房合同》约定,在汽修厂所在地修建一幢 12 层的综合办公楼;由汽修厂出土地、中行出资金;建成后双方按 5∶5 分成,其中北侧往上 12 层属中行所有,南侧往上 12 层属汽修厂所有,属中行所有权部分,由汽修厂负责办理产权转让手续,转让费用由汽修厂承担等。1997 年年底,综合办公楼完工并实际交付中行使用。之后,汽修厂单方办理了全部 12 层综合办公楼的《房屋所有权证》,2004 年 12 月 28 日,汽修厂再次单方办理了含全部 12 层综合办公楼占地面积的《国有土地使用权证》,性质为国有划拨工业用地。中行遂提起诉讼,请求确认《合作建房合同》有效,并确认其对 12 层办公楼享有所有权;汽修公司提起反诉,请求确认《合作建房合同》无效,并确认其对 12 层综合办公楼享有产权及占地使用权。

法院观点:最高人民法院在再审中认为,《合作建房合同》的内容符合共同投资、共担风险、共享利益的法律特征,但双方是在划拨土地上合作建房,建成后双方分配房屋用作办公用房,划拨土地没有变性,涉案房屋也未用于销售谋取利益。故涉案合作建房行为不能等同于普通的合作开发房地产行为,《合作建房合同》的性质是一般的合作建房合同。合同是双方真实意思表示,没有违反法律、行政法规的相关内容,合同履行过程中双方也不存在未经批准擅自变更土地性质谋取非法利益等行为,该《合作建房合同》应属有效。

裁判规则 49

合作各方约定共同出资成立项目公司,以项目公司为载体从事房地产开发的,因开发主体是项目公司而非合作各方,故该约定不因合作各方欠缺房地产开发经营资质而无效。

---

① 典型案例 48:"中国银行诉某汽修厂合作建房合同纠纷案",载《民事审判指导与参考》2015 年第 4 辑(总第 64 辑),第 160 ~ 165 页。

甲公司与乙公司约定,双方共同投资设立丙公司,以丙公司名义从事某项目的开发经营,如果甲、乙公司均不具备房地产开发经营资质的,应当如何评价该约定的法律效力？就此问题,首先应当明确这类合同的性质。若为合作开发房地产合同,应当是以甲公司名义、或乙公司名义、抑或甲乙双方名义从事项目开发经营。而根据这类合同,首先应当成立项目公司,再以项目公司的名义从事项目的开发经营。因此,这类合同在性质上应当归属于股权投资合同,而非合作开发房地产合同。在股权投资的模式之下,由于是以项目公司的名义从事开发经营,故项目公司应当具备房地产开发经营资质,甲、乙公司作为项目公司的股东,无须具备房地产开发经营资质,不因合作各方欠缺房地产开发经营资质而导致股权投资合同无效。①

典型案例49

徐曼等与叶晓东合同纠纷案②

典型案例裁判文书

典型案例49
最高人民法院（2015）民一终字第305号民事判决书

基本案情:2008 年 9 月 24 日,伟亚公司取得万泉河口海滨旅游区的35 106平方米土地使用权。2008 年 11 月 6 日,孙然受让取得伟亚公司 75% 的股权,并成为伟亚公司的法定代表人。2009 年 12 月 28 日,孙然作为甲方,徐曼作为乙方,签订《投资合作协议书》约定:孙然用伟亚公司35 106平方米土地作为投资,徐曼以已投入的 500 万元作为投资,双方共同开发凯莱项目;双方按各 50% 分享共同投资的利润及分担投资的亏损。2010 年 1 月 30 日,孙然、徐曼、伟亚公司三方签订《协议书》明确,以伟亚公司名义经营凯莱项目。2010 年 1 月 30 日,孙然、徐曼、马明超签订《股权转让协议》,约定孙然将其持有的伟亚公司 75% 股权中的 50% 转让给徐曼。同日,获得股东会议决议同意。此后,双方发生争议,徐曼向海南省高级人民法院提起本案诉讼。孙然主张,其与徐曼均为自然人,不具备房地产开发经营资质,双方签订的《投资合作协议书》违反了《国有土地使用权合同

① 韩延斌等:《房地产纠纷裁判思路与规范指引(上)》,人民法院出版社 2014 年版,第 416 页。

② 典型案例 49:“徐曼等与叶晓东合同纠纷案”,最高人民法院(2015)民一终字第 305 号民事判决。

解释》第 15 条的规定,应属无效。

法院观点:最高人民法院在二审中认为,徐曼及孙然虽均为自然人,不具备房地产开发资质,但双方在《投资合作协议书》中明确约定共同投资成立“有限公司”开发建设凯莱项目,并实际通过股权转让方式获得具备房地产开发资质的伟亚公司的股权,房地产开发是由伟亚公司进行的,并非由徐曼、孙然直接进行。因此,《投资合作协议书》并不存在《国有土地使用权合同解释》规定的应当认定合同无效的情形。

裁判规则 50

合作开发房地产合同约定,一方借用另一方房地产开发资质从事房地产开发经营的,违反现行法的规定,但不应因此否定合作开发房地产合同的效力。

在建设工程领域,借用建造资质的行为较为常见,根据《建设工程施工合同解释(一)》第 1 条第(2)项的规定,该行为应当认定为无效。在房地产开发中,也存在借用房地产开发企业资质进行房地产开发的行为,对于这类行为的效力,由于法律规定不明确,实践中存在争议。

否定的观点认为,借用房地产开发企业资质从事房地产开发,违反了法律的强制性规定,应属无效。其主要依据是,《城市房地产管理法》第 30 条明确规定了设立房地产开发企业所应具备的条件,与之相对应,该法第 65 条对未取得营业执照擅自从事房地产开发业务的行为予以禁止。《城市房地产开发经营管理条例》第 5 条详细地列举了设立房地产开发企业的要求,与之相对应,该条例第 33 条和第 34 条也明确禁止在无营业执照和相应资质情况下的房地产开发经营活动。《房地产开发企业资质管理规定》(2015 年住建部令第 24 号)第 5 条详尽地罗列了获取房地产开发企业资质的条件,与之相对应,该规定第 19 条和第 20 条也明确禁止在无相应资质下的房地产开发经营活动。通过对上述立法的梳理可知,为了维护房地产市场秩序,规范房地产开发经营行为,现有立法对房地产开发经营活动设置了明确的准入条件,对房地产开发企业获取相应资质和营业执照进行严格管控。倘若不否定挂靠等借用资质行为的法律效力,那么规范房地产开发活动的法律法规将会沦为一纸空文,房地产市场秩序必将遭受重大冲击，上述法律法规促进房地产行业健康发展的立法目的也将难以实现。[①] 实践中，存在大量持否定观点的判决。在前述“重庆翁达物业发展有限公司与何平承包经营合同纠纷案”[②]中，何平与翁达公司签订《承包经营合同》约定，何平成立项目部，以翁达公司名义对外实施法律行为，翁达公司按照固定比例收取费用，项目部独立投资、独立核算，盈亏由何平享有或承担。重庆市高级人民法院在二审中即认为：“因房地产开发项目涉及公共安全与公共利益，我国法律对该行业实行严格的准入制度，只有房地产开发企业才能从事与其资质相适应的房地产开发经营活动，任何个人均不得从事房地产开发。本案中，《承包经营合同》的实质是何平以承包经营之名，借用翁达公司资质，由其个人从事房地产开发。该约定违反了《房地产管理法》第 65 条、国务院《城市房地产开发经营管理条例》第 35 条的规定，根据《合同法》第 52 条第（5）项[③]的规定，应属无效。”

肯定的观点认为，房地产开发虽然存在市场准入的要求，但对借用资质规避资质要求的行为，应由行政管理部门予以处理，不宜否定借用资质行为的效力。至于双方内部利润怎么分配、盈亏怎么承担，应取决于当事人的意思表示，对国家、社会并无实质性影响。[④] 实践中亦有持肯定观点的判决。如“马晓刚诉泰安现代置业有限公司合资、合作开发房地产合同纠纷案”[⑤]。该案中，马晓刚与现代置业公司先后签订《合作开发房地产及建设项目协议书》《补充协议》约定，项目开发由马晓刚个人投资并独立承担项目开发建设，现代置业公司仅提供开发过程中需要的资质手续并收取固定的管理费用。一审法院（山东省泰安市中级人民法院）认为，双方当事人之间法律关系名为合作实为马晓刚借用现代置业公司房地产开发资质。房地产开发是一个涉及公共利益和公共安全的行业，因此行政法规针对房地产开发设定了严格的市场准入资格。马晓刚、现代置业公司双方

参考案例裁判文书

参考案例45
山东省高级人民法院（2013）鲁民一终字第20号民事判决书

---

① 参见西南政法大学赵万一教授、谭启平教授、王洪教授、孙鹏教授联名出具的“关于尹贤海诉叶海锋、王仁金和西安富鑫置业有限公司合资合作开发房地产合同纠纷案的法律意见书”（2017 年 1 月 20 日）。

② 参考案例 38：“重庆翁达物业发展有限公司与何平承包经营合同纠纷案”，重庆市高级人民法院（2010）渝高法民终字第 89 号民事判决。相关文书可扫描本书第 110 页二维码。

③ 《民法典》第 153 条第 1 款。

④ 韩延斌等：《房地产纠纷裁判思路与规范指引》（上），人民法院出版社 2014 年版，第 417 页。

⑤ 参考案例 45：“马晓刚诉泰安现代置业有限公司合资、合作开发房地产合同纠纷案”，山东省高级人民法院（2013）鲁民一终字第 20 号民事判决。

签订名为合作实为借用资质的协议,以规避国家行政法规关于房地产经营开发资质的强制性规定,根据《合同法》第 52 条第(5)项[①]之规定,应为无效。但二审法院(山东省高级人民法院)认为,根据《国有土地使用权合同解释》第 15 条的规定,合作双方中只要有一方具有房地产开发资质即可认定合作合同有效。本案中,现代置业公司具备房地产开发资质,其与马晓刚的合作符合法律规定,且不损害国家利益和社会公共利益,故双方订立的合作开发房地产合同不违反法律、行政法规的效力性强制性规定,应依法认定有效。

最高人民法院对借用资质进行房地产开发的行为倾向于认定有效。2015 年 4 月发布的《全国民事审判工作会议纪要(征求意见稿)》第 26 条规定:"对于个人或者企业与房地产开发企业签订的名为房地产合资合作开发合同、实为借用房地产开发企业资质的合同,以及当事人之间签订名为股权转让、实为转让国有土地使用权的合同,人民法院应在确认此类合同并不侵害社会公共利益的情况下,原则上确认该类合同对当事人具有法律约束力。"在"东莞市利成电子实业有限公司等与东莞市大岭山镇房地产开发公司等项目转让合同纠纷案"[②]中,颜屋村委会作为甲方,大岭山房地产公司作为乙方,长新公司作为丙方,共同签订《土地使用权转让合同书》约定,甲方将位于莲花山颜屋村水库边山地约 499 600.02 平方米土地在办理国有土地使用许可证后交由丙方作房地产项目开发;开发过程中丙方将挂靠乙方名义,土地使用证也以乙方名义办理。对长新公司挂靠大岭山房地产公司从事房地产开发的行为,最高人民法院不但未认定为无效,反而指出,"根据长新公司于 2003 年 7 月 10 日与颜屋村委会、大岭山房地产公司共同签订的《土地使用权转让合同书》约定,长新公司对受让的土地在符合规划主管部门有关规定的前提下,享有自行规划、设计、建设、转让、抵押等法律规定的处分、收益的各项权利"。"项目所涉 9 块土地的使用权虽登记在大岭山房地产公司名下,但 9 块土地的实际权益属于长新公司。""长新公司处理案涉项目的地块,无须经过大岭山房地产公司的同意。"[③]在后述

---

① 《民法典》第 153 条第 1 款。

② 参考案例 19:"东莞市利成电子实业有限公司等与东莞市大岭山镇房地产开发公司等项目转让合同纠纷案",最高人民法院(2012)民提字第 122 号民事判决。该案判决系经最高人民法院民事行政审判专业委员会讨论决定。相关文书可扫描本书第 78 页二维码。

③ 韩延斌:《对房地产项目转让中一物数卖行为的认定处理——东莞利成公司、宝源公司与东莞晶隆公司、大岭山房地产公司房地产项目转让合同纠纷案》,载《民事审判指导与参考》2015 年第 1 辑(总第 61 辑),第 213 页。

【典型案例105】“深圳富山宝实业有限公司、深圳市福星股份合作公司、深圳市宝安区福永物业发展总公司、深圳市金安城投资发展有限公司联营合同纠纷案”[①]中，富山宝公司与福星公司开发房地产，但因双方均无房地产开发资质，遂与具备房地产开发经营资质的福永公司签订《合作开发合同书》约定，借用福永公司的名义开发涉案项目。一审法院（广东省高级人民法院）、二审法院（最高人民法院）均认为，福星公司、富山宝公司与福永公司签订的《合作开发合同书》有效。

最高人民法院的立场可资赞同。首先，现行法律对建筑业资质的严格管控，不能作为类推适用的依据。《国有土地使用权合同解释》第15条第1款规定：“合作开发房地产合同的当事人一方具备房地产开发经营资质的，应当认定合同有效。”第2款规定：“当事人双方均不具备房地产开发经营资质的，应当认定合同无效。但起诉前当事人一方已经取得房地产开发经营资质或者已依法合作成立具有房地产开发经营资质的房地产开发企业的，应当认定合同有效。”因此，合作开发房地产的，只要一方具有房地产开发资质即可，也即【裁判规则47】所称的“就高不就低原则”。而《建筑法》第27条第2款规定：“两个以上不同资质等级的单位实行联合共同承包的，应当按照资质等级低的单位的业务许可范围承揽工程。”也就是说，在联合建设的情形下，对承包人资质等级实行“就低不就高原则”。因此，现行法对建筑企业资质的管控比房地产开发资质更加严格，现行法对建筑企业资质的要求对房地产开发行为不具有参照意义。其次，认定借用资质开发房地产行为无效，往往导致挂靠人与被挂靠人之间的利益失衡。在挂靠开发的情况下，如果房屋开发基本完成但尚未出售（或仅出售部分），挂靠人的投入已经物化到建筑工程中，而项目登记在被挂靠单位名下，按照合同无效理论和合同法的相关规定，合同无效的后果是双方返还，通过缔约过失责任保护当事人的信赖利益。因此，只能判决返还挂靠人的投入，房产项目全部增值收益均由被挂靠人享有，可能会带来当事人利益的失衡。[②] 最后，认定借用资质开发房地产行为无效，导致的法律后果极为复杂，难以清理。对

---

① 典型案例105：“深圳富山宝实业有限公司、深圳市福星股份合作公司、深圳市宝安区福永物业发展总公司、深圳市金安城投资发展有限公司联营合同纠纷案”，最高人民法院（2010）民一终字第45号民事判决，载《中华人民共和国最高人民法院公报》2011年第5期，第18～42页。相关文书可扫描本书第301页二维码。

② 张勇健：《在全国高级法院民一庭庭长座谈会上的总结讲话（2013年4月12日）》，载《民事审判指导与参考》2013年第2辑（总第54辑），第38～39页。

于已进入履行状态的挂靠开发,一旦认定无效,将面临大量的次生问题,包括挂靠人对外签订的施工合同、借款合同、材料购销合同、设备租赁合同、售房合同,对已经完成的建设成果需要进行估价,对外支付的费用需要进行审计评估,这些问题往往导致大量的衍生诉讼,处理起来旷日持久。前述“重庆翁达物业发展有限公司与何平承包经营合同纠纷案”[①],就因认定合同无效导致大量的后续纠纷。事实上,要求更加严格的建筑行业也在逐步放开对资质的管控。住房城乡建设部《关于推进建筑业发展和改革的若干意见》(建市〔2014〕92 号)提出“推进行政审批制度改革”,要求“坚持淡化工程建设企业资质、强化个人执业资格的改革方向,探索从主要依靠资质管理等行政手段实施市场准入,逐步转变为充分发挥社会信用、工程担保、保险等市场机制的作用,实现市场优胜劣汰”。举重以明轻,对房地产开发资质的要求也应如此,应当将房地产开发市场的竞争交由市场决定,而非法律对开发商资质进行过分干预。

还需说明的是,由于建设用地使用权与房屋所有权作为物权,均以登记为公示要件,故在对外关系上,挂靠人无权以自己是实际权利主体为由对抗第三人。[②] 也就是说,虽然挂靠他人从事房地产开发的合同有效,且房屋建设实际由挂靠人完成,但挂靠人不能直接主张对建设成果享有物权,而只能向被挂靠人主张债权请求权。

典型案例50

湖北昌盛房地产开发有限公司与何国云确权纠纷案[③]

基本案情:昌盛公司经招投标以 2000 万元的价格取得了襄樊市公用客车厂企业产权后,昌盛公司(甲方)与何国云(乙方)签订《内部承包协议书》约定:甲方将与襄樊市建设局签订《襄樊市公用客车厂产权转让合同》中关于甲方享

---

① 参考案例 38:“重庆翁达物业发展有限公司与何平承包经营合同纠纷案”,重庆市高级人民法院(2010)渝高法民终字第 89 号民事判决。相关文书可扫描本书第 124 页二维码。

② 王毓莹:《执行异议之诉的裁判思路》,载《民事审判指导与参考》2016 年第 3 辑(总第 67 辑),第 49 页。

③ 典型案例 50:“湖北昌盛房地产开发有限公司与何国云确权纠纷案”,最高人民法院(2012)民抗字第 17 号民事判决。

典型案例裁判文书

典型案例50
最高人民法院（2012）民抗字第17号民事判决书

有的全部权利和义务转由乙方承担:(1)对公用客车厂的所有产权,包括房屋、机械设备等各项设施的所有权、全部土地的使用权、房屋开发建设权等,乙方享有独有的权利,并承担公用客车厂的原有债权债务;(2)乙方在对公用客车厂进行项目开发等项活动时,享有完全的经营自主权,甲方不干涉;(3)乙方在公用客车厂土地上从事房地产开发时,甲方应为乙方提供各项开发、施工手续。2003年12月10日,由于何国云没有相关房地产开发资质,昌盛公司成立了以何国云为负责人的昌盛公司樊城分公司。2005年,“领秀中原”项目房地产开发工作正式启动,昌盛公司办理了开发所需的土地使用证、用地规划许可证、工程规划许可证、施工许可证等手续,何国云依附于昌盛公司名下开展经营活动。后在履行过程中发生争议,何国云将昌盛公司诉至法院,要求分别确认价值为7000万元、8550万元、9000万元的房地产产权归其所有。

法院观点:二审法院(湖北省高级人民法院)认为,《内部承包协议书》有效。第一,从法律规定看,借用建设工程施工企业资质进行施工法律明确规定是无效的,但现行法律、行政法规对借用房地产开发企业的资质进行房地产开发并无禁止性规定,《城市房地产管理法》第30条和《城市房地产开发经营管理条例》第5条的规定是倡导性的条款,属市场准入的管理性规定,根据《合同法解释(二)》第14条、最高人民法院《关于当前形势下审理民商事合同纠纷案件若干问题的指导意见》第16条的规定,何国云借用资质的行为应由相关行政部门根据行政规定予以处理,不影响本案《内部承包协议书》的效力。第二,合作开发房地产只需一方具备房地产开发经营资质即可。本案中,虽然何国云系借用樊城分公司的资质,但是昌盛公司已具备房地产开发经营资质,何国云进行房地产开发的民事行为应认定有效。经最高人民检察院抗诉,最高人民法院在再审中认为,“在本案中,昌盛公司向何国云提供房地产开发资质,何国云实际借用昌盛公司的资质开发房地产,对于这种行为应由相关行政管理部门予以相应处理,但不应成为昌盛公司据以主张诉争房地产权利的依据。何国云以昌盛公司或樊城分公司名义进行民事活动,对外承担责任的主体在名义上仍为昌盛公司,但按照《内部承包协议书》约定应由何国云实际承担相应责任。如果昌盛公司认为何国云因此损害了该公司的利益,可另行主张权利,这与何国云请求确认诉争房地产权属,属于不同的法律关系”。

裁判规则 51

用于合作开发的土地必须符合该宗地的规定用途。如果合作开发房地产合同约定的开发用途违反该宗地规定用途的,应当认定合作开发合同无效。但当事人约定依法变更土地用途后再实施开发的除外。

我国实行土地用途管制制度。《土地管理法》第 4 条第 1 款规定:“国家实行土地用途管制制度。”第 4 款规定:“使用土地的单位和个人必须严格按照土地利用总体规划确定的用途使用土地。”

一方面,通常情况下,进行房地产开发只能使用国有土地。[①] 实践中,如果用于合作开发的土地是农村集体土地的,普遍面临效力的否定性评价。争议在于应当认定合作开发合同整体无效,还是利润分配条款无效。在最高人民法院民一庭发布的一则指导性案例中,M 村村委会与北海公司签订《项目建设委托合同》约定,M 村村委会负责提供集体土地用于开发建设,北海公司实施建设;村民集资购房均价以双方预算测定成本价加小区配套费及前期费用等为准,超出村民报名集资房数量部分及底商,由北海公司对外销售,销售纯利润按比例分成(甲方以土地评估价为投资入股比例,乙方以工程实际投资总造价为投资入股比例)。该工程于 2010 年 10 月竣工,售出住宅 670 套(出售给村民 500 套、对外销售 170 套),底商、商铺、车库也已经售出一部分。2013 年,M 村村委会向一审法院起诉称,案涉土地属于村民集体所有,北海公司无权将房屋对外销售。最高人民法院认为,委托代建合同中的对外销售利润分配条款具有合资、合作开发房地产的性质,但在一审法庭辩论结束之前土地性质仍未变更为国有土地的,故该利润分配条款按无效处理。利润分配条款无效,不影响《项目建设委托合同》其他条款的效力。[②] 但将农村集体土地用于合作开发房地产,意味着标的物违法、合作开发行为违法,应当认定合作开发合同整体无效。单独的利润分配条款,如不纳入合作开发合同范畴,缺乏无效理由。因此,应当认定合同整体无效,而非部分无效。《八民会纪要(民事部分)》第 20 条规定:“在涉及农村宅基地或农村集体经营性建设用地的民事纠纷案件中,当事人主张利润

---

① 最高人民法院民一庭:《涉及农村集体所有土地的委托代建合同中对外销售利润分配条款的效力如何认定》,载《民事审判指导与参考》2015 年第 4 辑(总第 64 辑),第 149 页。

② 最高人民法院民一庭:《涉及农村集体所有土地的委托代建合同中对外销售利润分配条款的效力如何认定》,载《民事审判指导与参考》2015 年第 4 辑(总第 64 辑),第 145 ~ 150 页。

分配等合同权利的，应提供政府部门关于土地利用规划、建设用地计划及优先满足集体建设用地等要求的审批文件或者证明。未提供上述手续或者虽提供了上述手续，但在一审法庭辩论终结前土地性质仍未变更为国有土地的，所涉及的相关合同应按无效处理。”当然，随着农村建设用地入市，相关裁判规则也许会作出相应调整，但这有待农村土地入市政策的进一步明确。

另一方面，根据《城镇国有土地使用权出让和转让暂行条例》（1990 年国务院第 55 号令）第 12 条的规定，出让土地一般分五类：居住用地，工业用地，教育、科技、文化、卫生、体育用地，商业、旅游、娱乐用地，综合或者其他用地，其出让最高年限从 40 年至 70 年不等。通常情况下，用于房地产开发的土地只能是商住用地。实践中，由于商住用地的土地价值远远高于工业用地，所以不乏将工业用地（或其他性质土地）违法用于房地产开发的情形。如果用于合作开发的土地不符合规定用途的，“如合同约定在工业用地上直接开发房地产，则违反法律效力性强制性规定，应当认定合同为无效”。①

当然，由于土地用途可以依法变更，因此，如果当事人约定依法变更土地用途后再实施相应房地产开发的，则应适用【裁判规则 52】。

典型案例51

钱某等与安徽省滁州市建筑安装工程有限公司合资、合作开发房地产合同纠纷案②

典型案例裁判文书

典型案例51
安徽省高级人民法院（2013）皖民四终字第00004号民事判决书

基本案情：2007 年 4 月 25 日，孔某（甲方）与钱某（乙方）签订《合作协议》约定：合作开发天长市社会主义新农村项目、南市区晏公小区；建设项目的土地出让金、赔青款、土地购买审批手续方面的款项及协调各方面关系费用，设计以及建设工程方面的投

---

① 谢爱梅：《认定变更工业用地使用权作为合作开发房地产合同出资的约定的效力问题——宁夏金力泰钢结构有限公司与银川开发区宏建房地产开发有限公司合作、合资开发房地产合同纠纷案》，载《民事审判指导与参考》2016 年第 1 辑（总第 65 辑），第 198 页。

② 典型案例 51：“钱某等与安徽省滁州市建筑安装工程有限公司合资、合作开发房地产合同纠纷案”，安徽省高级人民法院（2013）皖民四终字第 00004 号民事判决。

资,由甲方负责;小区内水、电、路、排水等所有附属设施,由乙方负责投资;甲、乙双方五五分成,各得50%等。甲方由孔某签字并加盖滁州建安公司天长分公司印章,乙方由钱某签字并加盖滁州建安公司天长分公司第一项目部印章。后在履行中发生争议,诉至法院。

法院观点:安徽省高级人民法院在二审中认为,双方之间的合作协议性质应为合资、合作开发房地产合同。涉案合作项目未经相关主管部门的批准,擅自在农村集体土地上进行开发房地产,违反《土地管理法》关于农民集体所有的土地的使用权不得出让、转让或者出租用于非农业建设和建设占用土地,涉及农用地转为建设用地的,应当办理农用地转用审批手续的规定,《合作协议》为无效合同。

裁判规则 52

因用于合作开发的土地不符合该宗地规定用途,合作开发合同约定先行变更土地用途实施开发的,应认定为"整体未生效但部分生效"合同。负有变更义务一方拒不履行义务的,相对方有权要求解除合同、赔偿包括履行利益在内的违约损失。

在对土地用途实施管制的同时,现行法允许依法变更土地用途。《城市房地产管理法》第 18 条规定:"土地使用者需要改变土地使用权出让合同约定的土地用途的,必须取得出让方和市、县人民政府城市规划行政主管部门的同意,签订土地使用权出让合同变更协议或者重新签订土地使用权出让合同,相应调整土地使用权出让金。"第 44 条规定:"以出让方式取得土地使用权的,转让房地产后,受让人改变原土地使用权出让合同约定的土地用途的,必须取得原出让方和市、县人民政府城市规划行政主管部门的同意,签订土地使用权出让合同变更协议或者重新签订土地使用权出让合同,相应调整土地使用权出让金。"上述规定表明,出让土地性质经法定程序可以变更。[①] 因此,如果合作开发合同约定,先变更土地用途,再实施合作开发的,应当如何评价合作开发合同的效力?

---

① 谢爱梅:《认定变更工业用地使用权作为合作开发房地产合同出资的约定的效力问题——宁夏金力泰钢结构有限公司与银川开发区宏建房地产开发有限公司合作、合资开发房地产合同纠纷案》,载《民事审判指导与参考》2016 年第 1 辑(总第 65 辑),第 197 ~ 198 页。

对于这类须经行政审批的合同，司法实务中较多采取“整体未生效但部分生效说”。“整体未生效但部分生效说”主要针对《民法典》第502条[①]第2款规定的“应当办理批准等手续的”合同，该说认为，相关合同未经批准则整体未生效，但其中关于报批义务条款以及与履行报批义务条款相关的条款，根据双方约定的目的及诚实信用原则不受行政审批的影响，为生效条款。[②] 最高人民法院《关于审理外商投资企业纠纷案件若干问题的规定(一)》(法释〔2010〕9号)第1条[③]即采取此种观点。

合同因土地用途变更未得到批准而未生效，但未生效不同于无效，依法成立的合同虽未生效，仍具有相应的法律约束力。《九民会纪要》第37条即提出，“实践中的一个突出问题是，把未生效合同认定为无效合同，或者虽认定为未生效，却按无效合同处理。无效合同从本质上来说是欠缺合同的有效要件，或者具有合同无效的法定事由，自始不发生法律效力。而未生效合同已具备合同的有效要件，对双方具有一定的拘束力，任何一方不得擅自撤回、解除、变更，但因欠缺法律、行政法规规定或当事人约定的特别生效条件，在该生效条件成就前，不能产生请求对方履行合同主要权利义务的法律效力”。《矿业权纠纷解释》第6条第1款前段也规定：“矿业权转让合同自依法成立之日起具有法律约束力。”第7条第1款进一步规定：“矿业权转让合同依法成立后，在不具有法定无效情形下，受让人请求转让人履行报批义务或者转让人请求受让人履行协助报批义务的，人民法院应予支持，但法律上或者事实上不具备履行条件的除外。”除下述【典型案例52】外，在【典型案例23】“宁夏金力泰钢结构有限公司与银

---

① 《民法典》第502条规定：“依法成立的合同，自成立时生效，但是法律另有规定或者当事人另有约定的除外。依照法律、行政法规的规定，合同应当办理批准等手续的，依照其规定。未办理批准等手续影响合同生效的，不影响合同中履行报批等义务条款以及相关条款的效力。应当办理申请批准等手续的当事人未履行义务的，对方可以请求其承担违反该义务的责任。依照法律、行政法规的规定，合同的变更、转让、解除等情形应当办理批准等手续的，适用前款规定。”《合同法》第44条第1款规定：“依法成立的合同，自成立时生效。”第2款规定：“法律、行政法规规定应当办理批准、登记等手续生效的，依照其规定。”

② 郑学林、王旭光、贾清林、刘牧晗：《矿业权纠纷案件的审判理念与最新裁判规则——〈最高人民法院关于审理矿业权纠纷案件适用法律若干问题的解释〉的理解与适用》，载《法律适用》2018年第5期，第79页。

③ 该条第1款规定：“当事人在外商投资企业设立、变更等过程中订立的合同，依法律、行政法规的规定应当经外商投资企业审批机关批准后才生效的，自批准之日起生效；未经批准的，人民法院应当认定该合同未生效。当事人请求确认该合同无效的，人民法院不予支持。”第2款规定：“前款所述合同因未经批准而被认定未生效的，不影响合同中当事人履行报批义务条款及因该报批义务而设定的相关条款的效力。”

川开发区宏建房地产开发有限公司合资、合作开发房地产合同纠纷案”[①]中,双方约定在金力泰公司享有土地使用权的工业用地上,先进行土地转让、变性,再合作开发房地产,最高人民法院即认为,“双方协议变更讼争用地性质并履行法定出让、补缴费用、过户、行政审批等程序,符合法律规定。至于约定内容能否全面实际履行,是考量合同应否解除或终止的因素,并不能因此认定合同无效”。

如果具有变更义务的当事人拒不履行变更义务的,参照《矿业权纠纷解释》第 7 条[②]的规定,相对人可以依据合同(变更义务属于已生效的合同条款),请求义务人履行变更义务,在具备相关条件的情况下,相对人也可以替代履行,即以义务人的名义代为办理变更手续,相关费用由义务人承担。如果义务人拒不履行变更义务,相对人也难以替代履行的,鉴于“合同解除权仅与合同依法成立相关,而与合同是否完全生效并无必然联系”,应当赋予相对人合同解除权。《矿业权纠纷解释》第 8 条即规定:“矿业权转让合同依法成立后,转让人无正当理由拒不履行报批义务,受让人请求解除合同、返还已付转让款及利息,并由转让人承担违约责任的,人民法院应予支持。”至于解除的后果,《九民会纪要》第 38 条后段规定,“一方因另一方不履行报批义务,请求解除合同并请求其承担合同约定的相应违约责任的,人民法院依法予以支持”。该违约责任即赔偿因违约造成的损失,包括合同履行后可以获得的利益。[③]

---

① 典型案例 23:“宁夏金力泰钢结构有限公司与银川开发区宏建房地产开发有限公司合作、合资开发房地产合同纠纷案”,最高人民法院(2015)民一终字第 57 号民事判决。相关文书可扫描本书第 71 页二维码。

② 该条第 1 款规定:“矿业权转让合同依法成立后,在不具有法定无效情形下,受让人请求转让人履行报批义务或者转让人请求受让人履行协助报批义务的,人民法院应予支持,但法律上或者事实上不具备履行条件的除外。”第 2 款规定:“人民法院可以依据案件事实和受让人的请求,判决受让人代为办理报批手续,转让人应当履行协助义务,并承担由此产生的费用。”

③ 郑学林、王旭光、贾清林、刘牧晗:《矿业权纠纷案件的审判理念与最新裁判规则——〈最高人民法院关于审理矿业权纠纷案件适用法律若干问题的解释〉的理解与适用》,载《法律适用》2018 年第 5 期,第 81 页。

典型案例52

山东润丰置业有限公司、山东新华书店集团有限公司合资、合作开发房地产合同纠纷案[①]

典型案例裁判文书

典型案例52
山东省高级人民法院（2016）鲁民终534号民事判决书

最高人民法院（2017）最高法民再310号民事裁定书

基本案情：2006年8月31日，新华书店公司与泰山公司签订《房地产合作开发协议书》约定：新华书店公司用两宗土地出资，一是第0500065号土地证项下的12 580平方米的住宅用地，二是第20037号土地证项下的26 682平方米的机关用地；第20037号土地证项下的26 682平方米中的18 980平方米需变更为住宅用地，另外7702平方米性质不变更；在机关用地变更为住宅用地挂牌时，泰山公司要确保摘牌成功。润丰公司承继了泰山公司在该合同中的权利义务。2006年12月10日，新华书店公司与润丰公司签订《土地使用权转让合同》约定，新华书店公司转让12 019.3平方米住宅用地给润丰公司。同日，双方签订《补充协议》约定，转让土地的用途仅为新华书店公司职工住宅开发使用。2007年9月25日，新华书店公司与润丰公司签订《土地使用权转让合同》约定：新华书店公司转让26 477.4平方米机关用地给润丰公司。同日，双方签订《补充协议》约定，转让土地的用途仅为新华书店公司职工住宅开发使用，润丰公司负责将机关性质用地变更为住宅性质用地。后润丰公司未能按约将机关性质用地变更为住宅性质用地，双方发生争议，诉至法院。

法院观点：针对《房地产合作开发协议书》、两份《土地使用权转让合同》《补充协议》效力，山东省高级人民法院认为，第20037号机关用地的使用权人虽于2008年5月21日由新华书店公司变更为润丰公司，但润丰公司未能按照合同约定，将该部分涉案土地的用途依法变更为住宅用地，新华书店公司、润丰公司亦未提交土地行政主管部门、城市规划行政主管部门批准涉案土地使用权

---

① 典型案例52："山东润丰置业有限公司、山东新华书店集团有限公司合资、合作开发房地产合同纠纷案"，山东省高级人民法院(2016)鲁民终534号民事判决、最高人民法院(2017)最高法民再310号民事裁定。该案中，当事人之间的合同实为委托代建合同，而非合作开发房地产合同，但该案涉及的法律问题与本裁判规则相同。

用途变更的证据,故新华书店公司、泰山公司及润丰公司在未对涉案土地使用权的用途进行变更的情况下,即签订相关合同在机关用地上开发建造房屋的行为,违反了《土地管理法》关于土地用途的管制制度的规定,应当认定《房地产合作开发协议书》《土地使用权转让合同》及《补充协议》为无效合同。但最高人民法院在再审审查中认为,《房地产合作开发协议书》、两份《土地使用权转让合同》《补充协议》不违反法律法规效力性强制性规定,合法有效。至于案涉地块能否经土地行政主管部门变更土地用途为住宅用地,系合同履行问题,并非合同效力问题,即使该地块因无法办理土地用途变更导致合同无法继续履行,也系有效合同的解除问题。

裁判规则 53

合同约定,合作一方当事人以投资额为基础、根据项目开发经营情况取得收益,但其投资收益受保底条款保障的,不应以其未“共担风险”为由,认定合同无效或保底条款无效。但提供资金方以保底条款为由,规避《民间借贷规定》设定的利率上限的除外。

《国有土地使用权合同解释》将合作各方是否共同承担合作风险,作为认定是否构成合作关系的标尺,而不是确认合同无效的条件。[①] 由此引发的问题是,如果约定合作一方当事人以投资额为基础、根据项目开发经营情况取得收益,但其投资收益受保底条款保障的,该“保底条款”是否有效? 合同是否有效?

首先,需要准确界定合同性质。如果该合同名为合作开发房地产合同实为土地使用权转让合同、或实为借款合同、或实为房屋买卖合同等,一方本就应当获得固定数额收益(转让款、借款本金加利息、固定面积房屋),不存在共担风险的问题,也就不应以其未“共担风险”为由对效力作出否定性评价。

其次,如果约定合作一方以投资额为基础、根据项目开发经营情况取得收益,但其投资收益受保底条款保障的,如【裁判规则 45】所述,实践中存在两种错误的裁判思路:一是以最高人民法院《关于审理联营合同纠纷案件若干问题的解答》[法(经)发〔1990〕27 号]为据,认定保底条款无效或者合同无效。在

① 韩延斌:《〈最高人民法院关于审理涉及国有土地使用权合同纠纷案件适用法律问题的解释〉的理解适用》,载《民事审判指导与参考》2005 年第 2 集(总第 22 集),第 86 页。

"四川明日企业（集团）有限公司与重庆全日通数码港有限公司等房屋租赁合同纠纷案"[①]中，最高人民法院即认为，"明日公司与吉兴公司签订的《联营合同》，含有保底条款，违反了联营的法律规定，应认定为无效合同"。因《关于审理联营合同纠纷案件若干问题的解答》是现行有效的司法解释，所以实践中，有较多判决将这类约定认定为"保底条款"进而确认无效。二是以该约定违反了合作开发合同中的合作各方应"共担风险"的要求，认定保底条款无效或合同无效。这两种思路都犯了倒因为果的错误。即先将这类合同定性为合作开发合同或联营合同，再以违反"共担风险"的要求为由，评价为无效。但这类合同既然缺乏"共担风险"的约定，也就不符合合作开发合同或联营合同的构成要件，进而不应定性为合作开发合同或联营合同，而应按照【裁判规则 45】定性为混合契约或无名合同。在此基础上，"综观现行法律、行政法规，其中并没有不共担风险的合作开发房地产合同或者条款为无效的规定。实际上，对于这一类纯属私权主体间权利义务关系范畴的事项，法律、行政法规亦并无作出禁止性规定的必要。所以，在约定'保底条款'的当事人之间，否定该约定的效力没有依据"。[②]

参考案例裁判文书

参考案例46
最高人民法院（1999）民终字第166号民事判决书

最后，《民间借贷规定》第 29 条要求，借贷利率不得超过 LPR（全国银行间同业拆借中心发布的贷款市场报价利率）的四倍。如果合同约定，提供资金方以投资额为基础、根据项目开发经营情况取得收益，但其投资收益受保底条款保障，且最低收益标准高于 LPR 的四倍，则显然是以保底条款为由规避《民间借贷规定》设定的利率上限，构成脱法行为，应当认定为无效。

---

① 参考案例 46："四川明日企业（集团）有限公司与重庆全日通数码港有限公司等屋租赁合同纠纷案"，最高人民法院（1999）民终字第 166 号民事判决。

② 辛正郁：《名实不符的合作开发房地产合同的认定与处理原则》，载《民事审判指导与参考》2005 年第 2 集（总第 22 集），第 121 页。

典型案例53

北京瑞赛科技有限公司诉北京凯成置业集团有限公司等合同纠纷案[①]

典型案例裁判文书

典型案例53
安徽省高级人民法院（2016）皖民终1067号民事判决书

基本案情:2010 年 3 月,中凯公司中标铜陵市步行街及周边地块旧城改造项目。2012 年 7 月 9 日,瑞赛公司与凯成公司签订《合作框架协议》约定,双方共同出资收购中凯公司股权,瑞赛公司占股 70%,凯成公司占股 30%。2013 年 1 月 18 日,双方又签订《补充协议》约定:同意修改中凯公司章程,将凯成公司推荐总经理修改为由瑞赛公司推荐总经理,瑞赛公司全面负责经营、自负盈亏;双方确定 3 号地和 4 号地的保底利润为 5 亿元,凯成公司按 37% 分配利润(奖励 7%),如该项目利润达到 10 亿元以上,给予凯成公司奖励 7% 提高到 10%,不论盈亏,瑞赛公司确保凯成公司获得 1.85 亿元保底利润。《补充协议》签订后,由瑞赛公司推荐人员担任了中凯公司总经理,并办理了公司章程变更登记手续。后在履行过程中发生争议,凯成公司诉至法院,要求支付保底利润。瑞赛公司辩称,涉及保底利润的约定违反了共负盈亏、共担风险的要求,应属无效。

法院观点:安徽省高级人民法院认为,对"瑞赛公司不论盈亏,确保凯成公司获得 1.85 亿元保底利润"这一保底条款的效力,"瑞赛公司基于对其自身经营能力和中凯公司发展前景的信心,愿意承担未来收益的不确定性。双方股东均系在自愿基础上对中凯公司的治理方式和自身利益作出安排,并共同对 3 号、4 号地块的保底利润作出测算和明确,符合权利义务相称的公平原则"。"保底利润的支付主体是瑞赛公司,而非中凯公司,故与公司法的规定无涉,亦不当然损害中凯公司及其债权人的利益。""案涉《补充协议》中的'保底条款'系瑞赛公司和凯成公司双方真实意思表示,不违反法律、行政法规的强制性规定,应为合法有效。"

---

① 典型案例 53:"北京瑞赛科技有限公司诉北京凯成置业集团有限公司等合同纠纷案",安徽省高级人民法院(2016)皖民终 1067 号民事判决。

裁判规则 54

合作开发房地产合同中的一方当事人被禁止从事房地产开发经营的，因主体不合法，应当认定合作开发房地产合同无效。

私法领域奉行“法无禁止即自由”“法无禁止即可为”，在此意义上，任何一个民事主体都有权与他人合作开发房地产。即使超越了自身经营范围，《合同法解释（一）》第 10 条前段规定：“当事人超越经营范围订立合同，人民法院不因此认定合同无效。”但需注意的是，《合同法解释（一）》第 10 条后段规定：“但违反国家限制经营、特许经营以及法律、行政法规禁止经营规定的除外。”根据该则但书，在合作开发房地产领域，存在两个方面的例外：一是违反市场准入制度。即前述【裁判规则 47】所讨论的，至少要有一个合作方能够达到所要求的房地产开发经营资质，否则应当认定合作开发房地产合同无效。二是合作者中的某一方违反禁止经营规定。即合作各方中有某一方被现行法禁止从事房地产开发，应当认定合作开发房地产合同无效。下述【典型案例 54】即为适例。当前，被禁止从事房地产开发的典型主体当属军队。1998 年军队“停止经商”时，允许部分单位利用闲置资源为社会服务并收取一定费用，即所谓的“有偿服务”。部分军队单位遂以“有偿服务”为名从事市场经营，其经营范围明显超越了“有偿服务”的范畴，其中不乏与他人合作开发房地产的案例。2015 年，中央要求全面停止有偿服务，禁止部队成为市场经营主体、从事任何经营性活动，在此背景之下，应当认定军队单位与他人合作开发房地产合同无效。

典型案例54

东营市七色光房地产开发有限责任公司与中国工商银行股份有限公司东营西城支行房地产联合开发合同纠纷案[①]

基本案情：2001 年 11 月 5 日，西城工行与七色光公司签订《房地产项目联合开发合同》约定，双方联合开发“东营七色花园”，其中商业用房12 000平方

① 典型案例 54：“东营市七色光房地产开发有限责任公司与中国工商银行股份有限公司东营西城支行房地产联合开发合同纠纷案”，最高人民法院（2006）民一终字第 16 号民事判决。

典型案例裁判文书

典型案例54
最高人民法院(2006)民一终字第16号民事判决书

米、住宅2万平方米;西城工行负责资金筹措,财务费用列入成本,负责施工管理、资金管理;七色光公司负责办理已征土地及全部手续,负责开发项目对外发生的一切业务,按项目直接投资的3%收取管理费用;建成后,住宅按不高于900元/平方米销售给西城工行职工,用于改善西城工行职工的住房条件。住宅销售价格低于成本部分,用商业用房收益部分弥补;商业用房按销售时市场价格计算;在保证职工住宅销售价格不提高的前提下,实现投资效益最大化。投资收益部分按8:2分成,其中西城工行得8,七色光公司得2。后在履行过程中发生争议,诉至法院。

法院观点:针对《房地产项目联合开发合同》的效力,最高人民法院在二审中认为,《商业银行法》第43条规定:"商业银行在中华人民共和国境内不得从事信托投资和证券经营业务,不得向非自用不动产投资或者向非银行金融机构和企业投资,但国家另有规定的除外。"根据《房地产项目联合开发合同》的约定,西城工行投资用于解决西城工行职工住宅部分的合同内容不违反商业银行法的禁止性规定,应认定为有效。但西城工行投资用于商业开发、赚取商业利益的部分内容,因违反了《商业银行法》第43条的禁止性规定,应认定为无效。

裁判规则 55

名为合作开发房地产合同实为商品房预售合同,如交易方式并非以公开方式向不特定公众销售房屋,则未取得商品房预售许可证的,不影响合同效力。

《国有土地使用权合同解释》第25条规定:"合作开发房地产合同约定提供资金的当事人不承担经营风险,只分配固定数量房屋的,应当认定为房屋买卖合同。"第27条规定:"合作开发房地产合同约定提供资金的当事人不承担经营风险,只以租赁或者其他形式使用房屋的,应当认定为房屋租赁合同。"有疑问的是,如果"合作开发房地产合同"被认定为房屋买卖合同,在签订这类"合作开发房地产合同"时,开发商普遍未取得商品房预售许可证。那么应当如何评价合同效力?

就此问题,实务界的观点未臻一致。在"济南森安房地产开发有限公司诉山东省无线电管理办公室商品房买卖合同纠纷案”①中，无线电办公室与森安公司签订《期房购房合同》约定，森安公司以自有的玉函路 59 号、61 号土地为无线电办公室建设监测综合楼，性质为预售商品房。协议签订后，森安公司陆续取得涉案项目的《建设用地规划许可证》《建筑工程施工许可证》等证照，但至无线电办公室起诉前，仍未取得《商品房预售许可证》。后因未能如约竣工，无线电办公室诉至法院。一审法院（山东省高级人民法院）认为，虽然无线电办公室在合同中享有对综合楼工程进行设计变更的权利，且在该项目的实际施工中森安公司也按照无线电办公室的要求进行了部分变更，使双方争议的法律关系具有了加工承揽的特点，但无线电办公室的合同目的是通过支付对价购买满足自己需要的期房，森安公司的合同目的则是通过为无线电办公室建造符合其要求的商品房获得合理利润，且森安公司具备房地产开发企业资质。因此，双方所签合同符合商品房预售合同的法律特征。森安公司至起诉前并未取得商品房预售许可证书，故《期房购房合同》为无效合同。最高人民法院在二审中也认为，“一审法院根据其查明的涉案综合楼未能取得商品房预售许可证等事实，认定双方所签《期房购房合同》为无效合同，结论正确”。上海市第一中级人民法院在“刘连迪与上海金山国际贸易城市场经营管理有限公司房屋买卖合同纠纷案”②中，也持类似观点。

> **参考案例裁判文书**
>
> **参考案例47**
> 济南森安房地产开发有限公司诉山东省无线电管理办公室商品房买卖合同纠纷案

> **参考案例裁判文书**
>
> **参考案例48**
> 上海市第一中级人民法院（2014）沪一中民二（民）终字第527号民事判决书

但在“胡仁祥等与上海玫瑰园商贸城有限公司房屋买卖合同纠纷案”③中，在认定案涉合同名为合作开发房地产合同实为房屋买卖合同的基础上，上海市奉贤区人民法院提出，“玫瑰园公司并不以公开的方式向不确定的社会公众进行销售，其交易对象是相对特定的，交易过程是非公开的，故本案房屋

> **参考案例裁判文书**
>
> **参考案例49**
> 上海市第一中级人民法院（2009）沪一中民二（民）终字第1473号民事判决书

---

① 参考案例 47：“济南森安房地产开发有限公司诉山东省无线电管理办公室商品房买卖合同纠纷案”，《民事审判指导与参考》2009 年第 1 集（总第 37 集），第 223～233 页。

② 参考案例 48：“刘连迪与上海金山国际贸易城市场经营管理有限公司房屋买卖合同纠纷案”，上海市第一中级人民法院（2014）沪一中民二（民）终字第 527 号民事判决。

③ 参考案例 49：“胡仁祥等与上海玫瑰园商贸城有限公司房屋买卖合同纠纷案”，上海市第一中级人民法院（2009）沪一中民二（民）终字第 1473 号民事判决。

不属于法律规定的商品房性质,不宜根据商品房的预售许可证的取得与否来确认该合同的效力,也不适用商品房买卖的相关规定”。二审中,上海市第一中级人民法院予以维持。尤其是“广西桂冠电力股份有限公司与广西泳臣房地产开发有限公司房屋买卖合同纠纷案”[①]中,广西壮族自治区高级人民法院认为,双方当事人之间的合同应为房屋买卖合同,因“本案泳臣公司所开发的该办公楼出售对象是特定的而非向社会公众出售”,故虽未取得商品房预售许可证,亦属有效。最高人民法院在二审中,也认可了案涉合同的效力。

比较而言,在认定合同名为合作开发房地产合同实为房屋预售(或预租)合同的情况下,由于交易方式并非以公开方式向不特定公众销售(或出租),故不以未取得商品房预售许可证(或建设工程规划许可证)为由否定合同效力,更为合理。一方面,如【裁判规则 83】所述,“只有房地产开发企业建造的、向社会公开发售的房屋,才属于商品房,才适用《商品房买卖合同解释》的相关规定”。在名为合作开发房地产合同实为商品房预售合同的情况下,这类房屋并不是出卖人以公开的方式面向不特定的社会公众进行销售,其交易对象是特定的,交易过程是非公开的,所以不应受预售许可制度的约束。不宜以未取得预售许可证为由否定合同的效力。[②] 另一方面,实践中,这类合同通常表现为定造合同。根据下述【裁判规则 101】,基于标的物的特殊性,商品房定造合同的效力不受商品房预售许可证的影响。

典型案例55

华中国电(新乡)置业有限公司诉贺小梅等房屋买卖合同纠纷案[③]

基本案情:2014 年 11 月 25 日,贺小梅与华中国电公司签订《合作建房协议

---

① 典型案例 101:“广西桂冠电力股份有限公司与广西泳臣房地产开发有限公司房屋买卖合同纠纷案”,最高人民法院(2009)民一终字第 23 号民事判决,载《中华人民共和国最高人民法院公报》2010 年第 5 期,第 18 ~25 页。相关文书可扫描本书第 289 页二维码。

② 辛正郁:《名实不符的合作开发房地产合同的认定与处理原则》,载《民事审判指导与参考》2005 年第 2 集(总第 22 集),第 125 ~126 页。

③ 典型案例 55:“华中国电(新乡)置业有限公司诉贺小梅等房屋买卖合同纠纷案”,河南省新乡市中级人民法院(2016)豫 07 民终 3981 号民事判决。

书》约定，贺小梅出资1460万元，购买华中国电公司承诺建设的楼房两栋，该房产位于新乡市平原新区××路以北，太行大道以东，井冈山路以西，该土地东南角临街第一排1号楼、2号楼；上述房产应于2015年6月竣工交付。后华中国电公司表示不再修建，交付已经不可能。贺小梅遂向法院起诉，请求解除《合作建房协议书》，华中国电公司返还购房款，并支付利息。

典型案例裁判文书

典型案例55
河南省新乡市中级人民法院（2016）豫07民终3981号民事判决书

法院观点：法院认为，贺小梅的合同义务为提供一定数额的资金，其主要合同权利为在该协议“项下房产”建成后获得确定位置的房产，也就是说，贺小梅在该合同中权利义务的实际表现为获取固定利益，而不承担合作风险，故应当认定双方之间系房屋买卖合同关系。由于双方签订的案涉《合作建房协议书》约定的房产并不是出卖人即华中国电公司以公开方式面向不确定的社会公众进行销售，其交易对象是特定的，交易过程是非公开的，故该房产不属于商品房，不应依据预售许可证的取得与否决定该合同的效力，这一认定也是符合设立预售许可制度的立法目的的。因此，案涉《合作建房协议书》应属有效。

2.4 合作开发成果的分配规则

在合作开发房地产过程中，最易发生的纠纷是项目利益分配。

裁判规则56

如果合作项目登记在单方名下，对建成的合作成果与项目权益，非登记方只享有对登记方的债权请求权，而不能主张依建造行为直接取得物权。当登记方因债务纠纷导致合作项目被作为其责任财产强制执行时，非登记方基于合作开发房地产合同产生的权利不能排除执行。

在合作开发中，既有将土地使用权登记在双方名下，进而以双方名义共同申办《建设用地规划许可证》《建设工程规划许可证》《建筑工程施工许可证》《商品房预售许可证》的；也有土地使用权登记在单方名下，后续的《建设用地规划许可证》《建设工程规划许可证》《建筑工程施工许可证》《商品房预售许可证》,相应地均系以单方名义申办,尤其是一方出地、一方出资的模式中,多数采取后者。之所以将项目登记在单方名下,通常是基于节省土地交易税费的考量,以及出地方作为对自身权益的保护措施。如果合作项目登记在单方名下,非登记方就合作项目是否享有物权?可否基于建造房屋这一事实行为直接取得物权?如登记方因与第三人的债务纠纷,导致合作项目被作为登记方的责任财产,成为强制执行的标的物时,非登记方可否以合作开发房地产合同为依据,要求排除强制执行?

参考案例裁判文书

参考案例50
最高人民法院(2017)最高法民申2004号民事裁定书

在"赵培凯、利津县利华益恒信小额贷款股份有限公司案外人执行异议之诉纠纷案"①中,因润泽公司未偿还恒信公司借款,进入执行程序后,润泽公司名下的20套房屋和该房屋占有范围内的建设用地使用权被查封。赵培凯以涉案项目完全是其个人投资建设为由,提起执行异议之诉。经查,润泽公司是案涉房屋所在土地的《土地使用权证》上所载的土地使用权人,案涉房屋的《建设用地规划许可证》《建设工程规划许可证》《建筑工程施工许可证》《商品房预售许可证》也是由润泽公司取得。最高人民法院在再审审查中认为,赵培凯主张其对案涉房屋享有可排除强制执行的权益,但其主张的依据为其与润泽公司之间签订的《联合开发协议》,该协议是其与润泽公司之间的内部关系,在没有对案涉土地或房屋进行变更登记或者经生效裁判文书确权之前,赵培凯享有的仅是对润泽公司的债权。在法律没有另行规定的情形下,该债权不足以对抗《土地使用权证》《建设用地规划许可证》《建设工程规划许可证》《建筑工程施工许可证》《商品房预售许可证》等权属证书的公示性。也就是说,建设用地使用权人建造的建筑物、构筑物及其附属设施的所有权一般属于建设用地使用权人,而非登记方不是登记的建设用地使用权人,也就不享有建成房屋的物权。

有观点认为,《民法典》第231条规定:"因合法建造、拆除房屋等事实行为设立或者消灭物权的,自事实行为成就时发生效力。"②非登记方作为合作建房方,可基于建造行为直接取得物权。在下述【典型案例56】中,一审法院(陕西

① 参考案例50:"赵培凯、利津县利华益恒信小额贷款股份有限公司案外人执行异议之诉纠纷案",最高人民法院(2017)最高法民申2004号民事裁定。

② 《物权法》第30条。

省高级人民法院)就持这一观点。但是,“合作开发并不等同于共同建造,建造行为必须在依法办理建设用地使用权登记和取得相关规划、建设等证书的情况下,才能在建造事实行为完成时产生设立物权的法律效力”。[①]《民法典》第231条的规定在“建造”之前还有“合法”这一限定词,所谓合法,当指“有合法的建房手续,完成特定审批,取得合法土地权利,符合规划要求”。[②] 而建房审批手续、土地权利均指向登记方,从公示的不动产物权来看,非登记方并非合法的建造方,故不能依据该条主张原始取得物权。

登记方与非登记方之间的合作开发房地产合同,要么直接约定了建成房屋的归属,要么约定非登记方可以合作合同为依据,向登记方主张参与建成房屋分配。但是,该约定并不发生法律所认可的物权效力,只是在合作开发合同当事人之间产生了以在符合法律规定和合同约定的条件时完成物权变动为主要内容的债权债务关系,属于普通债权请求权,仅具有债权效力,并不具有优先效力或物权效力。[③] 当登记方因与第三人的债务纠纷,导致合作项目被作为登记方的责任财产,成为强制执行的标的物时,如果第三人的权利具有优先效力(如抵押权),自不待言,即使第三人的债权属于一般金钱债权,由于该债权已经进入执行程序,按照“民事裁判执行优先原则”[④],也应优先得到实现,非登记方不得以合作协议为依据要求排除强制执行。

---

① 最高人民法院民一庭:《依房地产开发建设主体的金钱债权人申请对建成房屋强制执行时,合作开发合同另一方当事人请求排除执行的处理》,载《民事审判指导与参考》2017年第4辑(总第72辑),第197页。

② 李琪:《执行异议之诉中举证证明责任的分配——上诉人陕西信达分公司与被上诉人崇立公司、佳佳公司案外人执行异议之诉案》,载《民事审判指导与参考》2017年第3辑(总第71辑),第211页。

③ 最高人民法院民一庭:《依房地产开发建设主体的金钱债权人申请对建成房屋强制执行时,合作开发合同另一方当事人请求排除执行的处理》,载《民事审判指导与参考》2017年第4辑(总第72辑),第198页。

④ 关于“民事裁判执行优先原则”,参见“青海盐湖新域水泥制造有限公司与中国华融资产管理股份有限公司深圳市分公司、青海水泥股份有限公司案外人执行异议纠纷案”中一审法院的判词,最高人民法院(2016)最高法民终363号民事判决。

典型案例56

中国信达资产管理股份有限公司陕西省分公司与陕西崇立实业发展有限公司、西安佳佳房地产综合开发有限责任公司案外人执行异议之诉纠纷案[①]

典型案例裁判文书

典型案例56
最高人民法院（2016）最高法民终763号民事判决书

基本案情:2004 年 9 月,佳佳公司与工行朱雀支行签订《房地产业借款合同》,向工行朱雀支行借款 8000 万元,借款期限 30 个月。2007 年 2 月 6 日,因佳佳公司未足额还款,工行朱雀支行向一审法院申请强制执行。执行程序中,经业务调整、债权转让,信达陕西分公司取得工行朱雀支行的债权。2014 年 3 月 3 日,针对尚未获清偿的债权,一审法院对佳家时代广场 B、C 座的案涉 15 套房屋予以查封。另查明,2006 年 7 月 19 日,崇立公司与佳佳公司签订《佳家时代广场 B、C 座项目联合开发合同书》约定,双方联建 B、C 座住宅楼及 B 座以北的地下车库工程。2009 年 9 月 7 日,崇立公司与佳佳公司签订《有关相关问题的协议》载明,工程已经验收竣工;崇立公司已经按照合同约定向佳佳公司付清了全部投资收益;双方一致认可,崇立公司已经依据合同合法且无争议的拥有佳家时代广场 B、C 座及协议约定的地下车库全部产权以及产权转让后的全部销售收益。2015 年 6 月 15 日,崇立公司向一审法院提出案外人执行异议,被一审法院驳回,崇立公司不服,向一审法院起诉。

法院观点:一审法院(陕西省高级人民法院)认为,依法建造房屋属于取得权利的事实行为,房屋建好后即在事实上产生了房屋的所有权,建造人亦因此取得该房屋的所有权,该种取得属于《物权法》第 30 条[②]规定的原始取得方式,不以登记作为取得房屋所有权的要件。佳佳公司与崇立公司系联建关系,共同出资开发建设涉案房屋,故佳佳公司与崇立公司均为房屋建造人,自房屋建成,即应共同享有对涉案房屋的所有权。《有关相关问题的协议》载明,崇立公司拥

---

① 典型案例 56:“中国信达资产管理股份有限公司陕西省分公司与陕西崇立实业发展有限公司、西安佳佳房地产综合开发有限责任公司案外人执行异议之诉纠纷案”,最高人民法院(2016)最高法民终 763 号民事判决,载《中华人民共和国最高人民法院公报》2018 年第 8 期,第 25 ~31 页。

② 《民法典》第 231 条。

有佳家时代广场B、C座及协议约定的地下车库全部产权以及产权转让后的全部销售收益。上述约定对合作开发的共有财产进行了分割,该约定系双方的真实意思表示,不违反法律、行政法规的强制性规定,应为有效。故本案争议的十套房屋属于崇立公司所有,而信达陕西分公司对佳佳公司仅享有一般的金钱债权,该普通债权不能对抗崇立公司对涉案房屋所享有的物的所有权。一审判决后,信达陕西分公司提起上诉,最高人民法院认为,崇立公司并未取得涉案房屋的所有权。第一,不动产物权变动一般应以登记为生效要件,而案涉房屋并未登记于崇立公司名下,崇立公司不能依据登记取得案涉房屋所有权。第二,基于合法建造的事实行为取得物权,应当包括两个前提条件:一是必须有合法的建房手续,完成特定审批,取得合法土地权利,符合规划要求;二是房屋应当建成。但案涉房屋的国有土地使用权证、建筑用地规划许可证、建筑工程规划许可证、施工许可证等记载的权利人均为佳佳公司,崇立公司并不构成《物权法》第30条[①]规定的合法建造人。第三,崇立公司与佳佳公司之间存在合作开发房地产合同关系,只表明崇立公司可以依据联建协议参与建成房屋分配,而项目转让仍需履行相关审批手续。据此,最高人民法院改判驳回了崇立公司的诉讼请求。

裁判规则 57

合作开发的成果系违法建筑的,在分配成果时应当坚持先行政处置、后司法处置的原则。未经行政处置的违法建筑,合作各方不得请求确认权利归属及内容,不得请求分配违法建筑所对应的房屋权属、土地使用权以及违法建筑的折价款等项目利益。

《国有土地使用权合同解释》第19条第1款规定:"在下列情形下,合作开发房地产合同的当事人请求分配房地产项目利益的,不予受理;已经受理的,驳回起诉:(一)依法需经批准的房地产建设项目未经有批准权的人民政府主管部门批准;(二)房地产建设项目未取得建设工程规划许可证;(三)擅自变更建设工程规划。"其理由在于,这三种"建筑属于违法建筑,即标的违法。在标的违法的情况下,人民法院不能对该标的进行裁决"。[②]

---

① 《民法典》第231条。

② 最高人民法院民事审判第一庭编著:《最高人民法院国有土地使用权合同纠纷司法解释的理解与适用》,人民法院出版社2005年版,第203页。

首先,依法需经批准而未获批准修建的建筑、未取得建设工程规划许可证的建筑、取得建设工程规划许可证但擅自变更规划而建造的建筑,这三种建筑都属于违法建筑。对这些建筑,“都应以行政权处置为先、司法权处置为后,以防通过司法程序将非法利益‘洗白’”。①

其次,请求分配利益属于给付之诉,请求确认权利属于确认之诉,诉讼类型有所不同。《国有土地使用权合同解释》第 19 条第 1 款排除的是给付之诉,那么请求确认权利的确认之诉呢?也就是说,当事人起诉要求确认其对违法建筑的权利,应当如何处理?就此,《八民会纪要(民事部分)》第 21 条规定:“对于未取得建设工程规划许可证或者未按照建设工程规划许可证规定内容建设的违法建筑的认定和处理,属于国家有关行政机关的职权范围,应避免通过民事审判变相为违法建筑确权。当事人请求确认违法建筑权利归属及内容的,人民法院不予受理;已经受理的,裁定驳回起诉。”

再次,“房地产项目利益是一个集合概念,是指投资主体已经投入房地产项目当中,将要或者已经转化为房地产所有权及相关物权,以及与上述权利不可分割的其他利益,包括房地产所有权、用益物权、对应的土地使用权、项目利润等相关权益。例如,国有土地使用权、建筑材料、项目资金等,在房地产建设过程中或转化为房地产项目利益,若投资人在建筑物建成后要求返还或者分割,实际上都是要求分配房地产项目利益”。② 因此,也应予以驳回。当然,对于与分配违法房地产项目利益无关的其他法律关系,如施工人主张工程款、材料商主张材料款等,则应当受理。

最后,违法建筑经行政处置解决了合法性问题的,如补办了建设工程规划许可证,或对超规划建设部分处以罚款并补办手续,其房地产项目利益已经获得合法性,此后发生的权利归属、利益分配争议,法院应予受理。

---

① 郭魏:《违法建筑所涉房地产项目利益分配及有关诉权问题——南京羽舜实业有限公司与北京祥胜明新技术开发有限责任公司、沈志坚等合作开发房地产合同纠纷案》,载《审判监督指导》2016 年第 3 辑(总第 57 辑),第 101 页。

② 郭魏:《违法建筑所涉房地产项目利益分配及有关诉权问题——南京羽舜实业有限公司与北京祥胜明新技术开发有限责任公司、沈志坚等合作开发房地产合同纠纷案》,载《审判监督指导》2016 年第 3 辑(总第 57 辑),第 107 ~ 108 页。

典型案例57

南京羽舜实业有限公司与北京祥胜明新技术开发有限责任公司、沈志坚等合作开发房地产合同纠纷案[①]

典型案例裁判文书

典型案例57
最高人民法院（2014）民抗字第14-1号民事裁定书

基本案情:2005年11月至2007年8月,羽舜公司与沈志坚签订《合作意向协议书》、《合作协议》、《合作协议附件》及《补充协议》约定,羽舜公司出地(国有工业用地)、沈志坚出资,合建国际物流中心一号楼,并按照一定的比例进行分割。后在合作过程中引发纠纷,诉至法院。诉讼中,一审法院释明,因当事人均不具备房地产开发资质,故合作开发合同系无效合同。羽舜公司遂请求判令沈志坚返还国际物流中心一号楼房屋的土地和地上附着物。沈志坚则以羽舜公司未足额交付建设用地、未变更土地性质、未办理合建的合法手续为由,反诉请求判令其对国际物流中心一号楼房屋享有占有、使用、收益和处分的权利,按房屋的市场价补偿42%份额的房款给羽舜公司,或者判令羽舜公司返还定金200万元,赔偿沈志坚经济损失3.86亿元。祥胜明公司以有独立请求权第三人的身份提出,该项目签约及履约主体是祥胜明公司,不是沈志坚,请求羽舜公司赔偿涉案房屋现值的50%给祥胜明公司,或分割一半房屋的使用权给祥胜明公司,羽舜公司归还200万元定金,确认羽舜公司与沈志坚于2007年8月22日签订的《补充协议》中将合同一方主体变更成沈志坚的条款无效。

法院观点:一审法院(南京市中级人民法院)认为,羽舜公司、沈志坚以及祥胜明公司的诉讼请求,均属于请求分配房地产项目利益。而涉案建筑未经有批准权的政府主管部门批准,亦未取得建设工程规划许可证,故应驳回当事人的起诉。二审法院(江苏省高级人民法院)认为,各方当事人的诉讼目的是要求法院为其分配涉案房地产利益并处理由此引发的矛盾,而由于涉案房地产至今未取得合法手续,目前尚属于违法建筑,将来该房地产的法律状态仍不能确定,故目前由法院处理涉案矛盾缺乏法律依据,遂裁定驳回上诉,维持原裁定。最高

---

① 典型案例57:“南京羽舜实业有限公司与北京祥胜明新技术开发有限责任公司、沈志坚等合作开发房地产合同纠纷案”,最高人民法院(2014)民抗字第14-1号民事裁定。

人民检察院抗诉认为,对于当事人要求分配房地产项目利益的诉讼请求,法院可以驳回起诉,但对当事人的诉讼请求中不涉及分配房地产项目利益的部分,法院仍应进行审理并作出判决。羽舜公司要求判令沈志坚返还被占用的土地和地上附着物,这一诉讼请求是建立在合同无效基础上的返还之诉,并非要求分配房地产项目利益;祥胜明公司要求羽舜公司归还 200 万元定金,确认羽舜公司与沈志坚于 2007 年 8 月 22 日签订的《补充协议》中将合同一方主体变更成沈志坚的条款无效的诉讼请求,也非是要求分配房地产项目利益,法院应依法审理并作出实体判决。该案经最高人民法院审判委员会讨论认为,无论合作开发房地产合同的效力如何,只要涉案房地产属违法建筑,对当事人请求分配房地产项目利益的,都应当驳回起诉。羽舜公司请求判令沈志坚返还被占用的土地和地上附着物,由于涉案房地产项目的土地和地上附着物已经通过合作开发转化为合同项下的房地产利益,故原审法院予以驳回,并无不当。祥胜明公司请求羽舜公司归还 200 万元定金以及请求确认合同一方主体变更成沈志坚的条款无效,从表面上看并非直接要求分配房地产利益,但结合该公司的三个诉讼请求来看,该公司最终目的也是试图分配该房地产利益。因而,原审法院就此驳回起诉,亦无不当。

裁判规则 58

违法建筑行政处理前置原则,仅限于当事人的诉请直接指向违法建筑所对应的房屋权属、土地使用权、违法建筑本身的价值。当事人的诉请虽与违法建筑有所牵连,但并未直接指向违法建筑本身的,则不适用行政处理前置原则。

如前所述,如果合作开发的成果未取得建设工程规划许可证或者超越规划范围的,则属于违法建筑。在将违法建筑作为合作成果进行分配时,应当坚持先行政处置后司法处置的原则。但是这一规则仅限于当事人的诉请直接指向违法建筑所对应的房屋权属、土地使用权、违法建筑本身的利益。在当事人请求分配或获得违法建筑所对应的房屋权属、土地使用权,以及违法建筑的折价款等利益时,由于其指向的标的物违法,所以应当坚持先行政处置的原则。但当事人的诉请虽与违法建筑有所牵连,但并未直接指向违法建筑本身的,则不适用行政处理前置原则。在“黄宏与重庆金仓建筑劳务有限公司建设工程施工合同纠纷案”①中，黄宏为金仓公司承建的高阳玉石苑工程提供劳务作业（砼、砌体、内外抹灰）。施工完成后，黄宏起诉金仓公司要求支付工程款。金仓公司抗辩称，案涉工程为“两违”建筑，人民法院不宜受理并处理。经查，案涉工程确系违法建筑。但法院认为，“虽然本案所涉工程系违法建筑，但是违法建筑已完工、已交付、已结算，承包人要求支付工程价款的案件，属于人民法院受理民事案件的范围”。也就是说，黄宏的诉请虽与违法建筑有所牵连——要求支付违法建筑的工程款，但并未直接指向违法建筑本身——不涉及违法建筑所对应的房屋权属、土地使用权、违法建筑的变现价值等，无须适用行政处理前置原则。在合作开发房地产领域也是如此，虽然因合作开发的成果是违法建筑，在通过行政处理程序解决合法性问题之前，不得要求分配合作开发成果，但如果当事人的诉请并未直接指向违法建筑本身，则无须适用行政处理前置原则。例如，甲公司与乙公司合作开发房地产，甲公司出资，乙公司出地并负责项目实施。因乙公司未申报办理建设手续，导致项目系违法建筑，按约履行了出资义务的甲公司起诉要求乙公司赔偿相应损失的，则属于民事案件的受案范围，无须行政处理前置。

参考案例裁判文书

参考案例51
重庆市第二中级人民法院（2015）渝二中法民终字第00786号民事判决书

典型案例58

潍坊星海置业有限公司与寿光市人民政府圣城街道办事处、寿光市圣城街道赵家仕庄村居民委员会合资、合作开发房地产合同纠纷案②

基本案情：2009年10月12日，星海公司（乙方）与赵家仕居委会（甲方）、寿光圣城街办（丙方）签订《合作开发合同书》约定：三方合作建设赵仕社区改造项目，甲方用于村民的安置房、生活保障用房、沿街商业房、居民服务中心及

① 参考案例51：“黄宏与重庆金仓建筑劳务有限公司建设工程施工合同纠纷案”，重庆市第二中级人民法院（2015）渝二中法民终字第00786号民事判决。

② 典型案例58：“潍坊星海置业有限公司与寿光市人民政府圣城街道办事处、寿光市圣城街道赵家仕庄村居民委员会合资、合作开发房地产合同纠纷案”，山东省高级人民法院（2015）鲁民一终字第247号民事判决、最高人民法院（2016）最高法民申2137号民事裁定。

典型案例裁判文书

典型案例58
山东省高级人民法院（2015）鲁民一终字第247号民事判决书

最高人民法院（2016）最高法民申2137号民事裁定书

老年公寓委托乙方开发建设，剩余土地，丙方协助甲方负责通过市相关部门以定向挂牌的方式出让给乙方自主开发；土地价格为甲方收益每亩44万元，乙方为甲方垫支的建设、拆迁、配套等一切费用，在土地出让时抵顶土地款。合同签订后，星海公司即开始进行规划及安置房建设，至2012年5月28日，12栋安置楼完成了竣工验收，并已交付使用，但赵家仕居委会与寿光圣城街办一直未履行约定的义务。星海公司遂诉至法院，要求解除合作开发合同，赵家仕居委会与寿光圣城街办支付村民安置房建设款7161.5万元及违约金等。

法院观点：一审法院（山东省潍坊市中级人民法院）、二审法院（山东省高级人民法院）均判决解除合作开发合同，赵家仕居委会与寿光圣城街办会支付给星海公司村民安置房建设款71 614 877元。圣城街道办、赵仕村委会向最高人民法院申请再审称：案涉安置房工程至今未取得建设工程规划许可证、土地规划许可证，未办理报建手续，属违法建筑。根据《国有土地使用权合同解释》第19条第1款第（2）项的规定，星海公司的请求不应被法律保护。最高人民法院审查认为，“星海公司提起本案一审诉讼继而被一、二审判决所支持的，是其认为圣城街道办、赵仕村委会未履行案涉合作开发合同义务，而主张解除合同并由圣城街道办、赵仕村委会返还其履约费用、承担违约责任的诉求，并非分配房地产项目利益，故《国有土地使用权合同解释》第19条第1款第（2）项的规定并不适用于本案”。并据此驳回了赵家仕居委会与寿光圣城街办的再审申请。

裁判规则 59

经批准，合作开发的实际建筑面积超出合同原定建筑面积的，对超面积部分在合作各方之间的分配，按照约定的利润分配比例确定；对因面积增加导致的建设成本增加，在合作各方之间按照投资比例分担。合作各方另有约定的除外。

《国有土地使用权合同解释》第20条规定：“房屋实际建筑面积超出规划建筑面积，经有批准权的人民政府主管部门批准后，当事人对超出部分的房屋分配比例协商不成的，按照约定的利润分配比例确定。对增加的投资数额的承担比例，当事人协商不成的，按照约定的投资比例确定；没有约定投资比例的，按照约定的利润分配比例确定。”该条确立了建筑面积增加的分配规则。在适用时，需注意以下问题：

第一，适用本规则的前提之一是各方当事人之间构成合作开发房地产关系。如果合同约定，无论实际建筑面积是否增加或减少，某一方均分得固定面积的房屋，则不应认定为合作开发房地产关系，而应认定为互易或房屋买卖等，也就不应适用本规则。

第二，适用本规则的前提之二是房屋实际建筑面积超出规划建筑面积获得了有批准权的人民政府主管部门批准。如果未获得批准，则超面积部分属于违法建筑，根据《国有土地使用权合同解释》第 19 条第 1 款的规定，合作各方不得要求成果分配与成本分担。

第三，在认定为合作开发房地产关系且超面积部分获得批准的前提下，对超面积部分的成果分配与成本分担，基于对当事人意思自治的尊重，应当坚持有约定的从约定；如果没有约定或约定不明的，对成果分配，应当按照约定的利润分配比例确定，对成本分担，则应当按照投资比例确定。

第四，实践中的合作开发房地产合同，往往根据约定的建筑总面积，直接确定合作各方应分得的具体面积或具体楼层，而未明确各自的分配比例。在一方要求对超面积建设部分参与分配时，对方往往以一方已获得合同约定的建筑面积抗辩。就此，只要认定合同性质属于合作开发房地产合同，对超面积建设部分，应当通过比例法——原定分配面积/原定建设总面积——确定合作各方的分配比例，进而按照该比例对超面积部分进行分配。

在“江西省南昌百货总公司、湖南赛福尔房地产开发公司与南昌新洪房地产综合开发有限公司合资、合作开发房地产合同纠纷案”①中，百货公司与新洪公司签订《联合兴建大厦项目工程合同书》约定，百货公司与新洪公司合作兴建大厦，以南昌市商贸委 18 号《批复》以及江西省计委 41 号《批复》为合作基础进行合作开发；百货

参考案例裁判文书

参考案例52
最高人民法院（2011）民申字第777号民事裁定书

① 参考案例 52：“江西省南昌百货总公司、湖南赛福尔房地产开发公司与南昌新洪房地产综合开发有限公司合资、合作开发房地产合同纠纷案”，最高人民法院（2011）民申字第 777 号民事裁定，载《中华人民共和国最高人民法院公报》2013 年第 1 期，第 19～25 页。

公司以涉案项目约 6.348 亩工程用地及前期已投入建设地下工程约 600 万元作为投入,工程其余资金均由新洪公司负责投入,大厦 6 层裙楼建成后,百货公司分配 1 ~3 层,房产公司分配 4 ~6 层,主楼部分由房产公司投入并归其所有。后在建设过程中,房产公司对大厦进行了设计变更,裙楼由 6 层楼改为 8 层楼,主楼由一栋改成两栋,建筑总面积由55 600平方米增加到74 399平方米。大厦建成后,百货公司依约分得 1 ~3 层裙楼后,要求对超面积建设部分参与分配。新洪公司抗辩称,根据合同约定,百货公司分获 1 ~3 层裙楼,其余部分归新洪公司享有,因此不论面积发生何种变化均与百货公司无关,新洪公司不应向其补足裙楼面积差及整楼面积差差价。最高人民法院在再审审查中指出,双方以 18 号批复和 41 号批复为合作基础,根据上述两份批复内容,双方合作项目总建筑面积为55 600m^2,百货公司分获 1 ~3 层裙楼 9544m^2,由此使百货公司在总建筑面积内获得房产面积的比例得以确定(9544m^2 ÷55 600m^2 =17%)。因此,在中百大厦建成之后,百货公司不仅应按照上述文件内容以及合同约定获得裙楼的相应面积数,而且在合作项目变更优化致使面积扩大之后,有权按照原确定的比例获得相应增加部分。下述【典型案例 59】也存在类似情况。

典型案例59

长治市华茂副食果品有限公司与长治市杰昌房地产开发有限公司合作开发房地产合同纠纷案①

典型案例裁判文书

典型案例59
最高人民法院(2005)民一终字第60号民事判决书

基本案情:2001 年 11 月 28 日,山西省长治市计委批复同意华茂公司对华茂小区进行开发,项目总建筑面积43 787平方米。2002 年 7 月 6 日,华茂公司、苏福伦、香港益群公司、陈培森签订《房地产合作开发协议书》约定,合作开发华茂商业园区项

① 典型案例 59:“长治市华茂副食果品有限公司与长治市杰昌房地产开发有限公司合作开发房地产合同纠纷案”,最高人民法院(2005)民一终字第 60 号民事判决,载《中华人民共和国最高人民法院公报》2007 年第 8 期,第 27 ~39 页。

目;华茂公司以自有出让土地第044号土地(面积15 293.9平方米)、第014号土地(面积2451.2平方米)作为出资,并负责该部分土地地上建筑物的拆迁补偿安置、"三通一平"及由此发生的费用,此外的全部资金投入由苏福伦、香港益群公司负责;华茂公司分得项目总建筑面积11 070平方米房产,其余的房产全部归苏福伦、香港益群公司所有。2002年11月20日,杰昌公司以出让的方式取得19 983.19平方米的土地使用权(除华茂公司的土地外,其余2220.6平方米土地是杰昌公司直接以挂牌出让方式取得)。2002年11月1日,杰昌公司与华茂公司签订《拆迁安置协议》约定,将原定华茂公司分得项目总建筑面积11 070平方米调整为10 270平方米与现金补偿80万元。2002年12月31日,经杰昌公司申请,山西省长治市计委将案涉项目的总建筑面积调整为74 464平方米。2003年11月8日,华茂公司与杰昌公司签订《补充协议书》约定,杰昌公司补偿给华茂公司的所有房产,按回迁安置对待,华茂商业园区的整体投资、规划、设计、建设、销售等均由杰昌公司负责。在履行过程中,华茂公司以开发面积由43 787平方米增加为71 549.8平方米为由,请求就增加面积按50%的比例进行分配。杰昌公司答辩称,杰昌公司增加面积是从多方面加大了投入,是公司经营行为的结果,不同意增加分配。

法院观点:一审法院(山西省高级人民法院)认为,华茂公司作为该项目的合作一方,根据合作协议履行了自己的义务,从公平和诚实信用原则考虑,杰昌公司应酌情将增加面积27 762平方米的20%给华茂公司作适当补偿。二审中,最高人民法院认为,第一,《房地产合作开发协议书》的实质是华茂公司以土地使用权出资,与相对方合作开发,故华茂公司与苏福伦、香港益群公司、陈培森之间通过《房地产合作开发协议书》及对该协议的实际履行行为形成合作关系。第二,杰昌公司在该项目合作中具有双重的地位,一方面作为华茂公司与苏福伦、香港益群公司、陈培森合作开发该项目的项目公司,另一方面随着协议的履行,与华茂公司继续进行项目的合作,并先后签订了《拆迁安置协议》及《补充协议书》替代苏福伦、香港益群公司、陈培森成为合作主体。因此,华茂公司与杰昌公司之间存在实际合作开发关系。第三,《房地产合作开发协议书》《拆迁安置协议》中约定华茂公司应分配11 070平方米的房产,是依据43 787平方米这个前提确定的。虽然合作各方未就项目优化设计后的71 549.8平方米建筑面积中增加部分的分配进行新的约定,但新增加的面积是合作项目的产物,理应归合作各方共同所有。一审法院适用公平原则按照20%的比例确定给华茂公司,与参照双方最初约定分配面积所占分配比例以及合同履行过程中分配面积所占比例的变化等合作项目实际履行情况,综合考虑的结果大致相当,也符合本案实际,可予维持。①

裁判规则 60

在合作开发过程中,合作一方未按照约定投资进度足额交纳出资或交纳出资后抽逃出资的,根据"谁投资,谁受益"的原则,应当按照当事人的实际投资额确定利润分配。但合作各方另有约定的除外。

《国有土地使用权合同解释》第 22 条规定:"合作开发房地产合同约定仅以投资数额确定利润分配比例,当事人未足额交纳出资的,按照当事人的实际投资比例分配利润。"其理由在于,"合作利润的来源是合作各方共同的投入。没有投入就没有产出,产出与投入是成比例的。如果没有足额出资的一方也要完全按照合同约定参与利润分配,不仅不符合谁投资谁受益的原则,而且也不符合社会一般的公平理念"。②

参考案例裁判文书

参考案例53
江西省高级人民法院(2016)赣民终字第5号民事判决书

最高人民法院(2016)最高法民申2871号民事裁定书

在合作开发合同约定的利润分配比例与投资比例相同的情况下,如一方未按约定实际投资的,基于权利与义务相一致的原则,理应按照实际投资比例确定利润分配。在"刘平与赣州市海新房地产开发有限公司合作开发房地产合同纠纷案"③中,诉争合作协议约定双方各半投资、各半享受盈利分配、各半承担风险,但双方实际为项目垫付资金的款项数额并不相同,法院最终根据公平正义原则,确定双方按照对项目的实际投资比例进行利润分配。有疑问的是,适用该条规定的前提是

① 根据《房地产合作开发协议书》《拆迁安置协议》的约定,华茂公司的利润分配比例为 25.28%(11 070平方米/43 787平方米),对新增加的27 762.8平方米,考虑到华茂公司还应分担相应的建设成本,按照 20% 的比例分配给华茂公司,确实较为公平。但判决书认为,华茂公司主张对新增加的建筑面积参与分配,缺乏合同依据,值得斟酌。

② 最高人民法院民事审判第一庭编著:《最高人民法院国有土地使用权合同纠纷司法解释的理解与适用》,人民法院出版社 2005 年版,第 233 页。

③ 参考案例 53:"刘平与赣州市海新房地产开发有限公司合作开发房地产合同纠纷案",江西省高级人民法院(2016)赣民终字第 5 号民事判决、最高人民法院(2016)最高法民申 2871 号民事裁定。

“合作开发房地产合同没有约定其他标准分配利润，仅仅约定以投资数额确定利润分配比例的”①，如果合作开发房地产合同约定了利润分配比例，且不同于投资比例的，应当如何处理？“在当事人违约未足额缴纳出资的情况下，合作项目产生了利润，其利润的主要来源是合作各方当事人的投资，当然也包括项目选择适当，以及管理产生的利润。但不容否定的是，利润的主要来源是投资。”②如最高人民法院在【典型案例 203】“大连宝玉集团有限公司、大连隆丰房地产开发有限公司与大连金世纪房屋开发有限公司合资、合作开发房地产合同纠纷案”③中所称，“投资是当事人利润分配的基础”，“在确定分配比例时显然是以出资作为计算的依据”，因此，即使当事人约定的利润分配比例不同于投资比例，基于“利润的主要来源是投资”，也应当将实际投资作为确定利润分配的主要依据。具体来说，可以“实际分配比例”（约定分配比例 ÷ 约定投资比例 × 实际投资比例）为基数，参酌投资之外的其他利润贡献点（如有效率的管理），适度微调。

当然，合作一方虽未足额交纳出资或交纳出资后抽逃出资，其他合作方知道且同意，并继续合作开发的，则应根据合作各方的约定确定利润分配比例。在“徐州咪兰房地产开发有限公司等与曾宪明合资、合作开发房地产合同纠纷案”④中，曾宪明与徐先超签订《联合开发协议》约定，徐先超以土地作价，曾宪明以现金投资，成立咪兰公司联合开发房地产，双方五五分成。后曾宪明抽逃出资，徐先超对此知情，并在《补充协议》中仍约定对咪兰公司账上存款及售房款由双方五五分配。最高人民法院即认为，双方合作期间，徐先超并未提出曾宪明未出资不应享受利润分配，且《补充协议》的约定为当事人的真实意思表示，不违反法律、行政法规的强制性规定，应属有效。

参考案例裁判文书

参考案例54
最高人民法院（2016）最高法民申363号民事裁定书

① 最高人民法院民事审判第一庭编著：《最高人民法院国有土地使用权合同纠纷司法解释的理解与适用》，人民法院出版社 2005 年版，第 236 页。

② 最高人民法院民事审判第一庭编著：《最高人民法院国有土地使用权合同纠纷司法解释的理解与适用》，人民法院出版社 2005 年版，第 235 页。

③ 典型案例 203：“大连宝玉集团有限公司、大连隆丰房地产开发有限公司与大连金世纪房屋开发有限公司合资、合作开发房地产合同纠纷案”，辽宁省高级人民法院（2012）辽民一终字第 32 号民事判决、最高人民法院（2013）民申字第 1997 号民事裁定。相关文书可扫描本书第 562 页二维码。

④ 参考案例 54：“徐州咪兰房地产开发有限公司等与曾宪明合资、合作开发房地产合同纠纷案”，最高人民法院（2016）最高法民申 363 号民事裁定。

需要注意的是,由于开发过程中的投资往往是随开发进度分批次投资到位,如果合作开发房地产合同被中途解除的,就可能出现合作某方的出资未达到约定的最终出资比例,但符合项目的投资进度。举例来说,甲公司与乙公司合作开发房地产,约定甲公司出地并作价 2000 万元,乙公司出资 6000 万元并负责项目开发,按照 1∶3 的比例进行利润分配。在甲公司出地后、项目开发过程中,双方协议解除合作开发合同。此时,乙公司根据建设进度实际出资 1000 万元。在此情况下,对已经形成的建设成果的分配,应当以实际投资比例,还是按照约定分配比例?就此,应当以当事人的投资行为是否违反约定为标准,如果实际投资符合合同约定,则应按照约定分配比例;如果实际投资不符合合同约定,则应当按照实际投资比例。在“淄博市临淄区城市建设综合开发公司诉淄博敬业燃料有限公司合资、合作开发房地产合同纠纷案”[①]中,开发公司与敬业公司约定的投资比例与利润分配比例均为 49∶51。后敬业公司起诉要求解除合作开发协议,并按照约定利润分配比例分得相应资产,开发公司则主张按双方的实际投资额的比例进行分配。经查,在开发过程中,敬业公司实际投资 1780 万元,开发公司实际投资 1134 万元。山东省高级人民法院就认为,49∶51 的出资比例是对双方总体出资比例的约定,双方在不同时段的出资额有可能出现不平衡的现象,但最终双方的出资应符合合同约定的比例,否则应承担出资不到位的违约责任。敬业公司不能以阶段性出资高于合同约定的出资比例就主张按双方实际出资比例进行财产分割。据此判决,按照按协议约定的比例进行财产分割。最高人民法院也认为,“双方当事人已经对利润分配的比例作出了约定,在协议履行过程中,双方并未对该约定进行修改,故原审判决按照约定投资比例及利润分成比例确定合作开发合同解除后的财产分配比例既具有合同依据也具有事实依据”。

参考案例裁判文书

参考案例55
最高人民法院(2017)最高法民再54号民事判决书

---

① 参考案例 55:“淄博市临淄区城市建设综合开发公司诉淄博敬业燃料有限公司合资、合作开发房地产合同纠纷案”,最高人民法院(2017)最高法民再 54 号民事判决。但该案判决存在一个明显的瑕疵,根据双方约定,49∶51 并不仅仅是最终的出资比例,而是“项目运作过程中所需阶段性及全部投资均由甲(开发公司)乙(敬业公司)双方按 49∶51 比例,根据项目部预算及双方负责人决定及时出资”。

典型案例60

方明通与福州宏发房地产有限公司合作开发房地产合同纠纷案[①]

典型案例裁判文书

典型案例60

最高人民法院（2013）民一终字第20号民事判决书

基本案情:2005 年 6 月 5 日,宏发公司与方明通签订《联合开发建设合同书》约定,宏发公司用"绿源小区"项目土地与方明通联合开发建设;项目总地价为 3200 万元;宏发公司占项目总额 40% 股份,方明通占项目总额 60% 股份;方明通同意向宏发公司支付 1920 万元作为合作条件,且今后项目开发中再需投入的资金全部由方明通自行筹集,宏发公司不再投入。2005 年 6 月 6 日至 6 月 28 日,宏发公司陆续收到方明通支付的 1920 万元项目投资款。2005 年 6 月 28 日,案涉土地性质变更为商住楼建设用地。2005 年 8 月 10 日,宏发公司取得案涉土地的《国有土地使用权证》,其间宏发公司向有关部门支付了"绿源小区"项目地块的出让金等相关费用。后福州市人民政府因城市建设需要决定收回案涉项目土地,经评估,"绿源小区"商住楼 18.74 亩地块价格为 780 万元/亩,地价总额为 14 617.2万元。因双方就进一步合作事宜未协商一致,导致合作行为终止,诉至法院。

法院观点:最高人民法院认为,《联合开发建设合同书》签订后,双方均积极履行了相应的合同义务。双方已按照约定将各自的土地和资金投入合作项目中,成为共享利益、共担风险的利益共同体。宏发公司投入的土地与方明通投入的资金,因项目前期运作相互结合,成为"绿源小区"项目不可分割的组成部分。方明通作为项目合作方,有权享有合作期间合作项目形成的相应权益。由于案涉项目尚未进行施工建设,双方合作后仅将土地性质变更为商住楼建设用地,故应将案涉土地的评估值作为"绿源小区"项目的价值。《联合开发建设合同书》约定的按照 40% 和 60% 比例分成,系以双方按约投资到位、项目全部开发完成为预期。本案中,宏发公司对相应的合同义务已基本履行完毕,而方明

① 典型案例 60:"方明通与福州宏发房地产有限公司合作开发房地产合同纠纷案",最高人民法院(2013)民一终字第 20 号民事判决。

通仅履行了部分合同义务，即支付前期的 1920 万元，项目开发的所有后续资金均未及投入。故不应按照 60% 比例计算方明通投资增值收益。案涉合同因非归责于双方当事人自身原因终止，在方明通未全部出资到位的情况下，根据权利义务一致原则，以各方实际出资比例确定各自应享有的项目权益符合本案实际情况。根据《联合开发建设合同书》约定，项目地价为 3200 万元，故认定宏发公司出资额为 3200 万元符合当事人的本意。由上，宏发公司和方明通对“绿源小区”项目的投资分别为 3200 万元和 1920 万元，方明通在“绿源小区”项目中的实际投资比例为 37.5%［1920 万元/（1920 万元 +3200 万元）］，其对“绿源小区”项目的权益为 5481.45 万元（14 617.2万元 ×37.5%）。

裁判规则 61

在合作开发项目未完成、合作关系也未解除的情况下，合作各方一般不得要求分配利润。但合作开发房地产合同约定可以分阶段分配利润、或根据现状足以认定有可供分配的收益的除外。

房地产项目的开发周期往往旷日持久，在漫长的合作过程中，如双方关系恶化，合作一方可否在合作开发项目未完成、合作关系也未解除的情况下，要求进行清算或者分配利润？

如果合作开发房地产合同被依法解除的，根据《民法典》第 566 条第 1 款[1]的规定，应当对履行情况进行清理，进而明确成本与收益。如果有利润的，合作各方有权要求分配利润。在“吉林省东润房地产开发有限公司与吉林佳垒房地集团有限公司、第三人大商股份有限公司合资、合作开发房地产合同纠纷案”[2]中，东润公司与佳垒公司合作开发东佳购物中心，在东佳购物中心工程已到主体基本封顶时，双方

参考案例裁判文书

参考案例56
最高人民法院（2010）民一终字第109号民事判决书

① 该款规定：“合同解除后，尚未履行的，终止履行；已经履行的，根据履行情况和合同性质，当事人可以请求恢复原状或者采取其他补救措施，并有权请求赔偿损失。”《合同法》第 97 条的规定与该款基本相同。

② 参考案例 56：“吉林省东润房地产开发有限公司与吉林佳垒房地集团有限公司、第三人大商股份有限公司合资、合作开发房地产合同纠纷案”，最高人民法院（2010）民一终字第 109 号民事判决，载《中华人民共和国最高人民法院公报》2013 年第 4 期，第 30 ~ 39 页。

签订《协议书》约定，终止《联合开发协议》的履行，东润公司放弃对双方合作项目所持有的股份，并分得部分房屋，同时负责与沃尔玛签订房屋租赁合同；佳垒公司分得剩余部分房屋，将东润公司投入的资金 2100 万元分期还给东润公司。该《协议书》事实上就是《联合开发协议》的解除协议，也是对合作开发项目的清算及利润分配协议。一审法院（吉林省高级人民法院）与二审法院（最高人民法院）均判决要求佳垒公司按照《协议书》返还投资款、分配利润。此外，如后述【裁判规则 62】，如果合作开发项目已经完成，可以进行成本与收益的核算，合作各方也有权要求进行清算或者分配利润。但如果合作开发项目未完成、合作关系也未解除的，一方面，由于合作开发项目尚未完成，后续的支出、可能的收益难以核算，故不具备清算或分配利润的事实基础；另一方面，合作开发房地产是完成一定事项——项目开发的合作，在合作关系未解除的情况下，要求就合作事项进行清算或分配利润，也不符合该类合同的宗旨。所以，在合作开发项目未完成、合作关系也未解除的情况下，原则上合作各方不得要求分配利润。

该规则存在两种例外情形：一是合作开发房地产合同约定可以分阶段分配利润的除外。实践中，由于房地产项目开发周期较长，合作各方为缓解资金压力，常约定自项目推进到某个节点（如开始预售）起，分阶段返还投资、分配利润。这类约定不违反法律禁止性规定，应当予以准许。二是根据现状足以认定有可供分配的收益的除外。重庆市高级人民法院民二庭在《关于个人合伙纠纷法律适用问题的解答（试行）》（2014 年 12 月 4 日）中，针对“部分或全体合伙人在未进行合伙清算的情况下请求对合伙收益进行分配的，人民法院应如何处理”这一问题提出，“合伙人请求分配合伙收益并不必然以合伙清算为前提。部分或全体合伙人在未进行合伙清算的情况下请求对合伙收益进行分配的，人民法院应当进行释明：如果其请求的利益分配是基于解除合伙关系的合伙收益分配，则应增加解除合伙关系并进行清算的诉讼请求；如果其不要求解除合伙关系，仅要求分配合伙期间收益，当事人提交了充分证据证明有可供分配的收益的，人民法院应根据合伙合同约定及法律规定的比例予以处理”。在房地产开发中，这一情形通常发生在项目已经开始预售且建设临近尾声时。

典型案例61

万顺公司诉永新公司等合作开发协议纠纷案[①]

典型案例裁判文书

典型案例61
最高人民法院(2003)民一终字第47号民事判决书

基本案情:永新公司与万顺公司先后于 1993 年 5 月 4 日、6 月 10 日签订合作开发协议及补充协议,就双方合作开发原义乌造纸厂约 8 万平方米国有土地一事约定:永新公司负责争取合作项目和出让土地使用权、办理开发项目所需的前期手续、以己方名义设立项目公司等;万顺公司负责筹措资金支付该地块出让合同约定的全部地价款及三通一平、绿化、小区道路建设费及水电增容费,派员参与项目公司的管理并全面负责财务工作等;项目利润按照 55%:45% 分成。后在履行过程中发生争议,万顺公司在合作项目尚未全部完成[②]也未解除合作开发合同的情况下[③],要求分配合作利润 2617 万元。

法院观点:最高人民法院在二审中认为,万顺公司与永新公司之间属于项目合作关系。由于双方合作协议并未对分阶段分利作出约定,合作项目的利润分配应当在整个合作项目全部完成并通过结算后进行。在本案中,双方合作项目中香港城大厦、A 幢后车库、幼儿园房(待建)、居委会增加房及北 5 幢尚未出售,未计入利润表,双方合作项目尚未全部完成,整个合作项目的最终盈亏结论无法得出。在万顺公司坚持双方合作协议未解除且未提出解除合同之诉讼请求的情况下,判决双方进行分阶段分利没有法律依据。

裁判规则 62

在合作开发项目已经基本完成、具备清算条件的情况下,可以就项目开发成本与利润进行强制清算。合作项目尚有对外债权债务未清结的,可留待确定后另行结算。

---

① 典型案例 61:"万顺公司诉永新公司等合作开发协议纠纷案",最高人民法院(2003)民一终字第 47 号民事判决,载《中华人民共和国最高人民法院公报》2005 年第 3 期,第 19 ~ 27 页。

② 庭审中查明,双方合作项目中的香港城大厦、A 幢后车库、幼儿园房(待建)、居委会增加房及北 5 幢尚未出售。

③ 永新公司曾发函解除合作开发合同,但法院认为永新公司不享有合同解除权,故其发函不产生合同解除的法律效力。

如前所述,合作开发房地产是完成一定事项—项目开发的合作,但在开发项目已经建成的情况下,仍可能遗留有大量对外债权债务,比如相应税费尚未缴纳、部分房屋未能销售成功、工程款尚未结清等。在此情况下,合作方是否有权要求就项目开发成本与利润进行强制清算,并在清算的基础上分配利润?

实务界一般认为,在合作开发项目已经完成、具备清算条件的情况下,即使合作项目尚有对外债权债务未清结的,也可以就项目开发成本与利润进行强制清算,尚未清结的债权债务可留待确定后另行结算。需要注意的是,首先,所谓"合作开发项目已经完成",是指项目的开发建设工作基本完成,而非指已经完成销售。一方面,大型房地产开发项目的销售往往持续较长时间,有时开发商还会自持部分物业用于出租或经营,根本不会对外销售;另一方面,站在利润分配的角度,未销售的房屋可以进行实物分割,所以不应也无须以完成销售作为清算及利润分配的条件。其次,"可以清算"表示具备清算条件,但并不意味着必须清算。如果合作方明确约定了清算及利润分配的条件,即使合作开发项目已经完成、可以进行清算,但不符合约定条件的,不得强制清算并分配利润。最后,强制清算并分配利润后,对项目遗留有的对外债权债务,比如相应税费、剩余房屋、欠付工程款等,在最终确定后,应当允许合作各方根据约定的风险比例,再行结算。

典型案例62

南通市恒祥置业有限公司等诉南通华盛新材料股份有限公司等合资、合作开发房地产合同纠纷案[①]

基本案情:2004 年 12 月 15 日,恒祥公司、环中公司与华盛公司签订合作协议约定,三方共同完成中央花苑项目的开发建设,华盛公司投入 2000 万元、恒祥公司投入 600 万元,环中公司投入 900 万元;恒祥公司、环中公司、华盛公司按 32.5%、27.5%、40% 比例进行分配和承担责任;资金在满足工程需要前提

① 典型案例 62:"南通市恒祥置业有限公司等诉南通华盛新材料股份有限公司等合资、合作开发房地产合同纠纷案",江苏省高级人民法院(2014)苏民终字第 0003 号民事判决、最高人民法院(2016)最高法民申 2778 号民事裁定。

典型案例裁判文书

典型案例62
江苏省高级人民法院（2014）苏民终字第0003号民事判决书

最高人民法院(2016)最高法民申2778号民事裁定书

下,本金按环中公司、华盛公司、恒祥公司顺序撤出,然后再按项目总收益的税后利润进行分配和承担责任。后该项目进行了开发建设。2008年4月16日,恒祥公司、环中公司、天宇公司(实际投资方)、华盛公司(原名义投资方)签订协议约定,中央花苑项目已基本完成,委托审计机构对项目工程进行审计,最迟在2008年10月进行清算。2010年3月15日,恒祥公司、环中公司、张春华、沙建华签订关于响水中央花苑清算和收尾工作的会议纪要,再次明确中央花苑项目工程已接近结算,待税务审计结束后,在5月10日前三方拿出分配清算协议。但之后未能按时完成清算。2010年9月20日,华盛公司、环中公司诉至法院,请求对中央花苑项目进行清算,返还投资款,并按清算结果分配利润。恒祥公司抗辩称,合作项目相关房产没有处置完毕,相关损失、罚款、税款没有扣减,相关纠纷没有解决等。经查,中央花苑项目与拆迁户、购房户、当地政府有关部门纠纷较多。在项目后期开发中,恒祥公司对外形成多次诉讼,受到政府部门多次处罚,经鉴定,中央花苑项目账面所有者权益为8 455 244.97元,其中,未分配利润8 455 244.97元;尚未销售房屋公开市场价值为77 749 437元。

法院观点:一审法院(江苏省南通市中级人民法院)认为,项目清算应当是在项目开发、销售完毕的基础上对整个开发项目的投入和支出进行审核、收回债权、支付债务,最终确定合作项目的盈亏。目前法律并没有规定合作方可以向法院申请对合作房地产开发项目进行强制清算,且合作项目尚有许多事项未能明确,更未能了结。因此,对合作项目利润,还是应当在合作项目清算完成后再行分配。但二审中,江苏省高级人民法院认为,三方就中央花苑项目已进入了审计清算阶段,但恒祥公司拒绝配合华盛公司、环中公司进行审计清算,说明三方的合作基础已丧失,合作协议应当予以解除。合作协议解除后,三方可以根据协议约定比例就中央花苑项目现有资产进行合理分配。在返还投资款的同时,对已销售房屋部分进行利润分配,对未销售房屋部分,可参照房屋评估价值进行折价分配。其他债权债务待相关数额确定后,三方可按合作协议约定,另行协商处理。据此,判决恒祥公司返还华盛公司、环中公司的投资款,并对未分配利润、尚未销售房屋,以鉴定意见为依据,按照约定比例进行分配。再审审查中,最高人民法院也认为,"对项目涉及的不确定、未解决的债权债务,等待确定之后，由当事人按照合作协议约定，另行处理结算，包括当事人另行提起诉讼，对此并没有剥夺当事人的权利。但不能因合作项目涉及不确定、未解决的债权债务，就不能清算”。

裁判规则 63

实际控制项目开发经营的合作方拒不提供开发经营的相关证据，导致项目成本、利润情况无法确定的，可根据另一方的主张并结合市场行情确定利润分配。

传统的合作模式一般是共同出资、共同经营、共享收益、共担风险，而《国有土地使用权合同解释》第 14 条规定的合作开发房地产只要求共同投资、共享利润、共担风险。其原因在于，“现代社会的分工日益精细和明确，房地产的经营管理早已成为一门独立的科学。因此，要求双方共同经营，不符合当前房地产发展的客观实践。出于对自身管理经验、管理能力不足的考虑，多数出地的一方不参与经营管理，而是由具有房地产开发资质的一方负责经营管理，这也符合当事人意思自治的原则，且不违反国家法律的强制性规定，理应予以尊重”。[①] 也就是说，共同经营系属合作者的权利，而非义务。既然是权利，则可以自由处分。因此，合作一方不参与实际的经营活动不影响合作关系的成立。

但是，合作一方不参与实际的经营活动，也就无法掌握开发经营的成本与收益，如果合作一方请求强制清算，而实际控制项目开发经营的合作方拒不提供开发经营的相关证据，导致项目成本、利润情况无法确定的，应当如何处理？就此，可以适用现行法针对证据偏在的状况规定的举证妨碍规则。《证据规定》第 95 条规定：“一方当事人控制证据无正当理由拒不提交，对待证事实负有举证责任的当事人主张该证据的内容不利于控制人的，人民法院可以认定该主张成立。”《民事诉讼法解释》第 112 条第 1 款规定：“书证在对方当事人控制之下的，承担举证证明责任的当事人可以在举证期限届满前书面申请人民法院责令对方当事人提交。”第 2 款规定：“申请理由成立的，人民法院应当责令对方当事人提交，因提交书证所产生的费用，由申请人负担。对方当事人无正当理由拒

① 最高人民法院民事审判第一庭编著：《最高人民法院国有土地使用权合同纠纷司法解释的理解与适用》，人民法院出版社 2005 年版，第 171 页。

不提交的,人民法院可以认定申请人所主张的书证内容为真实。”由于开发经营的成本与收益方面的证据被实际控制项目开发经营的合作方单独控制,形成证据偏在,其拒不提供相应证据的,可以根据另一方的主张确定利润分配。当然,如果另一方所主张的利润分配明显偏离市场行情的,可以结合市场行情予以调整。

需要注意的是,举证妨碍规则以诉争事实真伪不明为结果要素。故仅仅是实际控制项目开发经营的合作方拒不提供开发经营的相关证据,尚不足以适用举证妨碍规则。只有实际控制项目开发经营的合作方拒不提供开发经营的相关证据,进而导致项目成本、利润情况无法确定的,才可以根据另一方的主张并结合市场行情确定利润分配。在“周光禄与重庆翔鹰房地产开发有限公司合作开发房地产合同纠纷案”①中,实际控制项目开发经营的翔鹰公司不提交开发经营的相关证据②,但根据江北区土地房屋权属登记中心出具的《情况说明》《江北区地方税务局营业税、城建税、教育费附加、交通重点建设附加稽查底稿》、翔鹰公司与环城公司达成的《华新广场前排项目利润分配协议书》,基本可以确定项目成本与收益,法院即未适用举证妨碍规则采纳周光禄主张的项目利润,而是综合前述证据对项目利润予以认定。

典型案例63

海阳嘉恒置业有限公司诉杨某某等合作开发房地产合同纠纷案③

基本案情:2013 年 10 月 24 日,嘉恒公司为甲方,杨某某为乙方,王忠基为丙方,三方签订《合伙合同》约定,合作开发“恒嘉·御景豪庭”项目。嘉恒公司投资32 037 717.14元,占比 75.27%,杨某某投资 860 万元,占比 20.20%,王忠基投资1 929 588元,占比 4.53%;三方按照该比例分享项目利润和共同承担风险责任;合作项目所有的对外合同,报建、销售、竣工验收等手续的办理均以嘉

① 参考案例 27:“周光禄与重庆翔鹰房地产开发有限公司合作开发房地产合同纠纷案”,重庆市高级人民法院(2009)渝高法民终字第 214 号民事判决。相关文书可扫描本书第 96 页二维码。

② 该案中,翔鹰公司以财务账册被盗为由未提交项目成本与收益方面的证据,但该理由较为可疑。

③ 典型案例 63:“海阳嘉恒置业有限公司诉杨某某等合作开发房地产合同纠纷案”,山东省高级人民法院(2016)鲁民终 15 号民事判决、最高人民法院(2016)最高法民申 2235 号民事裁定。

恒公司的名义进行；三方共同派员负责建设项目的具体组织和实施。本项目自回收款之日起，每收款累计1亿元，三方共同分配1000万元，余款9000万留用周转资金。最后等综合验收合格后，共同委托评估机构进行审计，再进行利润分配。该合同在实际履行中，由嘉恒公司主导涉案项目的开发，杨某某无法参与项目开发的管理和决策。杨某某遂诉至法院，请求解除《合伙合同》，主张应分得利润2000万元（投资+收益），并申请对项目成本收益进行鉴定。嘉恒公司辩称，目前未达到合同约定的利润分配条件。诉讼中，杨某某申请保全该项目的相关合同、账目。一审法院作出证据保全裁定后，经多次催促，嘉恒公司仅提交了部分财务资料，且提交的材料中存在诸多瑕疵，无法作出合理的解释。经查，2013年7月，涉案项目开始预售。截至一审庭审结束，涉案项目尚未进行竣工验收。

典型案例裁判文书

典型案例63
山东省高级人民法院（2016）鲁民终15号民事判决书

最高人民法院(2016)最高法民申2235号民事裁定书

法院观点：一审法院（山东省烟台市中级人民法院）认为，《合伙合同》系三方当事人的真实意思表示，性质是合作开发房地产合同。嘉恒公司主导涉案项目的开发，排斥杨某某对项目开发的管理和决策，构成违约，杨某某据此要求解除合同，应予支持。合同解除后，应当对涉案合作开发项目的投资、成本、收益情况进行清算。但涉案的账簿、凭证及合同均由嘉恒公司持有和管理，其在法院作出生效证据保全裁定后，只提交了部分财务资料，且存在诸多无法作出合理解释的瑕疵，无法真实全面地反映涉案项目的经营状况，不能作为鉴定依据，直接导致对涉案合作开发项目的审计清算无法进行，对此嘉恒公司应当承担不利的法律后果。根据《证据规定》第75条①、《民事诉讼法解释》第112条的规定，对于杨某某所主张的合作项目投资860万元及收益1140万元，合计2000万元，依法应予支持。二审中，山东省高级人民法院也认为，嘉恒公司的违约行为导致双方丧失相互信任，合作合同无法继续履行，故《合伙合同》应当予以解除。合同解除后，杨某某有权了解项目财务及销售情况，并要求按照合同约定对项目进行清算和利润分配。涉案项目由嘉恒公司负责对外销售，有关销售合同、会计账簿、财务报表等均由嘉恒公司持有管理。对杨某某的分配收益的要求，嘉恒公司应当予以协助、配合。但在原审法院作出证据保全裁定后，长时间故

① 《证据规定》于2019年修正后，该条被修正后的第95条取代。

意拖延,经多次释明不提供证据的法律后果后,所提交的证据仍不完整,且有明显瑕疵,无法真实反映涉案项目的经营状况,直接导致无法以此作为鉴定材料进行项目审计。原审法院根据相关法律规定,判决支持杨某某的诉讼请求,由嘉恒公司承担不利的法律后果并无不当。再审审查中,最高人民法院也认为,“本案判决依据杨某某主张及相关书证认定其项目投资 860 万元及收益 1140 万元,并无不妥”。

2.5 合作开发房地产合同的违约责任分配规则

实践中,围绕合作开发房地产合同违约责任的争议,主要涉及合同的解除条件、合同解除情况下的利益分配,尤其是项目有增值但增值部分尚未转化为现实利益的,如果解除合同,如何实现合作各方的利益平衡。此外,鉴于无效合作开发房地产合同的利益分配与合作开发房地产合同解除后的利益分配具有一定的类似性,故本部分予以一并讨论。

裁判规则 64

合作开发房地产合同具有“人合性”,如合作一方违约导致双方信任基础丧失的,应当解除合作开发房地产合同。但合作项目基本实施完毕的除外。

站在理论的角度,在合作开发房地产过程中,如果合作一方违约导致双方信任基础丧失的,有两种模式的违约责任可供选择:一是违约方赔偿守约方损失,并继续履行合同。对继续履行这一违约责任的承担方式,《民法典》第 179 条、第 577 条[①]均有明文规定。二是解除合同、违约方赔偿守约方损失。

在合作开发房地产合同中,如一方不履行合作义务导致双方信任基础丧失的,不宜判决继续履行合同。合作开发房地产合同中各方的义务较为繁复,包括出资、办理行政审批手续、对项目经营共同决策、对外付款、监管施工等。对其中的金钱义务,可以要求实际履行。其原因在于,金钱之债在任何情况下都必须实际履行,违约方不得以任何理由对非违约方的履行请求作出抗辩。[②] 但

① 《民法总则》第 179 条、《合同法》第 107 条亦有相同规定。

② 王利明:《违约责任论》,中国政法大学出版社 2003 年版,第 449 页。

其中的非金钱债务,则因难以强制履行而不宜判决继续履行。其主要原因在于:第一,合同法理论认为,"对一些基于人身依赖关系而产生的合同,如委托合同、信托合同、合伙合同等,往往是因信任对方的特殊技能、业务水平、忠诚等所产生的,因此具有严格的人身性质,如强制债务人履行义务,则与合同的根本性质相违背"。[①] "合作开发类合同是合同当事人为达成共同之目的的互约给付,这一特点决定了合同的履行需要双方当事人紧密配合。"[②]因此,合作开发房地产合同中的非金钱债务构成《民法典》第 580 条第 1 款第(2)项所规定的"债务的标的不适于强制履行"[③]。第二,当一方当事人明显不愿意继续履行时,则一方的行为不仅得不到另一方的"合作",反而面临另一方的破坏、"拖后腿",导致项目迟延、停滞。在此情况下,强制继续履行不仅是难以实现的,而且也是不经济的。第三,强制履行面临执行上的障碍。如前所述,合作开发房地产合同所涉义务较为繁复,大量行为需要双方协助。在另一方不愿意协助的情况下,要求强制履行,如"要求一方当事人在相关文件上签字",本身就存在执行上的困难。即使可以采取拘留、罚款等间接强制的方式,促使其"合作",但需要法院频繁介入、监督合同的履行,耗费大量司法资源,是一种不经济的强制执行。此外,一些债务内容的实现,如与施工人结算工程款,必须依靠债务人的自由意思,在债务人存心作梗的情况下,间接强制的方式可能也难以奏效。[④] 据此,对于合作开发房地产合同中的非金钱债务,在违约行为发生后,最适当的办法就是采取解除合同、赔偿损害的补救办法,而非强制履行合同。同时,由于合作各方的义务并非单纯的金钱义务,而是金钱义务与非金钱义务相互交织构成义务整体,所以在合作一方违约导致双方信任基础丧失的情况下,不应再区分违反的是金钱义务还是非金钱义务,而应基于义务的整体性,解除合作开发房地产合同。

需要注意两个方面的问题:第一,因合作一方违约而解除合作开发房地产合同,以违约行为导致双方信任基础丧失为前提。如后所述,合作开发房地产合同解除后的清理、清算极为复杂,利益平衡难以准确拿捏,如果合作一方虽然

---

① 王利明:《违约责任论》,中国政法大学出版社 2003 年版,第 453 页。

② 沈丹丹:《浅议合作开发类合同继续履行违约责任》,载《民事审判指导与参考》2012 年第 4 辑(总第 52 辑),第 120 页。

③ 《合同法》第 110 条第(2)项的规定与此相同。

④ 沈丹丹:《浅议合作开发类合同继续履行违约责任》,载《民事审判指导与参考》2012 年第 4 辑(总第 52 辑),第 123 页脚注④。

参考案例裁判文书

参考案例57
内蒙古金港房地产有限责任公司与内蒙古何西房地产有限责任公司合资合作开发房地产合同纠纷案

违约,但双方互信基础仍在,项目可以继续推进的,则应当判决继续履行。在“内蒙古金港房地产有限责任公司与内蒙古何西房地产有限责任公司合资合作开发房地产合同纠纷案”①中,金港公司以其取得的建设项目作为投资,何西公司以资金作为投资,联合开发房地产。在履约过程中,何西公司虽按约投入了资金,但其在金港公司尚未办理《建设工程规划许可证》《建设工程施工许可证》等手续的情况下,擅自组织建设施工、违法销售房屋,呼和浩特市建委、规划局多次向金港公司、何西公司下达责令整改通知书,要求停工,并对何西公司作出处罚。金港公司以此为由诉请解除合同。最高人民法院在二审中认为,何西公司的行为不仅违反了合同约定,也违反了行政管理法律规定,导致合作开发的工程处于违法状态,但行政主管部门对违章建筑尚未作出最后处理,合同目的是否能够实现尚不确定,因此,双方签订的合同不具备解除条件。第二,因合作一方违约导致双方信任基础丧失的,应当解除合作开发房地产合同,其主要理由在于合作开发房地产合同中的非金钱义务难以强制履行。但如果合作项目基本实施完毕的,则无论是金钱义务还是非金钱义务,也已基本履行完毕,不存在强制履行的问题,则不应轻易解除合作开发房地产合同。下述【典型案例 64】即为适例。

典型案例64

兰州滩尖子永昶商贸有限责任公司等与爱之泰房地产开发有限公司合作开发房地产合同纠纷案②

基本案情:2006 年 12 月 11 日,爱之泰公司与永昶商贸公司、农垦机电公司签订《联建合作协议书》约定,永昶商贸公司、农垦机电公司提供位于兰州市城关区滩尖子 489 号的 5.019 亩国有土地使用权,爱之泰公司提供资金,合作开

① 参考案例 57:“内蒙古金港房地产有限责任公司与内蒙古何西房地产有限责任公司合资合作开发房地产合同纠纷案”,载《民事审判指导与参考》2008 年第 4 集(总第 36 集),第 169 ~ 178 页。

② 典型案例 64:“兰州滩尖子永昶商贸有限责任公司等与爱之泰房地产开发有限公司合作开发房地产合同纠纷案”,最高人民法院(2012)民一终字第 126 号民事判决,载《中华人民共和国最高人民法院公报》2015 年第 5 期,第 33 ~ 40 页。

发银垠大厦商住楼。在履约过程中，永昶公司、农垦机电公司以爱之泰公司未能按约提供资金导致项目停工、未能按时交付房屋且违法预售房屋为由，要求解除联建合同。

典型案例裁判文书

典型案例64
最高人民法院（2012）民一终字第126号民事判决书

法院观点：一审法院（甘肃省高级人民法院）认为，爱之泰公司拖欠工程款、材料款本息达1.2亿元之多，致工程停工至今，使联建合同的履行成为不可能。遂判决解除合同，永昶公司、农垦机电公司将爱之泰公司在银垠大厦已完工程中的实际投入给付爱之泰公司，并取得已完工工程。二审中，最高人民法院认为，爱之泰公司虽然未成功办理规划手续，但可以通过补办相关规划手续使之合法化，并不属于根本性违约导致合同目的不能实现；虽然爱之泰公司存在迟延履行债务的行为，但尚未达到不能实现合同目的之严重程度。在案涉项目主体工程已经完工的情况下，认定永昶商贸公司和农垦机电公司享有法定解除权导致合同双方利益的显著失衡。据此改判驳回了永昶公司和农垦机电公司解除合同的请求。

裁判规则 65

合作开发房地产合同被认定为无效的，除对各方投资相互返还以外，对合作过程中的项目增值，应当以合作各方的实际投入为基数，参酌当事人过错，在合作各方之间进行合理分配。

在合作开发房地产合同被确认为无效的情况下，其利益分配“不仅仅是一个通过相互返还和赔偿损失就能解决的问题，还要涉及对合作的标的物不动产如何分割、相互投资如何返还、损失如何计算和承担等问题”。[①]

《民法典》第157条规定：“民事法律行为无效、被撤销或者确定不发生效力后，行为人因该行为取得的财产，应当予以返还；不能返还或者没有必要返还的，应当折价补偿。有过错的一方应当赔偿对方由此所受到的损失；各方都有过错的，应当各自承担相应的责任。法律另有规定的，依照其规定。”[②]据此，合

① 韩延斌等：《房地产纠纷裁判思路与规范指引》（上），人民法院出版社2014年版，第425页。

② 《合同法》第58条亦规定：“合同无效或者被撤销后，因该合同取得的财产，应当予以返还；不能返还或者没有必要返还的，应当折价补偿。有过错的一方应当赔偿对方因此所受到的损失，双方都有过错的，应当各自承担相应的责任。”

作开发房地产合同无效,根据房随地走的原则,应由出地方取得房地产开发项目及地上建筑物,出资方(或未取得房地产开发项目及地上建筑物的一方)在收取作价补偿款后退出,其资金利息一般按照同期银行贷款利息计算。但是,房地产项目通常具有较高的盈利,尤其在房价处于上涨通道时,即使在合作开发房地产合同被确认为无效时项目开发尚未完成的,项目也通常已经大幅增值,如果由出地方取得房地产开发项目及地上建筑物,另一方只是收回投资款及利息,也就意味着项目在开发过程中的增值由出地方单独享有,这显然不符合公平原则,与“谁投资,谁受益”的要求相背离。因此,实务界普遍主张,合作开发房地产合同被认定为无效的,对合作过程中的项目增值,应当以合作各方的投入为基数,参酌当事人过错,在合作各方之间进行合理分配。在前述“东营市七色光房地产开发有限责任公司与中国工商银行股份有限公司东营西城支行房地产联合开发合同纠纷案”①中,西城工行与七色光公司联合开发“七色花园”,其中,商业用房12 000平方米、住宅 2 万平方米;商业用房按销售时市场价格计算,住宅按不高于 900 元/平方米销售给西城工行职工;住宅销售价格低于成本部分用商业用房收益部分弥补;投资收益按 8:2 分成。西城工行实际投资 240 万元。2003 年 5 月,七色光公司开始对外预售住宅。2004 年 12 月,西城工行提起诉讼。最高人民法院在二审中认为,西城工行投资住宅部分有效,投资商业用房部分无效,但鉴于该项目(七色花园)确实是盈利的,最高人民法院在二审中提出了三种处理思路:一是酌定投资回报率为 40%,即西城工行的投资款 240 万元 ×40% = 损失 96 万元,由七色光公司赔偿给西城工行;二是假设该项目应于 2003 年 5 月交房(七色光公司开始对外预售时),西城工行实际投资 240 万元,按照 900 元/平方米的单价,可以购买住宅 2666.67 平方米,2003 年东营市的房屋销售均价为 1575.8 元,据此,西城工行的损失为1 802 136元[(1575.8 元/平方米 -900 元/平方米) ×2666.67 平方米];三是假设该项目应于 2004 年 12 月交房(西城工行起诉时),2004 年东营市的房屋销售均价为 2047.1 元,据此,西城工行的损失为3 058 937元[(2047.1 元/平方米 -900 元/平方米) × 2666.67 平方米]。最高人民法院最终选择了第二种思路,该案承办人坦陈,

① 典型案例 54:“东营市七色光房地产开发有限责任公司与中国工商银行股份有限公司东营西城支行房地产联合开发合同纠纷案”,最高人民法院(2006)民一终字第 16 号民事判决。相关文书可扫描本书第 154 页二维码。

“二审判决是在找理由让七色光公司多赔偿西城工行款项,维护实质正义”。[①]

具体来说,应当区分合作各方的投资是否有所增值。如果尚未产生增值的,适用相互返还规则即可。如果已经产生增值的,则在相互返还的基础上,还应在合作各方之间对增值部分合理分配。也就是说,“土地或资金尚未投入实际开发建设的,应由合同当事人相互返还,土地闲置费、土地使用权因被人民政府收回而丧失、资金利息等作为损失由双方根据过错程度分担。土地和资金实际投入开发形成的在建建筑物或已建成房屋,应返还给以土地使用权作为投资的一方,出地一方返还出资方的资金。在建建筑物或已建成房屋的价值与实际投入开发的资金存在差值的,应参照当地房地产市场的变化,出地方应给予出资方相应比例的经济赔偿,或由双方按过错程度,分别承担相应的损失责任”。[②]最高人民法院《关于审理房地产管理法施行前房地产开发经营案件若干问题的解答》(法发〔1996〕第2号)[③]第46条也规定,“合作建房合同被确认无效后,在建或已建成的房屋,其所有权可确认归以土地使用权作为投资的一方所有,对方的投资可根据资金的转化形态,分别处理:(1)资金尚未投入实际建设的,可由以土地使用权作为投资的一方将对方投入的资金予以返还,并支付同期同类银行贷款的利息;(2)资金已转化为在建中的建筑物,并有一定增值的,可在返还投资款的同时,参照当地房地产业的利润情况,由以土地使用权作为投资的一方给予对方相应比例的经济赔偿;(3)房屋已建成的,可将约定出资方应分得的房产份额按现行市价估值或出资方实际出资占房屋造价的比例,认定出资方的经济损失,由以土地使用权作为投资的一方给予赔偿”。虽然该《解答》已经被废止,该思路仍值借鉴。

---

① 杨永清:《内心确认与实质正义——东营市七色光房地产开发有限责任公司与中国工商银行股份有限公司东营西城支行房地产联合开发合同纠纷上诉案》,载《民事审判指导与参考》2007年第1集(总第29集),第194~196页。

② 马莉萍、焦卫:《处理房地产纠纷若干难点的思考》,载《政治与法律》2004年第3期,第70页。

③ 最高人民法院《关于废止1980年1月1日至1997年6月30日期间发布的部分司法解释和司法解释性质文件(第九批)的决定》(法释〔2013〕2号)中已废除该解答。

典型案例65

广东省美术设计装修工程公司与韶关市水利局合作开发房地产合同赔偿纠纷案[①]

典型案例裁判文书

典型案例65
广东省高级人民法院
(2008)粤高法审监民再字第141号民事判决书

基本案情:1993年10月14日,水利局与装修公司签订《联合建筑二十一层综合楼合同书》约定,由水利局提供一块面积约1040平方米的土地,由装修公司出资,合作兴建综合楼,计划建21层。建成后70%产权归装修公司,30%的产权归水利局。因装修公司不具备房地产开发经营权,1993年10月15日,装修公司与二建开发公司签订《关于联合售建韶关广韶大厦21层商住楼的协议》约定,借用二建开发公司经营权和名义售房。同日,二建开发公司与水利局签订了《联合建筑二十一层综合楼合同书》,除乙方为二建开发公司以外,其他内容与水利局、装修公司于10月14日签订的合同相同。后在履行过程中发生争议,诉至法院。经查,水利局提供的项目用地为划拨土地,后装修公司以二建开发公司的名义向国土局支付了土地有偿使用费后,该地块性质才转变为可转让并可进行商业开发性质的土地;广韶大厦项目的开发成本价为7 947 595.27元,项目的评估价值为1299万元。

法院观点:水利局与装修公司签订的《联合建筑二十一层综合楼合同书》,由于水利局与装修公司均不具备房地产开发经营资格,故该合同应当确认为无效。对于合同无效的后果,广东省高级人民法院认为,从事实看,水利局实际上并非广韶大厦项目唯一的"出地方",装修公司对广韶大厦项目的投资,既有对地上建筑物的资金投入,也包含有通过缴交土地出让金转化而来的土地投入;广韶大厦项目的土地使用权由划拨使用性质转为有偿使用性质进行商业开发后,土地价值已融合在售房价中,与建筑物价值不可分割。从法律看,导致合作合同无效,双方均有过错。根据最高人民法院《关于审理房地产管理法施行前房地产开发经营案件若干问题的解答》第46条第(3)项的规定,装修公司因合

---

① 典型案例65:"广东省美术设计装修工程公司与韶关市水利局合作开发房地产合同赔偿纠纷案",广东省高级人民法院(2008)粤高法审监民再字第141号民事判决。

作合同无效而未能享有合同约定其对广韶大厦占70%产权预期利益的损失，依法应根据已建成整个项目房产70%的现行市价估值认定(1299万元的70%)，由水利局予以赔偿。

裁判规则66

合作开发房地产合同被解除，因项目尚未完成开发导致收益难以确定的，可以投资额为基数，按照LPR的四倍确定投资方的预期收益。待合作项目清算后，再根据清算情况最终确定。

如前所述，除合作项目基本实施完毕的以外，如合作一方违约导致双方信任基础丧失的，应当解除合作开发房地产合同。这也就意味着，被解除的合作开发房地产合同通常没有实施完毕。项目未实施完毕，则后续成本与预期收益均难以确定，在此情况下，应当如何确定合同解除的法律后果？

第一，由于合作一方的违约行为，导致另一方行使解除权解除合同，如果因项目收益无法确定，而使守约方迟迟无法取得合作收益的，显然有悖于违约责任的制度目的——违约方在项目收益确定前无须承担违约责任，而且会形成对违约方迟迟不对项目进行清算的反向激励。基于此，且鉴于房地产行业是一个高利行业，在《民间借贷规定》修正前，实务界普遍主张以第26条第1款[①]确定的年利率24%为标准，确定投资方的预期收益。“张家口市天宇房地产开发有限公司等与大同市晨光建设有限责任公司合资、合作开发房地产合同纠纷案”[②]以及下述【典型案例66】均选择了年利率24%这一标准。随着《民间借贷规定》的修正，利率的上限被调整为LPR(全国银行间同业拆借中心发布的贷款市场报价利率)的四倍。与之相应，对投资方的预期收益亦应调整为LPR的四倍。

参考案例裁判文书

参考案例58
河北省高级人民法院
(2015)冀一民终字第573号民事判决书

第二，“以投资额为基数，按照LPR的四倍确定投资方的预期收益”，还涉及该收益的计算起点问题。就此，如下述【典型案例66】所言，在合作开发房地

---

① 该款规定：“借贷双方约定的利率未超过年利率24%，出借人请求借款人按照约定的利率支付利息的，人民法院应予支持。”

② 参考案例58：“张家口市天宇房地产开发有限公司等与大同市晨光建设有限责任公司合资、合作开发房地产合同纠纷案”，河北省高级人民法院(2015)冀一民终字第573号民事判决。

产合同解除后,违约方不仅应当返还出资款的本金,还应当返还自垫付之日起的孳息。如仅返还自合同解除之日起的利息,则将出现违约方因违约行为反而不当获取法律利益的情形,这显然不符合法律应维护的公平原则和诚实信用原则。

第三,“以投资额为基数,按照 LPR 的四倍确定投资方的预期收益”,具有预估性质,类似于阶段性利润分配。如项目最终结算后,确定的收益比例大于或小于 LPR 的四倍,当事人可以要求多退少补。在前述“张家口市天宇房地产开发有限公司等与大同市晨光建设有限责任公司合资、合作开发房地产合同纠纷案”[①]中,河北省高级人民法院在依据修正前的《民间借贷规定》确定年利率 24% 的分配标准时就提出,“从房地产企业融资成本、民间借贷合法利息最高标准、天宇公司应承担的违约成本等因素综合考量,根据公平原则,本院酌情确定损失计算标准按年息 24% 计算。如今后案涉房地产项目开发成本和项目收益具备清算条件,且被上诉人晨光公司有证据证明其应得预期利益明显高于本判决确定的损失数额,可另行主张权利”。

典型案例66

李金方等诉海南天景农庄有限公司等合作开发房地产合同纠纷案[②]

典型案例裁判文书

典型案例66

最高人民法院(2016)最高法民终517号民事判决书

基本案情:2014 年 5 月 27 日,南景公司等 6 公司(甲方)与李金方等 3 人(乙方)、海南潞安公司(丙方)签订《项目合作开发合同书》约定:南景公司等 6 公司提供其名下的六块土地使用权,承担并缴清取得土地所产生的土地出让金及税、费,先由李金方等 3 人垫付(不计利息),李金方等 3 人垫付的款项应由南景公司等 6 公司从取得项目房产销售收入分成资金中先返还;李金方等 3 人提供本项目开发所需的全部建设资金;吸收南景公司等 6 公司为目标公司海南潞安公司的新股东,

---

① 参考案例 58:“张家口市天宇房地产开发有限公司等与大同市晨光建设有限责任公司合资、合作开发房地产合同纠纷案”,河北省高级人民法院(2015)冀一民终字第 573 号民事判决。

② 典型案例 66:“李金方等诉海南天景农庄有限公司等合作开发房地产合同纠纷案”,最高人民法院(2016)最高法民终 517 号民事判决。

南景公司等6公司分别以其名下的土地使用权评估作价入资目标公司，李金方等3人同意对目标公司海南路安公司进行增资扩股，南景公司等6公司占股26%，李金方等3人占股74%；除双方明确约定计算利息外，所有李金方等3人代南景公司等6公司垫付的款项均不计算利息。同日，海南路安公司（丙方）经股东会同意与南景公司等6公司（甲方）、李金方等3人（乙方）又签订了《海南路安公司置业有限公司增资扩股协议》，吸收南景公司等6公司为海南路安公司的新股东，南景公司等6公司分别持股4.3335%，李金方持股37%，赵建斌持股22.2%，王田持股14.8%。后在履行过程中发生争议，李金方等3人诉至法院，请求解除《项目合作开发合同书》，南景公司等6公司退还实际投资款12 429.5元，并赔偿自李金方等3人付款之日起至债务清偿完毕之日止的损失（损失计算标准为月息3%），并承担其他违约责任。

法院观点：针对《项目合作开发合同书》解除后的损失赔偿，最高人民法院认为，案涉款项名为代垫款和借款，实为投资款项，南景公司等6公司及锦泰公司的返还义务并非源自普通意义上的借贷或者欠款法律关系。为保护投资者的合法权益，考虑到案涉款项支付时间较长、李金方等3人对合作开发项目不能实施并无过错，结合当前资金供求行情及融资市场利率等基本情况，基于公平原则并参照《民间借贷规定》相关精神，南景公司等6公司除向李金方等3人返还投资款12 429.5万元外，还需按年利率24%支付自款项交付之日起所产生的利息，李金方等3人主张南景公司等6公司及锦泰公司应另行支付的违约金、可得利益以及赔偿损失等均已包含在内、以此为限。案涉合同解除后，南景公司等6公司不仅应当返还11 379.5万元垫付款本金，还应当返还自垫付之日起的孳息。如仅返还自合同解除之日起的利息，则将出现违约方因违约行为反而不当获取法律利益的情形，而这显然不符合法律应维护的公平原则和诚实信用原则。

裁判规则 67

在合作开发房地产过程中，对原定开发计划进行变更的，应由合作各方共同商定。如合作一方单方变更导致项目建成面积减少，应当按照原定开发计划向另一方分配利润。但因不可归责于合作一方的事由除外。

合作开发房地产合同对开发事宜的约定只是合作各方在订约时的计划，该计划能否实现取决于多个因素。在实施过程中,既可能基于对市场行情的判断扩大或缩小开发计划,也可能因政府部门调整规划而不得不对原定开发计划进行变更。但既然是“合作”开发,在因故对原定开发计划进行变更时,也应由合作各方共同商定。如合作一方单方变更导致建成项目面积减少的,合作一方应当承担违约责任。首先,是否合作开发、如何合作开发,是合作各方共同商定的结果,那么对原定开发计划进行变更,也应由合作各方共同商定。在商定时,可以采取多数决的方式。如原定开发计划无法实现,又无法就变更方案形成多数决的,可以解除合作关系。其次,如果合作一方未经共同商定单方变更原定开发计划导致建成项目面积减少,即构成《国有土地使用权合同解释》第 18 条所要求的“过错”,应当承担违约责任,即按照原定开发计划向其他合作方分配利润。最后,如果原定开发计划的变更不可归责于合作一方,则合作一方无须承担违约责任。比如,因自然灾害等不可抗力导致原开发计划无法完整实施,或因情势变更导致原开发计划受阻,不得不予以变更的,根据《国有土地使用权合同解释》第 18 条①的规定,则应当以实际建成面积为基数,按照约定利润分配比例进行分配。

典型案例67

西安大明宫建材实业(集团)有限公司与西安市未央区大明宫街道办事处合资、合作开发房地产合同纠纷案②

典型案例裁判文书

典型案例67
最高人民法院(2017)
最高法民终381号民事判决书

基本案情:2002 年 12 月 3 日,大明宫街道办(甲方)与西安鼎新物业开发有限公司(乙方)、大明宫公司(丙方)签订《房地产联合开发合同》约定,联合开发大明宫街道办事处社区服务中心;建设方案为在建设用地南北各建一座带二层裙楼的 18 层商

① 该条规定:“房屋实际建筑面积少于合作开发房地产合同的约定,对房屋实际建筑面积的分配比例,当事人协商不成的,按照当事人的过错确定;因不可归责于当事人的事由或者当事人过错无法确定的,按照约定的利润分配比例确定。”

② 典型案例 67:“西安大明宫建材实业(集团)有限公司与西安市未央区大明宫街道办事处合资、合作开发房地产合同纠纷案”,最高人民法院(2017)最高法民终 381 号民事判决。

住楼房，东面向西建一座四层高的办公楼，中间为社区中心广场；甲方提供建设用地，乙丙方全权负责项目变更开发建设前期和建设期间的一切手续以及后期的销售、管理和经营，并承担开发建设项目所需投资；甲方应得房屋为凤城一路边裙楼的一层、二层商业用房共计 2000m^2；东边办公楼一层、二层共计 1000m^2；南边商住楼裙楼以上住宅 2000m^2。剩余的全部房屋归乙丙方所有。后因国家关于加强土地管理及停止党政机关集体集资建房等相关政策出台，合作建设大明宫社区服务中心及配套住宅项目的方案无法继续实施。2006 年 11 月 23 日，大明宫社区服务中心项目宗地依法过户给大明宫公司。2010 年 6 月 24 日，大明宫公司取得的《建设工程规划许可证》载明，建设规模为商住楼框剪结构，地下二层，地上裙房一层，主体十层（跃一层）、二十六层一幢，地下二层、地上十层、车库一幢，总建筑面积52 561m^2。此后，大明宫公司在涉案宗地上完成建设项目，经西安市房产测量事务所实际测量，4 幢建筑物商业面积合计 1105.6m^2，住宅面积合计45 998.67m^2，无办公用房。双方为利益分配发生纠纷，多次协商未果，大明宫街道办遂诉至法院，要求按照《房地产联合开发合同》约定交付房屋。大明宫公司辩称，因规划调整，应按实际建成房屋的比例向大明宫公司交付房屋。

法院观点：一审法院（陕西省高级人民法院）认为，合同履行过程中，因规划设计变更，导致建成后的房屋实际情况与合同约定不符。大明宫公司不能举证证明规划设计变更前后经与大明宫街道办协商，故大明宫公司应当按照《房地产联合开发合同》约定履行交房义务。现因大明宫公司已将大部分房屋出售，所剩部分不足以交付，故应当向大明宫街道办进行折价支付。二审中，最高人民法院也认为，合同约定的建设方案未获规划部门批准，大明宫公司实际修建的商业用房、办公用房面积不足以向大明宫街道办分配。大明宫公司未证明其依据合同约定向大明宫街道办提供经规划部门终审的平面图，亦未证明其在合同约定的建设方案未获规划部门审批的情况下与大明宫街道办对新的建设方案进行协商，故一审法院认定大明宫公司应当按照合同约定的面积交付房屋，判决大明宫公司按照合同约定交付剩余商业用房 687.31m^2 没有错误。

2.6 合作开发过程中对外债务承担规则

在合作开发的具体运作中，主要有以下两种运作模式：一是投资各方共同组建有独立法人资格的项目公司,由项目公司作为发包人对外签订合同(主要是施工合同);二是由合作开发的一方对外订立施工合同,负责工程建设,其余各方不与承包方直接发生关系。[①] 如果承包人起诉要求支付工程款的,在第一种模式下,“由于这种形式的‘合作开发’仅仅是股东之间的合作关系,项目公司是依照公司法的相关规定而设立的独立的法人”[②],应由项目公司直接对外承担责任。在第二种模式下,工程款支付责任主体,则存在诸多分歧。

裁判规则 68

在合作开发房地产过程中,合作一方以自己名义对外签订施工合同的,基于合同的相对性,应由签订施工合同的一方对外承担工程款支付责任。

对于在合作开发房地产过程中,合作一方以单方名义对外签订施工合同所导致的工程款支付责任,存在两种对立的观点:一种观点认为,根据合同的相对性,应由签订施工合同的一方单独对承包人承担工程款支付责任;另一种观点认为,“如果合同重在双方约定出资,即一方出土地使用权,另一方出资金,双方在项目完成后,共同出售,共同分享利益,则此类项目合作开发合同就是合伙合同”。[③] 因此,合作各方之间构成合伙或合伙型联营,应由合作各方共同对承包人承担工程款支付责任。

部分高级人民法院持应由合作各方共同担责的立场。北京市高级人民法院《关于审理建设工程施工合同纠纷案件若干疑难问题的解答》(京高法发〔2012〕245 号)第 39 条第 1 款规定:“两个以上的法人、其他组织或个人合作开发房地产项目,其中合作一方以自己名义与承包人签订建设工程施工合同,承包人要求其他合作方对欠付工程款承担连带责任的,应予支持。”江苏省高级人民法院《关于审理建设工程施工合同纠纷案件若干问题的意见》(苏高法审委

① 叶通明:《合作开发房地产项目律师实务》,载中华全国律师协会民事专业委员会编:《房地产建筑律师实务——前沿、务实与责任》,法律出版社 2006 年版,第 22 ~ 23 页。

② 魏康寿、戴忠:《对房地产合作开发的若干思考——解读〈关于审理涉及国有土地使用权合同纠纷案件适用法律问题的解释〉》,载中华全国律师协会民事专业委员会编:《房地产建筑律师实务——前沿、务实与责任》,法律出版社 2006 年版,第 32 页。

③ 贺小荣:《合作开发房地产合同的效力认定及补正原则》,载《民事审判指导与参考》2005 年第 2 集(总第 22 集),第 97 页;韩延斌等:《房地产纠纷裁判思路与规范指引》(上),人民法院出版社 2014 年版,第 451 页。

〔2008〕26 号）第 24 条规定："合作开发房地产合同中的一方当事人作为发包人与承包人签订建设工程施工合同，承包人要求合作各方当事人对欠付的工程款承担连带责任的，应根据合作开发协议等证据查明事实，依法作出裁制。"广东省高级人民法院《关于审理建设工程施工合同纠纷案件若干问题的指导意见》（粤高法发〔2011〕37 号）第 12 条第 1 款规定："合作开发房地产合同一方当事人作为发包人与承包人签订建设工程施工合同，承包人请求合作开发房地产合同的其他当事人对施工合同债务承担连带责任的，应予支持。"但也有相反意见。如重庆市高级人民法院民一庭《关于建设工程施工合同纠纷案件若干问题的解答》（2019 年 10 月）第 2 条规定："建设工程系当事人通过合资、合作方式联合开发的，与承包人签订建设工程施工合同的当事人为发包人，未在建设工程施工合同中显名的当事人不应认定为发包人。承包人向未显名的当事人主张合同权利的，人民法院不予支持，但法律另有规定的除外。"

至于最高人民法院，无论是在司法裁判层面还是规则制定层面，都表现出相当纠结的心态。在司法裁判层面，在下述【典型案例 68】中，最高人民法院坚持合同的相对性。但在"江力公司与海特公司合作开发房地产合同纠纷案"①中，最高人民法院却又认为，"基于项目融资所产生的负债亦非合作开发房地产的单方负债，应属于项目负债，由合作开发方对外承担连带责任"。② 在规则制定层面，一是在 2011 年的《全国民事审判工作会议纪要（征求意见稿）》第 18 条中，针对"当事人以国有土地使用权或资金出资进行合作开发，并以一方名义进行开发建设的，因合作项目产生的债权债务"问题，最高人民法院曾提出两种意见：第一种意见是"按照物权法第一百零二条的规定处理"，第二种意见是"应当严格遵循合同相对性原则处理"。但在最终出台的正式文本中，这一规定被取消。二是在制定《建设工程施工合同解释（二）》过程中，最高人民法院向社会发布的征求意见稿中，第 16 条针对"合作开发房地产合同各方对工程款债务清偿责任的承担"也提出了两种意见。第一种意见是，"合作开发房地产合同一方作为发包人与承包人订立建设工程施工合同，承包人请求合作开发房地产合同的其他合作方对建设工程施工合同债务承担连带责任的，人民法院应予支持"。

---

① 参考案例 28：《江力公司与海特公司合作开发房地产合同纠纷案》，载《民事审判指导与参考》2012 年第 4 辑（总第 52 辑），第 133 ~ 139 页。相关文书可扫描本书第 99 页二维码。

② 最高人民法院民一庭：《以合作开发项目国有土地使用权抵押所取得的贷款的归属》，载《民事审判指导与参考》2012 年第 4 辑（总第 52 辑），第 136 页。

第二种意见是,"合作开发房地产合同一方作为发包人与承包人订立建设工程施工合同,承包人请求合作开发房地产合同的其他合作方对建设工程施工合同债务承担连带责任的,人民法院不予支持"。但在最终的定稿中,这一规定也被取消了。

事实上,最高人民法院在《全国民事审判工作会议纪要(征求意见稿)》中提出的所谓"按照物权法第一百零二条的规定处理"的观点不能成立。《物权法》第102条规定:"因共有的不动产或者动产产生的债权债务,在对外关系上,共有人享有连带债权、承担连带债务,但法律另有规定或者第三人知道共有人不具有连带债权债务关系的除外;在共有人内部关系上,除共有人另有约定外,按份共有人按照份额享有债权、承担债务,共同共有人共同享有债权、承担债务。偿还债务超过自己应当承担份额的按份共有人,有权向其他共有人追偿。"《民法典》第307条沿袭了这一规定。一般认为,该条规定的"因共有的不动产或者动产产生的债权债务",是指"如共有物为建筑物或者其他设施以及建筑物上的搁置物、悬挂物,该共有物发生倒塌、脱落、坠落造成第三人损害,就产生了对第三人的损害赔偿之债"[①]这类债务。在这类债务的逻辑顺序上,应当是先有共有财产,再因共有财产导致对外债务。而因施工合同产生的工程款债务,是与共有财产相伴相生的,并不存在先后顺序。所以,《物权法》第102条及《民法典》第307条并不构成要求未签订施工合同的合作方承担连带责任的依据。前述地方高级人民法院主张由合作各方对工程款债务承担连带责任,其主要理由是认为合作各方之间构成合伙关系或合伙型联营。但是,一方面,合伙仅限于自然人之间的结合,而合作开发需有房地产企业参与,故合作开发各方之间不可能形成合伙关系;另一方面,《民法总则》已经取消了联营的规定,《民法典》中亦未规定联营。因此,对未参与签订施工合同的合作各方,以构成合伙或联营为由要求其承担连带责任,缺乏法律依据。

据此,在合作开发房地产过程中,合作一方以自己名义对外签订施工合同,无论土地使用权等项目权属是登记在单方名下还是合作各方共同名下,基于合同的相对性,工程款支付责任均应由签订施工合同的一方自行承担。在适用本裁判规则时,还应注意以下问题:第一,合作一方以自己名义对外签订施工合同,通常情况下基于合同的相对性,工程款支付责任应由签订施工合同的一方

---

① 最高人民法院物权法研究小组编著:《〈中华人民共和国物权法〉条文理解与适用》,人民法院出版社2007年版,第321页。

参考案例裁判文书

参考案例59
重庆市高级人民法院
（2008）渝高法民终字
第227号民事判决书

自行承担。但还应注意审查除发包人以外的合作各方是否存在取代原发包人，或因加入债的履行而与施工合同发包人成为共同发包人的事实。如果存在，则应当认定实际参与施工合同履行的合作方与施工合同的发包人成为共同发包人，应当对欠付工程价款承担连带责任。实际参与施工合同履行行为主要表现为：与发包人一起共同选定施工队伍、参与施工管理、支付工程款、在经济签证上签署意见、参与工程验收或者工程结算等。[①] 在“重庆宏建建筑工程有限公司与重庆塑皇建设（集团）有限公司、重庆市金卫房地产开发有限公司建设工程施工合同纠纷案”[②]中，塑皇公司与金卫公司合作开发花溪大厦，但施工合同是金卫公司单方与宏建公司签订。在请求金卫公司支付工程款获得仲裁支持后，宏建公司请求判令塑皇公司对工程款承担连带责任。法院即认为，在宏建公司已与金卫公司签订施工合同、宏建公司已经进场施工之后，塑皇公司与金卫公司联名向宏建公司发出《投标邀请函》，并最终确定宏建公司中标，因此，塑皇公司对其与金卫公司联建的项目由宏建公司承建，不但是明知的，并且是明确表示认可的，应视为其自愿加入该施工合同关系，据此判决塑皇公司对工程款承担连带责任。第二，本规则所称“应由签订施工合同的一方对外承担工程款支付责任”，是指对外（承包人）责任，至于合作各方内部对工程款支付责任的分担问题，应根据合作开发房地产合同处理。

① 冯小光：《回顾与展望——写在〈最高人民法院关于审理建设工程施工合同纠纷案件适用法律问题的解释〉颁布实施三周年之际》，载《民事审判指导与参考》2008 年第 1 集（总第 33 集），第 84、93 ~ 94 页。

② 参考案例 59：“重庆宏建建筑工程有限公司与重庆塑皇建设（集团）有限公司、重庆市金卫房地产开发有限公司建设工程施工合同纠纷案”，重庆市高级人民法院（2008）渝高法民终字第 227 号民事判决。

典型案例68

大连渤海建筑工程总公司与大连金世纪房屋开发有限公司、大连宝玉房地产开发有限公司、大连宝玉集团有限公司建设工程施工合同纠纷案①

典型案例裁判文书

典型案例68
最高人民法院（2007）民一终字第39号民事判决书

基本案情：金世纪公司出地、宝玉集团出资，双方联合开发建设新世纪家园。2001 年 3 月，渤海公司与宝玉集团签订《建设工程施工合同》约定，渤海公司承建新世纪家园 2 号、4 号高层住宅楼。施工完成后，渤海公司诉请宝玉集团支付工程款，并以金世纪公司是联建单位为由，要求金世纪公司承担连带责任。

法院观点：一审法院（辽宁省高级人民法院）认为，施工合同虽然是宝玉集团与渤海公司签订的，但金世纪公司是工程项目的联合开发方，享有了渤海公司已施工工程的权利，并从该合同中获取利益，因此金世纪公司理应承担该合同相应的义务；宝玉集团和金世纪公司的联建行为在法律性质上应属合伙行为，合伙人应当对合伙债务承担责任。据此判决金世纪公司对宝玉集团拖欠的工程款承担连带责任。但最高人民法院在二审中认为，金世纪公司不应当对宝玉集团偿还渤海公司工程欠款承担连带责任。其主要理由在于：第一，本案诉争的法律关系是施工合同纠纷，而不是合作开发房地产合同纠纷。施工合同只对合同当事人产生约束力。第二，合作开发合同各方是按照合同约定各自承担权利义务的，“共同投资，共享利润、共担风险”是指合作各方内部关系，而不是指对外关系。且本案当事人没有成立合作开发房地产的项目公司或成立不具备法人条件的其他组织，应属“独立经营”，应按照约定各自独立承担民事责任。第三，金世纪公司与宝玉集团之间的合作开发合同，既不属于个人合伙，也没有成立合伙企业，不应当适用《民法通则》或《合伙企业法》有关个人合伙和普通合伙人承担连带责任的规定。据此改判金世纪公司对宝玉集团拖欠的工程款

① 典型案例 68：“大连渤海建筑工程总公司与大连金世纪房屋开发有限公司、大连宝玉房地产开发有限公司、大连宝玉集团有限公司建设工程施工合同纠纷案”，最高人民法院（2007）民一终字第 39 号民事判决，载《中华人民共和国最高人民法院公报》2008 年第 11 期，第 14 ~ 31 页。

不承担责任。

裁判规则 69

> 在合作开发房地产过程中,合作一方以自己名义对外签订施工合同,相应的工程款支付责任虽由合作一方单独承担,但施工合同承包人可向登记的项目权利人主张建设工程价款优先受偿权。

根据《民法典》第 807 条的规定,承包人就其工程款债权对所施工完成的工程享有法定优先权。[①] 但在一方出地、另一方出资的合作模式下,如果土地使用权登记在出地方名下,出资方单方与承包人签订施工合同的,根据前述【裁判规则 68】,承包人只能向出资方主张工程款债权,那么承包人是否仍然享有优先受偿权?应当向谁主张优先受偿权?

从优先受偿权的权利范围来看,由于“建筑企业工程价款优先受偿权的基本依据是由于承包人劳动和资金的投入,才能使建设工程得以存在,如果没有承包人建设的工程,则其他债权人的债权请求权也无法从建设工程的价值中实现”。[②] 且承包人只对其实际施工建设的工程享有优先权,对其未实际建设的工程和工程占用范围内的土地没有优先权。[③] 因此,“优先受偿权的主体直接使建设工程增值,其在自身使工程增值的范围内优先受偿,于各方无害,亦不会破坏既有的权利体系和交易安全”。[④] 按照这一逻辑,在合作开发房地产的模式之下,无论项目登记在哪一个合作方名下,也无论承包人是与哪一个合作方签订的施工合同,对因施工行为导致的工程增值,承包人均可以主张优先受偿权。在承包人行使优先受偿权时,如果项目登记的合作方非合同相对方的,则承包人有权且应当向登记的合作方主张优先受偿权。

最高人民法院《关于装修装饰工程款是否享有合同法第二百八十六条规定的优先受偿权的函复》(〔2004〕民一他字第 14 号)称:“装修装饰工程属于建设

---

① 《合同法》第 286 条规定与此相同。对该条规定的承包人权利的性质,学界有法定抵押权、留置权、法定优先权等不同观点,笔者赞同法定优先权的观点。参见邬砚:《建设工程合同纠纷:254 个裁判规则深度解析》,法律出版社 2018 年版,第 205 ~ 207 页。

② 参见王红亮:《承揽合同·建设工程合同》,中国法制出版社 2001 年版,第 187 ~ 188 页。

③ 邬砚:《建设工程合同纠纷:254 个裁判规则深度解析》,法律出版社 2018 年版,第 226 ~ 229 页。

④ 孙科峰、杨遂全:《建设工程优先受偿权主体的争议与探究——〈合同法〉第 286 条之分析》,载《河北法学》2013 年第 6 期,第 131 页。

工程,可以适用《中华人民共和国合同法》第二百八十六条关于优先受偿权的规定,但装修装饰工程的发包人不是该建筑的所有权人或者承包人与该建筑物的所有权人之间没有合同关系的除外。享有优先权的承包人只能在建筑物因装修装饰而增加价值的范围内优先受偿。"该复函之所以将发包人不是该建筑的所有权人、承包人与所有权人之间没有合同关系的情形予以排除,系因为相对建筑物而言,作为添附的装修装饰所导致的增值价值较小,两相比较,不宜为了较小利益(装修装饰工程款)的实现牺牲较大利益(建筑物所有人会因为优先受偿权的行使丧失所有权)。(狭义上的)施工合同则有所不同,其使建筑物从无到有,所导致的增值远高于装修装饰工程合同,所以不应以施工合同发包人不是项目登记权利人为由,排除承包人的优先受偿权。在后述【典型案例 70】"房地产开发公司等与建设公司建设工程纠纷案"①中,某大学委托房地产开发公司代建,项目权利登记在某大学名下,房地产开发公司与建设公司签订施工合同,在建设公司主张工程款的诉讼中,法院虽认为应由房地产开发公司承担工程款支付责任,但同时提出,"由于建设公司的投入与劳动成果已物化到建筑物中,不管建筑物归谁所有,只要房地产开发公司未按照约定支付工程价款,建设公司就可依照《合同法》第 286 条规定,向建筑物所有人主张优先受偿权,并可通过对建筑工程的拍卖及折价等方式实现该权利"。

承包人在主张优先受偿权时,应当注意以下问题:第一,如果承包人在工程款纠纷中同时要求确认其法定优先权的,即使承包人仅要求部分合作人承担支付责任,也应将项目登记权利人追加为被告。因为施工人要求确认法定优先权,势必影响项目登记权利人的权利得失。当然,由于承包人对于追加的合作人并无支付工程款的请求,所以其仅承担优先受偿权指向的责任,无须承担工程款的支付责任。第二,由于承包人的优先权不及于土地,虽然根据《民法典》第 417 条的规定,应当将土地与建筑物一并拍卖,但因土地使用权归属于出地方,而出地方不应承担责任,所以应将拍卖所得价款中的土地价款部分返还给出地方,余款才能用于支付承包人的工程款。

---

① 典型案例 70:"房地产开发公司等与建设公司建设工程纠纷案",载《民事审判指导与参考》2012 年第 1 辑(总第 49 辑),第 109 ~ 113 页。相关文书可扫描本书第 203 页二维码。

典型案例69

青岛龙海建设集团有限公司、威海润华投资发展有限公司建设工程施工合同纠纷、建设工程价款优先受偿权纠纷案①

典型案例裁判文书

典型案例69
山东省威海市中级人民法院（2019）鲁10民终954号民事判决书

基本案情:2010年12月11日,天润公司与国利置业签订合作开发协议书约定,双方合作开发威海市家居建材E14号楼,天润公司负责土地出让金及办理土地权证的所有费用,土地使用权、工程报建手续等均以天润公司名义办理,且名义所有权属于天润公司;国利置业负责项目单体楼建筑投资、负责本项目中所有单体建筑土建安装;双方按4∶6的比例分配房产。润华投资认可其与天润公司为关联公司。2011年2月24日,龙海集团与国利置业签订建设工程施工合同约定,龙海集团承建威海市家居建材E14号楼项目。龙海集团于2011年2月24日进场施工,2013年5月24日撤离施工现场。2013年11月20日,威海仲裁委员会作出裁决,国利置业支付龙海集团工程款9 669 893.53元。后龙海集团向法院提起诉讼,请求判决润华投资对国利置业欠付龙海集团的工程款9 669 893.53元承担共同还款责任,判决龙海集团就上述工程款对润华投资所开发的E14号楼工程折价或拍卖的价款享有优先受偿权。

法院观点:法院认为,与龙海公司成立并履行涉案工程施工的合同相对方为国利置业,而非润华投资,故润华投资不应承担工程款的支付责任或连带支付责任。但是,建设工程价款优先受偿权系作为施工方龙海公司基于合同所依法享有的法定权利,该权利优先于抵押权和普通债权,其性质系一种法定的优先权,其权利指向为已投资并物化到工程中的人工、材料等建设费用,实现方式为通过对所施工工程进行折价、拍卖获得的价款予以优先受偿。本案中,龙海公司已施工工程已现实物化到润华投资公司名下的涉案项目中,并为润华投资公司组织的后续施工所覆盖。龙海公司有权基于建设工程价款优先受偿的物上追及效力向润华投资公司主张该工程中所负担的价款优先受偿权。

---

① 典型案例69:"青岛龙海建设集团有限公司与威海润华投资发展有限公司建设工程施工合同纠纷、建设工程价款优先受偿权纠纷案",山东省威海市中级人民法院(2019)鲁10民终954号民事判决。

裁判规则 70

在委托代建的情况下,委托代建合同与施工合同是相互独立的法律关系。与代建人签订施工合同的承包人无权向委托人主张工程款请求权。

如前所述,所谓委托代建合同,是指项目业主与代建人约定,代建人按照业主的要求代为建设建筑物,代建人收取代建费用的合同。在委托代建的情况下,针对工程款的支付,承包人往往将项目委托人与项目代建人(受托人)作为共同被告,要求二者就工程款承担连带责任。就此,有观点认为,应当区分“政府项目强制委托代建”与“其他项目自主委托代建”,对于前者,项目代建人实际上成为建设项目的项目法人,应独立对外承担法律责任;对于后者,应按照《合同法》第 402 条和第 403 条(现《民法典》第 925 条、第 926 条)的规定处理,即适用隐名代理规则。①

上述观点主张区分项目性质(实为资本性质,前者为国家资本,后者为民间资本)适用不同裁判规则,显然违反了平等保护的法律原则。从代建制度的设计来看,委托人提出代建要求、承担建设成本、支付代建管理费用,但并不介入建设环节;代建人以自己名义全权处理建设事宜,对项目的前期筹划、勘察、设计、招投标、施工、监理等项目全过程进行运作和管理,并按照委托人要求的工期和设计要求完成建设任务,直至项目竣工验收并交付项目业主。“代建单位实际成了该建设项目的项目法人。”②因此,代建人与第三人签订的施工合同和委托代建合同是两个相互独立的法律关系,在审理施工合同纠纷案件中,不应追加委托人为当事人,更不应判令委托人对发包人偿还工程欠款承担连带责任;委托人也无权以承包人为被告向法院提起诉讼,主张承包人对工程质量缺陷承担责任;委托人与代建人就委托代建合同发生的纠纷,也不应追加承包人为本案当事人。

---

① 秦旺:《建设工程造价结算前沿问题研究》,载《法律适用》2017 年第 5 期,第 87 页。

② 最高人民法院民一庭:《建筑物所有人依据合同约定对建筑工程总承包人应付工程款不承担责任的,应予支持》,载《民事审判指导与参考》2012 年第 1 辑(总第 49 辑),第 112 页。

典型案例70

房地产开发公司等与建设公司建设工程纠纷案[1]

典型案例裁判文书

典型案例70

房地产开发公司等与建设公司建设工程纠纷案

基本案情：某大学要建设科技园大楼，全权委托房地产公司进行建设。2007年9月26日，房地产开发公司与建设公司签订《科技园工程施工合同》约定，由建设公司承建“科技园工程”。2007年10月，房地产开发公司、建设公司与某大学签订了《科技园大楼施工总承包三方协议》约定，某大学认可房地产开发公司为“科技园大楼”工程的施工总承包单位，认可“科技园大楼”工程由该建设公司施工，并同意房地产开发公司以发包人名义与建设公司签订《科技园工程施工合同》；某大学不承担任何房地产开发公司与建设公司之间的债权、债务关系。后施工过程中发生争议，建筑公司诉至法院，请求房地产公司支付已完工程结算款8324万元及其利息，赔偿各项损失626万元；并提出，由于大学是建设单位，故应对上述款项承担连带责任。

法院观点：房地产开发公司应当向建设公司支付工程款，自无疑义，就某大学应否承担工程款支付责任，一审法院认为，由于某大学系该项目的实际所有人和受益人，不能亦不应当通过约定的方式排除其应当承担的责任，故建设公司要求某大学对工程款的给付承担连带责任并无不妥。但二审法院认为，判决某大学承担工程付款的连带责任没有合同和法律依据，应予纠正。最高人民法院在评析意见中也认为，“施工合同是由房地产开发公司与建设公司签订的，某大学不是建设施工合同的签订人。因此，根据相对性原则，对房地产开发公司与建设公司签订的施工合同所产生的债权债务纠纷，某大学不应承担合同所约定的责任”。在代建模式下，代建单位实际上成了该建设项目的项目法人。“房地产开发公司系某大学项目代建单位，是工程总承包人，其应独立承担与建设公司之间的债权、债务等责任。”

---

① 典型案例70：“房地产开发公司等与建设公司建设工程纠纷案”，载《民事审判指导与参考》2012年第1辑（总第49辑），第109～113页。

2.7 以项目公司为载体的合作开发

如果合作双方成立项目公司,以项目公司名义进行开发经营,应当如何确定合作各方的权利义务?

裁判规则 71

合作各方成立项目公司进行合作开发的,对各方的权利义务关系,合作协议与项目公司章程不一致的,以项目公司章程为准;合作协议有约定而项目公司章程未规定的,以合作协议为准。

合作各方通过成立项目公司进行合作开发,在项目公司成立后,对合作各方的权利义务关系,是仍然按照合作协议予以确定,还是按照项目公司的公司章程予以确定?有观点认为,项目公司一旦成立,就意味着合作协议的终止,合作各方的权利义务应当按照公司章程规定予以确定。而项目公司属于公司法调整,[①]合作方主张合作权益的,是基于股东对公司利润分配的请求权,与合作开发房地产合同纠纷,分属于不同的诉讼标的。[②] 也有观点认为,即使设立了项目公司,就项目公司对外的法律责任,自应遵循公司法的规定,但项目公司只是合作各方履行合作开发合同的载体与平台,合作各方内部的权利义务关系,不受公司法的限制,而应当按照合作开发合同的约定处理,即使约定与公司法的规定不符,只要不违反合作开发的禁止性规定,都应当予以认可。[③]

就此问题,浙江省高级人民法院民事审判第二庭《关于公司法适用若干疑难问题的理解》第 2 条可资参照。该条规定:“公司章程通常是在设立协议的基础上根据法律的规定制成,在没有争议和符合《公司法》的前提下,设立协议的

---

① 韩延斌:《〈最高人民法院关于审理涉及国有土地使用权合同纠纷案件适用法律问题的解释〉的理解适用》,载《民事审判指导与参考》2005 年第 2 集(总第 22 集),第 85 页。

② 王丹:《合作开发房地产合同中,不负有出资建设义务的一方,实际完成案涉项目建设的,不应认定为违约——北京市京门房地产开发公司与北京地汇春科贸有限公司、北京迎宾房地产开发有限责任公司合资、合作开发房地产合同纠纷上诉案》,载《民事审判指导与参考》2013 年第 1 辑(总第 53 辑),第 216 页。

③ 辛正郁:《名实不符的合作开发房地产合同的认定与处理原则》,载《民事审判指导与参考》2005 年第 2 集(总第 22 集),第 122 ~ 125 页。

基本内容通常都为公司章程所吸收,甚至设立协议的条文为公司章程原封不动地搬用,一般不会发生二者间的矛盾和冲突。但是,如果对于相同的事项,设立协议与公司章程有不同的规定,甚至产生冲突,出现此情形时,设立协议应让位于公司章程。如果设立协议中有公司章程未涉及但又属公司存续或解散之后可能会遇到的事项,相应的条款可继续有效,但效力只应限于签约的发起人或原始股东。"实践中,合作协议通常是合作各方设立项目公司的基础,其主要内容相当于项目公司设立协议,因此,项目公司章程的规定与合作协议的约定往往高度重合,就重合部分内容,区分合作协议与章程并无实质意义。但是,不排除合作协议与公司章程不完全一致的情形。如果公司章程与合作协议不一致,除非合作各方另有约定,应当视为在后的公司章程变更了合作协议的约定,并以变更后的章程为准。此外,还存在合作协议有约定而公司章程未规定的情形,就此,由于项目公司的成立仅仅是合作开发的开始,而非终结,故项目公司的成立并不导致合作协议的消灭,在项目公司运行过程中,合作协议应当继续有效,所以合作协议有约定而公司章程未规定的,应当适用合作协议的约定。[①]在下述【典型案例71】中,对王某与M公司之间合作关系的解除条件,项目公司章程未作规定,而合作协议有约定,王某依据合作协议的约定主张解除合作关系,即得到二审法院的支持。

典型案例71

王某与M公司合资、合作纠纷案[②]

基本案情:2011年,王某与M公司签订《××项目合资协议书》约定,双方成立合资公司建设××化工项目,其中王某出资1000万元,占20%股份,M公司出资4000万元,占80%股份;项目采用王某的工艺技术,王某保证项目按期投产并达产、达

典型案例裁判文书

典型案例71
王某与M公司合资、合作纠纷案

① 最高人民法院民一庭:《包含设立公司内容的协议在公司设立后能否解除》,载《民事审判指导与参考》2017年第3辑(总第71辑),第160~162页。

② 典型案例71:"王某与M公司合资、合作纠纷案",载《民事审判指导与参考》2017年第3辑(总第71辑),第158~163页。

标;M公司负责“项目的审批工作”“办理合资公司的注册登记,组织安全、消防、环保、劳动卫生评价及相关证件的办理工作”。其后,合资公司成立,王某和M公司依约履行了出资义务。但合资公司在开工建设××项目后不久,因未取得环保部门批准的环境影响评价文件,被当地环保部门责令停止生产至今。王某向法院起诉称,M公司未能按照《××项目合资协议书》的约定办理合资公司的环保手续,构成违约,致使案涉项目被停止生产,合同目的已经无法实现,要求解除《××项目合资协议书》,返还出资款1000万元。

法院观点:一审法院认为,《××项目合资协议书》签订后,双方依约定履行了出资义务,合资公司已经设立,双方也由合资协议的主体转变为合资公司的股东。双方签订的合作协议已经实际履行,合同目的已经基本实现。王某要求解除合资协议,实质上涉及合资公司的解散问题。因此王某以合资公司因环保问题停止生产、合同目的不能实现要求解除合资协议的理由不能成立,不予支持。但最高人民法院在评析中认为,“从《××项目合资协议书》的设立目的看,成立合资公司仅是进行合资建设的方式和载体,合资公司成立后,还要通过合资公司的经营,对产品进行生产、销售,最终实现利润分配。故在性质上,《××项目合资协议书》应属于合资、合作协议”。“公司设立仅是合资、合作的开始,而非终结。”“合资公司成立后,《××项目合资协议书》对双方当事人仍然有效,并非自动终止,应适用《合同法》的规定认定是否具备解除的条件。”“至于合资公司的解散等事项,属于《××项目合资协议书》解除后应启动的程序,不可因此影响对《××项目合资协议书》能否解除的认定。”

裁判规则72

合作各方通过项目公司进行合作开发,在项目公司成立后,仍可以依据合作协议的约定,解除合作关系。但投入项目公司的出资,不能直接要求返还,而应通过公司清算程序解决。

有观点认为,合作各方通过项目公司进行合作开发,项目公司一旦成立,一方当事人就不能以对方当事人违反合作协议约定为由,解除合作协议。其理由在于,如果解除合作协议,项目公司就失去了存在的基础,如果双方确实无法继续合作的,只能根据公司法的规定,对项目公司进行解散、清算。

但如前述,公司章程乃至《公司法》的规定,并不能够完全取代合作协议,项

参考案例裁判文书

参考案例60
最高人民法院（2015）民二终字第61号民事判决书

目公司的成立并不意味着合作协议的终止。站在意思自治的立场，合作协议有约定、公司章程未规定的内容，对合作各方仍有约束力。既然有约束力，当事人也就仍然可以行使合作协议约定的解除权。在被称为“史上最惊人违约金案”的“北京庄胜房地产开发有限公司与信达投资有限公司、北京信达置业有限公司、中国信达资产管理股份有限公司北京市分公司合同纠纷案”①中，庄胜公司与信达投资、信达北分约定，成立项目公司——信达置业——联合开发庄胜二期。在信达置业成立后，因信达投资违反合作合同的约定，将合作权益转让给中信国安。庄胜公司以信达投资对外出售信达置业股权，构成恶意违约（合作协议）为由，要求解除合同，并赔偿10亿元违约金。最高人民法院即认为，由于信达投资对外转让信达置业100%股权的行为构成合作合同的恶意违反，故双方约定的解除合同的条件成就，据此判决解除合作合同，信达投资向庄胜公司支付违约金10亿元。

但是，当事人根据合作协议成立了项目公司，其出资已经转化为项目公司的注册资本，在解除合作协议的情况下，根据《公司法》第35条“公司成立后，股东不得抽逃出资”的规定，解除权人不得要求直接收回该部分投资（也即是出资），只能在项目公司清算后按照比例分配剩余财产。②

---

① 参考案例60：“北京庄胜房地产开发有限公司与信达投资有限公司、北京信达置业有限公司、中国信达资产管理股份有限公司北京市分公司合同纠纷案”，最高人民法院（2015）民二终字第61号民事判决。

② 最高人民法院民一庭：《包含设立公司内容的协议在公司设立后能否解除》，载《民事审判指导与参考》2017年第3辑（总第71辑），第163页。

典型案例72

海南海联工贸有限公司与海南天河旅业投资有限公司、三亚天阔置业有限公司等合作开发房地产合同纠纷案[1]

典型案例裁判文书

典型案例72
最高人民法院（2015）民提字第64号民事判决书

基本案情：2007 年 4 月 23 日，海联公司与天河公司签订《合作项目合同书》约定，海联公司出地、天河公司出资，合作开发房地产，海联公司取得全部销售收入的 23.8%，天河公司取得全部销售收入的 76.2%；同时，组成具备独立法人资格的项目有限责任公司，海联公司占 23.8% 股权，天河公司占 76.2% 股权。但随后，双方并未按照《合作项目合同书》的约定成立项目公司，而是借用了早在 2006 年 10 月 16 日即已设立的天阔公司作为合作开发的项目公司。在履行过程中，海联公司以天河公司违约为由，要求解除《合作项目合同书》。

法院观点：一审法院（三亚市中级人民法院）与二审法院（海南省高级人民法院）均认为，海联公司与天河公司采取设立项目公司形式开发，双方为此签订的《合作项目合同书》约定了合作方的出资形式、股权比例、注册资金、利润分配方式等内容，其性质相当于股东出资协议。天阔公司设立后，双方于《合作项目合同书》项下的合同权益已转化为项目公司的股权。而天阔公司的股权经过一系列变更后，海联公司在天阔公司已不享有股份，其在《合作项目合同书》中及“天阔广场”项目上也已无权益，故海联公司无权主张解除合同。再审中，最高人民法院提出，天阔公司仅是天河公司与海联公司双方按照《合作项目合同书》约定为进行天阔广场项目合作开发，履行各自权利义务的载体，并非《合作项目

---

① 典型案例 72：“海南海联工贸有限公司与海南天河旅业投资有限公司、三亚天阔置业有限公司等合作开发房地产合同纠纷案”，最高人民法院（2015）民提字第 64 号民事判决，载《中华人民共和国最高人民法院公报》2016 年第 1 期，第 19 ~ 34 页。针对海联公司要求天阔公司返还“天阔广场”土地及项目开发权的诉讼请求，最高人民法院认为，天阔公司作为项目公司，是海联公司与天河公司为共同履行各自在《合作项目合同书》权利义务的载体，按照约定，海联公司将“天阔广场”项目开发权及三亚市政府给海联公司的 46.5 亩土地投资补偿权变更到天阔公司的名下，完成了《合作项目合同书》项下的义务，但该义务并非向天阔公司的出资，不构成天阔公司法人财产权。在此基础上，最高人民法院判决天阔公司将其名下的“天阔广场”项目开发权和土地使用权返还变更至海联公司。

合同书》的合同主体，更不是海联公司、天河公司在合作开发协议中的合同相对方；海联公司所享有的 23.8% 权益是依据《合作项目合同书》对合作项目的利益分配比例。因此，海联公司有权依据《合作项目合同书》的约定行使解除权。

3. 商品房买卖合同的订立、定性规则

《商品房买卖合同解释》第 1 条规定:"本解释所称的商品房买卖合同,是指房地产开发企业(以下统称为出卖人)将尚未建成或者已竣工的房屋向社会销售并转移房屋所有权于买受人,买受人支付价款的合同。"实践中,围绕商品房买卖合同的订立,主要的争议集中在要约与要约邀请的区分、预约与本约的区分;围绕商品房买卖合同的定性,主要的难点在于当商品房买卖合同与民间借贷纠缠在一起,或者因民间借贷演化为以房抵债时,应当如何确定合同的性质。

3.1 商品房买卖合同的要约与要约邀请

《民法典》第 471 条规定:"当事人订立合同,可以采取要约、承诺方式或者其他方式。"①第 472 条规定:"要约是希望与他人订立合同的意思表示,该意思表示应当符合下列条件:(一)内容具体确定;(二)表明经受要约人承诺,要约人即受该意思表示约束。"②与此同时,《民法典》第 473 条第 1 款规定:"要约邀请是希望他人向自己发出要约的表示。拍卖公告、招标公告、招股说明书、债券募集办法、基金招募说明书、商业广告和宣传、寄送的价目表等为要约邀请。"③据此,要约邀请"又称要约引诱,是邀请或者引诱他人向自己发出订立合同的要约的意思表示",④处于合同的准备阶段,没有法律约束力。

由于要约是一经承诺就成立合同的意思表示,而要约邀请则不具有合同约束力,所以实践中,一些开发商往往借助要约邀请这一概念工具,在商业广告上做文章,以规避要约的约束。在印刷广告、电视广告、售楼书、施工现场的广告

① 《合同法》第 13 条规定:"当事人订立合同,采取要约、承诺方式。"

② 《合同法》第 14 条。

③ 《合同法》第 15 条第 1 款规定:"要约邀请是希望他人向自己发出要约的意思表示。寄送的价目表、拍卖公告、招标公告、招股说明书、商业广告等为要约邀请。"

④ 胡康生主编:《中华人民共和国合同法释义》,法律出版社 2013 年版,第 40 页。

牌以及其他宣传材料上，对商品房环境、使用功能、购房优惠等方面，作出不实宣传、虚假陈述，诱导潜在的购房者作出购房决定，在因房屋实际状况不符合广告内容引发纠纷后，又以商业广告属于要约邀请为由，拒绝承担责任。针对这类行为，《民法典》第 473 条第 2 款规定："商业广告和宣传的内容符合要约条件的，构成要约。"[①]《商品房买卖合同解释》第 3 条进一步细化规定："商品房的销售广告和宣传资料为要约邀请，但是出卖人就商品房开发规划范围内的房屋及相关设施所作的说明和允诺具体确定，并对商品房买卖合同的订立以及房屋价格的确定有重大影响的，应当视为要约。该说明和允诺即使未载入商品房买卖合同，亦应当视为合同内容，当事人违反的，应当承担违约责任。"实践中的争议在于，对销售广告和宣传资料所作出的说明和允诺，在什么情况下应当视为要约？

裁判规则 73

开发商在发布的销售广告和宣传资料中所作的说明和允诺满足下列条件的，应当视为要约：第一，说明和允诺的内容明确具体；第二，说明和允诺对买卖合同的订立或房屋价格的确定有一定影响。

根据《商品房买卖合同解释》第 3 条的规定，将开发商在销售广告和宣传资料中所作的说明和允诺视为合同内容，应当同时满足以下两个条件：

一方面，说明和允诺的内容应当明确具体。在现实生活中，开发商在商业广告中声称"理想居所""尊贵宅邸""置业首选""升值潜力不可限量"等，虽有过度吹嘘之嫌，但已经成为当前商业宣传的常态，属于购房者可识别的范畴，不应视为要约。此外，诸如"高档防滑瓷砖""名牌电梯""多项顶尖科技"等，由于没有明确具体的质量指标，无法构成合同内容，也不应视为要约。只有诸如"小区内绿化率为 40%""容积率为 2.0"等，内容具体、标准明确，可以视为要约。

另一方面，说明和允诺应当对买卖合同的订立或房屋价格的确定有一定影响。《商品房买卖合同解释》第 3 条的规定是"对商品房买卖合同的订立以及房屋价格的确定有重大影响"，而实务界普遍主张，"审判实践中对合同订立和价

① 《合同法》第 15 条第 2 款规定："商业广告的内容符合要约规定的，视为要约。"

格有重大影响的把握不宜过严"[①]。第一,购房者的购买目的千差万别,心理价位亦不尽相同,事发后(诉讼中)推测该说明和允诺对买卖合同的订立与房屋价格的确定是否有重大影响,难尽准确;第二,如果说明和允诺对买卖合同的订立有重大影响,站在该逻辑的延长线上,相应的法律后果应当是解除合同。但根据《民法典》第 577 条[②]的规定,在开发商违反说明和允诺的情况下,还可以采取赔偿损失的方式予以救济。在不解除合同的情况下,则不应要求说明和允诺对买卖合同的订立与房屋价格的确定有重大影响。

需要指出的是,在《商品房买卖合同解释》颁布后,为了规避第 3 条的规定,开发商往往在商品房买卖合同中设定如下条款:"本合同签订前甲方发布的乙方在签订本合同前已明确知道所有广告及宣传资料、销售手册、楼盘模型等仅作参考,不作为本合同内容。"若此,还应否适用第 3 条的规定?就此,重庆市市场监督管理局组织召开的专家评审会认为,"出卖人就商品房开发规划范围内的房屋及相关设施,通过广告、宣传资料所作的说明和允诺,若明确具体且对商品房买卖合同的订立以及房屋价格的确定有重大影响的,应当视为要约,作为合同内容"[③]。该思路着眼于实质正义,可资参考。

典型案例73

北京中粮万科房地产开发有限公司与余云飞商品房预售合同纠纷案[④]

基本案情:2011 年 5 月 13 日,余云飞与中粮万科公司签订《北京市商品房预售合同》约定,余云飞购买中粮万科公司开发的 1501 号房屋。在房屋销售过程中,中粮万科公司在其户外广告和宣传单中均进行了"买长阳半岛、上北京四中"的宣传,并作出了长阳半岛"一房一名额"就读北京四中房山分校初中的意

① 徐子良、张松、李诗鸿:《开发商在售楼广告中的教育优惠承诺可视为要约》,载《人民司法》2008 年第 14 期,第 21 页。

② 《合同法》第 107 条。

③ 刘文新:《重庆开展整治行动规范房地产买卖合同曝光 13 类补充协议霸王条款》,载《中国消费者报》2019 年 1 月 9 日,第 002 版。

④ 典型案例 73:"北京中粮万科房地产开发有限公司与余云飞商品房预售合同纠纷案",北京市第二中级人民法院(2014)二中民终字第 3255 号民事判决。

思表示。后因超过六年不再享有就读北京四中房山分校的条件，余云飞遂提起诉讼，要求确认中粮万科公司关于长阳半岛项目子女可按照国家九年制义务教育制度就读该项目配建小学及北京四中房山分校校区初中的允诺（一房一名额），对中粮万科公司具有法律效力。

典型案例裁判文书

典型案例73
北京市第二中级人民法院（2014）二中民终字第3255号民事判决书

法院观点：一审法院（北京市房山区人民法院）认为，中粮万科公司在其销售广告和宣传单中，关于“购买长阳半岛、上北京四中”的承诺具体明确，对余云飞是否订立商品房买卖合同及房屋价格产生了重大的影响，因此该承诺应当视为合同内容的一部分，对中粮万科公司应当具有法律约束力。二审法院（北京市第二中级人民法院）予以维持。

裁判规则 74

开发商在销售广告和宣传资料中所作的说明和允诺是否构成要约，不受商品房开发规划范围的限制。该说明和允诺，不仅包括开发规划范围内的房屋及基础设施，还包括开发规划范围外的公共配套设施。

《商品房买卖合同解释》第3条对说明和允诺的限定是“商品房开发规划范围内的房屋及相关设施”。有观点据此认为，“该说明和允诺的对象限定为开发商开发规划范围内的房屋及相关设施等。如广告称房屋为混凝土结构、居住区绿地、电梯、车库、健身、购物等设施齐全等。至于开发商对开发规划范围之外的周边环境和公共设施的渲染、描述，不能认定为要约。”①但在现实生活中，开发商的大量允诺都是针对开发规划范围外的公共配套设施，如小区周边的医院、学校、商业体、交通条件等。实务界在审查时，并未将可视为要约的说明和允诺限定在商品房开发规划范围内，开发商就开发规划范围外的公共配套设施的说明和允诺，也可能被视为要约。前述【典型案例73】所争议的学区房也是如此，开发商承诺业主子女就读的学校并不属于开发规划范围内，但法院仍然认定开发商就学区房所做宣传构成要约。事实上，《商品房买卖合同解释》的起

① 侯国跃主编：《最高人民法院商品房买卖合同司法解释精释精解》，中国法制出版社2016年版，第41页。

草者也不主张将说明和允诺限定在开发规划范围内,在解释《商品房买卖合同解释》第3条所说的"相关设施"时,起草者指出,"包括商品房的基础设施和相关配套设施","商品房的基础设施包括供暖、供电、供水、小区景观、小区内道路、停车场等,公共配套设施包括商品房规划范围内的配套和商品房规划范围外的配套,如商业、服务业以及医疗教育、公共交通等公共设施的配套"[①]。

典型案例74

柳州悦景房地产开发有限公司与杨金锋商品房预售合同纠纷案[②]

典型案例裁判文书

典型案例74
柳州市中级人民法院
(2019)桂02民终4587号民事判决书

基本案情:2014年7月21日至2015年11月26日,悦景公司就盛天悦景台项目发布的相关广告中,含有"盛天悦景台·明星级八中·入读八中名校""八中·八中学区"等广告用语。2014年12月5日,杨金锋与悦景公司签订《商品房买卖合同》约定:杨金锋向悦景公司购买盛天悦景台2栋23-2号房屋。《商品房买卖合同》附件四《合同补充协议》第3条约定:"出卖人就本项目所作的广告、宣传(模型及宣传资料)及设置的示范单位(样板间)仅供参考,不作为具体承诺,与《商品房买卖合同》约定不一致的,以合同为准。双方关于商品房买卖的全部权利义务及装修标准等均以合同及合同附件为准。"合同签订后,杨金锋已依约向悦景公司支付完毕购房款。涉案房屋亦已交付杨金锋使用。后因盛天悦景台不属于八中学区范围,杨金锋认为悦景公司发布虚假广告的行为已经构成违约,诉至法院,要求赔偿损失1万元。

法院观点:一审中,悦景公司抗辩称,广告宣传不属于合同的组成部分,不构成要约,《商品房买卖合同》无关于学区的约定。但一审法院(柳州市鱼峰区人民法院)认为,杨金锋、悦景公司签订《商品房买卖合同》的时间在悦景公司发

---

① 最高人民法院民事审判第一庭编著:《最高人民法院关于审理商品房买卖合同纠纷案件司法解释的理解与适用》,人民法院出版社2003年版,第51~52页。

② 典型案例74:"柳州悦景房地产开发有限公司与杨金锋商品房预售合同纠纷案",柳州市中级人民法院(2019)桂02民终4587号民事判决。

布虚假广告的时间段内，悦景公司发布虚假广告对杨金锋购买房屋并签订合同的决策具有重大影响，该广告文字内容构成具体确定的说明和允诺，应当视为要约。现盛天悦景台不属于八中学区，悦景公司以八中学区房作为销售手段而发布虚假广告的行为构成违约。据此，酌情认定悦景公司赔偿杨金锋因违约造成的经济损失5000元。一审判决后，悦景公司上诉称，柳州八中不在悦景公司开发规划范围内，不属于悦景公司开发规划范围内的设施，本案不符合《商品房买卖合同解释》第3条认定为要约的条件。但二审法院（柳州市中级人民法院）认为，悦景公司发布的广告中使用"盛天悦景台·明星级八中·入读八中名校"等文字广告用语，该广告文字内容构成具体确定的说明和允诺，因八中是柳州市区内的名校，该商品房是否属于八中学区房对商品房买卖合同的订立以及房屋价格的确定有重大影响，根据《商品房买卖合同解释》第3条的规定，该广告宣传应当视为要约。现盛天悦景台不属于八中学区，悦景公司构成违约，应当承担违约责任。一审法院酌定悦景公司支付违约金5000元并无不当。

裁判规则 75

未载入商品房买卖合同的说明和允诺被视为要约，而开发商违反的，应当承担违约责任。在不解除合同的情况下，开发商应赔偿承诺标准与实际状况之间的价差。如该价差难以准确量化的，可由法院酌情确定。

未载入商品房买卖合同的说明和允诺如果被视为要约，《商品房买卖合同解释》第3条后段规定："应当视为合同内容，当事人违反的，应当承担违约责任。"那么应当如何界定这一违约责任？如果违反说明和允诺导致购房者的合同目的无法实现，则构成根本性违约，购房者有权要求解除合同、赔偿损失。就此，《民法典》第563条第1款、第566条第1款与第2款有明确规定[①]。如果违反说明和允诺不构成根本性违约，则购房者不能要求解除合同，但"开发商应按照其向社会公开的承诺赔偿购房的损失"，[②]也就是说，对承诺标准与实际状况之间的差距，开发商应当折价赔偿。在实践中，这一差距往往难以准确量化，如承诺的大型超市未能入驻，导致生活的便利性降低，就难以无法折算，故法院通

① 《合同法》第94条、第97条亦有类似规定。

② 最高人民法院民事审判第一庭编著：《最高人民法院关于审理商品房买卖合同纠纷案件司法解释的理解与适用》，人民法院出版社2003年版，第53页。

常且只能采取酌情确定的方法。就应当区分违反说明和允诺是影响合同订立还是影响合同价格,进而适用不同的违约责任,【裁判规则 162】还将作进一步讨论。

典型案例75

中山市凯茵豪园房地产开发有限公司与黄淑霞商品房买卖合同纠纷案[①]

典型案例裁判文书

典型案例75
广东省高级人民法院
(2008)粤高法审监民提字第133号民事判决

基本案情:2002 年,凯茵公司在陆续发布的广告宣传资料中宣称,拟开发建设凯茵新城,建成后,"30 台大型豪华住客巴士 24 小时从凯茵新城至城区 A、B 线路所列站点,高峰期每 15 分钟一班,并有至小榄、古镇的 C 线路;占地 12 万平方米的动感亲子园面向凯茵业主及中山市民全面开放,多达 25 项的玩乐设施一律免费;业主专享九洞高尔夫全面开放;另有滑草场、骑马乐园、水上乐园等逾百项尊贵设施等内容"。2003 年 4 月 2 日,黄淑霞作为买受人与凯茵公司签订《商品房买卖合同》,购买了第 A1－21 幢 205 房。2006 年 4 月 3 日,黄淑霞以凯茵公司在广告中所承诺业主享受的福利(交通、环境、休闲)存在虚假为由,向法院提起诉讼。审理中查明,凯茵新城住客巴士数量并未达到 30 辆,现有车辆亦未在凯茵公司允诺的三条线路 24 小时往返穿梭、免费开放的动感亲子乐园已被拆除建成商品房。

法院观点:一审法院认为,凯茵公司在商品房销售广告中所称班车路线、配套设施,虽有失实之处,应认定属于吹嘘,但不存在凯茵公司故意隐瞒真实情况的情形。而且凯茵公司对诉争房产的配套设施等说明未列入商品房购销合同内,故该广告的内容应视为要约邀请,对当事人不产生约束力。遂判决驳回了黄淑霞的诉讼请求。二审中,中山市中级人民法院认为,凯茵公司为销售房屋所作出的广告宣传,是就其所开发商品房及相关公共配套设施作出的说明和允

---

① 典型案例 75:"中山市凯茵豪园房地产开发有限公司与黄淑霞商品房买卖合同纠纷案",广东省高级人民法院(2008)粤高法审监民提字第 133 号民事判决。

诺,内容明确具体,对黄淑霞订立商品房买卖合同及房屋价格的确定有重大影响,上述说明和允诺即使未载入商品房买卖合同,依法也应视为合同的内容。故凯茵公司没有兑现其在广告宣传中的承诺,降低了诉争房屋的整体价值,构成违约,应对此作出适当赔偿。根据本案具体情况,酌情认定凯茵公司按照黄淑霞购房款的5%进行赔偿较为合理。二审判决后,检察机关提出抗诉。广东省高级人民法院认为,双方合同中虽然未对关于住客巴士、动感亲子园等事项进行约定,但凯茵公司的销售广告和宣传资料对凯茵新城设施的说明和允诺具体确定,并对商品房买卖合同的订立以及房屋价格的确定有重大影响,应当视为要约。凯茵公司违反了其在宣传资料中的允诺,构成违约,二审酌情判决凯茵公司向黄淑霞承担赔偿已付房价款5%损失的违约责任是适当的。

裁判规则 76

开发商在销售广告中提供虚假信息、进行不实宣传,未被认定为要约的,不承担违约责任。但如因此导致商品房买卖合同被撤销的,应当承担缔约过失责任。

如前所述,只有满足规定条件的销售广告和宣传资料才能被认定为要约,其他销售广告和宣传资料一般应当认定为要约邀请。被认定为要约邀请,虽不构成合同内容,无须承担违约责任,“但不等于不承担任何法律责任,如果因此而造成买受人损失的,买受人可以根据《合同法》第 42 条①、第 54 条②以及《民法通则意见》第 86 条③的规定,由出卖人承担缔约过失的损害赔偿责任”。④

“缔约过失责任指当事人在订立合同过程中,因违背诚实信用原则而给对方造成损失的赔偿责任。”⑤通说认为,缔约过失责任以合同不成立、无效、被撤销为前提条件。⑥ 实践中,开发商虽然涉嫌夸大宣传、虚假承诺,但如商品房买卖合同未成立的,购房者一般不会追究开发商的缔约过失责任。此外,开发商

① 《民法典》第 500 条。

② 《民法典》第 147 条、第 151 条、第 157 条。

③ 此处疑为原作之笔误,似应为《民法通则意见》第 73 条。

④ 最高人民法院民事审判第一庭编著:《最高人民法院关于审理商品房买卖合同纠纷案件司法解释的理解与适用》,人民法院出版社 2003 年版,第 53 页。

⑤ 胡康生主编:《中华人民共和国合同法释义》,法律出版社 2013 年版,第 81 页。

⑥ 崔建远主编:《合同法》,法律出版社 2016 年版,第 83 ~ 84 页。

夸大宣传、虚假承诺,不会导致商品房买卖合同无效,也不会成立缔约过失责任。因此,开发商的缔约过失责任集中在商品房买卖合同被撤销的场合。根据《民法典》第 147 条、第 148 条、第 151 条的规定,对存在欺诈、重大误解、显失公平的合同,可以要求撤销。实践中,购房者普遍以开发商的夸大宣传、虚假承诺构成欺诈为由,要求撤销合同。如购房者的理由成立的,则开发商应当承担缔约过失责任。换句话说,购房人要求开发商承担缔约过失责任,以撤销购房合同为前提。在下述【典型案例 76】中,购房人在未撤销合同的情况下要求开发商承担缔约过失责任,就未得到法院支持。至于缔约过失责任的范围,后述【裁判规则 114】有较为详细的讨论,此处不赘述。

还需指出的是,根据《合同法》第 54 条[①]的规定,对存在欺诈、重大误解、显失公平的合同,既可撤销,也可变更,该条确立的可撤销行为的可变更规则一直饱受争议。“有鉴于此,立法机关遂从《民法总则》关于可撤销法律行为的规定中,删除‘变更’效力。”[②]《民法典》沿袭了《民法总则》的这一规定。据此,开发商在销售广告中提供虚假信息、进行不实宣传,导致商品房买卖合同为可撤销合同的,购房者要么请求撤销合同、追究缔约过失责任,要么继续履行原合同,但不得直接请求变更合同条件。

典型案例76

黄高丹等 53 户业主与深圳市金地宝城房地产开发有限公司商品房预售合同纠纷案[③]

基本案情:金地宝城公司是金地名峰的开发商。在售房过程中,金地宝城公司通过电视广告、宣传彩页、沙盘模型等,宣传“深圳实验学校就在金地名峰

① 该条规定:“下列合同,当事人一方有权请求人民法院或者仲裁机构变更或者撤销:(一)因重大误解订立的;(二)在订立合同时显失公平的。一方以欺诈、胁迫的手段或者乘人之危,使对方在违背真实意思的情况下订立的合同,受损害方有权请求人民法院或者仲裁机构变更或者撤销。当事人请求变更的,人民法院或者仲裁机构不得撤销。”

② 梁慧星:《民法总论》,法律出版社 2017 年版,第 214 页。

③ 典型案例 76:“黄高丹等 53 户业主与深圳市金地宝城房地产开发有限公司商品房预售合同纠纷案”,广东省深圳市中级人民法院(2014)深中法房终字第 2360 ~ 2365、2367 ~ 2413 号民事判决,广东省高级人民法院(2015)粤高法民一申字第 1300 ~ 1352 号民事裁定。

小区边上，是九年制公立学校，是深圳前3的一个学校，预计明年9月开始招生”“项目一路之隔的是公立9年一贯制重点学校深圳实验学校或将入驻”等。金地名峰售楼中心的沙盘模型摆放着“深圳实验学校”的模型，售楼中心墙壁上的地理位置图也标注着“深圳实验学校”。黄高丹等53户业主与金地宝城公司签订了房屋买卖合同。后金地宝城公司宣传的深圳实验学校并未配套入驻。黄高丹等53户业主提起诉讼，以金地宝城公司虚假宣传为由，要求承担缔约过失责任。

典型案例裁判文书

典型案例76

广东省深圳市中级人民法院（2014）深中法房终字第2360~2365、2367~2413号民事判决书

广东省高级人民法院（2015）粤高法民一申字第1300~1352号民事裁定书

法院观点：二审法院（深圳市中级人民法院）认为，黄高丹等53户业主主张，金地宝城公司有关引进深圳实验学校的宣传符合《合同法》第42条①规定的情形，金地宝城公司应当承担损害赔偿责任。但《合同法》第42条系有关缔约过失责任的规定，适用于合同未成立、被撤销或者被认定无效的情况。而黄高丹等53户业主并未根据《合同法》第54条②向人民法院或者仲裁机构请求变更或者撤销涉案合同，涉案合同已经实际履行且未被认定无效，黄高丹等53户业主依据《合同法》第42条要求金地宝城公司赔偿经济损失，缺乏法律依据，不予支持。广东省高级人民法院在再审审查中也认为，根据《合同法》第42条的规定，缔约过失责任适用于合同未成立、无效或被撤销的情形，涉案商品房预售合同已经实际履行且未被认定无效，黄高丹等53户业主也没有请求变更或撤销涉案合同，故二审判决认定金地宝城公司无须承担缔约过失责任亦无不当。

3.2 商品房买卖合同的预约与本约

实践中，一些开发商尚未办妥开发项目的立项、规划、报建等审批手续，又急于通过销售回笼部分投资款，往往采取先与购房者签订商品房的认购、订购、预订等协议，待相关手续办妥后，再与购房者签订正式的购房合同。这类认购、订购、预订等协议合同，一般认定为预约合同；其后签订的正式的购房合同，一般被认定为本约合同。

---

① 《民法典》第500条。

② 《民法典》第147条、第151条、第157条。

裁判规则 77

商品房买卖预约合同应具备名称或姓名、标的、数量这三项基本要素,否则预约合同不成立。

一般而言,从一方发出愿意签订合同的意思表示(要约或要约邀请),到合同正式成立,其间会经历一个协商过程,并对合同的主要内容达成初步合意,最终以口头或书面方式成立合同。在合同订立过程中,双方可能会签订一些磋商性、谈判性文件。这些文件如果欠缺合同基本要素的,不应认定为预约合同。广东省高级人民法院《关于审理房屋买卖合同纠纷案件的指引》(粤高法〔2017〕191 号)第 1 条即规定:"当事人通过缴纳诚意金、签订意向书等方式,仅表达房屋买卖意向,未约定在将来一定期限内签订买卖合同,一方以对方不签订买卖合同为由主张对方承担违约责任的,不予支持。"其原因在于,预约虽然是"约定将来订立一定契约的契约",①其目的在于签订本约,但预约作为合同的一种类型,其成立,"须遵循合同法关于合同订立的一般规则"②。也就是说,预约也需具备合同的基本要素,否则不成为合同。王利明教授即认为,"只有那些具备了预约条件的意向书才能认定为预约合同"③。

问题在于商品房买卖预约合同究竟应当包括哪些基本要素?一般认为,"只要符合合同法关于合同内容的基本条款,即可认定为合同,然后再进一步根据协议约定内容,区分本预约合同"④。若此,根据《合同法解释(二)》第 1 条的规定,只要具备当事人名称或者姓名、标的、数量这三项要素,就可以成立合同,也就可以构成预约。⑤ 如果不具备这些基本要素,就不可能成立合同,既不可能构成本约,也不可能构成预约。

---

① 王泽鉴:《债法原理》,北京大学出版社 2013 年版,第 168 页。

② 崔建远:《合同法总论》(上卷),中国人民大学出版社 2011 年版,第 98 页。

③ 王利明:《预约合同若干问题研究——我国司法解释相关规定述评》,载《法商研究》2014 年第 1 期,第 56 页。

④ 陈星星、蒋保鹏:《商品房预售合同的相关法律适用问题研究——基于三则典型案例的比较分析》,载《民事审判指导与参考》2016 年第 4 辑(总第 68 辑),第 172 页。

⑤ 侯国跃主编:《最高人民法院商品房买卖合同司法解释精释精解》,中国法制出版社 2016 年版,第 67 页。

典型案例77

洋浦经济开发区管理委员会与澳华资产管理有限公司建设用地使用权纠纷案①

基本案情:2008 年 4 月 19 日,澳华公司与洋浦管委会签订《投资意向书》约定,经财政部批准,澳华公司受让了光大公司位于洋浦开发区内 D2－17－1 和 D2－17－2 两个地块的土地使用权,合计面积为15 951平方米(约 24 亩),土地性质为商业用地;洋浦管委会支持澳华公司在洋浦投资建设高档酒店,同意协调置换土地……2012 年 3 月 28 日,澳华公司起诉称,洋浦管委会有义务为澳华公司协调置换土地,但至今未履行其合同义务,已经构成根本违约,给澳华公司造成了巨大损失,请求解除《投资意向书》,洋浦管委会赔偿澳华公司损失 159 607 700 元。

典型案例裁判文书

典型案例77
最高人民法院(2013)民一终字第107号民事判决书

法院观点:最高人民法院在二审中认为,实践中,意向书的形式具有多样性,其性质及效力不能一概而论,而是应当结合具体交易情形判断意向书内容是否具体确定、当事人是否有受约束的意思,进而认定其效力。首先,《投资意向书》的当事人虽然是确定和明确的,但对于合同的标的和数量,《投资意向书》只是在描述了澳华公司所称的从光大公司处受让土地的情况的基础上,对澳华公司拟置换土地的意向及洋浦开发区管理局表示同意协调置换进行了约定,而对于是否必须置换成功以及置换土地的具体位置和面积均未作出明确约定。因此,该《投资意向书》不具备合同的主要条款,不构成正式的土地置换合同。其次,双方在《投资意向书》中虽然对签订《投资意向书》的背景进行了描述,但并未明确约定洋浦管委会在置换土地过程中的权利和义务,当事人也未表明受其约束的意思,故该《投资意向书》并非相关土地使用权人就在将来进行土地置换或者在将来签订土地置换合同达成的合意。因此,案涉《投资意向书》的性质

① 典型案例 77:"洋浦经济开发区管理委员会与澳华资产管理有限公司建设用地使用权纠纷案",最高人民法院(2013)民一终字第 107 号民事判决。本案当事人约定的标的物是建设用地使用权而非商品房,但所涉及的法律问题与【裁判规则 77】完全相同。

为磋商性、谈判性文件,不具备合同的基本要素,没有为双方设定民事权利义务,双方当事人之间并未形成民事法律关系。①

裁判规则 78

商品房买卖合同本约的必备要素是名称或姓名、标的、数量。只要具备这三项基本要素,即可成立商品房买卖合同的本约。

《商品房买卖合同解释》第 5 条规定:“商品房的认购、订购、预订等协议具备《商品房销售管理办法》第十六条规定的商品房买卖合同的主要内容,并且出卖人已经按照约定收受购房款的,该协议应当认定为商品房买卖合同。”根据《商品房销售管理办法》(2001 年建设部令第 88 号)第 16 条的规定,所谓“商品房买卖合同的主要内容”,包括当事人名称或者姓名和住所,商品房基本状况,商品房的销售方式,商品房价款的确定方式及总价款、付款方式、付款时间,交付使用条件及日期,装饰、设备标准承诺,供水、供电、供热、燃气、通信、道路、绿化等配套基础设施和公共设施的交付承诺和有关权益、责任,公共配套建筑的产权归属,面积差异的处理方式,办理产权登记有关事宜,解决争议的方法,违约责任,双方约定的其他事项,共计 13 项内容,极为繁杂。实践中,很多商品房买卖合同都未能具备上述全部要素。而《合同法解释(二)》第 1 条第 1 款规定:“当事人对合同是否成立存在争议,人民法院能够确定当事人名称或者姓名、标的和数量的,一般应当认定合同成立。但法律另有规定或者当事人另有约定的除外。”这就意味着,只要约定了当事人名称或者姓名、标的和数量,就可以构成合同,包括本约合同。那么,对商品房买卖合同的本约,究竟应当坚持《商品房买卖合同解释》第 5 条的规定,还是改采《合同法解释(二)》第 1 条第 1 款的立场?

有观点认为,如果商品房买卖合同仅包含基本的必要条款,则应当认定为预约,如果除基本必要条款外,同时包含具体的商品房及其交易信息,则可以认定为本约。② 但笔者认为,《商品房买卖合同解释》第 5 条所称的“商品房买卖

① 二审判决后,澳华公司申请再审,最高人民法院以(2014)民申字第 263 号民事裁定驳回了再审申请。

② 陈星星、蒋保鹏:《商品房预售合同的相关法律适用问题研究——基于三则典型案例的比较分析》,载《民事审判指导与参考》2016 年第 4 辑(总第 68 辑),第 172 页。

合同的主要内容"本身语焉不详,而"现代合同法为了适应鼓励交易、增进社会财富的需要,各国合同法开始将合同必备条款的范围限定得较小,通常限定于当事人和标的物两项,还规定可以采用合同漏洞补充的方法来促成合同的成立",[1]在此背景下,《合同法解释(二)》第1条第1款参考借鉴各国关于合同必备条款的规定,总结我国审判实践经验,在广泛调研基础上,将合同必备条款限定为"名称或姓名、标的、数量"。对于没有约定的其他内容,包括质量要求、价款、履行期限、履行费用等,可以根据《合同法》第61条[2]、第62条[3]、第125条[4]的规定进行补充,从而赋予合同可履行性。[5] 因此,只要具备名称或姓名、标的、数量,就应当认为具备了商品房买卖合同的主要内容,可以成立商品房买卖合同的本约。

典型案例78

长海县獐子岛昌宏商厦有限公司与杨永大房屋买卖合同纠纷案[6]

典型案例裁判文书

典型案例78
辽宁省大连市中级人民法院(2016)辽02民终285号民事判决书

基本案情:2011年11月8日和2012年1月11日,杨永大先后两次向昌宏公司交付购房款180 000元和购房款127 584元,共计307 584元。昌宏公司也相应地为杨永大出具了收款收据。收款收据上载明:购买房屋楼号,每平3980元,共81.35平方米。一次性付款,已优惠总房款的5%。昌宏公司收到全部房款后,未与杨永大签订房屋买卖合同。房屋交付后,因该房屋手续不全,且被该房屋的开发商大连星

① 最高人民法院研究室编著:《最高人民法院关于合同法司法解释(二)理解与适用》,人民法院出版社2009年版,第15页。

② 《民法典》第510条。

③ 《民法典》第511条。

④ 《民法典》第142条第1款。

⑤ 最高人民法院研究室编著:《最高人民法院关于合同法司法解释(二)理解与适用》,人民法院出版社2009年版,第16~18页。

⑥ 典型案例78:"长海县獐子岛昌宏商厦有限公司与杨永大房屋买卖合同纠纷案",大连市中级人民法院(2016)辽02民终285号民事判决。

球建设集团有限公司抵押给徐德君用于贷款,杨永大遂起诉请求解除合同,返还购房款,赔偿损失。昌宏公司辩称,双方之间不存在房屋买卖合同关系。

法院观点:大连市中级人民法院在二审中认为,《商品房销售管理办法》第16条关于合同条款的规定并非效力性强制性规定。按照合同自由原则,除了按照合同性质必须具备的条款外,在不违反法律和社会公德的前提下,当事人有权决定合同条款的内容。有关合同内容没有约定或约定不明确的,根据《合同法》第61条①规定,双方当事人可以协议补充,不能达成补充协议的,按照合同有关条款或者交易习惯确定。仍不能确定的,适用《合同法》第62条②规定确定。昌宏公司向杨永大出具的收据明确载明杨永大所购买房屋的楼号、单价及面积等内容,据此能够确定当事人名称或姓名、标的、数量、价款,根据《合同法解释(二)》第1条规定,应当认定双方房屋买卖合同成立。

裁判规则 79

商品房买卖预约合同有别于商品房预售合同。预约合同是约定将来订立本约合同的合同,预售合同是商品房的远期交易合同,本身即属于本约合同。

早前有观点认为,"预售房屋合同是一种典型的预约买卖合同"③。事实上,预约合同与预售合同,虽一字之差,但性质迥异。"预约乃约定将来订立一定契约(即本约)的契约。"④通常所说的预售合同,"是指商品房预售人在商品房还未竣工、房屋并未现实存在的情况下,与预购人约定在一定期限后,将竣工的房屋交付给预购人,预购人交付价金的不动产买卖合同"⑤。二者有以下区别:一方面,预约合同是与本约合同对立的契约,签订预约的目的在于将来签订本约;预售合同是与现售合同对立的契约,其指向的标的物是未来物,就商品房预售而言,既可以订立预约合同,也可以订立本约合同,通常所说的预售合同是指商品房预售的本约。也就是说,预约合同与预售合同的分类不同,二者构成交叉关系。另一方面,预约合同虽然也属于合同的一种形式,但预约合同的履

① 《民法典》第510条。

② 《民法典》第511条。

③ 杨明刚:《预售房屋合同探微》,载《法学》1994年第5期,第10页。

④ 王泽鉴:《债法原理》,北京大学出版社2013年版,第168页。

⑤ 符启林:《商品房预售法律制度研究》,中国政法大学出版社2002年版,第39页。

行内容仅仅是签订本约,本身不构成商品房买卖行为的履行依据。而作为商品房预售的本约,虽然是远期履行合同,但只是签约时间早于履行期限,当履行期限届满时,则直接构成商品房买卖行为的履行依据。

典型案例79

俞财新与福建华辰房地产有限公司、魏传瑞商品房买卖(预约)合同纠纷案①

典型案例裁判文书

典型案例79
最高人民法院(2010)民一终字第13号民事判决书

基本案情:2007年12月10日,华辰公司与俞财新、魏传瑞签订《商铺认购书》约定:俞财新向华辰公司认购"君临盛世茶亭"一号地块的一、二、三层店面,面积约2378平方米,总价款172 750 198元;俞财新在签订本认购书后10日内支付给华辰公司订金6360万元;华辰公司应当在收到俞财新订金后30日内领取《商品房预售许可证》,并与俞财新签订《商品房买卖合同》;如华辰公司不能在上述约定的期限内领取《商品房预售许可证》,俞财新即放弃认购,华辰公司必须于收到订金后的第31日起两个月内将俞财新支付的订金全部返还;魏传瑞对华辰公司的债务承担连带保证责任,保证期间为两年。上述《商铺认购书》签订后,俞财新或其指令有关单位通过银行账户向华辰公司支付八笔共计4900万元。后双方发生争议,俞财新诉至法院。

法院观点:针对《商铺认购书》的性质,一审法院(福建省高级人民法院)认为,"根据《商品房销售管理办法》第16条的规定,商品房销售时,房地产开发企业和买受人应当订立书面商品房买卖合同,明确交易的主要内容。本案中,双方当事人签订的《商铺认购书》对所出售商品房的坐落、面积、单价、总价款等商品房买卖核心条款作出约定,符合商品房买卖合同的基本特征。但因该《商铺认购书》同时又明确约定在华辰公司取得《商品房预售许可证》后,应另行签订

① 典型案例79:"俞财新与福建华辰房地产有限公司、魏传瑞商品房买卖(预约)合同纠纷案",最高人民法院(2010)民一终字第13号民事判决,载《中华人民共和国最高人民法院公报》2011年第8期,第24~31页。

商品房买卖合同,且约定内容与《商品房销售管理办法》第16条规定相比有不少欠缺,故应当认定《商铺认购书》系双方当事人为将来签订商铺买卖合同而事先达成的合意,本案为商品房买卖预约合同纠纷。”

裁判规则80

甄别商品房买卖合同究竟属于预约还是本约,应当遵循当事人的真实意思表示。如果当事人意思表示不明确或有争议的,则应从合同名称、合同内容、约定的违约责任等进行推定。

如前所述,预约需具备合同基本要素,而具备这些基本要素亦可能成立本约。那么在具备合同基本要素的情况下,究竟应当如何区分预约与本约?就此,司法实践中一直存在争议。“一种观点认为,只要具备商品房买卖合同主要内容的,就应当认定是商品房买卖本约。如广东省高级人民法院《关于审理房屋买卖合同纠纷案件的指引》(粤高法〔2017〕191号)第2条规定:‘认购书、订购书、购房意向书等协议虽然约定在将来一定期限内签订房屋买卖合同,但协议已经具备房屋买卖合同主要条款,且当事人依据协议负有支付房屋价款或者交付房屋义务的,该协议应当认定为房屋买卖合同。’另一种观点认为,区分预约与本约最为核心的因素是当事人的意图,只有考察合同的真正目的,才能确定是预约还是本约。”[①]《最高人民法院公报》上先后刊登了两则区分预约与本约的案例,[②]二者针对不同案情从不同角度提出了不同的判断标准。整合这两则案例的裁判思路可以得知,甄别商品房买卖合同究竟属于预约合同还是本约合同,应当遵循“以真意探寻为主、内容审查为辅”的区分标准。正如北京市高级人民法院《关于审理房屋买卖合同纠纷案件适用法律若干问题的指导意见(试行)》(京高法发〔2010〕458号)第2条第1款所规定的:“当事人签订的预购书、购房意向书等协议已经具备了拟购房屋的基本状况、价款数额、价款支付方

① 侯国跃主编:《最高人民法院商品房买卖合同司法解释精释精解》,中国法制出版社2016年版,第62页。

② 即后述【典型案例80】:“成都讯捷通讯连锁有限公司与四川蜀都实业有限责任公司、四川友利投资控股股份有限公司房屋买卖合同纠纷案”,最高人民法院(2013)民提字第90号民事判决,载《中华人民共和国最高人民法院公报》2015年第1期(总第219期),第11~27页;参考案例61:“张励与徐州市同力创展房地产有限公司商品房预售合同纠纷案”,载《中华人民共和国最高人民法院公报》2012年第11期,第31~36页。

式等合同主要内容的,可以认定为房屋买卖合同,但当事人另有约定的除外。”具体来说:

首先,甄别商品房买卖合同“究竟属于预约抑或本约,应探求当事人的真意予以认定”。[①] 根据意思自治的基本要求,对于当事人之间签订的商品房买卖合同是预约合同还是本约合同,应当尊重当事人的意思表示,而非考察合同内容是否完备。如果当事人明确约定将来另行签订本约的,只要当事人意思表示真实、有效,无论合同内容是否完备,均应认定为预约合同。换句话说,在具体判断究竟是预约还是本约时,核心在于探寻当事人的真实意思,究竟是为了订立一个最终合同,还是直接完成一项交易。[②] 在“张励与徐州市同力创展房地产有限公司商品房预售合同纠纷案”[③]中,虽然双方当事人签订的商品房预订单对双方姓名与名称,商品房的基本情况,包括具体的房号、建筑面积、房屋单价以及付款时间进行了明确约定,但预订单的第 5 条同时约定,在房产公司通知签订商品房销售合同前,张励可随时提出退房请求,而房产公司在签订商品房销售合同前,不得将该房屋另售他人。法院据此认为,双方当事人签订商品房预订单的目的是将来签订正式的商品房买卖合同,因此,预订单的性质应为预约合同。前述【典型案例 79】“俞财新与福建华辰房地产有限公司、魏传瑞商品房买卖(预约)合同纠纷案”[④]也是如此,法院认为,双方当事人签订的《商铺认购书》对所出售商品房的坐落、面积、单价、总价款等商品房买卖核心条款作出约定,符合商品房买卖合同的基本特征。但因该《商铺认购书》同时又明确约定在华辰公司取得《商品房预售许可证》后,应另行签订商品房买卖合同,故应当认定《商铺认购书》为商品房买卖预约合同。

参考案例裁判文书

参考案例61
张励与徐州市同力创展房地产有限公司商品房预售合同纠纷案

其次,对商品房买卖合同属于预约合同还是本约合同,当事人意思表示不明确或有争议时,应考察合同名称、合同内容、履行情况,并立足于这些因素探

① 崔建远:《合同法总论》(上卷),中国人民大学出版社 2011 年版,第 99 页。

② 侯国跃主编:《最高人民法院商品房买卖合同司法解释精释精解》,中国法制出版社 2016 年版,第 70 页。

③ 参考案例 61:“张励与徐州市同力创展房地产有限公司商品房预售合同纠纷案”,载《中华人民共和国最高人民法院公报》2012 年第 11 期,第 31 ~ 36 页。

④ 典型案例 79:“俞财新与福建华辰房地产有限公司、魏传瑞商品房买卖(预约)合同纠纷案”,最高人民法院(2010)民一终字第 13 号民事判决,载《中华人民共和国最高人民法院公报》2011 年第 8 期,第24 ~ 31 页。相关文书可扫描本书第 225 页二维码。

寻当事人的真实意思。一是合同名称。如果合同名称为“初步协议”“意向性协议”“预定书”等,或合同名称加注有“草稿”字样,[①]则表明当事人有就合同内容作进一步商定的意思,可以推定合同的目的是将来签订本约,宜认定为预约。二是合同内容。一方面,应重点考察合同实质性内容是否完备。由于预约在交易上属于例外情形,故“若合同要素已经明确合致,其他事项亦规定綦祥,已无另行订立合同的必要,应认定为本约”[②]。在此意义上,当事人仅约定名称或者姓名、标的和数量的,虽然不能作为区分预约与本约的直接标准,但可以作为推定当事人的真实意思只是签订预约合同的间接证据。另一方面,应关注合同关于违约责任的设定。在商品房买卖中,本约与预约的违约责任形式有所不同。如果违反房屋买卖预约,拒绝订立房屋买卖本约合同,那么守约方可要求适用定金罚则或者其他违约责任。如果是违反本约,那么守约方就可以直接要求交付房款、交房或者行使解除权,赔偿损失。因而,可以重点考察合同关于违约责任的约定,进而判断当事人约定的是预约还是本约。三是履行情况。由于预约与本约中当事人负担的义务具有明显差别,因而双方在随后的履约过程中所表现出来的情况自然会有不同。在商品房买卖中,如果购买方直接交付的是购房款,且对方接受的,那么就很有可能是商品房买卖本约。如果交付的是定金、认购金等,或者在预售许可证办理完成后,进一步提出要求签订正式的商品房买卖合同,那么就应该是预约合同。

最后,由于现实情况的复杂性,即便通过前述考察,仍可能出现无法认定的情况。对此,基于鼓励交易的原则,以及《商品房买卖合同解释》第 5 条的精神,一般认为,在具体案件中就本约和预约的定性有疑问时,如果具备商品房买卖合同本约的必备要素,应当以认定本约为原则,认定预约为例外。[③] 在最高人民法院民一庭发布的一则指导性案例中,某房地产公司与江某签订购房合同一份,约定江某购买该公司开发的某项目东南角 1 ~ 2 层商用房,面积 8500 平方米,价款 340 万元;房屋拟应于 2006 年 10 月验收合格交付;如果因公司原因造成江某不能购买此房屋的,双倍归还房款并且承担其他损失。签订合同时,开

---

① 最高人民法院民一庭:《商品房买卖预约合同与本约合同的区分》,载《民事审判指导与参考》2016 年第 3 辑(总第 67 辑),第 183 页。

② 崔建远:《合同法总论》(上卷),中国人民大学出版社 2011 年版,第 100 页。

③ 汤文平:《论预约在法教义学体系中的地位——以类型序列之建构为基础》,载《中外法学》2014 年第 4 期,第 979 页;侯国跃主编:《最高人民法院商品房买卖合同司法解释精释精解》,中国法制出版社 2016 年版,第 72 页。

发公司尚未获得预售许可。2007 年 1 月,江某要求按照约定价款签订购房合同,开发公司予以拒绝。该案例中,当事人签订的购房合同包括商品房地点、名称、购买房屋的基本情况、销售方式、价格、付款方式、房屋交付条件及日期、违约责任等,并无装饰、设备标准承诺,供水、供电、供热、燃气、通信、道路、绿化等配套基础设施和公共设施的交付承诺和有关权益、责任,公共配套建筑的产权归属,面积差异的处理方式,办理产权登记有关事宜,解决争议的方法等内容。但一、二审法院均认为满足"商品房买卖合同的主要内容",构成本约合同。最高人民法院民一庭在评析该案时也认为,"当事人签订的购房合同,如果具备了商品房买卖合同的主要条件,且其他内容不违反国家法律、法规规定的,应当认定为商品房买卖合同"①。

典型案例80

成都讯捷通讯连锁有限公司与四川蜀都实业有限责任公司、四川友利投资控股股份有限公司房屋买卖合同纠纷案②

典型案例裁判文书

典型案例80
最高人民法院(2013)民提字第90号民事判决书

基本案情:蜀都实业公司(甲方)与讯捷公司(乙方)签订《购房协议书》约定:"1. 乙方购买甲方所拥有的蜀都大厦北一楼及中庭建筑面积 2100 平方米,总价格 6750 万元。2. 本协议签订之日起,甲方收到乙方预计购房定金 1000 万元,待购房合同签订时,该定金自动转为购房款。3. 甲、乙双方应就购房合同及付款方式等问题在本协议原则下进行具体磋商。4. 甲、乙双方均应遵守本协议所确定的原则,违反则违约方向守约方支付违约金 1000 万元。5. 甲乙双方就该宗房屋买卖合同签订时,本协议自动失效。"后在履行过程中发生争议诉至法院。

法院观点:一审法院(四川省成都市中级人民法院)认为,"《购房协议书》

---

① 最高人民法院民一庭:《具备商品房买卖实质性要件的合同,不能认定为预约合同》,载《民事审判指导与参考》2008 年第 4 集(总第 36 集),第 127 ~ 131 页。

② 典型案例 80:"成都讯捷通讯连锁有限公司与四川蜀都实业有限责任公司、四川友利投资控股股份有限公司房屋买卖合同纠纷案",最高人民法院(2013)民提字第 90 号民事判决,载《中华人民共和国最高人民法院公报》2015 年第 1 期,第 11 ~ 27 页。

中的当事人名称、标的、价款、违约责任等主要条款明确具体,根据《合同法解释(二)》第1条第1款之规定,《购房协议书》因具备合同的必备条款而应当认定合同成立。”“《购房协议书》为购房合同而非预约合同或定金合同,且系当事人真实意思表示,内容不违反相关法律规定,合法有效。”二审法院(四川省高级人民法院)的意见与一审法院相同。再审中,最高人民法院认为,“预约的形态多种多样,有的预约条款非常简略,仅表达了当事人之间有将来订立本约的意思,至于本约规定什么内容留待以后磋商决定;有的预约条款则非常详尽,将未来本约应该规定的内容几乎都在预约中作了明确约定。而若仅从内容上看,后者在合同内容的确定性上几乎与本约无异,即使欠缺某些条款,往往也可以通过合同解释的方式加以补全。因此,仅根据当事人合意内容上是否全面,并不足以界分预约和本约。判断当事人之间订立的合同系本约还是预约的根本标准应当是当事人的意思表示,也就是说,当事人是否有意在将来订立一个新的合同,以最终明确在双方之间形成某种法律关系的具体内容。如果当事人存在明确的将来订立本约的意思,那么,即使预约的内容与本约已经十分接近,即便通过合同解释,从预约中可以推导出本约的全部内容,也应当尊重当事人的意思表示,排除这种客观解释的可能性。在本案中,在《购房协议书》中,双方虽然约定了房屋的位置、面积及总价款,但仍一致认为在付款方式等问题上需要日后进一步磋商,双方的这一意思表示是明确的,而且,当事人在该协议第5条进一步明确要在将来订立一个新的合同,以最终明确双方之间的房屋买卖法律关系的具体内容。因此,案涉《购房协议书》的性质为预约合同。”

裁判规则81

买卖双方签订商品房买卖预约合同后,尚未签订本约合同,但已经按照预定条款履行了主要义务的,应认定当事人之间成立商品房买卖本约合同。

《商品房买卖合同解释》第5条规定:“商品房的认购、订购、预订等协议具备《商品房销售管理办法》第十六条规定的商品房买卖合同的主要内容,并且出卖人已经按照约定收受购房款的,该协议应当认定为商品房买卖合同。”这条规定的实质“是将当事人本意作为预约的合同,当作本约处理了”①。这一规定参

① 崔建远:《合同法总论》(上卷),中国人民大学出版社2011年版,第98页。

照了《合同法》的相关规定。《合同法》第 36 条规定:“法律、行政法规规定或者当事人约定采用书面形式订立合同,当事人未采用书面形式但一方已经履行主要义务,对方接受的,该合同成立。”第 37 条规定:“采用合同书形式订立合同,在签字或者盖章之前,当事人一方已经履行主要义务,对方接受的,该合同成立。”《民法典》第 490 条也规定:“当事人采用合同书形式订立合同的,自当事人均签名、盖章或者按指印时合同成立。在签名、盖章或者按指印之前,当事人一方已经履行主要义务,对方接受时,该合同成立。”也就是说,当事人可以用履行行为变更合同约定。据此,在商品房买卖关系中,虽然双方签订的是预约合同,但该预约合同具备以下两个条件的,应当拟制(或认定)为本约:一是具备商品房买卖合同的必备要素;二是当事人已经进入本约的履行。该履行包括两种情形:第一种情形是出卖人已经按照约定收受购房款,[①]而且“这里所称‘购房款’既应包括全款,也应包括部分购房款”[②]。第二种情形是开发商已经交付房屋或办理过户手续。由于在认购、订购、预订等协议时以及其后的一段时间内,房屋通常不具备交付条件,所以第 5 条仅规定了“出卖人已经按照约定收受购房款”,但如果起诉前房屋具备交付条件开发商予以交付或办理过户手续的,根据《民法典》第 490 条的规定,也应当拟制(或认定)为本约。

需要指出的是,广东省高级人民法院《关于审理房屋买卖合同纠纷案件的指引》(粤高法〔2017〕191 号)第 2 条规定:“认购书、订购书、购房意向书等协议虽然约定在将来一定期限内签订房屋买卖合同,但协议已经具备房屋买卖合同主要条款,且当事人依据协议负有支付房屋价款或者交付房屋义务的,该协议应当认定为房屋买卖合同。”在当事人明确表明合同是预约合同的情况下,仅因合同内容齐备,就认定为本约,值得斟酌。《商品房买卖合同解释》第 5 条之所以规定已履行的预约视为本约,系基于履行治愈形式瑕疵理论,而缺乏履行行为支撑的预约合同,即使内容齐备,也不应认定为本约合同。

---

① 最高人民法院民一庭:《商品房买卖预约合同与本约合同的区分》,载《民事审判指导与参考》2016 年第 3 辑(总第 67 辑),第 182 ~ 183 页。

② 侯国跃主编:《最高人民法院商品房买卖合同司法解释精释精解》,中国法制出版社 2016 年版,第 73 页。

典型案例81

万力等与南京海峡城开发建设有限公司合同纠纷案[1]

典型案例裁判文书

典型案例81
江苏省南京市中级人民法院（2017）苏01民终4358号民事判决书

基本案情:2014 年 10 月 31 日,海峡城公司与万力、李新元签订《商品房认购协议》约定:万力、李新元认购海峡城公司开发的海峡城第四街区 08 幢 1 单元 602 室商品房(建筑面积 115.67 平方米),认购单价为22 100元/平方米,总房款2 556 307元;双方应于2014 年 11 月 6 日前签订《预售合同》。同日,万力向海峡城公司支付预售定金 1 万元。2014 年 12 月 30 日,万力、李新元前往海峡城公司,刷卡支付涉案房屋购房款222 762元,并填写《南京海峡城合同签约申请表》,载明:主贷人"万力",共同权益人"李新元",房号"E－8－602",建筑面积"115.67",原单价22 100元,原总价2 556 307元,签约单价20 122.86元,签约总价2 327 611元,已付定金 1 万元,今日实际付款222 762元,优惠说明"6%＋3 万＋2% 员工优惠"。同日,海峡城公司向万力、李新元出具"销售不动产统一发票",载明收到万力、李新元支付的"海峡城第四街区 E8－602"预收购房款222 762元。2016 年 4 月至 5 月,万力、李新元与海峡城公司就签订《预售合同》事宜进行协商,但双方就房屋总价款、付款方式等合同具体条款未达成一致意见,致双方未签订《预售合同》,并发生争议诉至法院。

法院观点:一审法院(南京市建邺区人民法院)认为,"认购协议未充分具备商品房买卖合同主要内容,亦缺乏立约时基于本约的主要履约事实,且协议明确约定了'双方应于 2014 年 11 月 6 日前签订《预售合同》',系双方以将来订立本约为目的,就'是否订立合同、与谁订立合同、订立何种内容与形式的合同'作出的明确预先安排,故认购协议应认定为预约而非本约"。但二审中,南京市中级人民法院认为,"该认购协议约定了当事人的名称或姓名、商品房的基本情况、商品房的单价及总价、付款方式,并约定了双方应另行签订《预售合同》,《商品房认购协议》的性质为预约合同,但被上诉人此后实际收取了上诉人的购房

---

① 典型案例 81:"万力等与南京海峡城开发建设有限公司合同纠纷案",江苏省南京市中级人民法院(2017)苏 01 民终 4358 号民事判决。

款222 762元，并向上诉人开具了预收购房款发票，故上诉人与被上诉人虽然未依据认购协议签订书面的商品房预售合同，但根据《商品房买卖合同解释》第5条规定，双方实际形成了商品房买卖合同关系”。

裁判规则 82

> 现行法要求商品房买卖应签订书面合同，系基于行政管理的需要所作出的指引性规定，不能据此认定商品房买卖合同是要式合同。

《城市房地产管理法》第41条规定：“房地产转让，应当签订书面转让合同，合同中应当载明土地使用权取得的方式。”《城市房地产开发经营管理条例》（2019年3月24日修正）第27条规定：“商品房销售，当事人双方应当签订书面合同。合同应当载明商品房的建筑面积和使用面积、价格、交付日期、质量要求、物业管理方式以及双方的违约责任。”有观点据此认为，“房屋买卖合同为要式合同，原则上应当以书面形式订立房屋买卖合同。”①在“曹春蕾与义福房地产（合肥）发展有限责任公司商品房销售合同纠纷案”②中，法院即认为，“依据法律规定，房屋买卖合同为要式合同，买卖双方应以书面形式明确各自的权利义务”。

参考案例裁判文书

参考案例62
安徽省合肥市蜀山区人民法院（2015）蜀民一初字第03046号民事判决书

《民法典》第490条第1款前段规定：“当事人采用合同书形式订立合同的，自当事人均签名、盖章或者按指印时合同成立。”③如果认定商品房买卖合同是要式合同，也就意味着，未订立书面合同的，则商品房买卖合同关系不成立，在“当今世界各国取消法律行为或契约的形式要求乃是大势所趋”④的背景下，这一要求显然不合时宜。一般认为，采取书面形式的价值包括警示功能、证据功

---

① 林金文：《一房数卖时的权利保护顺位》，载《人民司法·案例》2018年第5期，第70页。

② 参考案例62：“曹春蕾与义福房地产（合肥）发展有限责任公司商品房销售合同纠纷案”，合肥市蜀山区人民法院（2015）蜀民一初字第03046号民事判决。

③ 《合同法》第32条规定：“当事人采用合同书形式订立合同的，自双方当事人签字或者盖章时合同成立。”

④ 朱晓喆：《论民事法律行为的形式——〈民法总则〉第135条评释》，载《法治现代化研究》2018年第2期，第146页。还可参见朱广新：《书面形式与合同的成立》，载《法学研究》2019年第2期，第59～76页。

能、信息—公示功能与维护公共利益或公共管理功能。[①] 现行法之所以要求商品房买卖应当签订书面合同,其主要目的在于与合同备案制度相配套——没有书面合同则无法进行合同备案,进而便于对商品房交易市场进行行政管控。作为契约自由原则的重要内容之契约形式自由要求,"只要当事人有使法律行为发生效力的意思,法律行为即应当生效。法律行为的书面形式充其量只是一种证据"[②]。因此,应当认为,"法律对房屋买卖合同做出要式性要求,系从合同管理和控制的角度出发,并不影响当事人权利义务的确定,因此欠缺书面形式要件的,不影响房屋买卖合同的效力"[③]。

典型案例82

张家口宜城房地产开发有限公司与薛金龙商品房销售合同纠纷案[④]

典型案例裁判文书

典型案例82

河北省张家口市中级人民法院(2017)冀07民终2110号民事判决书

基本案情:2014 年 4 月 14 日,宜城公司与全明建筑公司签订施工协议约定,由全明建筑公司承建宜城公司开发的宜城嘉苑 5 ~ 7 号楼二次结构的土建部分,杨玉武挂靠于全明建筑公司,是该工程的项目经理负责具体施工。施工中,宜城公司用宜城嘉苑 5 号楼 1403 室作价439 387元,抵顶欠杨玉武的工程款,于 2015 年 2 月 10 日与杨玉武签订了期房认购协议书。后杨玉武以400 000元的价格转售给薛金龙。2015 年 8 月 9 日,杨玉武带薛金龙到宜城公司,宜城公司为薛金龙出具了收据一张:今收到薛金龙 5 - 1403 交来房款工程款抵(杨玉武)439 387元,加盖公司财务专用章。2015 年 12 月 8 日,宜城公司就开发的宜城嘉苑取得了商品房预

① 朱晓喆:《论民事法律行为的形式——〈民法总则〉第 135 条评释》,载《法治现代化研究》2018 年第 2 期,第 152 ~ 153 页。

② 马新彦:《法律行为形式要件的反思与未来民法典的完善》,载《政法论丛》2016 年第 3 期,第 55 页。

③ 江苏省高级人民法院民一庭:《商品房买卖合同案件审理疑难问题研究——〈商品房买卖合同司法解释〉施行十五周年回顾与展望》,载《民事审判指导与参考》2017 年第 2 辑(总第 70 辑),第 202 页。

④ 典型案例 82:"张家口宜城房地产开发有限公司与薛金龙商品房销售合同纠纷案",河北省张家口市中级人民法院(2017)冀 07 民终 2110 号民事判决。

售许可证。薛金龙向法院起诉,请求判令宜城公司交付房屋。宜城公司辩称,没有与薛金龙签订《商品房买卖合同》,双方之间不存在商品房买卖合同关系。

法院观点:一审法院(张家口市桥东区人民法院)认为,双方虽未签订书面的商品房买卖合同,但依据宜城公司为薛金龙出具的房款收据,该收据中记载了房屋标的、价款、给付方式,且杨玉武将其与宜城公司签订期房认购协议书交付给薛金龙,即宜城公司与薛金龙、杨玉武达成合意,将此房屋以抵顶杨玉武工程款的方式出售给薛金龙,此认购协议约定了房屋位置、房屋面积、房屋价款、房屋付款方式、付款期限,此协议已经具备商品房买卖合同的主要内容,薛金龙与宜城公司之间商品房买卖合同是双方真实意思表示,依法成立并合法有效。二审中,张家口市中级人民法院也认为,"宜城公司虽未与薛金龙签订书面商品房买卖合同,但案涉事实已证明薛金龙与宜城公司形成的商品房买卖合同关系成立生效。"

3.3 商品房买卖合同的性质确定

在通常情况下,商品房买卖合同的性质较易甄别,但如果商品房买卖合同与民间借贷相交织、商品房被用于以房抵债时,其性质则存在争议。

裁判规则 83

只有房地产开发企业建造的、向社会公开发售的房屋,才属于商品房,才适用《商品房买卖合同解释》的相关规定。①

当前,我国存在多种性质的房屋,包括由房地产开发企业建造的商品房、政府组织建设的经济适用房、公房改制出售给个人的房改房、公民个人的私有房屋等。②《商品房买卖合同解释》名为《关于审理商品房买卖合同纠纷案件适用法律若干问题的解释》,顾名思义,其调整范围仅限于商品房买卖。除商品房买

① 还需注意的是,即使是商品房买卖,也会因合同性质的不同导致在《商品房买卖合同解释》适用上的区别。如【裁判规则 181】所提出的,《商品房买卖合同解释》所规定的惩罚性赔偿责任就仅适用于预售合同与现售合同,不适用于预约合同、定造合同。

② 最高人民法院民事审判第一庭编著:《最高人民法院关于审理商品房买卖合同纠纷案件司法解释的理解与适用》,人民法院出版社 2003 年版,第 18 页。

卖(包括商品房预售和商品房现售)之外的其他房屋买卖行为,不适用《商品房买卖合同解释》的相关规定,包括不适用《商品房买卖合同解释》第8条、第9条规定的惩罚性赔偿责任。

所谓"商品房买卖",《商品房买卖合同解释》第1条规定:"本解释所称的商品房买卖合同,是指房地产开发企业(以下统称为出卖人)将尚未建成或者已竣工的房屋向社会销售并转移房屋所有权于购房人,购房人支付价款的合同。""即房地产开发企业建造并向社会公开出售房屋的买卖行为。"[①]就此,在适用时需把握两个要素:一是主体要素,即出卖人只能是房地产开发企业。只有房地产开发企业建造的房屋才是商品房,才适用《商品房买卖合同解释》的规定。二是行为要素,即出售行为必须社会化、公开化。房地产开发企业建造出售的房屋并不全是商品房,如政府组织的经济适用房,也是由房地产开发企业建造并出售,但经济适用房作为社会保障性和社会福利性住房,不是公开向社会发售的,不属于商品房范畴。换句话说,房地产开发企业建造的房屋必须向社会公开发售,使房屋社会化,该房屋才属于商品化的房屋。[②] 实践中,二手房买卖、经济适用房买卖、房屋的定向销售等,均不应认定为商品房交易,不应适用商品房买卖方面法律规定。

典型案例83

天津市滨海商贸大世界有限公司与天津市天益工贸有限公司、王锡锋财产权属纠纷案[③]

基本案情:2004年3月8日,滨海公司与天益公司签订《转让协议》,将案涉房屋转让给天益公司。2005年7月11日,滨海公司与天益公司及王锡锋签订《补充协议》,三方约定改由以王锡锋的名义办理购房、贷款及产权过户手续,天

① 韩延斌:《〈关于审理商品房买卖合同纠纷案件适用法律若干问题的解释〉的理解与适用》,载《法律适用》2003年第6期。

② 最高人民法院民事审判第一庭编著:《最高人民法院关于审理商品房买卖合同纠纷案件司法解释的理解与适用》,人民法院出版社2003年版,第21页。

③ 典型案例83:"天津市滨海商贸大世界有限公司与天津市天益工贸有限公司、王锡锋财产权属纠纷案",最高人民法院(2012)民再申字第310号民事裁定,载《中华人民共和国最高人民法院公报》2013年第10期(总第204期),第20~24页。

益公司、王锡锋负责自行办理按揭贷款，并应当于协议签订之后30日内支付剩余房款5100万元，但天益公司、王锡锋未能依约履行。2005年12月18日，天益公司法定代表人王维向滨海公司发出《通报函》，声明天益公司不同意将首付款3400万元转为王锡锋个人的付款，亦不能在约定期限内办理贷款，并提议解除合同。2006年6月28日，滨海公司提起诉讼，请求解除《转让协议》及《补充协议》，一审、二审、再审判决均予以支持。天益公司申请再审称，参照《商品房买卖合同解释》第15条第2款的规定，滨海公司未在天益公司《通报函》发出后三个月内行使解除权，其解除权已在起诉前消灭。

典型案例裁判文书

典型案例83
最高人民法院（2012）民再申字第310号民事裁定书

法院观点：最高人民法院在再审审查中认为，滨海公司并非房地产开发企业，其系向特定的对象天益公司及王锡锋出售房屋，而非向社会销售，故案涉协议并非《商品房买卖合同解释》所称的商品房买卖合同，本案不适用《商品房买卖合同解释》。解除权行使期限属于除斥期间，超过权利行使期限，解除权消灭，故该期限的确定对当事人的权利义务具有重大影响，在法无明文规定的情况下，天益公司请求参照适用《商品房买卖合同解释》就商品房买卖合同所规定的解除权行使期限，缺乏事实与法律依据。

裁判规则84

签订民间借贷合同后，双方就该笔借款又签订商品房买卖合同，明确约定将民间借贷合同变更为商品房买卖合同的，该约定不构成流质条款，而应认定为“债之更改”，双方应当履行商品房买卖合同。但对双方约定转化为购房款的借款本息数额应当予以审查，对计入购房款的违法高息部分应予扣除。

“在债的履行中，债务人应当遵循实际履行原则，即按照债的标的履行债务，否则不发生清偿的效力。但在债的履行过程中，基于客观情况的变化或其他原因，当事人会希望改变债的原定给付，以‘他种给付’代替之。”[①]在实践中，常见双方当事人签订民间借贷合同后，或担心债务人到期无力偿还借款，或借款到期后债务人确实无力偿还借款，双方就该笔借款又签订商品房买卖合同，

① 房绍坤：《论新债清偿》，载《广东社会科学》2014年第5期，第246页。

并约定将原民间借贷合同转化为商品房买卖合同。就此,“尊重当事人嗣后形成的变更法律关系性质的一致意思表示,是贯彻合同自由原则的题中应有之义”,[①]对双方之间的法律关系“不应再定性为借款法律关系”,[②]应当视为双方经协商一致将借款合同关系变更为商品房买卖合同关系,该意思表示的变化属于“债之更改”,不构成《民法典》第401条、第428条规定的流担保,应当予以准许。但在确定“债之更改”时,要注意防止当事人将违法高息转化为已付购房款。详述如下:

第一,债之更改乃因消灭旧债务而成立新债务之契约,其成立要件有五:一是须有旧债务存在,二是须有新债务的成立,三是须有债的要素(债的主体、客体)之变更,四是须有更改的意思,五是须有适法的当事人。债之更改一旦成立,就导致旧债务消灭、新债务成立。且新债务并非旧债务之继续,而是有别于旧债务的独立的他个债务,故旧债务的抗辩,在新债务中不得主张,但双方在更改时保留抗辩的除外;新债务之时效,应重新起算。[③] 另外,从债之更改的成立要件来看,并不要求原债务已届清偿期。因此,虽然下文所举示的【典型案例84】中,债之更改是在原借款已届清偿期后达成,但当事人在原债务履行期限届满前进行变更的,亦无不可。

第二,如前所述,债之更改以“有更改之意思”为成立要件。所谓更改的意思,即是新债务成立、旧债务消灭的意思。若不具有此项意思,尤其是消灭旧债务的意思不明确的,则应推定为新债清偿。[④]

第三,在由旧债转化为新债时,当事人通常会对旧债进行清算,确定旧债金额,并以之作为对应的购房款。由于购房款系由借款本息转来,对转化为已付购房款的借款本金及利息数额,人民法院应当予以审查,“避免当事人通过签订《商品房买卖合同》的方式,将违法高息合法化”[⑤],对超过法定标准的高息部

---

① 最高人民法院民一庭:《当事人协商一致终止借款关系并建立商品房买卖合同关系的,如何确定双方法律关系的性质及借款本息数额》,载《民事审判指导与参考》2016年第1辑(总第65辑),第167页。

② 程新文:《关于当前民事审判工作中的若干具体问题》(2015年12月24日),载《民事审判指导与参考》2015年第4辑(总第64辑),第57页。

③ 施建辉:《以物抵债契约研究》,载《南京大学学报(哲学·人文科学·社会科学)》2014年第6期,第40页。

④ 关于新债清偿,可参见【裁判规则92】。

⑤ 最高人民法院民一庭:《当事人协商一致终止借款关系并建立商品房买卖合同关系的,如何确定双方法律关系的性质及借款本息数额》,载《民事审判指导与参考》2016年第1辑(总第65辑),第167页。

分，不能确认其转为购房款，应当从已付购房款中扣除。

第四，如果商品房买卖合同被认定为无效的，则不发生债之更改的法律效力，双方之间的法律关系仍为民间借贷关系。

典型案例84

汤龙、刘新龙、马忠太、王洪刚诉新疆鄂尔多斯彦海房地产开发有限公司商品房买卖合同纠纷案①

基本案情：汤龙、刘新龙、马忠太、王洪刚与彦海公司于2013年先后签订多份借款合同，通过实际出借并接受他人债权转让，取得对彦海公司合计2.6亿元借款的债权。为担保该借款合同履行，四人与彦海公司分别签订多份商品房预售合同，并向当地房屋产权交易管理中心办理了备案登记。该债权陆续到期后，因彦海公司未偿还借款本息，双方经对账，确认彦海公司尚欠四人借款本息361 398 017.78元。双方随后重新签订商品房买卖合同，约定彦海公司将其名下房屋出售给四人，上述欠款本息转为已付购房款，剩余购房款38 601 982.22元，待办理完毕全部标的物产权转移登记后一次性支付给彦海公司。汤龙等四人提交与彦海公司对账表显示，双方之间的借款利息系分别按照月利率3%和4%、逾期利率10%计算，并计算复利。后因彦海公司未履行房屋交付义务，四人诉至法院，请求判令彦海公司支付违约金6000万元。

典型案例裁判文书

典型案例84
最高人民法院（2015）民一终字第180号民事判决书

法院观点：最高人民法院在二审中认为，商品房买卖合同签订前，彦海公司与汤龙等四人之间确实存在借款合同关系。但商品房买卖合同是在彦海公司未偿还借款本息的情况下，经重新协商并对账，将借款合同关系转变为商品房买卖合同关系，将借款本息转为已付购房款。本案双方经协商一致终止借款合同关系，建立商品房买卖合同关系，并非为双方之间的借款合同履行提供担保，而是借款合同到期彦海公司难以清偿债务时，通过将彦海公司所有的商品房出

① 典型案例84："汤龙、刘新龙、马忠太、王洪刚诉新疆鄂尔多斯彦海房地产开发有限公司商品房买卖合同纠纷案"，指导案例72号，最高人民法院(2015)民一终字第180号民事判决。

售给汤龙等四位债权人的方式,实现双方权利义务平衡的一种交易安排。该交易安排并未违反法律、行政法规的强制性规定,应属有效。但在确认合同有效的情况下,由于双方当事人均认可该合同项下已付购房款系由原借款本息转来,法院对基于借款合同的实际履行而形成的借款本金及利息数额应当予以审查,以避免当事人通过签订商品房买卖合同等方式,将违法高息合法化。经审查,双方之间借款利息的计算方法,已经超出法律规定的民间借贷利率保护上限。对双方当事人包含高额利息的欠款数额,依法不能予以确认。

裁判规则 85

在债务履行期届满前,当事人签订商品房买卖合同,并约定(或可推定)作为民间借贷合同的担保的,应当将商品房买卖合同认定为民间借贷的担保合同,当事人不得要求履行商品房买卖合同。

《民间借贷规定》第 24 条第 1 款规定:“当事人以订立买卖合同作为民间借贷合同的担保,借款到期后借款人不能还款,出借人请求履行买卖合同的,人民法院应当按照民间借贷法律关系审理。当事人根据法庭审理情况变更诉讼请求的,人民法院应当准许。”一般认为,该条规定承认了让与担保制度。[①] 所谓让与担保,“是指债务人或者第三人为担保债权人的债权,将担保标的物的权利转移给担保权人,在债务清偿后,标的物的所有权再返还给债务人或者第三人,债务不履行时,担保权人可就该标的物受偿的非典型担保物权”[②]。在适用《民间借贷规定》第 24 条第 1 款时,需注意如下问题:“只有确定签订买卖合同的目的是为民间借贷合同提供担保的,本条才有适用的余地。”[③]也就是说,“考察双方签订买卖合同的真实意思是为借款合同设定担保,还是为了通过支付对价获得买卖合同标的物的所有权,是处理此类纠纷的基础”[④]。“如果双方约定买卖合

① 也有观点主张,完成房屋权属的转移的,为让与担保,仅有转移房屋权属的约定但未实际转移权属的,为后让与担保。

② 陆青:《以房抵债协议的法理分析——〈最高人民法院公报〉载“朱俊芳案”评释》,载《法学研究》2015 年第 3 期,第 68 页。

③ 杜万华主编:《最高人民法院民间借贷司法解释理解与适用》,人民法院出版社 2015 年版,第 414 页。

④ 杜万华主编:《最高人民法院民间借贷司法解释理解与适用》,人民法院出版社 2015 年版,第 411 页。

同作为借款合同担保的，就只能作为担保性质的合同来看；如果没有明确作为借款合同担保的，就不能作为担保性质的合同来看，我们要尊重当事人意思自治原则。”①

需指出的是，在根据间接证据推定买卖构成借贷的担保时，实务界在认定标准上存在争议。地方高级人民法院的认定标准相对宽松，存在大量认定为“名为买卖实为民间借贷担保”的判例。如“海南国盛建工集团有限公司与刘益成、洋浦东泰房地产开发有限公司确认合同无效案”②中，东泰公司开发了涉案商铺，2008 年 8 月，刘益成与东泰公司签订《商品房买卖合同》，约定以 500 万元购买涉案商铺，并同时签订了《房屋回购承诺书》《回购协议》，2012 年 4 月，补办了预告登记，后因施工单位国盛集团主张工程价款优先受偿权引发争议。海南省高级人民法院在再审中认为，刘益成与东泰公司之间的法律关系名为买卖，实为民间借贷，《商品房买卖合同》不是双方当事人之间的真实意思表示，而是对借贷的担保，因违反物权法禁止流质的规定而无效。但最高人民法院在《中华人民共和国最高人民法院公报》上发布的一则案例，则主张对当事人的意思进行推定时，应当审慎。就此，“洪秀凤与昆明安钡佳房地产开发有限公司房屋买卖合同纠纷案”③可供参照。该案中，针对洪秀凤支付给安钡佳公司的 9840 万元，洪秀凤以双方签订的《商品房购销合同》为据主张权利，安钡佳公司则辩称，该案实际是民间借贷纠纷，房屋买卖合同仅是民间借贷的担保形式。一审法院（云南省高级人民法院）认为，双方当事人之间的一系列行为明显不符合房屋买卖的一般交易习惯，故应认定双方所签《商品房购销合同》名为房屋买卖实为借款担保。但二审中，最高人民法院认为，“若要否定书面证据所体现的法律关系，并确定当事人之间存

参考案例裁判文书

参考案例63
海南省高级人民法院（2016）琼民再11号民事判决书

参考案例裁判文书

参考案例64
最高人民法院（2015）民一终字第78号民事判决书

① 杜万华：《在第八次全国法院民事商事审判工作会议上的专题讲话》（2015 年 12 月 24 日），载《民事审判指导与参考》2015 年第 4 辑（总第 64 辑），第 36 页。

② 参考案例 63：“海南国盛建工集团有限公司与刘益成、洋浦东泰房地产开发有限公司确认合同无效案”，海南省高级人民法院（2016）琼民再 11 号民事判决。

③ 参考案例 64：“洪秀凤与昆明安钡佳房地产开发有限公司房屋买卖合同纠纷案”，最高人民法院（2015）民一终字第 78 号民事判决，载《中华人民共和国最高人民法院公报》2016 年第 1 期，第 35 ~ 42 页。

在缺乏以书面证据为载体的其他民事法律关系,必须在证据审核方面给予更为审慎的分析研判”。也就是说,“在没有充分证据佐证当事人之间存在隐藏法律关系且该隐藏法律关系真实并终局地对当事人产生约束力的场合,不宜简单否定既存外化法律关系对当事人真实意思的体现和反映,避免当事人一方不当摆脱既定权利义务约束的结果出现”。最终认定,双方之间的法律关系应当根据书面合同进行判定,即房屋买卖关系。

参考案例裁判文书

参考案例65
最高人民法院(2014)民申字第1731号民事裁定书

参考案例裁判文书

参考案例66
最高人民法院(2015)民申字第949号民事裁定书

参考案例裁判文书

参考案例67
最高人民法院(2015)民申字第1973号民事裁定书

总体而言,如果当事人就同一笔债务既签订借款合同又签订商品房买卖合同的,或有证据显示同时存在这两种可能的法律关系的,实务界更多倾向于推定商品房买卖合同是借款合同的担保。如“刘猛、营冬生与鄂尔多斯市中博房地产开发有限责任公司民间借贷纠纷案”、[①]“古桦与福建省泉南投资开发有限公司商品房销售合同纠纷案”、[②]“李明生与通化市龙成房地产开发有限公司商品房销售合同纠纷案”,[③]均是如此。尤其是房屋买卖合同中存在回购条款的,通常被认定为买卖合同是债务履行的非典型担保。[④]

此外,在认定为“名为买卖实为民间借贷担保”的情况下,《民间借贷规定》第 24 条“既未完全肯定也未完全否定买卖合同的效力”,[⑤]那么应当如何评价商品房买卖合同的效力?实践中,有以“通谋而为虚伪意思表示”为由主张无效的,也有以“合法形式掩盖非法目的”为由主张无效的,还有以违反物权法定原则为由主张无效的。事实上,这些理由都不足

---

① 参考案例 65:“刘猛、营冬生与鄂尔多斯市中博房地产开发有限责任公司民间借贷纠纷案”,最高人民法院(2014)民申字第 1731 号民事裁定。

② 参考案例 66:“古桦与福建省泉南投资开发有限公司商品房销售合同纠纷案”,最高人民法院(2015)民申字第 949 号民事裁定。

③ 参考案例 67:“李明生与通化市龙成房地产开发有限公司商品房销售合同纠纷案”,最高人民法院(2015)民申字第 1973 号民事裁定。

④ 参考案例 68:“陈亮与中信信托有限责任公司等案外人执行异议之诉纠纷案”,最高人民法院(2016)最高法民终 369 号民事判决。

⑤ 姜强:《预告登记制度:实务、规范及其周边(上)——以 2015 年高级法院及最高人民法院的裁判为线索》,载《民事审判指导与参考》2015 年第 4 辑(总第 64 辑),第 144 页。

以否定商品房买卖合同的效力。首先，商品房买卖合同名为买卖实为担保，根据当前法律行为转性的理论，根据确定的（实质的）性质认定即可，无须也不应根据（形式上的）原性质否定合同效力；其次，用商品房买卖合同为借贷合同提供担保，只是经济社会中自发而生的一种新型交易形式，这种担保并不构成非法目的；最后，让与担保作为一种非典型担保形式，是通过合同法的制度安排来实现担保目的，不受物权法的约束，也就不存在违反物权法定原则的问题。据此，在认定为“名为买卖实为民间借贷担保”的情况下，不应以担保为由否定其效力。

参考案例裁判文书

参考案例68
最高人民法院（2016）最高法民终369号民事判决书

典型案例85

广西嘉美房地产开发有限责任公司与杨伟鹏商品房销售合同纠纷案①

基本案情：2007年6月27日，杨伟鹏与嘉美公司签订的《商品房买卖合同》约定：杨伟鹏购买嘉美公司开发的53间商品房，建筑面积共计1496.97平方米，总额340万元；买受人于2007年6月27日交纳全部房款，出卖人应当于2007年8月30日前将商品房验收合格交付买受人使用。同日，杨伟鹏按照嘉美公司工作人员的指示，将款存到了嘉美公司债权人严欣等人的账户上，用于归还嘉美公司欠他们的债务。嘉美公司向杨伟鹏开出了《销售不动产统一发票》，但该发票由嘉美公司持有。次日，双方对销售的商品房进行了备案登记。2008年1月8日，嘉美公司将2007年6月27日为杨伟鹏开具的《销售不动产统一发票》原件连同第二、三、四联在当地税务机关缴销。另查明，自2007年6月28日起至2007年12月18日，嘉美公司分九次向杨伟鹏银行账户汇款共61.1万元。还查明，

典型案例裁判文书

典型案例85
最高人民法院（2013）民提字第135号民事判决书

① 典型案例85：“广西嘉美房地产开发有限责任公司与杨伟鹏商品房销售合同纠纷案”，最高人民法院（2013）民提字第135号民事判决。关于该案的评析，可参见梁曙明、刘牧晗：《借贷关系中签订房屋买卖合同并备案登记属于让与担保》，载《人民司法（案例）》2014年第16期，第4～8页。

2007 年 2 月 7 日、4 月 25 日、5 月 28 日,嘉美公司先后与严欣等 5 人签订《借款合同》,共计借款 340 万元。为担保借款,嘉美公司与上述债权人签订合同,向其出售嘉美商业中心第一层 51 间房屋,并办理了备案登记。本案中嘉美公司与杨伟鹏签订《商品房买卖合同》所涉房屋,即为嘉美公司原来向严欣等五人出售的房屋。嘉美公司与杨伟鹏签订合同后将严欣等五人的备案登记撤销。后杨伟鹏起诉要求履行《商品房买卖合同》,嘉美公司辩称,双方之间实际上是民间借贷关系,商品房买卖合同只是民间借贷关系中的担保环节。

法院观点:一审法院(广西壮族自治区来宾市中级人民法院)、二审法院(广西壮族自治区高级人民法院)均认为,双方之间是商品房买卖关系,并判决嘉美公司将《商品房买卖合同》约定的 53 间商品房交付给杨伟鹏使用。再审中,最高人民法院认为,一方面,杨伟鹏主张其与嘉美公司之间为商品房买卖合同关系,但杨伟鹏未持有其所称交付 340 万元购房款后应当取得的《销售不动产统一发票》原件,且杨伟鹏否认先后分九次收到的嘉美公司打入其不同账户的 61.1万元是嘉美公司支付的借款利息,但却以商业秘密为由拒不说明该款项的性质。另一方面,嘉美公司急于从杨伟鹏手中得到 340 万元,恰恰是因为其向严欣等五人所借债务(总额为 340 万元)已届清偿期,而嘉美公司必须按时清偿上述债务,以避免严欣等五位债权人依照借钱给嘉美公司时双方签订的《商品房买卖合同》,以总价 340 万元取得案涉商铺的所有权。作为理性的市场主体,嘉美公司没有理由在自己资金严重不足的情况下,想方设法向严欣等五人偿还债务,以收回案涉房屋,然后再以相同价格,将上述房屋出售给杨伟鹏。由此得出的结论是,嘉美公司正是不愿意以 340 万元的价款出售案涉商铺,因而以借新债还旧债的方式来达到保住商铺的目的。因此,嘉美公司从杨伟鹏处取得 340 万元的真实意思是融资还债,其与杨伟鹏签订《商品房买卖合同》的目的,则是为了担保债务的履行,其真实意愿不是以 340 万元向其出售案涉房产,遂判决驳回了杨伟鹏的诉讼请求。[①]

---

① 需说明的是,该案判决时间在《民间借贷规定》颁布之前。根据《民间借贷规定》第 24 条的规定,应当是裁定驳回起诉,而非判决驳回诉讼请求。

裁判规则 86

当事人签订商品房买卖合同作为民间借贷合同的担保,如果已完成房屋权属的转移的,出借人就处置案涉房产所得价款享有事实上的优先受偿权;如果未完成房屋权属的转移的,出借人只能申请将案涉房产作为债务人的一般责任财产予以拍卖或者变卖。

如前所述,在债务履行期届满前,当事人签订房屋买卖合同,并约定作为民间借贷合同的担保的,无论是否完成房屋让与行为,都应当按照民间借贷法律关系审理。所不同的是,如果完成了让与行为,则债权人就房屋事实上享有优先受偿权。详言之,当事人签订借款合同后,在债务履行期届满前,又签订房屋买卖合同作为民间借贷合同的担保,如果完成了让与行为——对房屋权属进行变更登记,则构成让与担保,在债务人未清偿债务的情况下,应当进行强制清算。也就是说,债务人届期未清偿借款本息的,债权人可以就标的物进行拍卖或者换价处理,并以所得的价款获得清偿。如果拍卖或者换价金额超过借款本息总额,则应当将超过部分返还给债务人;同理,如果拍卖或者换价金额尚未达到借款本息总额,则就不足的部分,债权人仍可以向债务人主张补偿。[①] 广东省高级人民法院《关于审理房屋买卖合同纠纷案件的指引》(粤高法〔2017〕191号)第13条第3款规定:"当事人以签订房屋买卖合同作为民间借贷合同的担保,双方已经办理房屋所有权转移登记,借款人以不存在真实的买卖合同关系为由,主张合同无效并请求返还房屋的,人民法院应当向当事人释明变更诉讼请求为返还借款本息与房屋过户登记时或债务履行期限届满时房屋价款的差额。"在这种处理模式之下,根据《九民会纪要》第71条第2款的规定[②],出借人

---

① 杜万华主编:《最高人民法院民间借贷司法解释理解与适用》,人民法院出版社2015年版,第430页。

② 《九民会纪要》第71条第1款规定:"债务人或者第三人与债权人订立合同,约定将财产形式上转让至债权人名下,债务人到期清偿债务,债权人将该财产返还给债务人或第三人,债务人到期没有清偿债务,债权人可以对财产拍卖、变卖、折价偿还债权的,人民法院应当认定合同有效。合同如果约定债务人到期没有清偿债务,财产归债权人所有的,人民法院应当认定该部分约定无效,但不影响合同其他部分的效力。"第2款规定:"当事人根据上述合同约定,已经完成财产权利变动的公示方式转让至债权人名下,债务人到期没有清偿债务,债权人请求确认财产归其所有的,人民法院不予支持,但债权人请求参照法律关于担保物权的规定对财产拍卖、变卖、折价优先偿还其债权的,人民法院依法予以支持。债务人因到期没有清偿债务,请求对该财产拍卖、变卖、折价偿还所欠债权人合同项下债务的,人民法院亦应依法予以支持。"

通过拍卖标的物的方式清偿债务获得了事实上的优先受偿权。[1] 如果未完成让与行为,则构成学界所称的"后让与担保",[2]这种所谓的担保,既未增加债务人的责任财产,也未赋予债权人就特定财产享有优先权,事实上并未形成有效担保。在此情形下,债务人届期未清偿借款本息的,债权人有权要求债务人偿还借款,但买卖合同指向的房屋仅是债务人的一般责任财产,债权人的权利仅为一般债权。

典型案例86

乐建炜与大冶市惠泽小额贷款有限责任公司等执行异议之诉案[3]

典型案例裁判文书

典型案例86
湖北省黄石市中级人民法院(2016)鄂02民终1505号民事判决书

基本案情:2014年9月6日,案外人周理强与阳新华昱公司法定代表人孙钦长签订《借款协议》约定,孙钦长向周理强借款700万元,借款期限从2014年9月6日起至2014年10月1日止。同日,周理强、阳新华昱公司、孙钦长、乐建炜签订《补充协议》约定:2014年9月6日,周理强已将借款700万元汇至孙钦长指定的银行账户;同日,乐建炜向阳新华昱公司购买盛世名宅房屋55套(实际为54套),已签订商品房买卖合同,阳新华昱公司已开具收据但未收取房款;若2014年10月1日前,孙钦长向周理强偿还借款700万元,则乐建炜确认不向阳新华昱公司主张商品房买卖合同约定的权利;若2014年10月1日前,孙钦长未向周理强清偿全部借款,则周理强出借给孙钦长的700万元借款转为代乐建炜支付阳新华昱公司购房款,双方按商品房买卖合同履行。同日,阳新华昱公司向乐建炜出具收据载明:收到乐建炜17 284 943.80元购房款。2014年10月22日,乐建

[1] 姜强:《预告登记制度:实务、规范及其周边(上)——以2015年高级法院及最高人民法院的裁判为线索》,载《民事审判指导与参考》2015年第4辑(总第64辑),第134页。

[2] 杨立新:《后让与担保:一个正在形成的习惯法担保物权》,载《中国法学》2013年第3期,第77页。

[3] 典型案例86:"乐建炜与大冶市惠泽小额贷款有限责任公司等执行异议之诉案",湖北省黄石市中级人民法院(2016)鄂02民终1505号民事判决。

炜向房产部门提起预告登记申请，房产部门以相关材料不齐全为由未予办理。2014 年 10 月 23 日，黄石市中级人民法院在审理徐新建与阳新华昱公司借款合同纠纷一案时，查封了阳新华昱公司开发建设的盛世名宅商品房 63 套及附 1 层地下室。2014 年 10 月 27 日，大冶市人民法院对查封的 63 套商品房中的 54 套房屋进行轮候查封。2016 年 9 月 9 日，黄石市中级人民法院解除了对查封房屋中的 18 套房屋的查封。2016 年 11 月 17 日，大冶市人民法院对该 18 套房屋进行查封。2016 年 11 月 24 日，乐建炜向法院提出书面异议被驳回后，提出执行异议之诉。请求确认其对该 18 套房屋享有优先受偿权，终止或撤销对上述 18 套房屋的执行措施。

法院观点：黄石市中级人民法院在二审中认为，从《借款协议》及《补充协议》约定内容来看，涉案 54 份《商品房买卖合同》签订的目的，即借款人未按《借款协议》约定期限内偿还借款时，将借款转为购房款，即以《商品房买卖合同》担保借款债务的履行。故乐建炜与阳新华昱公司签订的 54 份《商品房买卖合同》名为房屋买卖合同，实为对《借款协议》债务履行的担保，并非乐建炜与阳新华昱公司之间真实的房屋买卖关系。本案中，54 套（含本案所涉 18 套）商品房买卖合同系为 700 万元借款作担保，嗣后亦未对账清算，故不属于最高人民法院发布的第 15 批指导案例 72 号的适用情形。大冶惠泽公司作为本案所涉 18 套商品房的轮候查封人，查封在前的债权人解除对案涉 18 套商品房查封后，其顺位取得第一查封人资格，乐建炜上述上诉理由不能排除大冶惠泽公司申请对案涉 18 套商品房的强制执行。

裁判规则 87

> 双方就同一笔款项既签订民间借贷合同，又签订商品房买卖合同，如果商品房买卖合同并非民间借贷合同的担保，而是根据合同约定条件择一履行的，人民法院应当尊重当事人意思自治，判令履行符合约定条件的合同。

实践中，还存在双方就同一笔款项既签订民间借贷合同，又签订商品房买卖合同，而且商品房买卖合同并非民间借贷合同的担保，而是约定在某一时间之前还款的，则履行民间借贷合同，超过约定还款期限的，则履行商品房买卖合同。就此情形，不应适用《民间借贷规定》第 24 条第 1 款。对两个合同的关系问题，应当认定为选择之债，即履行上的选择问题。如履行选择权在债权人的，为债权人选择之债,履行选择权在债务人的,为债务人选择之债。基于意思自治的要求,应当允许并尊重当事人的约定。需要强调的是,适用这一裁判规则的前提是,两个合同之间是择一的关系,而非并存(担保与被担保)的关系。如果两个合同之间是担保与被担保的关系,或被推定为担保关系的,则应适用《民间借贷规定》第 24 条第 1 款。

典型案例87

朱俊芳与山西嘉和泰房地产开发有限公司商品房买卖合同纠纷案[①]

典型案例裁判文书

典型案例87
最高人民法院(2011)民提字第344号民事判决书

基本案情:2007 年 1 月 25 日,朱俊芳与嘉和泰公司签订十四份《商品房买卖合同》,约定朱俊芳向嘉和泰公司购买百桐园小区十号楼 14 套商铺。同日,嘉和泰公司将该十四份合同办理了销售备案登记手续,并于次日向朱俊芳出具两张总额 10 354 554 元的销售不动产发票。2007 年 1 月 26 日,朱俊芳与嘉和泰公司签订《借款协议》约定:嘉和泰公司向朱俊芳借款 1100 万元,期限至 2007 年 4 月 26 日;嘉和泰公司自愿将其开发的百桐园小区十号楼商铺抵押给朱俊芳,抵押的方式为和朱俊芳签订商品房买卖合同,并办理备案手续,开具发票;如嘉和泰公司偿还借款,朱俊芳将抵押手续(合同、发票、收据)退回,如到期不能偿还,嘉和泰公司将以抵押物抵顶借款,双方互不支付对方任何款项等。该合同签订后,朱俊芳向嘉和泰公司发放了 1100 万元借款,嘉和泰公司出具了收据。至 2007 年 4 月 26 日,嘉和泰公司未能偿还该借款。朱俊芳遂起诉要求嘉和泰公司履行商品房买

① 典型案例 87:"朱俊芳与山西嘉和泰房地产开发有限公司商品房买卖合同纠纷案",最高人民法院(2011)民提字第 344 号民事判决,载《中华人民共和国最高人民法院公报》2014 年第 12 期,第 18 ~ 24 页。该案争议较大,如最高人民法院审监庭(第三巡回法庭)张爱珍法官就认为,该案应属于以房屋买卖合同为形式,但实质属于为借款提供的担保(非典型担保)(张爱珍:《流质契约禁止存废谈》,载《审判监督指导》2016 年第 2 辑,第 57 页)。学界的相关评析可参见陆青:《以房抵债协议的法理分析——〈最高人民法院公报〉载"朱俊芳案"评释》,载《法学研究》2015 年第 3 期,第 62 ~ 81 页;庄家园:《"买卖型担保"与流押条款的效力——〈民间借贷规定〉第 24 条的解读》,载《清华法学》2016 年第 3 期,第 72 ~ 85 页。但就裁判结果而言,可资赞同。

卖合同。嘉和泰公司答辩称,商品房买卖合同是对借款的抵押担保,没有形成真实的买卖合同关系,朱俊芳起诉案由错误,应驳回其诉讼请求。

法院观点:最高人民法院在再审中认为,案涉十四份《商品房买卖合同》和《借款协议》均为依法成立并已生效的合同,也就是说,本案双方当事人实际上就同一笔款项先后设立商品房买卖和民间借贷两个法律关系。双方当事人对于是履行十四份《商品房买卖合同》,还是履行《借款协议》具有选择性,即商品房买卖合同的解除条件成就,就履行《借款协议》;商品房买卖合同的解除条件未成就,就履行十四份《商品房买卖合同》。无论是履行十四份《商品房买卖合同》,还是履行《借款协议》,均符合双方当事人的意思表示,且从合同的选择履行的角度看,嘉和泰公司更具主动性。在本案中,《借款协议》约定的商品房买卖合同的解除条件未成就,故应当继续履行案涉十四份《商品房买卖合同》。①

3.4 以房抵债合同的性质确定

以房抵债是以物抵债的常见类型,也就是"当事人双方达成以他种给付(房屋)替代原定给付的协议"。② 如陆青博士所言,实践中不同样态的"以房抵债"协议背后可能存在多种复杂的法律构造和法律关系,无法抽象出一条单一的裁判规则。③ 笔者尝试从实践中常见的纠纷类型着手,归纳出如下三条与"以房抵债"协议相关的裁判规则。④

裁判规则 88

当事人就债务清偿签订的以房抵债协议属于诺成性协议,自双方意思表示达成一致时成立,不以房屋权属变更为成立要件。但在房屋权属变更前,受让人只是一般债权人,该债权不具有优先性。

---

① 本案经历了四级法院的四次审理。一审法院(山西省太原市小店区人民法院)判决嘉和泰公司按照《商品房买卖合同》的内容履行合同,嘉和泰公司不服,提起上诉,二审法院(山西省太原市中级人民法院)维持原判。山西省人民检察院提起抗诉,山西省高级人民法院再审认为,双方是民间借贷合同关系而非商品房买卖合同关系,遂驳回了朱俊芳的诉讼请求,朱俊芳又向最高人民法院申请再审,最终形成本案判决。

② 崔建远:《以物抵债的理论与实践》,载《河北法学》2012 年第 3 期,第 23 页。

③ 陆青:《以房抵债协议的法理分析——〈最高人民法院公报〉载"朱俊芳案"评释》,载《法学研究》2015 年第 3 期,第 80 页。

④ 毋庸讳言,这三条具体规则无法涵盖实践中形形色色的以房抵债纠纷。

参考案例裁判文书

参考案例69
最高人民法院(2011)民提字第210号民事判决书

以往的司法实践认为,“以物抵债就是代物清偿”,①“这种清偿行为的本质属性具有实践性法律行为特征,只有在履行了物权转移手续后才能成立”。② 也就是说,以物抵债属于实践合同。在“成都市国土资源局武侯分局与招商(蛇口)成都房地产开发有限责任公司、成都港招实业开发有限责任公司、海南民丰科技实业开发总公司债权人代位权纠纷案”③中,针对案涉《债权债务清算协议书》约定的“以物抵债”条款,《最高人民法院公报》在裁判摘要中提出,“债务人与次债务人约定以代物清偿方式清偿债务的,因代物清偿协议系实践性合同,故若次债务人未实际履行代物清偿协议,则次债务人与债务人之间的原金钱债务并未消灭,债权人仍有权代位行使债务人的债权”。此外,《八民会纪要(民事部分)》第 17 条规定:“当事人在债务清偿期届满后达成以物抵债协议并已经办理了产权转移手续,一方要求确认以房抵债协议无效或者变更、撤销,经审查不属于合同法第五十二条、第五十四条规定情形的,对其主张不予支持。”该条规定的“并已经办理了产权转移手续”,也被解读为以房抵债协议是实践性合同。

但《民法典》第 490 条第 1 款前段规定:“当事人采用合同书形式订立合同的,自当事人均签名、盖章或者按指印时合同成立。”④由此可知,我国《民法典》明文将诺成性作为合同的通常形态。“即在我国合同法中,在法律没有特别规定的情况下,都为诺成合同。”⑤而我国现行法律并无以房抵债协议是要物协议的规定。因此,“从法律适用的角度看,认定以物抵债协议系实践合同,依据不足”,⑥在当事人无特别约定的情况下,以物抵债应当属于诺成合同。至于《八民会纪要(民事部分)》第 17 条,“只是从正面明确对完成产权变更手续的‘以房抵债’协议,当事人没有正当理由不能主张无效或可变更可撤销,但不能因此

---

① 崔军:《代物清偿的基本规则及实务应用》,载《法律适用》2006 年第 7 期,第 53 页。

② 海南省高级人民法院审判监督第一庭:《再审中关于以物抵债问题的调研报告》,载《审判监督指导》2016 年第 2 辑(总第 56 辑),第 41 页。

③ 参考案例 69:“成都市国土资源局武侯分局与招商(蛇口)成都房地产开发有限责任公司、成都港招实业开发有限责任公司、海南民丰科技实业开发总公司债权人代位权纠纷案”,最高人民法院(2011)民提字第 210 号民事判决,载《中华人民共和国最高人民法院公报》2012 年第 6 期,第 19 ~28 页。

④ 《合同法》第 32 条规定:“当事人采用合同书形式订立合同的,自双方当事人签字或者盖章时合同成立。”

⑤ 王利明:《合同法研究》(第一卷),中国人民大学出版社 2015 年第 3 版,第 29 页。

⑥ 姜强:《预告登记制度:实务、规范及其周边(下)——以 2015 年高级法院及最高人民法院的裁判为线索》,载《民事审判指导与参考》2016 年第 1 辑(总第 65 辑),第 117 页。

得出'以房抵债'协议没有完成产权变更手续即不发生效力的结论"①。近期，最高人民法院对以物抵债协议的性质与效力问题，也明确改采诺成合同的观点。在下述【典型案例 88】中，最高人民法院认为，以物抵债协议属于诺成性合同，并非实践性合同，只要当事人意思表示达成一致，合同即成立生效，不以标的物的交付或产权转移为生效要件。最高人民法院民二庭第四次法官会议纪要也认为，"就以物抵债协议而言，在我国法律没有规定代物清偿制度，而当事人对合同成立有无特别约定的情况下，应当认为其系诺成合同，自双方意思表示一致时成立，不以债权人受领抵债物为合同成立要件。"②新近颁布的《九民会纪要》第 44 条第 1 款更是明确规定："当事人在债务履行期限届满后达成以物抵债协议，抵债物尚未交付债权人，债权人请求债务人交付的，人民法院要着重审查以物抵债协议是否存在恶意损害第三人合法权益等情形，避免虚假诉讼的发生。经审查，不存在以上情况，且无其他无效事由的，人民法院依法予以支持。"

还需要说明的是，虽然以房抵债协议属于诺成性协议，不以房屋权属变更为生效要件，但在房屋权属变更前，受让人只是一般债权人，以房抵债协议并不足以产生针对交易不动产的物权期待权。如最高人民法院在"招商银行股份有限公司包头分行与贾建军、姜亥军、刘涛案外人执行异议之诉纠纷案"③中所言，"以房抵债协议首先以消灭金钱债务为目的，而房产的交付仅系以房抵债的实际履行方式，基于以房抵债而拟受让不动产的受让人，在完成不动产法定登记之前，该以房抵债协议并不足以形成优先于一般债权的利益，不能据此产生针对交易不动产的物权期待权。"

参考案例裁判文书

参考案例70
最高人民法院（2017）最高法民申1769号民事裁定书

① 王丹：《房地产纠纷案件审理中的疑难问题》，载《民事审判指导与参考》2016 年第 4 辑（总第 68 辑），第 44 页。

② 贺小荣主编：《最高人民法院民事审判第二庭法官会议纪要——追寻裁判背后的法理》，人民法院出版社 2018 年版，第 3 页。

③ 参考案例 70："招商银行股份有限公司包头分行与贾建军、姜亥军、刘涛案外人执行异议之诉纠纷案"，最高人民法院（2017）最高法民申 1769 号民事裁定。

典型案例88

内蒙古兴华房地产有限责任公司与通州建总集团有限公司建设工程施工合同纠纷案①

典型案例裁判文书

典型案例88
最高人民法院（2016）
最高法民终字第484号
民事判决书

基本案情:通州建总承建了兴华公司开发的呼和浩特市供水大厦,施工完毕后,涉案工程没有进行竣工验收,兴华公司于2010年年底投入使用。2012年1月13日,兴华公司与通州建总呼和浩特分公司第二工程处签订《房屋抵顶工程款协议书》,就通州建总承揽施工的供水财富大厦工程,协商用该楼盘A座9层房屋抵顶工程款一事达成协议如下:“抵顶房屋位置:呼和浩特市新华东街以南/丰州路以西路口转角处,财富大厦A座9层……双方抵顶房屋协议价为7500元/平方米,计1095万元……”后因拖欠工程款,通州建总诉至法院。二审中,兴华公司认可财富大厦A座9层尚未办理房屋所有权首次登记及任何转移登记。

法院观点:一审法院(内蒙古自治区高级人民法院)在确认已付工程款时,对《房屋抵顶工程款协议书》避而未谈,未将1095万元认定为已付工程款。兴华公司提起上诉。通州建总答辩称,《房屋抵顶工程款协议书》并未履行,不可能抵顶已付工程款。最高人民法院在二审中认为,以物抵债,系债务清偿的方式之一,是当事人之间对于如何清偿债务作出的安排,故对以物抵债协议的效力、履行等问题的认定,应以尊重当事人的意思自治为基本原则。一般而言,除当事人明确约定外,当事人于债务清偿期届满后签订的以物抵债协议,并不以债权人现实地受领抵债物,或取得抵债物所有权、使用权等财产权利,为成立或生效要件。只要双方当事人的意思表示真实,合同内容不违反法律、行政法规的强制性规定,合同即为有效。

---

① 典型案例88:“内蒙古兴华房地产有限责任公司与通州建总集团有限公司建设工程施工合同纠纷案”,最高人民法院(2016)最高法民终字第484号民事判决,载《中华人民共和国最高人民法院公报》2017年第9期,第26～36页。

裁判规则89

当事人在债务清偿期届满前签订的以房抵债协议,违反现行法禁止流质约款的规定,应属无效。但协议约定在债务清偿期届满时应当进行清算,或债务人可以按原债权金额回赎的除外。

对债务履行期限届满后达成的以物抵债协议的效力,实务界的观点高度统一,“债务履行期限届满后,债权的数额就得以确定,在此基础上达成的以物抵债协议,一般不会存在显失公平的问题。在以物抵债行为不存在违反法律、行政法规禁止性规定的情形下,应当尊重当事人的意思自治”①。争议集中在当事人在债务清偿期届满前达成的以房抵债协议。

实务界的主流观点认为,当事人在债务清偿期届满前签订的以房抵债协议,违反现行法禁止流质约款的规定,应属无效。② 江苏省高级人民法院《关于以物抵债若干法律适用问题的审理纪要》(2014年4月14日)第2条第(1)项规定:“当事人在债务未届清偿期之前达成的以物抵债协议,该协议具有担保债权实现的目的,如债权人以债务人违反以物抵债的约定而要求继续履行以物抵债协议或对所抵之物主张所有权的,人民法院应驳回其诉讼请求。”简言之,以物抵债具有担保功能而成立担保,但该担保因违反禁止流质规则而无效。实践

---

① 杨临萍:《关于当前商事审判工作中的若干具体问题》(2015年12月24日),载《民事审判指导与参考》2015年第4辑(总第64辑),第84页。

② 需要说明的是,由于本书的写作主旨是介绍司法实务中通行的裁判规则,故在裁判意见的选择上,笔者遵从多数的、权威的司法意见。但就本问题而言,笔者并不赞成债务清偿期届满前签订的以房抵债协议构成无效流质约款的观点。事实上,将债务清偿期届满前签订的以房抵债协议认定为流担保契约,缺乏法律依据。一方面,“以物抵债不具有担保性质”。参见刘琨:《以物抵债不宜认定为流质契约》,载《人民司法》2014年第2期,第55页。根据目前的担保理论,以物抵债无法实现担保目的。无论是属于担保物权的抵押、质押或者留置,还是属于人保的保证,抑或属于非典型担保的所有权保留,它们之所以能成立担保,乃是因为其具备“从属性、补充性和保障债权切实实现性”。参见崔建远:《“担保”辨——基于担保泛化弊端严重的思考》,载《政治与法律》2015年第12期,第110页。然而,就以物抵债而言,暂且不论从属性与补充性,单单考察保障债权切实实现性,以物抵债就难以满足。因为以物抵债并不具有扩大责任财产范围或者使债权人获得优先受偿力的保障效果。在此基础上,根据以物抵债违反担保意义上的禁止流质规则而认定无效的说理也就失去了依托。另一方面,《物权法》第186条、第211条(《民法典》第401条、第428条)构成禁止流担保的法律依据。但是,上述条文仅是对抵押和质押所作的规制。参见陈本寒:《新类型担保的法律定位》,载《清华法学》2014年第2期,第100页,而以物抵债既不属于抵押,也不属于质押,不能用禁止流抵与禁止流质的规定否定以物抵债的效力。此外,从当前的趋势来看,越来越多的观点主张限缩流担保的范围,乃至废除禁止流担保的规定。参见刘琨:《以物抵债协议不宜认定为流质契约》,载《人民司法(案例)》2014年第2期,第55~57页。

中,大量在债务清偿期届满前签订的以物抵债协议被认定为违反流押条款禁令,[①]前述【典型案例 87】“朱俊芳与山西嘉和泰房地产开发有限公司商品房买卖合同纠纷案”[②]中,山西省高级人民法院在再审中就持这一观点。海南省高级人民法院也认为,“在债务履行期届满前的以物抵债具有债的担保性质,这种情况与我国物权法中所禁止的流质抵押或质押相类似,不应认可这种以物抵债的效力”[③]。在第八次全国法院民事商事审判工作会上,时任最高人民法院民二庭庭长杨临萍提出,“债权人与债务人在债务履行期限届满前就作出以物抵债的约定,由于债权尚未到期,债权数额与抵债物的价值可能存在较大差距。如果此时直接认定该约定有效,可能会导致双方利益显失公平。所以在处理上一般认为应参照物权法关于禁止流抵、流质的相关规定,不确认该种情形下签订的以物抵债协议的效力”[④]。最高人民法院民二庭第四次法官会议纪要也认为,“债权人与债务人在债务履行期届满前约定以物抵债的,标的物缔约时的价值与实现时的价值往往存在较大差距,如果直接认定以物抵债有效,既可能导致双方利益显著失衡,还可能存在流质(或流抵)的嫌疑。基于此,不应确认该种情形下签订的以物抵债合法有效”。[⑤]

至于清算与回赎,后述【裁判规则例 91】将作详细介绍,此处不赘述。

---

① 陆青:《以房抵债协议的法理分析——〈最高人民法院公报〉载“朱俊芳案”评释》,载《法学研究》2015 年第 3 期,第 65 页。

② 典型案例 87:“朱俊芳与山西嘉和泰房地产开发有限公司商品房买卖合同纠纷案”,最高人民法院(2011)民提字第 344 号民事判决,载《中华人民共和国最高人民法院公报》2014 年第 12 期,第 18 ~ 24 页。相关文书可扫描本书第 248 页二维码。

③ 海南省高级人民法院审判监督第一庭:《再审中关于以物抵债问题的调研报告》,载《审判监督指导》2016 年第 2 辑(总第 56 辑),第 41 页。

④ 杨临萍:《关于当前商事审判工作中的若干具体问题》(2015 年 12 月 24 日),载《民事审判指导与参考》2015 年第 4 辑(总第 64 辑),第 83 页。

⑤ 贺小荣主编:《最高人民法院民事审判第二庭法官会议纪要——追寻裁判背后的法理》,人民法院出版社 2018 年版,第 8 页。

典型案例89

江苏南通三建集团有限公司诉江苏天骄实业有限公司建设用地使用权转让合同纠纷案①

典型案例裁判文书

典型案例89
江苏省镇江市中级人民法院（2018）苏11民再3号民事判决书

基本案情：2008 年 10 月 26 日，南通三建与天骄公司签订建设工程施工合同约定，由南通三建承建天骄公司在上述地块的竹梧园别墅楼工程。合同签订后，南通三建即进行了工程建设。2009 年 1 月 3 日，因天骄公司未能按合同约定给付工程款，双方签订补充协议书，其第 4 条约定，“如 2009 年 1 月 14 日前，天骄公司所承诺的 300 万元工程款不能按时到位，天骄公司将以茅山竹梧园项目工程地块的土地使用权以 500 万元的价格一次性出让给南通三建，南通三建在售房时首先将 500 万元款项逐笔支付给天骄公司，剩余售房款归南通三建所有”。协议签订后，天骄公司未能按约付款。南通三建提起诉讼，要求变更土地使用权。

法院观点：江苏省镇江市中级人民法院在再审中认为，“补充协议第 4 条约定系天骄公司将项目工程地块的土地使用权作为抵押，为自己应支付南通三建的 300 万元工程款提供担保，在天骄公司不能按时给付南通三建工程款时，项

① 典型案例 89：“江苏南通三建集团有限公司诉江苏天骄实业有限公司建设用地使用权转让合同纠纷案”，江苏省镇江市中级人民法院（2018）苏 11 民再 3 号民事判决。该案的审理几经曲折。2009 年 11 月 26 日，句容市人民法院作出（2009）句民一初字第 933 号民事判决，天骄公司不服，上诉于镇江市中级人民法院。2010 年 1 月 12 日，镇江市中级人民法院作出（2010）镇民终字第 0033 号民事判决，驳回上诉，维持原判。天骄公司不服终审判决，向江苏省高级人民法院申请再审，江苏省高级人民法院于 2010 年 9 月 2 日作出（2010）苏民申字第 040 号民事裁定，驳回天骄公司的再审申请。天骄公司不服该裁定，向最高人民法院提出申诉。最高人民法院于 2011 年 12 月 12 日作出（2011）民监字第 829 号民事裁定，指令江苏省高级人民法院再审。江苏省高级人民法院经再审于 2013 年 9 月 22 日作出（2012）苏民再终字第 0002 号民事裁定，撤销了江苏省镇江市中级人民法院（2010）镇民终字第 0033 号民事判决及句容市人民法院（2009）句民一初字第 933 号民事判决，将案件发回句容市人民法院重审。2014 年 3 月 10 日，句容市人民法院作出（2013）句民再初字第 0002 号民事判决。天骄公司不服，上诉于镇江市中级人民法院。2014 年 7 月 30 日，镇江市中级人民法院作出（2014）镇民再终字第 0014 号民事裁定，撤销了句容市人民法院（2013）句民再初字第 0002 号民事判决，将案件发回句容市人民法院重审。之后，句容市人民法院作出（2014）句民再初字第 0005 号民事判决，南通三建公司不服，上诉于镇江市中级人民法院，镇江市中级人民法院作出（2018）苏 11 民再 3 号民事判决。

目工程地块的土地使用权归南通三建,该条约定属于流质契约。根据《物权法》第 186 条、《担保法》第 40 条、最高人民法院《关于适用〈中华人民共和国担保法〉若干问题的解释》第 57 条的规定,本案补充协议第 4 条约定依法应属无效。"此外,在天骄公司向最高人民法院提出申诉时,最高人民法院作出的(2011)民监字第 829 号民事裁定书也指出,"补充协议中以土地抵工程款的约定系流质契约,根据相关规定属于无效条款"①。

裁判规则 90

> 当事人在债务清偿期届满前签订的以房抵债协议,尚未实际履行的,债权人不得请求实际履行。对双方之间的权利义务关系,应当按照原债权债务关系处理。

如前所述,当事人在债务清偿期届满前签订的以房抵债协议,违反现行法禁止流质约款的规定,应属无效。如果该协议尚未实际履行的,由于协议无效,债权人自然无权请求实际履行。那么对于双方之间的债权债务关系应当如何处理呢?就此,最高人民法院民二庭的意见是,"考虑到以物抵债协议在性质与功能上与买卖合同相近,原金钱债务性质上亦同于民间借贷合同所产生的金钱之债,故以物抵债协议与原金钱债务的关系,可以参照适用《民间借贷规定》第 24 条的规定来处理"②。《民间借贷规定》第 24 条第 1 款规定:"当事人以订立买卖合同作为民间借贷合同的担保,借款到期后借款人不能还款,出借人请求履行买卖合同的,人民法院应当按照民间借贷法律关系审理。当事人根据法庭审理情况变更诉讼请求的,人民法院应当准许。"也就是说,"人民法院应向当事人释明变更诉讼请求,并按照基础法律关系审理此类案件"③。最终,《九民会纪要》第 45 条明确规定:"当事人在债务履行期届满前达成以物抵债协议,抵债物尚未交付债权人,债权人请求债务人交付的,因此种情况不同于本纪要第 71 条规定的让与担保,人民法院应当向其释明,其应当根据原债权债务关系提起

① 江苏省高级人民法院民一庭:《以物抵债若干问题研究》,载《民事审判指导与参考》2014 年第 2 辑(总第 58 辑),第 59 页。

② 贺小荣主编:《最高人民法院民事审判第二庭法官会议纪要——追寻裁判背后的法理》,人民法院出版社 2018 年版,第 10 页。

③ 杜万华主编:《最高人民法院民间借贷司法解释理解与适用》,人民法院出版社 2015 年版,第 426 页。

诉讼。经释明后当事人仍拒绝变更诉讼请求的，应当驳回其诉讼请求，但不影响其根据原债权债务关系另行提起诉讼。”

典型案例90

某房地产开发有限公司诉某化工有限公司确认合同效力纠纷案[①]

典型案例裁判文书

典型案例90
辽宁省调兵山市人民法院（2017）辽1281民初536号民事判决书

基本案情：案外人孙某与化工公司法定代表人裴某是朋友关系。2013年11月1日至2014年5月26日，房产公司先后向孙某借款3100万元，并向孙某出具3868万元借据。后房产公司未在约定还款期内还款，2015年8月5日，房产公司出具《还款计划书》称，“房产公司向孙某原借款经双方结算，现仍欠孙某借款3142万元，于2016年6月15日前还清”。2015年8月10日，房产公司向孙某出具《欠据》称，“房产公司欠孙某1095万元，此欠款为2015年1月至2016年6月借款利息。于2016年6月15日前还清”。2016年3月25日，孙某以化工公司的名义与房产公司签订《房屋顶账协议书》约定：截止到本协议签订日，房产公司欠化工公司借款余额为4237万元；房产公司以开发建设的房屋折抵欠款4237万元；此房屋已在房产管理局办理预购商品房预告登记。其中151套房屋登记在乙方法定代表人裴某名下，33套房屋登记在自然人于司某名下；房产公司应于2016年10月1日前完成顶账房屋工程验收，并将顶账房屋交付化工公司。后双方发生争议，诉至法院。

法院观点：法院认为，本案中，借款到期日为2016年6月15日，孙某以化工公司名义与房产公司签订《房屋顶账协议书》的时间为2016年3月25日，显然债务清偿期尚未届满。债权人与债务人在债务履行期届满前就作出以物抵债的约定，由于债权尚未到期，债权数额与抵债物的价值可能存在较大差距。如果此时直接认定该约定有效，可能会导致双方利益显失公平。所以在处理上一

① 典型案例90：“某房地产开发有限公司诉某化工有限公司确认合同效力纠纷案”，辽宁省调兵山市人民法院（2017）辽1281民初536号民事判决。

般认为应参照《物权法》关于禁止流押、流质的相关规定,不确认该种情形下签订的以物抵债协议的效力。如果此时抵债物尚未交付给债权人,而债权人请求确认享有抵债物所有权并要求债务人交付的,不予支持;如果此时抵债物已交付给债权人,参照《物权法》中质押的有关规定,债务人请求债权人履行清算义务或主张回赎的,法院应予支持。综上,《房屋顶账协议书》系在债务履行期届满前就作出以物抵债的约定,属于《物权法》第 186 条规定禁止的情形,应属无效。

裁判规则 91

当事人在债务清偿期届满前签订的以房抵债协议,即使已经实际履行的,债务人仍有权要求按照原债权债务关系进行清算,或者按原债权额进行回赎。

当事人在债务清偿期届满前签订的以房抵债协议,由于是无效合同,即使已经实际履行的,也应当进行清理。清理的方式有二:一是按照原债权债务关系进行强制清算;二是由债权人按原债权额进行回赎。①

① 与前述【裁判规则 89】相同,基于本书的写作宗旨,笔者此处遵从多数的、权威的司法意见,但笔者并不赞同对已经实际履行的债务清偿期届满前签订的以房抵债协议应当进行清算或回赎。其一,从实践的情况来看,在达成以物抵债协议时,债务人借款到手,成为所谓"欠钱的大爷",而急于收款的债权人则丧失了谈判的筹码,在此基础上,"履行新债清偿合同(以物抵债合同)对债务人而言显然更为有利。"参见庄家园:《"买卖型担保"与流押条款的效力——〈民间借贷规定〉第 24 条的解读》,载《清华法学》2016 年第 3 期,第 82 页。其二,我国当前立法并未规定以物抵债的实现必须清算,因此强制清算缺乏法律依据。在"青海福果典当有限公司与青海昆玉实业投资集团有限公司、青海天诚信用担保有限责任公司合同纠纷案"[参考案例 71:"青海福果典当有限公司与青海昆玉实业投资集团有限公司、青海天诚信用担保有限责任公司合同纠纷案",最高人民法院(2016)最高法民终 234 号民事判决]中,福果公司借给昆玉公司 2400 万元,借款期限自 2014 年 9 月 28 日起至 2014 年 11 月 27 日止。2015 年 1 月 20 日,因昆玉公司无力归还借款本金及利息,福果公司与昆玉公司签订《玉石冲抵借款费用协议书》约定,昆玉公司愿以玉石冲抵借款违约金、逾期滞纳金及其他费用,玉器总标价为14 310.4万元,双方同意以玉器总标价 3% 计算冲抵费用,即玉器评估价值为4 293 120元。对无标价的 14 件博物馆原石,总共 497.15kg,双方同意以 500 元/kg 作为对原石评估价值。故双方协商同意玉器及原石评估总价为4 541 695元。以该笔费用冲抵昆玉公司所欠福果公司借款违约金、逾期滞纳金及其他费用。同日,双方签订了《借款展期协议》约定借款展期为 4 个月,即 2014 年 11 月 28 日至 2015 年 3 月 27 日。后昆玉公司向原审法院提起诉讼,请求撤销福果公司和昆玉公司于 2015 年 1 月 20 日签订的《玉石冲抵借款费用协议书》。一审法院(青海省高级人民法院)支持了昆玉公司的诉请。二审中,最高人民法院认为,昆玉公司作为开采、加工、销售玉石的专业企业,未经评估机构评估,即对其所有的玉石进行折价,不属于缺乏经验的情形,亦不违反法律、行政法规的效力性规定。昆玉公司基于生产经营需要而进行借贷并展期,与紧急情况下的生活消费型借贷不同,不存在危难急迫的客观事实。据此,改判驳回了昆玉公司的诉讼请求。不可否认,在履

参考案例裁判文书

参考案例71
最高人民法院（2016）最高法民终234号民事判决书

所谓按照原债权债务关系进行清算，也就是应当通过合理的方式确定抵债房屋的价值，如果高于债务金额，应当返还给债务人，如果低于债务金额的，债务人应当补足余额。[①]北京市高级人民法院《关于审理房屋买卖合同纠纷案件若干疑难问题的会议纪要》（京高法发〔2014〕489号）第25条第1款即规定："当事人在民间借贷债务履行期限届满前签订合同约定，借款人逾期不偿还借款即愿意以自己所有（或经第三人同意以第三人所有）的房屋抵偿归贷款人所有，该合同实为基础借贷债权的担保，应当根据当事人的真实意思表示认定双方之间系民间借贷法律关系。贷款人可以选择行使以下权利：（1）贷款人依原基础借贷法律关系主张偿还借款的，应予支持；（2）贷款人在履行清算义务的前提下，要求借款人办理房屋过户登记手续的，应予支持。房屋价值超过担保基础借贷债权（贷款本金、合法利息等）的，贷款人应将剩余款项返还给借款人。房屋价值以贷款人要求借款人办理房屋过户登记时予以确定。"在第八次全国法院民事商事审判工作会上，时任最高人民法院民二庭庭长杨临萍也认为，对债务履行期限届满前约定的以物抵债，"如果此时抵债物已交付给债权人，参照物权法中质押的有关规定，债务人请求债权人履行清算义务或主张回赎的，法院应予支持"[②]。其主要理由在于，"房屋价值与债权人未获清偿而又应受法律保护的借款本息相比，普遍要高出许多，有的甚至高出两三倍"[③]。在下述【典型案例91】中，在签订以房抵债协议之后，借款人徐耀东要求履行原借款关系，虽未得到法院支持，但

行期限届满前允许以物抵债，也可能发生债权人利用债务人的资金压力，压低担保物的价值，进而获取暴利。就此，如果以房抵债协议确实存在权利义务关系显著失衡的——抵债房屋的价值远大于债务金额，既无须借鉴禁止流担保的法律规定，也无须实行强制清算，直接援引《民法典》第151条规定的显失公平规则予以调整，即可解决这一问题。广东省高级人民法院《关于审理房屋买卖合同纠纷案件的指引》（粤高法〔2017〕191号）第14条第2款后段即规定："一方请求确认以房抵债协议无效或者变更、撤销协议的，应当依照合同法第五十二条、第五十四条的规定审查。"

① 陆青：《以房抵债协议的法理分析——〈最高人民法院公报〉载"朱俊芳案"评释》，载《法学研究》2015年第3期，第77～78页；庄家园：《"买卖型担保"与流押条款的效力——〈民间借贷规定〉第24条的解读》，载《清华法学》2016年第3期，第82～84页。此外，对于清算的时间节点学界存在争议，有认为应以合同订立时的情况加以确定，但大部分学者倾向于在所有权转移时的情况加以确定。

② 杨临萍：《关于当前商事审判工作中的若干具体问题》（2015年12月24日），载《民事审判指导与参考》2015年第4辑（总第64辑），第83～84页。

③ 庄家园：《"买卖型担保"与流押条款的效力——〈民间借贷规定〉第24条的解读》，载《清华法学》2016年第3期，第82页。

一、二审法院均按照抵债房的价格对原债权债务关系进行了清理、清算。

所谓“回赎”,也即“买回”,是指债务人按原债权金额向债权人履行支付义务后,债权人将已经取得的物权恢复到债务人名下。《民法典》第643条针对所有权保留中出卖人因买受人违约而取回标的物的情形,即规定了买受人回赎制度。

典型案例91

袁佳伟与徐耀东合同纠纷案①

典型案例裁判文书

典型案例91
北京市第三中级人民法院(2018)京03民终13599号民事判决书

基本案情:2014年7月16日,徐耀东(乙方)与袁佳伟(甲方)签订《借款合同》约定:乙方向甲方借款250万元,借款期限自2014年7月16日至2014年8月16日,借款利息为每月1.5%,借款到期后一次性还本付息,如乙方不能按约定期限还款,每逾期一日,按借款总额的1.8%支付违约金,并赔偿因甲方向乙方追讨债权而产生的费用。2014年7月16日,袁佳伟向徐耀东转账250万元。2014年8月8日,徐耀东与袁佳伟签订《存量房屋买卖合同》约定:徐耀东将涉案房屋出售给袁佳伟,成交价格为350万元,付款方式为自行交割。同日,徐耀东、袁佳伟签订《存量房交易结算资金自行划转声明》约定,袁佳伟购买徐耀东的涉案房屋,房价款350万元自行划转交易结算资金。2014年8月11日,涉案房屋的所有权转移登记至袁佳伟名下。2015年4月9日,袁佳伟将涉案房屋以为328万元的价格转让给陈某。2015年4月9日,陈某取得涉案房屋的所有权。另查,涉案房屋系徐耀东于2010年9月11日从北京嘉益德房地产开发有限公司处购买,购买价4 510 475元。2015年6月,徐耀东向一审法院起诉,请求确认《存量房屋买卖合同》无效,袁佳伟赔偿徐耀东房屋损失6 132 000元、租金损失1 126 500元。在诉讼中,经评估,涉案房屋在2015年4月的市场价值为613.2万元,自2014年9月至2018年4月12日的房地产租赁市场价值为1 126 500元。

---

① 典型案例91:“袁佳伟与徐耀东合同纠纷案”,北京市第三中级人民法院(2018)京03民终13599号民事判决。

法院观点：一审法院（北京市朝阳区人民法院）与二审法院（北京市第三中级人民法院）认为，首先，《存量房屋买卖合同》并非真实的房屋买卖关系，而是对借贷关系进行的担保。其次，《存量房屋买卖合同》签订时及涉案房屋过户时，徐耀东与袁佳伟的借款期限尚未届满；且双方在办理房屋过户时并未履行清算义务。因此，上述情形违反了物权法、担保法及相应司法解释规定中有关流质条款的禁止性规定，《存量房屋买卖合同》应属无效。最后，因袁佳伟已将涉案房屋出卖，无法实际返还，徐耀东有权要求袁佳伟赔偿损失。对徐耀东的损失，可以依据袁佳伟向案外人出售涉案房屋时的评估价值计算，但需抵扣徐耀东所欠袁佳伟的借款本金以及相应利息，还应考虑双方过错大小。据此，法院判决确认《存量房屋买卖合同》无效，袁佳伟赔偿徐耀东损失 206 万元。

裁判规则 92

当事人在债务履行期届满后签订的以房抵债协议，如果未明确约定为债之更改的，应当认定为新债清偿，债务人应当履行以房抵债协议。但如债务人逾期未履行以房抵债协议的，则债权人可以就原债务合同与以房抵债协议，择一行使请求权。

所谓新债清偿，又称新债抵旧、间接清偿、旧债新偿或间接给付，是指债务人因清偿旧债务，而与债权人成立负担新债务的合同。新债清偿合同是以负担新债务为履行旧债务的方法，因此新债清偿合同成立，旧债务并不因此而直接消灭，新债务与旧债务同时并存。①

第一，无论学界还是实务界，均普遍认为，就尚未履行的债务，双方当事人签订以房抵债协议，如果就两个债务之间的关系没有约定或约定不明确的，应认定为新债清偿。② 因为“这种认定方法，对债权人最为有利，也最合乎一般交易实情”③。如果以房抵债协议采用“抵偿”“抵顶”“抵”等语义较为模糊的用语，原则上不宜解释得出“消灭旧债”的结论。“例如，工程款债权债务的当事人之间签订了房屋抵顶工程款协议书，除非明确约定因此而消灭相应金额的工程

① 崔建远：《以物抵债的理论与实践》，载《河北法学》2012 年第 3 期，第 24 页。

② 房绍坤：《论新债清偿》，载《广东社会科学》2014 年第 5 期，第 249 页；司伟：《债务清偿期届满后的以物抵债纠纷裁判若干疑难问题思考》，载《法律适用》2017 年第 17 期，第 82 页。

③ 郑玉波：《民法债编总论》，中国政法大学出版社 2004 年版，第 486 页。

款债务,否则,该协议在性质上就应认定为新债清偿协议,即旧债务与新债务并存。"[①]如最高人民法院在前述【典型案例 88】"内蒙古兴华房地产有限责任公司与通州建总集团有限公司建设工程施工合同纠纷案"[②]中所言,"当事人于债务清偿期届满后达成的以物抵债协议,可能构成债的更改,即成立新债务,同时消灭旧债务;亦可能属于新债清偿,即成立新债务,与旧债务并存。基于保护债权的理念,债的更改一般需有当事人明确消灭旧债的合意,否则,当事人于债务清偿期届满后达成的以物抵债协议,性质一般应为新债清偿"。认定为新债清偿,"则新旧两债之间不失同一性,从属于原债的担保仍然有效"[③]。

需说明的是,就此问题北京市高级人民法院持不同观点。北京市高级人民法院《关于审理房屋买卖合同纠纷案件若干疑难问题的会议纪要》(京高法发〔2014〕489 号)第 25 条第 2 款规定:"当事人在民间借贷债务履行期限届满后签订合同约定以房抵债,性质上属于债务履行方式的变更,贷款人要求继续履行合同办理房屋过户登记手续的,应予支持。借款人认为抵债价格明显过低,显失公平的,可以参照本纪要第 24 条第 2 款[④]规定处理。"

第二,"新债清偿成立后,新债务与旧债务处于一种并存或竞合关系"[⑤]。那么应当如何确定两个债务的履行问题?一方面是债务人的履行选择问题。有观点认为,债务人不具有选择权,应当履行新债务——以房抵债协议。也有观点认为,鉴于以物抵债合同通常对债务人更为有利,应当允许债务人选择履行新债务(以房抵债协议)还是旧债务。[⑥] 其法律依据为《民法典》第 515 条第 1

---

① 司伟:《债务清偿期届满后的以物抵债纠纷裁判若干疑难问题思考》,载《法律适用》2017 年第 17 期,第 82 页。

② 典型案例 88:"内蒙古兴华房地产有限责任公司与通州建总集团有限公司建设工程施工合同纠纷案",最高人民法院(2016)最高法民终字第 484 号民事判决,载《中华人民共和国最高人民法院公报》2017 年第 9 期,第 26 ~ 36 页。相关文书可扫描本书第 252 页二维码。

③ 贺小荣主编:《最高人民法院民事审判第二庭法官会议纪要——追寻裁判背后的法理》,人民法院出版社 2018 年版,第 11 页。

④ 该款规定:"借款人认为合同约定的房屋转让价格明显过低,显失公平的,可以依据《合同法》第 54 条第 1 款第(2)项的规定行使撤销权。转让价格是否明显过低的标准可以参照《最高人民法院关于适用〈中华人民共和国合同法〉若干问题的解释(二)》第 19 条的规定予以确定,即合同约定的房屋转让价格达不到当时交易地的市场交易价百分之七十的,一般可以视为价格明显过低。"

⑤ 房绍坤:《论新债清偿》,载《广东社会科学》2014 年第 5 期,第 249 页。

⑥ 司伟:《债务清偿期届满后的以物抵债纠纷裁判若干疑难问题思考》,载《法律适用》2017 年第 17 期,第 83 页。

款。[①] 另一方面是债权人的履行选择问题,也就是如果债务人不履行债务的,债权人应当请求强制履行哪一个协议呢? 就此问题,也存在争议。有观点认为,债权人可以择一行使请求权。也有观点认为,为避免债务人因债权人择一行使请求权而同时准备新、旧债务的内容,债权人只能先行使新债务的请求权,如果新债务届期不能履行,则债权人有权且应当就旧债务要求债务人履行。[②]

笔者倾向认为,一方面,虽然就新债清偿而言,新债务不履行,则旧债务不消灭,但达成以房抵债协议后,"由于新债清偿是以他种给付代替原定给付",[③]当事人(主要是债权人)的预期已然转变为以房抵债,如果允许债务人随时反悔而选择履行旧债务,将导致债权人处于无法预期的不安定状态。如果债权人基于新债权进行二次交易——将房屋转售他人,则债权人还将面临第三人的违约之诉。因此,在以房抵债协议构成新债清偿的情况下,除非债权人同意,否则债务人应当履行新债务——以房抵债协议。另一方面,在债务人构成违约的情况下,也就意味着债务人既未准备新债务的内容,且旧债务依然存续,因此,所谓"债务人因债权人择一行使请求权而同时准备新、旧债务的内容"根本就不成立。而且在强制执行的背景下,所谓"新债务届期不能履行"的说法也不能成立,即使房屋未能建成或转售他人,也可通过折价的方式要求债务人承担违约责任,从而取得与实际履行相同的效果。至于判决后的权益实现,则属于执行范畴,与债权人应当行使何种请求权无关。《民法典》第 515 条第 2 款规定:"享有选择权的当事人在约定期限内或者履行期限届满未作选择,经催告后在合理期限内仍未选择的,选择权转移至对方。"据此,在债务人违约的情况下,"基于保护债权的理念",[④]基于新债清偿使"债权人是在原债权继续存在的情况下,又获得了另外一种求偿的可能性",[⑤]应当允许债权人择一行使请求权。也就是说,达成以房抵债协议后债务人未履行的,"债权人请求债务人履行以房抵债约定的,应予支持"[⑥]。《九民会纪要》第 44 条第 1 款即规定:"当事人在债务履行

---

① 《民法典》第 515 条第 1 款规定:"标的有多项而债务人只需履行其中一项的,债务人享有选择权;但是,法律另有规定、当事人另有约定或者另有交易习惯的除外。"

② 房绍坤:《论新债清偿》,载《广东社会科学》2014 年第 5 期,第 250 页。

③ 房绍坤:《论新债清偿》,载《广东社会科学》2014 年第 5 期,第 249 页。

④ 司伟:《债务清偿期届满后的以物抵债纠纷裁判若干疑难问题思考》,载《法律适用》2017 年第 17 期,第 82 页。

⑤ 杜景林、卢谌:《德国民法典评注:总则·债法·物权》,法律出版社 2011 年版,第 181 页。

⑥ 杨临萍:《关于当前商事审判工作中的若干具体问题》(2015 年 12 月 24 日),载《民事审判指导与参考》2015 年第 4 辑(总第 64 辑),第 84 页。

期限届满后达成以物抵债协议,抵债物尚未交付债权人,债权人请求债务人交付的,人民法院要着重审查以物抵债协议是否存在恶意损害第三人合法权益等情形,避免虚假诉讼的发生。经审查,不存在以上情况,且无其他无效事由的,人民法院依法予以支持。”但是,“债权人也有权请求债务人履行旧债务,而且,该请求权的行使,不以以物抵债协议被解除为前提”①。下述【典型案例 92】中,在双方签订以房抵债的情形下,法院就认定以房抵债协议构成新债清偿,债权人有权选择债务履行。

第三,在以房抵债协议构成新债清偿的情况下,其对旧债务的诉讼时效产生何种效力? 就此,多数观点认为,以房抵债协议成立后,旧债务的时效即告中止,待新债务不履行时,旧债务的时效继续计算。②

第四,如果在债务履行期届满后约定以物抵债,“抵债物已经交付债权人的,类似于传统民法的代物清偿,自以物抵债有效成立之日起,新旧两债均归于消灭,债权人取得抵债物的所有权”③。

典型案例92

张金升、沧州盛德房地产开发有限公司企业借贷纠纷案④

典型案例裁判文书

典型案例92
最高人民法院(2016)
最高法民再294号民事判决书

基本案情:2013 年 2 月 4 日,穆永查作为甲方,盛德公司作为乙方,张金升、闫冲、张俊玲等作为丙方,签订《保证担保借款合同》约定:盛德公司向穆永查借款 1200 万元,张金升、闫冲、张俊玲提供连带责任担保。合同签订后,穆永查向盛德公司提供借

---

① 司伟:《债务清偿期届满后的以物抵债的性质与履行——内蒙古兴华房地产有限责任公司与通州建总集团有限公司建设工程施工合同纠纷案》,载《民事审判指导与参考》2017 年第 2 辑(总第 70 辑),第 140 页。

② 房绍坤:《论新债清偿》,载《广东社会科学》2014 年第 5 期,第 250 ~ 251 页;司伟:《债务清偿期届满后的以物抵债纠纷裁判若干疑难问题思考》,载《法律适用》2017 年第 17 期,第 83 ~ 84 页。

③ 贺小荣主编:《最高人民法院民事审判第二庭法官会议纪要——追寻裁判背后的法理》,人民法院出版社 2018 年版,第 11 页。

④ 典型案例 92:“张金升、沧州盛德房地产开发有限公司企业借贷纠纷案”,最高人民法院(2016)最高法民再 294 号民事判决。

款 1200 万元。至合同履行期限届满,盛德公司只向穆永查支付利息782 800元。2013 年 9 月 2 日,穆永查向一审法院提起本案诉讼,请求判令盛德公司偿还借款本息13 983 260元,张金升、闫冲、张俊玲承担连带责任。在诉讼中,10 月 17 日,王连荣(穆永查的代理人)与盛德公司、张金升、闫冲签订《债权抵顶协议书》约定,欠款本息 1255 万元,以张金升名下的位于南皮镇交通迎宾家园门市楼面积 970m^2 抵顶 520 万元,以盛德公司所有的黄骅港银港小区五号楼综合楼面积 860m^2 抵顶 300 万元,以盛德公司开发的阳光大厦小区项目地下车库 69 个车位抵顶 400 万元,闫冲以其在黄骅港口住房作价 35 万元抵顶本案债务(在此之前的 9 月 9 日,穆永查与闫冲已经办理了黄骅港口住房过户手续)。

法院观点:针对《债权抵顶协议书》,二审法院(河北省高级人民法院)认为,穆永查起诉后又与盛德公司、张金升、闫冲签订《债权抵顶协议书》,同意由盛德公司、张金升、闫冲偿还其全部借款本息,应视为对《保证担保借款合同》约定的权利义务进行了重新确认,系对其自身权利的合法处分,至此,张俊玲、李文通不再承担《保证担保借款合同》中约定的保证责任。但最高人民法院在再审中认为,《债权抵顶协议书》作为本案当事人间清偿债务的安排,应当自成立时生效;《债权抵顶协议书》属于以物抵债合同,其实际履行之前,原债权债务关系并不消灭;本案的新债清偿约定只是改变了原有债务的履行方式,增加了债权实现的途径与可能。设立新债的目的虽是消灭旧债,但在协议未实际履行、旧债未消灭的情况下,原有债务的从属保证亦不应免除,保证人仍应当承担保证责任。

裁判规则 93

当事人就债务清偿签订以房抵债协议后,债务人与债权人指定的第三人在以房抵债协议基础上签订商品房买卖合同的,构成债权转移。债权转移之后,原债权人无权与债务人协议解除以房抵债协议,第三人有权以自己名义请求履行商品房买卖合同。

实践中,当事人就债务清偿签订以房抵债协议后,基于减少中间环节的交易税费等原因,债权人常常指定由第三人代为受偿,即由债务人与债权人指定的第三人签订商品房买卖合同。在债务人与第三人签订商品房买卖合同后,债权人与债务人可否协议解除以房抵债协议,或者说解除协议是否有效?如果债权人与债务人协议解除以房抵债协议的,第三人还能否诉请履行?

债权人指定由第三人与债务人签订商品房买卖合同,有两种解释路径:第一种解释路径是,在商品房买卖合同项下并无真实的付款行为,故商品房买卖合同不构成独立的交易,而是以房抵债协议的履行方式(只不过是向第三人履行而已)。也就是说,商品房买卖合同并非法律行为,而是事实行为——债务清偿方式,本身不构成独立的请求权基础,如债权人与债务人协议解除以房抵债协议的,第三人不得诉请履行。第二种解释路径是,债权人指定第三人作为签约主体,构成债权转移,转移之后(签订商品房买卖合同之后),债权人丧失债权,其与债务人签订的解除协议无效,故第三人可以诉请履行。

就实质而言,第二种解释路径——认定为债权转移——更加合理。第一,签订商品房买卖合同,必须涉及商业交涉、谈判,必然有相应的意思表示,将这一行为解释为履行行为、事实行为,难免牵强。第二,由于商品房买卖合同的签约主体是第三人,在债务人违约的情况下,如果认定为向第三人履行,根据《民法典》第 522 条第 1 款[①]的规定,只能由债权人提起诉讼,此时债权人对房屋交付与办证并无直接利益,缺乏起诉的动力,而交付与办证均非金钱债务,第三人亦无法通过代位权诉讼代为行使。如果认定为债权转移进而由第三人直接提起诉讼,则相对简单易行。第三,实践中的以房抵债往往牵涉多方当事人,在下述典型案例中,所涉及的抵债环节包括丰沛公司→禾唐公司→庆华公司→张抛贫→李伟→黄璞,只不过从签约行为来看,禾唐公司直接指定黄璞为签约主体而已。如果认定为向第三人履行,债权人在商品房买卖合同实际履行完毕前,仍享有债权,可以与债务人协议解除抵债合同,那么一系列抵债行为的效力都处于不稳定状态,这显然不利于交易安全。

① 《合同法》第 64 条。

典型案例93

黄璞与重庆市丰沛房地产开发有限公司房屋买卖合同纠纷案①

典型案例裁判文书

典型案例93

重庆市第一中级人民法院（2018）渝01民终2299号民事判决书

重庆市高级人民法院(2018)渝民申1707号民事裁定书

基本案情：2017年1月18日，禾唐公司（债权人）与丰沛公司（债务人）签订《商品房抵款协议》，约定丰沛公司用开发的8套房屋抵偿禾唐公司的相应工程款，禾唐公司可以指定第三人签订商品房买卖合同。1月25日，禾唐公司出具《指定购房人确认书》指定黄璞为签约主体。同日，丰沛公司向黄璞出具房款的相应收据（黄璞并未实际付款，其购房款系通过一系列抵债行为予以确认的），并就房屋进行了合同备案登记。2月24日，禾唐公司与丰沛公司签订《解除抵房协议书》，解除抵款行为。2017年9月6日，黄璞提起诉讼，要求履行商品房买卖合同。在诉讼中，第三人张抛贫称，涉案房屋系禾唐公司抵偿给庆华公司，庆华公司抵偿给张抛贫，张抛贫又抵偿给李伟，李伟再抵偿给黄璞。

法院观点：二审法院（重庆市第一中级人民法院）认为，“黄璞基于购买涉案房屋的意愿，对外支付了相应购房款项，无论该款项经由何人收取，最终通过禾唐公司出具《指定购房人确认书》的形式明确购房人为黄璞，并通过丰沛公司出具收据的形式确认出卖人已经收取相应购房款项。本院据此认定，即使黄璞与丰沛公司之间未签订书面的商品房买卖合同，黄璞仍然已经实际履行了购房人的主要义务，即支付购房款，丰沛公司也通过出具收据的方式明确表示接受了购房人支付购房款的行为，且双方还完成了涉案房屋的备案登记。黄璞的对外债权，通过禾唐公司的指定行为、以及丰沛公司出具的收据，转化为购房款”。并据此确认双方成立商品房买卖合同关系，判决支持了黄璞的请求。

---

① 典型案例93：“黄璞与重庆市丰沛房地产开发有限公司房屋买卖合同纠纷案”，重庆市第一中级人民法院(2018)渝01民终2299号民事判决、重庆市高级人民法院(2018)渝民申1707号民事裁定。

3.5 商品房买卖合同与装修合同的关系界定

精装修商品房的出售,一般分为四种形式:一是开发商与购房人签订的商品房买卖合同中直接约定装修条款;二是开发商在与购房人签订的商品房买卖合同之外,双方另行签订装修合同;三是购房人与开发商签订商品房买卖合同的同时,与开发商指定的装修人另行签订装修合同;四是购房人与开发商签订商品房买卖合同的同时,与装修人(无证据证明系开发商指定)另行签订装修合同。在第一种情形下,商品房买卖合同的标的物是精装修房屋,因房屋质量或交付问题发生争议的,理应由开发商对购房人承担责任。在第二种至第四种情形下,则存在较多争议。

裁判规则 94

购房人与开发商签订商品房买卖合同的同时,与开发商另行签订装修合同的,商品房买卖合同与装修合同构成混合合同,应当根据"结合说"确定购房人与开发商之间的权利义务关系。

所谓混合合同,"指由数个典型(或非典型)合同的部分而构成的合同"①。也就是说,混合合同的内容"是由若干个典型合同或者典型合同与非典型合同结合而成"②,但其"在性质上是属于一个不可分割的单个合同"③。

从形式上看,商品房买卖合同与装修合同明显属于两个不同的合同。实践中,较多法院也是将商品房买卖合同与装修合同视为两个独立的合同分别对待。在"凌云彪与东山县恒信房地产有限公司商品房预售合同纠纷案"④中,凌云彪与恒信公司分别签订《商品房买卖合同》与《装修委托合同书》,后因逾期交房发生争议。福建

参考案例裁判文书

参考案例72
福建省漳州市中级人民法院(2017)闽06民终122号民事判决书

① 韩世远:《合同法总论》,法律出版社 2011 年版,第 50 页。

② 廖盛林:《混合合同法律适用问题的类型化研究》,载《福建法学》2012 年第 1 期,第 43 页。

③ 王泽鉴:《债法原理》,北京大学出版社 2009 年版,第 88 页。

④ 参考案例 72:"凌云彪与东山县恒信房地产有限公司商品房预售合同纠纷案",福建省漳州市中级人民法院(2017)闽 06 民终 122 号民事判决。

省漳州市中级人民法院在二审中认为,“本案《商品房买卖合同》与《装修委托合同书》系属不同法律关系的两份合同,凌云彪于《装修委托合同书》的违约行为,不能作为东山恒信公司于《商品房买卖合同》中主张同时履行抗辩权的事由。”在“苏州绿城御园房地产开发有限公司与陈梅等商品房销售合同纠纷案”[①]中,购房人与开发商于同日分别签订《苏州工业园区商品房(毛坯房)销售合同》《绿城苏州玉园花园装修工程服务合同》,购房人主张“从意向购房到签订合同,再到履行合同,整体体现的是双方针对一套精装修房进行交易,而不是毛坯房交易。”但一审法院(苏州工业园区人民法院)认为,“本案装修合同与销售合同分别签订”,“本案原审原被告之间,既存在基于销售合同产生的房屋买卖关系,也存在基于装修合同产生的承揽或相关的法律关系,二者非同一法律关系。两份合同对签约双方的权利义务各有约定,并无证据表明在签约及履约上互为前提”。二审法院(江苏省苏州市中级人民法院)也认为,“《苏州工业园区商品房(毛坯房)销售合同》《绿城苏州玉园花园装修工程服务合同》分别为独立合同,合同约定内容意思表示清楚。双方当事人对毛坯房价格及装修价款分别予以约定,本院碍难认定涉案房屋约定的毛坯房价格及装修价款相加为房屋买卖总价”。

参考案例裁判文书

参考案例73
江苏省苏州市中级人民法院(2016)苏05民终5880号民事判决书

首先需要明确的是,“判断合同数量并不能以形式上当事人采用的合同文本数量为标准。即使写在不同文本之上,也可能只构成一个法律关系。”[②]判断合同数量的核心在于当事人的缔约目的。“德国通说认为,是否仅仅为一个或者是数个独立合同同时成立,必须根据当事人意思表示才能加以确定。也就是说,如果当事人缔约的经济目的并不重视合同的个别性,就可将其视为一个整体而以混合合同对待。”[③]在购房人与开发商同时签订商品房买卖合同与装修合同的情况下,站在社会大众的视角,“应当认为,双方的意思表示是将商品房作为一个整体使用的精装修房屋进行交易”[④]。也就是说,合同目的显然是购房人向开发商购买一套精装修房,而非购房人先向开发商购买一套毛坯房再委托开

---

① 参考案例73:“苏州绿城御园房地产开发有限公司与陈梅等商品房销售合同纠纷案”,江苏省苏州市中级人民法院(2016)苏05民终5880号民事判决。

② 陆青:《合同联立问题研究》,载《政治与法律》2014年第5期,第97页。

③ 崔建远:《合同法》,法律出版社2016年版,第16页。

④ 江苏省高级人民法院民一庭:《房地产调控背景下房地产纠纷风险防控及司法对策研究》,载《民事审判指导与参考》2017年第2辑(总第70辑),第189页。

发商进行装修。因此,虽然从形式上看,商品房买卖合同与装修合同是两个不同的合同,但审视当事人的缔约目的,应当认定这两个合同是不可分割的单个合同(混合合同)。需要指出的是,由于商品房买卖合同与装修合同构成混合合同,而混合合同是不可分割的单个合同,故对合同效力原则上应作整体判断,虽然不排除部分有效(如装修合同部分)、部分无效(如商品房买卖合同部分)的结论,但在合同解除、撤销的情况下,原则上应当作一体化处理。

理论上认为,混合合同分为四种类型:一是典型合同附其他种类的从给付,二是类型结合合同,三是二重典型合同,四是类型融合合同。[①] 购房人与开发商签订商品房买卖合同的同时又另行签订装修合同的,前者为买卖合同,后者为承揽合同,"双方所附的给付分属于不同合同类型的合同",故商品房买卖合同与装修合同构成混合合同之"二重典型合同"。混合合同的法律适用有三种学说:一是吸收说,二是结合说,三是类推适用说。[②] 对于"二重典型合同"的法律适用,一般认为应采结合说,即"应分解混合合同的构成部分,分别适用各部分的典型合同规定,并依当事人可推知的意思调和其歧义,而统一适用"[③]。也就是说,商品房买卖部分的权利义务关系,根据商品房买卖合同的相关规定解决,装修部分的权利义务关系,根据承揽合同的相关规定解决。如果两方面的规定有所冲突的,则根据可推知的当事人的真实意思进行协调。

参考案例裁判文书

参考案例74
江苏省无锡市中级人民法院(2012)锡民终字第1003号民事判决书

除下述【典型案例 94】外,在"无锡 A 置业发展有限公司与严 A 商品房买卖合同纠纷案"[④]中,严 A 与 A 置业公司分别签订《商品房买卖合同》及《委托装修协议》,分别约定价款。后严 A 以 A 置业公司逾期 60 日交付毛坯房及装修房为由,要求解除《商品房买卖合同》及《委托装修协议》。二审法院(江苏省无锡市中级人民法院)也认为,《商品房买卖合同》与《委托装修协议》于同日订立、装修标准附件的高度近似、购房款与装修款的同时交接,出卖人亦不允许其另行委托他人对房屋

---

① 详细阐述可参见廖盛林:《混合合同法律适用问题的类型化研究》,载《福建法学》2012 年第 1 期,第 43 ~ 45 页。

② 详细阐述可参见廖盛林:《混合合同法律适用问题的类型化研究》,载《福建法学》2012 年第 1 期,第 45 ~ 47 页。

③ 韩世远:《合同法总论》,法律出版社 2011 年版,第 50 页。

④ 参考案例 74:"无锡 A 置业发展有限公司与严 A 商品房买卖合同纠纷案",江苏省无锡市中级人民法院(2012)锡民终字第 1003 号民事判决。

进行装修，故后者是对前者的补充，可以得出涉案房屋交付的标的物应专指精装修房，更符合大众消费者的一般理解，买受人有权在出卖人逾期交房满60日的情况下援引《商品房买卖合同》的条款主张解除双方的合同关系。

典型案例94

胡丽与阜阳市颍州碧桂园房地产开发有限公司委托合同纠纷案[①]

典型案例裁判文书

典型案例94
安徽省阜阳市中级人民法院（2018）皖12民终1096号民事判决书

基本案情：2017年5月28日，胡丽与碧桂园公司签订《认购书》约定，胡丽向碧桂园公司认购房屋一套，认购价为1 220 773元。此认购价为毛坯房价格，胡丽自愿委托碧桂园公司于交付前对该毛坯房进行精装修，另行支付装修费用258 012元；若胡丽违背该承诺，需支付上述装修费的30%作为违约金。同日，双方签订《装修合同》约定：胡丽委托碧桂园公司对该房屋进行装修，胡丽应向碧桂园公司支付的装修费为258 012元；胡丽在该房屋交付给碧桂园公司装修前擅自解除合同取消对碧桂园公司的装修委托的，应支付装修费用30%的违约金（从已收取的装修费用中扣除）。同日，胡丽支付定金及首付款。2017年8月10日，双方签订《商品房买卖合同》约定，胡丽购买案涉房屋，总价款为1 220 773元；关于装饰装修及相关设备标准约定，起居室、厨房、卫生间均为内墙抹灰，顶棚均为混凝土打磨找平，地面均为混凝土地面水泥砂浆找平。2017年10月20日，胡丽向碧桂园公司发出律师函，要求单独解除双方签订的《装修合同》，并随即法院起诉，请求确认涉案《装修合同》已经解除。

法院观点：一审法院（安徽省阜阳市颍州区人民法院）认为，胡丽在充分考察了碧桂园公司的广告宣传和样板房后，与碧桂园公司签署了认购书和装修合同，应当明知碧桂园公司销售的房屋为精装房。虽然双方分别签订了《商品房买卖合同》和《装修合同》，但从买卖过程中可以看出，涉案房屋是带装修房屋，

---

① 典型案例94："胡丽与阜阳市颍州碧桂园房地产开发有限公司委托合同纠纷案"，安徽省阜阳市中级人民法院（2018）皖12民终1096号民事判决。

装修合同约定的装修费用较高,不能真实反映装修的真实价格,应是房价款的一部分,《装修合同》并非独立于《商品房买卖合同》之外的单个合同,其应为购房合同的组成部分。故对胡丽的诉讼请求不予支持。二审中,安徽省阜阳市中级人民法院也认为:"从本案的认购书及附件中反映,双方签订的系购买精装修房的合同。虽然其后分别签订了装修合同和商品房买卖合同,但《装修合同》约定的装修费用反映的并非真实的装修成本,而是房价款的一部分,其与购房合同约定的价款共同构成涉案房屋的总价款。胡丽单独要求解除涉案《装修合同》不符合法律规定。若认为上述合同具有解除的法定事由,可以对涉案装修合同、商品房买卖合同一并予以解除。"

裁判规则 95

购房人与开发商签订商品房买卖合同的同时,与第三人签订装修合同,如第三人系开发商指定或与开发商存在关联关系的,应当认定商品房买卖合同与装修合同构成合同联立。当商品房买卖合同不成立、无效、被撤销或解除时,购房人可以此为由解除装修合同。

所谓合同联立,"谓数个之契约不失其个性,而相结合"①。与混合合同是单一合同不同,合同联立的情况下,存在数个而非一个合同关系,②即合同联立是数个合同并存,数个合同虽基于某种关系相互结合,但并无不可分割之关系。③

"自 20 世纪以来,社会经济条件发生了深刻变化,商业交往的广泛性与复杂性使交易的连续性、相关性成为合同法新的经济基础,传统的相对性原则在很大程度上已不能平衡各方利益,迫使法官、学者和立法者抛弃形式正义而追求实质正义。"④其结果就是对具有结合、关联关系的合同,运用"经济上的整体性"概念审视是否构成合同联立,进而确定有别于合同相对性的处理规则。所谓"经济上的整体性",如"两个合同相互形成这样一种关联关系,以至于如果不订立其中一个合同,则另外一个合同也不会被订立,或者其中一个合同的存在

① 史尚宽:《债法总论》,中国政法大学出版社 2000 年版,第 11 页。

② 王泽鉴:《债法原理》,北京大学出版社 2013 年版,第 11 页。

③ 崔建远:《合同法》,法律出版社 2016 年版,第 16 页。

④ 徐静:《对突破合同相对性原则的再认识——兼及对〈德国民法典〉第 359 条之借鉴》,载《法学论坛》2012 年第 1 期,第 128 页。

以另外一个合同的存在为依据，那么即可认定该两合同构成经济上的整体”①。以《商品房买卖合同解释》第 23 条至第 25 条规定的商品房买卖合同与商品房担保贷款合同为例，贷款的目的在于为购房人支付购房款，故购房与贷款构成目的与手段的关系，“买卖合同与贷款合同形成这样一种紧密关系，以至于两合同形成法律上的整体，至少构成事实上的经济整体而相互补充”，“特别是当银行和卖方之间存在合作的框架性协议的情形下，更能凸显该种经济上的整体关联性。在此情况下，消费者有足够的理由认为自己是与两个有密切联系、有共同经济目的的经营者进行交易”②。在这种情况下，应当认定两个合同构成合同联立。购房人与开发商签订商品房买卖合同的同时，与第三人签订装修合同，一方面，由于买卖合同与装修合同的主体不同，购房人支付的对价(购房款与装修款)被严格区分，故买卖合同与装修合同虽相互结合，但仍可分割为不同的合同；另一方面，由于第三人系开发商指定或与开发商存在关联关系，则购房人有足够的理由认为自己是与两个有密切联系、有共同经济目的的经营者进行交易，也就是说，商品房买卖合同与装修合同具有经济上的整体关联性，所以应当认定商品房买卖合同与装修合同构成合同联立。在下述【典型案例 95】中，法院即认为商品房买卖合同与装修合同虽具有关联，但仍系独立的合同。

在合同联立的情况下，数个合同之间并不存在主从合同关系，但由于彼此具有结合、依存关系，所以不同合同之间在法律效力上相互影响。《商品房买卖合同解释》第 23 条、第 24 条即规定，商品房担保贷款合同可因商品房买卖合同无效、被撤销和解除而解除。一般认为，合同联立的依存关系包括一方依存之结合、相互依存之结合和择一的结合。③ “各个合同是否有效成立需要分别判断，但在效力上，被依存的合同不成立、无效、被撤销或解除时，依存的合同应同其命运。”④这是因为“在合同联立的场合，尽管存在数个不同的合同，但正因为合同双方在整个交易中所体现的合同利益浑然一体，所以一个合同在效力上的变化将会影响整体合同利益和交易目标的实现。”⑤在购房人与开发商签订的商

① 徐静：《对突破合同相对性原则的再认识——兼及对〈德国民法典〉第 359 条之借鉴》，载《法学论坛》2012 年第 1 期，第 132 页。

② 徐静：《对突破合同相对性原则的再认识——兼及对〈德国民法典〉第 359 条之借鉴》，载《法学论坛》2012 年第 1 期，第 132、129 页。

③ 陆青：《合同联立问题研究》，载《政治与法律》2014 年第 5 期，第 96 页。

④ 崔建远：《合同法》，法律出版社 2016 年版，第 15 页。

⑤ 陆青：《合同联立问题研究》，载《政治与法律》2014 年第 5 期，第 105 页。

品房买卖合同、购房人与第三人签订的装修合同之间，显然装修合同依存于买卖合同，所以装修合同的效力亦依存于买卖合同。但需注意的是，所谓“依存的合同应同其命运”，并非被依存的合同不成立、无效、被撤销或解除时，依存的合同自动不成立、无效、被撤销或解除，参照《商品房买卖合同解释》第 23 条至第 25 条的规定，当商品房买卖合同不成立、无效、被撤销或解除时，购房人可以以此为由行使解除权，解除装修合同。

实践中，购房人与开发商签订商品房买卖合同的同时，与第三人签订装修合同，发生争议后，购房人主张该第三人系开发商指定或与开发商存在关联关系的，并不鲜见。但如果确无证据证明第三人系开发商指定或与开发商存在关联关系的，只能认定商品房买卖合同与装修合同构成两个相互独立的合同，作为“两个独立的合同，一般仅对该合同当事人产生法律拘束力，这是合同相对性原则的一般内涵”。[1] 应当认为，两个合同之间互不影响。

典型案例95

丁伟、徐静与南通雅居乐房地产开发有限公司、广州振中建设有限公司装饰装修合同纠纷案[2]

典型案例裁判文书

典型案例95
江苏省南通经济技术开发区人民法院（2017）苏0691民初1748号民事判决书

江苏省南通市中级人民法院(2018)苏06民终223号民事判决书

基本案情：2017 年 4 月 23 日，丁伟、徐静与雅居乐公司签订《南通雅居乐花园认购书》约定，丁伟、徐静认购雅居乐花园 2 栋 2007 房，该物业（毛坯）售价为747 438元；丁伟、徐静自愿委托出售方及振中公司在毛坯收楼后按照认购方意愿进行装修，装修总价为219 156元。后丁伟、徐静又与雅居乐公司、振中公司签订《房屋装修协议》约定，对案涉商品房的装修，雅居乐公司负责监督管理装修，振中公

---

① 徐静：《对突破合同相对性原则的再认识——兼及对〈德国民法典〉第 359 条之借鉴》，载《法学论坛》2012 年第 1 期，第 128 页。

② 典型案例 95：“丁伟、徐静与南通雅居乐房地产开发有限公司、广州振中建设有限公司装饰装修合同纠纷案”，江苏省南通经济技术开发区人民法院（2017）苏 0691 民初 1748 号民事判决，江苏省南通市中级人民法院（2018）苏 06 民终 223 号民事判决。

司负责具体施工，装修款219 156元。2017 年 5 月 4 日，丁伟、徐静与雅居乐公司签订《商品房买卖合同(预售)》约定，丁伟、徐静购买案涉商品房，总价款为747 438元。另查明，振中公司具有建筑装修装饰工程专业承包贰级资质。后丁伟、徐静提出，雅居乐公司以毛坯房改装修房形式，变相抬高住房价格，涉嫌欺诈，且双方装修协议存在显失公平情形，故诉至法院，请求返还装修款109 578元。

法院观点：一审法院(江苏省南通经济技术开发区人民法院)认为，“双方对原告购买雅居乐公司商品房后委托振中公司进行收房并装修有明确约定，且原告对所购房屋装修具体内容也是明知的”，“虽然雅居乐公司以毛坯房改为装修房形式抬高住房价格的销售手段并不可取，但这并不能成为认定被告对原告已构成欺诈的证据”。二审中，江苏省南通市中级人民法院也认为，“从双方所签订的合同看，丁伟、徐静不可能产生‘所购房屋为精装修房’的错误认识。因为双方签订了《房屋装修协议》，如所购买的房屋为精装修房，则根本无须再次装修”。“至于雅居乐公司备案登记的为毛坯房，而实际上采用分立合同的方式，统一委托装修，变相抬高价格，应由行政机关进行处理，在民事上不构成欺诈。”

4. 商品房买卖合同的效力判断规则

《民法典》第502条第1款规定:"依法成立的合同,自成立时生效,但是法律另有规定或者当事人另有约定的除外。"①至于何为"依法成立",根据《民法典》第143条的规定,应当满足如下条件:"(一)行为人具有相应的民事行为能力;(二)意思表示真实;(三)不违反法律、行政法规的强制性规定,不违背公序良俗。"②除此之外,商品房买卖合同因具有一定的融资性和国家干预性,还涉及一些特殊的效力要件。

4.1 商品房买卖预约合同的效力判断

现行法对商品房预售实行行政许可的监管制度,即商品房预售许可证制度。《商品房买卖合同解释》第2条规定:"出卖人未取得商品房预售许可证明,与买受人订立的商品房预售合同,应当认定无效,但是在起诉前取得商品房预售许可证明的,可以认定有效。"该条所称的"商品房预售合同",系指商品房预售之本约合同。③ 如果买卖双方就商品房买卖签订的是预约合同,是否仍然应将商品房预售许可证明作为合同的效力要件?

裁判规则96

商品房买卖预约合同系本约合同的预备性协议,不属于商品房预售行为,故未取得商品房预售许可证明的,不影响商品房买卖预约合同的效力。

一般认为,如果开发商与购房人之间签订的是商品房买卖的预约合同,其

① 《合同法》第44条第1款规定:"依法成立的合同,自成立时生效。"

② 《民法总则》第143条。

③ 最高人民法院民一庭:《商品房买卖预约合同与本约合同的区分》,载《民事审判指导与参考》2016年第3辑(总第67辑),第184页。

作为双方当事人承诺在约定的期限内订立确定性合同(本约)的预备性协议,一方当事人仅可以请求对方当事人履行签订本约的义务,不能请求履行本约的内容,因此并非正式的商品房预售行为,故不应以取得商品房预售许可证明作为效力要件。最高人民法院民一庭就提出,商品房买卖预约合同“非正式的商品房预售行为,作为法定的商品房预售行为强制性前提条件的商品房预售许可证明,就不应认定为出卖人订立预售合同的前提条件”。[①] 换句话说,当事人签订的认购书、意向书、定金收据等,一旦被认定为预约合同,即使未取得商品房预售许可证明的,也应认定为有效合同。北京市高级人民法院《关于审理房屋买卖合同纠纷案件若干疑难问题的会议纪要》(京高法发〔2014〕489 号)第 2 条第 1 款即规定:“当事人以出卖人在签订预购书、购房意向书等预约协议时未取得商品房预售许可证明为由,要求确认预约协议无效的,不予支持,但预约协议被认定为商品房预售合同的除外。”山东省高级人民法院 2011 年《全省民事审判工作会议纪要》(鲁高法〔2011〕297 号)第二部分“关于房地产纠纷案件”第 7 条规定:“由于商品房认购书并非商品房买卖合同,故出卖人未取得商品房预售许可证明,不影响商品房认购书的法律效力。”广东省高级人民法院《关于审理房屋买卖合同纠纷案件的指引》(粤高法〔2017〕191 号)第 3 条规定:“就预售商品房签订的认购书、订购书等预约合同,出卖人未取得商品房预售许可证明的,不影响预约合同的效力。”

典型案例96

仲崇清诉上海市金轩大邸房地产项目开发有限公司合同纠纷案[②]

基本案情:2002 年 7 月 12 日,仲崇清与金轩大邸公司签订《金轩大邸商铺

① 《民事审判指导与参考》研究组:《作为出卖人的房地产开发企业在其未取得商品房预售许可证明之前与买受人签订的〈商品房买卖认购书〉是否有效》,载《民事审判指导与参考》2014 年第 3 辑(总第 59 辑),第 232 页;《民事审判指导与参考》研究组:《商品房预售许可证与商品房认购书效力之间的关系》,载《民事审判指导与参考》2008 年第 4 集(总第 36 集),第 281 页。

② 典型案例 96:“仲崇清诉上海市金轩大邸房地产项目开发有限公司合同纠纷案”,载《中华人民共和国最高人民法院公报》2008 年第 4 期,第 43 ~ 48 页。

典型案例裁判文书

典型案例96
仲崇清诉上海市金轩大邸房地产项目开发有限公司合同纠纷案

认购意向书》约定,仲崇清向金轩大邸公司支付购房意向金2000元,仲崇清随后取得小区商铺优先认购权,金轩大邸公司负责在小区正式认购时优先通知仲崇清前来选择认购中意商铺,预购面积为150平方米,并明确小区商铺的均价为每平方米7000元(可能有1500元的浮动)。上述意向书签订之后,仲崇清向金轩大邸公司支付了2000元意向金。2003年6月30日,金轩大邸公司取得预售许可证。但金轩大邸公司在销售涉案商铺时未通知仲崇清前来认购。2006年年初仲崇清至售楼处与金轩大邸公司交涉,要求金轩大邸公司按意向书签订正式买卖合同。金轩大邸公司称商铺价格飞涨,对原约定价格不予认可,并称意向书涉及的商铺已全部销售一空,无法履行合同,仲崇清所交2000元意向金可全数退还。双方因此发生争议,仲崇清遂诉至法院。

法院观点:一审法院(上海市虹口区人民法院)认为,《金轩大邸商铺认购意向书》的主要内容是对将来进行房屋买卖的预先约定,主要预约事项内容是完整的,因此,涉案意向书不是通常意义的"意向书",而具有预约合同的性质。涉案意向书并非预售合同,法律对商品房预售合同的强制性规定并不适用于预约合同。即使金轩大邸公司出于种种原因最终没有取得相关许可,也不因此导致对预约合同本身效力的否定。二审法院(上海市第二中级人民法院)也认定,《金轩大邸商铺认购意向书》构成预约合同,该合同合法有效。①

裁判规则 97

在签订商品房买卖预约合同后又签订本约合同的,预约合同失效。即使预约合同约定的内容本约合同未作约定的,也不能适用预约合同的约定。

预约是合同磋商过程中的一种特殊的缔约形态,主要目的在于固定交易机会,约束当事人达成最终交易,具有暂时性、阶段性的特征,并以缔结本约为自身使命。但是,如果预约的约定与最终缔结的本约的约定不一致的,应当如何处理?就此,存在不同观点。第一种观点认为,本约合同签订后,当事人的具体

① 需说明的是,《金轩大邸商铺认购意向书》对楼号、房型未作具体明确的约定,根据【裁判规则77】,应认定预约合同不成立,而一、二审判决均未涉及这一问题。

权利义务由预约合同转为受本约合同约束，虽然当事人并未作出解除预约合同的意思表示，但当事人以其行为表明解除了预约合同。第二种观点认为，预约合同的目的在于订立本约合同，在本约合同订立后，预约合同所约定的权利义务已经实现，目的已经达成，所指向的权利义务已经终结或转化成本约合同中的条款，效力的基础已经消灭，从而自动失效。第三种观点认为，合同拘束力不仅发生在合同的订立、履行阶段，也发生在合同订立前、合同权利义务终止后分别产生的先合同义务、后合同义务等附随义务。故即使本约合同签订后，预约合同依然继续有效。因此，本约合同中未约定的内容，可以适用预约合同中的约定；本约合同对预约合同已变更的内容，应优先适用本约合同的约定。

站在法律效果的角度，第一种观点与第二种观点并无区别，都是本约的签订导致预约合同失去约束力，第三种观点则认为预约构成本约的补充。比较而言，笔者更倾向于本约的签订导致预约合同失去约束力。"预约乃约定将来成立一定契约之契约"①，是为订立本约合同而存在的，其拘束力也应当限于本约的签订，而不及于其他事项。当本约合同签订后，预约合同已经履行完毕，不应再具有拘束力。如果认为预约构成对本约的补充，相当于将预约的拘束力扩展至签订本约以外的其他事项，这显然超越了预约的效力范围。据此，在签订商品房买卖预约合同后，又签订本约合同的，预约合同失效。如果本约与预约的约定不一致的，应以本约为准；如果预约合同约定的内容本约合同未约定的，也不能适用预约合同的约定。当然，站在证据法的角度，预约合同的约定可以作为推测本约合同中当事人真实意思的重要证据。

典型案例97

程克与中瓯地产集团温州房地产有限公司商品房预售合同纠纷案②

基本案情：中瓯公司为销售"金色嘉园"楼盘，发布了宣传广告、售楼书并设

① 史尚宽：《债法总论》，中国政法大学出版社 2000 年版，第 12 页。

② 典型案例 97："程克与中瓯地产集团温州房地产有限公司商品房预售合同纠纷案"，浙江省温州市中级人民法院（2016）浙 03 民终 1207 号民事判决。

典型案例裁判文书

典型案例97
浙江省温州市中级人民法院(2016)浙03民终1207号民事判决书

置样板房。宣传广告、售楼书上显示,该楼盘东面配套五星级酒店,楼盘内配置五星级会所等。2013 年 8 月 4 日,程克与中瓯公司签订《商品房预定协议书》约定:程克预定 20 幢 401 室商品房,总金额为 1 529 920 元;双方必须于 5 日之内签订《商品房买卖合同》。同时,该《商品房预定协议书》第 5 条约定:双方同意将发布或提供的广告、售楼书、样板房所标明的房屋平面布局、结构、建筑质量、装饰标准及附属设施、配套设施作为商品房买卖合同的附件。5 日后,双方签订了《商品房买卖合同》,《商品房买卖合同》附件八第 12 条第 3 款约定:“本合同签订前有关文件、楼书及其他资料中就商品房买卖合同项下商品房及相关设备设施(含建筑区划内公共部分、绿化)所作的表述,与商品房买卖合同及其附件规定不一致的,以商品房买卖合同及其附件为准。原有的表述不视为合同要约或组成部分。销售宣传资料、沙盘模型、样板房等仅作为参考,没有合同约束力,最终以竣工后的建筑区划内的房屋效果为准。”第 15 条约定:“样板房的公共部位装修以及建材标准等仅作为展示,不作为交房标准。”该楼盘结顶后,程克发现该楼盘并未配套五星级酒店和五星级会所,且对样板房进行了拆除,遂诉至法院,要求确认《商品房预定协议书》第 5 条有效。

法院观点:一审法院(浙江省永嘉县人民法院)认为,双方订立《商品房预定协议书》的目的在于在预定期满前双方签订《商品房买卖合同》,随着《商品房买卖合同》的订立,《商品房预定协议书》的权利义务终止。预约合同即《商品房预定协议书》中的当事人的权利义务已经被本约合同即《商品房买卖合同》吸收,当事人的权利义务已由本约合同即《商品房买卖合同》进行调整,故双方已不存在诉争《商品房预定协议书》的必要,现程克要求确认《商品房预定协议书》第 5 条的效力,不予支持。一审判决后,程克上诉。二审法院(浙江省温州市中级人民法院)也认为,《商品房预定协议书》已被《商品房买卖合同》及附件的相关条款所取代。故原审法院对程克要求确认《商品房预定协议书》第 5 条有效的诉讼请求不予支持,并无不当。[①]

① 二审判决生效后,程克申请再审,浙江省高级人民法院以(2016)浙民申 3265 号民事裁定书驳回了再审申请。

4.2 商品房预售合同的效力判断

《民法典》第 143 条规定了民事法律行为应当具备的三个效力要件，除此之外，《商品房买卖合同解释》第 2 条还提出了一个特别的效力要件——开发商取得商品房预售许可证明。

裁判规则 98

签订商品房预售合同时已经取得商品房预售许可证，后该预售许可证被撤销或者因超期失效的，不影响之前签订的商品房预售合同的效力。

如前所述，根据《商品房买卖合同解释》第 2 条的规定，开发商未取得商品房预售许可证明，与购房人订立的商品房预售合同无效。如果签订商品房预售合同时已经取得了商品房预售许可证，但嗣后因各种原因该预售许可证被政府有关部门撤销或者因有效期满而失效的，应当如何评价之前已经签订的商品房买卖合同的效力？就此，一般认为，预售许可证的主要功能是国家运用公权力对房地产企业的开发行为或者商品房市场销售行为进行管控的手段，也是国家加强房地产市场管理的重要措施。房地产企业只有取得预售许可证后才能将开发建设的商品房进入市场销售，因此，取得预售许可证是出卖人应负的先合同义务，只要商品房预售时，出卖人已经取得商品房预售许可证，其与买受人订立的商品房买卖合同就应当是有效的。至于商品房买卖合同履行期间，因出卖人违反行政管理法规的行为导致预售许可证被有关部门撤销，或者许可证因期限届满而失效，都是属于合同履行中发生的行为，不应对之前已经签订的商品房预售合同的效力产生影响。[①] 在下述【典型案例 98】中，开发商签订《商品房买卖合同》时未取得预售许可证，本应认定《商品房买卖合同》无效，后开发商取得了预售许可证，《商品房买卖合同》的效力瑕疵得到补正，成为有效合同。之后，因开发商系以隐瞒情况、提供虚假材料的方式获得预售许可证，导致该预售许可证被撤销。法院仍然认定，并不导致商品房买卖合同又转为无效合同。

---

① 王永起：《关于房地产合同效力认定的若干问题》，载《山东法官培训学院学报》2018 年第 4 期，第 120 页。

典型案例98

赵奎、布宪霞与微山县弘兴房地产开发有限责任公司商品房销售合同纠纷案[①]

典型案例裁判文书

典型案例98
山东省高级人民法院（2016）鲁民终168号民事判决书

最高人民法院（2017）最高法民申57号再审裁定书

基本案情:赵奎与布宪霞系夫妻关系。2012 年 6 月 13 日,赵奎、布宪霞与弘兴公司签订《商品房买卖合同》约定,赵奎、布宪霞以3 890 439元的价格购买弘兴公司开发的建设小区 19 号楼自北向南七间一楼、二楼。2012 年 6 月 14 日至 2013 年 1 月 21 日,赵奎、布宪霞先后将285 万元购房款支付给弘兴公司。2012 年 7 月 24 日,弘兴公司取得涉案房屋的《商品房预售许可证》。2014 年 10 月 11 日,微山县房地产管理处以弘兴公司存在隐瞒情况、提供虚假材料的行为为由,撤销了 19 号楼的商品房预售许可,收回了商品房预售许可证。赵奎、布宪霞遂向法院起诉,请求确认其与弘兴公司签订的《商品房买卖合同》无效。

法院观点:山东省高级人民法院在二审中认为,“预售许可证被撤销不影响此前签订的预售合同的效力,涉案合同仍应认定为有效合同。商品房预售许可证解决的是市场资格的准入问题,是一种政府的行政管理行为。合同签订后,如果预售许可证被撤销,致使出卖人的预售资格丧失,只是影响出卖人的履约能力,若因此导致预售合同无法继续履行,买受人无法办理房屋权属证书,买受人可以要求出卖人承担违约责任,但不能据此认定商品房买卖合同无效,涉案的《商品房买卖合同》应为有效合同”。在再审审查中,最高人民法院也认为,“虽然弘兴公司商品房预售许可证因超规划建设于 2014 年 10 月 11 日被撤销,但这与出卖人自始未取得过商品房预售许可证的情形不同,并不必然导致赵奎、布宪霞与弘兴公司签订的商品房买卖合同又转为无效合同。因此,二审判决认定案涉合同有效有事实和法律依据,符合诚实信用原则”。

---

① 典型案例 98:“赵奎、布宪霞与微山县弘兴房地产开发有限责任公司商品房销售合同纠纷案”,山东省高级人民法院(2016)鲁民终 168 号民事判决、最高人民法院(2017)最高法民申 57 号再审裁定。

裁判规则 99

签订商品房买卖合同后，开发商能够办理商品房预售许可证而未办理，并以未办理商品房预售许可证为由，请求确认商品房买卖合同无效的，有违诚实信用原则，不应得到支持。

根据《商品房买卖合同解释》第 2 条的规定，商品房预售许可证明系商品房买卖合同的效力要件，且取得商品房预售许可证明的时间节点为“起诉前”。由于无效合同的赔偿范围较窄，仅限于信赖利益，如果开发商在未取得商品房预售许可证的情况下与购房人签订商品房预售合同，其后房价大幅上涨，虽然已经具备取得商品房预售许可证的条件，但开发商为了谋取更大的利益——以更高的价格将房屋卖给第三人，遂以牺牲信赖利益为代价，主张商品房买卖合同无效，应当如何处理？

就此问题，站在形式理性的角度，“对于当事人提出的权利保护请求，应当首先基于维护法律规则的稳定与权威、维护交易制度和规则的简明与可预期加以审查，尽可能在现行法律框架内寻求相应的制度和规则依据，而不宜对此轻易突破，否则将可能导致相关当事人权利的失衡乃至法律规则的破坏”①。也就是说，由于现行法并未区分主张合同无效的主体是开发商还是购房人，也未区分是否具备办理预售许可证的条件，而是统一规定为起诉前未取得预售许可证的商品房预售合同无效，故就上述情形，虽然开发商的行为有违诚实信用原则，仍应支持开发商的主张——认定预售合同无效。

但站在实质理性的角度，可以参照《建设工程施工合同解释(二)》第 2 条的立场。该条第 1 款规定：“当事人以发包人未取得建设工程规划许可证等规划审批手续为由，请求确认建设工程施工合同无效的，人民法院应予支持，但发包人在起诉前取得建设工程规划许可证等规划审批手续的除外。”第 2 款规定：“发包人能够办理审批手续而未办理，并以未办理审批手续为由请求确认建设工程施工合同无效的，人民法院不予支持。”针对第 2 款的规定，其理由为，“建设工程项目的各种规划手续已经具备办理条件，但发包人出于各种原因迟迟不予办理。显然，发包人故意不予办理相关手续，其主观恶意明显，违背了《合同

① 《民事审判指导与参考》研究组：《案外人将其所有的款项误划至被执行人账户后被法院冻结扣划的，案外人请求排除强制执行的，应否支持》，载《民事审判指导与参考》2018 年第 3 辑(总第 75 辑)，第 244 页。

法》上严守合同约定、全面履行合同以及诚实信用等基本原则。《建设工程司法解释(二)》根据《合同法》第 45 条的规定,对发包人利用恶意反悔获利的行为作出了否定性评价,规定了不予支持发包人恶意主张合同无效的请求,并对因发包人迟延办理相关审批手续而给承包人造成损失的,令其承担赔偿责任”①。按照这一逻辑,开发商能够办理商品房预售许可证明而未办理,且以未办理商品房预售许可证明为由,请求确认商品房买卖合同无效的,有违诚实信用原则,不应得到支持。

在适用本【裁判规则 99】时,须注意以下两个方面的问题:一方面,与《建设工程施工合同解释(二)》第 2 条第 2 款的立场相同,本【裁判规则 99】主要限定的是开发商,并不涉及购房人。② 另一方面,仍与《建设工程施工合同解释(二)》第 2 条第 2 款的情形相同,对于办理预售许可证的条件已经成就,开发商能办理而不办理相关手续,购房人应负举证责任。③

典型案例99

西安闻天科技实业集团有限公司诉李琛茹确认合同无效纠纷案④

典型案例裁判文书

典型案例99
陕西省西安市中级人民法院(2018)陕01民终8145号民事判决书

基本案情:“紫杉庄园”项目系闻天公司开发建设的项目。2016 年 4 月 25 日,闻天公司与李琛茹签订认购合同约定,李琛茹认购“紫杉庄园”×幢×-×号,认购房源销售面积约 200m^2,优惠后总价1 204 000元。合同签订当日,李琛茹即向闻天公司缴纳1 204 000元购房款。2016 年8 月3 日,长安房管局对案涉项目进行检查,发现

① 最高人民法院民事审判第一庭:《最高人民法院建设工程施工合同司法解释(二)理解与适用》,人民法院出版社 2019 年版,第 73 ~ 74 页。

② 最高人民法院民事审判第一庭:《最高人民法院建设工程施工合同司法解释(二)理解与适用》,人民法院出版社 2019 年版,第 75 页。

③ 最高人民法院民事审判第一庭:《最高人民法院建设工程施工合同司法解释(二)理解与适用》,人民法院出版社 2019 年版,第 74 页。

④ 典型案例 99:“西安闻天科技实业集团有限公司诉李琛茹确认合同无效纠纷案”,陕西省西安市中级人民法院(2018)陕 01 民终 8145 号民事判决。

该项目未办理销售手续,涉嫌无证销售,遂责令闻天公司停止一切销售行为及和房屋销售相关的广告宣传活动,尽快办理相关建审手续。后闻天公司仍未办理商品房预售许可证。2018 年 2 月 12 日,闻天公司以案涉房屋未取得商品房预售许可证为由,将李琛茹起诉至西安市长安区人民法院,请求确认认购合同无效。庭审中,双方一致确认,认购合同系事实上的商品房买卖合同。一审法院向李琛茹释明,认购合同应为无效合同,但李琛茹坚持认为合同有效,要求闻天公司交房。2018 年 6 月 8 日,一审法院判决认定认购合同无效。同日,闻天公司取得商品房预售许可证。一审判决后,李琛茹不服,提出上诉。

法院观点:西安市中级人民法院认为,李琛茹在签订认购合同当日即支付了全额购房款,闻天公司在自身合同目的已经实现情形下,非但不积极履行应尽的合同义务,面对房地产市场出现价格大幅上涨,反而主张合同无效的做法,显然违背诚实信用原则。此外,闻天公司作为房地产开发企业,对房屋预售所需符合的条件应当是清楚的,对自身不办理商品房预售许可证即预售商品房行为的违法性应当是明知的。现闻天公司以自身原因造成的违法事实为由提起本案诉讼,真正目的在于获取超出合同预期的更大利益,闻天公司的行为显然与社会价值导向和公众认知相悖。为弘扬社会主义核心价值观,彰显司法公正,对此种行为不应予以支持。据此判决撤销原判,驳回闻天公司的诉讼请求。

裁判规则 100

现行法对房地产开发企业的资质要求,主要针对开发环节而非交易环节。故商品房买卖合同的出卖人不具备房地产开发资质的,不影响商品房买卖合同的效力。

我国对房地产开发企业实行资质管理制度。《城市房地产管理法》第 30 条第 1 款前段规定:“房地产开发企业是以营利为目的,从事房地产开发和经营的企业。”《房地产开发企业资质管理规定》(2015 年住建部令第 24 号)第 3 条第 2 款规定:“未取得房地产开发资质等级证书(以下简称资质证书)的企业,不得从事房地产开发经营业务。”这是否意味着商品房买卖合同的出卖人不具备房地产开发资质的,应当认定商品房买卖合同无效?

实践中,商品房买卖合同的出卖人不具备房地产开发资质的情形,通常发生在合资合作开发房地产领域。举例来说,甲公司(无房地产开发资质)出地、乙公司(有房地产开发资质)出资,合作开发房地产。[①] 如果甲公司以自己名义对外签订商品房买卖合同,即属于出卖人不具备房地产开发资质。有观点认为,房地产开发企业欠缺开发经营资质的,除非起诉前取得相应资质,否则签订的商品房买卖合同应当认定无效,以保障房地产市场的健康稳定发展。[②] 该观点的直接法律依据是最高人民法院《关于审理房地产管理法施行前房地产开发经营案件若干问题的解答》(法发〔1996〕2 号),该解答第 2 条规定:"不具备房地产开发经营资格的企业与他人签订的以房地产开发经营为内容的合同,一般应当认定无效,但在一审诉讼期间依法取得房地产开发经营资格的,可认定合同有效。"但在 2013 年 1 月 14 日,最高人民法院作出《关于废止 1980 年 1 月 1 日至 1997 年 6 月 30 日期间发布的部分司法解释和司法解释性质文件(第九批)的决定》,该决定第 390 项称,《关于审理房地产管理法施行前房地产开发经营案件若干问题的解答》因"社会形势发生变化,不再适用"。现行法之所以对房地产开发企业实行资质管理,其主要目的在于通过对房地产开发市场设立较高门槛从而确保开发的房屋质量,也就是说,资质管控的着眼点主要在于开发环节,而非交易环节。对于交易领域,不宜以出卖人不具有房地产开发资质为由,否定交易合同的效力。

典型案例100

王旭东与刘年生、大余县青隆房地产开发有限公司房屋买卖合同纠纷案[③]

基本案情:2010 年 3 月,青隆公司与王旭东签订《金地锦城 C 区 38#商住楼合作开发合同》《金地锦城 C 区 38#商住楼补充合同》约定,王旭东以青隆公司

---

① 根据《国有土地使用权合同解释》第 15 条第 1 款的规定,该合作开发行为合法有效。

② 江苏省高级人民法院民一庭:《商品房买卖合同案件审理疑难问题研究——〈商品房买卖合同司法解释〉施行十五周年回顾与展望》,载《民事审判指导与参考》2017 年第 2 辑(总第 70 辑),第 202 ~ 203 页。

③ 典型案例 100:"王旭东与刘年生、大余县青隆房地产开发有限公司房屋买卖合同纠纷案",江西省高级人民法院(2014)赣民一终字第 163 号民事判决。

名义开发建设金地锦城C区该项目，独立经营、独立核算、自负盈亏；青隆公司向王旭东收取该项目合作开发的固定分利款268万元。2013年9月11日、2013年12月5日，王旭东与刘年生分别签订《协议书》及《补充协议》约定，刘年生认购金地锦城C区38#商住楼总计3898.421m^{2}的房产，总价款约17 356 232元。2014年4月，王旭东以刘年生没有依约足额支付购房款为由提起本案诉讼。

典型案例裁判文书

典型案例100
江西省高级人民法院（2014）赣民一终字第163号民事判决书

法院观点：针对《协议书》及《补充协议》的性质与效力，一审法院（江西省赣州市中级人民法院）认为，王旭东不是商品房开发企业，不具有商品房预售的资质，其与刘年生协议以青隆公司名义销售商品房的行为，自始无效。但二审中，江西省高级人民法院认为，因王旭东无房地产开发资质，《商品房预售许可证》是以青隆公司名义取得的，即使其是金地锦城C区38#商住楼的实际投资人，也无对外签订商品房买卖合同的主体资格。但上述合同或协议，无论性质如何，均是王旭东与刘年生双方的真实意思表示，内容未违反法律、行政法规的效力性强制性规定，故应确认有效。

裁判规则 101

商品房定造合同的标的物系基于特定要求为特定主体专门建造，不属于向社会不特定公众公开出售的商品房，故商品房定造合同效力不受商品房预售许可证的影响。

商品房定造合同，也称订单式合同，通常适用于别墅销售、大型商业地产预售，其核心在于“量身定造”。即标的物是开发商根据购房人的个性化要求专门设计、建造的房屋。定造的商品房与一般商品房的区别在于：购房人是特定的，房屋是为购房人专门设计、建造的；购房人在确定的地块上指定房型、提出对房屋的个性化要求，因此该房屋是严格意义上的特定物。

对于办理商品房预售许可证的条件，《城市房地产管理法》第45条第1款规定：“商品房预售，应当符合下列条件：（一）已交付全部土地使用权出让金，取得土地使用权证书；（二）持有建设工程规划许可证；（三）按提供预售的商品房计算，投入开发建设的资金达到工程建设总投资的百分之二十五以上，并已经确定施工进度和竣工交付日期；（四）向县级以上人民政府房产管理部门办理预售登记,取得商品房预售许可证明。”《城市房地产开发经营管理条例》(2019 年国务院令第 710 号)第 22 条规定:“房地产开发企业预售商品房,应当符合下列条件:(一)已交付全部土地使用权出让金,取得土地使用权证书;(二)持有建设工程规划许可证和施工许可证;(三)按提供的预售商品房计算,投入开发建设的资金达到工程建设总投资的 25% 以上,并已确定施工进度和竣工交付日期;(四)已办理预售登记,取得商品房预售许可证明。”但基于商品房定造合同的特性,购房人在房屋设计阶段就参与进来(提出自己的个性化需求),因此,基本不可能在投入开发建设的资金达到工程建设总投资的 25% 以上才签订定造合同。这也就意味着,签订定造合同时,开发商通常未取得商品房预售许可证。若此,应当如何评价定造合同的效力?

如最高人民法院在【典型案例 171】“中国人寿保险股份有限公司甘肃省分公司与甘肃兰东房地产开发有限责任公司、甘肃聚丰古今商贸有限公司合同纠纷案”①中所言,定造房屋“是按照特定买受人甘肃人寿公司的办公使用意图和特定要求,由出卖人兰东公司建造并出售的特定标的物”。“无论从买受人特定、标的物特定、建造要求特定,还是从建设工程分工实施的履行事实来看,案涉房产都不应认定为向社会不特定的人公开出售的商品房。”而《商品房买卖合同解释》第 1 条开宗明义地规定:“本解释所称的商品房买卖合同,是指房地产开发企业(以下统称为出卖人)将尚未建成或者已竣工的房屋向社会销售并转移房屋所有权于买受人,买受人支付价款的合同。”据此,定造房屋并非《商品房买卖合同解释》第 1 条规定的“向社会销售”的房屋,不应受《商品房买卖合同解释》第 2 条的约束。也就是说,不能以定造房屋未取得商品房预售许可证为由,认定定造合同无效。

---

① 典型案例 171:“中国人寿保险股份有限公司甘肃省分公司与甘肃兰东房地产开发有限责任公司、甘肃聚丰古今商贸有限公司合同纠纷案”,最高人民法院(2017)最高法民终 387 号民事判决。相关文书可扫描本书第 475 页二维码。

典型案例101

广西桂冠电力股份有限公司与广西泳臣房地产开发有限公司房屋买卖合同纠纷案[1]

典型案例裁判文书

典型案例101
最高人民法院（2009）民一终字第23号民事判决书

基本案情：2003 年 3 月 12 日、2005 年 3 月 30 日，桂冠公司先后与泳臣公司签订《定向开发协议》《补充协议》约定：泳臣公司为桂冠公司建设办公综合楼和商品住宅小区；办公楼主楼初定为 26 层，建筑面积为45 955平方米，总费用 2.3 亿元；商品住宅小区为 6 层框架式结构，占地面积约 30 亩，1500 元/平方米。协议签订后，桂冠公司先后支付了 1.1 亿元。泳臣公司取得了《国有土地使用权证》《建设用地规划许可证》、部分工程的《建设工程规划许可证》，后施工单位以泳臣公司拖欠工程款为由停工，且建设主管部门认定工程存在重大质量问题。2007 年，桂冠公司起诉要求解除《定向开发协议》《补充协议》，返还已经支付的款项，并赔偿损失。泳臣公司抗辩称，涉案合同应该认定为商品房买卖合同（未取得房屋预售许可证，应当认定合同无效）。

法院观点：一审法院（广西壮族自治区高级人民法院）认为，双方当事人最终目的是由桂冠公司向泳臣公司支付购房对价款，泳臣公司交付预定的办公综合楼所有权给桂冠公司的一种交易。该交易行为中，双方当事人权利义务关系的实质符合房屋买卖合同的本质特征。但商品房应是由房地产开发企业开发建设并向社会不特定公众公开出售的房屋。出售行为的社会化、公开化是商品房买卖的特征之一。在本案中，泳臣公司所开发的该办公楼出售对象是特定的而非向社会公众出售，故对泳臣公司主张的商品房买卖合同性质不予支持。当事人所签订的《定向开发协议》《补充协议》是双方当事人真实意思表示，没有违反法律和行政法规的禁止性规定，属合法有效合同。一审判决后，泳臣公司上诉称桂冠公司在签订合同前明知泳臣公司未取得房屋预售许可证，涉案合同

---

① 典型案例 101："广西桂冠电力股份有限公司与广西泳臣房地产开发有限公司房屋买卖合同纠纷案"，最高人民法院（2009）民一终字第 23 号民事判决，载《中华人民共和国最高人民法院公报》2010 年第 5 期，第 18 ~25 页。

无效。最高人民法院在二审中认为,双方所签订的《定向开发协议》,是双方当事人真实意思表示,且不违反法律的禁止性规定,应为有效合同。

裁判规则 102

为套取银行信贷资金签订的商品房预售合同,非合同当事人真实意思表示,应当认定为无效。如名义买受人已经取得物权登记的,应当协助将物权登记恢复到开发商名下。

实践中,为套取银行信贷资金,"部分房地产公司与内部职工或职工亲属签订虚假的商品房买卖合同,由内部职工或亲属向银行办理按揭贷款,房贷办完后由房地产公司负责归还贷款"①。这类商品房买卖合同常常引发两种类型的纠纷:一种是试图"弄假成真"——名义买受人在房价上涨时见利忘义,起诉要求履行商品房买卖合同;另一种是希望"还假以假"——开发商为向真实购房人出售房屋或出售后履行交付办证义务,起诉要求确认原合同无效,并要求名义买房人注销合同备案登记。就此,需要注意以下问题:

第一,无论是开发商提起诉讼还是名义买受人提起诉讼,由于存在形式合法的商品房买卖合同,有支付首付款的收据、相应的税票,通过名义买受人账户向银行还款的记录,甚至还存在合同备案或预告登记,这些证据极大增加了甄别买卖行为真实性的难度。实践中,需要从实际的付款主体,相关合同原件、票据原件由谁实际持有,双方之间是否存在某种密切关系等方面加以辨析。下述【典型案例 102】即为适例。

第二,《民法典》第 146 条第 1 款规定:"行为人与相对人以虚假的意思表示实施的民事法律行为无效。"②开发商与名义买受人签订商品房预售合同,其真实目的在于套取银行信贷资金,双方并无预售商品房的真实意思,根据前述规定,应当认定商品房预售合同无效。北京市高级人民法院《关于审理房屋买卖合同纠纷案件若干疑难问题的会议纪要》(京高法发〔2014〕489 号)第 3 条即规定:"当事人为套取银行贷款虚构房屋买卖事实订立买卖合同,双方并无买卖房屋的真实意思表示,房屋买卖合同无效。当事人尚未还清银行贷款的,对于合

① 江苏省高级人民法院民一庭:《房地产调控背景下房地产纠纷风险防控及司法对策研究》,载《民事审判指导与参考》2017 年第 2 辑(总第 70 辑),第 181 页。

② 《民法总则》第 146 条第 1 款。

同无效的法律后果可以参照《最高人民法院关于审理商品房买卖合同纠纷案件适用法律若干问题的解释》第 25 条[①]的规定处理。”广东省高级人民法院《关于审理房屋买卖合同纠纷案件的指引》(粤高法〔2017〕191 号)第 12 条第 1 款也规定:“出卖人为套取贷款与他人签订虚假的房屋买卖合同,应当依照民法总则第一百四十六条第一款的规定,认定买卖合同无效。”至于开发商与名义买受人签订虚假商品房预售合同,套取银行信贷资金,其行为具有违法性,最高人民法院《关于当前形势下进一步做好房地产纠纷案件审判工作的指导意见》(法发〔2009〕42 号)第 8 条规定:“对涉嫌利用虚假房地产交易套取银行信贷资金等违法犯罪活动的,要及时向侦查机关提供线索。”

第三,由于我国物权法认为,基于买卖合同而实施的物权变动属于合同的履行行为,故即使名义买受人已经取得物权登记,在商品房买卖合同被确认为无效的情况下,也应当认为,物权自动恢复到开发商名下。这就导致登记表征的物权状态与真实的物权状态不一致。所以开发商有权要求名义买受人协助变更登记,使登记表征的物权状态恢复到真实的物权状态。

第四,如【裁判规则 178】所明确的,商品房买卖合同与商品房担保贷款合同是具有紧密联系但又相互独立的合同。虽然开发商与名义买受人签订的虚假商品房预售合同无效,但担保贷款合同的效力具有独立性,除非贷款人知道或者应当知道商品房预售合同虚假,否则不因商品房预售合同无效而归于无效。其理论基础在于,“表意人与相对人通谋而为之虚假的意思表示原则上无效,但不得以其无效对抗善意第三人”[②]。

---

① 该条规定:“以担保贷款为付款方式的商品房买卖合同的当事人一方请求确认商品房买卖合同无效或者撤销、解除合同的,如果担保权人作为有独立请求权第三人提出诉讼请求,应当与商品房担保贷款合同纠纷合并审理;未提出诉讼请求的,仅处理商品房买卖合同纠纷。担保权人就商品房担保贷款合同纠纷另行起诉的,可以与商品房买卖合同纠纷合并审理。”

② 梁慧星:《民法总论》,法律出版社 1996 年版,第 166 页。当然,如果借款人知情的,借款合同也因意思表示虚假归于无效。广东省高级人民法院《关于审理房屋买卖合同纠纷案件的指引》(粤高法〔2017〕191 号)第 12 条第 2 款即规定:“金融机构知道或者应当知道房屋买卖合同虚假,仍然与买受人签订房屋担保贷款合同的,该贷款合同亦属虚假,应当认定无效。该贷款合同关系实际存在于金融机构与出卖人之间,合同效力依照民法总则第一百四十六条第二款的规定处理。”

典型案例102

徐州大舜房地产开发有限公司诉王志强商品房预售合同纠纷案[①]

典型案例裁判文书

典型案例102
徐州大舜房地产开发有限公司诉王志强商品房预售合同纠纷案

基本案情:2008 年 4 月 2 日,大舜公司与王志强签订商品房买卖合同约定,王志强购买大舜公司开发的舜禾公寓综合楼 1 单元 1701 室,总价款 106 万元,其中首付款 31.8 万元,余款 74.2 万元于 2008 年 4 月 13 日前付清。首付款一式三联收据均由大舜公司保管。2008 年 4 月 7 日,徐州市财政局出具了户名为王志强、金额为 42 400元的契税完税证;2008 年 4 月 8 日,徐州市物业维修基金出具了户名为王志强、金额为 7695 元的物业维修基金缴款凭证;2008 年 4 月 15 日和 4 月 29 日,徐州市房产管理局产权管理处出具了金额为 160 元的所有权登记费收据。以上缴费款项均由大舜公司交纳并持有缴费凭证原件。2008 年 4 月 24 日,王志强作为借款人、大舜公司作为保证人,与建行徐州分行签订《房地产抵押合同》,将案涉房产作为抵押向该行贷款 74.2 万元。抵押贷款到账后,大舜公司每月按约定的还款数额向户名为王志强的账户偿还银行贷款。2009 年 8 月 19 日,大舜公司与第三人赵静签订售房合同,将案涉房产以 101 万元出售给赵静,自此涉诉房屋的银行贷款由赵静偿还。另查明,涉诉房屋的所有权登记费收据、配图费发票、房屋所有权证、土地登记费收款收据、国有土地使用证等原件均由大舜公司持有。2009 年 10 月至 2012 年 1 月,王志强在徐州大舜环保建材有限公司工作,该公司系大舜公司法定代表人闫长印控股的企业法人。后大舜公司以商品房买卖合同虚假为由,请求确认合同无效。王志强则辩称,合同真实有效。

法院观点:徐州市泉山区人民法院认为,一方面,合同签订后,合同约定的购房首付款由大舜公司支付,随后,大舜公司亦以王志强名义缴纳了契税、物业维修基金和所有权登记费,故应认定王志强签订合同时明知自己不需要履行合

---

① 典型案例 102:“徐州大舜房地产开发有限公司诉王志强商品房预售合同纠纷案”,载《中华人民共和国最高人民法院公报》2013 年第 12 期,第 27 ~ 31 页。

同且也不准备实际履行合同。另一方面,签订了以涉案房地产作为抵押的《房地产抵押借款合同》后,王志强亦未按约归还贷款,而是大舜公司以王志强的名义偿还。故王志强对大舜公司借其名义签订商品房买卖合同进行所有权转移为非其真实目的是明知的。因本案当事人借签订商品房买卖合同之名,掩盖违规向银行抵押贷款套取银行信贷资金的目的,故依照《合同法》第52条第(3)项①的规定,依法应为无效。

4.3 商品房买卖合同的备案

根据现行法的制度安排,在商品房买卖合同签订后、房屋权属变更前,还会涉及备案与登记的问题。其中,备案包括销售价格备案与商品房买卖合同备案,销售价格备案是指开发商在取得预售许可证前向房地产管理部门备案商品房的出售价格,之后按照备案价格面向社会出售;商品房买卖合同备案是指购房人与开发商签订购房合同后,将合同提交房地产管理部门登记备案,当前,各地普遍实行网上签约备案制度,一般简称为"网签"。登记则包括前述商品房买卖合同备案登记与《民法典》第221条②规定的预告登记。

裁判规则 103

商品房预售合同备案登记属于行政管理措施,不是预售合同的生效条件。未办理合同登记备案手续的,不影响预售合同效力。但当事人另有约定的除外。

《城市房地产管理法》第45条第2款规定:"商品房预售人应当按照国家有关规定将预售合同报县级以上人民政府房产管理部门和土地管理部门登记备案。"《城市商品房预售管理办法》(2004年建设部令第131号)第10条第1款规定:"商品房预售,开发企业应当与承购人签订商品房预售合同。开发企业应当自签约之日起30日内,向房地产管理部门和市、县人民政府土地管理部门办理商品房预售合同登记备案手续。"上述规定确立了商品房预售合同登记备案

① 该项规定被《民法典》第146条第1款吸收。

② 《物权法》第20条。

制度,即开发商与购房人签订商品房预售合同后,应当将书面合同提交土地房屋管理局进行合同登记备案。

当前,各地普遍实行的是网上签约备案制度。网上签约备案制度,即通常所说的"网签",是指"开发企业预售房屋的,应通过商品房网签备案系统与购房人现场草签合同。草签合同无误的,经购房人签字确认形成正式合同,由开发企业现场提交至房地产交易管理部门网签备案,生成合同登记备案证明。"网签的具体程序为:交易双方当事人根据网上公示的商品房定金协议或买卖合同文本协商拟定相关条款—房地产开发企业通过网上签约系统,打印经双方确认的协议或合同—双方当事人签字(盖章)—在电子楼盘表上注明该商品房已被预订或签约。由此可知,网上签约备案制度是传统合同备案登记制度的升级版,一方面,将以往买卖双方签订书面合同升级为网上签订合同,但这只是签约方式的变更,在行为效力上并无区别;另一方面,网上签约后可以实现同步备案,则比以往的先签约再备案,更加快捷。

在现行法要求对预售合同进行登记备案的背景下,未经登记的预售合同是否有效? 就此,《商品房买卖合同解释》第 6 条第 1 款规定:"当事人以商品房预售合同未按照法律、行政法规规定办理登记备案手续为由,请求确认合同无效的,不予支持。"其理由在于,商品房预售合同登记备案,是《城市房地产管理法》赋予房地产管理部门和土地管理部门的一项法定职责,具有行政强制力,房地产开发企业应当遵守。但《合同法解释(一)》第 9 条明确规定:"法律、行政法规规定合同应当办理登记手续,但未规定登记后生效的,当事人未办理登记手续不影响合同的效力。"而根据《城市房地产管理法》第 45 条以及《城市商品房预售管理办法》第 10 条的规定,法律只要求房地产开发商在与买受人签订《商品房买卖合同》之日起 30 日内,向当地房产交易管理部门和土地管理部门申请办理商品房预售合同备案手续,并无未经备案登记商品房预售合同无效或不生效的规定,故未办理合同登记备案手续的,不影响预售合同效力。

需要注意的是,《商品房买卖合同解释》第 6 条第 2 款规定:"当事人约定以办理登记备案手续为商品房预售合同生效条件的,从其约定,但当事人一方已经履行主要义务,对方接受的除外。"一方面,虽然登记备案手续不是商品房预售合同的法定生效要件,但是当事人基于意思自治,可以在法定生效要件之外,增加登记备案作为合同的效力要件。这从性质上来说就是附生效条件的合同。由于合同的这一特别约定并未违反我国法律、行政法规的强制性规定,故应当对双方当事人具有约束力。[①] 另一方面，双方在商品房买卖合同中作出了以登记备案为生效要件的约定，但随后一方当事人已经履行合同主要义务，而另一方当事人也予以接受的，这表明双方已经通过行为变更了原先附生效条件的约定。所以，合同应当认定为已经生效。《民法典》第 490 条第 2 款之所以规定，“法律、行政法规规定或者当事人约定合同应当采用书面形式订立，当事人未采用书面形式但是一方已经履行主要义务，对方接受时，该合同成立”，也缘于此。至于所谓的履行主要义务，一般是指支付了全部或者部分价款，抑或履行了交付房屋的义务。

典型案例103

李婕与呼和浩特市富恒房地产开发有限责任公司房屋买卖合同纠纷案[②]

典型案例裁判文书

典型案例103
呼和浩特市中级人民法院（2018）内01民终1309号民事判决书

基本案情：2012 年 9 月 19 日，李婕与富恒公司签订合同《商品房买卖合同》约定，李婕以197 684元的价格购买大盛魁商业街C 区 2151 号商铺，富恒公司应于 2013 年 8 月 31 日前交房。合同签订后，李婕向富恒公司支付了购房款107 684元，其余90 000元以银行按揭付款方式付清。后在履行过程中发生争议，李婕诉至法院，要求富恒公司办理商品房买卖合同网签备案登记手续，并将办理权属登记所需要的资料报送产权登记机关备案。

法院观点：针对李婕要求富恒公司办理商品房买卖合同网签备案登记手续的诉讼请求，呼和浩特市中级人民法院认为，《城市商品房预售管理办法》第 10 条第 1 款、第 2 款规定：“商品房预售，开发企业应当与承购人签订商品房预售合同。开发企业应当自签约之日起 30 日内，向房地产管理部门和市、县人民政府土地管理部门办理商品房预售合同登记备案手续。房地产管理部门应当积

---

① 侯国跃主编：《最高人民法院商品房买卖合同司法解释精释精解》，中国法制出版社 2016 年版，第 98 页。

② 典型案例 103：“李婕与呼和浩特市富恒房地产开发有限责任公司房屋买卖合同纠纷案”，呼和浩特市中级人民法院（2018）内 01 民终 1309 号民事判决。

极应用网络信息技术,逐步推行商品房预售合同网上登记备案。"据此,商品房预售人依法负有向有关机关办理商品房预售合同登记备案行为的义务,但该义务属于房地产管理部门的一种行政管理行为,登记备案与否并不影响合同效力,也不影商品房预售人与买受人之间权利义务关系。

裁判规则104

《商品房买卖合同解释》第6条第2款规定的"主要义务",针对的是当事人在合同中的义务类型,而非义务的履行程度。只要当事人履行的是主要义务类型,无须义务的履行达到大部分的程度,即可治愈合同的效力瑕疵。

《商品房买卖合同解释》第6条第2款规定:"当事人约定以办理登记备案手续为商品房预售合同生效条件的,从其约定,但当事人一方已经履行主要义务,对方接受的除外。"在适用该规定时需注意以下问题:

第一,《商品房买卖合同解释》第6条第2款的规定与第5条较为类似,其理论基础都是合同履行治愈理论。所不同的是,《商品房买卖合同解释》第5条的规定是以《民法典》第490条第2款①为基础,认为履行行为可以治愈合同的形式瑕疵,解决的是合同成立的问题。而《商品房买卖合同解释》第6条第2款则借鉴了"肇始于1900年《德国民法》的履行治愈规则,是指欠缺法定或者约定形式要件的合同因当事人履行的事实而补正地使本来无效的合同成为有效合同"。② 即认为履行行为可以治愈合同的效力瑕疵,解决的是合同有效的问题。二者分属于不同的层面。

第二,《商品房买卖合同解释》第5条规定的治愈条件是"出卖人已经按照约定收受购房款",而第6条第2款规定的治愈条件是"当事人一方已经履行主要义务,对方接受",这就导致第6条第2款的治愈条件更加宽泛。在商品房买卖合同中,购房人的主要义务是支付房款,开发商的主要义务是交付房屋并办理过户手续。因此,根据第6条第2款的规定,无论是购房人支付房款、还是开发商交付房屋或办理过户手续,均可以治愈合同效力上的瑕疵。

第三,实践中的困惑在于如何理解第6条第2款规定的"主要义务"。最高

① 《合同法》第36条。

② 王洪:《合同形式欠缺与履行治愈论——兼评〈合同法〉第36条之规定》,载《现代法学》2005年第3期,第81页。

人民法院民一庭认为,“根据《合同法》鼓励交易、尽可能使合同生效的精神,以及当事人在签订合同后履行合同时的真实意思表示,不能将该条款规定的履行‘主要义务’简单地理解为履行全部义务中的大部分,而首先应当从合同约定的义务的性质进行分析,其次应当从合同约定的内容进行考量,最后应当综合考虑以上情况以及履行的数量等因素进行认定”①。也就是说,第6条第2款规定的“主要义务”是指当事人在合同中的义务类型,而非义务的履行程度,只要当事人履行的是主要义务(购房人的主要义务是支付房款,开发商的主要义务是交付房屋并办理过户手续)即可,并不要求该义务的履行达到大部分的程度。

典型案例104

蓝田公司诉新华公司商品房预售合同纠纷案②

典型案例裁判文书

典型案例104
蓝田公司诉新华公司商品房预售合同纠纷案

基本案情:2006年1月9日,新华公司与蓝田公司签订《商品房预售合同》约定,新华公司将已取得商品房预售许可证的12 500平方米房屋出卖给蓝田公司;合同价款1亿元;合同签订后3日内蓝田公司支付500万元房屋价款,2006年4月9日前付款1500万元,7月9日前付款2000万元,10月9日前付款2000万元,2007年1月9日前付款2000万元,2007年4月9日前付款2000万元;蓝田公司支付款总额到6000万元时,新华公司应在款到后3个月内为蓝田公司办理相应房屋过户手续;第14条约定,本合同双方签章并到房地产部门登记后生效。合同签订后,双方一直没有到房地产部门进行相关登记。双方确认,蓝田公司自签订预售合同起,共向新华公司支付2000万元。2007年9月,蓝田公司向法院起诉,请求确认双方签订的预售合同未生效,新华公司返还2000万元及相应的利息。

法院观点:一审法院认为,根据预售合同第14条的约定,预售合同为附生效条件的合同,其生效条件就是到房地产部门登记。而本合同没有到房地产部

① 最高人民法院民一庭:《商品房买卖合同解释第六条规定的主要义务应当如何理解》,载《民事审判指导与参考》2009年第1集(总第37集),第177~178页。

② 典型案例104:“蓝田公司诉新华公司商品房预售合同纠纷案”,【法宝引证码】CLI. C. 290900。相关评述可参见《民事审判指导与参考》2009年第1集(总第37集),第174~178页。

门登记,所以合同未生效。新华公司不服一审判决,向二审法院提起上诉。二审法院认为,确认合同的主要义务首先应当从合同中约定的义务的性质进行分析,不能将主要义务的履行简单地理解为履行全部义务中的大部分。在涉案合同中,蓝田公司的主要义务是支付购房款,新华公司的主要义务是交付房地产。蓝田公司向新华公司支付购房款的行为即为履行合同的主要义务。对蓝田公司支付的上述款项,新华公司已经接受。根据《商品房买卖合同解释》第 6 条第 2 款的规定,即使涉案合同约定到房地产部门登记后生效,而实际上双方并没有履行这一约定,涉案合同也应当认定为有效。

4.4 处分权受限的商品房买卖合同的效力判断

所谓处分权受限的商品房,是指商品房上存在限制或禁止处分措施,如被查封、被抵押等,导致所有权的处分权能受到一定限制。那么,买卖处分权受限的商品房,应当如何评价合同的效力?广东省高级人民法院《关于〈中华人民共和国合同法〉施行后认定房地产开发经营合同效力问题的指导意见》(粤高法发〔2001〕41 号)第 4 条第(2)项规定:"如果当事人开发经营的房地产属于《城市房地产管理法》第三十七条[①]规定的不得转让的房地产范围的,一般应当认定合同无效。"若此,绝大部分处分权受限的商品房买卖合同都属于无效合同。但在第八次全国法院民事商事审判工作会(2015 年 12 月 24 日)上,时任最高人民法院民一庭庭长程新文在题为"关于当前民事审判工作中的若干具体问题"的讲话中指出,"对于出卖人在签订房产转让合同时未取得房屋所有权证书、未经其他共有权人同意、房产已经设定抵押或被依法查封的,应该更多地发挥私法自治的功能,要正确适用合同效力和物权变动区分原则。对这类合同不宜简单认定合同无效,可以考虑根据当事人过错程度,通过违约责任来平衡双方利益"。从而为处分权受限的商品房买卖合同效力松了绑。

① 《城市房地产管理法》于 1994 年颁布,历经 2007 年、2009 年、2019 年三次修正。指导意见所指的第 37 条被调整为第 38 条。

裁判规则 105

基于原因行为与物权变动相区分原则，商品房被司法机关或行政机关依法裁定、决定查封，或者以其他形式限制权利处分的，该商品房不能实现物权变动，但不影响商品房买卖合同的效力。

根据《城市房地产管理法》第 38 条第(2)项的规定，被司法机关和行政机关依法裁定、决定查封或者以其他形式限制房地产权利的房地产，不得转让。对此，广东省高级人民法院在 2009 年的调研报告中认为："司法机关和行政机关依法裁决、决定查封或者以其他形式限制房地产权利的，不是普通的房地产管理行为，而是司法机关和行政机关明令不得转让的行为，如果当事人违反规定转让房地产的仍认定转让合同有效，则会使司法机关和行政机关的查封等行为形同虚设，严重损害法律的权威。"[①]北京市高级人民法院《关于审理房屋买卖合同纠纷案件适用法律若干问题的指导意见(试行)》(京高法发〔2010〕458 号)第 9 条第 1 款前段也规定："出卖人擅自将已被有权国家机关采取了查封等强制措施的房屋转让给他人的，买卖合同一般认定为无效。"

事实上，针对查封行为，最高人民法院《关于人民法院民事执行中查封、扣押、冻结财产的规定》(法释〔2004〕15 号)第 26 条第 1 款规定："被执行人就已经查封、扣押、冻结的财产所作的移转、设定权利负担或者其他有碍执行的行为，不得对抗申请执行人。"换句话说，"违反查封的禁止处分效力所为的处分行为并非绝对无效，而只是不得对抗债权人"，[②]故以查封为由主张买卖行为无效，不能成立。到 2012 年，广东省高级人民法院也改变了立场，在《全省民事审判工作会议纪要》(粤高法〔2012〕240 号)中，第 3 条规定："不动产被依法查封后，当事人订立转让该不动产的合同，可认定有效。但转让合同约定在该不动产解封前办理过户登记手续的条款无效。出卖人不能依约履行合同，买受人要求解除合同的，应

参考案例裁判文书

参考案例75
最高人民法院（2014）民提字第104号民事判决书

① 广东省高级人民法院：《关于 2009 年度广东省法院民事审判工作若干具体问题分析的报告》，载《民事审判指导与参考》2010 年第 1 集(总第 41 集)，第 47 页。

② 参考案例 75："岳阳市汇辰房地产开发有限公司等诉岳阳中林置业投资有限公司建设用地使用权转让合同纠纷案"，最高人民法院(2014)民提字第 104 号民事判决。引文部分是岳阳市中级人民法院的一审裁判理由。

予支持;买受人要求出卖人继续履行合同并在该不动产解封后办理过户登记手续的,应予支持。出卖人故意隐瞒不动产被查封的事实与他人签订转让合同,买受人请求撤销转让合同的,应予支持。"从而认可了转让被查封的不动产的合同效力。在第八次全国法院民事商事审判工作会上,针对出卖人在签订房产转让合同时未取得房屋所有权证书、未经其他共有权人同意、房产已经设定抵押或被依法查封的房地产转让合同效力,时任最高人民法院民一庭庭长程新文明确,"买卖合同司法解释虽然主要适用动产,但在不动产交易上,也要与该解释第三条规定的精神保持一致。""对这类合同不宜简单认定合同无效,可以考虑根据当事人过错程度,通过违约责任来平衡双方利益。"①

当然,由于商品房被司法机关或行政机关依法裁定、决定查封或者以其他形式限制了房地产权利,所以在权利受限期间,不得变更房屋权属。也就是说,买卖合同无法履行,出卖人应当向买受人承担履行不能的责任。广东省高级人民法院《关于审理房屋买卖合同纠纷案件的指引》(粤高法〔2017〕191 号)第 21 条即规定:"房屋被依法查封,买受人起诉请求出卖人办理房屋所有权转移登记的,人民法院可以向其释明变更诉讼请求为解除合同、赔偿损失,或者告知其可以依照民事诉讼法第二百二十五条、第二百二十七条的规定主张权利。"

典型案例105

深圳富山宝实业有限公司、深圳市福星股份合作公司、深圳市宝安区福永物业发展总公司、深圳市金安城投资发展有限公司联营合同纠纷案②

基本案情:福星公司与富山宝公司签订合同约定,双方合作投资兴建"金银城"项目。后因双方均无房地产开发资质,双方遂与具有房地产开发资质的福永公司签订了三方合作开发合同。在开发过程中,由于富山宝公司的违约行

① 程新文:《关于当前民事审判工作中的若干具体问题》(2015 年 12 月 24 日),载《民事审判指导与参考》2015 年第 4 辑(总第 64 辑),第 57 ~ 58 页。

② 典型案例 105:"深圳富山宝实业有限公司、深圳市福星股份合作公司、深圳市宝安区福永物业发展总公司、深圳市金安城投资发展有限公司联营合同纠纷案",最高人民法院(2010)民一终字第 45 号民事判决,载《中华人民共和国最高人民法院公报》2011 年第 5 期,第 18 ~ 42 页。

为，“金银城”项目成为被深圳市人民政府列入清理范围的问题楼盘，在深圳市宝安区政府等相关行政部门的协调下，福星公司与金安城公司就“金银城”项目烂尾楼项目的置换及开发事宜签订了《“金银城”置换合同书》及《补充协议》，约定由福永公司和福星公司将涉案土地置换到金安城公司名下，金安城公司对涉案项目独立开发。签约时，涉案土地处于被司法查封状态。后在履行过程中发生争议，诉至法院。

典型案例裁判文书

典型案例105
最高人民法院（2010）民一终字第45号民事判决书

法院观点：针对《“金银城”置换合同书》及《补充协议》的效力，最高人民法院在二审中认为，“即使涉案项目存在司法查封，按照物权法原理，双方当事人之间订立的有关转让不动产物权的合同，自合同成立时亦产生债的法律效力，在解除查封或撤销查封后，当事人仍然可以办理不动产变更手续。因此，该置换合同并不违背《城市房地产管理法》第38条有关不得转让房地产的强制性规定。因此，福星公司、福永公司与金安城公司签订的《‘金银城’置换合同书》及其《补充协议》不违反法律、行政法规的强制性规定，亦未侵害国家、集体和他人合法权益，应当认定有效”。

裁判规则 106

开发商将土地或商品房抵押后，未经抵押权人同意将商品房出售给购房人的，不应以未征得抵押权人同意为由，否定商品房买卖合同的效力。

《物权法》第191条第2款规定：“抵押期间，抵押人未经抵押权人同意，不得转让抵押财产，但受让人代为清偿债务消灭抵押权的除外。”就此，有观点认为，未经抵押权人同意买卖被抵押的商品房，既损害了抵押权人的合法权益，又违反了法律的禁止性规定，应属无效。

在《物权法》采取物权变动与原因行为相区分的立法模式下，买受人要取得商品房的所有权，还需要进行物权的变更登记，然而由于抵押权的存在，没有抵押权人的同意，买受人无法实现物权的变更登记，因此，认可买卖合同的效力，并不意味着物权的变更，更不会损害抵押权人的利益。《八民会纪要（民事部分）》第14条进一步指出：“物权法第一百九十一条第二款并非针对抵押财产转让合同的效力性强制性规定，当事人仅以转让抵押房地产未经抵押权人同意为由,请求确认转让合同无效的,不予支持。受让人在抵押登记未涂销时要求办理过户登记的,不予支持。”也就是说,抵押人未经抵押权人同意转让商品房的合同是有效合同,因商品房上存在抵押权以致买受人无法获得物权时,抵押人有义务通过清偿债务消灭抵押权而转移物权,否则受让人有权主张权利瑕疵担保等违约责任,而不致因债权合同无效而丧失违约请求权。① 刚颁布的《民法典》第 406 条第 1 款更是直接规定:“抵押期间,抵押人可以转让抵押财产。当事人另有约定的,按照其约定。抵押财产转让的,抵押权不受影响。”从而认可了抵押人未经抵押权人同意转让抵押商品房的合同效力。

典型案例106

重庆索特盐化股份有限公司与重庆新万基房地产开发有限公司土地使用权转让合同纠纷案②

典型案例裁判文书

典型案例106
最高人民法院(2008)民一终字第122号民事判决书

最高人民法院(2010)民抗字第67号民事判决书

基本案情:索特公司在重庆市万州区观音岩 1 号拥有四块商服用地使用权,并将上述土地抵押给相关银行用于贷款担保,抵押期限自 2005 年至 2011 年。2005 年 12 月 1 日,新万基公司与索特公司签订了《金三峡花园联合开发协议》约定,索特公司提供土地,新万基公司提供资金,双方共同开发;新万基公司应支付给索特公司10 360万元,并出资 3100 万元对索特公司的办公大楼进行改造。后在

---

① 参见程啸:《论抵押财产的转让——“重庆索特盐化股份有限公司与重庆新万基房地产开发有限公司土地使用权转让合同纠纷案”评释》,载《中外法学》2014 年第 5 期,第 1394 页。

② 典型案例 106:“重庆索特盐化股份有限公司与重庆新万基房地产开发有限公司土地使用权转让合同纠纷案”,最高人民法院(2008)民一终字第 122 号民事判决,载《中华人民共和国最高人民法院公报》2009 年第 4 期,第 31 ~ 38 页。需说明的是,该案一审判决时,《物权法》尚未施行,故一审法院主要以《担保法》与最高人民法院《关于适用〈中华人民共和国担保法〉若干问题的解释》为据,进而认定土地使用权转让合同无效;而最高人民法院用以支持土地使用权转让合同有效的关键依据则是《物权法》第 15 条。此外,二审判决后,最高人民检察院提起抗诉,最高人民法院再审后,虽将原判决确定的违约金由 4038 万元调整为 1400 万元,但坚持认为,“签订合同时土地上存在的抵押权不应成为影响本案合同效力的原因,本院二审判决认定诉争合同为有效合同并无不当”。参见最高人民法院(2010)民抗字第 67 号民事判决。

协议履行过程中发生争议，诉至法院。

法院观点：在将《金三峡花园联合开发协议》认定为土地使用权转让合同的基础上，一审法院（重庆市高级人民法院）认为，索特公司未经抵押权人同意转让抵押物，《金三峡花园联合开发协议》应属无效。但最高人民法院在二审中认为，转让抵押物的合同作为原因行为，是一种债权形成行为，并非抵押物转让的物权变动行为。相关法律关于未经通知抵押权人、或未获抵押权人同意而导致物权转让行为无效的规定，其效力不应及于物权变动行为的原因行为。

裁判规则 107

商品房买卖合同约定的标的物是划拨土地上建造的房屋的，不应以土地使用权系行政划拨为由，认定商品房买卖合同无效。

《国有土地使用权合同解释》第 11 条前段规定："土地使用权人未经有批准权的人民政府批准，与受让方订立合同转让划拨土地使用权的，应当认定合同无效。"有疑问的是，以划拨土地上建成的房屋作为转让标的物的，合同是否有效？

就此问题，广东省高级人民法院《关于审理房屋买卖合同纠纷案件的指引》（粤高法〔2017〕191 号）第 10 条规定："转让划拨建设用地上的房屋，政府部门同意缴纳土地使用权出让金后可以办理所有权转移登记的，视为有批准权的人民政府同意转让。"该条要求转让划拨土地上建造的房屋应当获得批准，但未明确未获得批准的合同是否有效。而江苏省高级人民法院《关于审理房地产合同纠纷案件若干问题的解答（征求意见稿）》（苏高法电〔2017〕559 号）第 11 条则明确规定："未经有批准权的人民政府准许，转让划拨土地上房屋的，该转让行为无效，但在一审法庭辩论终结前经有批准权的人民法院准许并补交土地出让金的除外。"

最高人民法院的裁判意见未臻统一。在"哈尔滨市不锈钢制品厂与姜江房屋买卖合同纠纷案"[①]中，最高人民法院在再审中认为，依据物权法上"房地一体"或"房随地走、地随房走"的原理，不锈钢厂作为房屋的权利人虽对其房屋享

① 参考案例 76："哈尔滨市不锈钢制品厂与姜江房屋买卖合同纠纷案"，最高人民法院（2017）最高法民再 39 号民事判决。

参考案例裁判文书

参考案例76
最高人民法院(2017)最高法民再39号民事判决书

参考案例裁判文书

参考案例77
最高人民法院(2009)民提字第106号民事判决书

有占有、使用、收益、处分的权利,但转让房屋时必然涉及土地使用权的转让。本案房屋所涉及的土地为划拨取得,土地使用权人不锈钢厂未经有批准权的人民政府审批,不具有对土地使用权进行处分的权利,双方签订的《房屋买卖协议》违反了法律、行政法规的强制性规定,应认定为无效。但在 2009 年的"祁某与某银行张掖市分行房地产转让合同纠纷案"[①]中,新墩供销社以回凤楼房地产作为抵押物,向张掖分行贷款 120 万元,因到期未能归还,双方签订《以资抵债协议》,约定以回凤楼(房产 798 平方米、划拨土地使用权面积 377 平方米)抵顶贷款本息,但双方未办理产权和土地使用权转移登记手续。2003 年,张掖分行与祁某签订《抵债资产处置合同》,约定张掖分行将回凤楼作价 82 万元转让给祁某。同年年底,祁某办理了房屋产权手续,但未办理土地使用权手续。2006 年,张掖市国土局以张掖分行违反《土地管理法》第 2 条第 3 款和《城市房地产管理法》第 39 条第 1 款规定为由,拟对张掖分行作出没收非法所得 82 万元和罚款 40.18 万元的行政处罚。张掖分行遂提起诉讼,要求确认《抵债资产处置合同》无效。一审法院(张掖市中级人民法院)与二审法院(甘肃省高级人民法院)均认为,本案土地是划拨土地使用权,张掖分行将案涉房地产转让给祁某,未报有批准权的人民政府审批,故双方所签《抵债资产处置合同》违反法律的强制性规定,应属无效。而最高人民法院在再审中认为,张掖分行通过以资抵债方式取得回凤楼是合法的,故有权处分回凤楼;张掖分行与祁某之间买卖回凤楼形成的债权债务关系,系当事人之间的真实意思表示,没有证据证明这种行为损害国家利益和社会公共利益,故应当认定该债权关系合法有效。该案承办人在评析该案时强调,虽然张掖分行将案涉房地产转让给祁某未报有批准权的人民政府审批,物权关系不能发生变动,但《物权法》第 15 条规定,"当事人之间订立有关设立、变更、转让和消灭不动产物权的合同,除法律另有规定或者合同另有约定外,自合同成立时生效;未办理物权登记的,不影响合同效力"。[②] 即原因行为与结果关系是可以分离的,不能

---

① 参考案例 77:"祁某与某银行张掖市分行房地产转让合同纠纷案",最高人民法院(2009)民提字第 106 号民事判决。

② 现为《民法典》第 215 条。

以物权关系不能发生变动为由来捆绑债权关系的效力。[①]

针对前述两个存在冲突的裁判思路，理论上有三种解释路径：第一，《物权法》颁布后，划拨土地使用权转让须经批准，已被“原因行为与物权变动相区分原则”所取代，且该原则为《民法典》所沿袭。站在原因行为的角度，未经批准转让划拨土地使用权，相当于无权处分，而根据《买卖合同解释》第 3 条的规定，无权处分合同是有效合同，故未经批准的划拨土地使用权，应当认定转让合同有效，只是不能发生物权变动。第二，根据《国有土地使用权合同解释》第 11 条的规定，单独转让划拨土地使用权的合同须经批准，否则合同无效，但未经批准转让划拨土地上的房屋的，可以认定合同有效，只是不能发生物权变动。第三，“祁某与某银行张掖市分行房地产转让合同纠纷再审案”仅系个案，并不表明相关规则已经变化，无论是单独转让划拨土地使用权，还是将包含划拨土地使用权在内的房地产一并转让，只要未经批准，都应当认定转让合同无效。

站在解释论的层面，第二种结论更加合理。[②] 一方面，《国有土地使用权合同解释》系现行有效的司法解释，其明确规定“应当认定合同无效”，而非“不得转让”或“不得发生物权变动”，故不涉及“原因行为与物权变动相区分”的问题。另一方面，在转让标的物并非单纯的划拨土地使用权，而是划拨土地上建成的房屋时，将合同认定为有效，由于该合同因未获批准不能发生物权变动，既因物权未变动无损公共利益，又可防止转让方在房价上涨的情况下背信弃义、恶意毁约，显然更为合理。

典型案例107

李佰雄诉刘光华房屋买卖合同纠纷案[③]

基本案情：2009 年 3 月 12 日，李佰雄（乙方）与刘光华（甲方）签订《房屋转让协议》约定：甲方自愿将登记在南山工业公司名下的、湖南省岳阳市中级人民

---

① 参见徐瑞柏：《区分物权变动中的债权关系与物权关系——祁某与某银行张掖市分行房地产转让合同纠纷再审案》，载《民事审判指导与参考》2009 年第 4 集（总第 40 集），第 143 ~ 144 页。

② 站在立法论的层面，则应赞同第一种结论。

③ 典型案例 107：“李佰雄诉刘光华房屋买卖合同纠纷案”，最高人民法院（2017）最高法民再 87 号民事判决。

典型案例裁判文书

典型案例107
最高人民法院(2017)最高法民再87号民事判决书

法院裁定归甲方所有的、南头麻雀岭工业区B栋第一层面积800多平方米的房屋所有权转让给乙方;该土地系行政划拨土地,用途为工业仓储用地;甲乙双方协商转让价款为239万元;自乙方付清全部购房款之日起,甲方向乙方提供甲方合法取得该房屋的所有法律文件和书面材料。2009年4月2日,李佰雄付清了购房款。2011年3月10日,刘光华函告李佰雄解除《房屋转让协议》。李佰雄遂向法院起诉,请求确认《房屋买卖协议》合法有效,刘光华协助办理房产过户手续。

法院观点:二审法院(深圳市中级人民法院)认为,案涉房屋所在地块的土地性质为行政划拨土地。划拨土地使用权是国家将土地无偿交由土地使用者使用,其权利的取得和处分必须严格遵循法律规定,未经有关部门批准,土地使用者不得随意处分划拨土地使用权。在本案中,刘光华依据已生效文书取得涉案房屋的所有权,但涉案房屋的土地性质依旧为行政划拨土地。刘光华与李佰雄未经有关部门批准,买卖在划拨土地上建成的案涉房屋,违反了法律法规的强制性规定,应依法确认为无效,不受法律保护。广东省人民检察院向广东省高级人民法院提出抗诉。深圳市中级人民法院再审认为,买卖在划拨土地上建成的房屋没有依据法律规定报请有关行政部门批准,应当认定双方签订的《房屋转让协议》没有生效。广东省人民检察院再次提出抗诉。广东省高级人民法院再审认为,案涉房屋虽经法院多次裁判转让所有权,但并未改变房屋所占土地为划拨土地的性质,故原判认定案涉《房屋转让协议》未生效,并无不当。李佰雄向最高人民法院申诉,最高人民法院提审认为,虽然案涉房屋的土地性质至今仍为划拨用地,但《城市房地产管理法》第38条、第40条均未直接规定违反后的行为无效。而且在此类纠纷中,认定划拨土地上的房屋买卖合同有效,继续履行合同,也不会侵害国家利益和社会公共利益。《城镇国有土地使用权出让和转让暂行条例》第44条、第45条亦不是效力性强制性规定,《房屋登记管理办法》①和《深圳经济特区高新技术产业园区条例》均不是法律、行政法规。综上,《房屋转让协议》违反上述规定并不属于《合同法》第52条第(5)项②规定的违反法律、行政法规的强制性规定的情形。此外,《房屋转让协议》系转让房屋的合同,《国有土地使用权合同解释》第11条规范的是直接以国有土地使用

① 《房屋登记管理办法》(2008年建设部令第168号发布),2019年建设部第48号令予以废止。
② 该项规定被《民法典》第153条第1款吸收。

权为合同标的的买卖行为，而非房屋买卖，故该规定不适用于本案合同效力的认定。据此认定，《房屋转让协议》合法有效。

裁判规则108

商品房预购人将预购的未竣工商品房再行转让的，应当甄别是合同权利义务的概括转移还是仅转让债权请求权。如为合同权利义务概括转移的，应征得开发商同意，否则转让行为无效；如仅转让债权请求权的，转让行为有效，但第三人不能直接向开发商主张权利。

《城市房地产管理法》第46条规定，“商品房预售的，商品房预购人将购买的未竣工的预售商品房再行转让的问题，由国务院规定”。2005年4月30日，建设部、发改委、财政部、国土资源部、人民银行、税务总局、银监会联合发布了《关于做好稳定住房价格工作的意见》，2005年5月9日，国务院办公厅予以转发（国办发〔2005〕26号）。该意见第7条指出，“根据《城市房地产管理法》有关规定，国务院决定，禁止商品房预购人将购买的未竣工的预售商品房再行转让。在预售商品房竣工交付、预购人取得房屋所有权证之前，房地产主管部门不得为其办理转让等手续；房屋所有权申请人与登记备案的预售合同载明的预购人不一致的，房屋权属登记机关不得为其办理房屋权属登记手续。实行实名制购房，推行商品房预销售合同网上即时备案，防范私下交易行为。”有学者据此认为，“‘预购商品房’自此不再有交易市场，无法通过流通来变价。”[①]在“陈卫华与倪卫峰等房屋买卖合同纠纷案”[②]中，倪卫峰与中南公司签订商品房预售合同后，将合同约定的预售房屋出售给陈卫华，江苏省南通市中级人民法院也认为，“倪卫峰与中南公司订立的商品房买卖合同已备案登记，且陈卫华与倪卫峰订立《房产认购合同》时，案涉房屋尚未竣工交付，故《房产认购合同》违反了法律禁止性规定，应为无效合同。”

参考案例裁判文书

参考案例78
江苏省南通市中级人民法院（2017）苏06民终2074号民事判决书

就此问题，应当区分商品房预购人与第三人签订的转让合同约定的转让标

① 常鹏翱：《预购商品房抵押预告登记的法律效力》，载《法律科学》2016年第6期，第90页。

② 参考案例78：“陈卫华与倪卫峰等房屋买卖合同纠纷案”，江苏省南通市中级人民法院（2017）苏06民终2074号民事判决。

的。“预购人对开发商享有的按约定时间交付房屋并移转其所有权的债权请求权”[①],该权利不具有人身专属性,并无禁止交易的必要。北京市高级人民法院《关于审理房屋买卖合同纠纷案件适用法律若干问题的指导意见(试行)》(京高法发〔2010〕458 号)第 4 条第 1 款即规定:“对以将来可能取得所有权的房屋为标的物的买卖合同,法院不应仅以出卖人在签订合同时尚未取得房屋所有权为由认定买卖合同无效。出卖人在合同履行期限届满时仍未取得房屋所有权,致使买受人不能办理房屋所有权转移登记的,应当承担相应的违约责任。”但在这种情况下,如果允许第三人直接向开发商主张过户,将会导致二手房交易的税收被规避,而且基于合同相对性的法理,第三人也不能突破相对性直接向开发商主张权利。[②] 如果是合同权利义务概括转移的,根据《民法典》第 555 条[③]的规定,应征得开发商的同意,否则转让行为无效。如果征得开发商同意,第三人取代原预购人的法律地位,可以直接向开发商主张权利。下述【典型案例 108】即进行了区分,对合同权利义务概括转移的部分,认定为无效,对单纯权利转让部分,认定为有效。

典型案例108

北京鼎成房地产开发有限公司诉中国劳动社会保障出版社等确认合同无效纠纷案[④]

典型案例裁判文书

典型案例108
北京市第二中级人民法院(2017)京02民初99号民事判决书

基本案情:2005 年 3 月 12 日,劳动出版社与鼎成公司签订《商品房买卖合同》约定,劳动出版社购买鼎成大厦整栋,建筑面积共16 490平方米,单价为每平方米9000 元,总金额为14 841万元。后在履行过程中发生纠纷,劳动出版社诉至法院。法院判决:

① 常鹏翱:《预购商品房抵押预告登记的法律效力》,载《法律科学》2016 年第 6 期,第 90 页。

② 江苏省高级人民法院民一庭:《商品房买卖合同案件审理疑难问题研究——〈商品房买卖合同司法解释〉施行十五周年回顾与展望》,载《民事审判指导与参考》2017 年第 2 辑(总第 70 辑),第 211 页。

③ 该条规定:“当事人一方经对方同意,可以将自己在合同中的权利和义务一并转让给第三人。”《合同法》第 88 条与此相同。

④ 典型案例 108:“北京鼎成房地产开发有限公司诉中国劳动社会保障出版社等确认合同无效纠纷案”,北京市第二中级人民法院(2017)京 02 民初 99 号民事判决。

《商品房买卖合同》中涉及14 272.2平方米的房屋部分和4578.12平方米的地下车库部分有效,其余部分应为无效;对于有效部分,双方应继续履行,鼎成公司负有办理竣工验收手续并交付相应房屋的义务;鼎成公司承担相应违约责任。2013年6月5日,劳动出版社和国能置业签订《北京鼎成大厦项目整体转让协议》约定,劳动出版社将有关鼎成大厦项目的全部权益整体转让给国能置业,转让价格为2亿元整。鼎成公司遂向法院提起诉讼称,《北京鼎成大厦项目整体转让协议》涉及原《商品房买卖合同》权利、义务之概括承受,未征求其意见,应属无效。

法院观点:北京市第二中级人民法院认为,《北京鼎成大厦项目整体转让协议》约定,"劳动出版社将有关鼎成大厦项目的全部权益整体转让给国能公司。劳动出版社系整体转让本项目,对本项目不再享有任何权利"。但劳动出版社取得有关鼎成大厦项目整体权益系基于其与鼎成公司之间的《商品房买卖合同》,该房屋买卖合同系双务合同,不宜简单理解能单独剥离出所谓权益进行转让。劳动出版社在鼎成大厦及项目的权益在不对应转移合同对待给付义务之前提下,如何单独剥离转让,该协议中未予明确,但上述问题直接关系到鼎成公司之原有合同权利的实现及抗辩权的行使。故劳动出版社与国能公司签订的《北京鼎成大厦项目整体转让协议》涉及生效判决未处分之国能大厦及房地产开发项目之权利、义务,不能得出仅为权益转让之结论,上述协议部分的转让其实质可看待为原买卖合同项下的权利、义务之概括承受行为。依据我国合同法规定当事人一方经对方同意,可以将自己在合同中的权利和义务一并转让给第三人。可见权利、义务概括承受行为生效应得到合同相对方的同意。现劳动出版社未取得鼎成公司的同意,鼎成公司亦拒绝追认并提出本案确认无效之诉。故《北京鼎成大厦项目整体转让协议》所涉的未经执行裁定书审查确认的,即已经生效判决确认为劳动出版社权利这部分之外的内容,因转让未经原合同相对方鼎成公司同意及该公司拒绝追认,应属无效。

4.5 商品房现售合同的效力判断

《商品房买卖合同解释》第1条规定:"本解释所称的商品房买卖合同,是指房地产开发企业(以下统称为出卖人)将尚未建成或者已竣工的房屋向社会销售并转移房屋所有权于买受人,买受人支付价款的合同。"从而把商品房买卖合同区分为预售与现售,预售即销售尚未建成的房屋,现售即销售已竣工的房屋。对于预售合同,根据《商品房买卖合同解释》第2条的规定,出卖人必须取得商品房预售许可证明,否则预售合同无效。那么现售合同呢?

裁判规则109

商品房预售许可证针对的是商品房预售行为。如商品房买卖合同的标的物是现房或在起诉前已建成为现房的,不应以开发商取得商品房预售许可证为由,认定商品房买卖合同无效。

所谓"现房",建设部《商品房销售管理办法》(2001年建设部令第88号)第3条第2款规定:"本办法所称商品房现售,是指房地产开发企业将竣工验收合格的商品房出售给买受人,并由买受人支付房价款的行为。"第7条规定:"商品房现售,应当符合以下条件:(一)现售商品房的房地产开发企业应当具有企业法人营业执照和房地产开发企业资质证书;(二)取得土地使用权证书或者使用土地的批准文件;(三)持有建设工程规划许可证和施工许可证;(四)已通过竣工验收;(五)拆迁安置已经落实;(六)供水、供电、供热、燃气、通讯等配套基础设施具备交付使用条件,其他配套基础设施和公共设施具备交付使用条件或者已确定施工进度和交付日期;(七)物业管理方案已经落实。"《商品房买卖合同(现售)示范文本》(GF－2014－0172)在"专业术语解释"中称:"商品房现售,是指房地产开发企业将竣工验收合格的商品房出售给买受人,并由买受人支付房价款的行为。"据此,商品房现售的条件应当是房屋"竣工并验收合格"。

作为商品房现售合同,既然是现房销售,也就不应再受《商品房买卖合同解释》第2条的约束。也就是说,商品房现售合同不以出卖人取得商品房预售许可证明为有效条件。"虽然出卖人与买受人订立商品房买卖合同时未取得预售许可证明,若起诉时期房已转性为现房,且已具备了向买受人现实交付的法定或者约定条件,商品房预售许可证明所要规制的预售行为业已消失,预售许可的要件事实上得到补正,此时认定商品房买卖合同有效更为适宜,更有利于维护交易安全和市场秩序。"①北京市高级人民法院《关于审理房屋买卖合同纠纷

① 王永起:《关于房地产合同效力认定的若干问题》,载《山东法官培训学院学报》2018年第4期,第121页。

案件若干疑难问题的会议纪要》(京高法发〔2014〕489 号)第 1 条即规定:“出卖人未取得商品房预售许可证明即签订预售合同转让房屋,在一审法庭辩论终结前房屋已经竣工验收合格的,可以认定为商品房现售,当事人以出卖人未取得商品房预售许可证明为由主张合同无效的,不予支持。”重庆市高级人民法院《关于当前民事审判若干法律问题的指导意见》(2007 年 11 月 22 日)第 34 条第 3 款后段规定:“开发商虽在未取得预售许可证的情况下与买受人签订了预售合同,其后也未办理预售许可证,但在起诉前房屋已竣工验收的,可以认定预售合同有效。”广东省高级人民法院《关于审理房屋买卖合同纠纷案件的指引》(粤高法〔2017〕191 号)第 6 条规定:“出卖人未取得商品房预售许可证明与买受人签订商品房预售合同,但在一审法庭辩论终结前房屋竣工验收合格,当事人以出卖人未取得商品房预售许可证明为由主张合同无效的,不予支持。”江苏省高级人民法院民一庭也认为,“在商品房转化为现房后,已经具备交付业主使用的条件,商品房预售许可要件的缺失已在事实上得到补正,因此商品房买卖合同应当认定有效。”①

需要说明的是,依据《城市房地产管理法》第 38 条第(6)项的规定,未依法登记领取权属证书的房地产不得转让。在商品房竣工并验收合格之后,至开发商完成初始登记取得权属证书之前,还需耗费一定时间。那么在这个时间段签订的商品房买卖合同,是否有效? 在“福溢工艺(南京)有限公司与南京赛特欧运输设备制造有限公司房屋买卖合同纠纷案”②中,一、二审法院均认为,《城市房地产管理法》第 38 条第(6)项规定,未依法登记领取权属证书的房地产不得转让,对此规定应理解为未依法登记领取权属证书的房地产,不能发生物权变动的后果,但这一物权变动不能的后果并不能否定为转让该房地产而签订的合同的效力。“城市房地产管理法之所以制定该项规定,主要基于房地产未办理权属登记表明其来源不清,归属不明,如进入市场流通则有违市场交易中房地产必须权属明晰的规则,因此需通过该项规定规范房地产转让登记行为,而不是为了限制交易。

参考案例裁判文书

参考案例79
福溢工艺(南京)有限公司与南京赛特欧运输设备制造有限公司房屋买卖合同纠纷案

① 江苏省高级人民法院民一庭:《商品房买卖合同案件审理疑难问题研究——〈商品房买卖合同司法解释〉施行十五周年回顾与展望》,载《民事审判指导与参考》2017 年第 2 辑(总第 70 辑),第 209 ~ 210 页。

② 参考案例 79:“福溢工艺(南京)有限公司与南京赛特欧运输设备制造有限公司房屋买卖合同纠纷案”,一审案号:(2008)溧民初字第 1927 号,二审案号:(2008)宁民四终字第 2617 号。

违反该条规定只会损害房屋买受人的民事利益，并不直接损害国家利益和社会公共利益。”①因此，对于竣工并验收合格的商品房，不应以开发商未取得权属证书为由，认定商品房买卖合同无效。

典型案例109

福建三木集团股份有限公司与福建省泉州市煌星房地产发展有限公司商品房预售合同纠纷案②

典型案例裁判文书

典型案例109
最高人民法院（2004）民一终字第104号民事判决书

基本案情：三木公司与煌星公司签订了三份《商品房合同》（以下分别简称为商品房合同一、商品房合同二、商品房合同三）约定，三木公司购买煌星大厦商品房。商品房合同一约定：主楼5、6、7层，面积3398平方米，金额4800万元；商品房合同二约定：主楼8、9、10层，面积3398平方米，金额4800万元，地下车位31至44号，金额300万元，合计总金额5100万元；商品房合同三约定：主楼11、12层，面积2265.34平方米，金额3200万元，地下车位45至62号，金额387万元，合计总金额3587万元。后双方发生争议，诉至法院。

法院观点：针对三份《商品房合同》，福建省高级人民法院认为：“该三份《商品房合同》内容体现双方间的预售商品房合同关系，虽没有足够证据证明合同项下的煌星大厦房屋已获准预售，但三木公司起诉时及合同约定交房日期前，煌星大厦已建成，煌星公司也已取得煌星大厦的《国有土地使用权证》及《房屋所有权证》，具备转让合同项下的房屋条件。因此，三份《商品房合同》合法有效。”

---

① 钱峰、唐明：《房屋未领取产权证不影响协议转让》，载《人民司法·案例》2009年第8期，第32页。

② 典型案例109：“福建三木集团股份有限公司与福建省泉州市煌星房地产发展有限公司商品房预售合同纠纷案”，最高人民法院（2004）民一终字第104号民事判决，载《中华人民共和国最高人民法院公报》2006年第5期，第6～16页。

裁判规则 110

商品房买卖合同的标的物未取得建设工程规划许可证或未按照建设工程规划许可证的规定建设，因标的物违法，应当认定商品房买卖合同无效。但可以补办合法手续的除外。

对于建筑物的合法性判断，最高人民法院先后颁布了两个司法解释，都以是否取得建设工程规划许可证作为标准。一是《房屋租赁合同解释》第 2 条第 1 款前段规定，“出租人就未取得建设工程规划许可证或者未按照建设工程规划许可证的规定建设的房屋，与承租人订立的租赁合同无效”。其理由在于，未取得建设工程规划许可证或者未按照建设工程规划许可证的规定建设的房屋，属于违法建筑，标的物违法。[①] 二是《国有土地使用权合同解释》第 19 条第(2)项、第(3)项规定，房地产建设项目未取得建设工程规划许可证或者擅自变更建设工程规划，合作开发房地产合同的当事人请求分配房地产项目利益的，不予受理；已经受理的，驳回起诉。其理由也是，房地产建设项目未取得建设工程规划许可证，就表明建筑是违法建筑，即标的违法。[②] 据此，如果商品房买卖合同的标的物是未取得建设工程规划许可证的房屋，基于标的物的违法性，一般应认定商品房买卖合同无效。在“项凤莲诉孙衍及第三人吉林省柳河县红石石棉制品有限公司买卖合同纠纷案”[③]中，因双方约定买卖的车库未取得政府房地产管理部门颁发的建设工程规划许可证等合法的建设手续，法院即认为，“因城乡规划涉及社会公共利益，未取得规划许可的建筑，应属于违法建筑，买卖违法建筑物的行为因民事行为内容违法，应被作出无效的评价。”

参考案例裁判文书

参考案例80
柳河县人民法院（2016）吉0524民初770号民事判决书

虽然未取得建设工程规划许可证或未按照建设工程规划许可证规定建设的商品房买卖合同，一般应当认定为无效，但需考虑如下两种例外情形：一是应考察违法性可否得到补正，如果无法补正的，应当认定合同无效，如果可以补办

① 最高人民法院民事审判第一庭编著：《最高人民法院关于审理城镇房屋租赁合同纠纷案件司法解释的理解与适用》，人民法院出版社 2009 年版，第 34 页。

② 最高人民法院民事审判第一庭编著：《最高人民法院国有土地使用权合同司法解释的理解与适用》，人民法院出版社 2005 年版，第 206 页。

③ 参考案例 80：“项凤莲诉孙衍、吉林省柳河县红石石棉制品有限公司买卖合同纠纷案”，柳河县人民法院(2016)吉 0524 民初 770 号民事判决。

合法手续的,基于尽量促成合同有效的理念,应认定合同有效。下述【典型案例110】即为适例。二是与【裁判规则206】相同,如果合法部分与违法部分可以区分的,则应当认定合法部分有效、违法部分无效。只有合法部分与违法部分混为一体,在使用上无法区分的,才应认定合同整体无效。

还需注意的是,本【裁判规则110】位居“4.5　商品房现售合同的效力判断”,并不表示仅适用于商品房现售合同。如果是商品房预售的,由于商品房属于违法建筑,也就不可能取得预售许可证,根据《商品房买卖合同解释》第2条的规定,预售合同必然无效。

典型案例110

甘肃省中国青年旅行社与林嘉锋、陈国良房屋买卖合同纠纷案[①]

典型案例裁判文书

典型案例110
最高人民法院（2014）民提字第216号民事判决书

基本案情:2008年11月28日,甘肃青旅作为抵押人及卖方、林嘉锋和陈国良作为买方、兰州市安宁区农村信用合作联社十里店信用社作为抵押权人,签订《房地产买卖合同》约定,林嘉锋、陈国良购买的房地产为本合同规定的土地上的一层商铺及二至九层全部楼房;所售房屋面积经双方实地丈量确认,共计为3316.98平方米;楼内所有办公物品(无偿)随楼房所有权一并转让;楼前、后院使用权归林嘉锋、陈国良所有。后在合同履行过程中发生纠纷。经查,案涉房产共九层,其中第九层为加盖,属于违法建筑,已接受行政处罚,未被要求限期拆除,也未办理产权证。

法院观点:针对违法建筑这一问题,最高人民法院在再审中认为,首先,案涉房产其他部分系合法建筑,加盖部分违法不应导致全部合同无效。其次,买卖违法建筑物的合同并非绝对无效。根据《城乡规划法》第64条规定,未取得建设工程规划许可证或者未按照建设工程规划许可证的规定进行建设的,由县级以上地方人民政府城乡规划主管部门责令停止建设;尚可采取改正措施消除对规划实施的影响的,限期改正,处建设工程造价5%以上10%以下的罚款;无

① 典型案例110:“甘肃省中国青年旅行社与林嘉锋、陈国良房屋买卖合同纠纷案”,最高人民法院(2014)民提字第216号民事判决。

法采取改正措施消除影响的，限期拆除，不能拆除的，没收实物或者违法收入，可以并处建设工程造价10%以下的罚款。在本案中，违法加盖部分已经过行政处罚，城乡规划主管部门并未要求限期拆除，该加盖部分应属于“尚可采取改正措施消除对规划实施的影响的”保留使用建筑物，亦不应因此认定买卖合同无效。①

4.6 商品房买卖之“黑白合同”的效力判断

实践中，为了减少交易环节的税收、规避限价销售政策或者增加贷款额度，开发商与购房人往往会在房屋真实交易价格之外另行约定一个更高或更低的交易价格，从而形成商品房买卖的“黑白合同”。应当如何评价这类商品房买卖合同的效力？

裁判规则 111

为规避税收、限价政策或增加贷款额度，备案的商品房买卖合同载明的价格高于或低于真实交易价格的，该价格条款非当事人真实意思表示，应属无效，应当根据真实交易价格确定当事人之间的权利义务关系。

在房屋交易中，以下三种情形存在虚订房价的可能：第一种情形是为减少或逃避应缴纳的税款，双方签订一份合同约定房屋买卖的真实交易价格，同时另签订一份合同，其约定的房屋交易价格低于实际交易价格，用该份合同到房管部门办理备案及登记手续，并以该合同约定的价格为基础向国家缴纳税款，达到逃税目的。第二种情形是规避限价政策，根据房地产市场调控政策，与备案的销售价格不符的商品房买卖合同无法备案。双方遂根据备案的销售价格

---

① 该案还有一个争议焦点值得注意。案涉资产为国有资产，转让没有经过评估、职工代表大会讨论以及相关部门批准等法定程序，一审法院（兰州市中级人民法院）与二审法院（甘肃省高级人民法院）均认为，甘肃青旅在未履行报批、评估、披露、公示等法定转让程序的情况下，即与林嘉锋、陈国良签订《房地产买卖合同》，违反了法律与行政法规的效力性强制性规定，《房地产买卖合同》依法应确认为无效合同。但最高人民法院在再审中认为，《全民所有制工业企业转换经营机制条例》、《国有资产评估管理办法》以及《企业国有资产监督管理暂行条例》中关于国有资产转让应当进行评估、批准等程序的规定，系对履行出资人职责的机构及相关人员行为的规范，是法律对国有资产管理者课以的义务，要求管理者审慎地履行自己的职责，上述规定均属规范内部程序的管理性规定，而非效力性强制性规定，不应影响国有企业与第三人签订合同的效力。

签订商品房买卖合同用于合同备案,另行签订合同约定真实的交易价格。第三种情形是购房人为了达到增加贷款比例的目的,与开发商串通抬高房价,以此作为办理房贷的依据。[①] 对于这类合同,需要注意以下问题:

第一,意思表示真实是民事法律行为的核心要素,非真实意思表示的条款对双方当事人没有法律约束力。《民法典》第 146 条第 1 款即规定:“行为人与相对人以虚假的意思表示实施的民事法律行为无效。”所以,实务界普遍认为,为规避税收或增加贷款额度,备案的商品房买卖合同载明的价格高于或低于真实交易价格的,不能作为确定当事人之间的权利义务关系的依据。山东省高级人民法院 2011 年《全省民事审判工作会议纪要》(鲁高法〔2011〕297 号)规定:“房地产交易中,有些当事人为规避国家税收法律和税收监管,出卖人和买受人通常签订两份价格不同的买卖合同,其中用一份价格较低的合同到有关行政主管部门备案,另一份价格较高的合同为真实的交易价格并实际履行的合同。出卖人与买受人签订两份价格不一致的房屋买卖合同,应以双方实际履行的合同确定各自的权利义务。”北京市高级人民法院《关于审理房屋买卖合同纠纷案件适用法律若干问题的指导意见(试行)》(京高法发〔2010〕458 号)第 12 条前段规定:“当事人之间就转让同一房屋先后分别签订数份买卖合同,合同中关于房屋价款、履行方式等约定存在不一致,当事人就此产生争议的,应当依据当事人真实意思表示的合同约定继续履行。”北京市高级人民法院《关于审理房屋买卖合同纠纷案件若干疑难问题的会议纪要》(京高法发〔2014〕489 号)第 4 条第 1 款规定:“当事人在房屋买卖合同(包括双方已经签字的网签合同)中为规避国家税收监管故意隐瞒真实的交易价格,该价格条款无效,但该条款无效不影响合同其他部分的效力。当事人以逃避国家税收为由,要求确认买卖合同全部无效的,不予支持。”广东省高级人民法院《关于审理房屋买卖合同纠纷案件的指引》(粤高法〔2017〕191 号)第 18 条第 1 款规定:“当事人在提交登记机关的房屋买卖合同中虚构交易价格,该价格条款无效。一方请求按照真实的交易价格履行合同的,应予支持。”江苏省高级人民法院《关于审理房地产合同纠纷案件若干问题的解答(征求意见稿)》(苏高法电〔2017〕559 号)第 6 条规定:“为避税、套取银行贷款等网签的房屋买卖合同属于双方通谋虚伪的意思表示,应认定为无效,以双方当事人实际履行的房屋买卖合同为准。”

---

① 江苏省高级人民法院民一庭:《商品房买卖合同案件审理疑难问题研究——〈商品房买卖合同司法解释〉施行十五周年回顾与展望》,载《民事审判指导与参考》2017 年第 2 辑(总第 70 辑),第 198 页。

第二，从上述各地高级人民法院的指导性意见来看，虽然都主张备案商品房买卖合同载明的价格不能作为确定当事人之间的权利义务关系的依据，但也存在分歧，即究竟是合同整体无效还是仅仅是价格条款无效。北京市高级人民法院、广东省高级人民法院主张仅仅是价格条款无效，但也有观点认为，“一些当事人为逃避公法规定的义务，通过订立黑白合同等形式达成交易关系。如果当事人双方订立合同的目的在于规避公法义务，如偷逃所缴纳税款等，则表明合同内容本身具有违法性，属于以合法形式掩盖非法目的，此种合同应认定无效”①。由于这类合同存在的效力瑕疵是虚假意思表示，所以合同中属于虚假意思表示的约定，都应归于无效；又由于这类合同的目的在于规避税收或增加贷款额度，故通常当事人只会在有关逃避税收的条款或增加贷款额度的条款——价格条款——-作出虚假意思表示，其余的约定通常是真实意思表示，所以仅需认定价格条款无效，而不应认定合同整体无效。

第三，买卖双方这种行为属恶意串通，或损害国家的税收利益，或违背调控政策，或影响金融秩序。对此，前述北京市高级人民法院《关于审理房屋买卖合同纠纷案件适用法律若干问题的指导意见（试行）》（京高法发〔2010〕458 号）第 12 条后段规定：“对于当事人在房屋买卖中确实存在规避税收征管、骗取贷款等行为的，必要时可一并建议相关行政主管部门予以处理。”

第四，为了控制房价过快上涨，诸多城市先后实施“限价令”，要求开发商在申办预售许可证时，同时申报销售价格，开发商在对外销售时须公开标示商品房价格，且只能按标价销售。国家发改委《商品房销售明码标价规定》（发改价格〔2011〕548 号）第 9 条规定：“对取得预售许可或者办理现房销售备案的房地产开发项目，商品房经营者要在规定时间内一次性公开全部销售房源，并严格按照申报价格明码标价对外销售。”第 13 条规定：“商品房经营者不得在标价之外加价销售商品房，不得收取任何未予标明的费用。”《价格违法行为行政处罚规定》（2010 年国务院令第 585 号）第 13 条规定：“经营者违反明码标价规定，有下列行为之一的，责令改正，没收违法所得，可以并处 5000 元以下的罚款：（一）不标明价格的；（二）不按照规定的内容和方式明码标价的；（三）在标价之外加价出售商品或者收取未标明的费用的；（四）违反明码标价规定的其他行为。”如果商品房买卖合同约定价格不同于申报价格的，由于约定价格是当事人

---

① 王永起：《关于房地产合同效力认定的若干问题》，载《山东法官培训学院学报》2018 年第 4 期，第 122 页。

的真实意思表示,虽然有悖于“限价令”的要求,应当受到行政处罚,但不影响该约定法律效力。

实践中,直接违反“限价令”的销售行为非常罕见,开发商往往以毛坯房改精装房出售,规避政府的限价令。[①] 即约定的毛坯房销售价格与申报价格相同,但另行约定低质高价的装修款暗度陈仓;或精装修房销售价格与申报价格相同,但装修成本远低于申报的装修价格。在这种情形下,由于毛坯房销售价与装修款相互独立,开发商往往会被判定就装修的低质高价承担法律责任。“黄策新与富力南京地产开发有限公司商品房预售合同纠纷案”[②]即是如此。黄策新购买了富力公司开发的富力城 65 幢 101 室的房屋,单价为26 352.55元/平方米,总价款为4 274 383元。该房屋为精装修房,在富力公司申报的《商品房预售方案》中,装修单价为 4500 元/平方米。后黄策新以实际装修价值远低于约定装修价值为由,提起诉讼。经鉴定,该房屋的装修金额为320 078.75元。法院遂判决富力公司赔偿合同约定的装修价格与实际装修价的差价233 529.46元(553 608.21元 - 320 078.75元)。

参考案例裁判文书

参考案例81
江苏省南京市中级人民法院(2018)苏01民终2359号民事判决书

典型案例111

珠海市南福房产开发有限公司与宋立立商品房预售合同纠纷案[③]

基本案情:2011 年 11 月 26 日,宋立立与南福公司签订《认购协议书》约定,宋立立认购南福公司开发的锦园小区 3 栋 2 单元 1901 房;认购的总价为2 524 995元;在双方签订《珠海市商品房买卖合同》及其附件后,如本认购协议

① 江苏省高级人民法院民一庭:《房地产调控背景下房地产纠纷风险防控及司法对策研究》,载《民事审判指导与参考》2017 年第 2 辑(总第 70 辑),第 172 页。

② 参考案例 81:“黄策新与富力南京地产开发有限公司商品房预售合同纠纷案”,江苏省南京市中级人民法院(2018)苏 01 民终 2359 号民事判决。

③ 典型案例 111:“珠海市南福房产开发有限公司与宋立立商品房预售合同纠纷案”,广东省珠海市中级人民法院(2015)珠中法民三终字第 61 号民事判决。

典型案例裁判文书

典型案例111
广东省珠海市中级人民法院（2015）珠中法民三终字第61号民事判决书

书与《珠海市商品房买卖合同》及其附件相矛盾，则以《珠海市商品房买卖合同》及其附件为准。同日，宋立立向南福公司支付了定金10万元。2011年12月3日，宋立立与南福公司签订《珠海市商品房买卖合同》及《补充协议》约定：宋立立购买锦园小区3栋2单元1901房，单价11 280元/平方米，总金额为1 726 178元。合同签订当日，宋立立向南福公司支付了购房款2 424 995元，该份合同经网上备案。后双方发生争议诉至法院。诉讼中查明，2011年10月31日，珠海市人民政府发出《关于深入开展房地产市场调控工作的通知》称，“报备项目的住房平均价格超过我市2011年度房价控制目标(11 285元/平方米建筑面积)的，价格主管部门暂停备案，商品房预售管理部门暂停核发商品房预售许可证”。南福公司主张，双方为规避珠海市政府根据国家房地产调控政策作出的“双限”规定而虚假签订的《珠海市商品房买卖合同》，属于《合同法》规定的“以合法形式掩盖非法目的并损害国家利益”的无效合同。

法院观点：一审法院(珠海市香洲区人民法院)认为，“宋立立和南福公司于2011年12月3日签订与双方约定房价不一致的《买卖合同》是为了规避珠海市于2011年11月1日起实施的限购政策”。“宋立立和南福公司双方为了规避珠海市限价政策，在提交登记机关网上备案的商品房买卖合同中虚构了交易价格，该价格条款并非双方真实意思表示，应属无效。但该条款的无效不影响《买卖合同》中其他条款的效力，其他条款系双方买卖房产的真实意思表示，没有违反法律和法规的强制性规定，应属有效。”二审中，珠海市中级人民法院也认为，“虽然宋立立与南福公司签订的《认购协议书》和《买卖合同》中约定的价款不同，且用于网上备案的《买卖合同》中约定的价款明显低于《认购协议书》中价款，双方均有通过签订《买卖合同》规避珠海市限价政策的意思表示，但在该《买卖合同》中，仅价款部分并非双方真实意思表示，其余部分均为双方意思表示，且未违反法律、行政法规强制性规定，而在房价条款并未影响合同其他部分效力的情况下，原审法院依照《合同法》第56条①之规定将房价条款以外的其余条款认定为有效并无不当。”

---

① 该条规定现被《民法典》第156条吸收。

裁判规则 112

备案的商品房买卖合同载明的价格高于或低于真实交易价格的，承租人行使优先购买权所要求的“同等条件”，应当根据真实交易价格确定。

参考案例裁判文书

参考案例82
浙江省高级人民法院
（2012）浙民终字第8号
民事裁定书

根据民法关于意思表示的基本规则，通谋而为虚伪意思表示的，该意思表示在相对人之间无效，但不得对抗善意第三人。那么在涉及承租人的优先购买权时，承租人可否以善意第三人的身份，主张以备案合同载明的交易价格作为优先购买权的“同等条件”？如“永康建筑工程有限公司与浙江便民药店连锁有限公司租赁合同纠纷案”[1]中，东风公司将案涉房屋出租给便民药店公司后，将案涉房屋出售给陈盼，房管部门登记备案的《房地产买卖契约》载明的交易价格为60万元，实际成交价格为350万元。便民药店公司要求以60万为同等条件行使优先购买权，应否得到支持？

就此，最高人民法院民一庭认为，“真实意思表示是民事法律行为的核心要素，如价格、付款方式等与真实的约定不一致时，应以双方当事人的真实意思表示为准，非真实意思表示的条款对双方当事人没有法律约束力。房屋的真实成交价格应按买卖合同双方当事人的真实意思来认定，而逃避税收并不是双方订立房屋买卖合同的目的。据此，应当以真实交易价格作为认定同等条件的依据。”[2]其原因在于，法律之所以要求通谋而为之虚伪意思表示不得对抗善意第三人，目的在于保护交易安全，即确保第三人另行发生的交易不因虚伪意思表示而遭受不利益。但在承租人行使优先受偿权的情况下，承租人是基于优先购买权的行使，取代原交易关系中购房人的地位，并非另行发生新的交易，也就不涉及交易安全的问题，故应当以真实交易价格作为认定同等条件的依据。在前述“永康建筑工程有限公司与浙江便民药店连锁有限公司租赁合同纠纷案”中，浙江省高级人民法院即认为，“承租人优先购买权是以同等条件优先购买的权利。在房屋真实交易价格与备案合同价格不一致时，应以真实交易价格作为认

---

① 参考案例82：“永康建筑工程有限公司与浙江便民药店连锁有限公司租赁合同纠纷案”，浙江省高级人民法院（2012）浙民终字第8号民事裁定。

② 最高人民法院民一庭：《当实际交易价格与备案合同价格不一致时，承租人不能要求以备案合同价格作为同等条件主张优先购买权》，载《民事审判指导与参考》2009年第2集（第38集），第209页。

定同等条件的依据。”

典型案例112

李某与高某优先购买权纠纷案①

基本案情:2007 年 8 月,李某与高某签订《房屋租赁合同》,将一套自有房屋出租给高某,租赁期 3 年。2007 年 10 月,李某与张某签订《房产认购合同》约定,李某将房屋出售给张某,含车库实际交易价格为 123 万元。为避税,双方在向房产交易中心备案时又签订《房地产买卖契约》一份,约定合同价款为 66.2 万元,双方按 66.2 万元交纳契税。高某知晓后,以李某和张某侵犯了其优先购买权为由向法院起诉,要求法院判断李某和张某之间的购房协议无效,其愿以 66.2 万元价格购买涉案房屋。

典型案例裁判文书

典型案例112
李某与高某优先购买权纠纷案

法院观点:二审法院认为,李某主张其以 123 万元的价格将该房屋卖给张某并提交了双方签订的《房产认购合同》,张某亦提交中介费及房款收据、中介公司盖章的协议书等材料,证明实际交易价格为 123 万元,应当认定涉案房屋实际交易价格为 123 万元。现高某要求以备案价格 66.2 万元作为同等条件购买本案争议房屋,缺乏事实依据,不予支持。

裁判规则 113

开发商与购房人约定,由开发商直接或间接为购房人垫付首期购房款的,虽因违背房地产市场的限贷政策应受行政处罚,但不影响该约定的法律效力。

提高购房首付款比例,也就意味着直接提高购房人一次性支付的额度,可以起到抑制购房需求的作用,常被作为楼市调控的措施使用。如国务院办公厅《关于促进房地产市场平稳健康发展的通知》(国办发〔2010〕4 号)要求,“加大

① 典型案例 112:《李某与高某优先购买权纠纷案》,载《民事审判指导与参考》2009 年第 2 集(第 38 集),第 206 ~ 209 页。

差别化信贷政策执行力度……对已利用贷款购买住房、又申请购买第二套(含)以上住房的家庭(包括借款人、配偶及未成年子女),贷款首付款比例不得低于40%,贷款利率严格按照风险定价。”国务院《关于坚决遏制部分城市房价过快上涨的通知》(国发〔2010〕10 号)第二部分“坚决抑制不合理住房需求”第 3 条“实行更为严格的差别化住房信贷政策”第 1 款规定:“对购买首套自住房且套型建筑面积在 90 平方米以上的家庭(包括借款人、配偶及未成年子女,下同),贷款首付款比例不得低于 30%;对贷款购买第二套住房的家庭,贷款首付款比例不得低于 50%,贷款利率不得低于基准利率的 1.1 倍;对贷款购买第三套及以上住房的,贷款首付款比例和贷款利率应大幅度提高,具体由商业银行根据风险管理原则自主确定。”

针对购房首付款比例的提高,开发商要刺激消费,就必须想办法减轻购房人在首付款方面的经济压力。实践中,常见的模式是开发商(或开发商确定的第三人)以借款的形式“垫付”部分首付款,在签订商品房买卖合同后的一定时间内,购房人再予以补齐。“清远市金世纪房地产开发有限公司与李北凤房屋买卖合同纠纷案”[①]即是如此,李北凤购买金世纪公司开发的商品房,合同约定总房价为 470 700 元,首期款为 141 700 元,向银行按揭款 329 000 元。合同签订后,李北凤仅向金世纪公司支付首期款 21 200 元,剩余首期款 120 500 元则通过《借款协议》的形式向金世纪公司借款。这种经营模式无疑违反了楼市调控政策,但《合同法解释(一)》第 4 条规定:“合同法实施以后,人民法院确认合同无效,应当以全国人大及其常委会制定的法律和国务院制定的行政法规为依据,不得以地方性法规、行政规章为依据。”因此,不能以国务院《关于坚决遏制部分城市房价过快上涨的通知》之类的调控政策,否定“垫付”或开发商出借首期房款行为的效力。在前述“清远市金世纪房地产开发有限公司与李北凤房屋买卖合同纠纷案”中,法院即认为,“李北凤因资金困难,自愿以签订《借款协议》的形式向金世纪公司借款并履行了支付购房首期款义务,并按合同约定向银行申请办理按揭贷款手续,国务院《关于坚决遏制部分城市房价过快上涨的通知》并非法律法规的强制性规定,李北凤辩称双方当事人签订的《商品房买卖合同》违反上述规定,属于

参考案例裁判文书

参考案例83
广东省清远市中级人民法院（2016）粤18民终2171号民事判决书

① 参考案例 83:“清远市金世纪房地产开发有限公司与李北凤房屋买卖合同纠纷案”,广东省清远市中级人民法院(2016)粤 18 民终 2171 号民事判决。

无效合同,该主张缺乏事实依据及法律依据,法院不予采纳”。

尤其需要注意的是,对于这类经营模式,不应割裂“借款”与商品房买卖的内在联系。在这种经营模式之下,开发商并未实际出借款项给购房人,只是延缓了购房人的付款期限,其与“商品房按揭贷款合同+商品房买卖合同”的关系极为类似,“借款”与商品房买卖具有一定程度的依附性,在处理上应当参照【裁判规则 179】。

典型案例113

王政与徐州润金房地产开发有限公司商品房销售合同纠纷案①

典型案例裁判文书

典型案例113

江苏省徐州市中级人民法院（2016）苏03民终7009号民事判决书

基本案情:2014 年 3 月 26 日,王政向润金公司出具借据称:王政购买的润金城 D6 号楼 2 单元 1503 室,总价761 596元,由于资金紧张,现向润金公司借款 14 万元,用于支付购房首付款。2014 年 4 月 1 日,王政与润金公司签订商品房买卖合同约定:王政应于 2014 年 4 月 1 日支付房款231 596元,余款 53 万元于 2014 年 4 月 21 日前付清。王政按合同约定向润金公司交付了购房首付款231 596元,该笔购房首付款中包括向润金公司借款的 14 万元。后在履行过程中发生纠纷,诉至法院。王政主张,双方虽然签订了借据,但是润金公司并未将所借款项实际交付给王政,这种开发商为购房人垫付首期房款的售房模式,本质是为了实现促销目的而规避国务院《关于坚决遏制部分城市房价过快上涨的通知》,故借款行为不成立或未生效。

法院观点:江苏省徐州市中级人民法院认为,双方签订的借据实质是双方对于 14 万元房款支付期限的变更,系双方协商一致达成,不违反法律、法规强制性规定,合法有效。王政提出,润金公司的做法违反国务院《关于坚决遏制部分城市房价过快上涨的通知》中对首套房贷款首付款比例的规定,该通知并非法律、法规强制性规定,而是管理性规定,并不导致双方就 14 万元房款履行期

① 典型案例 113:“王政与徐州润金房地产开发有限公司商品房销售合同纠纷案”,江苏省徐州市中级人民法院(2016)苏 03 民终 7009 号民事判决。

限、责任所订立的协议无效。

4.7 商品房买卖合同无效的法律后果

合同利益有信赖利益与履行利益之分。信赖利益的赔偿,是恢复到契约未订立之前的状态,目的在于使无过错方因信赖合同的履行而支付的各种费用得到返还;所谓履行利益,也称期待利益、可得利益,是通过合同的正常履行可以实现的利益,目的在于恢复到契约正常履行的状态。在通常情况下,履行利益大于信赖利益。在合同无效的情况下,“赔偿范围为由此产生的费用和给相对人造成的实际损失,大多为信赖利益的损失。包括直接损失与间接损失。其中,直接损失有缔约费用、准备履行所支出的费用、支出上述费用所失去的利息,间接损失为丧失与第三人另订合同机会所产生的损失”①。

裁判规则 114

无效商品房买卖合同的赔偿范围包括为订立合同而合理支出的费用,以及丧失与第三人另订合同的机会所产生的损失。在确定“丧失订约机会损失”的范围时,应当考虑是否存在其他订约机会、该订约机会转化为现实合同的可能性,以两个合同(无效商品房买卖合同与订约机会转化的现实合同)之间的价差为基础,结合双方对合同无效的过错,审慎确定。

《民法典》第 157 条规定:“民事法律行为无效、被撤销或者确定不发生效力后,行为人因该行为取得的财产,应当予以返还;不能返还或者没有必要返还的,应当折价补偿。有过错的一方应当赔偿对方由此所受到的损失;各方都有过错的,应当各自承担相应的责任。法律另有规定的,依照其规定。”②

在商品房买卖合同无效的情况下,当事人承担的是缔约过失责任。《九民会纪要》第 32 条规定,“合同不成立、无效或者被撤销情况下,当事人所承担的

① 崔建远主编:《合同法》,法律出版社 2016 年版,第 85 页;王泽鉴:《民法学说与判例研究(第五册)》,中国政法大学出版社 1998 年版,第 227 ~ 231 页。

② 《合同法》第 58 条规定:“合同无效或者被撤销后,因该合同取得的财产,应当予以返还;不能返还或者没有必要返还的,应当折价补偿。有过错的一方应当赔偿对方因此所受到的损失,双方都有过错的,应当各自承担相应的责任。”

缔约过失责任不应超过合同履行利益。"王利明教授认为，赔偿范围仅限于信赖利益，即因信赖无效的法律行为为有效而所受的损害，赔偿的结果是使当事人达到合同未曾发生时的状态，各种机会的损失，不应当包含在信赖利益的赔偿范围内。① 韩世远教授则认为，信赖利益也可区别为所受损害与所失利益，所受损害为订立合同而合理支出的费用，所失利益主要指丧失与第三人另订合同的机会所产生的损失。② 崔建远教授的观点与韩世远教授大体相同，其认为，信赖利益包括直接损失与消极损失，直接损失有缔约费用、准备履行所支出的费用、支出上述费用所失去的利息，间接损失为丧失与第三人另订合同的机会所产生的损失。③ 全国人大常委会法工委也认为，"这个损失包括直接利益的减少，如谈判中发生的费用，还应当包括受损害的当事人因此失去的与第三人订立合同的机会的损失"④。

就此问题，实务界的观点较为统一。如最高人民法院研究室认为，"缔约过失赔偿责任的范围，应以对方的缔约过失造成的实际损失为标准，包括为缔结合同的支出，由于对于违反前契约义务而受有的损失，以及由于对方的过失而造成的订约机会丧失而受有的损失"⑤。北京市高级人民法院《关于审理房屋买卖合同纠纷案件适用法律若干问题的指导意见（试行）》（京高法发〔2010〕458 号）第 25 条也规定："房屋买卖合同不成立、被确认无效或被撤销，信赖合同有效成立致受损害的一方当事人要求另一方赔偿信赖利益损失的，应予支持。信赖利益损失包括所受损害和所失利益（当事人信赖合同有效成立而丧失另订其他有利合同的机会损失等），损失赔偿数额以不超过履行利益为限。"但从实践的情况来看，法院判决认定的无效商品房买卖合同的赔偿范围通常限于所受损失，即直接利益的减少，很少包括所失利益——丧失订约机会的损失。即使判决赔偿丧失订约机会的损失，也往往通过酌定的方式确定较低金额的赔偿。如"西安华曦园林绿化工程有限公司与淮安市园林管理局建设工程施工合

① 王利明：《违约责任论》，中国政法大学出版社 2003 年版，第 781、812～813 页。王利明教授同时认为，就机会损失，受害人可以基于侵权行为而要求赔偿。

② 韩世远：《合同法总论》，法律出版社 2011 年版，第 144 页。

③ 崔建远：《合同法总论》，中国人民大学出版社 2011 年版，第 447 页。

④ 胡康生主编：《中华人民共和国合同法释义》，法律出版社 2013 年版，第 82 页。

⑤ 最高人民法院研究室编著：《最高人民法院关于合同法司法解释（二）理解与适用》，人民法院出版社 2009 年版，第 77 页。

参考案例裁判文书

参考案例84
江苏省高级人民法院
(2015)苏民终字第
00250号民事判决书

同纠纷案”①中,法院认为,园林局在已经确定华曦公司为中标人的情况下中止招投标程序,园林局存在缔约过失行为,应承担缔约过失责任。但同时,法院又认为,华曦公司未有证据证明其因与园林局磋商订立涉案合同而丧失其他订约机会,并由此造成其损失,故对订约机会损失不予支持。又如“张西凤诉李峰房屋买卖合同纠纷案”②中,张西凤与李峰之间的房屋买卖合同被确认为无效后,张西凤以丧失订约机会为由,要求赔偿损失 70 万元。法院认为,“考虑到原告因丧失另订其他有利合同的机会而产生损失,本院根据房地产市场价值变动及涉案房屋因缺少相关审批手续不能办理产权证的实际情况,并结合原、被告双方的过错程度等因素,酌情判定被告应赔偿原告一定数额的损失——20 万元”。究其原因,主要是订约机会损失存在证明上的困难。在无效合同之外是否存在其他订约机会、该丧失订约机会导致的损失有多大,均难以证明。此外,潜在的订约机会能否转化为现实的合同也不具有确定性。在此基础上,要求赔偿所失利益,缺乏足够的说服力。

参考案例裁判文书

参考案例85
北京市昌平区人民法院
(2013)昌民初字第
03047号民事判决书

实践中,如果现有证据表明,在无效商品房买卖合同之外,确实存在定约机会,即定约机会具有确定性,那么就应当以两个合同(无效商品房买卖合同与订约机会转化的现实合同)之间的价差为基础,结合双方对合同无效的过错,审慎确定订约机会损失的赔偿责任。第一,缔约过失责任以合同不成立、无效、被撤销为前提条件,而对于合同不成立、无效或被撤销,普遍存在共同过错,即双方当事人对合同不成立、无效或被撤销都有过错,因此,对该损失通常应当按照双方的过错大小进行分担。第二,如最高人民法院在“深圳市标榜投资发展有限公司与鞍山市财政局

参考案例裁判文书

参考案例86
最高人民法院(2016)
最高法民终802号民事判
决书

① 参考案例 84:“西安华曦园林绿化工程有限公司与淮安市园林管理局建设工程施工合同纠纷案”,江苏省高级人民法院(2015)苏民终字第 00250 号民事判决。

② 参考案例 85:“张西凤诉李峰房屋买卖合同纠纷案”,北京市昌平区人民法院(2013)昌民初字第 03047 号民事判决。

股权转让纠纷案”[1]中所言:“所谓机会,是指特定利益形成或者特定损害避免的部分条件已经具备,但能否最终具备尚不确定的状态。而所谓机会损失,则是当事人获取特定利益或避免特定损害的可能性降低或者丧失。”也就是说,机会损失通常不具有确定性,只是不同程度的可能性,因此,在确定机会损失的赔偿额时,应将可能性的大小纳入考量范围。第三,在市场经济条件下,交易机会大量存在,此交易不成还可利用交易资金达成彼交易。在前述“深圳市标榜投资发展有限公司与鞍山市财政局股权转让纠纷案”中,标榜公司与鞍山财政局签订《股权转让合同书》后,因鞍山财政局未履行报批义务,导致合同成立未生效,鞍山财政局将案涉股权转售他人,转售价比《股权转让合同书》约定价高11 250万元,标榜公司要求将该11 250万元作为交易机会损失予以赔偿。最高人民法院认为:“标榜公司虽丧失购买涉案股权的交易机会,但并不妨碍其之后将资金另行投资其他项目获得收益。”最终,最高人民法院酌定按鞍山财政局转售涉案股权价差的10%予以确定,即1125万元。

需说明的是,当事人违反预约合同拒不签订本约的,应当承担预约合同的违约责任,而预约合同的违约责任相当于本约合同的缔约过失责任。因此,当事人违反预约合同拒不签订本约的责任,应当适用本【裁判规则114】。在“张励与徐州市同力创展房地产有限公司商品房预售合同纠纷案”[2]中,张励与同力创展公司签订的商品房预订单被认定为预约合同,后因同力创展公司原因未能签订本约,法院即认为,“原告张励在与被告同力创展公司签订预订单后,有理由相信被告会按约定履行订立本约合同的义务,从而丧失了按照预订单约定的房屋价格与他人另订购房合同的机会,因此被告因违约给原告造成的损失应根据订立预订单时商品房的市场行情和现行商品房价格予以确定”。

---

① 参考案例86:“深圳市标榜投资发展有限公司与鞍山市财政局股权转让纠纷案”,最高人民法院(2016)最高法民终802号民事判决,载《中华人民共和国最高人民法院公报》2017年第12期,第19~34页。

② 参考案例61:“张励与徐州市同力创展房地产有限公司商品房预售合同纠纷案”,载《中华人民共和国最高人民法院公报》2012年第11期,第31~36页。相关文书可扫描本书第227页二维码。

典型案例114

济宁工腾房地产开发有限责任公司与嘉祥县人民法院商品房预售合同纠纷案①

典型案例裁判文书

典型案例114
济宁工腾房地产开发有限责任公司与嘉祥县人民法院商品房预售合同纠纷案

基本案情:2006 年 4 月 28 日,嘉祥县人民法院与工腾公司签订《商品房团购意向书》约定:嘉祥县人民法院为本院干警团购工腾公司开发的迎宾花园小区第 8、9、10 号楼;单价 1258 元/平方米;工腾公司应于 2007 年 9 月 16 日向嘉祥县人民法院交付房屋。如任何一方违约,造成对方不能完全实现合同目的如合同解除,不买不卖,则违约方应按购房款的 20% 向对方支付一次性赔偿金。2006 年 5 月 9 日,嘉祥县人民法院向工腾公司交付定金 50 万元,后工腾公司因故未对该小区开发建设,并将该小区的土地使用权转让给他人。后嘉祥县人民法院提起诉讼,请求赔偿损失。经查,意向书涉及的 8、9、10 号楼房的图纸设计面积(不含底层储藏室)分别为 6797 平方米、6850 平方米、7376 平方米,共计21 023平方米。现在嘉祥县人民法院与其他开发公司签订了购房合同,在相同地段购买了楼房,价格为每平方米 1498 元。

法院观点:一审法院(济宁市中级人民法院)认为,双方签订的商品房团购意向书已经具备了合同的主要条款,应当认定为商品房预售合同。因工腾公司一直未取得商品房预售许可证等手续,故该合同应为无效合同。本合同涉及的 3 栋楼房主房的图纸设计面积共计21 023平方米。原合同约定的价格为每平方米 1258 元,现在的购房价格为每平方米 1498 元,差价 240 元,购房的损失数额应为5 045 520元。工腾公司作为房地产开发企业,明知自己未取得商品房预售许可证,却与嘉祥县人民法院签订商品房预售合同,有明显的过错,因此工腾公司应当承担主要责任;嘉祥县人民法院作为司法机关单位,也应当知道工腾公司没有商品房预售许可证的事实以及与其签订商品房预售合同带来的法律后果,也存在一定的过错,应当承担次要责任。由嘉祥县人民法院和工腾公司将

① 典型案例 114:"济宁工腾房地产开发有限责任公司与嘉祥县人民法院商品房预售合同纠纷案",载《民事审判指导与参考》2016 年第 4 辑(总第 68 辑),第 155 ~ 183 页。

上述经济损失按3:7分担较为妥当。二审法院(山东省高级人民法院)的观点与一审法院相同。再审中,最高人民法院也认为,嘉祥县人民法院购房损失主要是因丧失与第三人缔约机会而产生的,即因建筑材料价格上涨而带来的购房差价损失,该损失是客观、现实存在的,属于缔约过失责任的信赖利益损害赔偿范围之内。根据双方过错大小,由工腾公司和嘉祥县人民法院按7:3分担,公正合法。

裁判规则115

利息是已付购房款的孳息,属于返还的范畴,不应将其视为损失,进而根据当事人过错进行分担。在商品房买卖合同无效的情况下,开发商应当自收到购房款之日起至实际返还之日止,按照全国银行间同业拆借中心公布的贷款市场报价利率,向购房人返还利息。

《民法典》第157条规定:“民事法律行为无效、被撤销或者确定不发生效力后,行为人因该行为取得的财产,应当予以返还;不能返还或者没有必要返还的,应当折价补偿。有过错的一方应当赔偿对方由此所受到的损失;各方都有过错的,应当各自承担相应的责任。法律另有规定的,依照其规定。”[①]也就是说,无效合同的法律后果分为两方面,一是对因该合同取得的财产予以返还,二是对因该合同所受到的损失按照过错进行赔偿。对利息的性质,学界存有争议。一种观点认为,利息属于孳息,应当归入返还的范畴,由负有给付本金义务的一方当事人,全额支付给对方当事人。另一种观点认为,利息属于付款方的损失,应当归入赔偿范畴,在合同无效情况下,故应根据过错在双方当事人之间进行分担。《商品房买卖合同解释》第8条、第9条采纳了“孳息说”。其理由在于,“从物权法理论对物的分类看,购房款本金应为原物,利息为孳息——依据法律直接规定所得的法定孳息。法定孳息随原物转移,在买卖合同解除后,开发商返还购房款时,其已无权占有法定孳息,孳息自应随原物返还给所有权

① 《合同法》第58条规定:“合同无效或者被撤销后,因该合同取得的财产,应当予以返还;不能返还或者没有必要返还的,应当折价补偿。有过错的一方应当赔偿对方因此所受到的损失,双方都有过错的,应当各自承担相应的责任。”

参考案例裁判文书

参考案例87
最高人民法院（2013）民一终字第181号民事判决书

人”[1]。《建设工程施工合同解释（一）》也将工程款利息认定为法定孳息[2]。在“华锐风电科技（集团）股份有限公司与大庆凯明风电塔筒制造有限公司一般买卖合同纠纷案”[3]中，最高人民法院在二审中也认为，“利息是本金的孳息”。需要说明的是，实务界对利息常采用“损失”这一表述，但在处理结果上，坚持的是孳息处理规则——全额返还而非按照过错进行分担。下述【典型案例 115】即是如此。

既然购房款的利息属于孳息而非损失，也就属于返还的范畴，不应根据当事人过错进行分担。那么应当如何确定利息？从利息的计算时间来看，应当自开发商收到购房款之日起至实际返还之日止。从利息的计算标准来看，有存款利息、贷款利息、逾期贷款利息等不同标准可供选择。在以往的司法实践中，普遍选择中国人民银行发布的同期同类贷款利率。如【典型案例 189】“湖北金华实业有限公司与苏金水等商品房买卖合同纠纷案”[4]中，湖北省武汉市中级人民法院（一审法院）、湖北省高级人民法院（二审法院）、最高人民法院（再审法院）确定返还的购房款利息标准，均为同期同类贷款利率。后述【典型案例 116】也是如此。与《商品房买卖合同解释》颁布时间相距不远[5]的《建设工程施工合同解释（一）》第 17 条，对欠付工程价款利息计付标准，也规定按照中国人民银行发布的同期同类贷款利率计息。但新近颁布的《九民会纪要》指出：“为深化利

---

① 最高人民法院民事审判第一庭编著：《最高人民法院关于审理商品房买卖合同纠纷案件司法解释的理解与适用》，人民法院出版社 2003 年版，第 107 页。

② 最高人民法院民事审判第一庭编著：《最高人民法院建设工程施工合同司法解释的理解与适用》，人民法院出版社 2004 年版，第 159 页。

③ 参考案例 87：“华锐风电科技（集团）股份有限公司与大庆凯明风电塔筒制造有限公司一般买卖合同纠纷案”，最高人民法院（2013）民一终字第 181 号民事判决。需指出的是，该案原告凯明公司请求的利息标准是“延期付款利息”，一审法院（黑龙江省高级人民法院）判决的是“按中国人民银行同期同类贷款基准利率上浮 40% 的标准计算各段违约期间的损失”，二审法院（最高人民法院）以“已经超出凯明公司的一审诉讼请求”为由，改判为中国人民银行同期同类贷款基准利率。后凯明公司申请再审，最高人民法院（2014）民申字第 1592 号民事裁定指出，“本院二审判决认定凯明公司并未请求华锐公司支付贷款基准利率上浮 40% 的利息，判决给付上浮 40% 的利息超过凯明公司的诉讼请求的表述虽有不当……是平衡合同双方当事人利益的结果。”

④ 典型案例 189：“湖北金华实业有限公司与苏金水等商品房买卖合同纠纷案”，最高人民法院（2012）民抗字第 24 号民事判决，载《中华人民共和国最高人民法院公报》2014 年第 1 期，第 31 ~ 40 页。相关文书可扫描本书第 523 页二维码。

⑤ 《商品房买卖合同解释》于 2003 年 4 月 28 日发布，自 2003 年 6 月 1 日起施行；《建设工程施工合同解释（一）》于 2004 年 10 月 25 日发布，自 2005 年 1 月 1 日起施行。两个解释的时间差距仅为一年半。

率市场化改革，推动降低实体利率水平，自 2019 年 8 月 20 日起，中国人民银行已经授权全国银行间同业拆借中心于每月 20 日（遇节假日顺延）9 时 30 分公布贷款市场报价利率（LPR），中国人民银行贷款基准利率这一标准已经取消。因此，自此之后人民法院裁判贷款利息的基本标准应改为全国银行间同业拆借中心公布的贷款市场报价利率。”

附带说明一下，对“已付购房款”的界定，应把握两个方面：第一，所谓购房款，应作狭义理解，仅限于合同约定的房屋价款本身。至于“为购买房屋而产生的房产证工本费及装修保证金、登记费、大修基金、除渣费及物业服务费等，不宜认定为已付购房款”①，而应纳入损失赔偿的范畴。第二，如购房人通过银行按揭贷款的，对银行已经发放给开发商的款项，根据《民法典》第 523 条的规定，应视为第三人（银行）代为履行，其履行的后果归属于债务人（购房人），故应认定为购房人的“已付购房款”。

典型案例115

袁发兴、万载县宏达房地产开发有限公司与郭蓉房屋买卖合同纠纷案②

基本案情：2005 年 11 月，宏达公司与袁发兴约定，双方合作开发康乐大道西三号街区 b 栋。2007 年 6 月 20 日，袁发兴收取郭蓉 30 万元，并出具收据注明：“交来购店面预付款，说明：(1) 预订康乐大道西三号街区 b 栋从北至南第壹拾壹号、壹拾贰号、壹拾叁号店面共叁间，单价 3380 元/m^2；(2) 预订从北至南 11 至 16 号店面上层贰楼店面，单价 1380 元/m^2，购店在交付结算时优惠壹万元整”。2008 年 8 月 20 日，袁发兴又收取了郭蓉 10 万元，收据上写明：“交来预购康乐大道西 3 号店面款。”后双方发生纠纷，2013 年 4 月，法院生效判决认定，双方之间的买卖合同无

典型案例裁判文书

典型案例115
江西省高级人民法院（2016）赣民再4号民事判决书

① 杨建明：《商品房欺诈销售中的惩罚性赔偿研究——夏洪与重庆荣第房地产开发有限公司商品房买卖合同纠纷案》，载《法律适用》2011 年第 2 期，第 107 页。

② 典型案例 115：“袁发兴、万载县宏达房地产开发有限公司与郭蓉房屋买卖合同纠纷案”，江西省高级人民法院（2016）赣民再 4 号民事判决。

效。12 月,郭蓉诉至法院,要求判令袁发兴赔偿郭蓉已付购房款利息损失 14.7 万元以及其他损失。

法院观点:再审中,江西省高级人民法院在认定郭蓉作对合同无效负次要责任的基础上,认为"关于已付购房款利息损失的诉请,袁发兴基于本案合同实际占用郭蓉预付款40 万元,现合同无效,郭蓉以年息6%的标准对30 万元和10 万元购房款分别从支付之日起计算至返还之日止,要求袁发兴赔偿已付购房款利息损失 14.7 万元,未超出按照中国人民银行发布的同期同类贷款利率计息标准,本院予以支持"。该判决虽对利息使用了"损失"这一表述,但并未要求郭蓉基于对合同无效负有次要责任分担利息"损失",而是坚持全额(同期同类贷款利率)返还规则。

裁判规则 116

> 购房人因无效商品房买卖合同支出的大修基金,应由开发商返还给购房人。但对购房人支出的交易契税,因纳税主体是购房人,开发商的行为属代收代缴,故应由购房人向契税征收机关申请退还;如契税征收机关依法不予退还的,则应由开发商按过错进行赔偿。

如前所述,无效合同的法律后果分为两方面,一是对因该合同取得的财产予以返还,二是对因该合同所受到的损失按照过错进行赔偿。购房人因商品房买卖合同无效而遭受的损失,通常包括(但不限于)交易契税、大修基金、房产证工本费、装修损失,以及"丧失订约机会损失"等。其中,房产证工本费、装修损失理应据实计算并纳入损失赔偿的范畴,有疑义的是交易契税与大修基金。

交易契税是购房人在房屋交易中缴纳给税务机关的税款,在买卖合同无效的情况下,交易不复存在,对已经缴纳的契税应当如何处理? 2011 年 4 月 26 日,财政部与国家税务总局发布的《关于购房人办理退房有关契税问题的通知》(财税〔2011〕32 号)规定,"对已缴纳契税的购房单位和个人,在未办理房屋权属变更登记前退房的,退还已纳契税;在办理房屋权属变更登记后退房的,不予退还已纳契税"。据此,在买卖合同无效的情况下,如果已经办理房屋权属登记的,契税征收机关不会退还已纳契税,该笔款项构成购房人的损失,应当按照过错进行赔偿。如果尚未办理房屋权属登记的,则契税征收机关应退还已纳契税。如果是购房人本人持购房合同等相关资料,直接到财政局契税窗口缴纳的契税,则宜由购房人向契税征收机关申请退还,而不应要求开发商赔偿。但在实践中,契税普遍由开发商代收代缴。若此,有两种路径可供选择:一是开发商将纳税凭证交给购房人,由购房人向契税征收机关申请退还。如开发商不愿或不能交付纳税凭证的,购房人不能凭票退款,则开发商应按纳税金额赔偿购房人。如契税征收机关不予退还的,购房人可通过行政诉讼解决。二是开发商按纳税金额赔偿购房人,然后向契税征收机关申请退还。实务中,较多采取第二种路径。但就法律逻辑而言,开发商的行为既然是代收代缴,其行为的法律后果应归属于购房人,且纳税凭证上记载的纳税人是购房人,有权申请退还的主体也就是购房人而非开发商。因此,第一种路径更为合理。综上,如果已经办理房屋权属登记的,契税征收机关不会退还已纳契税,该笔款项构成购房人的损失,开发商应予赔偿。如果尚未办理房屋权属登记的,则应由开发商将纳税凭证交给购房人,由购房人向契税征收机关申请退还。如开发商不愿或不能交付纳税凭证的,则应按纳税金额赔偿购房人。

所谓大修基金,即物业专项维修资金,根据《物业管理条例》(2018 年 3 月 19 日修正)第 53 条①、《住宅专项维修资金管理办法》(2007 年建设部、财政部令第 165 号)第 4 条②、第 9 条第 1 款③、第 10 条④的规定,其缴纳主体是物业的业主,所有权主体也是业主。在商品房买卖合同无效的情况下,无论是否已经办理房屋权属登记,购房人都不再是业主,故对已经缴纳的大修基金,有权要求返还。就返还的路径,目前普遍采取的做法是,先由开发商返还给购房人,之后,开发商在再次出卖该房屋时,通过向新的购房人收取大修基金得到填补,或由开发商向代管部门申请退还该笔款项。

---

① 该条第 1 款规定:"住宅物业、住宅小区内的非住宅物业或者与单幢住宅楼结构相连的非住宅物业的业主,应当按照国家有关规定交纳专项维修资金。"第 2 款规定:"专项维修资金属于业主所有,专项用于物业保修期满后物业共用部位、共用设施设备的维修和更新、改造,不得挪作他用。"第 3 款规定:"专项维修资金收取、使用、管理的办法由国务院建设行政主管部门会同国务院财政部门制定。"

② 该条规定:"住宅专项维修资金管理实行专户存储、专款专用、所有权人决策、政府监督的原则。"

③ 该款规定:"业主交存的住宅专项维修资金属于业主所有。"

④ 该条第 1 款规定:"业主大会成立前,商品住宅业主、非住宅业主交存的住宅专项维修资金,由物业所在地直辖市、市、县人民政府建设(房地产)主管部门代管。"第 2 款规定:"直辖市、市、县人民政府建设(房地产)主管部门应当委托所在地一家商业银行,作为本行政区域内住宅专项维修资金的专户管理银行,并在专户管理银行开立住宅专项维修资金专户。"第 3 款规定:"开立住宅专项维修资金专户,应当以物业管理区域为单位设账,按房屋户门号设分户账;未划定物业管理区域的,以幢为单位设账,按房屋户门号设分户账。"

需要说明的是,虽然本部分讨论的是因商品房买卖合同无效导致的法律后果,但在商品房买卖合同被撤销、解除的情况下,除前者赔偿信赖利益、后者赔偿履行利益这一区别以外,其余损失赔偿规则与上述规则基本相同。下述【典型案例 116】即为适例。

典型案例116

张耀福、张晓梅诉重庆长渝物业发展有限公司房屋买卖合同纠纷案[1]

典型案例裁判文书

典型案例116
张耀福、张晓梅诉重庆长渝物业发展有限公司房屋买卖合同纠纷案

基本案情:2001 年 7 月 3 日,张耀福、张晓梅与长渝公司签订《商品房买卖合同》约定,购买长渝公司开发的江北区建新北路 25 –31 号一层 100 号非住宅商品房一套,总价款为1 789 247元。2001 年 7 月 15 日,该合同及附件在重庆市江北区房地产交易所办理了预售登记。张耀福、张晓梅向重庆市江北房屋产权产籍监理所交纳了交易手续费,在中国平安保险股份公司投保个人抵押贷款房屋保险并交纳保险费,与中国工商银行签订《个人购房借款合同》,向该行借款 89 万元用于购买上述房屋,在重庆市江北房屋产权产籍监理所办理了预购房抵押登记。2003 年 8 月 7 日,长渝公司将房屋交付给张耀福、张晓梅。2004 年 3 月 3 日,张耀福向长渝公司交纳了大修基金53 677.41元。2004 年 6 月 23 日,重庆市江北房屋产权产籍监理所向张耀福、张晓梅颁发《房屋所有权证》,载明房屋建筑面积为67.33平方米。2005 年 5 月 10 日,张耀福、张晓梅向重庆市江北区人民法院起诉,要求长渝公司双倍返还因面积误差多付出的购房款351 245元及利息;偿还多交的大修基金10 537.35元、多交纳的税费14 541.54元以及其他损失。

法院观点:该案历经重庆市江北区人民法院一审、重庆市第一中级人民法院二审及再审、重庆市高级人民法院再审、最高人民检察院抗诉、最高人民法院再审。最高人民法院认为,张耀福、张晓梅按照《商品房买卖合同》约定交付了

---

① 典型案例 116:“张耀福、张晓梅诉重庆长渝物业发展有限公司房屋买卖合同纠纷案”,【法宝引证码】CLI. C. 423193。

购房款及大修基金、交易手续费等费用，而长渝公司交付的房屋面积少于合同的约定，所以长渝公司应该退还张耀福、张晓梅多交的购房款、大修基金及其利息。至于张耀福、张晓梅向重庆市江北房屋产权产籍监理所多交纳的交易手续费、契税、抵押登记费等，因该费用并非由长渝公司收取，张耀福、张晓梅可另寻途径解决，不应由长渝公司赔偿。并据此判决长渝公司返还张耀福、张晓梅房屋价款351 245元及利息(自2001年7月10日起按同期银行贷款利率计算)、返还张耀福、张晓梅多缴纳的大修基金10 537.35元，驳回张耀福、张晓梅的其他诉讼请求。

5. 商品房买卖合同的履行规则

《民法典》第509条第1款规定:"当事人应当按照约定全面履行自己的义务。"[①]商品房买卖合同由于交易周期长(尤其是在预售的情况下),且标的物在法律上呈现出复杂的形态,所以在履行中较易引发争议。

5.1 商品房买卖合同履行中的房屋交付

将商品房交付购房人使用,是商品房买卖合同的出卖人应负的首要义务。《商品房买卖合同解释》第11条第1款规定:"对房屋的转移占有,视为房屋的交付使用,但当事人另有约定的除外。"因此,"在合同当事人对房屋的交付使用没有作出特别约定的情况下,出卖人将符合合同约定的房屋转移占有于买受人即履行完毕交付使用的义务,也就是俗称的'交钥匙'"。[②] 从程序上看,房屋交付可以划分为开发商通知收房、购房人进行质量验收、购房人接收房屋、书面确认等环节。实践中,围绕商品房交付发生的纠纷集中在交付使用时应当具备何种条件。

裁判规则117

商品房交付使用的条件,有约定的从约定;无约定的,从法定;无法定的,应当遵循《设计规范》的强制性标准。

商品房交付使用的条件分为约定条件与法定条件。就约定条件而言,《商品房买卖合同(预售)示范文本》(GF-2014-0171)第9条"商品房交付条件"

---

① 《合同法》第60条第1款与此相同。

② 韩延斌:《商品房买卖纠纷中逾期办证责任的认定——对最高人民法院〈关于审理商品房买卖合同纠纷案件适用法律若干问题的解释〉第18条规定的解读》,载《民事审判指导与参考》2006年第1集(总第25集),第150页。

第 1 款载明:"该商品房交付时应当符合下列第 1、2、__、__项所列条件:1. 该商品房已取得建设工程竣工验收备案证明文件;2. 该商品房已取得房屋测绘报告;3 ______;4 ______。"第 2 款载明:"该商品房为住宅的,出卖人还需提供《住宅使用说明书》和《住宅质量保证书》。"第 11 条"交付时间和手续"第 3 款载明:"交付该商品房时,出卖人应当出示满足第九条约定的证明文件。出卖人不出示证明文件或者出示的证明文件不齐全,不能满足第九条约定条件的,买受人有权拒绝接收,由此产生的逾期交付责任由出卖人承担,并按照第十二条[①]处理。"就法定条件而言,《建筑法》第 61 条第 2 款规定:"建筑工程竣工经验收合格后,方可交付使用;未经验收或者验收不合格的,不得交付使用。"《建设工程质量管理条例》(2017 年国务院令第 687 号)第 16 条第 3 款规定:"建设工程经验收合格的,方可交付使用。"《民法典》第 799 条第 2 款规定:"建设工程竣工经验收合格后,方可交付使用;未经验收或者验收不合格的,不得交付使用。"[②]比较二者可知,示范文本的约定条件比法定条件更为严格。就此,基于对当事人意思自治的尊重,应当坚持有约定的从约定;如果没有约定或约定不明的,则应当遵循法律规定。

除法定条件与约定条件以外,住建部针对建筑设计发布了大量的《设计规范》。如《建筑地面设计规范》(GB 50037 – 2013)、《住宅设计规范》(GB 50096 – 2011)、《办公建筑设计规范》(JGJ 67 – 2006)、《商店建筑设计规范》(JGJ 48 – 2014)、《托儿所、幼儿园建筑设计规范》(JGJ 39 – 2016)、《车库建筑设计规范》(JGJ 100 – 2015),等等。这些《设计规范》对房屋建筑作出了非常细致的规定。如《住宅设计规定》第 5.5 条就对层高和室内净高作出了明确规定。第 5.5.1 条提出:"住宅层高宜为 2.80m。"第 5.5.2 条又要求:"卧室、起居室(厅)的室内净高不应低于 2.40m,局部净高不应低于 2.10m,且局部净高的室内面积不应大于室内使用面积的 1/3。"需要注意的是,《设计规范》的要求并非都是强制性的。《建筑地面设计规范》明确指出,"其中,第 3.2.1、3.2.2、3.8.5、3.8.7 条为强制性条文,必须严格执行。"也就是说,除此之外的条文则为非强制性条文。《住宅设计规范》《托儿所、幼儿园建筑设计规范》《车库建筑设计规范》均有类似规定。这些设计规范中的强制性条文,属于必须遵守的国家标准。在当事人

① 第 12 条为逾期交付责任。

② 《合同法》第 279 条第 2 款与此相同。此外,商品房交付使用的法定条件还应包括经消防验收合格,就此,【裁判规则 121】将作专门讨论,此处不赘述。

没有特别约定的情况下,应当构成商品房交付使用的条件。在下述【典型案例117】中,针对当事人争议的房屋层高问题,一审法院、二审法院、再审审查法院均援引相关《设计规范》作为裁判依据。

典型案例117

王心明诉重庆豪康实业有限公司商品房买卖合同纠纷案[1]

典型案例裁判文书

典型案例117
重庆市第五中级人民法院（2016）渝05民终5850号民事判决书

重庆市高级人民法院(2017)渝民申228号民事裁定书

基本案情:2014 年 10 月 9 日,王心明与豪康公司签订《重庆市商品房买卖合同》约定,王心明向豪康公司购买学府大道 40 号 1－3－1 号房屋,总价款为456 525 元。当日,王心明支付了全部购房款。2015 年 10 月 20 日,涉案房屋所在楼盘取得《竣工验收备案登记证》。交房后,双方就卫生间的室内净高发生争议,王心明以卫生间的室内净高不符合成套住宅标准为由,诉至法院。

法院观点:二审法院(重庆市第五中级人民法院)认为,“王心明向豪康公司所购买的商品房的房屋中,厕所的清水房屋高 2.8 米,双方均无异议。按照国家住宅设计规范(GB 50096－2011)卫生间的室内净高不应低于 2.2 米的指导意见,对于双方讼争的涉案厕所房屋内空的实际高度,符合该指导意见的标准”。再审审查中,重庆市高级人民法院也提出,“依据由住房和城乡建设部制定的 GB 50096－2011《住宅设计规范》国家标准第 5.5.4 条之规定:厨房、卫生间室内净高不应低于 2.2 米。王心明房屋卫生间在交付时及装修后的净高均满足国家标准。”

裁判规则 118

住建部《关于进一步加强房地产市场监管完善商品住房预售制度有关问题的通知》等行政公文对交房条件的规定,不属于商品房交付使用的法定条件,不能作为确定交房条件的依据。

---

① 典型案例 117:“王心明诉重庆豪康实业有限公司商品房买卖合同纠纷案”,重庆市第五中级人民法院(2016)渝 05 民终 5850 号民事判决、重庆市高级人民法院(2017)渝民申 228 号民事裁定。

如前所述,商品房交付使用的条件,有约定的从约定;无约定的,从法定。值得注意的是,住建部《关于进一步加强房地产市场监管完善商品住房预售制度有关问题的通知》(建房〔2010〕53 号,以下简称《通知》)第三部分“加强预售商品住房交付和质量管理”第 11 条规定:“明确商品住房交付使用条件。各地要依据法律法规及有关建设标准,制定本地商品住房交付使用条件。商品住房交付使用条件应包括工程经竣工验收合格并在当地主管部门备案、配套基础设施和公共设施已建成并满足使用要求、北方地区住宅分户热计量装置安装符合设计要求、住宅质量保证书和住宅使用说明书制度已落实、商品住房质量责任承担主体已明确、前期物业管理已落实。房地产开发企业在商品住房交付使用时,应当向购房人出示上述相关证明资料。”《通知》所要求的交付使用条件比示范文本的约定条件还要严格。由此引发两个问题:一是在商品房买卖合同(如示范文本)对交付条件有约定的情况下,应当坚持合同约定的低标准,还是《通知》所要求的高标准?二是在商品房买卖合同对交付条件无约定而从法定的情况下——通常是认购书、协议书等因具备商品房买卖合同的实质性内容而被认定为商品房买卖合同的情形,应当坚持《建筑法》《民法典》规定的低标准,还是《通知》所要求的高标准?

就此,广东省高级人民法院《关于审理房屋买卖合同纠纷案件的指引》(粤高法〔2017〕191 号)第 30 条第 1 款规定:“根据《住房和城乡建设部关于进一步加强房地产市场监管完善商品房住房预售制度有关问题的通知》第十一条的规定,交付使用的商品房应当经过竣工验收合格并已在当地建设行政主管部门办理工程竣工验收备案。”第 2 款规定:“合同约定的交付条件高于前款标准的,以合同约定为准;合同约定的交付条件低于前款标准的,按前款规定认定。”但是,一方面,当事人意思自治是合同法的基本理念,只要当事人的约定不违反法律的禁止性规定,就应当予以尊重。因此,在商品房买卖合同(如示范文本)对交付条件有约定的情况下,应当坚持合同约定的标准;另一方面,正如下述【典型案例 118】“韶关市宏泰房地产发展有限公司与钟军胜等房屋买卖合同纠纷案”①中,宏泰公司在上诉理由中所说,“建房〔2010〕53 号通知属于住建部关于进一步加强房地产市场监管完善商品住房预售制度有关问题的规范性公文。规范性公文是党政机关、社会团体、企事业单位在公务活动中所形成的有法定

① 典型案例 118:“韶关市宏泰房地产发展有限公司与钟军胜等房屋买卖合同纠纷案”,广东省韶关市中级人民法院(2014)韶中法民一终字第 1249 号民事判决。

效力和规范体系的公文,是为了管理和开展各项行政工作而制定,带有规章制度性,它为行政工作提供了标准和范式。通知的对象是各省、自治区住房和城乡建设厅,其内容主要是为了进一步加强房地产市场行政监管力度。”也就是说,住建部《关于进一步加强房地产市场监管完善商品住房预售制度有关问题的通知》属于行政公文,规范的是行政行为,不能作为民事权利义务的法律适用依据。在商品房买卖合同对交付条件无约定而从法定的情况下,应当坚持《建筑法》《民法典》《建设工程质量管理条例》规定的法定标准,而非《通知》所要求的标准。

参考案例裁判文书

参考案例88

江苏省南通市中级人民法院(2015)通中民终字第01930号民事判决书

江苏省南通市港闸区人民法院(2018)苏0611民初3009号民事判决书

在“汤晓宇与江苏苏润发置业发展有限公司房屋买卖合同纠纷案”①中,商品房买卖合同约定的交房条件为“经验收合格”,而彼时施行的《房屋建筑工程和市政基础设施工程竣工验收暂行规定》(建建〔2000〕142 号)②第 5 条③规定了竣工验收必须具备的 11 项条件,其中包括有公安消防、环保等部门出具的认可文件或者准许使用文件。原生效判决以该规定为据,认定“苏润发公司虽将房屋交付给案外人尚美家公司,但交付时房屋尚未符合交付条件”。但在再审中,法院最终认定,双方当事人在合同中选择的交付标准属于“单体验收”,只需设计、建设、监理、施工四方验收合格即可,故苏润发公司已按约将房屋交付给了汤晓宇。

---

① 参考案例 88:“汤晓宇与江苏苏润发置业发展有限公司房屋买卖合同纠纷案”,江苏省南通市中级人民法院(2015)通中民终字第 01930 号民事判决、江苏省南通市港闸区人民法院(2018)苏 0611 民初 3009 号民事判决。

② 该规定于 2013 年 12 月 2 日废止,被《房屋建筑工程和市政基础设施工程竣工验收规定》(建质〔2013〕171 号)取代。

③ 该条规定:“工程符合下列要求方可进行竣工验收:(一)完成工程设计和合同约定的各项内容。(二)施工单位在工程完工后对工程质量进行了检查,确认工程质量符合有关法律、法规和工程建设强制性标准,符合设计文件及合同要求,并提出工程竣工报告。工程竣工报告应经项目经理和施工单位有关负责人审核签字。(三)对于委托监理的工程项目,监理单位对工程进行了质量评估,具有完整的监理资料,并提出工程质量评估报告。工程质量评估报告应经总监理工程师和监理单位有关负责人审核签字。(四)勘察、设计单位对勘察、设计文件及施工过程中由设计单位签署的设计变更通知书进行了检查,并提出质量检查报告。质量检查报告应经该项目勘察、设计负责人和勘察、设计单位有关负责人审核签字。(五)有完整的技术档案和施工管理资料。(六)有工程使用的主要建筑材料、建筑构配件和设备的进场试验报告。(七)建设单位已按合同约定支付工程款。(八)有施工单位签署的工程质量保修书。(九)城乡规划行政主管部门对工程是否符合规划设计要求进行检查,并出具认可文件。(十)有公安消防、环保等部门出具的认可文件或者准许使用文件。(十一)建设行政主管部门及其委托的工程质量监督机构等有关部门责令整改的问题全部整改完毕。”

典型案例118

韶关市宏泰房地产发展有限公司与钟军胜等房屋买卖合同纠纷案①

典型案例裁判文书

典型案例118
广东省韶关市中级人民法院（2014）韶中法民一终字第1249号民事判决书

基本案情：2012 年 2 月 24 日，钟军胜、吴风珍与宏泰公司签订《商品房买卖合同》约定，钟军胜、吴风珍购买宏泰公司开发的景秀苑 2 幢 303 房；出卖人应在 2012 年 5 月 1 日前，依照国家和地方人民政府的有关规定，将具备“商品房经验收合格”，并符合本合同约定的商品房交付买受人使用；商品房达到交付使用条件后，出卖人应当书面通知买受人办理交付手续；双方进行验收交接时，出卖人应当出示合同第八条规定的证明文件，并签署房屋交接单；所购商品房为住宅的，出卖人还需提供《住宅质量保证书》和《住宅使用说明书》；出卖人不出示证明文件或出示证明文件不齐全的，买受人有权拒绝交接，由此产生的延期交房责任由出卖人承担。合同签订后，钟军胜、吴风珍向宏泰公司交清了全部购房款。2012 年 5 月 25 日，景秀苑商住楼 1 幢、2 幢经竣工验收合格。宏泰公司出具了案涉房屋的《住宅使用说明书》《住宅质量保证书》。2013 年 1 月 25 日，涉案房屋所在建筑工程经相关部门审核办理了竣工验收备案登记手续。后双方就房屋交付产生争议，诉至法院。

法院观点：针对房屋交付使用的条件，一审法院（广东省韶关市浈江区人民法院）认为，履行交房义务的前提条件是房屋必须达到交付标准。涉案房屋虽于 2012 年 5 月 25 日通过竣工验收，达到合同约定的交付标准。但根据住房和城乡建设部《关于进一步加强房地产市场监管完善商品住房预售制度有关问题的通知》第 3 条第（11）项的要求，宏泰公司在向钟军胜、吴风珍交付涉案房屋时，不仅应向钟军胜、吴风珍出示《建筑工程竣工验收报告》，还应出示其已在当地主管部门备案的相关的竣工验收备案登记手续，而涉案房屋所在建筑工程被准予竣工验收备案时间为 2013 年 1 月 25 日，也就是说，涉案房屋在 2013 年 1

① 典型案例 118：“韶关市宏泰房地产发展有限公司与钟军胜等房屋买卖合同纠纷案”，广东省韶关市中级人民法院（2014）韶中法民一终字第 1249 号民事判决。

月 25 日才达到交付标准。但韶关市中级人民法院在二审中认为,“虽然住建部《关于进一步加强房地产市场监管完善商品住房预售制度有关问题的通知》中,对房屋的交付条件,除了要求商品房达到竣工验收合格外,还要求达到在当地主管部门备案的条件,但由于《关于进一步加强房地产市场监管完善商品住房预售制度有关问题的通知》不属法律、法规,因此,只要《商品房买卖合同》的约定不违反法律、法规的强制性规定,就应按照合同的约定(商品房经验收合格)履行交付房屋义务。故原审法院以房屋是否取得验收备案作为交付条件是否成就不妥,本院依法予以纠正。”

裁判规则 119

现行法关于建设工程未经竣工验收合格不得交付使用的规定,属于管理性强制性规定。如商品房买卖合同约定,不以竣工验收合格作为交付条件的,应属有效。

如前所述,《建筑法》第 61 条第 2 款、《建设工程质量管理条例》第 16 条第 3 款、《民法典》第 799 条第 2 款均规定,建设工程竣工未经验收或者验收不合格的,不得交付使用。一般认为,该规定属于强制性规定。有疑问的是,《合同法解释(二)》第 14 条①把强制性规定区分为管理性强制性规定与效力性强制性规定,上述规定究竟属于管理性强制性规定还是效力性强制性规定?换句话说,合同约定的交房条件违反上述规定的,该约定是否无效?

站在规则的层面,上海市高级人民法院审判委员会在 2013 年 9 月 3 日讨论通过的第 15 号参考性案例“七天快捷酒店管理(北京)有限公司等诉上海松瓯实业有限公司等房屋租赁合同纠纷案”②可资参照。该案中,快捷酒店北京公司、快捷酒店松江店以房屋租赁合同违反《建筑法》第 61 条第 2 款的规定为由,主张房屋租赁合同无效。法院认为,一方面,竣工验收是基于建设工程合同关系而在平等合同主体

参考案例裁判文书

参考案例89
上海市第一中级人民法院(2012)沪一中民二(民)终字第3152号民事判决书

---

① 该条规定:“合同法第五十二条第(五)项规定的‘强制性规定’,是指效力性强制性规定。”

② 参考案例 89:“七天快捷酒店管理(北京)有限公司等诉上海松瓯实业有限公司等房屋租赁合同纠纷案”,上海市第一中级人民法院(2012)沪一中民二(民)终字第 3152 号民事判决,该案是上海市高级人民法院审判委员会在 2013 年 9 月 3 日讨论通过的第 15 号参考性案例。

之间产生的权利、义务，而竣工验收由行政许可变为备案制，正是将国家行政权力对私法领域的干预控制在合理范围内。《建筑法》第61条第2款之规定强调的是建设单位应自觉、及时地履行竣工验收合同义务，否则将承担包括合同责任及行政处罚等在内的不利后果，而非强调否定私法行为的效力。另一方面，《建筑法》第61条第2款的立法目的同样是为加强针对工程竣工验收环节的规范与管理，而非否定以未经竣工验收的房屋为标的物的合同效力。基于此，应将《建筑法》第61条第2款认定为管理性强制性规定，而非效力性强制性规定。

站在利弊权衡的层面，首先，未经竣工验收合格，只说明商品房的质量尚未确定，并不表明商品房的质量不合格；其次，如交付使用之后，商品房经竣工验收质量合格，则表明购房人在先接收的房屋质量合格，提前接收房屋并未给购房人带来损失，反而因提前使用该房屋实现了利益的更大化；最后，如交付使用之后，商品房经竣工验收质量不合格，则购房人可以且只能选择解除合同（房屋质量不合格，则不能继续使用，所以购房人不能要求继续履行合同），同时要求开发商承担质量担保责任，也能实现利益的平衡。因此，如商品房买卖合同约定，不以竣工验收合格作为交付条件的，应当予以准许。在下述【典型案例119】中，在将当事人之间的法律关系界定为名为联建实为房屋买卖的基础上，最高人民法院亦支持当事人约定未满足《建筑法》第61条第2款规定的交房条件。

典型案例119

重庆雨田房地产开发有限公司与中国农业银行股份有限公司重庆市分行房屋联建纠纷案①

基本案情：1996年1月8日、3月16日，雨田公司（甲方）先后与农行市分行（乙方）签订《联合建房总协议书》《联合建房协议》约定：甲方负责雨田大厦项目的全部建设工作，乙方以投资方式与甲方联合建房；乙方总计投入现金

① 典型案例119："重庆雨田房地产开发有限公司与中国农业银行股份有限公司重庆市分行房屋联建纠纷案"，最高人民法院（2011）民抗字第48号民事判决，载《中华人民共和国最高人民法院公报》2012年第5期，第23～34页。

典型案例裁判文书

典型案例119
最高人民法院（2011）民抗字第48号民事判决书

3700万元给甲方，在房屋建成后分得负一层商场1996.53平方米；甲方应于1997年7月在公用设施完善后将房屋交与乙方由其进行精装修；甲方不能按时交房给乙方，每日按投资总额的0.1‰支付滞纳金。1997年10月28日，雨田大厦项目取得《中间验收记录》，验交意见为“验收合格符合使用条件，同意移交下一道工序精装修。”1998年10月19日，雨田公司发函给农行市分行称，房屋建设已完工，请农行市分行在本月23日前接收房屋。2000年11月8日，重庆市建设工程质量监督站出具证明：“雨田大厦主体工程，已经甲乙双方、设计单位、质监站进行验收，质量已达到验收标准。”后双方就房屋交付时间、逾期交房违约责任发生争议。农行市分行认为，在2000年11月8日前，雨田公司拟交付的房屋未经竣工验收合格，不符合法律规定的交付条件。

法院观点：在认定《联合建房协议》名为联合建房实为购房合同的基础之上，一审法院（重庆市第一中级人民法院）认为，“虽然法律规定竣工并经验收合格的房屋才能交付使用，但房地产开发业系经济发展的支柱性产业，为有利于经济发展的需要，目前许多的大型项目在裙楼部分进行验收后就投入使用的情况也是存在的。”进而认可了《联合建房协议》约定的交房条件。重庆市高级人民法院在二审中也认定，当事人可以约定将未经竣工验收合格的房屋交付使用。再审中，最高人民法院认为，虽然法律规定竣工并经验收合格的房屋才能交付使用，但“雨田大厦经中间验收后符合了当事人在合同中对房屋移交所约定的条件，原判决认定雨田大厦经中间验收后就具备交房条件并无不当”。①

① 需要说明的是，本案经历一审、二审与再审，而三个法院认定的视为交房的时间并不相同。重庆市第一中级人民法院认为，重庆市建设工程质量监督站于2000年11月7日签章的雨田大厦《中间验收记录》可以作为雨田公司拟交付给农行市分行的房屋符合交房条件的依据；重庆市高级人民法院认为，1997年10月28日该房已具备了交房条件，农行市分行营业部于1997年12月17日在移交使用核定单上盖章，应当视为接收该房；最高人民法院认为，雨田公司要求农行市分行于1998年10月23日前接收房屋，说明该时间为接收房屋的最后期限，故可以确定农行市分行的应接收房屋时间为1998年10月23日。

裁判规则 120

商品房买卖合同约定,房屋经竣工验收合格方能交付使用,如开发商交付的商品房未经竣工验收合格的,视为未交付,交付时间顺延至竣工验收合格之日。但购房人明知开发商交付的商品房未经竣工验收合格的除外。

如商品房买卖合同约定,房屋经竣工验收合格方能交付使用,而开发商交付的商品房未经竣工验收合格,但买受人予以接受的,是否影响交付行为的效力,或者说是否产生交付的法律效果?

就此,实务界的观点未臻统一。支持法定交付条件优先的观点认为,《建筑法》第 61 条第 2 款、《城市房地产管理法》第 27 条第 2 款、《城市房地产开发经营管理条例》第 17 条第 1 款的规定表明,对于涉及广大人民群众基本居住权利的房屋交付,法律确立了最低交付标准——竣工验收合格。如商品房实际交付条件低于法定最低交付标准的,应认定为无效,即使购房人在开发商交房时作出了同意收房的意思表示,也不产生交付的法律效果,交付时间应顺延至竣工验收合格之日,开发商应承担在此之前的逾期交房违约责任。支持实际交付优先的观点认为,购房人明知房屋未经竣工验收而予以接收,构成对法定或约定交付条件的合法变更,所以应当以实际交付时间为准;房屋因未竣工验收即交付使用违反了法律规定,但只要房屋质量合格,开发商可以补办验收手续;未经验收并不影响交付行为本身的效力,当事方不得以此为由主张交付行为无效。广东省高级人民法院《关于审理房屋买卖合同纠纷案件的指引》(粤高法〔2017〕191 号)第 32 条即规定:“买受人知道商品房不具备约定或者法定交付条件同意接收商品房,又以商品房不具备交付条件为由主张逾期交房违约责任的,不予支持。但买受人可以请求出卖人依据法律规定或者合同约定完善商品房交付条件,并赔偿因此造成的实际损失。”

笔者主张,应当区分购房人是否明知房屋尚未经过竣工验收,分别处理。

如果购房人不知道交付使用的房屋尚未经过竣工验收的,法定交付条件优先的观点更为合理。一方面,前述《建筑法》第 61 条第 2 款、《城市房地产管理法》第 27 条第 2 款、《城市房地产开发经营管理条例》第 17 条的规定,应为强制性规定,在当事人没有相反约定的情况下应当遵守。另一方面,实际交付优先的观点主要的法律依据是原《城市房地产开发经营管理条例》第 36 条。而《城市房地产开发经营管理条例》自 1998 年 7 月 20 日颁布以来,先后经过三次修订,即 2011 年 1 月 8 日修订、2018 年 3 月 19 日修订、2019 年 3 月 24 日修订。1998 年 7 月 20 日颁布的与 2011 年 1 月 8 日修订的《城市房地产开发经营管理条例》第 36 条的确规定了“违反本条例规定,将未经验收的房屋交付使用的,由县级以上人民政府房地产开发主管部门责令限期补办验收手续;逾期不补办验收手续的,由县级以上人民政府房地产开发主管部门组织有关部门和单位进行验收,并处 10 万元以上 30 万元以下的罚款。经验收不合格的,依照本条例第三十七条的规定处理”。但是,2018 年 3 月 19 日修订的《城市房地产开发经营管理条例》取消了第 36 条的规定,其后于 2019 年 3 月 24 日修订的《城市房地产开发经营管理条例》亦无与原第 36 条类似的规定。因此,不考虑购房人是否知情,一律主张实际交付优先的观点,已经失去了法律依据。下述【典型案例 120】中,购房人接房时不知道房屋未经竣工验收合格,后要求开发商承担竣工验收合格之日前逾期交房违约责任,即得到法院支持。

如果购房人明知房屋尚未经过竣工验收而予以接收的,应当视为双方合意对房屋交付条件的变更。就此问题,【裁判规则 156】将作详细论述,此处不赘述。

典型案例120

山东天和兄弟房地产开发有限公司与路晓波商品房预售合同纠纷案①

典型案例裁判文书

典型案例120
山东省青岛市中级人民法院(2011)青民一终字第1214号民事判决书

基本案情:2007 年 12 月 31 日,路晓波与天和公司签订商品房买卖合同约定,路晓波向天和公司购买珠峰雅园 7 栋 1 单元 2 层 210 户,总房价款暂定为367 972元;天和公司定于 2009 年 5 月 31 日前将该房屋交付给路晓波;该房屋交付时必须达到入住条件。天和公司于2009 年6 月 27 日将房屋交付使用。但天和公司提交的竣工验收合格证载明,竣工验收时间是 2010 年 7 月 1 日。后路晓波向法院起诉,

① 典型案例 120:“山东天和兄弟房地产开发有限公司与路晓波商品房预售合同纠纷案”,山东省青岛市中级人民法院(2011)青民一终字第 1214 号民事判决。

要求天和公司承担逾期交房的违约责任。

法院观点：一审法院(山东省胶南市人民法院)认为，“《建筑法》第61条第2款规定：‘建筑工程竣工经验收合格后，方可交付使用；未经验收或者验收不合格的，不得交付使用。’因此，房屋交付时间应以竣工验收合格证为准，即2010年7月1日，而合同约定的交房时间为2009年5月31日，故天和公司逾期交房376天，应承担逾期交付房屋的违约责任”。二审中，青岛市中级人民法院也认为，“原审在查明事实的基础上，判决天和公司支付路晓波自2009年6月1日至2010年7月1日的逾期交房违约金17 895.49元并无不当”。

裁判规则 121

根据《消防法》第13条第3款的规定，商品房交付使用的法定条件包括经消防验收合格。但当事人另有约定的除外。

2019年4月23日修正的《消防法》第10条规定：“对按照国家工程建设消防技术标准需要进行消防设计的建设工程，实行建设工程消防设计审查验收制度。”第13条第3款规定：“依法应当进行消防验收的建设工程，未经消防验收或者消防验收不合格的，禁止投入使用；其他建设工程经依法抽查不合格的，应当停止使用。”根据《建设工程消防监督管理规定》(2009年公安部令第106号)第2条[①]的规定，新建商品房属于应当进行消防验收的建设工程。据此，商品房交付使用的法定条件包括经消防验收合格。

在“深圳市维也纳酒店有限公司与丽江七星房地产开发有限公司、丽江国际大酒店有限公司租赁合同纠纷案”[②]中，最高人民法院就提出，“消防验收是建筑工程验收的一个重要组成部分，消防验收合格表明当事人履行了合同义务。因此，交付使用的工程都必须经过消防验收这一重要环节，并且还须验收合格。对于消防验收

参考案例裁判文书

参考案例90
最高人民法院(2011)民一终字第18号民事判决书

① 该条第1款规定：“本规定适用于新建、扩建、改建(含室内外装修、建筑保温、用途变更)等建设工程的消防监督管理。”第2款规定：“本规定不适用住宅室内装修、村民自建住宅、救灾和其他非人员密集场所的临时性建筑的建设活动。”

② 参考案例90：“深圳市维也纳酒店有限公司与丽江七星房地产开发有限公司、丽江国际大酒店有限公司租赁合同纠纷案”，最高人民法院(2011)民一终字第18号民事判决。

不合格的工程不得验收,也不得交付使用,以确保工程达到保护公共财产、公民人身及财产安全和维护社会安全的目的。”重庆市高级人民法院《关于当前民事审判若干法律问题的指导意见》(2007年11月22日)第36条第1款规定:“商品房的交付。开发商交付商品房除了满足约定的交房条件外,还应当通过消防验收,未通过消防验收的,买受人可以拒绝接收,并可要求开发商承担违约责任。但合同另有约定的除外。”第2款规定:“买受人接收了未通过消防验收的商品房,后商品房通过了消防验收,买受人又以出卖人交付房屋时未通过消防验收为由,请求判令出卖人承担逾期交房违约责任的,人民法院可以比照最高人民法院《关于审理商品房买卖合同纠纷案件适用法律若干问题的解释》逾期办证违约责任的规定酌定处理。”

需要注意的是,第一,与前述【裁判规则119】相同,应当认为现行法关于商品房未经消防验收合格不得交付使用的规定,属于管理性强制性规定。如商品房买卖合同约定,不以消防验收合格作为交付条件的,应属有效。第二,与前述【裁判规则117】相同,如当事人就此无特别约定,而开发商交付的商品房未经消防验收合格或经消防验收不合格的,购房人有权拒绝接房,并追究开发商逾期交房的违约责任。第三,与前述【裁判规则120】相同,如开发商交付的商品房未经消防验收合格或经消防验收不合格的,视为未交付,交付时间顺延至消防验收合格之日。下述【典型案例121】即为适例。第四,与前述【裁判规则120】相同,虽然开发商交付的商品房未经消防验收合格或经消防验收不合格,但购房人明知而予以接收的,不得要求开发商承担实际接收前的迟延交房违约责任。

典型案例121

乌鲁木齐市粤通商贸有限公司与新疆赛博特房地产开发有限公司财产损害赔偿纠纷案①

基本案情:2003年5月20日,粤通公司与赛博特公司签订订购合同约定,

① 典型案例121:“乌鲁木齐市粤通商贸有限公司与新疆赛博特房地产开发有限公司财产损害赔偿纠纷案”,最高人民法院(2014)民提字第75号民事判决。

典型案例裁判文书

典型案例121
最高人民法院（2014）民提字第75号民事判决书

粤通公司向赛博特公司先期订购新疆赛博特汽车城，包括汽车独立展厅2个、汽车修理厂1个。之后，粤通公司与赛博特公司就b区2－1号、2－3号、2－4号展厅及b区1号、3号展厅分别签订商品房买卖合同。2003年9月30日，粤通公司与赛博特公司签订补充协议约定，赛博特公司所交付房屋须保证消防验收合格。2004年8月9日，粤通公司、新疆粤通公司与赛博特公司签订补充协议约定，b区1、2、3号工程验收时间为2004年9月20日。2004年4月，赛博特公司协助将b区2－1号、2－3号、2－4号展厅的房屋产权证书登记在粤通公司名下。2005年，赛博特公司将粤通公司购买的展厅交付粤通公司使用，但赛博特公司销售的b区1、2、3号房屋，至今未在有关主管部门进行消防申报验收，消防工程不合格。后双方产生纠纷，诉至法院。

法院观点：针对房屋交付使用的时间，新疆维吾尔自治区高级人民法院在二审中认为，生效判决已查明赛博特公司将b区2－1、2－3、2－4号展厅的房产证办在了粤通公司名下，并将其购买的展厅交付粤通公司使用，并据此认定房屋交付使用的时间为2005年4月。粤通公司不服，以涉案汽车展厅没有土建竣工合格验收手续、没有办理消防审批手续、更不可能验收合格备案为由，向最高人民法院申请再审。最高人民法院在提审中认为，“根据案涉订购合同及《商品房买卖合同》的约定，赛博特公司向粤通公司交付的房屋，应当是经验收合格的工程，而案涉房屋在赛博特公司主张向粤通公司交付时，并不符合上述合同约定的交付条件，赛博特公司的该交付行为，不能发生依约交付房屋的法律效果。”

裁判规则122

建设工程竣工验收合格表或竣工验收合格后的备案手续，具有证明商品房质量合格的效力。但如购房人举证证明商品房质量不合格或存在严重影响正常居住使用的质量问题的，有权拒绝接收房屋，并追究开发商迟延交付房屋的违约责任。

商品房经竣工验收合格或竣工验收合格并备案之后，开发商向购房人交付房屋，购房人主张商品房质量不合格或存在严重影响正常居住使用的质量问题并拒绝接收房屋的,应当如何处理? 根据商品房买卖合同的约定,开发商应当向购房人交付质量合格的商品房,而建设工程竣工验收合格表或竣工验收合格后的备案手续,具有证明商品房质量合格的效力。购房人认为商品房质量不合格或存在严重影响正常居住使用的质量问题的,应当承担质量不合格的证明责任。如果购房人举证证明了商品房质量不合格或存在严重影响正常居住使用的质量问题,实务界一般认为,"交付的房屋虽然经过有关行政管理部门审批,交付的房屋符合当时的建筑标准和规范,但事实上存在质量缺陷的客观事实的,仍应承担责任"①。但应当如何界定该责任,是交付后的保修责任还是不产生交付效果的法律责任?

"按照建筑行业解释,建设工程的竣工验收,是指建设单位(发包人)收到施工单位(承包人)的工程竣工验收申请后,根据建设工程质量管理法律制度和建设工程竣工验收技术标准,以及建设工程合同(勘察设计合同、施工合同、监理合同等)的约定,组织设计、施工、工程监理等有关单位对建设工程查验接受的行为。工程竣工验收是建设过程中最后一个工序,是建设工程由建设转入使用的重要标志。"②《建设工程质量管理条例》(2017 年国务院令第 687 号)第 16 条第 1 款规定:"建设单位收到建设工程竣工报告后,应当组织设计、施工、工程监理等有关单位进行竣工验收。"第 49 条第 2 款规定:"建设行政主管部门或者其他有关部门发现建设单位在竣工验收过程中有违反国家有关建设工程质量管理规定行为的,责令停止使用,重新组织竣工验收。"《房屋建筑和市政基础设施工程竣工验收规定》(建质〔2013〕171 号)第 4 条规定:"工程竣工验收由建设单位负责组织实施。"第 6 条第(2)项规定:"建设单位收到工程竣工报告后,对符合竣工验收要求的工程,组织勘察、设计、施工、监理等单位组成验收组,制定验收方案。对于重大工程和技术复杂工程,根据需要可邀请有关专家参加验收组。"第 8 条规定:"负责监督该工程的工程质量监督机构应当对工程竣工验收的组织形式、验收程序、执行验收标准等情况进行现场监督,发现有违反建设工程质量管理规定行为的,责令改正,并将对工程竣工验收的监督情况作为工程质量监督报告的重要内容。"《房屋建筑和市政基础设施工程竣工验收备案管理

---

① 江苏省高级人民法院民一庭:《商品房买卖合同案件审理疑难问题研究——〈商品房买卖合同司法解释〉施行十五周年回顾与展望》,载《民事审判指导与参考》2017 年第 2 辑(总第 70 辑),第 220 页。

② 关丽:《因组织工程竣工验收的主体不适格,质监部门出具的竣工验收报告不具有证明力——威海市鲸园建筑有限公司与威海市福利企业服务公司、威海市盛发贸易有限公司拖欠建筑工程款纠纷再审案》,载《民事审判指导与参考》2013 年第 2 辑(总第 54 辑),第 147 页。

办法》(2009 年住建部令第 2 号)第 4 条规定:"建设单位应当自工程竣工验收合格之日起 15 日内,依照本办法规定,向工程所在地的县级以上地方人民政府建设主管部门(以下简称备案机关)备案。"第 8 条规定:"备案机关发现建设单位在竣工验收过程中有违反国家有关建设工程质量管理规定行为的,应当在收讫竣工验收备案文件 15 日内,责令停止使用,重新组织竣工验收。"上述规定表明,工程竣工验收由建设单位负责组织实施,由勘察、设计、施工、监理等单位共同进行验收,质量合格的结论也是由建设、勘察、设计、施工、监理五个单位共同作出。[①] 虽然工程质量监督机构要对工程竣工验收进行现场监督,备案机关要对验收程序进行审查,但二者都不会就质量合格作出认定。也就是说,质量合格的结论不属于行政认定的范畴,而是建设、勘察、设计、施工、监理单位这几个民事主体的自我认定,此其一。其二,在建设、勘察、设计、施工、监理五个单位之间,对认定房屋质量合格有共同的利益,基于利益驱动,都有认定质量合格的潜在倾向。其三,站在购房人的角度,其本身并未参与质量验收,质量合格的结论相当于开发商的自我认定。因此,应当认为,竣工验收合格的结论对购房人不具有约束力。如果购房人举证证明了商品房质量不合格或存在严重影响正常居住使用的质量问题的,应当否定竣工验收合格表的效力,认定商品房质量不合格或存在严重质量瑕疵。既然商品房质量不合格或存在严重质量瑕疵,购房人当然有权拒绝接收房屋,并追究开发商在交付质量合格房屋前的违约责任。江苏省高级人民法院《关于审理房地产合同纠纷案件若干问题的解答(征求意见稿)》(苏高法电〔2017〕559 号)第 34 条第 1 款即规定:"出卖人交付的商品房不符合合同约定或法定的交付条件,或出卖人不出示竣工验收备案等法定交付证明文件的,买受人拒收,并请求出卖人承担迟延交房责任的,应予支持。"该规定即表明,只要开发商交付的房屋不符合合同约定或法定的交付条件,即使已经取得竣工验收备案手续,购房人也有权拒绝接收房屋。

① 邬砚:《建设工程合同纠纷:254 个裁判规则深度解析(增订版)》,法律出版社 2019 年版,第 58 页。

典型案例122

杨筠诉苏州佳福娱乐有限公司昆山分公司商品房买卖合同纠纷案[1]

典型案例裁判文书

典型案例122
江苏省高级人民法院
(2017)苏民再120号
民事判决书

基本案情:2009 年 6 月 11 日,杨筠与佳福昆山公司签约《商品房购销合同》约定,杨筠购买佳福昆山公司开发的佳福娱乐酒店公寓2506号房,房价总价款300 347元;佳福昆山公司应当在 2011 年 6 月 30 日前将取得昆山市建设局核发的交付备案证书的商品房交付使用。2011 年 6 月 30 日,佳福昆山公司取得了昆山市商品房屋交付使用备案证书。同日,应佳福昆山公司通知,杨筠对诉争商品房进行验收。杨筠在验房过程中认为,诉争房屋存在渗漏、楼顶漏水、墙面存在大面积的裂缝、落地窗不符合合同约定等问题,拒绝交接房屋。后经鉴定,诉争房屋屋顶 9 轴线、1/9 轴线上钢架位置与设计不符,对结构安全性有不利影响;屋面细石混凝土内的钢筋网格间格不符合(大于)设计要求。杨筠向法院提起诉讼,要求佳福昆山公司支付自 2011 年 6 月 30 日起至质量修复合格期间的逾期交房违约金。

法院观点:二审法院(苏州市中级人民法院)认为,《商品房屋交付使用备案证书》由昆山市住建部门依职权颁发,属于《证据规定》第 77 条第(1)项[2]规定的公文书证,依法具有相当高的证明力。本案所涉房屋在取得《商品房屋交付使用备案证书》后即满足交付使用的条件,杨筠直至本案诉讼期间拒绝受领该房屋,是基于其自己的意志所为,由此产生的损失不应由佳福昆山公司承担。据此驳回了杨筠主张逾期交房违约金的诉讼请求。但江苏省高级人民法院在再审中认为,"涉案房屋在 2011 年 6 月 30 日交接时确实存在漏水质量问题。鉴于涉案房屋位于顶楼,其楼板渗漏水问题可以视为严重影响居住使用的质量问题,因此虽然佳福昆山公司在2011 年6 月30 日取得交付使用备案证书,但是

---

① 典型案例 122:"杨筠诉苏州佳福娱乐有限公司昆山分公司商品房买卖合同纠纷案",江苏省高级人民法院(2017)苏民再 120 号民事判决。

② 《证据规定》于 2019 年修正后,公文书证被规定在第 91 条第 1 款。

杨筠可以要求佳福昆山公司对质量问题进行整改并拒绝收房。”并据此判决佳福昆山公司应当承担自2011年6月30日起至2013年9月10日(修复完成之日)止的逾期交房的违约责任。

裁判规则 123

开发商交付的经竣工验收合格的房屋,虽然存在质量瑕疵,但未对正常使用造成严重影响的,购房人不得拒绝收房。对因房屋瑕疵导致的利用方面的损失,可另行主张赔偿。

房屋作为复杂商品,即使经竣工验收合格,符合法定及约定交付条件,也难免存在一些质量方面的瑕疵,如墙面开裂、地面平整度不够等。由于房屋本身质量合格且符合法定及约定交付条件,这些瑕疵对居住使用并无较大影响,基于充分发挥物的使用效益的考量,购房人应当接收房屋。至于因质量瑕疵导致的利用方面的损失,可另行主张赔偿。就此,江苏省高级人民法院《关于审理房地产合同纠纷案件若干问题的解答(征求意见稿)》(苏高法电〔2017〕559号)第27条第3款规定:“房屋经过竣工验收备案,交付时存在质量瑕疵,但不影响买受人正常使用的,买受人拒收房屋,要求出卖人承担迟延交房违约责任的,不予支持。但出卖人对质量瑕疵进行维修时,给买受人造成损失的,应予赔偿。”北京市高级人民法院《关于审理房屋买卖合同纠纷案件若干疑难问题的会议纪要》(京高法发〔2014〕489号)第13条也规定:“出卖人交付的房屋符合商品房买卖合同约定及法定的强制性交付条件和质量标准,买受人以房屋质量存在表面瑕疵为由拒绝接收房屋,并要求出卖人承担逾期交房违约责任的,一般不予支持,但买受人确有证据证明房屋在交付时存在功能性质量瑕疵以致严重影响正常居住使用的除外。买受人接收房屋不影响出卖人对房屋的质量瑕疵承担保修义务。”广东省高级人民法院《关于审理房屋买卖合同纠纷案件的指引》(粤高法〔2017〕191号)第31条第1款规定:“出卖人交付的商品房符合合同约定及法定交付条件,买受人以商品房质量存在瑕疵为由拒绝接收,并要求出卖人承担逾期交房违约责任的,不予支持,但买受人有证据证明商品房在交付时存在严重影响正常居住使用的质量问题的除外。买受人接收商品房不影响出卖人对商品房质量问题承担保修义务。”精装修房也是如此。江苏省高级人民法院《关于审理房地产合同纠纷案件若干问题的解答(征求意见稿)》(苏高法电

〔2017〕559 号)第 28 条第 3 款前段规定:“装修存在质量瑕疵,但不影响买受人正常使用的,买受人拒收房屋,要求出卖人承担迟延交房违约责任的,不予支持。”

如果房屋经竣工验收合格,符合法定及约定条件,而购房人以存在质量瑕疵为由拒绝收房的,由此导致的逾期接房损失,由购房人自行承担。

典型案例123

高峰与北京中天顺通房地产开发有限公司房屋买卖合同纠纷案①

典型案例裁判文书

典型案例123
北京市第三中级人民法院（2014）三中民终字第2418号民事判决书

基本案情:2010 年 11 月 5 日,高峰与中天顺通公司签订商品房预售合同约定,高峰购买珠江××家园×号房屋,合同价款1 650 880元,房屋交付时间为 2011 年 12 月 20 日前。合同附件六对装饰和设备标准进行了约定。2012 年 5 月,珠江××家园通过规划验收。2012 年 5 月,中天顺通公司取得珠江××家园的竣工验收备案表。2012 年 6 月 4 日,中天顺通公司通知高峰办理收房手续,并发放业主缴费清单一张给高峰。高峰拒绝接房,并以房屋及精装修存在诸多质量问题,未达到居住使用条件为由,提起诉讼,要求中天顺通公司承担自房屋交付期限届满之次日起至实际交付之日止的房屋租金损失及其他损失。

法院观点:一审法院(北京市通州区人民法院)认为,“×号房屋存在的问题不影响居住使用,高峰因自身原因拒绝收房,高峰再要求赔偿租金损失,理由不当,法院不予支持;高峰要求赔偿误工费、交通费,于法无据,法院不予支持”。二审中,针对高峰上诉所称的房屋及精装修质量问题,北京市第三中级人民法院认为,“首先,高峰并未举证证明房屋存在质量问题;其次,对于高峰所称的如裂缝、空鼓、色差等问题,原审法院已经现场勘查后认定为装修瑕疵,未违反合同约定,不影响高峰对房屋的使用,符合本案实际情况。所以原审法院未支持高峰的相应诉请并无不妥。但需要指出的是,依据法律规定和合同约定,中天

---

① 典型案例 123:“高峰与北京中天顺通房地产开发有限公司房屋买卖合同纠纷案”,北京市第三中级人民法院(2014)三中民终字第 2418 号民事判决。

顺通公司对房屋和装修负有相应维修等义务,所以法院未支持高峰的本次诉请,并不代表在今后的使用过程中房屋和装修出现了问题,中天顺通公司可以不依法或依约承担相应责任。”“对于高峰要求的租金损失,因中天顺通公司已举证证明涉案房屋经过竣工验收,而高峰未能举证证明涉案房屋存在安全隐患,未达居住使用条件,所以本院对于高峰的该项诉请不予支持。”

裁判规则 124

在商品房交付使用时,开发商未提供住宅质量保证书和住宅使用说明书的,不影响交付行为的效力。但双方当事人另有约定的除外。

《城市房地产开发经营管理条例》(2019 年 3 月 24 日修正)第 30 条第 1 款规定:“房地产开发企业应当在商品房交付使用时,向购买人提供住宅质量保证书和住宅使用说明书。”《商品住宅实行住宅质量保证书和住宅使用说明书制度的规定》(建房〔1998〕第 102 号)第 3 条前段规定:“房地产开发企业在向用户交付销售的新建商品住宅时,必须提供《住宅质量保证书》和《住宅使用说明书》。”如果开发商在将商品房交付使用时,未提供住宅质量保证书和住宅使用说明书的,应当如何处理?

首先,对“两书”的法律作用不宜过于夸大。一方面,建设部 1998 年 5 月 12 日《关于印发〈商品住宅实行住宅质量保证书和住宅使用说明书制度的规定〉的通知》第 3 条规定:“《住宅质量保证书》和《住宅使用说明书》由房地产开发企业自行印制,各地建设和房地产管理部门可以根据实际情况制定《住宅质量保证书》的样本。”作为开发商自行印制、提供的文件,不应高估其法律作用。另一方面,就“两书”所涉及的房屋质量责任,现行法有明确规定,无论有没有《住宅质量保证书》,开发商都应依法承担质量保证质量。基于此,在通常情况下,开发商将商品房交付使用时,未提供住宅质量保证书和住宅使用说明书的,一般不影响交付行为的效力。

其次,与前述【裁判规则 124】相同,即使商品房买卖合同约定,交付该商品房时,开发商应当提供《住宅质量保证书》和《住宅使用说明书》,但如开发商交付该商品房时未提供《住宅质量保证书》和《住宅使用说明书》,购房人予以接受的,应当视为双方对原约定进行了变更,下述【典型案例 124】即为适例。

最后,所谓“双方当事人另有约定的除外”,是指如果双方就房屋交付使用与提供住宅质量保证书和住宅使用说明书的关系,有专门约定的,基于对意思自治的尊重,应当按照专门约定处理。事实上,《商品房买卖合同(预售)示范文本》(GF-2014-0171)第9条第2款载明:"该商品房为住宅的,出卖人还需提供《住宅使用说明书》和《住宅质量保证书》。"第11条第2款载明:"交付该商品房时,出卖人应当出示满足第九条约定的证明文件。出卖人不出示证明文件或者出示的证明文件不齐全,不能满足第九条约定条件的,买受人有权拒绝接收,由此产生的逾期交付责任由出卖人承担,并按照第十二条[①]处理。"就属于"双方当事人另有约定"的情形。

典型案例124

何根华与道县通力房地产开发有限公司商品房销售合同纠纷案[②]

典型案例裁判文书

典型案例124
湖南省永州市中级人民法院(2017)湘11民终2704号民事判决书

基本案情:2011年7月12日,何根华与通力公司签订商品房买卖合同约定,何根华以241 900元的价格购买奥苑新城如意居幢×单元××房,;通力公司应在2012年12月30日前将经验收合格的商品房交付使用;双方进行房屋验收交接时,出卖人应当出示本合同第8条规定的证明文件,并签署房屋交接单。所购商品房为住宅的,出卖人还需提供《住宅质量保证书》和《住宅使用说明书》。出卖人不出示证明文件或出示证明文件不齐全,买受人有权拒绝交接,由此产生的延期交房责任由出卖人承担。合同签订后,何根华按照约定支付了购房款,通力公司于2013年8月22日交付了房屋。房屋交付时,具备国有土地使用权证、建设用地规划许可证、商品房销售(预售)许可证,但通力公司未提供住宅质量保证书和住宅使用说明书。后双方发生纠纷诉至法院,何根华提出,通力公司交付房屋时,不具备"五证""两书",房屋不符合合同约定的交房条件。

---

① 第12条为逾期交付责任。

② 典型案例124:"何根华与道县通力房地产开发有限公司商品房销售合同纠纷案",湖南省永州市中级人民法院(2017)湘11民终2704号民事判决。

法院观点：一审法院（湖南省道县人民法院）认为，2013 年 8 月 22 日，通力公司交付房屋时，何根华没有提出异议，并予以了收房，房屋已完成转移占有，何根华接收通力公司交付的房屋的行为表明其已经认可双方的交接行为，双方虽然约定了交房的条件，但何根华接收通力公司交房的行为视为双方对合同约定的交房条件进行了变更，何根华自愿放弃要求通力公司按照合同约定条件进行交房，何根华在接收房屋后又以通力公司没有提供“两书”为由，要求通力公司承担因不具备交房条件的逾期交房违约责任，与其之前接收房屋的行为有矛盾之处，故对何根华的上述主张，法院不予支持。二审中，永州市中级人民法院也认为，通力公司交付房屋时不具备“五证”“两书”，房屋不符合合同约定的交房条件，因何根华在收房时未对此提出异议，其接受房屋的行为可视为双方对合同约定的交房条件进行了变更，其自愿放弃要求该公司按照合同约定条件进行交房。

裁判规则 125

精装修商品房的装修标准，有约定的从约定，无约定的，参照《成品住房装修技术标准》并结合开发商销售时的广告宣传内容等予以认定。但有证据证明装修部分低质高价系双方合意规避政府限价政策的除外。

对于精装修房，围绕交付的房屋装修标准，较易发生争议。就此，第一，基于对当事人意思自治的尊重，应当坚持有约定的从约定。第二，在没有约定或约定不明的情况下，由于商品房装修并无强制性国家标准与推荐性国家标准，根据《民法典》第 511 条第（1）项的规定，应当采取行业标准，即《成品住房装修技术标准》。第三，如果在开发商销售时的广告宣传内容涉及装修标准的，可以参照销售时广告宣传内容等予以认定。[①] 需要指出的是，如果装修存在瑕疵，但不影响购房人正常使用的，购房人可以要求修复或赔偿损失，但一般不得要求解除合同。

真正困扰实务界的难点在于：在政府基于调控目的实行限价的情况下，开发商无法通过出售毛坯房获得期待利润，遂对房屋进行装修，并将装修部分以

① 江苏省高级人民法院民一庭：《房地产调控背景下房地产纠纷风险防控及司法对策研究》，载《民事审判指导与参考》2017 年第 2 辑（总第 70 辑），第 176 页。

低质高价的方式附着在房价上,从而实现原本的期待利润,而购房人接房后主张装修不达标的,应当如何处理?举例来说,政府对某楼盘的限定价为12 000元/平方米,而开发商的理想价位是15 000元/平方米,开发商遂与购房人约定4500 元/平方米的装修单价,但实际投入仅为1500 元/平方米,购房人接房后往往对装修质量有异议。如果政府的限定价符合市场行情与交易规律,那么开发商理应就装修部分承担责任。如果政府限定价低于市场行情,基于理性考量,绝大多数业主不会选择解除合同,而是要求开发商退还装修的价差。就此,仅以装修部分低质高价为由,要求开发商就装修部分承担责任,也许并不合理。目前,各地行政管理部门给出的解决方案是购房人可以要求解除商品房买卖合同,但不能单独要求开发商就装修部分承担责任。笔者认为,这一问题的真正解决,也许应当反思调控政策本身。

典型案例125

南京恒大富丰置业有限公司与许安玲房屋买卖合同纠纷案①

典型案例裁判文书

典型案例125
江苏省南京市中级人民法院(2014)宁民终字第4532号民事判决书

基本案情:恒大公司开发的恒大金碧天下国际花园精装修房,宣传彩页中说明,送1500 元/平方米的精装。2011 年 8 月 8 日,许安玲与恒大公司签订商品房预售合同约定,许安玲购买恒大金碧天下国际花园 E 某幢 803 室,总房款为628 210元;恒大公司应于2011 年 12 月 30 日前交付该商品房;该房交付的装饰装修材料和设备标准低于附件 4 约定标准的,恒大公司采取补救措施达到标准;对于房屋可能存在的工程质量通病和质量瑕疵,恒大公司方按质量保证书相关规定承担保修责任,许安玲不得以此为由拒收房屋。合同签订后,许安玲如期足额支付房款。2012 年 3 月 29 日,恒大公司通知许安玲收(验)楼,许安玲发现房屋精装修质量问题严重,要求整改、拒绝收房。后双方就整改要求及所达到的标准未能协商

① 典型案例 125:“南京恒大富丰置业有限公司与许安玲房屋买卖合同纠纷案”,江苏省南京市中级人民法院(2014)宁民终字第 4532 号民事判决。

一致,许安玲遂诉至法院,要求解除合同。恒大公司抗辩称,交付的房屋只是存在质量通病。经鉴定,该户两个卫生间均存在渗漏现象,墙面瓷砖存在不同程度空鼓现象,瓷砖粘贴施工质量不符合验收规范要求,等等。

法院观点:南京市中级人民法院认为,“精装修房屋交付标准应达到购买人收房后直接入住的要求,本案所涉房屋卫生间漏水,瓷砖空鼓面积较大,如不修复,买受人收房后无法入住,该房质量不符合双方合同约定的精装修交付标准,亦不符合江苏省《成品住房装修技术标准》规范要求,故被上诉人有权拒绝收房。2012 年 3 月 29 日恒大公司通知许安玲收房,许安玲经验收发现房屋存在质量问题要求维修后交房,直至诉讼时止,恒大公司也未能交付合格的房屋,故许安玲有权解除合同”。

裁判规则 126

购房人请求开发商交付房屋的诉讼时效,应当以合同约定的交付期限届满之日为界。如房屋在此之前即满足交付条件的,诉讼时效期间自合同约定的交付期限届满之日起计算;如果房屋尚不满足交付条件的,诉讼时效期间应从购房人知道房屋满足交付条件之日起计算。

购房人请求开发商交付房屋的请求权,属于债权请求权,应当适用诉讼时效。就该诉讼时效的起算点,有两种意见:第一种意见认为,合同约定的交付期限届满,购房人就可以且应当向开发商行使交付房屋的请求权,也就应该从合同约定的交付期限届满之日起计算诉讼时效。第二种意见认为,购房人在约定交房期间届满之日起超过三年请求开发商交房的,不能一律简单地认定为已超过诉讼时效,而应区分在约定交房期限是否具备交房条件分别进行处理。

不考虑房屋是否具备交付条件,一律以商品房买卖合同约定的交付期限作为诉讼时效的起算点,不尽合理。如果房屋尚不具备交付条件,购房人无论是向开发商请求交房,还是向法院诉请交房,都不会得到支持。也就是说,按照前述第一种意见,为了权利不罹于时效,购房人必须行使不可能得到支持的权利,这显然不合乎逻辑。因此,购房人请求开发商交付房屋的诉讼时效,在诉讼时效期间的起算上,应当区分具体情况:如房屋在此之前即满足交付条件的,诉讼时效期间自合同约定的交付期限届满之日起计算;如果房屋尚不满足交付条件的,诉讼时效期间应从购房人知道房屋满足交付条件之日起计算。

典型案例126

金彩华与苏州顺利房地产开发有限公司、谢时顺、吴荣元房屋买卖合同纠纷案①

典型案例裁判文书

典型案例126
江苏省高级人民法院
(2018)苏民再121号
民事判决书

基本案情:2004 年 8 月 24 日,金彩华与顺利公司签订商品房买卖合同约定,金彩华购买顺利公司开发的东方花园东二区 16 号房,总金额为1 436 788 元;出卖人应于 2005 年 1 月 28 日前将验收合格及取得商品住宅交付使用批准文件的房屋交付买受人;房屋达到交付条件后,出卖人应书面通知买受人办理交付手续。合同签订后,金彩华付清了购房款。2014 年 2 月 27 日,顺利公司与徐佳签订商品房买卖合同,将 16 号房转让给徐佳。金彩华向法院提起诉讼,要求顺利公司交付房屋,并协助办理权属证书。顺利公司辩称,金彩华的诉讼请求已超过诉讼时效。

法院观点:针对房屋交付行为的诉讼时效,法院认为,"顺利公司应当自房屋符合交房条件后,书面通知金彩华办理交房手续。金彩华要求办证、交房的诉讼时效应从收到顺利公司交房通知开始起算。但顺利公司并无证据证明其已按时通知金彩华办理交房手续,因此该诉讼时效并未开始计算,更谈不上诉讼时效超过的问题"。

5.2 商品房买卖合同履行中的权属登记

《民法典》第 209 条第 1 款规定:"不动产物权的设立、变更、转让和消灭,经依法登记,发生效力;未经登记,不发生效力,但是法律另有规定的除外。"据此,在商品房买卖合同中,开发商的主合同义务,除实际交付房屋以外,还包括协助购房人办理权属登记。

---

① 典型案例 126:"金彩华与苏州顺利房地产开发有限公司、谢时顺、吴荣元房屋买卖合同纠纷案",江苏省高级人民法院(2018)苏民再 121 号民事判决。该案一审判决[苏州市吴江区人民法院(2013)吴江盛民初字第 1553 号]后,二审法院予以改判[江苏省苏州市中级人民法院(2014)苏中民终字第 04612 号民事判决],后经过再审,江苏省高级人民法院以(2018)苏民再 121 号民事判决维持了苏州市吴江区人民法院的一审判决。本案例援引的是一审法院的裁判意见。

裁判规则 127

商品房的权属证书，应由购房人申请办理，开发商仅负有提供相关证明文件的协助义务。但双方另有约定的除外。

实践中，对于所购商品房权属登记的办理，通常由购房人在签订商品房买卖合同时或具备办证条件时，将所需手续交给开发商，由开发商统一办理权属证书之后再交给购房人，从而让部分购房人误认为商品房权属登记系开发商的单方义务。[①] 事实上，《城市房地产开发经营管理条例》(2019 年 3 月 24 日修正)第 32 条规定："预售商品房的购买人应当自商品房交付使用之日起 90 日内，办理土地使用权变更和房屋所有权登记手续；现售商品房的购买人应当自销售合同签订之日起 90 日内，办理土地使用权变更和房屋所有权登记手续。房地产开发企业应当协助商品房购买人办理土地使用权变更和房屋所有权登记手续，并提供必要的证明文件。"《商品房销售管理办法》(2001 年建设部令第 88 号)第 34 条第 2 款规定："房地产开发企业应当在商品房交付使用之日起 60 日内，将需要由其提供的办理房屋权属登记的资料报送房屋所在地房地产行政主管部门。"第 3 款规定："房地产开发企业应当协助商品房买受人办理土地使用权变更和房屋所有权登记手续。"上述规定表明，应由购房人向房地产行政管理部门申请办理土地使用权变更和房屋所有权登记手续，开发商的义务只是协助办理，主要表现为"提供办理土地使用权变更登记和房屋所有权登记的相关证明材料"。

当然，如果购房人与开发商在商品房买卖合同中约定，由开发商代为办理权属证书的，则开发商负有代为申请办理的义务，开发商不及时代为申请办理的，应当承担违约责任。

---

① 事实上，原《重庆市城市房地产开发经营管理条例》(2000 年 5 月 25 日)也将办理商品房权属证书确定为开发商的单方义务。其第 34 条第 1 款规定："预售商品房的房地产开发企业，应自商品房交付使用之日起九十日内，为商品购买人办理土地使用权变更和房屋所有权登记手续。"第 2 款规定："现售商品房的房地产开发企业，应自销售合同签订之日起九十日内，为商品房购买人办理土地使用权变更和房屋所有权登记手续。"但 2005 年 7 月 29 日，重庆市人民代表大会常务委员会对原《重庆市城市房地产开发经营管理条例》进行修改，删除了第 34 条。

典型案例127

柳州市恒巨房地产开发有限公司与陈艳滨商品房预售合同纠纷案[①]

典型案例裁判文书

典型案例127
广西壮族自治区柳州市中级人民法院（2018）桂02民终961号民事判决书

基本案情：2010 年 6 月 23 日，陈艳滨与恒巨公司签订《商品房买卖合同》约定：陈艳滨购买恒巨公司开发建设的房屋一套，总价款为260 965元；出卖人应当在 2011 年 12 月 31 日前将经验收合格的商品房交付给买受人；出卖人应当在商品房交付使用后 365 日内，将办理权属登记需由出卖人提供的资料报产权登记机关备案，如因出卖人的责任，买受人不能在规定期限内取得房地产权属证书的，出卖人按已付房价款的 0.1% 向买受人支付违约金。合同签订后，陈艳滨依约向恒巨公司付清了购房款。恒巨公司于 2011 年 12 月 31 日将房屋交付给陈艳滨，但至今未向产权登记机关办理权属登记备案手续，故陈艳滨亦未能取得房屋权属证书。陈艳滨诉至法院，要求恒巨公司将办理商品房不动产权属登记的相关资料报产权登记机关备案，并立即为陈艳滨办理该房屋的不动产权属登记，以及承担相应违约责任。

法院观点：柳州市中级人民法院认为，恒巨公司未在商品房交付使用后 365 日内，将办理权属登记需由其提供的资料报产权登记机关备案，其行为已构成违约。因此，陈艳滨要求恒巨公司将办理房屋权属登记应提供的相关资料报产权登记机关备案的诉请，有事实及法律依据，予以支持。关于陈艳滨要求恒巨公司立即为其办理房屋权属证书的诉讼请求，因核发房屋权属证书与否系房地产交易管理部门实施的行政行为，并非恒巨公司所能决定的，恒巨公司对房屋权属登记仅负协助义务，故对陈艳滨该诉请，不予全部支持，仅支持恒巨公司协助办理该房产权属登记至陈艳滨名下的相关手续。

---

① 典型案例 127：“柳州市恒巨房地产开发有限公司与陈艳滨商品房预售合同纠纷案”，广西壮族自治区柳州市中级人民法院（2018）桂 02 民终 961 号民事判决。

裁判规则 128

当事人就债务清偿签订的以房抵债协议不符合限购政策的，债权人不得请求强制履行。

如【裁判规则 88】所述，当事人就债务清偿签订的以房抵债协议属于诺成性合同，自双方意思表示达成一致时成立，不以房屋权属变更为成立要件。如果该协议不符合限购政策的，债权人可否请求法院判决强制履行？

最高人民法院《关于房地产调控政策下人民法院严格审查各类虚假诉讼的紧急通知》（法明传〔2013〕359 号）指出，“在‘国五条’等房地产调控政策实施背景下，为规避税收、限贷及限购政策，现实生活中出现了大量‘假离婚’、借名买房、二手房买卖中签订阴阳合同、虚构债务后协议以房抵债等现象，有些已经形成纠纷诉至法院。”这也就意味着，法院在审判中应当坚持并维护房地产调控政策，对于规避、违反限购政策的交易行为，虽不能以调控政策为据否定交易行为的效力，但应将债权人是否符合限购政策作为判断可否强制履行的标准。在“宋卫平等诉深圳市桑德公司发展有限公司等房屋买卖合同纠纷案”[①]中，法院认为，“宋卫平主张桑德公司拖欠其工程款的证据充分，桑德公司以房抵债支付宋卫平工程款符合事实与法律规定，且宋卫平符合深圳市购房政策的规定，故对于宋卫平要求将涉案房屋转移至其名下的诉讼请求，本院应予支持”。即将债权人是否符合限购政策作为可否强制履行的判断标准之一。

参考案例裁判文书

参考案例91
广东省深圳市中级人民法院（2017）粤03民终2597号民事判决书

至于在执行程序中，司法拍卖的房屋是否受限购政策的限制，实践中存在争议。南京市房地产市场综合执法办公室于 2017 年 6 月 7 日发布的《关于明确〈关于进一步加强房地产市场调控的通知〉操作有关事项的通知》提出，“因司法拍卖取得不动产的，按住房限购政策执行，购房者需具有购房资格；同时，取得者需在取得不动产证书满 3 年后方可办理转让合同备案登记手续”。而江苏省高级人民法院《关于司法拍卖涉住房限购政策有关问题的通知》（苏高法〔2017〕91 号）称，“司法拍卖是基于公权力的强制执行行为，不同于一般市场交

① 参考案例 91：“宋卫平等诉深圳市桑德公司发展有限公司等房屋买卖合同纠纷案”，广东省深圳市中级人民法院（2017）粤 03 民终 2597 号民事判决。

易中的自主买卖行为。个别地方出台的房产限购政策,主要目的是调整市场自主交易行为,而基于公权力行使的司法拍卖具有强制性,只受法律约束,不受地方性房产政策限购的影响。”“司法拍卖成交或者裁定以物抵债的,标的物所有权自拍卖成交裁定或者抵债裁定送达买受人或者接受抵债物的债权人时转移,不动产登记仅为协助执行行为,并不会对物权变动产生影响。不动产登记部门拒不协助办理登记手续的,依法采取强制执行措施。”笔者认为,基于对限购政策的维护,法院在将商品房交付拍卖之前,应当按照房地产调控政策确定拍卖条件。如果未按房地产调控政策进行司法拍卖,导致不符合限购条件的竞买人竞得房屋的,根据《民法典》第 229 条[①]的规定,在法院出具司法拍卖成交确认书或者以物抵债裁定书后,物权已经发生转移,不动产登记部门应当协助办理登记手续。但是,法院的司法拍卖行为构成瑕疵司法行为。

典型案例128

常丽萍与广州市穗福房产发展公司清算组商品房预售合同纠纷案[②]

典型案例裁判文书

典型案例128
广州市中级人民法院(2017)粤01民终11076号民事判决书

基本案情:因惠展公司欠付孙国炜款项 1200 万元,惠展公司承诺以天景新村项目 C 幢房屋抵偿上述债务。2011 年上半年,常丽萍与惠展公司补签《天景新村住宅商品房预售合同》约定,常丽萍购买“天景新村”商住楼第 C 栋 201、501、701、702、108 号共五套房屋。该合同落款时间为 1995 年 6 月 26 日。房款1 152 910元系通过惠展公司欠付孙国炜的债务冲抵。2011 年 1 月 26 日,国务院办公厅下发《关于进一步做好房地产市场调控工作有关问题的通知》,要求实施住房限购政策。2 月 23 日,广州市人民政府办公厅作出《关于贯彻国务院办公厅关于进一步做好房地产市场调控工作有关问题的通知的实施意见》规定:“对在本市已拥有 2

---

① 《物权法》第 28 条。

② 典型案例 128:“常丽萍、广州市穗福房产发展公司清算组商品房预售合同纠纷案”,广州市中级人民法院(2017)粤 01 民终 11076 民事判决。

套及以上住房的本市户籍居民家庭、拥有1套及以上住房的非本市户籍居民家庭、不能提供2年内在本市累计缴纳1年以上个人所得税缴纳证明或社会保险缴纳证明的非本市户籍居民家庭,暂停在本市向其售房。”后常丽萍向法院提起诉讼,要求判决穗福公司清算组、惠展公司办理前述五套房屋的权属证书并交付房屋。

法院观点:广州市中级人民法院认为,2011年上半年广州市已实施了住房限购政策,常丽萍并非广州市居民,属于限购政策调整范畴之内,其本人与惠展公司在2011年上半年倒签日期为1995年6月26日的《天景新村住宅商品房预售合同》,欲通过诉讼将五套涉案房屋过户至常丽萍名下,属于变相规避广州市限购政策的行为。因此,常丽萍要求穗福公司清算组、惠展公司、道勤公司协助办理五套涉案房屋的房产证并交付常丽萍的诉讼请求不能得到法院支持。

裁判规则 129

购房人请求开发商协助办理房屋权属登记的诉讼时效,应当区分购房人是否已经占有房屋。购房人未占有房屋的,开发商有权主张诉讼时效抗辩;购房人已经占有房屋的,其办理房屋权属登记的请求权不受诉讼时效的限制。

《民法典》第209条第1款规定:“不动产物权的设立、变更、转让和消灭,经依法登记,发生效力;未经登记,不发生效力,但是法律另有规定的除外。”据此,房屋作为不动产,须完成权属变更登记才能实现物权变动。也就是说,只有将房屋权属登记在购房人名下,购房人才真正取得房屋所有权。

对于购房人请求开发商办理房屋权属登记的诉讼时效,应当区分购房人是否已经占有房屋。如购房人未占有房屋的,“单就受让人请求转让人协助办理所有权转移登记的请求权而言,其性质显然为债权请求权。”①因此,未占有房屋的购房人请求开发商办理房屋权属登记的,开发商有权主张诉讼时效的抗辩。另外,如果购房人已经占有房屋的,“一般认为,已经合法占有使用房屋的受让人请求出卖人办理房屋所有权变更登记的请求权,不适用诉讼时效的规定。”②

① 司伟:《关于物权纠纷案件审理的疑难问题》,载《民事审判指导与参考》2017年第1辑(总第69辑),第124页。

② 王丹:《房地产纠纷案件审理中的疑难问题》,载《民事审判指导与参考》2016年第4辑(总第68辑),第46页。

其理由在于,“交付则意味着买受人已依房屋买卖合同合法占有房屋,而占有作为所有权权能之一,使买受人具有了事实物权人的地位,买受人申请办理房屋登记并请求出卖人履行协助义务,只是其行使基于事实物权人地位产生的权利,将所占有的房屋所有权权能予以圆满的行为。因此,买受人请求出卖人履行办证义务的请求权具有物权属性,不应适用诉讼时效的规定。”[①]《八民会纪要(民事部分)》第 24 条即规定:“已经合法占有转让标的物的受让人请求转让人办理物权变更登记,登记权利人请求无权占有人返还不动产或者动产,利害关系人请求确认物权的归属或内容,权利人请求排除妨害、消除危险,对方当事人以超过诉讼时效期间抗辩的,均应不予支持。”广东省高级人民法院《关于审理房屋买卖合同纠纷案件的指引》(粤高法〔2017〕191 号)第 46 条也规定:“房屋交付后,买受人请求出卖人办理房屋所有权转移登记,出卖人提出诉讼时效抗辩的,不予支持。”下述【典型案例 129】中,因购房已实际占有房屋,法院即认为,其要求开发商履行协助办证义务的请求权不受诉讼时效影响。

典型案例129

陶文茜、唐皓兵破产债权确认纠纷案[②]

典型案例裁判文书

典型案例129
湖北省鄂州市中级人民法院(2018)鄂07民终354号民事判决书

基本案情:2007 年 10 月 16 日,陶文茜与致远公司签订《商品房买卖合同》约定,陶文茜购买致远公司开发的钱柜华园第 13 幢 6 号房,总价837 042元。至 2008 年 9 月 2 日,陶文茜付清了购房款。2011 年 6 月 22 日,陶文茜母亲马玉芳代其领取了涉案房屋钥匙,并缴纳物业费至 2014 年 12 月 31 日。2014 年 6 月 11 日,唐皓兵与致远公司签订两份《商品房买卖合同》约定,唐皓兵分别以761 600元和

---

① 韩延斌:《商品房买卖纠纷中逾期办证责任的认定——对最高人民法院〈关于审理商品房买卖合同纠纷案件适用法律若干问题的解释〉第 18 条规定的解读》,载《民事审判指导与参考》2006 年第 1 集(总第 25 集),第 154 页。

② 典型案例 129:“陶文茜、唐皓兵破产债权确认纠纷案”,湖北省鄂州市中级人民法院(2018)鄂07民终 354 号民事判决。

812 000元的价格购买钱柜华园第 13 幢 6 号房、第 15 幢 4 号房。合同签订后，唐皓兵于 2014 年 6 月 17 日向致远公司汇款761 600元，银行回单用途栏注明为“还款”；6 月 18 日，分四次总计汇款812 000元。同月 23 日，上述两套房屋办理预告登记，预告登记权利人均为唐皓兵。2015 年 3 月 24 日，致远公司向法院申请破产。陶文茜遂向法院提起诉讼，请求确认其与致远公司签订的《商品房买卖合同》有效并继续履行；致远公司支付逾期协助办理房地产权属证书的违约金；在能够进行不动产登记时，立即协助陶文茜将所购房地产过户登记给陶文茜。

法院观点：湖北省鄂州市中级人民法院认为，唐皓兵与致远公司之间是借贷关系，而非商品房买卖合同关系，唐皓兵对诉争房屋预告登记的行为无效。陶文茜提交的证据形成完整的证据链，能够证明其与致远公司之间是真实的商品房买卖合同关系。陶文茜在《商品房买卖合同》签订后未要求张合同备案、预告登记，也未及时提起诉讼，除其要求致远公司支付违约金的债权请求权在致远公司提出诉讼时效抗辩时受到一定影响外，其要求致远公司履行协助办证义务的请求权并不受诉讼时效影响。据此判决，陶文茜与致远公司签订的《商品房买卖合同》合法有效，合同继续履行。

裁判规则 130

开发商不是大修基金、交易契税的权利主体。不能以购房人未缴纳大修基金、交易契税为由，拒绝交付房屋或拒绝协助办理房屋权属登记。

在商品房买卖过程中，购房人除应向开发商支付购房款外，还需缴纳大修基金、交易契税。如购房人未缴纳大修基金或交易契税的，开发商可否以此为由拒绝交付房屋或拒绝协助办理房屋权属登记？

大修基金又称物业专项维修资金，根据《物业管理条例》(2018 年 3 月 19 日修正)第 53 条①、《住宅专项维修资金管理办法》(2007 年建设部、财政部令第

① 该条第 1 款规定：“住宅物业、住宅小区内的非住宅物业或者与单幢住宅楼结构相连的非住宅物业的业主，应当按照国家有关规定交纳专项维修资金。”第 2 款规定：“专项维修资金属于业主所有，专项用于物业保修期满后物业共用部位、共用设施设备的维修和更新、改造，不得挪作他用。”第 3 款规定：“专项维修资金收取、使用、管理的办法由国务院建设行政主管部门会同国务院财政部门制定。”

165 号)第 4 条①、第 9 条第 1 款②、第 10 条③的规定,其缴纳主体是物业的业主,所有权主体也是业主。开发商不是大修基金的权利主体。而交易契税是购房人在房屋交易中缴纳给税务机关的税款,开发商只是代收代缴,也非权利主体。故开发商不能以购房人未缴纳大修基金、交易契税为由,拒绝交付房屋。广东省高级人民法院《关于审理房屋买卖合同纠纷案件的指引》(粤高法〔2017〕191 号)第 33 条即规定:“商品房出卖人以买受人没有缴纳公共维修基金、前期物业费等为由拒绝交付商品房的,不予支持。”

值得讨论的是,在实践中,开发商与购房人普遍在商品房买卖合同中约定,如购房人未缴纳大修基金或交易契税的,开发商有权拒绝交付房屋或办理权属登记,这类约定是否有效?在“陈淑瑜与福建海宸房地产开发有限公司商品房预售合同纠纷案”④中,双方签订的商品房买卖合同约定,因购房人拒交或逾期交付《商品房买卖合同》相关购房税费的,出卖人有权延期交房。其后,海宸公司迟延交房。针对该迟延交房的违约责任,海宸公司主张,在陈淑瑜支付大修基金之前,其有权拒绝交房。陈淑瑜则认为,其应向有关部门交付维修基金与海宸公司向其交付房产是两种法律关系。最终法院认为,“被告辩称,原告未交纳专项维修基金,依双方合同及补充协议之约定,被告有权拒绝交付房屋,不承担相应的逾期交房责任。该辩解,符合双方之间的约定,本院予以支持”。但更多法院倾向于否定这类约定的效力。其主要理由在于:第一,开发商并非大修基金、交易税费的权利主体,不应以他人权利未实现拒绝履行自身义务;第二,购房人缴纳大修基金、交易税费的义务与开发商交付房屋或办理权属证书的义务,不具有对待关系;第三,购房人缴纳大修基金、交易税费的义务与开发商交付房屋或办理权属

参考案例裁判文书

参考案例92
建阳市人民法院(2015)潭民初字第581号民事判决书

① 该条规定:“住宅专项维修资金管理实行专户存储、专款专用、所有权人决策、政府监督的原则。”

② 该款规定:“业主交存的住宅专项维修资金属于业主所有。”

③ 该条第 1 款规定:“业主大会成立前,商品住宅业主、非住宅业主交存的住宅专项维修资金,由物业所在地直辖市、市、县人民政府建设(房地产)主管部门代管。”第 2 款规定:“直辖市、市、县人民政府建设(房地产)主管部门应当委托所在地一家商业银行,作为本行政区域内住宅专项维修资金的专户管理银行,并在专户管理银行开立住宅专项维修资金专户。”第 3 款规定:“开立住宅专项维修资金专户,应当以物业管理区域为单位设账,按房屋户门号设分户账;未划定物业管理区域的,以幢为单位设账,按房屋户门号设分户账。”

④ 参考案例 92:“陈淑瑜与福建海宸房地产开发有限公司商品房预售合同纠纷案”,建阳市人民法院(2015)潭民初字第 581 号民事判决。

证书的义务，分属不同法律关系，尤其是缴纳交易税费更是属于公法义务，不应将二者牵连在一起。除下述【典型案例130】外，在“周文彬与怀化市大汉置业有限公司商品房预售合同纠纷案”[①]中，法院也认为，开发商并非专项维修基金和税费的权利人，且缴纳专项维修基金和税费并非合同的主要义务，开发商以他人的权利来免除自己的义务，于理不合。

参考案例裁判文书

参考案例93
怀化市鹤城区人民法院
（2018）湘1202民初
4649号民事判决书

典型案例130

江苏智晟房地产发展有限公司与黄之江商品房销售合同纠纷案[②]

典型案例裁判文书

典型案例130
宿迁市中级人民法院
（2018）苏13民终
5033号民事判决书

基本案情：2015年7月8日，黄之江与智晟公司签订《商品房买卖合同》约定：黄之江以612 733元的价格购买浦江花园6幢305号房屋；出卖人应当在2016年8月30日前，将房屋交付买受人使用，交付时间以取得《工程竣工验收备案表》时间为准。同时，补充协议第7条约定：“在房屋交付前，买受人应交清房款和储藏室、自行车车库、房屋维修资金、契税、产权证费等费用，在合同约定的交房时间到达时，如买受人房款没有交清（包括按揭贷款没有到账）以及不按时还贷或不交清上述税、费、资金等所有费用的，出卖人有权拒绝交付房屋，并不承担违约责任。”合同签订后，黄之江已付清购房款。2016年11月4日，智晟公司取得《建筑工程竣工验收备案表》。后黄之江向法院提起诉讼，请求判令智晟公司承担逾期交房的违约责任。智晟公司则以黄之江违反合同约定晚交契税为由抗辩。

法院观点：宿迁市中级人民法院认为，“缴纳契税是购房人在办理不动产转移登记时应尽的法定义务，其征收机关为房屋所在地的财政机关或者地方税务

① 参考案例93：“周文彬与怀化市大汉置业有限公司商品房预售合同纠纷案”，怀化市鹤城区人民法院（2018）湘1202民初4649号民事判决。

② 典型案例130：“江苏智晟房地产发展有限公司与黄之江商品房销售合同纠纷案”，宿迁市中级人民法院（2018）苏13民终5033号民事判决。

机关,而维修基金则是用于住宅共同部分及共用设施设备维修的专项资金,其代管机关为房屋所在地的建设主管部门,实践中,购房人通常于交房后、办证前缴纳该费用。双方虽在补充协议中约定买受人在房屋交付前应交清房屋维修资金、契税等费用,否则,出卖人有权拒绝交付房屋,并不承担违约责任,但智晟公司并非上述缴款义务的相对方,黄之江是基于法定义务缴纳上述费用,且黄之江在合同约定的交房时间前已履行了支付全部购房款的义务,智晟公司此时仅以黄之江未缴纳房屋维修资金、契税等费用为由拒绝履行其交付房屋的主要义务,显然将造成合同双方权利义务不对等。"据此认定,该约定不构成智晟公司的免责事由。

5.3 商品房买卖合同履行中的预告登记

《民法典》第 209 条第 1 款规定:"不动产物权的设立、变更、转让和消灭,经依法登记,发生效力;未经登记,不发生效力,但是法律另有规定的除外。"第 221 条第 2 款规定:"预告登记后,债权消灭或者自能够进行不动产登记之日起九十日内未申请登记的,预告登记失效。"前者是对已经发生的物权变动进行的登记,一般称为本登记;后者是对将来发生不动产物权变动的请求权的登记,一般称为预告登记、预登记。在商品房买卖领域,预告登记主要包括预购商品房所有权转移预告登记、预购商品房抵押权预告登记。"预告登记是一项蕴含'两栖'特性的制度,一方面该制度跨越物权法与债权法的分界,另一方面又联结不动产物权实体法与不动产登记程序法,在构造上极为复杂。"[①]就预购商品房而言,实践中的主要困惑在于预购商品房抵押权预告登记权利的性质与效力,换句话说,预购商品房抵押权预告登记所表征的权利是否可以认定为抵押权?提供预购商品房按揭贷款的银行是否因办理了预购商品房抵押权预告登记而享有了优先受偿权?预告登记能否排除或阻却基于金钱债权对房屋的强制执行措施?

裁判规则 131

预告登记属于不动产登记,被登记的请求权具有债权保全效力。购房人的合同权利据此获得排他效力,可以优先于其他债权人的一般债权,包括"一房多卖"情形下其他购房人未经预告登记的债权。

① 张双根:《商品房预售中预告登记制度之质疑》,载《清华法学》2014 年第 2 期,第 69 ~ 70 页。

《民法典》第221条第1款规定:“当事人签订买卖房屋的协议或者签订其他不动产物权的协议,为保障将来实现物权,按照约定可以向登记机构申请预告登记。预告登记后,未经预告登记的权利人同意,处分该不动产的,不发生物权效力。”《物权法解释(一)》第4条也规定:“未经预告登记的权利人同意,转移不动产所有权,或者设定建设用地使用权、地役权、抵押权等其他物权的,应当依照物权法第二十条第一款的规定,认定其不发生物权效力。”上述规定赋予预告登记的权利以物权性效力,对违背预告登记内容的中间处分行为具有排他效力。[①] 也就是说,预告登记后,预告登记义务人(开发商)对房屋的处分,包括物权的设定、变更、转移等,受到限制,虽然其与第三人签订的合同——基于原因行为与物权变动相区分原则——并不因此无效,但不能发生物权变动的效力。如果开发商一房数卖的,只要买受人之一的债权进行了预告登记,无论签订的买卖合同顺序在前或在后,该买受人的债权都具有排除其他买受人物权变动请求权的效力。其他未办理预告登记的买受人不得请求开发商交付房屋或办理过户手续,从而有效保障预告登记购房人权利的实现。

典型案例131

常春与尚起晨、国映红、吉林省大和房地产开发有限公司、吉林省大和房地产开发有限公司永吉县国泰分公司案外人执行异议之诉案[②]

基本案情:2012年5月20日、7月20日、10月12日,尚起晨与国泰分公司分别签订26份《商品房买卖合同》约定,尚起晨购买国泰分公司开发建设的阳光丽景小区9号楼7、8号商业网点,以及13号楼的26套房屋。2012年5月25日、2012年7月20日、2012年10月12日,双方分别向房产处提交了《预购商品房登记设立申请书》,同日在房产处《预购商品房预告登记备案》登记簿上予以

① 司伟:《预告登记排除金钱债权执行中的几个问题——以房屋所有权预告登记为例》,载《法律适用》2017年第21期,第10页。

② 典型案例131:“常春与尚起晨、国映红、吉林省大和房地产开发有限公司、吉林省大和房地产开发有限公司永吉县国泰分公司案外人执行异议之诉案”,吉林省高级人民法院(2015)吉民一终字第24号民事判决、最高人民法院(2015)民申字第3356号民事裁定。

典型案例裁判文书

典型案例131
吉林省高级人民法院（2015）吉民一终字第24号民事判决书

最高人民法院(2015)民申字第3356号民事裁定书

登记备案。此后,常春因与国映红、大和公司、国泰分公司民间借贷纠纷一案,申请诉讼财产保全,吉林中院查封了阳光丽景小区包括涉案9号楼1-8号商业网点,以及包括涉案13号楼房屋在内的部分房屋。法院判决确认常春对大和公司、国泰分公司享有本金2766万元债权后,常春申请执行。在执行过程中,尚起晨就涉案房屋向吉林中院提出异议申请,吉林中院裁定驳回了尚起晨的异议。尚起晨不服,向吉林中院提起案外人执行异议之诉。

法院观点:一审法院(吉林市中级人民法院)认为,尚起晨已实际购买涉案房屋及实际占有,能够阻却法院的执行,遂支持了尚起晨提出的执行异议。一审判决后,常春提起上诉,吉林省高级人民法院在二审中认为,常春基于生效判决对大和公司、国泰分公司享有债权,有权要求对大和公司、国泰分公司的财产进行强制执行,以便实现其债权。但涉案房产虽系由大和公司、国泰分公司开发建设,却于2012年10月12日,即吉林中院查封前出售给尚起晨,并在房产处办理了预告登记。根据《物权法》第20条第1款[①]的规定,尚起晨基于商品房买卖合同,就其对涉案房产的债权请求权在房产管理部门办理了预告登记,使其请求权具有了物权的效力,即具有排他效力,可以对抗第三人。比较常春和尚起晨享有的权利,因尚起晨的权利具有排他效力,应当优先于常春的权利得到保护。

裁判规则 132

对办理了预告登记的商品房,人民法院可基于开发商所欠债务,将其作为开发商的责任财产予以查封。但购房人满足取得物权条件时,法院应当解除查封。

对办理了预告登记的商品房,人民法院可否基于开发商所欠债务,将商品房作为开发商的责任财产进行查封?就此,《执行异议复议规定》第30条规定:"金钱债权执行中,对被查封的办理了受让物权预告登记的不动产,受让人提出停止处分异议的,人民法院应予支持;符合物权登记条件,受让人提出排除执行

① 《民法典》第221条第1款。

异议的，应予支持。”该条规定表明，一方面，预告登记权利人对房屋享有的是物权期待权，其最终能否取得物权具有不确定性。而查封的功能在于保证申请人的债权得以实现，并不会直接导致房屋权属的变动。因此，查封与预告登记并不存在直接冲突，对办理了预告登记的商品房，开发商的其他债权人可以申请查封。另一方面，如果购房人具备权登记条件时的，则应当解除查封，以便购房人办理房屋权属证书。至于购房人是否符合、具备物权登记条件，则应根据【裁判规则 133】进行判断，此处不赘述。

除【典型案例 132】以外，在“苏幼华与宏建建工集团有限公司申请执行人执行异议之诉案”①中，最高人民法院也提出，首先，预告登记所登记的，不是不动产物权，而是将来发生不动产物权变动的请求权，也即购房人基于《商品房买卖合同（预售）》而产生的债权。开发商开发建造的案涉房屋，由开发商基于事实行为而取得房屋所有权，在办理产权过户登记手续前所有权仍归属开发商。因此，开发商的债权人有权申请予以查封。其次，根据《执行异议复议规定》第 30 条的规定，如果受让人能够提出证据证明，其按照约定已经符合取得预告登记物权的条件，可以确定地取得不动产物权，人民法院对其异议请求应予支持，将相关执行措施予以解除，以利受让人办理物权登记。反之，则不应解除对该不动产的查封等执行措施。

参考案例裁判文书

参考案例94
最高人民法院（2018）最高法民申5297号民事裁定书

典型案例132

宏建建工集团有限公司与王晴、屏南泰润置业发展有限公司申请执行人执行异议之诉案②

基本案情：2015 年 9 月 7 日，王晴与泰润公司签订《商品房买卖合同（预售）》，以单价 2500 元/m^2 ~ 3000 元/m^2 不等的价格购买案涉房屋。2015 年 9

① 参考案例 94：“苏幼华与宏建建工集团有限公司申请执行人执行异议之诉案”，最高人民法院（2018）最高法民申 5297 号民事裁定。

② 典型案例 132：“宏建建工集团有限公司与王晴、屏南泰润置业发展有限公司申请执行人执行异议之诉案”，福建省高级人民法院（2017）闽民终 816 号民事判决。

典型案例裁判文书

典型案例132
福建省高级人民法院
（2017）闽民终816号
民事判决书

月 8 日 8 时 51 分,翁德文向王晴汇款 45 万元。同日 10 时 26 分,王晴通过银行柜面转账方式向泰润公司支付 375 770 元,泰润公司即向翁德惠汇款 375 770 元,10 时 45 分翁德惠向王晴汇款 375 765 元。此后,王晴通过上述方式于 9 月 8 日上午 10 时至下午 4 时分多次向泰润公司累计转账 4 002 636 元,泰润公司收款后即向翁德惠累计转账 4 002 636 元,翁德惠亦于同时间段累计向王晴转款 4 002 631 元。截至 2016 年 1 月 20 日,上述房屋均办理了预告登记手续。宏建公司与泰润公司建设工程施工合同纠纷一案,宏建公司向法院提出财产保全申请,宁德市中级人民法院查封了泰润公司名下坐落于屏南县凤凰城包括本案案涉房屋在内共 200 余套的房屋。案涉房屋查封后,王晴向宁德市中级人民法院提出执行异议,请求解除对案涉房屋的查封措施。宁德市中级人民法院认为定王晴的异议成立,裁定中止对本案案涉房屋的执行。宏建公司对该裁定不服,提起本案诉讼。

法院观点:一审法院(福建省宁德市中级人民法院)认为,王晴与泰润公司之间就案涉房屋形成的交易行为应受法律保护,且案涉房屋在本案查封前即已办理预告登记,根据《执行异议复议规定》第 30 条的规定,应以不予查封为宜。但二审中,福建省高级人民法院认为,如果受让人能够提出证据证明其按照约定已经取得不动产物权的条件,可以确定的取得不动产物权,人民法院对其异议请求应予支持,将相关执行措施予以解除,以利受让人办理物权登记;反之,则不应解除对该不动产的查封等执行措施。在王晴仅提交商品房买卖合同、预告登记证明,2015 年 9 月 8 日王晴与泰润公司、翁德惠三方之间存在多笔循环转账且当日王晴累计付款与收款总额相近之情形下,本案尚无法认定案涉房屋已经符合物权登记的条件。据此判决准许继续查封泰润公司名下坐落于屏南县凤凰城包括本案案涉房屋在内共 200 余套的房屋。

裁判规则 133

对办理了预告登记的商品房,开发商的债权人享有优先受偿效力债权的,可以作为开发商的责任财产予以强制执行。但开发商的债权人仅享有普通金钱债权,或购房人满足《执行异议复议规定》第 29 条规定条件的除外。

对办理了预告登记的商品房,可以进行查封,是否意味着也可以采取拍卖、变卖或折价等处分性强制措施呢？就此，仍然应当以《执行异议复议规定》第30条的规定为依据。该条规定："金钱债权执行中，对被查封的办理了受让物权预告登记的不动产，受让人提出停止处分异议的，人民法院应予支持；符合物权登记条件，受让人提出排除执行异议的，应予支持。"也就是说，预告登记所要保全的是预告登记权利人实现物权的请求权，从而保障其实现物权的目的，而对房屋进行拍卖、变卖或折价，其法律后果将不可避免地导致房屋所有权的变动。因此，预告登记与处分性强制措施存在直接冲突。在此情况下，应当衡量预告登记的权利与处分性强制措施所依托的权利。

如果依托的是普通金钱债权，由于预告登记具有物权效力，且针对的对象是特定房屋，而普通金钱债权不具物权效力，且针对的是不特定财产，两相比较，"赋予预告登记权利人阻却预告登记义务人的普通金钱债权人通过强制执行程序对于该房屋的拍卖、变卖或折价等处分性强制措施，在权利的衡量上并不失当"[①]。据此，如果处分性强制措施所依托的权利系普通金钱债权，应当认为，预告登记可以排除包括强制执行在内的处分行为，人民法院应当支持。也就是说，对办理了预告登记的商品房，开发商的债权人虽然可以申请查封，不得基于对开发商的普通金钱债权采取拍卖、变卖或折价等处分性强制措施。当预告登记权利人证明其按照约定已经符合取得预告登记物权的条件，可以确定地取得物权时，法院应解除查封，"以便买受人办理物权登记"[②]。

虽然预告登记可以排除基于普通金钱债权采取的拍卖、变卖或折价等处分性强制措施，但如果执行的是具有优先受偿效力的金钱债权的，在利益衡量上，则应倾向于具有优先受偿效力的金钱债权。就预告登记的性质而言，预告登记虽然具有一定的"物权效力"，但它始终保持着债权性，即预告登记权利人对标的物并不具有事实上和法律上的支配性，预告登记权利人及其权利本身仍完全处于债务关系之中。而在房屋上依法成立的具有优先受偿效力的金钱债权，在性质上已经属于优先受偿权。因此，受优先受偿权保障的债权显然应优先于预告登记权利，从而不应被预告登记阻却其权利的实现。在下述【典型案例133】中，查大军虽系预告登记权利人，但不满足《执行异议复议规定》第29条规定条

---

① 司伟：《预告登记排除金钱债权执行中的几个问题——以房屋所有权预告登记为例》，载《法律适用》2017年第21期，第12页。

② 江必新、刘贵祥：《最高人民法院关于人民法院办理执行异议和复议案件若干问题规定理解与适用》，人民法院出版社2015年版，第439～441页。

件,且申请执行人享有建设工程价款优先受偿权,法院即认为,查大军的权利不能对抗施工人的建设工程价款优先受偿权。

此外,根据《执行异议复议规定》第 29 条的规定,具有优先受偿效力的债权不能对抗消费性购房人的物权期待权。因此,只要满足《执行异议复议规定》第 29 条规定的条件,购房人的债权就可以排除建设工程价款优先权等优先受偿权的强制执行,至于是否办理了房屋所有权预告登记,在所不问。[1] 需要指出的是,之所以将这类购房人作为例外情形,是“基于我国现阶段房屋交易和登记程序均不完善”,[2]以及普通群众对不动产登记的法律价值认识不够,从而对这部分买受人所作出的特殊保护。严格来讲,这一规定并不严格符合法律逻辑。

典型案例133

江苏淮阴建设工程集团有限公司与查大军申请执行人执行异议之诉案[3]

典型案例裁判文书

典型案例133
淮安市中级人民法院(2018)苏08民初56号民事判决书

基本案情:2011 年 10 月 21 日,查大军与鸿洲公司签订商品房买卖合同约定,查大军购买康宁路 1-8 号 3 号楼 1~3 层共 3348 平方米,总金额 2900 万元。2011 年 10 月 24 日,淮安市房产交易中心为案涉房屋办理了预告登记,预告登记权利人为查大军。2011 年 11 月 2 日,查大军付清了购房款。但案涉房屋至今不具备交房条件,更不具备办理产权证条件。2013 年,淮建公司诉鸿洲公司建设工程施工合同纠纷一案,法院作出调解书确定,鸿洲公司应支付淮建公司工程款 4500 万元,淮建公司在其所承建的清河城市广场 1~5 号楼工程拍卖、变卖的工程款范围内享有优先受偿权。因鸿洲公司未能履行调解书确定的义务,淮建公司于

---

① 司伟:《预告登记排除金钱债权执行中的几个问题——以房屋所有权预告登记为例》,载《法律适用》2017 年第 21 期,第 13 页。

② 王毓莹:《房屋买受人期待权阻却执行的要件分析——黄雪贞与蔡福英执行异议之诉二审案》,载《民事审判指导与参考》2016 年第 3 辑(总第 67 辑),第 248 页。

③ 典型案例 133:“江苏淮阴建设工程集团有限公司与查大军申请执行人执行异议之诉案”,淮安市中级人民法院(2018)苏 08 民初 56 号民事判决。

2015 年 3 月 25 日向法院申请强制执行。执行过程中,在拍卖清河城市广场 3 号楼 21 套房产(含涉案房屋)时,查大军提出其与鸿洲公司签订了买卖商品房期房合同,已支付全部购房款,并办理了预告登记,要求中止执行涉案房屋。法院裁定中止执行后,淮建公司提起本案诉讼,要求恢复执行。

法院观点:淮安市中级人民法院认为,一方面,根据《物权法解释(一)》第 4 条的规定,预告登记被赋予一定物权效力,对违背预告登记内容的中间处分行为具有排他效力,但预告登记权利本身并非物权,本质上为一种担保手段,在完成本登记前,仅为债法上的请求权。故预告登记本身并不能排除在该房屋上依法成立的建设工程款优先受偿权的强制执行。另一方面,从《建设工程价款优先受偿权的批复》《执行异议复议规定》这两个司法解释看,案外人对建设工程主张消费者物权期待权的,需要满足以下条件,其异议请求才能对抗申请执行的建设工程价款优先受偿权:一是建设工程应当是商品房,非商品房的工程不在此列。二是外人必须是购买商品房的消费者。如果不是为了生产消费而购买商品房,而是为了生产经营活动而购置房屋的,不属于消费者,不能对抗申请执行人建设工程价款优先受偿权。三是消费者必须交付了购买商品房的全部或大部分款项。结合本案而言,查大军所购买的房屋全部为经营性质的房屋,显然不符合上述规定中其具有对抗申请人的建设工程价款优先受偿权的条件。据此判决,准予执行涉案房屋。

裁判规则 134

办理了抵押权预告登记,仅表明预告登记抵押权人享有请求办理抵押权本登记的权利,但抵押权并未因此设立。预告登记抵押权人对预告登记的商品房不享有优先受偿权。

购房人购买预售的商品房,如果采取贷款购房的方式,会与贷款银行签订预售商品房抵押合同,并将预售商品房进行抵押预告登记。但是,“预告登记,是指为保全一项请求权而进行的不动产登记”。[①] 其指向的权利客体是请求权,是待房屋建成并交付借款人后,银行就该房屋设立抵押权的一种预先的排他性保全,并不能使银行获得现实的抵押权。也就是说,“预告登记仅是为保障将来

① 胡康生主编:《中华人民共和国物权法释义》,法律出版社 2007 年版,第 61 页。

物权的实现,权利人取得物权仍需完成本登记”。[①] 因此,虽然办理了抵押权预告登记,但抵押权并未因此设立,预告登记权利人不享有就房屋优先受偿的权利。江苏省高级人民法院《关于审理房地产合同纠纷案件若干问题的解答(征求意见稿)》(苏高法电〔2017〕559 号)第 18 条即规定:“商品房预售过程中,办理房屋贷款时将预售房屋进行预抵押登记,购房人无力归还借款时,贷款人主张对预抵押房屋行使抵押权的,人民法院不予支持。”

办理了抵押权预告登记,当预告登记已经具备转化为房屋抵押权登记条件时,根据《不动产登记暂行条例》第 14 条的规定,应当由有关当事人双方共同申请房屋抵押权登记。根据商品房借款担保合同的约定以及预购商品房抵押权预告登记制度的规定,抵押权预告登记义务人负有协助预告登记抵押权人办理房屋抵押权登记的义务。如果抵押权预告登记义务人即商品房买受人拒不履行该义务,预购商品房抵押权预告登记权利人可以起诉请求抵押权预告登记义务人协助办理房屋抵押权登记,法院对此应予支持。若预购商品房抵押登记义务人不履行生效判决确定的义务,预购商品房抵押权预告登记权利人可以申请强制执行,可由法院向登记机构发出协助执行通知书,登记机构应据此办理房屋抵押权登记。在完成房屋抵押权本登记后,预购商品房抵押权预告登记权利人成为房屋抵押权人,从而在债务清偿期届至时享有针对该房屋优先受偿的权利。如果房屋买受人能够办理房屋所有权登记但却故意不办理或迟延办理的,在法律上可视为不正当地阻止房屋抵押权设立条件的成就。此时,可参照《民法典》第 159 条的规定,视为条件已经成就。可以追加开发商作为诉讼中的第三人,判决开发商协助消除此种障碍,即协助将房屋所有权转移登记到房屋买受人也就是抵押权预告登记义务人名下,并判决在此之后预购商品房抵押权预告登记权利人可持该判决单方办理抵押权登记,进而实现抵押权。

但是,“在抵押权预告登记场合,抵押权预告登记所担保的请求权不是主债权债务合同中的请求权,而是抵押合同中的抵押权人设立抵押权这一物权变动的请求权”,[②]所以无论基于何种原因,只要抵押权预告登记未转为抵押权本登

---

① 司伟:《预购商品房抵押权预告登记权利保护的法律基础与路径选择》,载《人民司法》2016 年第 14 期,第 17 页。

② 姜强:《预告登记制度:实务、规范及其周边(上)——以 2015 年高级法院及最高人民法院的裁判为线索》,载《民事审判指导与参考》2015 年第 4 辑(总第 64 辑),第 127 页。

记，则说明抵押权未成立，预告登记抵押权人对预告登记的商品房不享有优先受偿权。

典型案例134

中国光大银行股份有限公司上海青浦支行诉上海东鹤房地产有限公司、陈思绮保证合同纠纷案[①]

典型案例裁判文书

典型案例134

中国光大银行股份有限公司上海青浦支行诉上海东鹤房地产有限公司、陈思绮保证合同纠纷案

基本案情：2007 年 8 月 29 日，光大银行与陈思绮、东鹤公司签订《个人贷款合同（抵押、保证）》约定，陈思绮向光大银行借款 37 万元，用于购房。陈思绮以鹤如路 185 弄 20 号 102 室房屋作为抵押物提供担保，东鹤公司作为保证人在合同上盖章。合同签订后，光大银行和陈思绮于 2007 年 9 月 12 日办理预告登记（预购商品房抵押），光大银行于同日发放贷款。2010 年 12 月 28 日，上海市青浦区人民法院受理陈思绮诉东鹤公司商品房预售合同纠纷案，光大银行作为第三人参加诉讼。上海市青浦区人民法院在审理该案中认为，陈思绮和东鹤公司通过签订商品房预售合同的合法形式，掩盖了东鹤公司骗取银行贷款的非法目的，故合同无效。因商品房预售合同被确认无效，贷款合同的目的已无法实现，故该贷款合同应一并予以解除。之后，光大银行仅收到归还的贷款 820.09 元，遂以陈思绮、东鹤公司为被告，要求归还借款及利息，并主张对案涉房屋享有优先受偿权。

法院观点：一审法院（上海市青浦区人民法院）认为，由于贷款合同被判令解除后，陈思绮未履行生效判决规定的还款义务，根据合同约定，光大银行有权行使抵押权。遂判决光大银行有权就鹤如路 185 弄 20 号 102 室房屋优先受偿。二审中，上海市第二中级人民法院认为，系争房产上设定的抵押预告登记，与抵押权设立登记具有不同的法律性质和法律效力。抵押权预告登记所登记的并非现实的抵押权，而是将来发生抵押权变动的请求权，该请求权具有排他效力。因此，光大银行作为系争房屋抵押权预告登记的权利人，在未办理房屋抵押权

---

① 典型案例 134：“中国光大银行股份有限公司上海青浦支行诉上海东鹤房地产有限公司、陈思绮保证合同纠纷案”，载《中华人民共和国最高人民法院公报》2014 年第 9 期，第 36 ~ 40 页。

设立登记之前,其享有的是当抵押登记条件成就或约定期限届满时对系争房屋办理抵押权登记的请求权,并可排他性地对抗他人针对系争房屋的处分,但并非对系争房屋享有现实抵押权,一审判决对光大银行有权行使抵押权的认定有误,应予纠正。

裁判规则135

在抵押权预告登记不能转化为本登记(抵押权登记)的情况下,预告登记抵押权人可以一般债权人身份要求借款人偿还借款,并根据合同约定要求开发商承担阶段性保证责任。但抵押权预告登记不具有代位效力,预告登记抵押权人对预告登记的商品房不享有优先受偿权。

预告登记抵押人取得房屋所有权之后,抵押权预告登记才可能转化为抵押权的本登记。但在实践中,由于规划、资金、施工等原因导致预购商品房不能建成,也就无法办理房屋所有权首次登记,进而导致抵押权预告登记不能转化为抵押权登记;由于商品房预售合同无效、被撤销、被解除,也会导致办理了首次登记的房屋所有权不会再转移登记至抵押人名下,抵押权预告登记也不能转化为抵押权登记。如果在预告登记抵押人取得房屋所有权之前,因预告登记抵押人逾期还款,借款人要求提前偿还借款。在此情形下,抵押权预告登记未能转化为抵押权的本登记,那么预告登记权利人的利益如何得到保护?

不管什么原因,只要抵押权预告登记未能转化为抵押权本登记的,预购商品房抵押权预告登记权利人设立抵押权的请求权只能转化为损害赔偿请求权,即以抵押权无法实现为由,要求借款人提前偿还借款。通说认为,预告登记具有保全效力、顺位效力和破产保护效力,但不具有代位效力,[①]也就是说,预购商品房抵押权预告登记权利人的损害赔偿请求权,只是一般债权。即使抵押权预告登记财产符合折价、拍卖、变卖等流通条件的,如可以作为在建工程拍卖的,预告登记权利人对该财产也不享有优先受偿权。

当然,开发商在商品房借款担保合同中通常会为商品房买受人的按揭贷款提供阶段性保证,也就是说,在抵押权预告登记转化为本登记之前,开发商通常

① 姜强:《预告登记制度:实务、规范及其周边(上)——以2015年高级法院及最高人民法院的裁判为线索》,载《民事审判指导与参考》2015年第4辑(总第64辑),第120页。

会就买受人的还款责任承担连带保证责任，所以预告登记抵押权人还可根据抵押借款合同的约定，要求开发商承担连带保证责任。

典型案例135

重庆同景置业有限公司诉招商银行股份有限公司重庆分行等借款合同纠纷案[①]

典型案例裁判文书

典型案例135
重庆市第一中级人民法院（2016）渝01民终5225号民事判决书

基本案情：2012年5月30日，以招行重庆分行为贷款人、抵押权人，莫顺雅为借款人、抵押人，同景置业公司为保证人，签订《个人购房借款及担保合同》约定：(1)借款人从同景置业公司处购买桂雨路2号43幢房屋，借款人向贷款人申请个人购房贷款用于支付购房款；(2)贷款金额为3 336 000元……(7)借款人如连续三个月或累计六次未按本合同约定按时足额偿还贷款本息的，贷款人有权宣布本合同提前到期，并可提前收回已发放贷款的本息并要求支付费用；(8)借款人愿意以桂雨路2号43幢房屋的全部权益抵押给贷款人；(9)保证人自愿为借款人在本合同项下的债务提供连带责任保证，保证期间自本合同签订之日起至借款人持抵押物之房地产权证办妥正式抵押登记，并将房地产权证或/和房地产他项权证交由贷款人保管之日止。2012年5月30日，以招行重庆分行为甲方、莫顺雅为乙方、同景置业公司为丙方，签订《重庆市预购商品房抵押贷款合同》，并于2012年6月19日在重庆市国土房管局土地房屋登记部门办理了登记。之后，莫顺雅未严格按照合同约定向招行重庆分行按时足额支付本息。招行重庆分行遂向法院起诉请求：莫顺雅立即偿还拖欠的逾期贷款本金和提前偿还尚未到期的贷款本金，支付相应的利息、复息、罚息，同景置业公司承担连带清偿责任，并确认招行重庆分行对桂雨路2号43幢的房屋享有优先受偿权。

法院观点：重庆市第一中级人民法院认为，招行重庆分行按约发放了贷款，莫顺雅未按合同约定按时足额偿还贷款本息，根据《个人购房借款及担保合同》

① 典型案例135："重庆同景置业有限公司诉招商银行股份有限公司重庆分行等借款合同纠纷案"，重庆市第一中级人民法院(2016)渝01民终5225号民事判决。

约定,莫顺雅已构成违约,招行重庆分行有权宣布合同提前到期,并可提前收回已发放贷款的本息并要求支付费用。本案中,招行重庆分行未举示充分证据证明,预购商品房抵押权预告登记已经转化为正式抵押权登记,即招行重庆分行未取得该预购商品房的抵押权,故对招行重庆分行依据抵押权主张优先受偿的请求不予支持。《个人购房借款及担保合同》明确约定,如因保证人或抵押人的原因致使抵押房产未能办妥抵押登记的,贷款人有权要求保证人承担连带担保责任。故在本案抵押物未能办理正式抵押登记的情况下,同景置业公司应当承担连带担保责任。

裁判规则 136

商品房买卖预告登记具有破产保护效力。在开发商被宣告破产时,如具备办理本登记条件的,购房人可以向破产管理人要求办理本登记从而获得物权。但如不具备办理本登记条件的,则购房人的债权沦为一般破产债权。

一般认为,预告登记具有破产保护效力。[①] 也就是说,经预告登记的请求权具有类似物权的特征,在开发商处于破产或者支付不能被宣告破产时,因预告登记而受保护的债权人,仍然可以向破产管理人请求履行。[②]

预告登记是《物权法》建立的制度,而《企业破产法》颁布在《物权法》之前,所以《企业破产法》并未考虑预告登记在破产程序中的效力问题。根据《民法典》第221条(《物权法》第20条)的规定,预告登记所保全的不是现实的不动产物权,而是将来发生不动产物权变动的请求权,故预告登记所登记的不是物权本身,不发生物权变动的效力,因此,预告登记所指向的房屋仍然属于开发商的财产,也就是破产财产。但是,《民法典》第221条第1款后段规定,“预告登记后,未经预告登记的权利人同意,处分该不动产的,不发生物权效力”。这也就意味着,预告登记排除嗣后的物权变动,以保证预告登记权利人取得物权。因此,如果在开发商破产时,[③]预告登记所指向的房屋符合本登记条件的,则应当

---

① 程新文、辛正郁、司伟:《〈最高人民法院关于适用《中华人民共和国物权法》若干问题的解释(一)〉的理解与适用》,载《民事审判指导与参考》2016年第1辑(总第65辑),第9页。

② 姜强:《预告登记制度:实务、规范及其周边(下)——以2015年高级法院及最高人民法院的裁判为线索》,载《民事审判指导与参考》2016年第1辑(总第65辑),第116页。

③ 这里涉及债务因破产提前到期制度。

办理本登记，预告登记权利人从而取得物权；如果不具备办理本登记条件的，则预告登记失效，购房人的债权转化为不当得利请求权或损害赔偿请求权，也就是一般破产债权，作为普通债权参与破产分配。① 也就是说，在开发商破产的情况下，商品房买卖合同未办理预告登记的，或虽办理预告登记但截至破产之日不符合转为本登记条件的，购房人的债权沦为一般破产债权。在下述【典型案例136】中，吴玉红与港城公司签订《商品房买卖合同》后虽办理了预告登记，但在港城公司破产时仍不具备办理本登记条件，吴玉红的债权就被认定为普通债权。

典型案例136

吴玉红诉福州港城置业有限公司破产债权确认纠纷案②

典型案例裁判文书

典型案例136
浙江省湖州市中级人民法院（2017）浙05民终1600号民事判决书

基本案情：2013 年 4 月 26 日，吴玉红与港城公司签订《商品房买卖合同》约定，吴玉红向港城公司购买凯旋国际 15 幢 C 座房屋。同日，双方签订《补充协议》约定，港城公司给予吴玉红精装修现金补贴282 240元。同日，吴玉红向港城公司支付了 168 万元。2015 年 5 月 15 日，双方办理了预购商品房预告登记手续。2015 年 8 月 4 日，湖州市中级人民法院裁定受理港城公司破产清算纠纷一案。2016 年 8 月 30 日，包括涉案房屋在内港城公司开发的“凯旋国际”在建工程通过淘宝网司法拍卖平台公开拍卖并成交。吴玉红在法定债权申报期限内向管理人申报了债权。2017 年 4 月 20 日，管理人向吴玉红发出《债权审查通知书》，告知吴玉红的债权经审查债权金额为1 322 160元，属普通债权。吴玉红对债权审查结果有异议，向法院提起诉讼，主张其债权经过预告登记，可就预告登记所指向的标的不动产进行清算并优先受偿。

法院观点：一审法院（湖州市吴兴区人民法院）与二审法院（湖州市中级人

① 姜强：《预告登记制度：实务、规范及其周边（下）——以 2015 年高级法院及最高人民法院的裁判为线索》，载《民事审判指导与参考》2016 年第 1 辑（总第 65 辑），第 119 ~ 120 页。

② 典型案例 136：“吴玉红诉福州港城置业有限公司破产债权确认纠纷案”，浙江省湖州市中级人民法院（2017）浙 05 民终 1600 号民事判决。

民法院)均认为,预告登记与本登记是对应概念,预告登记是对将来发生不动产物权变动的目的请求权的登记,本登记则是对已发生的物权变动进行的登记。预告登记所登记的不是物权本身,不发生物权变动的效力。如确定不能办理本登记,则预告登记失效。本案双方虽然就案涉《商品房买卖合同》办理了预告登记,但预告登记所登记的不是物权本身,不发生物权变动的效力。因本案中港城公司经破产清算,已无办理本登记的可能,预告登记已经失效。因此,吴玉红无权据此主张港城公司破产清算程序中分配的优先性。

裁判规则137

对办理了预告登记的商品房,购房人的债权人可以申请将其作为购房人的责任财产予以预查封。预查封期间,预告登记具备转为本登记条件的,可以转为本登记。与此同时,预查封登记自动转为查封登记。

所谓"预查封",是指人民法院对债务人尚未进行权属登记、但将来可能会进行登记的房产进行的一种预先的限制性登记。根据最高人民法院、国土资源部、建设部《关于依法规范人民法院执行和国土资源房地产管理部门协助执行若干问题的通知》(法发〔2004〕5号)第15条第(3)项的规定,对购房人购买的房屋,如果办理了商品房预告登记的,也就意味着购房人对该房屋享有物权期待权,所以购房人的债权人可以申请预查封。

预查封期间,预告登记具备转为本登记条件的,会不会因为预查封的存在而禁止转为本登记?由于预查封针对的仅仅是将来可能取得的物权,如果由预告登记转为本登记,则意味着预查封针对的可能性转化为必然性,更加有利于查封目的的实现。因此,预告登记转为本登记的,符合预查封的制度目的,不应受到禁止。与之相应,为了保障预查封的效力,《关于依法规范人民法院执行和国土资源房地产管理部门协助执行若干问题的通知》第16条规定:"国土资源、房地产管理部门应当依据人民法院的协助执行通知书和所附的裁定书办理预查封登记。土地、房屋权属在预查封期间登记在被执行人名下的,预查封登记自动转为查封登记,预查封转为正式查封后,查封期限从预查封之日起开始计算。"

典型案例137

唐一与叶辉等民间借贷纠纷执行案①

典型案例裁判文书

典型案例137
唐一与叶辉等民间借贷纠纷执行案

基本案情:2010年6月30日,叶辉与吉品公司签订商品房买卖合同约定,叶辉以2 206 412元的价格购买梅梁苑12幢282单元-1-3层房屋。7月9日,叶辉向广发银行无锡支行办理住房按揭贷款154万元。7月29日,无锡市房产管理局作出预购商品房抵押预告登记,预告登记权利人为广发银行无锡支行,预告登记义务人为叶辉。2011年10月21日,因唐一与叶辉、王书强、戏江南公司民间借贷纠纷一案,无锡市崇安区人民法院裁定查封了梅梁苑12幢282单元-1-3层房屋。因该房屋未办理产权登记,该查封属于预查封。无锡市产监处在送达回证上注明:"太湖梅梁苑12-282尚未办理产权登记,有抵押。"2012年2月6日,崇安区人民法院作出判决:1. 叶辉归还唐一借款本金350万元并支付违约金110万元;2. 王书强、戏江南公司对叶辉的上述债务共同承担连带清偿责任。后唐一向崇安区人民法院申请执行。另查明,2013年6月9日,叶辉取得产权证,产监处将预购商品房抵押预告登记转为正式抵押登记。6月20日,唐一向崇安区人民法院申请撤销产监处办理的抵押登记。

法院观点:6月25日,崇安区人民法院函告产监处,告知其在法院预查封期间办理正式抵押登记的手续属于擅自处分法院查封财产的行为,要求产监处在收到函后10日内纠正上述行为,否则责令其承担相应的赔偿责任。7月1日,产监处复函崇安区人民法院称:法律法规明确了预告登记的效力和范围,预购人有权以预购商品房设定抵押权。产监处之所以接受法院的预查封,也是因为被执行人(购房人)因贷款取得了房屋未来的所有权,如果没有贷款,被执行人就无法取得房屋,也就无法协助法院预查封。本案房屋初始登记后,预购人于2013年6月将商品房预告登记转为房屋转移登记,依附它的预购商品房抵押预告登记也转为正式抵押登记,法院预查封转为正式查封。预抵押转抵押登记不

① 典型案例137:"唐一与叶辉等民间借贷纠纷执行案",崇安区人民法院(2012)崇执督字第265号答复,无锡市中级人民法院(2013)锡执他字第0001号批复。

产生新的权利,不影响法院查封的效力,故其不存在擅自处分法院查封财产的行为。经崇安区人民法院请示,无锡市中级人民法院答复认为,“本案中,法院预查封的基础是房产的预告登记,预查封之时,法院已经可以预见到今后房产将会产生抵押权。产监处将抵押预告登记转为正式抵押登记的行为并未设定新的权利或权利负担,不属于擅自处分法院查封财产的行为”。

裁判规则 138

在建工程抵押权登记属于抵押权本登记,而非抵押权预告登记,故在建工程抵押权人的债权具有优先受偿的效力。

参考案例裁判文书

参考案例95

广东省广州市中级人民法院(2018)粤01民终3869号民事判决书

根据《民法典》第 395 条①第 1 款第(5)项的规定,“正在建造的建筑物”可以抵押,即在建工程抵押。原《房屋登记办法》(2008 年建设部令第 168 号发布,2019 年建设部令第 48 号废止)第 62 条规定:“在建工程竣工并经房屋所有权初始登记后,当事人应当申请将在建工程抵押权登记转为房屋抵押权登记。”有观点据此认为,在建工程抵押权登记实际上是房屋抵押权登记的预登记,因而是一种预告登记。在“陈瑞莲、广州市华康地空开发有限公司商品房预售合同纠纷案”②中,华康公司与建行荔湾支行签订抵押合同约定,由华康公司将康王地下城 44 ~47 轴抵押给建行荔湾支行,并由广州市房管部门核发了《广州市房地产抵押登记证明书》,向广州市不动产登记中心查询并经答复,涉案房屋办理的是在建工程抵押登记。法院即认为,因涉案房屋的《广州市房地产抵押登记证明书》载明,“以预购商品房或者在建房屋抵押登记的,房屋竣工后抵押关系尚未终止的,抵押当事人应当在房屋竣工验收合格之日起三十日内,申请办理房地产证及他项权利证”,由此表明上述登记应属于预告登记。

首先需要明确的是,能办理物权本登记的,通常能够办理预告登记;而能够办理预告登记的,最终不一定能办理物权本登记。据此,既然在建工程抵押能够办理抵押权本登记,也就可以办理预告登记。而且以在建工程作为抵押物,

① 《物权法》第 180 条。但该条第 1 款第(3)项有变化。

② 参考案例 95:“陈瑞莲、广州市华康地空开发有限公司商品房预售合同纠纷案”,广东省广州市中级人民法院(2018)粤 01 民终 3869 号民事判决。

导致抵押物在抵押期间呈现出一种不确定状态——随着工程建设的推进，在建工程的规模一直在增加直至建成，从而从外观上与预告登记较为类似。但如果当事人约定并办理的是在建工程抵押权登记的，则应认定为本登记而非预告登记。一方面，在建工程抵押权登记规定在《民法典》物权编第17章第1节“一般抵押权”，站在体系解释的角度，应当认定为抵押权本登记，而非预告登记；另一方面，既然当事人约定并办理的是抵押权登记，站在当事人意思表示的角度，也就意味着如果房屋不能竣工的，或在符合抵押权行使条件时房屋尚未竣工的，在建工程抵押权人仍然可以就工程现状行使抵押权，而非如预告登记一样，只能转化为债权请求权。至于原《房屋登记办法》第62条的规定，其目的在于促使权利登记状态与权利实际状态相一致，而非认定在建工程抵押权登记为预告登记。

还有观点认为，办理在建工程抵押权登记后，如果购房者基于购房行为又办理了预售商品房预告登记，当房屋建成时，就会发生两种权利的冲突。就此，应当根据“时间在先，权利在先”的原则，确定二者的实现顺序。[①]《民法典》第406条第1款解决了这一问题，该款摒弃了《物权法》第191条第2款“未经抵押权人同意，不得转让抵押财产”的立场，转而规定：“抵押期间，抵押人可以转让抵押财产。当事人另有约定的，按照其约定。抵押财产转让的，抵押权不受影响。”据此，在建工程抵押之后又办理预告登记的，在先设立的抵押权不受影响。当然，预告登记权利人满足《执行异议复议规定》第29条规定条件的除外。

典型案例138

兰州农村商业银行股份有限公司金城支行与甘肃万林科技有限公司、甘肃华屹置业有限公司等金融借款合同纠纷案[②]

基本案情：2014年3月3日，农商银行金城支行与万林科技签订流动资金

---

① 姜强：《预告登记制度：实务、规范及其周边（上）——以2015年高级法院及最高人民法院的裁判为线索》，载《民事审判指导与参考》2015年第4辑（总第64辑），第132页。

② 典型案例138：“兰州农村商业银行股份有限公司金城支行与甘肃万林科技有限公司、甘肃华屹置业有限公司等金融借款合同纠纷案”，甘肃省高级人民法院（2018）甘民初50号民事判决。

典型案例裁判文书

典型案例138
甘肃省高级人民法院
（2018）甘民初50号
民事判决书

借款合同约定,万林科技借款 4800 万元。当日,农商银行金城支行发放了 4800 万元借款。截至 2017 年 1 月 20 日,万林公司尚欠贷款本金 4800 万元,利息12 958 000元。同日,华屹置业与农商银行金城支行签订抵押担保合同约定,华屹置业以其名下位于永靖县古城新区在水一方17 250.9m^2 住宅和 3448.08m^2 商网在建工程为上述借款提供抵押担保,并办理了抵押登记,农商银行金城支行取得他项权证。后因万林科技未偿还借款,农商银行金城支行诉至法院,请求万林科技偿还借款本息,并主张就华屹置业提供的抵押物有优先受偿权。华屹置业辩称,抵押物属于在建工程,故抵押登记只是预告性抵押登记,不具有优先受偿效力。

法院观点:甘肃省高级人民法院认为,农商银行金城支行与华屹置业签订的抵押担保合同合法有效,抵押物办理了抵押登记,抵押权依法成立。根据《物权法》第 20 条①的规定,预告登记的对象是尚不能办理登记的拟设立的物权,是为了使债权请求权产生类似于物权的对抗效力,但本质上并不产生物权变动的效力,所以预告登记具有期限性。而对于在建工程的抵押登记,是依据《物权法》第 180 条②、第 187 条③的规定,所进行的物权登记,抵押权因此而设立。据此判定,农商银行金城支行就华屹置业提供的在建工程有优先受偿权。

5.4 商品房买卖合同存在权利冲突时的履行顺序

在房地产价格快速上涨时期,开发商受利益驱动,与数人签订房屋买卖合同,导致部分购房人无法取得房屋的情况,时有发生。④ 在此情况下,虽然数个买卖合同都是有效合同,但房屋只有一套,如何确定应该实际履行的合同?此其一。其二,从《建设工程价款优先受偿权的批复》可知,在同一套房屋上可能同时存在建设工程价款优先受偿权、抵押权、消费性购房人权利。对消费者权利与抵押权的顺位问题,重庆市高级人民法院《关于对最高人民法院〈关于建设工程价款优先受偿权问题的批复〉应如何理解的意见》(渝高法〔2003〕48 号)规

---

① 《民法典》第 221 条。

② 《民法典》第 395 条。

③ 《民法典》第 402 条。

④ 王丹:《房地产纠纷案件审理中的疑难问题》,载《民事审判指导与参考》2016 年第 4 辑(总第 68 辑),第 39 页。

定:"从该批复第一条、第二条的文意理解,应按购房消费者、承包人、抵押权人的顺序享有优先权,故购房消费者与抵押权人利益出现冲突时,人民法院应优先保护购房消费者的利益。"从而形成先消费者权利、再优先受偿权、后抵押权、最后一般债权的权利排序。但是,现实情况远比该《意见》的设定复杂。其三,从《执行异议复议规定》第 28 条、第 29 条可知,购房人权利还会引发与金钱债权的执行冲突(在开发商是被执行人的情况下)。结合《民法典》第 807 条、《执行异议复议规定》第 28 条与第 29 条、《建设工程价款优先受偿权的批复》的规定可知,相关权利的排序为:符合条件的消费性购房人的物权期待权 > 建设工程价款优先受偿权 > 抵押权 > 符合条件的一般不动产买受人的物权期待权 > 普通金钱债权。以上种种,都涉及同一套房屋上存在多个权利时的排序问题。

裁判规则 139

开发商一房数卖的,应当按照合同履行的程度,由更接近于取得所有权的购房人实际履行购房合同。未获实际履行的购房人有权解除商品房买卖合同,并要求开发商承担违约责任。

"目前司法实践对'一物数卖'合同的履行问题,所持的基本观点是一致的,即着重考察各个合同的履行程度确定对不同当事人的保护顺序。"①

第一,应当按照合同履行的程度,保护已经取得所有权或更接近于取得所有权的购房人。《八民会纪要(民事部分)》第 15 条明确规定:"审理一房数卖纠纷案件时,如果数份合同均有效且买受人均要求履行合同的,一般应按照已经办理房屋所有权变更登记、合法占有房屋以及合同履行情况、买卖合同成立先后等顺序确定权利保护顺位。但恶意办理登记的买受人,其权利不能优先于已经合法占有该房屋的买受人。对买卖合同的成立时间,应综合主管机关备案时间、合同载明的签订时间以及其他证据确定。"广东省高级人民法院《关于审理房屋买卖合同纠纷案件的指引》(粤高法〔2017〕191 号)的规定更加细致,其第 24 条第 1 款规定:"出卖人就同一房屋签订多重买卖合同,在买卖合同均有效的情况下,买受人均要求继续履行合同的,一般应当按照下列情形分别处理:

① 王丹:《房地产纠纷案件审理中的疑难问题》,载《民事审判指导与参考》2016 年第 4 辑(总第 68 辑),第 41 页。

(1)先行办理房屋所有权转移登记的买受人请求确认所请求确认所有权已经转移的,应予支持;(2)均未办理房屋所有权转移登记,先行办理房屋所有权转移预告登记的买受人在预告登记有效期内请求继续履行合同的,应予支持;(3)均无上述履行行为,先行接受商品房交付的买受人请求继续履行合同的,应予支持;(4)均无上述履行行为,登记机关已经受理其房屋所有权转移登记申请的买受人请求继续履行合同的,应予支持;(5)均无上述履行行为,先行办理网上签约或者商品房预售合同备案的买受人请求继续履行合同的,应予支持;(6)均无上述履行行为,先行依约支付价款的买受人请求继续履行合同的,应予支持;(7)均无上述履行行为,成立在先合同的买受人请求继续履行合同的,应予支持。"北京市高级人民法院《关于审理房屋买卖合同纠纷案件适用法律若干问题的指导意见(试行)》(京高法发〔2010〕458 号)第 13 条第 1 款规定:"出卖人就同一房屋分别签订数份买卖合同,在合同均为有效的前提下,买受人均要求继续履行合同的,原则上应按照以下顺序确定履行合同的买受人:(1)已经办理房屋所有权转移登记的;(2)均未办理房屋所有权转移登记,已经实际合法占有房屋的;(3)均未办理房屋所有权转移登记,又未合法占有房屋,应综合考虑各买受人实际付款数额的多少及先后、是否办理了网签、合同成立的先后等因素,公平合理的予以确定。"梳理上述规定可知,通常情况下,应坚持如下保护顺序:一是办理房屋所有权转移登记的,二是办理房屋所有权转移预告登记的,三是合法占有房屋的,至于"办理商品房预售合同备案或房屋网签手续买受人的权利,不能对抗合法占有房屋的买受人"[①],四是先行支付购房款的。

第二,确定先后保护顺序并非对债权优劣所作的判定,而是按照合同履行的程度,根据物权优先于债权、经济原则、公平原则等所作的履行上的排序,未获实际履行的购房合同的买受人,可以要求出卖人承担相应的违约责任,其合同权利(解除权、赔偿请求权)并未受到限制。

第三,实践中,在确定先后保护顺序时,不应拘泥于证据表象,而应拨开云雾,深入分析各个时间节点,尽力作出符合客观实际的认定。例如,虽然根据物权优先于债权的基本原则,应当优先保护已经办理所有权登记的买受人利益,但如果根据已经查明的案件事实,在办理所有权转移登记之前,其他买受人已经合法占有该房屋,而办理登记的买受人不能作出合理说明,且出卖人与该买

① 北京市高级人民法院《关于审理房屋买卖合同纠纷案件若干疑难问题的会议纪要》(京高法发〔2014〕489 号)第 16 条。

受人可能存在关联公司或者近亲属等密切关系的,要注意审查当事人之间是否存在恶意串通损害第三人利益的情形,如果存在,则相应的买卖合同应当认定为无效,该恶意办理登记的买受人,其权利不能优先于已经合法占有该房屋的买受人。还要防止当事人通过倒签合同或篡改合同签订时间等方式获取不法利益。①

典型案例139

遵义市红花岗区长征镇沙坝村纪念街村民组诉遵义明顺房地产开发有限责任公司等商品房买卖合同纠纷案②

基本案情:2006 年 5 月 29 日,遵义明顺公司与纪念街村民组签订《认购书》约定,纪念街村民组以 7680 元/m^2 的价格,购买遵义明顺公司开发的"金帝世家"部分门面。2007 年 4 月,遵义明顺公司将"金帝世家"C 幢一层 16、17、18 号门面交付纪念街村民组占有、使用。截至 2007 年 11 月 20 日,纪念街村民组共计支付购房款2 125 056元。2009 年 2 月 12 日,纪念街村民组与遵义明顺公司签订正式《商品房买卖合同》约定,纪念街村民组以2 125 056元的价格购买"金帝世家"C 幢一层 16、17、18 号门面。2010 年 8 月 25 日,遵义明顺公司与褚文镇签订《商品房买卖合同》,将前述 16、17 号门面以2 149 888元的价格售与褚文镇。2012 年 12 月 6 日,遵义明顺公司向褚文镇出具了2 150 000元购房款《收据》。2012 年 12 月 3 日,双方在遵义市房产市场管理处对 16、17 号门面进行了商品房预售合同备案登记。2010 年 10 月 25 日,遵义明顺公司与范越签订《商品房买卖合同》,将前述 18 号门面以880 200元价格售与范越,但当事人陈述,系用 18 号门面对部分工程款进行冲抵,并未实际付款。2012 年 12 月

典型案例裁判文书

典型案例139
遵义市红花岗区长征镇沙坝村纪念街村民组诉遵义明顺房地产开发有限责任公司等商品房买卖合同纠纷案

① 王丹:《房地产纠纷案件审理中的疑难问题》,载《民事审判指导与参考》2016 年第 4 辑(总第 68 辑),第 42 页。

② 典型案例 139:"遵义市红花岗区长征镇沙坝村纪念街村民组诉遵义明顺房地产开发有限责任公司等商品房买卖合同纠纷案",载《中华人民共和国最高人民法院公报》2018 年第 12 期,第 21 ~ 30 页。

11 日,双方对 18 号门面进行了商品房预售合同备案登记。2015 年 7 月 29 日,纪念街村民组提起本案诉讼,请求判令遵义明顺公司继续履行《商品房买卖合同》。

法院观点:贵州省遵义市中级人民法院认为,本案纠纷的产生系因遵义明顺公司一房二卖所致,处理一房二卖情况下的合同履行问题,可从商品房买卖合同的缔约真实性、签约时间顺序、付款程度、合同备案情况、讼争不动产的占有事实、预登记情况以及权利主张等方面加以评判。第一,在一房二卖争产诉讼中,合同真实、有效是判断各自合同能否继续履行,后订立的合同能否对抗在先订立合同的前提。纪念街村民组、褚文镇与遵义明顺公司签订的《商品房买卖合同》均满足真实性的要求,而范越与遵义明顺公司签订的《商品房买卖合同》,无证据证明相关人员系讼争门面的承包人或实际施工人以及遵义明顺公司所拖欠的工程款数额等基础事实,故对该《商品房买卖合同》的真实性不予认定。第二,虽然债权具有平等性,但债权形成时间的先后顺序是考量物权分配的重要因素。从合同签约的时间顺序看,纪念街村民组购房在前,褚文镇签约在后。第三,本案中,纪念街村民组、褚文镇均未在行政机关申请对讼争门面进行预告登记;褚文镇进行了合同的预售登记备案,而纪念街村民组未申请备案。但合同备案只能表明买受人正在为最终取得物权作准备,故褚文镇进行合同备案只能作为物权分配的参考因素。第四,从占有情况来看,纪念街村民组在先占有、使用了案涉门面。综前所述,纪念街村民组与遵义明顺公司签订的《商品房买卖合同》系有效合同,其在先取得债权并已如约完成己方主要合同义务即付清购房款并合法占有讼争门面,遵义明顺公司应当继续履行己方未尽合同义务。褚文镇与遵义明顺公司签订的《商品房买卖合同》进行了备案登记,但其签约在后、债权形成时间较晚且备案行为不具备物权公示、对抗效力,加之其未能合法占有讼争门面,故不得对抗纪念街村民组的诉讼请求。范越与遵义明顺公司签订的《商品房买卖合同》因缺乏证据佐证而真实性存疑,且未合法占有 18 号门面,故也不得对抗纪念街村民组的诉讼请求。

裁判规则 140

商品房预售合同备案后可以阻止同一房屋再次成为备案标的物。但备案的合同并不具有排他效力与优先效力,既不能排除人民法院将房屋作为开发商的财产予以查封、执行,在开发商的其他债权人主张债权时,也不具有优先性。

在商品房买卖合同签订后，涉及合同的备案登记与预告登记。其中，合同的备案登记又分为网上签约直接备案与书面合同签订后的单独备案。由于这几项制度在形式上较为相似——都是对合同进行登记，而且在某些方面功能重合，导致对其认识有所混淆。如有观点认为商品房预售合同登记是不动产登记的一种，性质属于预告登记，或称预登记。①

所谓预告登记，是《物权法》的一项制度。《民法典》第 221 条第 1 款规定："当事人签订买卖房屋的协议或者签订其他不动产物权的协议，为保障将来实现物权，按照约定可以向登记机构申请预告登记。预告登记后，未经预告登记的权利人同意，处分该不动产的，不发生物权效力。"由于同一套房屋网签后不能再网签、备案后不能再备案，所以合同备案登记与预告登记都具有预防开发商"一房多卖"的功能。但在其他方面，预告登记制度与合同备案登记存在显著区别：

第一，合同备案登记是开发商的单方义务，而且具有强制性。《城市房地产管理法》第 45 条第 2 款规定："商品房预售人应当按照国家有关规定将预售合同报县级以上人民政府房产管理部门和土地管理部门登记备案。"而预告登记则不同，《不动产登记暂行条例》第 14 条第 1 款规定："因买卖、设定抵押权等申请不动产登记的，应当由当事人双方共同申请。" 第 16 条第 1 款第(1)项规定，申请人应当提交登记申请书。由此可知，预告登记实行自愿原则，以双方达成合意为前提，双方有权选择不进行预告登记。

第二，适用范围不同。合同登记备案制度只适用于商品房预售合同。而《不动产登记暂行条例实施细则》(2019 年自然资源部令第 5 号)第 85 条第 1 款规定："有下列情形之一的，当事人可以按照约定申请不动产预告登记：(一)商品房等不动产预售的；(二)不动产买卖、抵押的；(三)以预购商品房设定抵押权的；(四)法律、行政法规规定的其他情形。"

第三，登记机关不同。根据《不动产登记暂行条例》第 15 条第 1 款的规定，负责预告登记的机构是不动产登记机构，而商品房预售合同的登记备案机构，可以是建设主管部门，也可以是房地产管理部门。

第四，合同备案登记是预告登记的前提。《不动产登记暂行条例实施细则》第 86 条第 1 款规定，申请预购商品房的预告登记，必须提交已备案的商品房预

---

① 最高人民法院民事审判一庭编著：《最高人民法院关于审理商品房买卖合同纠纷案件司法解释的理解与适用》，人民法院出版社 2003 年版，第 74 页。

售合同,这也就意味着合同备案登记是预告登记的前置程序。

第五,最重要的是,合同登记备案制度是一种行政管理制度,而预告登记是不动产登记制度,因此两者的法律效力不同。网上签约直接备案与书面合同签订后的单独备案都是房地产管理部门为规范房地产企业销售房屋,防止开发企业捂盘惜售以及一房多卖而建立的管理系统。购房人在与开发商签订合同——无论是网上签订还是线下签订——后,即使合同进行了备案,也仅享有合同法上的请求权,该项权利也不具有排他效力,在开发商一房多卖的情况下,购房人无法确保自己最终能够取得房屋产权。如四川省绵阳市中级人民法院在"中鑫公司与农行涪城支行兴金城房产公司案外人执行异议之诉案"①中所说,网签及其备案不具有创设权利的功能,虽然网签及备案的《商品房买卖合同》属有效合同,但因未办理预告登记不能产生物权的效力,不能对抗人民法院的执行,案涉房屋仍为出卖人的财产,故人民法院的查封合法有效。② 而预告登记是不动产登记的特殊类型,其本质是使被登记的请求权具有物权效力,③使开发商违背预告登记内容的处分行为(通常是一房多卖)不能发生物权效力。④ 所以《不动产登记暂行条例实施细则》第 85 条第 2 款规定:"预告登记生效期间,未经预告登记的权利人书面同意,处分该不动产权利申请登记的,不动产登记机构应当不予办理。"

参考案例裁判文书

参考案例96
四川省高级人民法院
(2015)川民终字第
1162号民事判决书

《物权法解释(一)》第 4 条也规定:"未经预告登记的权利人同意,转移不动产所有权,或者设定建设用地使用权、地役权、抵押权等其他物权的,应当依照物权法第二十条第一款的规定,认定其不发生物权效力。"换句话说,预告登记后,购房人享有的合同请求权即具有了物权效力。所以,预购人要增强将来实现物权的保障,就应该在合同登记备案之后再进行预告登记。

有观点主张,"网签和预告登记均属于干预交易过程的措施,目的均在于强

---

① 参考案例 96:"中鑫公司与农行涪城支行兴金城房产公司案外人执行异议之诉案",四川省高级人民法院(2015)川民终字第 1162 号民事判决。

② 虽然四川省高级人民法院在二审中改变了对当事人之间法律关系的定性,但一审法院就网签合同、合同备案、预告登记的论述并无不当。

③ 胡康生主编:《中华人民共和国物权法释义》,法律出版社 2007 年版,第 61 页。

④ 只是不发生物权效力,并不导致相应的合同无效。

化买方债权，且均通过公开的信息平台发挥作用，功能高度重合”，[①]因此，在一房数卖的情况下，应当赋予网签合同一定的优先性。但该观点未得到实务界的采纳。如北京市高级人民法院《关于审理房屋买卖合同纠纷案件若干疑难问题的会议纪要》（京高法发〔2014〕489 号）第 16 条第 1 款规定，“一房数卖中的数个买受人均要求继续履行房屋买卖合同的，应当依据《全国民事审判工作会议纪要》第二部分第（二）方面、《北京市高级人民法院关于审理房屋买卖合同纠纷案件适用法律若干问题的指导意见（试行）》第 13 条的规定确定权利保护顺位。在房屋查封期间占有房屋的买受人，其权利不能对抗在先查封房屋的买受人；办理商品房预售合同备案或房屋网签手续买受人的权利，不能对抗合法占有房屋的买受人”。也就是说，登记备案不具有任何物权意义上的效力，登记备案后的商品房买卖合同，其买受人的债权与普通债权处在同一地位。

典型案例140

德州天翔置业有限责任公司等诉刘希波等案外人执行异议之诉案[②]

典型案例裁判文书

典型案例140
最高人民法院（2018）最高法民申350号民事裁定书

基本案情：天翔公司与三沅公司签订《电梯订购合同》后，天翔公司按约履行了付款义务，而三沅公司没有交付电梯。2013 年，德州市中级人民法院判决解除《电梯订购合同》，三沅公司返还天翔公司货款 647 万元，赔偿损失1 072 918元。执行过程中，德州市中级人民法院查封了天衢名郡 1A 号楼 1 单元 16 层 1 – 5 号楼房。另查明，2012 年 4 月 13 日，天翔公司与刘希波、邓杰签订《德州市商品房买卖合同》约定，刘希波、邓杰向天翔公司购买案涉房屋，该合同在德州市房产管理中心进行了网签，但该房产尚未取得房屋所有权证书。针对“天翔公司与三沅公司案”的执行，刘希波、邓杰提出执行异议，被（2015）德中法执异字第 9 号执行裁定书

---

① 常鹏翱：《存量房买卖网签的法律效力》，载《当代法学》2017 年第 1 期，第 64 ~ 65 页。

② 典型案例 140：“德州天翔置业有限责任公司等诉刘希波等案外人执行异议之诉案”，最高人民法院（2018）最高法民申 350 号民事裁定。

予以驳回,刘希波、邓杰遂向德州市中级人民法院提起执行异议之诉。

法院观点:德州市中级人民法院一审判决支持了刘希波、邓杰的异议,天翔公司上诉,山东省高级人民法院二审改判驳回了刘希波、邓杰的异议,刘希波、邓杰申请再审。最高人民法院在再审审查中认为,案涉房屋并未登记在刘希波、邓杰名下,刘希波、邓杰仅进行了商品房网签登记,而商品房网签登记是政府部门依托其建立的商品房网上签约备案平台,规范房地产开发企业、房屋中介公司等相关主体进行商品房预售管理的网上备案登记行为,商品房网签登记并不具有物权变动性质,而是行政机关对于商品房买卖合同进行管理的一项措施,商品房网签登记并不直接产生不动产物权设立或变动的效力。故本案中刘希波、邓杰对涉案房产只是享有债权请求权,而非物权请求权,并不享有足以排除强制执行的民事权益。

裁判规则 141

《执行异议复议规定》第 29 条基于"生存权至上"的考量,赋予了消费性购房人物权期待权。符合该条规定的购房人,可以排除建设工程价款优先受偿权、担保物权等具有优先效力债权的强制执行。

《执行异议复议规定》第 29 条规定:"金钱债权执行中,买受人对登记在被执行的房地产开发企业名下的商品房提出异议,符合下列情形且其权利能够排除执行的,人民法院应予支持:(一)在人民法院查封之前已签订合法有效的书面买卖合同;(二)所购商品房系用于居住且买受人名下无其他用于居住的房屋;(三)已支付的价款超过合同约定总价款的百分之五十。""考察《执行异议复议规定》第 29 条的'前世今生',会发现,其系脱胎于合同法第 286 条[①]的批复。"[②]《建设工程价款优先受偿权的批复》第 2 条出于保障人民群众基本生活和维护整体社会稳定角度考虑,将支付了大部分房款的小业主的权益作为第一

① 《民法典》第 807 条。

② 王毓莹:《房屋买受人提起执行异议之诉如何处理》,载《民事审判指导与参考》2018 年第 3 辑(总第 75 辑),第 198 页。

优先顺序予以保护。[①] 这一规定能够最大限度地保障普通购房人的利益，但在实践中也要防止被不当利用，引发道德风险。也正因如此，实务界普遍主张，对第 29 条规定的条件应当严格把握：

第一，该规则仅适用于商品房买卖。《九民会纪要》第 126 条规定，《建设工程价款优先受偿权的批复》第 1 条、第 2 条，"是针对实践中存在的商品房预售不规范现象为保护消费者生存权而作出的例外规定，必须严格把握条件，避免扩大范围，以免动摇抵押权具有优先性的基本原则。因此，这里的商品房消费者应当仅限于符合本纪要第 125 条规定的商品房消费者。买受人不是本纪要第 125 条规定的商品房消费者，而是一般的房屋买卖合同的买受人，不适用上述处理规则"。

第二，"对于房屋的性质应当限定为居住用房，商业用房不在保护之列。"[②] 如果案涉房屋系写字楼、商铺、厂房等经营性用房，就不涉及"居者有其屋"的生存权保护问题，也就不应缺乏以特别保护的理由。在后述【典型案例 144】"李跃、衡阳农村商业银行股份有限公司申请执行人执行异议之诉案"[③]中，二审法院（湖南省高级人民法院）在二审中就认为，"李跃主张应适用《执行异议复议规定》第 29 条的规定，但该规定旨在保护名下无其他用于居住的房屋的一般买受人。本案中，案涉房产系门面，而并非居住性住房，故不适用上述第 29 条的规定"。

第三，购房人应系严格意义上的"消费者"。"就字面意见而言，'消费者'就是购买住房以供居住者，如果购房旨在出租、投资等非居住目的，那么购房人就不再是'消费者'，而属于投资者，甚至投机者。"[④]因此，"批复中的'消费者'的含义与《消费者权益保障法》的规定含义相同，即'为生活消费需要购买'商

---

① 王丹：《买卖双方均认可存在房屋买卖关系，但在诸多重要事实上存在疑点。人民法院应综合各种证据准确认定是否存在真实购房关系——宋宇与北京盛和发房地产开发有限公司、广东粤财投资控制有限公司、北京城乡建设集团有限责任公司商品房预售合同纠纷再审案》，载《民事审判指导与参考》2012 年第 3 辑（总第 51 辑），第 226 页。

② 王毓莹：《房屋买受人提起执行异议之诉如何处理》，载《民事审判指导与参考》2018 年第 3 辑（总第 75 辑），第 196 ~ 197 页。

③ 典型案例 144："李跃、衡阳农村商业银行股份有限公司申请执行人执行异议之诉案"，湖南省高级人民法院（2018）湘民终 116 号民事判决，最高人民法院（2018）最高法民申 5078 号民事裁定。相关文书可扫描本书第 409 页二维码。

④ 张巍：《建设工程承包人优先受偿权之功能研究》，载《北大法律评论》2005 年第 2 辑（第 7 卷），第 271 页。

参考案例裁判文书

参考案例97
最高人民法院（2011）民提字第331号民事判决书

品房的消费者，不包括为经营目的而购买商品房的消费者”。[①] 虽然在现实生活中，这种目的导向的区分并不容易，但可结合购房合同的签订、购房款的支付等重要事实，从各证据形成的证据链，进行甄别。在“宋宇与北京盛和发房地产开发有限公司、广东粤财投资控制有限公司、北京城乡建设集团有限责任公司商品房预售合同纠纷案”[②]中，盛和发公司开发了案涉房产，因欠付工程款，被施工方城乡建设公司申请强制执行，宋宇以已与盛和发公司签订 17 份商品房买卖合同为由，诉请盛和发公司办理该 17 套房屋的权属证书。最高人民法院民一庭在评析该案时指出：“由于债权不具有公示性，在‘一个愿打、一个愿挨’，双方意见一致的情况下，作为第三方的法院，很难单纯从形式上推翻双方债权债务的真实性。”[③]但是，宋宇一次性购买 17 套住房，已经超出了生活消费的合理范畴，即使不能否定买卖关系的真实性，也应认定宋宇不属于“消费者”，不得以批复第 2 条的规定为据，排除承包人的优先受偿权。

第四，对于“无其他用于居住的房屋”的理解，有观点主张，“对于名下的理解，应当作宽泛的理解，应当将买受人、实行夫妻共同财产制的配偶一方以及未成年子女作一并考虑。只要三者之一名下有房屋，即可视为已有居住用房”。[④]也有观点认为，应限于字面理解，以买受人本人名下有无其他用于居住的房屋作为判断标准，买受人的配偶、父母、子女名下有其他用于居住的房屋的，不影响其对所购房屋所享有的消费者物权期待权。《九民会纪要》第 125 条第 2 款规定：“可以理解为在案涉房屋同一设区的市或者县级市范围内商品房消费者名下没有用于居住的房屋。商品房消费者名下虽然已有 1 套房屋，但购买的房屋在面积上仍然属于满足基本居住需要的，可以理解为符合该规定的精神。”

---

① 汪治平：《建设工程价款优先受偿权的若干问题》，载《人民司法》2002 年第 8 期，第 6 页。

② 参考案例 97：“宋宇与北京盛和发房地产开发有限公司、广东粤财投资控制有限公司、北京城乡建设集团有限责任公司商品房预售合同纠纷案”，最高人民法院(2011)民提字第 331 号民事判决，载《中华人民共和国最高人民法院公报》2013 年第 3 期，第 33～44 页。

③ 王丹：《买卖双方均认可存在房屋买卖关系，但在诸多重要事实上存在疑点。人民法院应综合各种证据准确认定是否存在真实购房关系——宋宇与北京盛和发房地产开发有限公司、广东粤财投资控制有限公司、北京城乡建设集团有限责任公司商品房预售合同纠纷再审案》，载《民事审判指导与参考》2012 年第 3 辑(总第 51 辑)，第 225 页。

④ 王毓莹：《房屋买受人提起执行异议之诉如何处理》，载《民事审判指导与参考》2018 年第 3 辑(总第 75 辑)，第 198 页。

第五，对“已支付的价款超过合同约定总价款的百分之五十”，《九民会纪要》第 125 条第 3 款规定：“如果商品房消费者支付的价款接近于百分之五十，且已按照合同约定将剩余价款支付给申请执行人或者按照人民法院的要求交付执行的，可以理解为符合该规定的精神。”

第六，对买卖关系、付款事实的真实性应当从严审查。《执行异议复议规定》第 29 条基于“加强对作为弱势者的房屋消费者权利的特别保护”，“赋予符合一定条件的商品房买受人对房地产开发企业所享有的转移所购房屋所有权之债权，优先于其他债权人对房屋开发企业所享有的金钱债权的效力，是对债权平等原则的突破”，“但又缺乏足以产生公信力的公示方式，对交易安全和作为被执行人的房地产开发企业其他金钱债权人的利益影响巨大，也增加了被执行人和案外人通过执行异议恶意串通逃避强制执行的道德风险”，因此，“应当从严审查、严格把握。如严格审查被执行人和案外人签订的买卖合同是否真实有效，是否签订在人民法院查封之前，是否倒签；支付房屋价款的证据是否充分，付款事实是否真实，已支付价款是否超过合同约定总价款的百分之五十以上”。① 需要说明的是，这一要求对《执行异议复议规定》第 28 条同样适用。

第七，不要求购房合同已登记，或完成预告登记或物权已转移。有观点称：“买受人享有的权利必须经过登记以后才能产生物权的效力，如果没有经过预告登记，买受人只是享有一般的债权，不能产生对抗建筑工程承包人优先权的效果。”②这一观点曲解了《建设工程价款优先受偿权的批复》第 2 条、《执行异议复议规定》第 29 条的本意。如果认为消费者的购房合同已经登记或物权已经转移，以致消费者的权利具有对世性，从而优先于承包人的优先受偿权，那么按照这一逻辑，已经登记的抵押权具有物权效力，也应优先于承包人的优先受偿权。但《建设工程价款优先受偿权的批复》第 2 条明确规定，承包人的优先受偿权优于抵押权。事实上，《建设工程价款优先受偿权的批复》第 2 条、《执行异议复议规定》第 29 条对已支付一半以上房款的消费者给予特殊保护，其理由在于消费者的生存利益高于施工人的经营利益。因此，只要购买商品住宅的消费者支付了一半以上房款，无论购房合同是否登记，物权是否转移，均足以排除承包人的优先受偿权。

---

① 谢勇：《执行异议之诉中对购房人支付购房款等事实应从严审查》，载《民事审判指导与参考》2018 年第 3 辑（总第 75 辑），第 215 页。

② 蒋子翘：《建设工程价款优先受偿权研究》，载《上海政法学院学报》2012 年第 2 期，第 117 页。

典型案例141

叶多纯与安徽国融融资担保有限公司、安徽荣远置业有限责任公司案外人执行异议之诉案[①]

典型案例裁判文书

典型案例141
安徽省高级人民法院
（2017）皖民终404号
民事判决书

基本案情:2012 年 7 月 5 日,荣远公司(甲方)与叶多纯(乙方)签订《墨荷名邸定购协议》约定,叶多纯定购墨荷名邸 2 幢 904 室房屋,总价491 212元。同日,叶多纯向荣远公司支付购房首付款251 212元。2012 年 11 月 8 日,在国融公司、墨荷园公司、荣远公司等担保合同纠纷案的执行程序中,安徽省淮南市中级人民法院查封了荣远公司名下包括墨荷名邸 2 幢 904 室在内的部分房屋。叶多纯遂提出执行异议申请,被裁定驳回后,叶多纯起诉至法院。主张其所购房屋权益应得到优先保护,应当排除对墨荷名邸 2 幢 904 室的强制执行。

法院观点:安徽省高级人民法院在二审中认为,叶多纯与荣远公司就案涉房屋签订合同的时间在法院查封之前,且叶多纯在购买案涉房屋时并未有其他房产记录,应认定叶多纯在购买案涉房屋时系消费者。叶多纯支付了 50% 以上的房款,履行了商品房买卖合同的主要义务,作为消费者的买受人对已购商品房的权益优先于建设工程价款优先受偿权,而建设工程优先受偿权优先于抵押权和申请执行人。因此,作为消费者的叶多纯其对案涉房屋的民事权益优先于本案申请执行人国融公司。据此判决停止对墨荷名邸 2 幢 904 室房屋的执行。

裁判规则 142

现行法对符合特定条件购房人的物权期待权予以优先保护,系基于占有秩序维护、“居者有其屋”等考量。该规则的适用范围应限定为真实购房的情形,而不包括以房抵债等经营行为。

司法实践中,在以房抵债的情形下,基于对债权的保障(通过合同备案或预

---

① 典型案例 141:“叶多纯与安徽国融融资担保有限公司、安徽荣远置业有限责任公司案外人执行异议之诉案”,安徽省高级人民法院(2017)皖民终 404 号民事判决。

告登记),以及顺利完成权属登记,当事人之间通常会签订商品房买卖合同。这类合同中的"买受人"可否依据《执行异议复议规定》第28条的规定,阻却一般金钱债权的执行？甚至依据《建设工程价款优先受偿权的批复》第2条、《执行异议复议规定》第29条的规定,阻却建设工程价款优先受偿权、担保物权等权利的执行?

实务界普遍认为,《建设工程价款优先受偿权的批复》第2条、《执行异议复议规定》第28条及第29条的规则不适用于以房抵债的债权人。上述规定之所以对符合特定条件的购房人的物权期待权予以优先保护,是因为"购房人权利一定程度体现了公民的基本生存权利,故应侧重保护"。在以房抵债的情形下,"当事人签订协议(指商品房买卖合同)目的是清偿原债务,属于债的替代履行方式","当事人的意思表示是用物抵偿债务,而不是债权人购买抵债之物","并非就抵债之物达成买卖合同",因此,即使"当事人签订了商品房买卖合同,其基础也是以物抵债,法律关系未发生实质变化"。"如果赋予抵债受让人物权期待权,能够排除强制执行,则导致当事人自行确认并签订清偿协议的债权优先于经过司法机关确认并采取执行措施的债权受偿,扰乱债权清偿顺序,损害债权平等受偿原则。"①因此,《建设工程价款优先受偿权的批复》第2条、《执行异议复议规定》第28条及第29条规定,"并未将抵债受让人列入物权期待权保护范围"。② 也就是说,对符合特定条件的购房人的物权期待权予以优先保护的规则,仅适用于真实购房的情形,而不包括以房抵债。

需要指出的是,比较《建设工程价款优先受偿权的批复》第2条与《执行异议复议规定》第29条可知,二者规定的条件并不相同。前者要求的是"消费者交付购买商品房的全部或者大部分款项",后者要求的是"在人民法院查封之前已签订合法有效的书面买卖合同、所购商品房系用于居住且买受人名下无其他用于居住的房屋、已支付的价款超过合同约定总价款的百分之五十"。其原因在于,《建设工程价款优先受偿权的批复》适用于审判程序,其价值理念是"公平优先,兼顾效率"。《执行异议复议规定》适用于执行程序,其价值理念是"效率优先,兼顾公平",以形式审查为原则,以实质审查为例外,审判程序中只是参照

---

① 谢爱梅、李东旭:《以物抵债协议与〈执行异议复议规定〉第28条之适用》,载《民事审判指导与参考》2018年第3辑(总第75辑),第201~204页。

② 江必新、刘贵祥主编:《最高人民法院关于人民法院办理执行异议和复议若干问题规定理解与适用》,人民法院出版社2015年版,第429页。

适用。然而,一旦形成执行异议之诉,二者的冲突就会凸显出来。就此问题,有待最高人民法院通过司法解释予以解决。

典型案例142

王钢与青岛海宜林投资控股有限公司、青岛中海盛明置业投资有限公司案外人执行异议纠纷之诉案①

典型案例裁判文书

典型案例142
最高人民法院(2017)最高法民终356号民事判决书

基本案情:2014 年 7 月 15 日,就海宜林公司与中海盛明置业等借款合同纠纷一案,法院裁定查封了中海盛明置业位于国隆·唐巢的四户房产。在该案判决执行过程中,王钢提出执行异议称,其自 2008 年起为中海盛明置业提供工程款共计 1170 万元,后王钢与中海盛明置业达成《商品房优先认购协议》及《商品房优惠期认购协议书》,中海盛明置业依约定将上述房产抵债给王钢,王钢已实际入住。但因王钢及其家庭因拥有房产数量较多,不符合限购政策,一直未能办理过户手续。因王钢已合法取得上述房产并实际居住,故王钢对上述房产享有所有权。

法院观点:最高人民法院在二审中认为,"案涉《商品房优先认购协议》及《商品房优惠期认购协议书》的订立系基于王钢与中海盛明置业之间的工程款抵账行为,案涉合同性质实质上是以物抵债协议,该协议的目的在于消灭王钢对中海盛明置业的债权而非单纯的房屋买卖。本案双方当事人之间的以物抵债协议,不能体现双方买卖房屋的真实意思表示,只是债务人履行债务的变通方式,不必然地引起房屋权属的变动。且讼争房屋并未完成权属登记的变更手续,债权人只有债权请求权,而非物权。以物抵债协议约定的交付房产,是以消灭金钱债务为目的的债的履行方式,在未完成房屋变更登记之前,以房抵债协议并不形成优于其他债权的利益。故不能认定依据以房抵债协议而产生物权期待权及物权本身,该合同的订立并不能阻却有其他合法权利的第三人基于生效法律文书申请强制执行"。

---

① 典型案例 142:"王钢与青岛海宜林投资控股有限公司、青岛中海盛明置业投资有限公司案外人执行异议纠纷之诉案",最高人民法院(2017)最高法民终 356 号民事判决。

裁判规则 143

消费性购房人主张应优先取得商品房的，以商品房买卖合同有效存续为前提。如商品房买卖合同无效、被撤销或被解除的，购房人据此享有的返还购房款、赔偿损失的请求权，不具有优先性。

现行法“基于生存权至上的考虑”①，对消费性购房者的权利予以优先保护。《建设工程价款优先受偿权的批复》第 2 条即规定：“消费者交付购买商品房的全部或者大部分款项后，承包人就该商品房享有的工程价款优先受偿权不得对抗买受人。”最高人民法院《关于人民法院民事执行中查封、扣押、冻结财产的规定》（法释〔2004〕15 号）第 17 条规定：“被执行人将其所有的需要办理过户登记的财产出卖给第三人，第三人已经支付部分或者全部价款并实际占有该财产，但尚未办理产权过户登记手续的，人民法院可以查封、扣押、冻结；第三人已经支付全部价款并实际占有，但未办理过户登记手续的，如果第三人对此没有过错，人民法院不得查封、扣押、冻结。”第 19 条规定：“被执行人购买需要办理过户登记的第三人的财产，已经支付部分或者全部价款并实际占有该财产，虽未办理产权过户登记手续，但申请执行人已向第三人支付剩余价款或者第三人同意剩余价款从该财产变价款中优先支付的，人民法院可以查封、扣押、冻结。”《执行异议复议规定》第 28 条规定：“金钱债权执行中，买受人对登记在被执行人名下的不动产提出异议，符合下列情形且其权利能够排除执行的，人民法院应予支持：（一）在人民法院查封之前已签订合法有效的书面买卖合同；（二）在人民法院查封之前已合法占有该不动产；（三）已支付全部价款，或者已按照合同约定支付部分价款且将剩余价款按照人民法院的要求交付执行；（四）非因买受人自身原因未办理过户登记。”第 29 条规定：“金钱债权执行中，买受人对登记在被执行的房地产开发企业名下的商品房提出异议，符合下列情形且其权利能够排除执行的，人民法院应予支持：（一）在人民法院查封之前已签订合法有效的书面买卖合同；（二）所购商品房系用于居住且买受人名下无其他用于居住的房屋；（三）已支付的价款超过合同约定总价款的百分之五十。”需要注意的是，上述规定在赋予消费性购房人优先权的同时，都要求商品房买卖合同

① 王毓莹：《房屋买受人提起执行异议之诉如何处理》，载《民事审判指导与参考》2018 年第 3 辑（总第 75 辑），第 196 页。

合法有效。

如果商品房买卖合同被确认为无效或被解除的,购房人对开发商享有返还购房款请求权,应如何看待购房人的返还购房款请求权?有观点认为,就返还的购房款,购房人享有优于建设工程承包人优先受偿权的权利。[①] 在网络上流传的所谓最高人民法院《对山东省高级人民法院就处置济南彩石山庄房屋买卖合同纠纷案请示的答复》(〔2014〕执他字第 23、24 号)也称:“基于《批复》保护处于弱势地位的房屋买受人的精神,对于《批复》第二条‘承包人的工程价款优先受偿权不得对抗买受人’的规定,应当理解为既不得对抗买受人在房屋建成情况下的房屋交付请求权,也不得对抗买受人在房屋未建成等情况下的购房款返还请求权。”[②]但建设工程价款优先受偿权是具有担保性质的法定权利,如果认为返还购房款请求权优于优先受偿权,也就意味着返还购房款请求权附着于特定房屋——买卖合同约定的房屋,且顺位在前。但是,在买卖合同被确认为无效或被解除的情况下,返还购房款请求权在性质上属于一般债权、金钱债权,以开发商的全部责任财产作为债权实现的保障,与买卖合同约定的房屋已无法律上的联系。通俗地说,返还购房款请求权是要求还钱,与该房屋的联系已经被割断,再将该房屋作为返还请求权的特定保障,明显理据不足。此外,之所以规定建设工程承包人的优先受偿权不得对抗交付全部或者大部分款项的消费者,是因为“消费者的利益属于生存利益,是最基本的人权”[③],为了保证“居者有其屋”,承包人的优先受偿权不能对抗消费者的房屋过户登记请求权,在商品房买卖合同被确认为无效或被解除的情况下,消费者已经丧失取得房屋的权利,也就脱离了“居者有其屋”的范畴,不涉及生存(居住)的问题,再给予其特别的保障,缺乏法理依据。据此,商品房预售合同被确认为无效或被撤销、被解除后,购房人要求开发商返还购房款的权利,不具有优先性。[④]

---

① 雷运龙、黄锋:《建设工程优先权若干问题辨析》,载《法律适用》2005 年第 10 期,第 60 页。

② 笔者在北大法宝里未查询到该答复。

③ 陈旻、孙盈:《建设工程承包人优先权之审判实务若干问题研究》,载《民事审判指导与参考》2009 年第 1 集(总第 37 集),第 54 页。

④ 重庆市第一中级人民法院《建设工程款优先受偿权法律适用意见研讨会会议纪要》(渝一中法发〔2004〕58 号)第二部分第 2 条第 2 款。

典型案例143

杨镇与交通银行股份有限公司海南省分行申请执行人执行异议之诉案①

典型案例裁判文书

典型案例143
最高人民法院（2016）最高法民申1248号民事裁定书

基本案情：2003年6月25日，杨镇作为买受人、恒通公司作为出卖人、周昌公司作为委托代理机构，签订两份《商品房买卖合同》约定，杨镇购买恒通公司开发的周昌大厦地下室第一层、首层C-0至C-6号房，总金额分别为1 302 000元、1 308 310元。但周昌大厦地下室第一层一直未取得预售许可。交行海南省分行于2004年4月26日、2004年9月13日分别与周昌公司签订了两份《借款合同》和《抵押合同》，其中两份抵押合同均约定，周昌公司以其名下"海口市国用(2003)第006699号"土地使用权证项下的土地使用权及该地上建筑物(周昌大厦)为该借款提供抵押担保。2004年5月21日、2004年9月16日，交行海南省分行与周昌公司就上述抵押分别办理了抵押登记手续，取得了他项权利证书。上述借款合同约定借款期限届满后，周昌公司未依约还款，交行海南省分行诉至法院。法院判决周昌公司承担还款责任，并确认交行海南省分行对海口市国用(2003)第006699号土地使用权证项下的土地使用权及其地上建筑物(周昌大厦)享有优先受偿权。该判决进入执行后，杨镇主张其对周昌大厦地下室第一层享有足以排除强制执行的民事权益。

法院观点：最高人民法院认为，《执行异议复议规定》第28条将买受人与被执行人在执行前已签订合法有效的书面买卖合同，作为买受人权利能够排除执行的必备条件。本案中，《商品房买卖合同》约定的周昌大厦地下室第一层房产自始至终未取得房产预售许可证，应当认定无效。虽然杨镇实际占有案涉房产并可以提供其已交付房价全款的收据，但杨镇基于无效合同对周昌大厦地下室第一层所享有的民事权益，不能对抗交行海南省分行合法有效的抵押权。

① 典型案例143："杨镇与交通银行股份有限公司海南省分行申请执行人执行异议之诉案"，最高人民法院(2016)最高法民申1248号民事裁定。

裁判规则 144

《执行异议复议规定》第 28 条与第 29 条的调整范围有所重合,符合条件的购房人既可以主张第 28 条规定的请求权,也可以主张第 29 条规定的请求权。但依据第 28 条只能对抗普通金钱债权,不能对抗建设工程价款优先受偿权、担保物权等优先性权利。

《执行异议复议规定》第 27 条规定:“申请执行人对执行标的依法享有对抗案外人的担保物权等优先受偿权,人民法院对案外人提出的排除执行异议不予支持,但法律、司法解释另有规定的除外。”一般认为,紧接着的第 28 条、第 29 条属于第 27 条但书的规定。第 28 条规定:“金钱债权执行中,买受人对登记在被执行人名下的不动产提出异议,符合下列情形且其权利能够排除执行的,人民法院应予支持:(一)在人民法院查封之前已签订合法有效的书面买卖合同;(二)在人民法院查封之前已合法占有该不动产;(三)已支付全部价款,或者已按照合同约定支付部分价款且将剩余价款按照人民法院的要求交付执行;(四)非因买受人自身原因未办理过户登记。”[①]第 29 条规定:“金钱债权执行中,买受人对登记在被执行的房地产开发企业名下的商品房提出异议,符合下列情形且其权利能够排除执行的,人民法院应予支持:(一)在人民法院查封之前已签订合法有效的书面买卖合同;(二)所购商品房系用于居住且买受人名下无其他用于居住的房屋;(三)已支付的价款超过合同约定总价款的百分之五十。”从第 28 条与第 29 条的表述来看,两个条文适用的前提均为“金钱债权的执行”,均要求在人民法院查封前已经签订合法有效的书面买卖合同。不同之处有二:第一,第 29 条指向的是房地产开发商所开发的商品房,第 28 条指向商品房、二手房等所有房屋;第二,第 28 条与第 29 条规定的排除执行的条件不尽相同。这就导致两个条文的适用范围存在部分重合关系。就此,应当如何理解?

如最高人民法院在“北京富申联合供应链管理有限公司与刘乃生、原审第

① 针对该条第(4)项,《九民会纪要》第 127 条第 2 款规定:“一般而言,买受人只要有向房屋登记机构递交过户登记材料,或向出卖人提出了办理过户登记的请求等积极行为的,可以认为符合该条件。买受人无上述积极行为,其未办理过户登记有合理的客观理由的,亦可认定符合该条件。”

三人沈阳同方置业有限公司案外人执行异议之诉案”①中所言:“该司法解释的两个条款并非以被执行人是否系房地产开发企业作为区分标准,第28条系普适性的条款,对于所有类型的被执行人均可适用,而第29条是专门针对房地产开发企业的被执行人而规定的特别条款。房地产开发企业作为被执行人的案件中,既可以适用特别条款也可以适用普通条款。”也就是说,“若要阻却普通金钱债权的执行,则既可以参照《执行异议复议规定》第28条的规定,也可以参照《执行异议复议规定》第29条的规定。当不符合第29条规定的条件时,如果符合第28条规定的条件,依然可以阻却普通金钱债权的执行”。② 但要阻却建设工程价款优先受偿权、担保物权等权利的执行,则只能依据第29条的规定,而无第28条的适用余地。《九民会纪要》第126条也明确,“根据《最高人民法院关于建设工程价款优先受偿权问题的批复》第1条、第2条的规定,交付全部或者大部分款项的商品房消费者的权利优先于抵押权人的抵押权,故抵押权人申请执行登记在房地产开发企业名下但已销售给消费者的商品房,消费者提出执行异议的,人民法院依法予以支持。但应当特别注意的是,此情况是针对实践中存在的商品房预售不规范现象为保护消费者生存权而作出的例外规定,必须严格把握条件,避免扩大范围,以免动摇抵押权具有优先性的基本原则。因此,这里的商品房消费者应当仅限于符合本纪要第125条规定的商品房消费者。买受人不是本纪要第125条规定的商品房消费者,而是一般的房屋买卖合同的买受人,不适用上述处理规则”。

参考案例裁判文书

参考案例98
最高人民法院(2016)
最高法民申2736号民事裁定书

需要说明的是,有论者以“北京长富投资基金、王长柱申请执行人执行异议之诉案”③为例,提出最高人民法院在该案中认为,购房人可以依据第28条阻却担保物权的执行。事实上,认真研读该案判决可知,最高人民法院之所以认为可以依据第28条阻却担保物权的执行,其原因

参考案例裁判文书

参考案例99
最高人民法院(2018)
最高法民终1064号民事判决书

---

① 参考案例98:“北京富申联合供应链管理有限公司与刘乃生、原审第三人沈阳同方置业有限公司案外人执行异议之诉案”,最高人民法院(2016)最高法民申2736号民事裁定。

② 王毓莹:《房屋买受人提起执行异议之诉如何处理》,载《民事审判指导与参考》2018年第3辑(总第75辑),第198页。

③ 参考案例99:“北京长富投资基金、王长柱申请执行人执行异议之诉案”,最高人民法院(2018)最高法民终1064号民事判决。

在于抵押权人出具了《抵押可售函》,允许开发商在抵押期间对外出售房屋,法院据此认为,应当视为开发商取得了处分案涉房屋的权利。而非认为在未得到抵押权人同意的情况下,购房人可以依据第 28 条阻却担保物权的执行。但"兰州银行股份有限公司天水路支行与邹云霞、嘉峪关市金城房地产开发有限公司案外人执行异议之诉案"[①]则真正体现出了最高人民法院对《执行异议复议规定》第 28 条适用范围予以扩张的倾向。该案中,邹云霞在 2009 年 3 月购买了金城公司开发的易都摩尔商厦一层 C 区 L01－1 号商铺,4 月,付清房款后实际占有商铺,但一直未能办理权属登记。2014 年,金城公司将摩乐易都地上一层抵押给兰州银行天水路支行。后因借款人未还款,兰州银行天水路支行诉至法院,其抵押权得到法院支持并进入执行程序,邹云霞提出执行异议。最高人民法院在二审中认为,原则上申请执行人对执行标的依法享有对抗案外人的担保物权等优先受偿权的,人民法院对案外人提出的排除执行异议不予支持,但在符合《执行异议复议规定》第 28 条规定的情形下,即使案涉房产上设定有抵押权,邹云霞亦享有足以排除强制执行的民事权益。并最终认定,邹云霞享有足以排除强制执行的民事权益。因此,站在司法裁判的角度,依据《执行异议复议规定》第 28 条,究竟是只能对抗普通金钱债权,还是可以对抗建设工程价款优先受偿权、担保物权等优先性权利,最高人民法院的态度还有所摇摆,需待尚处于起草过程中的最高人民法院《关于审理执行异议之诉案件适用法律问题的解释》的最终确定。

参考案例裁判文书

参考案例100
最高人民法院(2019)
最高法民终228号民事
判决书

典型案例144

李跃、衡阳农村商业银行股份有限公司申请执行人执行异议之诉案[②]

基本案情:2011 年 9 月 16 日,李跃与华湘公司签订商品房买卖合同,以

---

① 参考案例 100:"兰州银行股份有限公司天水路支行与邹云霞、嘉峪关市金城房地产开发有限公司案外人执行异议之诉案",最高人民法院(2019)最高法民终 228 号民事判决。

② 典型案例 144:"李跃、衡阳农村商业银行股份有限公司申请执行人执行异议之诉案",湖南省高级人民法院(2018)湘民终 116 号民事判决、最高人民法院(2018)最高法民申 5078 号民事裁定。

3 913 875元的价格购买华湘公司开发的香榭丽舍的四间商业门面。当日，华湘公司向李跃出具收到房款3 913 875元的收据。李跃购买案涉房产后，对四间门面进行装修、使用，并于2013 年 4 月 30 日后开始出租。2012 年 6 月 8 日，华湘公司与衡阳农村商业银行股份有限公司签订了《贷款合同》和《最高额抵押合同》，华湘公司以香榭丽舍 6、7、17 号楼 -101、-212 室房产为其在该行 480 万元借款提供抵押担保，并办理了抵押登记。因华湘公司未按期还款，衡阳市蒸湘区农村信用合作联社诉至法院，法院确认其对华湘公司提供抵押的上述房产拍卖、变卖后的价款优先受偿。执行中，李跃提出，其就香榭丽舍 6、7、17 号楼 -212 室房产享有物权期待权，并以《执行异议复议规定》第 28 条的规定为据，请求排除执行。

典型案例裁判文书

典型案例144
湖南省高级人民法院（2018）湘民终116号民事判决书

最高人民法院（2018）最高法民申5078号民事裁定书

法院观点：在再审审查中，最高人民法院认为，《执行异议复议规定》第 28 条规定了在金钱债权执行中，买受人对登记在被执行人名下的不动产提出异议，获得人民法院支持所要满足的四个要件，但该条规定仅能对抗对被执行人享有普通债权的债权人。本案中，衡阳农商行作为申请执行人对案涉房产享有担保物权，即便本案情形符合《执行异议复议规定》第 28 条的规定，李跃也不得请求排除担保物权人申请的执行。因此，应当准许对案涉房屋继续执行。

裁判规则 145

未办理预告登记的购房人不满足《执行异议复议规定》第 29 条规定条件的，围绕该商品房的权利先后顺序为建设工程价款优先受偿权优先，抵押权次之，购房人权利再次之。但抵押权人同意出售的，则购房人权利优先于抵押权。

“房地产行业是一个高度资本杠杆化的产业，其吸收资金巨大，开发商单纯依靠其自有资金而不进行融资的开发模式微乎其微。开发商往往在取得国有土地使用权之后即以该土地使用权或在建工程进行抵押融资，且在具备预售条件之后即取得预售许可，并以取得的预售房款来进一步完成房地产开发。”①如

① 张燕、仲伟珩：《银行抵押权、预售商品购房人权利的冲突与解决》，载《人民司法·应用》2017 年第 16 期，第 70 页。

果购房人购买的房屋是已经抵押的房屋,则会引发抵押权人与购房人的权利冲突。就此,根据前述《执行异议复议规定》第 29 条的规定,如果购房人符合该条规定条件的,购房人的权利受到优先保护。如果购房人不符合《执行异议复议规定》第 29 条规定条件的呢?

有观点认为,“在购房人购房时该商品房已经取得商品房预售许可证的,应优先保护购房人的权利,对于购房人在案外人执行异议之诉中主张对抗银行抵押权强制执行的,人民法应予支持”。[①] 换句话说,即使购房人不符合《执行异议复议规定》第 29 条规定条件,其物权期待权也优先于在先设定的抵押权。但是,基于物权的公示公信原则,在先设定的抵押权已经通过不动产登记簿予以公示,这就意味着“购房者在购买商品房时明知或应知银行或其他债权人已在该商品房上登记设立了抵押权,仍坚持购房者权益始终优先于银行或其他债权人的一般抵押权,可能会动摇包括抵押登记在内的不动产物权的基本制度——不动产登记制度,损害依法履行了登记手续的抵押权人的合法利益”。[②] 因此,如果在出售商品房前,开发商已经将土地或工程向银行抵押贷款的,除非购房人符合《执行异议复议规定》第 29 条规定条件,否则在后形成的购房人权利不应优先于登记在前的抵押权。当然,如果抵押权人放弃优先顺位,则消费者权利优先于抵押权。下述【典型案例 145】即是如此,购房人购买的房屋是抵押权的标的物,其权利本应位居抵押权之后。但因该购买行为得到了抵押权人的同意,故法院认定购房人权利优先于抵押权。

引发抵押权人与购房人权利冲突的根源在于,当前的商品房预售制度与《物权法》的规定不协调。《物权法》第 191 条第 2 款规定:“抵押期间,抵押人未经抵押权人同意,不得转让抵押财产,但受让人代为清偿债务消灭抵押权的除外。”也就是说,开发商要预售已经抵押给银行的商品房的,应当先取得银行的同意或涤除抵押权。但是,《城市房地产管理法》第 45 条第 1 款[③]、《城市商品

---

① 张燕、仲伟珩:《银行抵押权、预售商品购房人权利的冲突与解决》,载《人民司法 · 应用》2017 年第 16 期,第 72 页。

② 马莉萍、焦卫:《处理房地产纠纷若干难点的思考》,载《政治与法律》2004 年第 3 期,第 69 ~ 70 页。

③ 该款规定:“商品房预售,应当符合下列条件:(一)已交付全部土地使用权出让金,取得土地使用权证书;(二)持有建设工程规划许;(三)按提供预售的商品房计算,投入开发建设的资金达到工程建设总投资的百分之二十五以上,并已经确定施工进度和竣工交付日期;(四)向县级以上人民政府房产管理部门办理预售登记,取得商品房预售许可证明。”

房预售管理办法》(2004 年建设部令第 131 号)第 5 条[①]在规定预售条件时,“并不禁止存在抵押权负担之在建房地产进行商品房预售,也未规定在取得预售许可证时需要取得抵押权人同意或者先行清偿抵押物所担保债务的要求”。[②] 而且,预售许可证也无须披露已经设定的抵押权。针对这一问题,2017 年 1 月 22 日,重庆市国土房管局、中国人民银行重庆营管部重庆银监局、重庆市金融办《关于进一步规范商品房预售许可审批和在建建筑物抵押登记的通知》(渝国土房管规发〔2017〕1 号)第 1 条规定:“抵押房地产不得用于预售。开发企业依法申请办理商品房预售许可的,申请房屋及所占土地不得抵押。拟预售商品房所对应的土地使用权已抵押的,办理商品房预售许可前应注销抵押权登记,注销抵押权的土地面积应大于该建筑物对应的土地面积。”第 2 条规定:“预售商品房不得用于抵押。开发企业在取得商品房预售许可证后应按照预售许可内容对外进行销售,不得将已办理商品房预售许可的房屋用于抵押融资;金融机构不得接受开发企业用已办理预售许可的房屋作为抵押物。”简言之,已抵押的不得预售、已预售的不得抵押。但这一解决问题的路径涉嫌构成对开发商权利的不当限制。

《民法典》解决了这一问题。其第 406 条第 1 款规定:“抵押期间,抵押人可以转让抵押财产。当事人另有约定的,按照其约定。抵押财产转让的,抵押权不受影响。”据此,在先设定的抵押权优先于购房人权利。站在制度完善的角度,还应要求在预售许可证中披露已经设定的抵押权,以便购房人在购买房屋时知道房屋上存在的权利限制。

此外,符合《执行异议复议规定》第 29 条规定条件的购房人权利优先于抵押权,不能绝对化。如果消费性购房人将所购商品房用于按揭贷款,银行取得抵押权本登记的,则权利先后顺序应为抵押权优先,消费者权利次之,建设工程价款优先受偿权再次之。

---

① 该条规定:“商品房预售应当符合下列条件:(一)已交付全部土地使用权出让金,取得土地使用权证书;(二)持有建设工程规划许可证和施工许可证;(三)按提供预售的商品房计算,投入开发建设的资金达到工程建设总投资的 25% 以上,并已经确定施工进度和竣工交付日期。”

② 张燕、仲伟珩:《银行抵押权、预售商品购房人权利的冲突与解决》,载《人民司法 · 应用》2017 年第 16 期,第 70 页。

典型案例145

中国东方资产管理股份有限公司海南省分公司与海南冠中房地产开发有限公司、内蒙古国太房地产开发有限责任公司等执行异议之诉案①

典型案例裁判文书

典型案例145
海南省高级人民法院
(2018)琼民终442号
民事判决书

基本案情:2014年10月19日,东方资产海南分公司以冠中公司、国太公司、陈国光为被告,提起借款合同之诉。2015年7月17日,法院判决冠中公司偿还东方资产海南分公司借款本金4100万元、并支付相应利息及违约金,东方资产海南分公司对冠中公司提供抵押的海国用(2010)第1386号土地证项下$9469m^2$的土地使用权及地上建筑物、海国用(2010)第1148号、海国用(2011)第0011号土地证项下$6715.2m^2$的土地使用权及地上建筑物享有优先受偿权。该案执行中,法院对包括王志宇购买的涉案房屋在内的登记在冠中公司名下的343套住宅、商铺进行查封。王志宇为此提出异议,以其已购买被查封房产为由,要求法院解除查封,中止执行。另查明,王志宇与冠中公司于2013年3月20日签订《琼海市商品房买卖合同》约定,王志宇购买椰林美景小区4号楼701号房,总金额404 910元。合同签订当日,王志宇付清了购房款,但至今尚未办理房产过户手续。2015年1月16日,东方资产海南分公司向冠中公司发出《同意预售许可证延期的函》。

法院观点:海南省高级人民法院认为,王志宇在一审法院查封涉案房屋之前已经与冠中公司签订了《琼海市商品房买卖合同》,该合同是双方当事人真实意思表示,内容不违反法律法规的强制性规定,合法有效。虽然双方当事人未根据合同约定将合同备案,但合同备案属于行政管理范畴,合同是否进行备案并不影响合同的效力。涉案房屋所在的土地使用权及地上建筑物虽然已办理抵押登记,但冠中公司已取得涉案房屋的预售许可证,且在冠中公司销售房产

① 典型案例145:"中国东方资产管理股份有限公司海南省分公司与海南冠中房地产开发有限公司、内蒙古国太房地产开发有限责任公司等执行异议之诉案",海南省高级人民法院(2018)琼民终442号民事判决。

过程中东方资产海南分公司向房产管理部门出具了同意办理预售许可证延期的函件，表明其同意冠中公司销售涉案房屋。据此，应当停止对王志宇所购房屋的执行。①

裁判规则 146

建设工程价款优先受偿权与抵押权指向的权利客体不完全重合的，应当按照各自担保的债权比例确定各自的优先受偿范围，并在重合的范围内按照先后顺序受偿。

通常情况下，就权利顺位而言，抵押权居于工程价款优先受偿权之后。但在权利实现时，二者的界限并非一目了然。举例来说，某建设工程共计有 100 套住宅，尚欠承包人工程款 2000 万元，其中 50 套抵押给银行，尚欠银行贷款 3000 万元，银行将 50 套房屋拍卖，拍卖款为 4000 万元。这 4000 万元在承包人与银行之间如何分配？就此，可以有三种解决思路：第一，以优先受偿权优先为由，先支付承包人 2000 万元，余款 2000 万元支付给银行。第二，尚未拍卖的 50 套房屋足以保障承包人工程款债权的实现，所以拍卖所得款项全部支付银行，承包人可就尚未拍卖的 50 套房屋主张权利。第三，按比例确定。也就是说，承包人的优先受偿权及于 100 套房屋，债权金额 2000 万元，拍卖房屋 50 套，故承包人可以主张优先受偿权的金额为 2000 万元 ×（50 套 ÷ 100 套）= 1000 万元，余款应支付给银行。

当建设工程价款优先受偿权与抵押权指向的权利客体不完全重合的情况下，按比例确定的方法更加合理。浙江省高级人民法院执行局《执行中处理建设工程价款优先受偿权有关问题的解答》（浙高法执〔2012〕2 号）第 5 条即规定："建设工程承包人承建的部分工程因发包人的其他债务被人民法院执行的，承包人只能根据被执行的工程占其承建的全部工程的比例，对相应的工程价款主张优先受偿。"

① 该裁判思路立足于《物权法》第 191 条第 2 款，在《民法典》第 406 条第 1 款改变了《物权法》第 191 条第 2 款"未经抵押权人同意，不得转让抵押财产"这一规则的情况下，抵押权人同意抵押人转让抵押物，可否视为抵押权人放弃优先顺位，应值斟酌。

典型案例146

张宝池、刘乐增与杨希强、林雪辉、沧州宏明房地产开发有限公司执行分配方案异议之诉案[①]

典型案例裁判文书

典型案例146
河北省沧州市中级人民法院（2018）冀09民终4801号民事判决书

基本案情:2010 年 10 月 28 日,张宝池、刘乐增与宏明公司签订了《司马庄中心社区建设工程承包意向书》,并依约定进场对涉案司马庄 1 ~ 14 号楼进行了实际施工。后沧州宏明公司未按约支付工程款,经法院判决确认,宏明公司应给付张宝池、刘乐增工程款4 819 093.44元;张宝池、刘乐增有权在4 819 093.44元工程款范围内就中心社区 1 ~ 14 号楼涉案工程的施工部分工程折价或者拍卖的价款优先受偿。另查明,杨希强、林雪辉与宏明公司存在民间借贷纠纷,并在河北省青县人民法院进入执行程序。2017 年 12 月 29 日,就杨希强与林雪辉的债权、张宝池与刘乐增的债权,河北省青县人民法院作出执行财产分配方案:供分配的款项为青县司马庄中心社区 9 ~ 14 号楼的价款,总额为15 501 849元;就中心社区 1 ~ 14 号楼的基础施工部分,张宝池与刘乐增的工程款为4 819 093.44元,经测算,9 ~ 14 号楼基础施工部分的工程款为1 926 448.85元。据此,青县司马庄该分配方案确定的分配顺序为:(1)张宝池、刘乐增对 9 ~ 14 号楼基础工程部分所得价款享有优先受偿权,优先受偿金额为1 926 448.85元;(2)扣除诉讼费用、评估费、张宝池二人优先受偿金额后,杨希强、林雪辉在本案执行价款15 501 849元范围内,受偿13 456 600.15元。张宝池、刘乐增对该分配方案不服,向法院提起诉讼,要求优先受偿 4 819 093.44元。

法院观点:二审中,河北省沧州市中级人民法院认为,建设工程承包人承建的部分工程因发包人的其他债务被人民法院执行的,承包人只能根据被执行的工程占其承建的全部工程的比例,对相应的工程价款主张优先受偿权。因此,执行财产分配方案确定张宝池、刘乐增在该次执行分配中,对执行中所处分的青县司马庄中心社区 9 ~ 14 号楼的基础工程部分所得价款享有优先受偿权,优

---

① 典型案例 146:“张宝池、刘乐增与杨希强、林雪辉、沧州宏明房地产开发有限公司执行分配方案异议之诉案”,河北省沧州市中级人民法院(2018)冀 09 民终 4801 号民事判决。

先受偿金额为1 926 448.85元,符合法律规定,且与张宝池、刘乐增享有的优先受偿权的范围相一致。张宝池、刘乐增提起的诉讼请求,依据不足,依法不应予以支持。

5.5 房地产调控政策与商品房买卖合同的履行

自1998年住房体制改革以来,国家对房地产市场进行了多轮政策调控。[①] 调控手段主要是限购、限贷与限价。这一系列调控措施对商品房买卖合同履行带来非常大的影响。

裁判规则147

> 商品房买卖合同签订后,因限购政策出台导致购房人无法办理产权转移登记的,不能以商品房买卖合同违反限购政策为由认定合同无效。购房人可以要求解除合同,双方均无须承担违约责任。

所谓违反限购政策,主要分为两种情形:第一种情形是"在新政出台前已经签订的尚未履行的房屋买卖合同,由于限购导致购房者无法办理产权转移登记,致使房屋买卖合同无法履行"。[②] 第二种情形是规避房地产调控政策的限购。即在房地产调控政策实施后,部分不符合购房条件的人,伪造无房证明、伪造社保缴纳证明,或与其他部门串通开具内容不真实的证明,以"符合"购房条件。

一方面,无论哪种情形,商品房买卖合同都不因违反限购政策而无效。广东省高级人民法院《关于审理房屋买卖合同纠纷案件的指引》(粤高法〔2017〕191号)第7条第(8)项即规定:"当事人以房屋买卖合同存在下列情形之一为由主张合同无效的,不予支持:(8)违反政府房地产市场调控政策,但不违反法律、行政法规效力性强制性规定或者公序良俗的。"

另一方面,对于第一种情形——签订商品房买卖合同后遭遇限购政策,实

---

① 江苏省高级人民法院民一庭:《房地产调控背景下房地产纠纷风险防控及司法对策研究》,载《民事审判指导与参考》2017年第2辑(总第70辑),第171页。

② 江苏省高级人民法院课题组:《房地产调控背景下房地产纠纷风险防控及司法对策》,载《人民司法·应用》2018年第4期,第49~50页。

务界普遍认为,因限购导致无法办理房屋所有权转移登记,“属于不可归责于双方的事由”,可以解除合同。[①] 山东省高级人民法院 2011 年《全省民事审判工作会议纪要》(鲁高法〔2011〕297 号)规定:“商品房买卖合同签订后,对于房屋买受人有证据证明确因限购政策的实施无法办理房屋所有权变更登记的,而请求出卖人解除合同的,可予以支持,但合同有明确约定的除外。”除下述【典型案例147】外,在“孙小菊与和谐置家(北京)房地产经纪有限公司商品房销售合同纠纷案”[②]中,法院也认为,因有关政府职能部门的限购政策出台,导致购房人不具有购买该类商业性房屋的资格,双方不能签订正式的商品房买卖合同,属于《商品房买卖合同解释》第 4 条规定的“不可归责于双方当事人的原因导致合同目的无法实现”的情形。

参考案例裁判文书

参考案例101
北京市密云区人民法院(2017)京0118民初4363号民事判决书

典型案例147

周章玉、刘海东与吴江月亮湾房产有限公司商品房销售合同纠纷案[③]

典型案例裁判文书

典型案例147
苏州市吴江区人民法院(2017)苏0509民初8219号民事判决书

基本案情:2017 年 3 月 19 日,月亮湾公司收到本案所涉房屋 1310 室定金 10 000 元、储藏室定金 5000 元。3 月 30 日,收到涉案房屋定金15 000元。4 月 1 日,苏州市发布购房限购政策,非苏州本地户籍(未在苏州本地缴纳本地两年社保的)不具备在苏州本地购买商品房的资格。2017 年 4 月 11 日,月亮湾公司与刘海东签订《吴江市商品房买卖合同》约定,刘海东购买月亮湾公司开发的本案所涉房屋 1310 室,价款1 038 095.92元。4 月 11 日,刘海东支付首付款 293 096元。后因限购政

① 江苏省高级人民法院民一庭:《房地产调控背景下房地产纠纷风险防控及司法对策研究》,载《民事审判指导与参考》2017 年第 2 辑(总第 70 辑),第 185 页。

② 参考案例 101:“孙小菊与和谐置家(北京)房地产经纪有限公司商品房销售合同纠纷案”,北京市密云区人民法院(2017)京 0118 民初 4363 号民事判决。

③ 典型案例 147:“周章玉、刘海东与吴江月亮湾房产有限公司商品房销售合同纠纷案”,苏州市吴江区人民法院(2017)苏 0509 民初 8219 号民事判决。

策导致房屋无法过户，周章玉、刘海东诉至法院，请求解除《吴江市商品房买卖合同》，月亮湾公司退还购房款397 000元并按计算利息损失、赔偿违约金39 700元。

法院观点：苏州市吴江区人民法院认为，因为定金在限购政策出台前已经支付，“原告刘海东与被告月亮湾公司之间签订的商品房买卖合同系双方真实意思表示，合法有效，原、被告双方对因目前苏州地区实行的限购政策导致商品房买卖合同予以解除没有争议，限购限贷政策在性质上具有公共政策的性质，属于不可归责于双方当事人的原因，原告主张违约金、付款之日至合同解除之日的利息损失没有合同依据或法律依据，本院不予支持”。据此判决解除商品房买卖合同，月亮湾公司返还已付房款。

裁判规则 148

购房人为规避限购政策，提供虚假资料签订商品房买卖合同的，因限购政策导致购房人无法办理产权转移登记的，购房人可以要求解除合同，但应承担违约责任。开发商知道或应当知道购房人不符合限购政策的，应当根据过错分担相应损失。

如前所述，违反限购政策还包括规避房地产调控政策的限购。也就是说，在限购政策实施后，本不符合购房条件的购房人，伪造无房证明、伪造社保缴纳证明，或与其他部门串通开具内容不真实的证明，以“符合”购房条件，与开发商商品房买卖合同。

针对这类情形，实务界普遍主张，应当区分开发商是否知情，分别处理。江苏省高级人民法院民一庭提出，“房地产调控措施实施期间，因合同一方当事人伪造相关资料签订商品房买卖合同，信贷机构不予贷款或者相关部门不予办理产权过户手续的，合同相对人可以请求撤销或者解除合同，并要求对方支付违约金或赔偿损失”。[①] 江苏省高级人民法院《关于审理房地产合同纠纷案件若干问题的解答（征求意见稿）》（苏高法电〔2017〕559 号）第4 条第1 款规定：“调控政策实施后，因一方当事人隐瞒或虚构事实情况，导致订立的合同违反调控政策而无法继续履行，另一方当事人请求依法撤销合同，并要求对方当事人承

① 江苏省高级人民法院课题组：《房地产调控背景下房地产纠纷风险防控及司法对策》，载《人民司法·应用》2018 年第4 期，第54 页。

担其因此所受损失的,可予支持。双方当事人明知或者应当知道订立的合同违反调控政策,一方当事人请求继续履行的,人民法院不予支持。”浙江省高级人民法院民一庭《关于审理受房地产市场调控政策影响的房屋买卖合同纠纷案件的若干意见(试行)》(2011 年 4 月 21 日)第 7 条规定:“调控政策实施后,因一方当事人隐瞒或虚构事实情况,导致订立的合同违背调控政策而无法继续履行,另一方当事人请求依法变更或撤销合同,并要求对方当事人承担其因此所受损失的,可予以支持。双方当事人均知道或应当知道订立的合同违反调控政策的强制性规定,一方当事人请求确认合同有效、继续履行的,不予支持。”天津市高级人民法院《关于依法妥善审理房屋买卖合同纠纷案件的通知》(津高法〔2016〕158 号)第 7 条“关于受房地产调控政策影响案件的处理问题”,第 1 款规定:“因受限贷、限购、禁购等房地产调控政策的直接影响,合同确实无法继续履行的,一般应认定合同不能履行属于不可归责于双方当事人的情形,当事人据此请求人民法院变更或者解除合同的,人民法院应当结合案件的实际情况准予变更或者解除合同。”第 2 款规定:“因前述原因,当事人解除合同以后,出卖人应当将已经收到的购房款或定金返还给买受人,买受人应将接收的房屋返还给出卖人。因解除合同造成的损失一般情况下应按照公平原则由双方合理分担。如因一方当事人过错导致当事人利益严重失衡,损失方要求加大对方承担比例的,可酌情予以支持。”①广东省高级人民法院《关于审理房屋买卖合同纠纷案件的指引》(粤高法〔2017〕191 号)第 7 条第(8)项规定:“违反政府房地产市场调控政策,但不违反法律、行政法规效力性强制性规定或者公序良俗的,不能认定合同无效。”第 16 条规定:“当事人在规定的限制上市交易期限内买卖保障性住房,应当依照合同法第五十二条第四项或者民法通则第一百五十三条第二款的规定认定合同无效。”第 27 条规定:“限购房屋的买受人请求出卖人协助办理房屋所有权转移登记的,人民法院应当按照《广东省高级人民法院　广东省住房和城乡建设厅　广东省司法厅关于在审判执行、办理公证工作中落实住房限购政策的意见》(粤高法〔2013〕403 号),要求其在举证期限内提交房屋所在地房地产登记机构出具的《购房资格证明》。”第 29 条第 1 款规定:“房地产调控政策实施后,一方当事人故意隐瞒或者虚构事实,或者明知另一方当事人的条件不符合政策要求仍诱导其签订房屋买卖合同的,另一方当事人因合同无法

① 根据该通知第 1 条的规定,该通知主要规范城镇区域内国有土地上的“二手房”买卖,但商品房买卖合同纠纷可以参照该通知处理。

履行请求解除或者撤销合同,并要求对方当事人赔偿损失的,可予支持。"第2款规定:"房屋买卖合同签订后,因房地产调控政策的实施,导致无法办理房屋所有权转移登记或者不能订立房屋担保贷款合同的,属于因不可归责于当事人双方的事由导致合同不能履行,人民法院可以参照《最高人民法院关于审理商品房买卖合同纠纷案件适用法律若干问题的解释》第二十三条的规定处理。一方请求另一方承担违约责任或者适用定金罚则的,不予支持。买受人请求判令出卖人办理所有权转移登记的,人民法院可以向其释明变更诉讼请求为解除合同、返还财产。"

典型案例148

北京长乐房地产开发有限公司等与陈伟兴商品房预售合同纠纷案①

典型案例裁判文书

典型案例148
北京市第三中级人民法院（2015）三中民终字第04407号民事判决书

基本案情:陈伟兴与陈××系父子关系。陈伟兴具有香港居民身份证及北京市居民身份证。陈××户籍地为湖南省长沙市。2011年11月25日,陈××、陈伟兴与长乐公司签订《预售合同》约定,陈××、陈伟兴购买长乐公司建设的顺义区××号房屋,房屋总价款为760万元。《预售合同》附件十补充协议约定:买受人承诺其已详细阅读并清楚知晓国务院办公厅《关于进一步做好房地产市场调控工作有关问题的通知》、北京市住房和城乡建设委员会《关于落实本市住房限购政策有关问题的通知》的全部内容,完全清楚其中有关住房限购政策的各项规定,买受人并承诺遵守限购政策规定;如果买受人违反限购政策规定的,出卖人在发现买受人提供虚假信息骗购住房,或者买受人的居民家庭购房资格被相关主管部门撤销,或者买受人违反限购政策规定的情况下,出卖人有权单方解除预售合同及本补充协议。买受人应按该商品房总价款的20%向出卖人支付违约金。2014年4月22日,长乐公司向陈××、陈伟兴发出《解约通知函》称,"阁下违反限购政策购房及逾期付款之行为,已严重违反了阁下与长乐公司签署的

① 典型案例148:"北京长乐房地产开发有限公司等与陈伟兴商品房预售合同纠纷案",北京市第三中级人民法院(2015)三中民终字第04407号民事判决。

《预售合同》及其补充协议之约定,自本通知送达阁下之日起,长乐公司与阁下签署的《预售合同》及其补充协议以及其他与该房屋相关之法律文件即行解除”。陈××、陈伟兴于2014年4月25日收到该通知函。后长乐公司诉至法院,以因陈××、陈伟兴违反限购政策而导致其行使合同解除权为由,要求陈××、陈伟兴支付该房屋总价款的20%的违约金。

法院观点:北京市第三中级人民法院认为,“在双方签订协议之前,国务院及北京市的限购政策早已颁布,双方均应当了解政策的具体内容。长乐公司作为专业的房地产公司,在签约之前应当充分向买受人释明限购政策的全部内容,并积极全面询问有可能属于限购情形的买受人有关信息,主动审查买受人是否具备购房资格,而非被动地接受买受人提供的资料。陈××、陈伟兴作为买受人在签约之前亦应当充分了解限购政策,且其本人更清楚自己的身份及房产情况,应主动向出卖人说明自己的特殊身份及房产信息或主动向有关行政主管部门咨询。双方在签约之前均存在一定过失,对于合同因不能履行而被解除的责任,长乐公司不能将其全部归责于陈××、陈伟兴一方,故对长乐公司要求陈××、陈伟兴支付违约金的诉讼请求,本院不予支持”。

裁判规则 149

商品房买卖合同约定以按揭贷款的方式支付购房款,后因限贷政策无法办理按揭贷款的,购房人可以要求解除合同。开发商应当将收受的购房款或者定金返还购房人,且购房人无须承担违约责任。但当事人另有约定,或经开发商催告购房人既不履行付款义务也不要求解除合同的除外。

如商品房买卖合同约定以按揭贷款的方式支付购房款,后因限贷政策无法办理按揭贷款的,浙江省高级人民法院民一庭《关于审理受房地产市场调控政策影响的房屋买卖合同纠纷案件的若干意见(试行)》(2011年4月21日)第2条规定:“纯粹因受限贷、限购、禁购等调控政策的直接影响,合同确实无法继续履行的,不属于‘不可抗力’,一般应认定属于《解释》[①]第四条、第二十三条规定的‘不可归责于当事人双方的事由。’”所以各地法院普遍认为,在此情形下,购房人可以要求解除合同,且无须承担违约责任。《全国民事审判工作会议纪要》

① 指《商品房买卖合同解释》。

(法办〔2011〕442 号)规定:"房屋买卖合同约定以按揭贷款方式付款,买受人以房贷政策变化不能办理按揭贷款导致无履约能力为由,请求解除合同,并要求出卖人返还所收取的购房款或定金的,经审查,买受人的确因房贷政策变化而不能办理约定的按揭贷款,对其请求可予支持。"山东省高级人民法院 2011 年《全省民事审判工作会议纪要》(鲁高法〔2011〕297 号)也规定:"对于买受人以按揭贷款方式支付购房款的商品房买卖合同履行中,如买受人有证据举证证明确因信贷政策的变化而不能办理合同约定的按揭贷款,且双方对付款方式无法协商变更,而请求解除商品房买卖合同的,可予以支持。但合同有明确约定的除外。"

当然,基于对当事人意思自治的尊重,如果当事人对这一情形有约定,应当按照约定处理。所以浙江省高级人民法院民一庭《关于审理受房地产市场调控政策影响的房屋买卖合同纠纷案件的若干意见(试行)》(2011 年 4 月 21 日)、山东省高级人民法院 2011 年《全省民事审判工作会议纪要》(鲁高法〔2011〕297 号)的相关规定均有一个但书——"当事人另有约定的除外"。

需要注意的是,浙江省高级人民法院民一庭《关于审理受房地产市场调控政策影响的房屋买卖合同纠纷案件的若干意见(试行)》(2011 年 4 月 21 日)第 5 条提出:"调控政策实施前订立的合同在限贷政策实施后,买受人既未按约履行也未提出解约,经出卖人催告后仍未在合理期限内履行或提出解约,出卖人请求继续履行合同或解除合同,并由买受人承担违约责任的,应予以支持。"也就是说,在商品房买卖合同因无法办理按揭贷款已经陷入履行僵局的情况下,在开发商催告之后,购房人仍不主动履行合同也不要求解除合同的,购房人应当承担违约责任。该思路可资参考。

典型案例149

朱国喜诉中山市协力房地产发展有限公司等商品房预售合同纠纷案[①]

基本案情:2010 年 3 月 31 日,朱国喜与协力公司签订《商品房买卖合同》约

---

① 典型案例 149:"朱国喜诉中山市协力房地产发展有限公司等商品房预售合同纠纷案",广东省高级人民法院(2015)粤高法审监民提字第 96 号民事判决。

典型案例裁判文书

典型案例149
广东省高级人民法院
(2015)粤高法审监民提字第96号民事判决书

定,朱国喜购买协力公司开发的金港湾花园 A 幢 713 房,总价款为342 526元,首期款68 526元,余款274 000元于2010 年 4 月 30 日前以按揭贷款支付;合同补充协议一第 6 条约定:如银行不同意买受人申请的贷款成数(金额)或贷款年限,买受人须根据银行同意的贷款金额相应补足首期款,并提交银行要求的其他资料,由此导致办结时间迟延的或者合同无法履行的,买受人不能免除违约责任。签订合同后,朱国喜向协力公司支付了首期款68 526元。支付首期款后,朱国喜未向协力公司、永信公司提交银行按揭所需资料,也未向银行申请办理银行按揭。2010 年 12 月 13 日,朱国喜向法院起诉称,国家出台新的房贷调控政策导致不符合申请银行按揭贷款的条件,请求与协力公司解除合同,协力公司返还购房款68 526元及利息。经查,国务院于 2010 年 4 月 17 日颁布了《关于坚决遏制部分城市房价过快上涨的通知》。9 月 29 日,中国人民银行、中国银行业监督管理委员会颁布《关于完善差别化住房信贷政策有关问题的通知》。该两份文件均要求暂停发放不能提供 1 年以上当地纳税证明或社会保险证明的非本地居民购买住房贷款。朱国喜为甘肃省居民,未在中山市纳税或缴纳社保,因此其不再符合银行的贷款政策。

法院观点:广东省高级人民法院在再审中认为,首先,朱国喜主张其是由于不符合国家限贷政策的要求而无法提交申请办理银行按揭所需资料,与事实相符。其次,涉案《商品房买卖合同》签订于国务院颁布限贷政策之前,因此,国家贷款政策的变化超出了双方当事人订立合同时所能预见的范围。最后,对合同补充协议一第 6 条的约定可能出现两种理解:第一种理解是"银行不同意买受人申请的贷款成数"包括银行完全不同意贷款申请的情形;第二种理解是"银行不同意买受人申请的贷款成数"中隐含着银行可以办理按揭的前提,仅是银行同意的贷款成数低于买受人申请的贷款成数。"合同补充协议一"是由协力公司提供的格式合同,在存在两种解释时,应当作出不利于协力公司的理解。因此,"合同补充协议一"第 6 条不构成在完全不能办理银行按揭时支付余款方式的特别约定。据此,本案属于因不可归责于当事人双方的事由未能订立商品房担保贷款合同并导致商品房买卖合同不能继续履行,根据《商品房买卖合同解释》第 23 条的规定,朱国喜要求解除《商品房买卖合同》、协力公司返还购房款68 526元及利息符合法律规定,应当予以支持。

裁判规则 150

商品房买卖合同约定,以按揭贷款的方式支付房款,后因限贷政策导致贷款首付比例提高、贷款利率上调,购房人以此为由要求解除合同的,一般不予支持。但当事人另有约定或首付比例提高幅度较大导致购房人难以负担的除外。

所谓限贷,主要是指根据房地产调控政策的要求,银行提高首付款比例、贷款利率,或者提高办理贷款的门槛。由于限贷政策的实施,导致购房人首付款比例提高、贷款利率提高,应当如何处理?

就此,应当区分情形分别处理:首先,基于意思自治的基本原则,合同有约定的,应当从约定。如合同约定以按揭贷款的方式支付购房款的,现购房人因限贷政策无法获得贷款,则购房人可以要求解除合同,返还购房款或定金。[①] 其次,如果只是首付款比例提高或贷款利率提高,购房合同对此也无特别约定的,购房人一般不得要求解除合同。但是,如果首付比例提高幅度较大导致购房人难以负担的,应当例外地允许购房人解除合同。浙江省高级人民法院民一庭《关于审理受房地产市场调控政策影响的房屋买卖合同纠纷案件的若干意见(试行)》(2011 年 4 月 21 日)第 4 条即规定:“调控政策实施前订立的合同约定以按揭贷款方式付款,现买受人举证证明其确因首付款比例提高、不能办理按揭贷款等导致无法继续履行,而请求解除合同的,可予以支持;出卖人应当将收受的购房款或者定金返还买受人。出卖人请求买受人承担其为订立合同而实际发生的费用等合理损失的,可酌情予以支持。”至于“购房人难以负担”的判断标准,江苏省高级人民法院《关于审理房地产合同纠纷案件若干问题的解答(征求意见稿)》(苏高法电〔2017〕559 号)第 3 条第 2 款规定,“如果因限贷政策实施导致买受人允许贷款比例低于合同约定按揭贷款比例净差值大于 30% 的,人民法院可予支持,但买受人因迟延履行、个人信用问题等导致合同无法继续履行或者合同另有约定的除外”。该标准可资参考。

① 江苏省高级人民法院民一庭:《房地产调控背景下房地产纠纷风险防控及司法对策研究》,载《民事审判指导与参考》2017 年第 2 辑(总第 70 辑),第 185 页。

典型案例150

黄爱宏与南京嘉耀房地产开发有限公司商品房预约合同纠纷案[①]

典型案例裁判文书

典型案例150
南京市栖霞区人民法院（2016）苏0113民初6566号民事判决书

基本案情:2016 年 9 月 25 日,黄爱宏与嘉耀公司签订《商品房认购协议》约定:黄爱宏认购嘉誉山景苑×－××幢×单元××××室商品房,总房款 4 009 226元,付款方式为首付加商业贷款。签约当日,黄爱宏支付了定金 10 万元。10 月 5 日,南京市人民政府发布《市政府办公厅关于进一步加大我市房地产市场调控力度的通知》,根据该通知要求,黄爱宏申请商业性个人住房贷款的最低首付款比例不低于 50%。10 月 24 日,黄爱宏向嘉耀公司发出《通知函》称,因南京出台限购限贷政策,致其应当支付的首付款比例由 30% 变为 50%,无力继续履行合同,属出现了不可归责于双方当事人的事由,要求解除《商品房认购协议》、嘉耀公司退还定金 10 万元。因嘉耀公司不予同意,黄爱宏遂提出本案诉讼。

法院观点:南京市栖霞区人民法院认为,"购房行为作为一种标的额相对较大、与买卖双方有切身利害关系的重大民事法律行为,当事人在订立合同时往往对合同内容有较为全面的认识,对自身合同义务的履行及风险有充分的预见和注意。因此,作为付款一方,对可能出现的履行障碍应有相应的解决方案,一般情况下,贷款成数的变化不会当然导致房屋买受人不能继续履行合同,买受人也可通过其他途径筹措资金履行付款义务,贷款成数的变化一般不会当然导致房屋买受人不能继续履行合同。因此本案中,在原、被告在认购协议中仅约定首付加贷款的支付方式,并未明确约定贷款数额贷款比例的情形下,黄爱宏提出其认购房屋时有意支付三成首付款缺乏证明证实。黄爱宏名下有 1 套贷款已结清的住房,其本人及家庭有一定的经济能力,才会选择在本地购买第二套住房,贷款成数的变化不能认定必然导致无法履行付款义务。黄爱宏主张其无履约能力亦缺乏黄爱宏名下有 1 套住房,涉案房屋系投资改善性住房,又未

---

① 典型案例 150:"黄爱宏与南京嘉耀房地产开发有限公司商品房预约合同纠纷案",南京市栖霞区人民法院(2016)苏 0113 民初 6566 号民事判决。

充分举证证据证明。因此,黄爱宏主张贷款政策变化导致无履约能力,缺乏事实依据,本院不予认可,对其诉讼请求依法予以驳回。”

裁判规则 151

商品房买卖合同未约定以按揭贷款的方式支付购房款,购房人以限贷政策导致无法办理按揭贷款为由,要求解除合同的,一般不予支持。

前述【裁判规则 150】的适用前提是“商品房买卖合同约定以按揭贷款的方式支付房款”。如果商品房买卖合同未约定以按揭贷款的方式支付购房款,购房人以限贷政策导致无法办理按揭贷款为由,要求解除合同的,一般不应得到支持。江苏省高级人民法院《关于审理房地产合同纠纷案件若干问题的解答(征求意见稿)》(苏高法电〔2017〕559 号)第 3 条第 1 款即规定:“调控政策实施前订立的合同未明确约定以按揭贷款方式付款,现买受人以其因受限贷政策影响而无法继续履行为由,请求解除合同的,一般不予支持。”浙江省高级人民法院民一庭《关于审理受房地产市场调控政策影响的房屋买卖合同纠纷案件的若干意见(试行)》(2011 年 4 月 21 日)第 3 条也规定:“调控政策实施前订立的合同并未明确约定以按揭贷款方式付款,现买受人以其因受限贷政策影响而无法继续履行为由,请求解除合同的,一般不予支持。”下述【典型案例 151】虽系二手房买卖,但其裁判规则与商品房买卖并无不同。

典型案例151

张玉莉与陈铭等房屋买卖合同纠纷案[①]

基本案情:2016 年 9 月 25 日,张玉莉(乙方)与陈铭、熊青(甲方)签订《房屋买卖(置换)合同》约定:甲方将大观花园 81 幢 1507 室房屋出售给乙方,成交价格为 212 万元。同日,张玉莉向熊青支付定金 3 万元。2016 年 10 月 3 日,苏州市政府出台了《关于进一步加强全市房地产市场调控的意见》,按照该购房新

① 典型案例 151:“张玉莉与陈铭等房屋买卖合同纠纷案”,江苏省苏州市中级人民法院(2017)苏 05 民终 8244 号民事判决。

政,首套房最低首付比从 20% 调高至 30%。随后,张玉莉以首付比例提高导致其无法承受为由,起诉要求解除合同、退还定金。

典型案例裁判文书

典型案例151
江苏省苏州市中级人民法院(2017)苏05民终8244号民事判决书

法院观点:苏州市中级人民法院认为,双方在合同中并未约定付款方式,陈铭、熊青虽同意张玉莉贷款,但并无证据证明双方就贷款比例达成一致约定,且房屋买卖合同的标的物价值较大,张玉莉作为买受人,对自身合同义务的履行能力及相应的贷款政策变化风险应当充分预见,故上述购房贷款政策调整不属于不可抗力。据此,张玉莉认为因购房政策的调整导致其无法继续履行合同的理由不能成立,其单方主张解除合同属于违约。

裁判规则 152

在借名买房的情形下,基于借名买房合同仅具有债权效力及合同相对性的限制,借名人只能向出名人请求交付房屋并办理房屋权属变更登记,不能直接请求确认享有物权,也不能直接向开发商主张商品房买卖合同项下的权利。

所谓借名买房,是指借名人以出名人的名义购买房屋,并以出名人的名义办理权属登记,但房屋的占有、使用、收益、处分权限仍归借名人享有。实践中,由于限购、限贷、逃避债务、规避税收或基于身份关系(如夫妻或父母子女)等原因,存在大量借名买房的情况。如果借名人与出名人之间发生纠纷,在借名人以出名人的名义与开发商签订商品房买卖合同之后,在商品房交付、办证前,借名人往往以开发商为被告,请求交付房屋或办理权属证书,在房屋交付、办证后,借名人往往以出名人为被告,请求确认房屋归其所有。就此,应当认为,基于合同相对性的限制,借名人只能向出名人请求交付房屋并办理房屋权属变更登记,而不能直接向开发商主张权利,更不能请求确认物权。

第一,“借名人与出名人之间的借名登记契约,只在其内部产生债权债务关系”①,基于合同的相对性,不能约束开发商,借名人只能向出名人主张权利,不能向开发商主张权利。也就是说,借名人既不能直接向开发商主张合同权利,

---

① 王毓莹:《执行异议之诉的裁判思路》,载《民事审判指导与参考》2016 年第 3 辑(总第 67 辑),第 47 页。

更不能以开发商为被告请求确认物权。在下述【典型案例 152】中,法院也未判决开发商直接向借名人履行过户义务,而是要求开发商将房屋过户给出名人,再由出名人过户给借名人。

第二,借名人与出名人之间存在借名登记契约,那么借名人可否以出名人为被告,请求确认享有房屋所有权?在“谭万兴与雷广志等房屋确权纠纷案”①中,雷广志和京达旅业借用谭万兴名义向海龙王公司购买涉案房产,谭万兴与海龙王公司签订了房屋买卖合同并办理了房屋产权登记手续,雷广志、京达旅业以谭万兴侵权为由向法院提起诉讼,请求确认涉案房产归两人共同所有。法院认为,“雷广志和京达旅业作为涉案房产的实际购买方支付了相应的房屋价款,其要求确认享有涉案房屋产权的理由成立,应予支持”。但借名登记契约作为合同,“仅具有债权效力”,②只能设定债权——借名人对出名人享有将房屋过户至自己名下的请求权,并无直接设定房屋所有权的法律效力。据此,借名人也不能直接以出名人为被告,请求确认房屋所有权。北京市高级人民法院《关于审理房屋买卖合同纠纷案件若干疑难问题的会议纪要》(京高法发〔2014〕489 号)第 10 条第 1 款即规定:“借名人以出名人(登记人)为被告提起诉讼,要求确认房屋归其所有的,法院应当向其释明,告知其可以提起合同之诉,要求出名人为其办理房屋过户登记手续。”广东省高级人民法院《关于审理房屋买卖合同纠纷案件的指引》(粤高法〔2017〕191 号)第 28 条第 1 款也规定:“借他人名义购买房屋,借名人请求确认房屋归其所有的,不予支持。借名人请求出名人(登记权利人)协助办理房屋所有权转移登记的,可予支持,但房屋在限购范围内,借名人不具有购房资格的除外。”

参考案例裁判文书

参考案例102
最高人民法院(2011)民申字第261号民事裁定书

第三,如果借名人向出名人行使债权请求权——请求出名人协助办理房屋产权过户登记,则应区分不同情形:在借名人于诉讼时仍不具备购房资格或该房屋不具备再行转让交易的条件的情形下,其请求因法律上的履行不能而不应得到支持;但当借名人于诉讼时符合了购房条件或者该房屋具备了再行转让交

① 参考案例 102:“谭万兴与雷广志等房屋确权纠纷案”,最高人民法院(2011)民申字第 261 号民事裁定。

② 江苏省高级人民法院民一庭:《房地产调控背景下房地产纠纷风险防控及司法对策研究》,载《民事审判指导与参考》2017 年第 2 辑(总第 70 辑),第 186 页。

易的条件时,因并不存在继续履行合同的障碍,故可支持借名人主张登记权利人协助办理过户登记的请求。[1] 江苏省高级人民法院《关于审理房地产合同纠纷案件若干问题的解答(征求意见稿)》(苏高法电〔2017〕559号)第23条第1款中段规定:“借名人依据合同约定要求登记人(出名人)办理房屋所有权转移登记的,可予支持。”北京市高级人民法院《关于审理房屋买卖合同纠纷案件适用法律若干问题的指导意见(试行)》(京高法发〔2010〕458号)第15条第1款规定:“当事人约定一方以他人名义购买房屋,并将房屋登记在他人名下,借名人实际享有房屋权益,借名人依据合同约定要求登记人(出名人)办理房屋所有权转移登记的,可予支持。但是,该房屋因登记人的债权人查封或其他原因依法不能办理转移登记,或者涉及善意交易第三人利益的除外。”

典型案例152

张贝尔儿与郭元猛、北京中粮万科假日风景房地产开发有限公司房屋买卖合同纠纷案[2]

典型案例裁判文书

典型案例152

北京市第二中级人民法院(2015)二中民终字第08240号民事判决书

基本案情:2010年5月22日,张贝尔儿与郭元猛签订《协议书》约定,张贝尔儿以郭元猛的名义与中粮万科公司签署商品房认购书和商品房预售合同,购买假日风景家园项目中的住宅楼10层1单元-1001号的房产,张贝尔儿实际支付上述购房的定金和购房款,郭元猛无须支付任何费用;所购商品房的产权实际归张贝尔儿所有,待该房产办理完产权证后,郭元猛配合张贝尔儿办理房产过户手续,过户费用由张贝尔儿承担。2010年5月27日,郭元猛与中粮万科公司签订《北京市商品房预售合同》及相关《补充协议》约定,该商品房为住宅楼10层1单元1001,总价款为2 344 291元。签订合同后,各方依约履行义务。中粮万科公司认可房款已付清,并称已按合同约定时间交付房屋。张贝尔儿称房屋已交付并

---

① 司伟:《借名买房纠纷中房屋权属认定的物权法思考》,载《民事审判指导与参考》2016年第2辑(总第66辑),第119~120页。

② 典型案例152:“张贝尔儿与郭元猛、北京中粮万科假日风景房地产开发有限公司房屋买卖合同纠纷案”,北京市第二中级人民法院(2015)二中民终字第08240号民事判决。

实际入住。郭元猛认可张贝尔儿和案外人张某某婚后共同入住。后张贝尔儿以郭元猛为被告、中粮万科公司为第三人,要求办理房屋权属过户手续。庭审中,张贝尔儿提交了北京市商品房认购书及补充协议、商品房预售合同及补充协议、房款发票、契税发票、专项维修资金收款通知单等原件。

法院观点:北京市丰台区人民法院认为:张贝尔儿与郭元猛签订的《协议书》系双方真实意思表示,内容未违反相关法律规定,该协议书有效。在张贝尔儿与郭元猛这层法律关系中,双方签署了借名买房协议,确认由张贝尔儿支付全部房款,现房屋由张贝尔儿实际控制居住,房屋相关合同、房款发票、契税等手续原件均由张贝尔儿持有,房屋物业费、燃气费等后续费用由张贝尔儿支付,且基于签订合同当时双方人际关系,以上过程符合借名买房习惯,故对张贝尔儿与郭元猛之间的借名买卖关系予以认定。现涉案房屋产权登记在第三人中粮万科公司名下,中粮万科公司认可涉案房屋价款已全部付清,故房屋过户条件已成就。遂判决中粮万科公司将案涉房屋过户至郭元猛名下,郭元猛取得案涉房屋所有权后,协助将案涉房屋过户至张贝尔儿名下。二审法院(北京市第二中级人民法院)予以维持。

6. 商品房买卖合同的违约责任规则

在商品房买卖合同的履行中，常见的违约行为集中在迟延履行、标的物瑕疵两个方面。其中，迟延履行主要包迟延交付房屋、迟延办理房屋权属证书、迟延付款；标的物瑕疵主要包括房屋质量不合格、房屋存在质量瑕疵、房屋的层高或容积率不符合约定，等等。至于开发商因恶意违约应承担惩罚性赔偿责任，本书第 7 部分将作专门讨论，此处不赘述。

6.1 违反商品房买卖预约合同的法律责任

预约，作为相对于本约而言的一种特殊合同，其违约责任也有别于本约。

裁判规则 153

商品房买卖预约合同的违约责任实行过错归责原则。只有在未能签订商品房买卖本约合同可归责于一方当事人的情况下，才成立预约合同的违约责任。

《民法典》第 577 条(《合同法》第 107 条)规定："当事人一方不履行合同义务或者履行合同义务不符合约定的，应当承担继续履行、采取补救措施或者赔偿损失等违约责任"。一般认为，该条规定确立了严格责任原则，除法律有特别规定的以外(如《民法典》第 660 条第 2 款、第 662 条规定的赠与合同，第 897 条规定的无偿保管合同，第 929 条规定的无偿委托合同等)，不论违约方主观是否有过错，只要不履行合同义务或者履行合同义务不符合约定，就应当承担违约责任。《民法典》第 495 条第 2 款规定："当事人一方不履行预约合同约定的订立合同义务的，对方可以请求其承担预约合同的违约责任。"但对未能按照商品房买卖预约合同约定订立本约的，不能采取严格责任原则。

《商品房买卖合同解释》第 4 条规定："出卖人通过认购、订购、预订等方式向买受人收受定金作为订立商品房买卖合同担保的,如果因当事人一方原因未能订立商品房买卖合同,应当按照法律关于定金的规定处理;因不可归责于当事人双方的事由,导致商品房买卖合同未能订立的,出卖人应当将定金返还买受人。”也就是说,签订预约合同后,并非只要未能签订本约,当事人就应当承担预约合同的违约责任,而应在个案中审查未能签订本约是否可归责于一方当事人。如其未在约定的时间、地点去签订本约,无正当理由否定预约中已经确定的条款,或提出不合理条件等,导致未能缔结本约,才应承担违约责任。如广东省高级人民法院《关于审理房屋买卖合同纠纷案件的指引》(粤高法〔2017〕191号)第4条规定:“当事人签订预约合同时已经知道将来拟签订的房屋买卖合同主要条款,拒绝签约的一方以双方不能就该主要条款达成合意为由抗辩不承担违约责任的,不予支持。”北京市高级人民法院《关于审理房屋买卖合同纠纷案件适用法律若干问题的指导意见(试行)》(京高法发〔2010〕458号)第2条第2款也规定:“因可归责于当事人一方的原因致使房屋买卖合同未能订立,预约协议约定有定金条款的,应当适用定金罚则;没有约定定金条款,或者定金处罚数额不足以弥补守约方实际损失的,违约方应当赔偿守约方因此所受到的信赖利益损失。守约方要求赔偿合同履行的可得利益损失的,一般不予支持。”如果当事人在遵循公平、诚信原则的前提下进行了磋商,只是由于不可归责于双方的原因导致未能对其他条款达成一致意见,则不应承担责任。[①]

“陈敬全等诉重庆丰盈房地产开发有限公司商品房预约合同纠纷案”[②]中,在达成预约合同时,双方明确将按置业预算表填写《重庆市商品房买卖合同》,其后,因丰盈公司提供的《重庆市商品房买卖合同》(草稿)未载明置业预算表中确认的装修标准、接房标准,双方未能签署购房合同。法院遂认定,丰盈公司并未按照双方在置业预算表中约定的交房标准签订商品房买卖合同,且未举示证据证实双方未签订正式购房合同系陈敬全的原因或不可归责于双方的原因,故应承担预约合同的违约责任。但在下述【典型案例153】中,因不可归责于双方的原因导致本约未能订立,法院则判决双方均无须承担违约责任。

参考案例裁判文书

参考案例103

陈敬全等诉重庆丰盈房地产开发有限公司商品房预约合同纠纷案

① 孙超:《预约条款的性质识别及效力认定》,载《人民司法·案例》2016年第11期,第62页。

② 参考案例103:“陈敬全等诉重庆丰盈房地产开发有限公司商品房预约合同纠纷案”,重庆法院参考性案例8号,重庆市高级人民法院审判委员会讨论通过,2014年10月23日发布。

典型案例153

戴雪飞诉华新公司商品房订购协议定金纠纷案①

典型案例裁判文书

典型案例153
戴雪飞诉华新公司商品房订购协议定金纠纷案

基本案情:2004 年 4 月 18 日,戴雪飞以本人及其夫丘荣的名义(乙方),与华新公司(甲方)签订《订购协议》约定:乙方向甲方交付定金 5 万元,订购都市花园·天域 2 幢 203 室住宅一套;乙方若在甲方通知的签约日前选择放弃已取得的物业购买权,或者到期不签约,5 万元定金不退还;甲方若在签约日前将该房屋转售他人,应当向乙方双倍返还定金。当日,华新公司收到戴雪飞、丘荣定金 5 万元,并通知戴雪飞于 4 月 25 日签订正式商品房预售合同。4 月 25 日,戴雪飞前往华新公司的售楼处,与华新公司洽谈。但对此次洽谈的内容,双方当事人的陈述不一致。戴雪飞主张,其要求待丈夫从香港回来后再签订合同,但在该延期请求是否得到华新公司同意一事上,前后陈述不一致;华新公司主张,戴雪飞此日前来是要求降低房价,因遭到拒绝故未订约。对各自的主张,双方当事人均不能以证据证实。5 月 7 日,戴雪飞向华新公司提交书面意见称:"本人于 2004 年 5 月 7 日与华新公司签约时,要求所购房屋的装修标准与样板房一致,删除合同附件二中'样板房仅供参考,华新公司保留最终解释权'字样,华新公司不能给予明确答复,需另择日签约。"华新公司销售部副经理廖庆在该书面意见上注明:"该客户意见已收到。"5 月 9 日,华新公司通知戴雪飞,因其未按约于 4 月 25 日到华新公司签订商品房预售合同,已违反订购协议之约定,特将原协议项下的定金没收。双方为此发生纠纷,戴雪飞提起诉讼。

法院观点:一审法院(苏州工业园区人民法院)认为,按照订购协议约定,双方当事人承诺在将来签订商品房预售合同,5 万元定金是履行这一承诺的担保。戴雪飞既然在 4 月 25 日未能与华新公司协商订约,就应当承担违约的民事责任,即无权要求返还其交付的定金。一审宣判后,戴雪飞提出上诉。二审法院(江苏省苏州市中级人民法院)认为,订购协议中的"到期不签约"一语,显然不

① 典型案例 153:"戴雪飞诉华新公司商品房订购协议定金纠纷案",载《中华人民共和国最高人民法院公报》2006 年第 8 期,第 33 ~38 页。

包括由于不可归责于双方的原因而到期不签约的情形。在双方当事人均不能以证据证明自己陈述真实的情形下，应当认定4月25日未能订立商品房预售合同的原因是双方当事人磋商不成，并非哪一方当事人对订购协议无故反悔。如果双方在公平、诚信原则下继续进行了磋商，只是基于各自利益考虑，无法就其他条款达成一致的意思表示，致使本约不能订立，则属于不可归责于双方的原因，不在预约合同所指的违约情形内。这种情况下，预约合同应当解除，已付定金应当返还。

裁判规则 154

当事人违反商品房买卖预约合同约定拒不签订本约的，不能强制其履行签订本约的义务，也不能拟制本约成立，而应通过损失赔偿等金钱责任予以调整。

在未能按照预约合同约定签订本约且可归责于一方当事人的情况下，《买卖合同解释》第2条规定："当事人签订认购书、订购书、预订书、意向书、备忘录等预约合同，约定在将来一定期限内订立买卖合同，一方不履行订立买卖合同的义务，对方请求其承担预约合同违约责任或者要求解除预约合同并主张损害赔偿的，人民法院应予支持。"就该条规定的违约责任，最高人民法院民二庭坦承，"对于预约能否强制缔约问题，本司法解释起草小组在论证过程中始终处于犹豫状态。本司法解释《征求意见稿》第九稿第3条曾倾向于采纳'否定说'，但《征求意见稿》第十稿第3条第2款又倾向于'肯定说'。最后，将关于能否'强制订立本约'的规定删除。这意味着本司法解释对该问题没有明确态度。"① 《民法典》第495条第2款规定："当事人一方不履行预约合同约定的订立合同义务的，对方可以请求其承担预约合同的违约责任。"亦未明确可否强制缔约。

实践中，各地法院普遍认为不能基于预约合同的约定强制订立本约或拟制本约成立。重庆市高级人民法院《关于当前民事审判若干法律问题的指导意见》(2007年11月22日)第35条规定："出卖人通过认购、订购、预订等方式向买受人收受定金作为订立商品房买卖合同担保的，如果具备预约的要件，应当

---

① 最高人民法院民事审判第二庭编著：《最高人民法院关于买卖合同司法解释理解与适用》，人民法院出版社2012年版，第60~61页。

认定为预约合同……出卖人拒绝签订商品房买卖合同,买受人请求继续履行合同签订本约的,法院不宜直接判决当事人履行签订合同的义务。”广东省高级人民法院《关于审理房屋买卖合同纠纷案件的指引》(粤高法〔2017〕191 号)第 5 条前段规定:“当事人一方无正当理由不履行预约合同约定的签约义务,守约方请求人民法院判决强制签订房屋买卖合同的,不予支持。”由于既不能强制其履行签订本约的义务,也不能拟制本约成立,故只能通过损失赔偿等金钱责任予以救济。

典型案例154

珠海万里路企业有限公司与珠海辰泰房地产有限公司商品房买卖合同纠纷案①

典型案例裁判文书

典型案例154

广东省高级人民法院(2009)粤高法审监民提字第338号民事判决书

基本案情:2006 年 4 月 30 日,万里路公司与辰泰公司签订《优先认购说明书》《优先认购金退款说明书》及其附件共四套,《优先认购说明书》约定:金珠园是辰泰公司正在开发的房地产项目,尚未取得《商品房预售许可证》,万里路公司认购金珠园 901、906、1001、1006 共四套商品房;万里路公司交纳优先认购金每套 15 万元;《商品房预售许可证》取得后,辰泰公司将通知认购方前来签订《商品房预售合同》。其后,双方又签订《金珠园合作协议书》,约定另外预定 6 套住宅。后在磋商《商品房买卖(预售)合同》过程中,万里路公司认为,辰泰公司草拟的《商品房买卖协议》中对原定协议作了重大修改,损害了万里路公司权益。辰泰公司认为,其草拟的《商品房买卖协议》是经双方协商并对内容确认后起草,但万里路公司一直未找到买家,于是不断提出要求,目的是拖延时间,遂迟迟不肯与辰泰公司签订合同。截至 2007 年 1 月 26 日,双方未能签订商品房买卖合同。后万里路公司起诉要求判令辰泰公司承担违约责任,且继续履行合同。

法院观点:珠海市中级人民法院在二审中认为,万里路公司要求辰泰公司

---

① 典型案例 154:“珠海万里路企业有限公司与珠海辰泰房地产有限公司商品房买卖合同纠纷案”,广东省高级人民法院(2009)粤高法审监民提字第 338 号民事判决。

履行出卖义务，以存在买卖本约为前提。而《优先认购说明书》《优先认购金退款说明书》《金珠园合作协议书》作为预约合同，即使一方存在违反预约合同的行为，也不能要求双方强制订立本约。据此驳回了万里路公司的继续履行合同的请求。

裁判规则 155

商品房买卖预约合同违约责任的赔偿范围为本约合同的信赖利益损失，包括所受损失与所失利益，但以不超过本约合同的履行利益为限。

如前所述，如果违反预约合同约定拒不签订本约合同且可归责于一方当事人的，应当承担预约合同的违约责任。理论上认为，相对于本约而言，违反预约的行为既是预约的违约行为，也可视为本约的缔约过失行为。因此，预约违约的损失相当于本约的缔约过失责任范围，而本约的缔约过失责任范围则为本约的信赖利益损失。[①] 信赖利益包括所受损失与所失利益。其中，所受损失主要包括缔约费用、准备履行所耗费用、已给付金钱的利息等；所失利益主要是另失订约机会之损害。[②] 就此，《买卖合同解释》第 2 条规定："当事人签订认购书、订购书、预订书、意向书、备忘录等预约合同，约定在将来一定期限内订立买卖合同，一方不履行订立买卖合同的义务，对方请求其承担预约合同违约责任或者要求解除预约合同并主张损害赔偿的，人民法院应予支持。"但在解读该条规定时，最高人民法院民二庭王闯博士提出，"预约合同的损害赔偿范围主要是指'所受损失'，至于'所失利益'即因丧失机会而导致的损失，是否属于违反预约之赔偿范围，有待进一步探讨，目前尚未形成共识"。[③]

从实践的情况来看，法院判决确定的预约合同违约责任通常限于所受损失，即直接利益的减少，较少涉及所失利益——丧失订约机会的损失。究其原因，一是存在证明上的困难。在预约所指向的本约之外是否存在其他订约机会、该机会导致的损失大小均难以证明。二是缺乏确定性。预约本身属于本约

① 最高人民法院民事审判第二庭编著：《最高人民法院关于买卖合同司法解释理解与适用》，人民法院出版社 2012 年版，第 61 页。

② 王泽鉴：《民法学说与判例研究》（第五册），中国政法大学出版社 1998 年版，第 227 ~ 231 页。

③ 最高人民法院民事审判第二庭编著：《最高人民法院关于买卖合同司法解释理解与适用》，人民法院出版社 2012 年版，第 62 页。

的磋商阶段,其目的是按照诚实信用原则的要求最大限度促使本约成立,但这并不意味着每个预约均能促成本约,而且实际上难以做到。[①] 也就是说,预约转化为本约不具有确定性,此外,潜在的订约机会能否转化为现实的合同也不具有确定性,在此基础上,要求赔偿所失利益,缺乏足够的说服力。但如果订约机会具备确定性且能够证明的,就应当赔偿订约机会损失。同时,由于该损失难以准确计量,故实践中通常根据个案情况酌情确定。就此问题,前述【裁判规则114】已作详细阐述。

典型案例155

程美菊与江西惠荣房地产投资开发有限公司商品房预约合同纠纷案[②]

典型案例裁判文书

典型案例155
江西省高级人民法院
(2016)赣民再46号
民事判决书

基本案情:2004 年 4 月 9 日,程美菊与惠荣公司签订《认购书》约定,程美菊认购东方假日广场紫梅苑 C 单元 401 室的住宅一套,定金为10 000元;建筑面积约为 69.26 平方米,折后单价为 1200 元/平方米,总价为83 112元;程美菊须于签订本认购书后接开发商通知携同本《认购书》及身份证或公司证明文件与购房首期楼款到公司售楼处签署《商品房买卖合同(预售)》及有关文件。后程美菊支付了定金10 000元。2012 年 2 月初,惠荣公司通知程美菊选房,房价要按 3650 元每平方米计算,程美菊不同意,遂诉至法院,请求判令惠荣公司双倍返还定金 2 万元,并承担因违约造成的利益损失169 687元[(3650 元/平方米 - 1200 元/平方米)×69.26 平方米 =169 687元]。

法院观点:在认定《认购书》属于预约合同的基础上,针对程美菊所主张的因违约造成的利益损失169 687元,二审法院(江西省南昌市中级人民法院)认为,由于双方对预约价格与现在市场价格无法进一步磋商签订正式商品房预售

① 最高人民法院民事审判第二庭编著:《最高人民法院关于买卖合同司法解释理解与适用》,人民法院出版社 2012 年版,第 57 页。

② 典型案例 155:"程美菊与江西惠荣房地产投资开发有限公司商品房预约合同纠纷案",江西省高级人民法院(2016)赣民再 46 号民事判决。

合同,为促使民事主体以善意方式履行其民事义务,维护交易的安全和秩序,充分保护守约方的民事权益,在综合考虑南昌市近年来房地产市场发展的趋势以及双方当事人实际情况,程美菊履约的支出及其信赖利益的损失等因素,酌定惠荣公司赔偿程美菊84 843.5元。二审判决后,江西省人民检察院提起抗诉,江西省高级人民法院在再审中也认为,惠荣公司违反《认购书》的约定导致的损失是程美菊丧失与惠荣公司缔结商品房买卖合同的机会,二审法院根据南昌市房地产市场的发展趋势和本案实际情况,酌情认定由惠荣公司赔偿程美菊利益损失84 843.5元,再审没有理由对二审法院判断的损失金额进行调整。

6.2 开发商违反交房义务的违约责任

实践中,开发商违反交房义务,主要表现为由于建设方面的原因导致的迟延交付、瑕疵交付等问题。

裁判规则 156

购房人明知商品房不具备约定或者法定交付条件而接收商品房后,又以商品房不满足交付条件为由主张逾期交房违约责任的,不予支持。

前述【裁判规则 120】提出,"商品房买卖合同约定,房屋经竣工验收合格方能交付使用,如开发商交付的商品房未经竣工验收合格的,视为未交付,交付时间顺延至竣工验收合格之日。但购房人明知开发商交付的商品房未经竣工验收合格的除外"。也就是说,如果购房人明知房屋尚不具备约定或者法定交付条件而予以接收的,应当视为双方合意对房屋交付条件的变更。如前所述,如商品房买卖合同约定不以竣工验收合格作为交付条件的,应属有效。因此,开发商与购房人合意将房屋交付条件变更为无须竣工验收合格也应有效。在此情形下,开发商的房屋交付行为合法,购房人也就不应再以商品房不满足交付条件为由主张逾期交房违约责任。广东省高级人民法院《关于审理房屋买卖合同纠纷案件的指引》(粤高法〔2017〕191 号)第 32 条即规定:"买受人知道商品房不具备约定或者法定交付条件同意接收商品房,又以商品房不具备交付条件为由主张逾期交房违约责任的,不予支持。但买受人可以请求出卖人依据法律规定或者合同约定完善商品房交付条件,并赔偿因此造成的实际损失。"江苏省高级人民法院《关于审理房地产合同纠纷案件若干问题的解答(征求意见稿)》(苏高法电〔2017〕559 号)第 34 条第 2 款规定:“买受人明知出卖人交付的商品房不符合合同约定或法定的交付条件,仍然接受房屋,买受人要求出卖人承担迟延交付责任的,不予支持。但因交付的商品房不符合合同约定或法定的交付条件,给买受人造成其他损失的,应予赔偿。”北京市高级人民法院《关于审理房屋买卖合同纠纷案件若干疑难问题的会议纪要》(京高法发〔2014〕489 号)第 12 条第 2 款也规定:“买受人明知商品房不具备法定或约定交付条件仍同意接收房屋后,又以房屋不具备交付条件为由主张逾期交房违约金的,不予支持,但买受人有权要求出卖人依据法律规定或合同约定完善房屋交付条件,并主张因房屋交付条件不具备给其造成的实际损失。”

典型案例156

汕头市东信投资管理有限公司诉汕头金冠房产开发有限公司商品房预售合同纠纷案[①]

典型案例裁判文书

典型案例156
最高人民法院(2017)最高法民申48号民事裁定书

基本案情:东信公司与金冠公司签订商品房预售合同约定,东信公司购买金冠公司开发的金冠商业中心裙楼一层 E 单元(建筑面积 1668.21m^2、房价为10 009 260元)、F 单位(建筑面积 1668.21m^2、房价为2 284 620元)。1999 年 7 月 20 日,金冠公司与潮州信用社签订《补充约定》约定,金冠公司同意潮州信用社要求,将金冠商业中心首层先行交付潮州信用社。原审法院依据《补充约定》的上述内容,认定案涉房产已于 1999 年 7 月 20 日交付使用。东信公司向最高人民法院申请再审,主张金冠公司交付未经验收或验收不合格的商品房,其交房行为违法,不能被认定为已经履行交房义务。

法院观点:最高人民法院在再审审查中认为,案涉房产的交付是依据双方签订的《补充约定》约定而实施的先行交付。尽管案涉房产交付时,因未竣工验

---

① 典型案例 156:“汕头市东信投资管理有限公司诉汕头金冠房产开发有限公司商品房预售合同纠纷案”,最高人民法院(2017)最高法民申 48 号民事裁定。

收违反了《城市房地产开发经营管理条例》第 17 条的规定。但根据《城市房地产开发经营管理条例》第 36 条[①]的规定，未经验收可以补办验收手续，不能认定金冠公司的交付行为无效。据此，原审法院认定金冠公司于 1999 年 7 月 20 日将案涉房产交付潮州信用社，并无不当。

裁判规则 157

购房人接收房屋后，有证据证明房屋主体结构质量不合格或存在严重影响正常居住使用的质量问题的，购房人既可以要求解除合同、赔偿损失，也可以要求开发商予以修复，并赔偿不能正常使用房屋期间的使用价值损失、物业服务费等损失。

《商品房买卖合同解释》第 12 条规定："因房屋主体结构质量不合格不能交付使用，或者房屋交付使用后，房屋主体结构质量经核验确属不合格，买受人请求解除合同和赔偿损失的，应予支持。""这种情况一般是指房屋经验收合格交付使用后，但又经核验确属不合格。"[②]除主体结构质量不合格以外，《商品房买卖合同解释》第 13 条第 1 款规定："因房屋质量问题严重影响正常居住使用，买受人请求解除合同和赔偿损失的，应予支持。"至于何谓"严重影响正常居住使用"，江苏省高级人民法院《关于审理房地产合同纠纷案件若干问题的解答（征求意见稿）》（苏高法电〔2017〕559 号）第 35 条规定："出卖人交付的房屋虽符合合同约定，但仍存在下列严重影响正常居住使用的情形的，买受人可以拒绝接收，或在收房后一年内请求解除合同和赔偿损失的，人民法院应予支持：（一）出卖人擅自变更商品房的朝向、户型等规划、设计条件的；（二）房屋存在渗漏、异响等，在合理期限内无法查明原因或经出卖人维修仍无法修复的；（三）水、电、气等基础设施无法实际投入使用的；（四）消防设施未经过验收合格或无法实际投入使用的；（五）订立合同时出卖人未披露房屋存在违反善良风俗情形的；（六）其他严重影响正常居住使用的情形。"

---

① 原《城市房地产开发经营管理条例》第 36 条规定："违反本条例规定，将未经验收的房屋交付使用的，由县级以上人民政府房地产开发主管部门责令限期补办验收手续；逾期不补办验收手续的，由县级以上人民政府房地产开发主管部门组织有关部门和单位进行验收，并处 10 万元以上 30 万元以下的罚款。经验收不合格的，依照本条例第三十七条的规定处理。"

② 最高人民法院民事审判第一庭编著：《最高人民法院关于审理商品房买卖合同纠纷案件司法解释的理解与适用》，人民法院出版社 2003 年版，第 155 页。

实践中,虽然有证据证明房屋主体结构质量不合格或存在严重影响正常居住使用的质量问题,但在商品房价格一路上扬的背景之下,多数购房人并不愿意解除合同,而是选择在继续保有房屋的前提下,追究开发商的违约责任。就此,开发商除应承担修复责任以外,还应赔偿购房人不能正常使用房屋期间的使用价值损失、物业服务费等损失。其中,购房人不能实际利用房屋期间的损失,可以参照同时期、同地段、同类型房屋的租金损失。此外,其他如物业管理费等实际损失,也应纳入赔偿范围。

典型案例157

李明柏诉南京金陵置业发展有限公司商品房预售合同纠纷案①

典型案例裁判文书

典型案例157
李明柏诉南京金陵置业发展有限公司商品房预售合同纠纷案

基本案情:2007 年 6 月 7 日,李明柏与金陵置业公司签订商品房买卖合同约定,李明柏购买金陵置业公司开发的美仕别墅辣椒街区 58 幢 01 室房屋。同年 6 月 24 日,金陵置业公司向李明柏交付了房屋。2008 年,李明柏向金陵置业公司提出,该房屋存在质量问题。2010 年 3 月 18 日,锋固建筑公司针对该房屋出具了结构加固设计图、工程报价单,并于 3 月 29 日进场施工,施工期为 8 天。施工结束后,李明柏诉至法院,要求金陵置业公司对房屋楼板进行修复,并赔偿损失 50 万元。审理中,双方商定,由建研鉴定公司对房屋加固后的楼板是否达到安全使用的合格标准进行鉴定。2011 年 3 月 28 日,建研鉴定公司作出鉴定结论:该建筑一层客厅楼面板承载力满足相关规范要求。但李明柏未收到该鉴定报告,直至 2011 年 7 月 22 日对该鉴定报告进行质证,才得知鉴定意见。

法院观点:法院认为,第一,金陵置业公司交付的房屋存在质量问题导致李明柏不能居住使用,故李明柏有权向金陵置业公司主张由此给其造成的损失。

① 典型案例 157:“李明柏诉南京金陵置业发展有限公司商品房预售合同纠纷案”,载《中华人民共和国最高人民法院公报》2016 年第 12 期,第 33 ~ 37 页。该案历经一审、二审、再审发回重审、再一审、再二审。

该损失应当截至李明柏知道房屋可以安全居住为止。李明柏请求以同期房屋租金为标准计算其因房屋质量问题而造成的实际损失,应予支持。因李明柏在2011 年 7 月 22 日已经知道该房屋可以安全居住,故该租金损失计算截止时间应当为 2011 年 7 月 22 日。第二,虽金陵置业公司已于 2007 年 6 月将房屋交付给了李明柏,但因金陵置业公司的房屋质量存在问题,导致李明柏无法正常居住使用该房屋,故 2008 年 7 月至 11 月以及 2009 年 4 月至 2011 年 7 月 22 日发生的物业服务费,李明柏可视为因金陵置业公司违约给其造成的损失。据此,判决金陵置业公司赔偿了相应的房屋租金损失与物业服务费损失。

裁判规则 158

购房人接收房屋后,有证据证明房屋存在除主体结构质量问题或严重影响正常居住使用的质量问题以外的其他质量问题的,购房人不得要求解除合同,但有权要求开发商承担保修责任。开发商以房屋已经竣工验收合格或购房人已经接收房屋抗辩的,不予支持。

前述【裁判规则 123】提出,"开发商交付的经竣工验收合格的房屋,虽然存在质量瑕疵,但未对正常使用造成严重影响的,购房人不得拒绝接房"。对于房屋存在的质量问题,《商品房买卖合同解释》第 13 条第 2 款规定:"交付使用的房屋存在质量问题,在保修期内,出卖人应当承担修复责任;出卖人拒绝修复或者在合理期限内拖延修复的,买受人可以自行或者委托他人修复。修复费用及修复期间造成的其他损失由出卖人承担。"就此,需注意以下问题:

一是【裁判规则 158】只适用于除主体结构质量问题或严重影响正常居住使用的质量问题以外的其他质量问题。如果购房人接收房屋后,有证据证明房屋存在主体结构质量问题或严重影响正常居住使用的质量问题,则应适用【裁判规则 157】,购房人有权要求解除合同并赔偿损失。

二是【裁判规则 158】项目下的责任主体是开发商,不是施工单位。虽然《建筑法》第 58 条、第 60 条确定了由施工单位对建筑工程施工质量负责的原则,《建设工程质量管理条例》第 41 条也规定:"建设工程在保修范围和保修期限内发生质量问题的,施工单位应当履行保修义务,并对造成的损失承担赔偿责任。"但上述规定旨在明确建筑工程质量的最终责任承担者为施工单位。根据合同的相对性,对购房人承担责任的主体是开发商,不是施工单位。

三是【裁判规则 158】所称的“其他质量问题”,一般限于隐蔽质量问题。质量瑕疵分为显见质量瑕疵与隐蔽质量瑕疵。买受人在接收房屋时,应当对房屋质量进行必要的检验,这也是买受人应该行使的注意义务。对于明显的瑕疵,买受人应该在接收时提出,否则视为接受该瑕疵。如买受人在取得房屋后再提出房屋存在显见质量瑕疵的,出卖人可以不再负责任,由买受人自行负责维修。对隐蔽质量瑕疵,采取通常方法一时不易发现,而需经过专门鉴定或在房屋使用过程中才能发现,如房屋漏水等。对于这类瑕疵,买受人在发现后及时向出卖人提出的,出卖人应当承担责任。①

典型案例158

杨珺诉东台市东盛房地产开发有限公司商品房销售合同纠纷案②

典型案例裁判文书

典型案例158
杨珺诉东台市东盛房地产开发有限公司商品房销售合同纠纷案

基本案情:2006 年 3 月 25 日,杨珺与东盛公司签订商品房买卖合同约定,杨珺购买东盛公司开发的水景湾 10 号楼 A 室房屋;出卖人自房屋交付使用之日起,按照《住宅质量保证书》承诺的内容承担相应的保修责任。水景湾 10 号楼于 2006 年 1 月 20 日竣工。2006 年 6 月 21 日,杨珺领取了涉案房屋的所有权证。在装修、居住过程中,杨珺发现存在墙体多处裂缝、窗户渗漏等问题。2007 年 12 月 11 日,南京东南建设工程安全鉴定有限公司作出鉴定结论:水景湾 10 号楼 A 室产生墙体裂缝的主要原因是温度变化时结构材料的不均匀收缩所致,屋面未做保温屋和墙体砌筑质量较差导致顶部楼层温度裂缝明显,上述裂缝对主体结构安全没有影响,但严重影响观瞻和使用功能。2007 年 12 月 21 日,杨珺起诉要求东盛公司承担根治修复房屋裂缝渗漏及相关费用的民事责任。东盛公司辩称:施工图设计文件通过了有关行政部门审查,符合国家强制性标准及规范的要求,房屋

① 最高人民法院民事审判第一庭编著:《最高人民法院关于审理商品房买卖合同纠纷案件司法解释的理解与适用》,人民法院出版社 2003 年版,第 169 页。

② 典型案例 158:“杨珺诉东台市东盛房地产开发有限公司商品房销售合同纠纷案”,载《中华人民共和国最高人民法院公报》2010 年第 11 期,第 38 ~ 43 页。

经竣工验收合格，故请求驳回杨珺的诉讼请求。

法院观点：一审法院（东台市人民法院）认为，第一，在当事人对房屋建筑工程质量提起的诉讼中，建设单位提供的有关行政管理部门的批准文件，以及勘察、设计、施工、工程监理等单位的质量合格文件，只能作为证据使用，对人民法院认定事实不具有当然的确定力和拘束力。本案中，原告购买的房屋存在裂缝、渗漏等问题，这是一个客观事实，并经司法鉴定结论证实，足以认定房屋存在质量缺陷。第二，本案中，房屋存在的质量缺陷比较隐蔽，经鉴定，质量缺陷的产生原因在房屋交付时即已存在，只是在交付后才被发现。我国实行建筑工程质量保修制度，杨珺在保修期内主张权利，应当予以支持。第三，《建筑法》规定，由施工单位对建筑工程施工质量负责，其意旨在于明确建筑工程质量的最终责任承担者为施工单位。根据《合同法》第 155 条[①]的规定，购房人向开发商主张权利有法律规定上的依据。据此判令东盛公司对房屋整改修复。二审中，盐城市中级人民法院也认为，东盛公司作为房屋的出卖人，对其出售房屋存在的质量缺陷，依法应当承担相应的修复义务。房屋通过标准审查仅是有关行政管理部门认定的事实，并不能据此否定房屋存在质量缺陷的客观事实。

裁判规则 159

> 商品房经竣工验收合格并交付购房人使用后，购房人在使用过程中因隐蔽质量瑕疵遭受损失的，有权要求开发商承担相应的质量瑕疵责任。

《民法典》第 620 条与第 621 条[②]、《买卖合同解释》第 15 条至第 20 条确立了买受人对标的物的检验制度，通常情况下，买受人检验并接收标的物之后，不得再要求出卖人承担瑕疵担保责任。商品房经竣工验收合格后交付购房人时，购房人也需对商品房质量进行检验。那么在购房人检验并接收房屋后，购房人是否还有权要求开发商承担质量瑕疵担保责任？

首先，《建筑法》第 60 条第 1 款规定："建筑物在合理使用寿命内，必须确保地基基础工程和主体结构的质量。"因此，无论购房人是否检验并接收房屋，对地基基础工程与主体结构质量，在建筑物的合理使用寿命内，购房人都有权要

---

① 《民法典》第 617 条。
② 《合同法》第 157 条与第 158 条。

求开发商承担相应的质量瑕疵责任。

其次,对地基基础工程与主体结构之外的质量问题,应当区分为显见瑕疵与隐蔽瑕疵。所谓显见瑕疵,是指用肉眼从外观上即可发现的瑕疵,如房屋墙壁开裂、地面抹灰不平等。对于显见瑕疵,购房人在验收时未提出异议并予以接收的,根据《民法典》第 621 条第 1 款①的规定,视为质量符合约定,购房人不得再要求开发商承担瑕疵担保责任。所谓隐蔽瑕疵,包括因被隐蔽而从外观上难以发现的瑕疵,如隐蔽的防水层未按规范要求施工,以及虽然外观上可见但其性能不得而知的瑕疵,如下述【典型案例 159】中的绝热材料性能不达标。对于隐蔽瑕疵的,购房人无法通过交房时的检验发现,故应给予购房人合理的期间发现并指出瑕疵。至于"合理期间"的时间长短,则应根据《买卖合同解释》第 17 条第 1 款的规定,综合当事人之间的交易性质、交易目的、交易方式、交易习惯、标的物的种类、数量、性质、安装和使用情况、瑕疵的性质、买受人应尽的合理注意义务、检验方法和难易程度、买受人或者检验人所处的具体环境、自身技能以及其他合理因素,依据诚实信用原则确定。如果购房人在接收房屋后的"合理期间"提出房屋存在隐蔽瑕疵的,开发商仍应承担质量瑕疵担保责任。

最后,之所以将开发商的质量瑕疵责任限定为"相应的",主要是指当损害结果系多种原因共同作用的结果(多因一果)时,开发商只应承担与自己原因相适应的质量瑕疵担保责任。在下述【典型案例 159】中,火灾原因包括第三人失火、开发商选用绝热材料不当、物管公司巡查不到位,法院即根据原因力的大小将开发商的赔偿责任限定为损失的 40% 。

---

① 该款规定:"当事人约定检验期限的,买受人应当在检验期限内将标的物的数量或者质量不符合约定的情形通知出卖人。买受人怠于通知的,视为标的物的数量或者质量符合约定。"

典型案例159

赵淑华与沈阳皇朝万鑫酒店管理有限公司、沈阳中一万鑫物业管理有限公司财产损害赔偿纠纷案[①]

典型案例裁判文书

典型案例159
最高人民法院（2018）
最高法民再206号民事判决书

基本案情：2008年7月10日，万鑫大厦B座第11层至37层消防验收合格。2009年10月，万鑫大厦经竣工验收合格。2009年12月29日，赵淑华与万鑫公司签订《商品房买卖合同》约定，购买该公司开发建设的万鑫大厦B座3407、3507。2011年2月3日0时15分许，李欣（A座的住店客人）燃放的组合烟花落至B座11层1109房间南侧室外平台上，引燃铺设在平台上的塑料草坪，造成墙体外表面装饰保温材料燃烧，将赵淑华屋内物品烧毁。经沈阳市消防局认定，灾害成因为万鑫大厦外墙保温采用了挤塑板等可燃材料，起火后火势迅速蔓延，形成立体燃烧。经鉴定，万鑫大厦绝热用模塑聚苯乙烯泡沫塑料不符合标准要求，塑料草坪燃烧性能不符合要求。事故发生后，李欣因构成失火罪被判处有期徒刑三年。赵淑华向法院提起诉讼，要求万鑫公司、中一公司（物管公司）赔偿因火灾造成的损失。

法院观点：一、二审法院均判决驳回赵淑华的诉请后，赵淑华向最高人民法院申请再审。最高人民法院在再审中认为，万鑫公司为塑料草坪的铺设者和外墙保温材料的建造安装者，上述两种非阻燃材料的使用系起火点在万鑫大厦引燃、蔓延并最终酿成重大火灾事故的主要原因，万鑫公司存在过错，应认定为火灾事故的相关责任人。万鑫公司作为案涉房屋开发商、销售方，有义务交付质量合格的商品房。考虑到商品房买卖合同的标的物即房屋的特殊性，买房人一般不具有检测所购房屋是否符合消防安全规定，建造房屋所使用的建材哪些是易燃的、哪些是阻燃的，是否存在消防安全隐患等，难以适用一般商品买卖合同在标的物交付后买受人应当及时检验产品质量的规则。卖房人万鑫公司因万

---

① 典型案例159："赵淑华与沈阳皇朝万鑫酒店管理有限公司、沈阳中一万鑫物业管理有限公司财产损害赔偿纠纷案"，最高人民法院（2018）最高法民再206号民事判决，载《中华人民共和国最高人民法院公报》2019年第5期，第30～42页。

鑫大厦建筑材料防火缺陷和不当铺设引燃物等过错,直接导致火势蔓延成灾,造成赵淑华财产损失。万鑫公司过错与赵淑华损失间存在因果关系,理应按过错承担赔偿责任,并不以万鑫大厦经工程竣工验收合格、消防分包工程已经审批、外保温层国家标准出台在后等原因而免责。最终,酌定万鑫公司对赵淑华的损失承担40%的赔偿责任。

裁判规则 160

开发商知道或者应当知道购房人对商品房有特定要求,而交付的房屋虽经竣工验收合格,却不符合该特定要求的,应当视为合同目的落空,购房人有权解除合同。

房屋作为不动产,必须占据特定的物理空间,所以每一套房屋都是法律上的特定物。但与此同时,作为批量化建设的产品,房屋也具有种类物的部分属性。站在商品房买卖的角度,如程军凯法官所说,“尽管一个楼盘的每一套住房其面积、楼层、朝向都是独一无二的,但针对整个楼盘而言,购房者则有任意的选择权,任何一套住房都可能成为购房合同的标的物。从这个意义上讲,整个楼盘的住房对购房者来讲属于种类物。当购房者选定某一套住房以后,该套住房就成为特定物。该选定不但约束开发商,同时也约束购房者,非经买卖双方协商一致不得变更,否则即构成违约。”①尤其是在购房人对所选定的房屋有特定要求的情况下,其特定物的属性就更加凸显。如某川剧院向开发商购买房屋用作演出场地,基于舞台设计的需要,房屋的空间高度必须达到 7 米以上,这就构成川剧院的特定要求,如果开发商交付的房屋虽经竣工验收合格但不符合该特定要求的,应当视为合同目的落空,根据《民法典》第 563 条第 1 款第(4)项的规定,购房人有权要求解除合同。

需要注意的是,购房人对商品房的特定要求,通常须在商品房买卖合同中有明确的约定。但如购房人对商品房的特定要求,通过其选定的特定房屋已经得以实现,如房屋朝向问题,故未在商品房买卖合同中再作约定,开发商交付的房屋虽经竣工验收合格但不符合该特定要求,购房人关于其特定要求的主张能

① 程军凯:《商品房是特定物抑或是种类物》,载 http://qdqfy.chinacourt.gov.cn/public/detail.php? id=633,2019 年 6 月 11 日访问。

够通过选定的房屋得到印证的,也应当允许购房人解除合同。下述【典型案例160】即为适例。

典型案例160

张俭华、徐海英诉启东市取生置业有限公司房屋买卖合同纠纷案[①]

典型案例裁判文书

典型案例160
张俭华、徐海英诉启东市取生置业有限公司房屋买卖合同纠纷案

基本案情:张俭华、徐海英系夫妻关系。2014年2月7日,张俭华与取生置业签订《商品房买卖合同》约定,买受由取生置业开发的凯旋华府小区12幢10单元1107号商品房(在建),房屋总价630 000元。该合同附件一为张俭华、徐海英买受房屋的平面图。签订合同当日,张俭华、徐海英一次性支付房款630 000元。2015年6月,张俭华、徐海英在接房时发现,交付的房屋与取生置业的房型图宣传资料以及双方的购房合同附件一载明的房型图户型一致,但实际房间布局结构与房型图为轴对称方向,即实际格局与宣传册及合同附件的图形位置相反。张俭华、徐海英遂以不能实现合同目的为由,请求解除买房合同,退还购房款及利息,赔偿相应损失。

法院观点:一审法院(启东市人民法院)认为,取生置业实际向张俭华、徐海英交付房屋的格局、朝阳房间数量、阳台进深等与房型图、合同附件图一致,仅存在方向的反差,并不影响张俭华、徐海英的居住目的,遂判决驳回了张俭华、徐海英解除合同的诉请。但二审中,南通市中级人民法院认为,当事人将特定的主观目的作为合同的条件或成交的基础,则该特定的主观目的客观化,属于《合同法》第94条[②]的规制范围。本案中,张俭华、徐海英对于房屋内部左右布局明确约定并作为特定的合同目的,并不违反法律、行政法规的禁止性规定。由于取生置业并未交付符合合同约定布局的房屋且无法调换,致使张俭华、徐

---

① 典型案例160:"张俭华、徐海英诉启东市取生置业有限公司房屋买卖合同纠纷案",载《中华人民共和国最高人民法院公报》2017年第9期,第43~46页。

② 《民法典》第563条。

海英购买符合购房合同附件中约定布局房屋的合同目的落空,张俭华、徐海英要求解除合同于法有据,应当予以支持。

裁判规则161

开发商交付的商品房层高未达到约定或法定高度,严重影响使用功能的,购房人可以要求解除合同、赔偿损失。尚未到达严重影响使用功能的程度或购房人不解除合同的,开发商应当按照空间尺寸的减少比例承担赔偿责任。当事人另有约定的除外。

建筑物的高度单位除了"米",还可以用"层"来计量。每一层的高度即层高。基于降低成本、节约建材和节约土地等多种因素的考虑,当前我国的住宅层高一般在2.8米左右。如果交付的商品房层高未达到约定或法定高度的,应当如何处理?

首先,应当区分层高与室内净高。实务中,购房人常将层高与室内净高混为一谈。无论是《商品房买卖合同(预售)示范文本》(GF-2014-0171),还是《商品房买卖合同(现售)示范文本》(GF-2014-0172),其第二章"商品房基本状况"第3条"商品房基本情况"中,约定的都是"商品房层高"。住建部2011年发布的《住宅设计规范》(GB 50096-2011)第2.0.9条规定,层高是指"上下相邻两层楼面或楼面与地面之间的垂直距离"。第2.0.10条规定,室内净高是指"楼面或地面至上部楼板底面或吊顶底面之间的垂直距离。"据此,层高=室内净高+楼板厚度。

其次,如果交付的商品房层高未达到约定或法定高度,严重影响使用功能的,买受人可以要求解除合同、赔偿损失。实务中的争议在于,如何界定"严重影响使用功能"。少数观点主张,《住宅设计规范》(GB 50096-2011)确立了住宅层高的法定下限,如低于《住宅设计规范》(GB 50096-2011)标准的,买受人即可以要求解除合同、赔偿损失。《住宅设计规范》(GB 50096-2011)第5.5.1条规定:"住宅层高宜为2.80m。"第5.5.2条规定:"卧室、起居室(厅)的室内净高不应低于2.40m,局部净高不应低于2.10m,且局部净高的室内面积不应大于室内使用面积的1/3。"第5.5.3条规定:"利用坡屋顶内空间作卧室、起居室(厅)时,至少有1/2的使用面积的室内净高不应低于2.10m。"第5.5.4条规定:"厨房、卫生间的室内净高不应低于2.20m。"第5.5.5条规定:"厨房、卫生间内排水横管下表面与楼面、地面净距不得低于 1.90m，且不得影响门、窗扇开启。”根据《住宅设计规范》“本规范用词说明”的解释，第 5.5.1 条属于“表示允许稍有选择，在条件许可时首先应这样做的用词”，第 5.5.2 条至第 5.5.5 条属于“表示严格，在正常情况下均应这样做的用词”。也就是说，只有第 5.5.2 条至第 5.5.5 条属于强制性标准，构成法定下限。但多数观点认为，该标准过低，明显不符合购房人的心理预期，进而主张参照《商品房买卖合同解释》第 14 条的规定，将层高误差比绝对值 3% 作为根本违约标准。①

再次，如果层高缩水尚未到达严重影响使用功能的程度，或虽然达到严重影响使用功能的程度但买受人不解除合同的，对于损失赔偿标准，存在不同的裁判意见。有法院根据层高缩水对使用功能的影响程度，酌情确定开发商的违约赔偿额，但赔偿额度总体较低，常低于房屋总价款的 1% 。② 也有法院主张，由开发商按照空间尺寸的减少程度承担赔偿责任。也就是说，“根据实际层高与合同约定的层高间的差额确定比例，由开发商以此比例按房屋总价赔偿给购房者”。③ 可通过下面的公式计算：赔偿额 = 层高差 ÷ 约定层高 × 房屋价格。④ 江苏省高级人民法院《关于审理房地产合同纠纷案件若干问题的解答（征求意见稿）》（苏高法电〔2017〕559 号）第 40 条规定：“对于商品房买卖合同约定的层高低于住建部《住宅设计规范》的，如果出卖人未向购房人披露的，买受人应有权解除合同。对于双方约定了符合前述条件的层高条件，但实际层高低于合同约定层高的，如果层高差异较大，对购房人生活造成较大不便的，购房人要求解除合同的，应予支持。如果差异不

参考案例裁判文书

参考案例104
上海市第二中级人民法院（2013）沪二中民二（民）终字第1027号民事判决书

参考案例裁判文书

参考案例105
广东省中山市中级人民法院（2014）中中法民一终字第1195号民事判决书

---

① 李智辉：《商品房层高缩水之根本违约标准》，载《人民法院报》2015 年 12 月 17 日，第 007 版。此外，雎晓鹏在“房屋层高缩水司法救济三题”一文（《人民法院报》2018 年 4 月 18 日，第 007 版）中，针对约定层高为 3.2 米、实际层高为 2.9 米（远高于《住宅设计规范》确立的下限）的案件，也认为交付的房屋层高缩水达 9% 以上，买受人可行使法定解除权。

② 参考案例 104：“申某某与上海保利建锟房地产有限公司商品房预售合同纠纷案”，上海市第二中级人民法院（2013）沪二中民二（民）终字第 1027 号民事判决；参考案例 105：“中山市雅信房地产开发有限公司与钟涛等商品房预售合同纠纷案”，广东省中山市中级人民法院（2014）中中法民一终字第 1195 民事判决。

③ 周峰、李兴：《商品房买卖合同纠纷中开发商的几类违约责任认定》，载《法律适用》2010 年第 11 期，第 14 页。

④ 雎晓鹏：《房屋层高缩水司法救济三题》，载《人民法院报》2018 年 4 月 18 日，第 007 版。

参考案例裁判文书

参考案例106
四川省眉山市彭山区人民法院（2015）彭山民初字第942号民事判决书

大,购房人无权要求解除合同,但可以要求赔偿损失,损失的计算可以参照合同约定的房价乘以相应的误差比例予以确定。”还有法院参照《商品房买卖合同解释》第 14 条的规定,对实际层高误差比在 3% 以内的部分,要求开发商将相应的房价款返还买受人,对实际层高误差比超过 3% 的部分,要求开发商将房价款双倍返还给买受人。①

比较而言,第二种观点更具合理性。由于买受人实际使用的是房屋内的空间,故层高缩水对买受人的影响,就体现为可用空间的减少。因此,房屋价格与层高之间具有密切联系。对层高缩水的损失,由开发商按照空间减少的比例予以赔偿,既有明确的量化标准,也具有合理性。第一种观点虽常宣称“考虑涉案商品房的性质、价格、层高缩水程度,并结合开发商的过错程度等”,但究竟如何考虑并不明确,不同因素占何种权重无法量化,既无法在诉前给当事人明确的预期,也难免流于司法的恣意。第三种观点要求对层高误差比超过 3% 的部分实行双倍返还,但双倍返还属于惩罚性赔偿责任,在既无当事人约定也无法律规定的情况下,科以惩罚性赔偿责任,明显违背法律责任的基本要求。

最后,所谓“当事人另有约定的除外”,既包括当事人对解除情形另有约定,如《商品房买卖合同(预售)示范文本》(GF - 2014 - 0171)第 15 条约定,双方签订合同后,出卖人按照法定程序变更建筑工程施工图设计文件,涉及该商品房空间尺寸等可能影响商品房质量或使用功能,未在变更确立之日起 10 日内书面通知买受人的,买受人就有权解除合同;也包括多少人对损失赔偿另有约定。在当事人另有约定的情况下,基于对意思自治的尊重,只要该约定有效,就应当按照约定处理。

---

① 参考案例 106:“杨元其等诉彭山县江源房地产开发有限公司房屋买卖合同纠纷案”,四川省眉山市彭山区人民法院(2015)彭山民初字第 942 号民事判决。

典型案例161

蔡瑞珍与东莞市中惠沁林山庄房地产开发有限公司商品房预售合同纠纷案①

典型案例裁判文书

典型案例161
广东省东莞市中级人民法院（2009）东中法民一终字第6328号民事判决书

基本案情：2006 年 10 月 21 日，蔡瑞珍与中惠公司签订《商品房买卖合同》约定，案涉商品房为美林苑 15 栋楼 1 单元 501 号房；层高为下层：3 米，上层：最低 1.9 米，最高 4.8 米；商品房的建筑面积为 166.21 平方米，套内建筑面积为 151.08 平方米；每平方米单价为 5105.12 元，总金额为771 282元。2006 年 11 月 3 日，蔡瑞珍付清了购房款。其后，蔡瑞珍以房屋层高缩水等为由，要求解除合同。庭审中经鉴定，案涉房屋的上层最高净高为 3.56 米、最低净高为 1.78 米，最高层高为 3.76 米，最低层高为 1.98 米，顶层天面的厚度为 0.2 米。

法院观点：一审法院（东莞市第二人民法院）认为，案涉房屋上层最低层高符合合同约定。至于上层最高层高，鉴定表明，案涉房屋的上层最高层高为 3.76 米，低于合同约定的 4.8 米，但在人们居住的商品房中，高度一般都在 3 米左右，案涉商品房的 3.76 米的高度并不会对蔡瑞珍的居住产生重大影响，蔡瑞珍可以在该高度的房屋内正常生活，遂判决驳回了蔡瑞珍解除合同的请求。但二审中，东莞市中级人民法院认为，涉案商品房的上层最低层高为 1.98 米，最高层高为 3.76 米，而合同中约定的上层层高最低为 1.9 米，最高为 4.8 米，虽然上层最低层高符合合同约定，但是上层最高层高相差达 1.04 米，与双方的合同约定的标准并不相符，差距达 21.67%。住房的使用主要在于空间，涉案房屋楼层高度的降低，必然对该房屋的使用功能造成比较大的影响。经现场调查核实，涉案房屋上层层高的降低确实严重影响了蔡瑞珍对涉案房屋的使用，蔡瑞珍的购房合同目的不能实现，参照《商品房买卖合同解释》第 14 条的规定，蔡瑞珍要求解除《商品房买卖合同》的请求，理由成立，应予支持。

---

① 典型案例 161："蔡瑞珍与东莞市中惠沁林山庄房地产开发有限公司商品房预售合同纠纷案"，广东省东莞市中级人民法院（2009）东中法民一终字第 6328 号民事判决。

裁判规则 162

开发商发布的销售广告和宣传资料中所做的说明和允诺被视为要约,而开发商未实现该说明或允诺的,应当区分情形确定违约责任。如果说明和允诺对合同订立有重大影响的,应当允许购房人解除合同;如果说明和允诺影响成交价格的,则应要求开发商赔偿损失。

如【裁判规则 73】所述,开发商在发布的销售广告和宣传资料中,针对开发规划范围内的房屋及基础设施、开发规划范围外的公共配套设施所做的说明和允诺,具体确定且对买卖合同的订立与房屋价格的确定有一定影响,视为要约。如果开发商最终交付房屋时,未实现其说明或允诺的,应当如何确定开发商的法律责任?

既然开发商发布的销售广告和宣传资料中所做的说明和允诺被视为要约,也就构成合同条件,如果开发商未实现该说明或允诺的,则构成违约,应当承担违约责任。对该违约责任的确定,应当根据该说明或允诺对商品房买卖合同的影响确定。如果该说明或允诺对合同订立有重大影响的,应当允许购房人解除合同,并追究开发商的违约责任;如果该说明或允诺影响的是成交价格的,则不宜解除合同,而应要求开发商赔偿损失。在下述【典型案例 162】中,购房人以开发商违反在销售广告和宣传资料中所做的说明和允诺为由要求解除合同,法院支持解除合同请求的核心在于合同目的无法实现。也就是说,如果法院认为虽然开发商违反在销售广告和宣传资料中所作的说明和允诺,但只是导致商品房价值的贬损,并未导致合同目的无法实现的,则不应解除合同,而是在维持合同效力的基础上要求开发商赔偿价值贬损部分的损失。

典型案例162

昌图县兴隆宝通房地产开发有限公司与刘俊等商品房预售合同纠纷案[①]

典型案例裁判文书

典型案例162
辽宁省铁岭市中级人民法院（2017）辽12民终1366号民事判决书

基本案情：为预售兴隆世家房屋，兴隆宝通公司所做宣传及广告包含如下内容：昌图兴隆摩尔世界涵盖大型购物中心、星级宾馆、星级酒店、高级公寓以及住宅、大型餐饮娱乐中心、多功能电影厅、大型室走俏冰场，建成后的昌图兴隆将真正成为昌图县的首席核心商圈；41万平方米超级购物中心；兴隆世家12万平方米昌图首席至美英伦大盘效果图、户型图及说明，顶级生活配套：公共配套、商贸配套、学区配套、娱乐配套、交通配套、休闲配套、医疗配套及十大核心价值优势、卓立昌图等内容。2015年10月18日，刘俊与兴隆宝通公司签订预售商品房买卖合同及补充合同约定，刘俊购买昌图兴隆摩尔世界一期（兴隆世家）16# -413 -341框架房，总价款569 735元；兴隆宝通公司应当在2015年6月30日前交付房屋。合同签订后，刘俊已交购房款183 690元。后刘俊以兴隆宝通公司宣传修建的商场及附属建设未予实现为由，诉至法院，要求解除合同，返还已付购房款。

法院观点：一审法院认为，兴隆宝通公司就兴隆世家房屋所做的宣传及广告，其内容是对其开发规划范围内的房屋——兴隆世家周围环境质量的陈述及相关设施所作的具体确定的说明及图解，说明与承诺具体明确、内容详细，具有明确的公建指标的说明。即使该说明和允诺没有明确订立在商品房买卖合同中，也应视为合同内容；刘俊购买该楼时，看中的恰恰正是该“兴隆世家”小区具有的周围环境质量公建性指标，才产生对其购买的商品房的居住品质、价值预判，才选择购买该商品房。但现实中，兴隆宝通公司承诺建筑的昌图兴隆摩尔世界涵盖大型购物中心等多项配套设施，至今并未建成，刘俊期待的“兴隆世家”迟迟不能实现，不符合刘俊购楼所要求的目标，致使其不能实现买房的目的，有权要求解除合同、返还已付购房款。二审中，铁岭市中级人民法院也认

---

① 典型案例162：“昌图县兴隆宝通房地产开发有限公司与刘俊等商品房预售合同纠纷案”，辽宁省铁岭市中级人民法院（2017）辽12民终1366号民事判决。

为,兴隆宝通公司"通过售楼广告及宣传资料具体明确,其对该商品房的相关设施、环境说明和允诺应视为要约,属合同内容,开发商应当履行相关义务而没有履行,致使买受人不能实现买房目的,买受人可以解除合同"。

裁判规则 163

商品房虽经竣工验收合格,但存在利用、美观方面的瑕疵,且在签订商品房买卖合同时未告知购房人的,开发商应当承担质量瑕疵责任。

某购房人购买了某房地产公司开发的住宅一套,房屋交付时,虽经竣工验收合格,但房屋内有公共管道通过(如暖气管等),购房人是否有权要求开发商承担违约责任?

实务界一般认为,商品房虽经竣工验收合格,但存在利用、美观方面的瑕疵,且在签订商品房买卖合同时未告知购房人的,开发商应当承担质量瑕疵责任。首先,需要明确的是,这种瑕疵主要包括利用上的瑕疵与美观上的瑕疵,但无论是利用上的瑕疵还是美观上的瑕疵,都应当限定为通常情况下商品房不应具有的瑕疵,如前述公共管道从购房人的专有部分通过。其次,由于在通常情况下商品房不会具有这类瑕疵,所以在签订商品房买卖合同时,根据诚实信用原则的要求,开发商负有告知义务,应当如实告知购房人。① 最后,如果开发商未履行告知义务,应视为商品房买卖合同约定的标的物不具有这些瑕疵,而实际交付的商品房具有瑕疵,故开发商的交付行为构成瑕疵履行,应当承担质量瑕疵责任。如果在签订合同时已经告知购房人,那么购房人签订合同的行为应当视为对该瑕疵的认可与接受,则购房人不得再要求开发商承担质量瑕疵责任。

① 最高人民法院民一庭:《房地产公司在预售商品房时未告知购房人所购商房屋内铺设公共管道,应承担相应的民事赔偿责任》,载《民事审判指导与参考》2008 年第 2 集(总第 34 集),第 90 ~ 92 页。

典型案例163

黄颖诉美晟房产公司商品房预售合同纠纷案[①]

典型案例裁判文书

典型案例163
黄颖诉美晟房产公司商品房预售合同纠纷案

基本案情：2003年8月17日，黄颖与美晟公司签订《商品房买卖合同》约定：黄颖购买美晟公司的美然·北美态度E－7幢2单元502号商品房。2004年8月黄颖办理了入住手续，并已交纳所购房屋价款。同月，黄颖给美晟公司发函反映窗外钢梁遮挡视线未果，遂起诉请求判令美晟公司拆除窗外的装饰钢梁。另查明，2003年6月30日，北京市建筑设计研究院审查批准的美晟公司施工图中，诉争房屋外设计有装饰钢梁。在美晟公司为预售房屋而展示的沙盘图上，诉争房屋外无装饰钢梁。双方当事人签订的《商品房买卖合同》中，对客厅外存在钢梁一事未约定。现诉争房屋经验收合格，竣工图也经政府有关部门审核批准。经实地观察，诉争房屋窗外的钢梁，属该幢楼房外立面的装饰造型，对楼房主体结构没有影响。装饰造型底部的横梁位于5楼与6楼之间，对5楼部分房屋的窗户造成一定程度且永久性遮挡，从而影响窗内人的视觉感受。

法院观点：北京市第一中级人民法院在二审中认为，在美晟公司与黄颖签订的合同中，没有约定预售的房屋外有装饰钢梁；在美晟公司给黄颖展示的沙盘上，房屋模型外也没有装饰钢梁；而美晟公司交付给黄颖的房屋，窗外却有装饰钢梁遮挡。美晟公司履行合同义务不符合约定，依法应承担违约责任。至于安装钢梁是否经过行政审批与是否符合建筑规范，属另一法律关系，不能成为美晟公司不构成违约或者免除违约责任的理由。据此判决美晟公司将黄颖所购房屋窗外的装饰钢梁横梁上移55厘米并重新焊接。

---

① 典型案例163："黄颖诉美晟房产公司商品房预售合同纠纷案"，载《中华人民共和国最高人民法院公报》2006年第2期（总第112期），第41～43页。

裁判规则 164

开发商违反商品房买卖合同约定,提高容积率的,购房人有权要求解除合同;也可以根据房屋价值贬损程度或开发商因容积率提高获得的利益,要求开发商赔偿。

容积率,又称建筑面积毛密度,是指一个小区的地上总建筑面积与用地面积的比率。通常情况下,提高容积率可以提高土地的利用效益,但提高容积率导致建筑容量增大,会带来建筑环境的劣化,降低使用的舒适度。也就是说,对开发商而言,容积率越高,可售面积越大、经营利润越多;对住户而言,容积率越高,舒适度越低。如果开发商违反商品房买卖合同约定,提高容积率的,应当如何确定其法律责任?

《商品房买卖合同(预售)示范文本》(GF－2014－0171)第 14 条针对“规划变更”规定:“(1)出卖人应当按照城乡规划主管部门核发的建设工程规划许可证规定的条件建设商品房,不得擅自变更。双方签订合同后,涉及该商品房规划用途、面积、容积率、绿地率、基础设施、公共服务及其他配套设施等规划许可内容经城乡规划主管部门批准变更的,出卖人应当在变更确立之日起 10 日内将书面通知送达买受人。出卖人未在规定期限内通知买受人的,买受人有权解除合同。(2)买受人应当在通知送达之日起 15 日内做出是否解除合同的书面答复。买受人逾期未予以书面答复的,视同接受变更。(3)买受人解除合同的,应当书面通知出卖人。出卖人应当自解除合同通知送达之日起 15 日内退还买受人已付全部房款(含已付贷款部分),并自买受人付款之日起,按照____%(不低于中国人民银行公布的同期贷款基准利率)计算给付利息;同时,出卖人按照全部房价款的____%向买受人支付违约金。买受人不解除合同的,有权要求出卖人赔偿由此造成的损失,双方约定如下:________。”也就是说,开发商违反商品房买卖合同约定,提高容积率的,购房人有权解除合同,如购房人不解除合同的,有权要求开发商进行赔偿。

有疑问的是,如购房人不解除合同的,应当如何确定开发商的赔偿责任?在“刘高华等诉峨眉山市宏成旅游经济开发有限公司商品房预售合同纠纷案”①中,

① 参考案例 107:“刘高华等诉峨眉山市宏成旅游经济开发有限公司商品房预售合同纠纷案”,四川省高级人民法院(2017)川民申 891 号民事裁定。

刘高华等购买了宏成公司开发的商品房，后以宏成公司违规加层导致容积率超标为由，提起诉讼。经查，涉案项目土地使用权证面积为13 366.95m^2，《建设工程规划许可证》批准建筑面积为77 086m^2（其中地上73 214.78m^2，地下8 041.68m^2），比审批面积增加4170.46m^2，实际修建容积率为5.478，增加容积0.7。法院认为，宏成公司违规加层，导致违法增加建筑面积4170.46m^2，违反了《商品房买卖合同》的约定，应承担违约责任。因双方在合同中未对规划变更的损失计算明确进行约定，法院综合合同履行情况、当事人过错程度以及宏成公司违法所得利益等因素，酌情确定损失为5992元。该案中，由于房屋价值贬损程度难以准确界定，法院遂选择以开发商的获利作为确定赔偿责任的主要参照标准。

参考案例裁判文书

参考案例107
四川省高级人民法院（2017）川民申891号民事裁定书

需要注意的是，根据损益相抵的要求，在以开发商的获利作为确定赔偿责任的参照标准时，应当将开发商因此增加的支出予以扣除。而且房地产开发的支出项目较多，开发商因此增加的支出除建设成本以外，还包括行政机关因容积率增加而补收土地出让金等多项支出，均应纳入损益相抵的范围。下述【典型案例164】中，一审判决即因损益相抵不全面，被二审法院改判。

还需说明的是，实践中，开发商根据原定容积率与购房人签订房屋买卖合同后，经规划部门同意，调整规划进而导致容积率发生变更，并不鲜见。若此，开发商是否可以已经取得合法变更手续为由，拒绝承担违约责任？就此，一般认为，只要容积率的提高违反合同约定，无论是否依法调整规划，均应承担违约责任。

典型案例164

平顶山金嵘房地产开发有限公司与徐国全等84人商品房买卖合同纠纷案[①]

基本案情：2002年12月至2004年1月，徐国全等82人相继与金嵘公司签

① 典型案例164："平顶山金嵘房地产开发有限公司与徐国全等84人商品房买卖合同纠纷案"，河南省高级人民法院（2011）豫法民再字第00051号民事判决。

典型案例裁判文书

典型案例164
河南省高级人民法院
(2011)豫法民再字
第00051号民事判决书

订《认购书》《商品房购销合同》,定购该公司开发的"恺撒·财富天下"商品房。合同签订后,徐国全等 82 人如约履行了付款义务,共计支付房款额为17 415 425元,房款均价为10 691元/m^2。平顶山市规划设计研究院的设计图纸、《建筑设计总说明》及相关批文标明,小区建筑容积率设计规范为 2.17。依据平顶山金嵘公司庭审提交的《竣工验收备案表》记载,已建总面积为65 047.04m^2,以其《土地使用证》记载该公司小区建设用地面积22 930.34m^2 计算,该小区已建成建筑容积率为2.84。后徐国全等 82 人以容积率超标为由向法院提起诉讼,要求平顶山金嵘公司承担赔偿责任。

法院观点:针对容积率一节,平顶山中级人民法院认为,根据金嵘公司提供的其工程建安费标准及参照平顶山市定额站所作的《2003 年上半年各类工程经济指标》取费,超建面积建筑成本以每平方米 1200 元(含税)计算,共计8 439 120元。以 82 人购房均价10 691元计算,扣除建安成本,并除以魏棉、魏选外 82 人所占商业区商户比例,徐国全等 82 人可获得因容积率超标超建面积导致的经济损失赔偿款5 806 937元。但河南省高级人民法院在再审中认为,鉴于金嵘公司的违约行为造成徐国全等 82 人所购房屋周边环境品质下降,给徐国全等 82 人造成的损失为商品房屋价值的贬损,以适当减少合同价款方式让金嵘公司承担违约责任符合本案实际情况。但平顶山中级人民法院根据金嵘公司超容积率建设面积的盈利,计算出平顶山金嵘公司等 82 人应当承担的违约赔偿责任,与合同法中违约责任及损失认定的规定不相符,且未将金嵘公司开发该项目的其他成本予以核算,存在不当,予以纠正。鉴于徐国全等 82 人购买的房屋均为商铺,而商铺投资本身具有风险性;同时考虑金嵘公司违约行为对争执房屋价值降低的客观影响,争执房屋目前的商业现状等因素,酌定为减少合同价款的 20%。即徐国全等 82 人房款合计17 415 425元,减少 20% 为3 483 084元。

裁判规则 165

开发商交付的公共部分、公共设施不符合商品房买卖合同约定,购房人就违约救济措施无法达成一致意见的,应当根据多数决确定救济措施。但多数决违反强制性标准的除外。

开发商交付的小区绿地、大堂等公共部分或者消防、照明等公共设施不符合商品房买卖合同的约定，购房人有权要求开发商按照合同约定实际履行，也可以直接请求赔偿。问题在于，如果部分购房人要求开发商按照合同约定实际履行、部分购房人要求开发商赔偿损失的，应当如何处理？

就此，无论是要求开发商按照合同约定实际履行，还是要求开发商赔偿损失，都是合法的救济措施，但这两种救济措施之间是择一的关系，不能并行。如购房人就选择何种救济措施无法达成一致意见的，只能交由全体业主民主决议。《民法典》第280条第1款规定："业主大会或者业主委员会的决定，对业主具有法律约束力。"据此，应当根据多数决确定救济措施。江苏省高级人民法院民一庭即认为，应"告知买受人按照《物业管理条例》第11条和第12条的规定，形成业主大会决议，由业主委员会主张相关权利。业主委员会怠于起诉或未成立业主委员会的，经专有部分建筑面积占建筑区划内总建筑面积过半数且人数占全体业主过半数的业主同意的，业主有权提起诉讼"。①

由全体业主民主决议，难免会发生"多数人的暴政"。就此，有两个解决路径：一是《民法典》第280条第2款规定："业主大会或者业主委员会作出的决定侵害业主合法权益的，受侵害的业主可以请求人民法院予以撤销。"二是主张的救济措施未被采纳的业主，可以行使合同解除权，但这以开发商的违约程度较为严重为前提。此外，如果多数决违反强制性标准的，该决议无效。

典型案例165

何锡海等与广西远辰地产集团有限公司等商品房销售合同纠纷案②

基本案情：2010年4月15日，何锡海、刘秋红与远辰公司签订《南宁市商品房买卖合同》约定，何锡海、刘秋红购买远辰公司建设的远辰·山水1号×号

---

① 江苏省高级人民法院民一庭：《商品房买卖合同案件审理疑难问题研究——〈商品房买卖合同司法解释〉施行十五周年回顾与展望》，载《民事审判指导与参考》2017年第2辑（总第70辑），第219页。

② 典型案例165："何锡海等与广西远辰地产集团有限公司等商品房销售合同纠纷案"，广西壮族自治区南宁市中级人民法院（2014）南市民一终字第159号民事判决。

典型案例裁判文书

典型案例165
广西壮族自治区南宁市中级人民法院(2014)南市民一终字第159号民事判决书

楼×单元×号商品房。2010 年 6 月 7 日,何锡海、刘秋红付清全部购房款。12 月 27 日,工程经建设、施工、设计、勘察、监理单位五方验收合格。2011 年 7 月 14 日,何锡海、刘秋红接收涉诉房屋。10 月 18 日,何锡海、刘秋红与部分业主就“远辰·山水 1 号”小区违规违约占用公共绿地建设地面汽车道和停车位问题以及不按照规划建设绿化景观导致小区品质低劣问题向南宁市规划局、南宁市园林局投诉。2012 年 12 月 28 日,何锡海、刘秋红向法院起诉。

法院观点:针对何锡海、刘秋红提出的远辰·山水 1 号小区相关绿化景观设施数量和质量未达到要求问题、远辰公司未按规划占用小区公共绿地建设停车位等问题,南宁市中级人民法院认为,“何锡海、刘秋红提出的上述问题,涉及小区的公共绿地、公共场所和公共设施,根据《物权法》第 73 条、第 76 条的规定,这些公共绿地、公共场所和公共设施属于小区业主共有,如何使用和处分这些共有部分和共有设施应由小区业主共同决定。因此,本院在本案中对何锡海、刘秋红就上述问题提出的主张及请求不予支持”。

6.3 开发商逾期办证的违约责任

参考案例裁判文书

参考案例108
重庆市高级人民法院(2008)渝高法民终字第195号民事裁定书

如重庆市高级人民法院在“重庆市峡光房地产开发有限公司与重庆市长进实业(集团)有限公司、牟秀华合资合作开发房地产合同纠纷案”①中所言,“一般而言,不动产的价值主要体现在两个方面,一是对不动产进行实际使用所获得的使用利益;二是将不动产用于交易、抵押等所获得的资金融通利益”。逾期办证的违约责任针对的就是资金融通利益。

① 参考案例 108:“重庆市峡光房地产开发有限公司与重庆市长进实业(集团)有限公司、牟秀华合资合作开发房地产合同纠纷案”,重庆市高级人民法院(2008)渝高法民终字第 195 号民事裁定。

裁判规则 166

开发商仅负有协助购房人办理房屋权属登记的义务。如开发商履行了协助义务,购房人未能如期取得房屋权属证书的,开发商无须承担逾期办证的违约责任。

如前所述,根据《民法典》第 577 条的规定,除法律有特别规定的以外,对违约行为实行严格责任归责原则,不论违约方主观上是否有过错,只要不履行合同义务或者履行合同义务不合约定,就必须承担违约责任。这就导致一种误解——只要购房人未能按照合同约定期限取得房屋权属证书的,开发商就应当承担逾期办证的违约责任。

事实上,根据前述【裁判规则 127】,“商品房的权属证书,应由购房人申请办理,开发商仅负有提供相关证明文件的协助义务”。因此,就房屋权属证书的办理,开发商仅负有提供协助的行为义务,并无确保购房人按期取得房屋权属证书的结果义务。正因如此,《商品房买卖合同解释》第 18 条第 1 款规定,由于出卖人的原因,买受人未能按期取得房屋权属证书的,除当事人有特殊约定外,出卖人应当承担违约责任。“从商品房买卖合同的履行情况看,导致逾期办证的原因主要有以下几种:出卖人的原因、第三人的原因、不可抗力、买受人原因。对《解释》第 18 条所规定的‘由于出卖人原因’的理解适用,就是只要出卖人在约定或者法定的期限内,向房地产管理部门提交完备的房屋所有权初始登记的证明文件,并在买受人申请办理房屋所有权登记时,提供申请办理房屋所有权登记所需的相关材料,即可认定出卖人已履行完毕其应承担的合同义务和法定义务。因第三人或者不可抗力导致的逾期办证,只要出卖人能够有证据证明,可以作为出卖人逾期办证的免责事由予以处理。至于因买受人自身原因导致的逾期办证,因申请办理房屋所有权证书是其对民事权利的自行处分,不存在违约责任的承担问题。”①也就是说,虽然购房人未能如期取得房屋权属证书,但开发商只要履行了协助义务,就无须承担逾期办证的违约责任。

---

① 韩延斌:《商品房买卖纠纷中逾期办证责任的认定——对最高人民法院〈关于审理商品房买卖合同纠纷案件适用法律若干问题的解释〉第 18 条规定的解读》,载《民事审判指导与参考》2006 年第 1 集(总第 25 集),第 152 页。

典型案例166

梁亮亮与华润置地(重庆)有限公司商品房销售合同纠纷案[①]

典型案例裁判文书

典型案例166
重庆市九龙坡区人民法院(2014)九法民初字第03478号民事判决书

基本案情:2010 年 9 月 15 日,梁亮亮(乙方)与华润公司(甲方)签订《商品房买卖合同》约定:乙方购买华润二十四城×号×栋×号房屋;甲方应在 2011 年 12 月 30 日前,将已进行竣工验收备案登记的商品房交付乙方使用;在商品房实际交付使用之日起 60 日内,由甲乙双方向房屋所在地土地房屋登记机构提出办理《房地产权证》的申请,提交土地房屋登记机构规定的相关资料,并取得土地房屋登记机构出具的登记受理单;本商品房产权登记由乙方委托甲方办理,乙方应在签订本合同 2 日内,将办理商品房产权登记需由乙方提供的资料提供给甲方;如因甲方的责任,未能按期取得登记受理单,甲方应承担逾期办证违约金。2012 年 1 月 18 日,华润公司交付了涉案房屋。2012 年 5 月 10 日,九龙坡区土地房屋权属登记中心就本案房屋出具权属转移登记《业务受理通知书》。后梁亮亮以华润公司迟延办证为由诉至法院。华润公司称,梁亮亮在接房后才提交办证相关资料,华润公司收到资料后及时提交了办证申请,不存在迟延行为。

法院观点:法院认为,华润公司的办证期限起算点应从实际接房日即 2012 年 3 月 31 日,故华润公司应于 2012 年 6 月 29 日前为梁亮亮办理房屋权属转移登记。办证行为包括买卖双方的提交办证资料及申请登记行为和登记机关的登记行为,买卖双方仅能控制登记申请时间,而对于登记机关的登记行为完成时间无法控制。在合同没有特别约定的情况下,华润公司交齐资料并取得转移登记受理单之日即为华润公司完成办证义务的时间。华润公司于 2012 年 5 月 10 日取得房屋转移登记受理单,未超过约定的办证期限,不构成逾期办证,不应承担逾期办证违约责任。

---

① 典型案例 166:"梁亮亮与华润置地(重庆)有限公司商品房销售合同纠纷案",重庆市九龙坡区人民法院(2014)九法民初字第 03478 号民事判决。但该案中,法院认为,根据合同约定,在梁亮亮实际交纳维修资金之前,华润公司有权拒绝交付房屋,与本书【裁判规则 130】相违背。

裁判规则 167

逾期办证违约责任的确定，有约定的从约定，无约定且损失数额难以确定的，可以已付购房款为本金，按照相应的 LPR 标准计算损失。

针对逾期办证违约责任，《商品房买卖合同解释》第 18 条第 2 款规定："合同没有约定违约金或者损失数额难以确定的，可以按照已付购房款总额，参照中国人民银行规定的金融机构计收逾期贷款利息的标准计算。"但是，随着金融市场改革，中国人民银行不再规定金融机构计收逾期贷款利息的标准，导致规则悬空。为解决这一问题，《八民会纪要（民事部分）》第 18 条第 2 款规定："合同没有约定违约责任或者损失数额难以确定的，可参照《最高人民法院关于审理民间借贷案件适用法律若干问题的规定》第二十九条第二款规定处理。"原《民间借贷规定》第 29 条第 2 款则规定："未约定逾期利率或者约定不明的，人民法院可以区分不同情况处理：（1）既未约定借期内的利率，也未约定逾期利率，出借人主张借款人自逾期还款之日起按照年利率 6% 支付资金占用期间利息的，人民法院应予支持；（2）约定了借期内的利率但未约定逾期利率，出借人主张借款人自逾期还款之日起按照借期内的利率支付资金占用期间利息的，人民法院应予支持。"结合两个法条可知，对无约定或者损失数额难以确定的逾期办证违约责任，可以已付购房款为本金，按照年利率 6% 的标准计算损失。但修正后的《民间借贷规定》取消了年利率 6% 的标准，其第 29 条第 2 款规定："未约定逾期利率或者约定不明的，人民法院可以区分不同情况处理：（一）既未约定借期内利率，也未约定逾期利率，出借人主张借款人自逾期还款之日起承担逾期还款违约责任的，人民法院应予支持；（二）约定了借期内利率但是未约定逾期利率，出借人主张借款人自逾期还款之日起按照借期内利率支付资金占用期间利息的，人民法院应予支持。"笔者认为，在《民间借贷规定》改采 LPR 的背景之下，对逾期办证违约责任无约定且损失数额难以确定的情况下，可以已付购房款为本金按照相应的 LPR（一年期或五年期）标准计算损失。

需要强调的是，《民法典》第 585 条第 3 款规定："当事人就迟延履行约定违约金的，违约方支付违约金后，还应当履行债务。"据此，开发商逾期办证，既应当承担迟延履行的违约责任——支付逾期办证违约金或赔偿逾期办证导致的交换价值损失，同时，还应承担继续履行的责任——协助购房者办理房屋权属登记。

典型案例167

刘明学与松原市星泰房地产开发有限公司房屋买卖合同纠纷案①

典型案例裁判文书

典型案例167
松原市中级人民法院(2018)吉07民终322号民事判决书

基本案情:2012 年 6 月 27 日,刘明学与星泰公司签订商品房买卖合同及补充协议约定:星泰公司将其开发建设的 23 幢 105 号房以 195 万元的价格出售给刘明学;合同第 15 条载明,出卖人应当在商品交付使用后___日内,将办理权属登记需要由出卖人提供的资料报产权登记机关备案。如因出卖人的责任,买受人不能在规定期限内取得房地产权属证书的,双方同意按下列第 3 项处理:"1. ……2. ……3. 协商解决"。合同签订后,刘明学已经交付全部购房款。2012 年 7 月 2 日刘明学办理入住手续。后因未办理房地产权属证书,刘明学诉至法院,请求判令星泰公司自 2012 年 9 月 28 日起至办理房地产权属证书之日止,以已付房款为基数按照中国人民银行规定的金融机构计收逾期贷款利息支付违约金。

法院观点:松原市中级人民法院认为,本案合同签订于 2012 年 6 月 27 日,办理产权证期限应为 2012 年 9 月 28 日。② 星泰公司未在法定时间内办理,属于逾期办证,应当承担相应的违约责任。本案中,双方当事人签订的合同中约定逾期办证处理方式为"协商处理",但双方没有达成一致意见,应视为没有约定违约责任且损失数额难以确定。对此,《商品房买卖合同解释》第 18 条第 2 款原本规定,可以已付购房款总额为本金,参照中国人民银行规定的金融机构计收逾期贷款利息的标准计算。但由于近年来我国金融市场利率化改革,中国人民银行不再公布贷款基准利率,由此导致在适用该条上失去了参考的依据。但从基本价值功能看,预先支付购房款的商品房买卖是开发商融资的手段和途径,买受人交付相应的购房款后,出卖人在没有完成相应的合同义务尤其是办

---

① 典型案例 167:"刘明学与松原市星泰房地产开发有限公司房屋买卖合同纠纷案",松原市中级人民法院(2018)吉 07 民终 322 号民事判决。

② 商品房买卖合同第 15 条约定,星泰公司应当在商品房交付使用后___日内,将办理权属登记需由出卖人提供的资料报产权登记机关备案。该空白处双方用手写体划掉,视为没有约定。根据《商品房买卖合同解释》第 18 条第 1 款第(3)项规定,应为合同订立之日起 90 日内,即 2012 年 9 月 28 日前。

理所有权变更登记的情况下,承担占用购房款期间的利息,符合公平原则。结合《八民会纪要(民事部分)》关于审理房地产纠纷案件精神与原则,本案可以参照民间借贷中关于逾期利息的规定,即以已付购房款 195 万元为基数按照年利率 6% 支付资金占用期间利息。

裁判规则 168

> 根据《商品房买卖合同(预售)示范文本》(GF-2014-0171)第 20 条第 2 款,逾期交房违约责任与逾期办证违约责任具有时间上的先后关系。以商品房实际交付之日为界,二者前后衔接、互不重合。但当事人另有约定的除外。

《商品房买卖合同(预售)示范文本》(GF-2014-0171)第 20 条第 2 款针对"房屋登记"规定:"因出卖人的原因,买受人未能在该商品房交付之日起__日内取得该商品房的房屋所有权证书的,双方同意按照下列第__种方式处理:1. 买受人有权解除合同。买受人解除合同的,应当书面通知出卖人。出卖人应当自解除合同通知送达之日起 15 日内退还买受人已付全部房款(含已付贷款部分),并自买受人付款之日起,按照__%(不低于中国人民银行公布的同期贷款基准利率)计算给付利息。买受人不解除合同的,自买受人应当完成房屋所有权登记的期限届满之次日起至实际完成房屋所有权登记之日止,出卖人按日计算向买受人支付全部房价款万分之__的违约金。2. ________。"该规定的第一种意见将权属登记与房屋交付衔接起来,避免了两种责任的重合。具体来说,以商品房实际交付之日(而非约定交付之日)为界限,在此之前,只可能发生逾期交房违约责任,不会发生逾期办证违约责任;在此之后,只可能发生逾期办证违约责任,不会再发生逾期交房违约责任。

在下述【典型案例 168】"陈其文等与宁德市凯旋房地产开发有限公司商品房销售合同纠纷案"中,双方约定交房之后 90 日内应办理房屋权属证书,而约定交房之日为 2011 年 4 月 5 日,实际交房之日为 2012 年 2 月 28 日。如果将交房之日理解或限定为约定交付之日,那么开发商的逾期交房违约责任期间为 2011 年 4 月 6 日至 2012 年 2 月 28 日,逾期办证违约责任期间为 2011 年 7 月 5 日(2011 年 4 月 5 日之后 90 天)至实际办证之日。若此,在 2011 年 7 月 5 日至 2012 年 2 月 28 日,开发商需同时承担逾期交房违约责任与逾期办证违约责任。但法院最终采纳交房之日是实际交付之日,从而实现了逾期交房违约责任与逾期办证违约责任的前后衔接、互不重合,即逾期交房违约责任期间为 2011 年 4 月 6 日至 2012 年 2 月 28 日,逾期办证违约责任期间为 2012 年 5 月 29 日之后。

参考案例裁判文书

参考案例109
周显治、俞美芳与余姚众安房地产开发有限公司商品房销售合同纠纷案

值得注意的是,在“周显治、俞美芳与余姚众安房地产开发有限公司商品房销售合同纠纷案”①中,周显治、俞美芳与众安公司签订《商品房买卖合同》约定,众安公司应当在 2012 年 12 月 31 日前将符合条件的房屋交付使用(后该时间变更为 2013 年 7 月 1 日),逾期则承担逾期交房违约金;应当于 2013 年 3 月 31 日前取得相应的土地、房屋权属证书,并代周显治、俞美芳办理该商品房转移登记,逾期则承担逾期交房违约金。同时,合同附件八“补充协议”第 6 条第 2 款载明:“若出卖人逾期交房并承担了逾期交房违约责任的,则本合同第十六条中出卖人承诺取得土地、房屋权属证书的时间相应顺延,顺延期限与商品房交付的逾期期限相同。”但一审法院(浙江省余姚市人民法院)认为,“附件八补充协议第 6 条第 2 款系被告方提供,其内容显然置原告方的利益于不顾,导致其权益处于不确定状态,免除了被告按时交付房地产权属证书的义务,应当为无效的格式条款”。二审中,浙江省宁波市中级人民法院也认为,“该补充协议的格式条款系上诉人提供,并没有采取合理的方式提请对方注意,而其内容显然对被上诉人利益不利,导致被上诉人权益处于不确定状态,免除了上诉人按时交付房地产权属证书的义务,应当为无效”。诚然,商品房作为不动产,兼具使用价值与交换价值。其中,使用价值是指实际利用不动产所获得的价值,如实际居住;交换价值是利用不动产的资本属性进行融资所获得价值,如抵押贷款。站在理论的角度,这两种价值并行不悖,可以同时实现。但是,在当事人明确约定这两者责任前后衔接、互不重合的情况下,基于对当事人意思自治的尊重,应当予以准许。

---

① 参考案例 109:“周显治、俞美芳与余姚众安房地产开发有限公司商品房销售合同纠纷案”,载《中华人民共和国最高人民法院公报》2016 年第 11 期,第 37 ~ 43 页。

典型案例168

陈其文等与宁德市凯旋房地产开发有限公司商品房销售合同纠纷案[①]

典型案例裁判文书

典型案例168
福建省高级人民法院（2015）闽民终字第648号民事判决书

最高人民法院(2017)最高法民申1888号民事裁定书

基本案情:2011年1月12日,陈其文等人与凯旋公司签订《商品房买卖合同》约定,陈其文等购买华州水产品批发市场南楼2～4层房屋,总价为57 779 821元;2011年4月5日之前交付房屋,如逾期超过180日后,买受人要求继续履行合同的,合同继续履行,出卖人按日向买受人支付已付款2‰的违约金;出卖人应当在商品房交付使用后60日内,向当地房屋权属登记机构办理房屋所有权初始预登记,并将办理权属登记需由出卖人提供的资料交付买受人。如因出卖人原因,买受人不能在商品房交付使用后90日内取得房屋权属证书,不能在商品房交付使用后180日内取得土地使用证书的,出卖人自逾期之日起每日按买受人已付款的0.5‰向买受人支付违约金。2012年2月28日,宁德凯旋公司向陈其文等交付了房屋。2014年3月31日,宁德凯旋公司就涉案房产办理了初始登记,但陈其文等人至今未取得涉案房产的房屋所有权证和国有土地使用权证。陈其文等人遂向法院起诉,请求判令凯旋公司支付逾期交房违约金与逾期办证违约金。

法院观点:福建省高级人民法院认为,合同约定涉案房产应于2011年4月5日之前交付,而凯旋公司于2012年2月28日才向陈其文等人交付涉案房屋,已逾期329天,应承担逾期交房违约金。陈其文等人请求逾期交房违约金以已付购房款按日千分之一计,符合法律规定。故逾期交房违约金为4 752 390元(已付购房款14 444 955.25元×0.1%×延期天数329天)。涉案合同约定,凯旋公司应当在2012年2月28日交付涉案房屋后60日内,向当地房屋权属登记机构办理房屋所有权初始预登记,并将办理权属登记需由出卖人提供的资料交

① 典型案例168:"陈其文等与宁德市凯旋房地产开发有限公司商品房销售合同纠纷案",福建省高级人民法院(2015)闽民终字第648号民事判决、最高人民法院(2017)最高法民申1888号民事裁定。

付买受人。但直至 2014 年 3 月 31 日,宁德市房地产管理中心才受理凯旋公司房屋所有权初始登记,宁德凯旋公司已逾期办理涉案房屋的所有权初始预登记,凯旋公司应自 2012 年 5 月 29 日起承担违约责任。但综合考虑涉案合同标的大小、陈其文等人已对涉案房屋出租收益、双方承受能力等因素,本院依公平原则对违约金酌情予以调整,即宁德凯旋公司应自 2012 年 5 月 29 日起,按照已付购房款总额29 444 955.25元,按中国人民银行同期同类存款利率的标准计算违约金。

裁判规则 169

因办证机关原因,开发商迟延履行协助办理房屋权属证书义务,致使购房人逾期取得房屋权属证书的,应酌情减轻或免除开发商的逾期办证责任。

从房屋权属证书的办理流程来看,在商品房建成后,开发商应向相关部门办理整个楼盘的初始登记,取得整个楼盘的产权总证,也即俗称的“大证”。开发商取得产权总证后,才能进行产权分割、办理转移登记,为各个购房人办理的独立产权证,即俗称的“办小证”。

实践中,常因办证机关的原因,导致逾期办证。就此,实务界普遍主张,鉴于开发商仅负有协助购房人办理权属登记的义务,如因办证机关原因导致开发商无法或难以履行协助办理权属证书的义务,进而导致购房人逾期取得房屋权属证书的,应当酌情减轻或免除开发商的逾期办证责任。如重庆市高级人民法院《关于当前民事审判若干法律问题的指导意见》(2007 年 11 月 22 日)第 37 条后段规定:“买受人在合同约定或者法律规定的办证期间未取得房屋权属证书的,如开发商在此期间内已完成房屋权属初始登记并提供了相关的办证资料,并通知买受人提交登记申请的,可认定开发商已履行了办证义务,不承担逾期办证的违约责任。”北京市高级人民法院《关于审理房屋买卖合同纠纷案件若干疑难问题的会议纪要》(京高法发〔2014〕489 号)第 14 条第 3 款也规定:“因行政部门原因导致买受人未能在合同约定或法定期限内取得房屋所有权登记的,可以根据其影响程度减轻或免除出卖人的逾期办证违约责任。”

典型案例169

刘军华与深圳卓越世纪城房地产开发有限公司商品房预售合同纠纷案[①]

基本案情:2009 年 10 月 9 日,卓越公司、皇岗公司与刘军华分别签订了三份《房地产买卖合同(预售)》约定:刘军华购买卓越世纪中心第 3、4 号楼房产;卖方应于 2010 年 2 月 28 日前将本房地产交付给买方;卖方应在取得工程验收证明文件之日起 180 天内,完成本房地产项目的房地产初始登记,在将本房地产交付给买方之日起 240 日内书面通知买方共同(或委托卖方)向深圳市房地产权登记中心申请房地产转移登记,办理房地产证。2010 年 2 月 1 日,卓越公司、皇岗公司将涉案房屋交付给刘军华。2011 年 6 月 15 日,深圳市房地产权登记中心发布涉案项目 3、4 号楼的初始登记公告。2011 年 9 月,深圳市房地产权登记中心受理了刘军华的办证申请,并于当月为刘军华办理了涉案房产的《房地产证》。刘军华向法院提起诉讼,请求判令卓越公司、皇岗公司承担延期办证违约责任。诉讼中,应法院的函询,市规划国土委复函称:2010 年 3 月 18 日,用地单位向我局提出补签用地协议申请,该申请符合报文及审批的要求。2011 年 4 月 14 日,我局向用地单位发出补缴地价通知,于 2011 年 4 月 26 日与用地单位签订该项目《土地使用权出让合同书》第二补充协议。其间间隔超过 13 个月,与深圳市大部制改革原市规划局和国土房产局合并导致处室职能和审批流程调整有关,非用地单位原因所致。按照办文流程,必须先行补签用地补充协议完善用地手续,才可办理规划验收的行政许可手续,之后才能办理房屋权属证书。

典型案例裁判文书

典型案例169
深圳市中级人民法院(2018)粤03民终10911-10913号民事判决书

法院观点:深圳市中级人民法院认为,根据《商品房买卖合同解释》第 18 条之规定,出卖人只有在因其自身的原因导致买受人不能在合同约定或法律规定的期限内领取房屋权属证书的情形下,才需承担逾期办证的违约责任。本案

① 典型案例 169:“刘军华与深圳卓越世纪城房地产开发有限公司商品房预售合同纠纷案”,深圳市中级人民法院(2018)粤 03 民终 10911 - 10913 号民事判决。

中,市规划国土委2012 年2 月14 日的复函表明,卓越公司、皇岗公司于2010 年3 月18 日向其提出《关于签订补充协议的申请》,至双方于2011 年4 月26 日签订《土地使用权出让合同书》第二补充协议,其间间隔超过13 个月,与深圳市大部制改革原市规划局和国土房产局合并导致处室职能和审批流程调整有关,非用地单位原因所致。本案为民事诉讼,行政体制改革导致的机构裁撤、合并、新设及人事变动、流程调整系行政机关内部事务,市规划国土委自认由其内部原因导致行政审批迟延,系对其行政行为表示负责的陈述。根据该复函的内容,涉案审批事项耗时超过13 个月,非用地单位原因所致,故卓越公司可据此免除相应的延期办证违约责任。

6.4 违约责任的范围界定

商品房买卖合同的违约责任,在合同解除或被撤销的情况下,主要包括返还购房款并赔偿相应损失,在合同继续履行的情况下,主要限于实际履行前的损失赔偿。

裁判规则 170

逾期交房或逾期办证违约金的诉讼时效,应当根据商品房买卖合同约定的不同类型,区分为一时性债权与继续性债权,分别确定诉讼时效的起算与截止。

《八民会纪要(民事部分)》第18 条第1 款规定:“买受人请求出卖人支付逾期办证的违约金,从合同约定或者法定期限届满之次日起计算诉讼时效期间。”如果从合同约定或者法定期限届满之次日起至购房者起诉之日止,开发商逾期交房或逾期办证超过3 年的,是否意味着购房者的起诉超过了诉讼时效期间?

在以往的司法实践中,法院并未对商品房买卖合同约定的违约金进行类型区分,只是简单地审视该违约行为结束时点是否在诉讼时效期内。如违约行为结束时至起诉时的期间长于诉讼时效期间的,则认定诉讼时效届满;反之,则无论该违约行为持续多长时间,均认定诉讼时效尚未届满,开发商需就全部违约作为承担责任。如“泛华工程有限公司西南公司与中国人寿保险(集团)公司商品房预售合同纠纷案”[1]中，泛华公司与中保人寿重庆分公司签订《商品房预售（预购）合同》约定：泛华公司将其开发建设的泛华大厦共计15 000平方米的房屋以6624万元的价格预售给中保人寿重庆分公司；泛华公司在1999年8月31日将竣工并经验收合格的房屋移交给中保人寿重庆分公司；泛华公司如违反约定的期限延迟交移房屋，应向中保人寿重庆分公司缴纳违约金，违约金每日按房价款的0.2‰累加计算。后因泛华公司一直未交付房屋，2005年2月，人寿（集团）公司向法院提起诉讼，请求泛华公司交付房屋，并承担自逾期之日起至交房之日止的违约金。泛华公司抗辩称，违约金债权应当按照违约时间分别计算诉讼时效。一审法院（重庆市高级人民法院）认为，合同约定违约金每日按房价款的0.2‰累加计算，从该约定内容分析，延迟交房的违约金是根据违约行为持续发生的状况而“累加计算”的，是双方当事人在合同中所确定的一个整体的合同权利，而不是按照违约的天数具体分割为若干分别计算诉讼时效的独立的权利，购房方可以在该项整体权利没能实现时提出主张，遂判决支持了人寿（集团）公司关于违约金的诉请。最高人民法院也在二审中予以维持。

参考案例裁判文书

参考案例110
最高人民法院（2005）民一终字第85号民事判决书

后来实务界的立场有所转变，改而主张，对迟延履行（逾期交房、逾期办证）违约金的诉讼时效，应当根据商品房买卖合同的约定，区分为一时性债权与继续性债权，分别确定诉讼时效的起算点与截至点。第一，如果当事人在合同中明确约定了逾期交房、逾期办证违约金的固定数额，即一旦发生逾期交房、逾期办证的违约行为，无论违约时间长短，出卖人就需支付确定金额的违约金，这种违约金的支付属于一时性债权，其内容在出卖人未按约定时间履行交房、办证义务时就已经确定，故诉讼时效应当从约定的违约金支付期限届满的次日起算。[2] 第二，如果当事人在合同中约定，以日或月为单位，累计计算违约金数额，则违约金的数额随着违约行为的持续而不断增长，这种违约金的支付属于继续性债权，即其内容和范围受时间因素的影响，随着时间的推移不断发生变化，违约金应当以每个个别债权分别适用诉讼时效。在操作中，应当从原告起诉之日

---

① 参考案例110：“泛华工程有限公司西南公司与中国人寿保险（集团）公司商品房预售合同纠纷案”，最高人民法院(2005)民一终字第85号民事判决，载《中华人民共和国最高人民法院公报》2008年第2期，第20～25页。

② 《民事审判指导与参考》研究组：《逾期办证违约金诉讼时效应如何起算》，载《民事审判指导与参考》2016年第4辑（总第68辑），第246页。

起倒推三年,期内的未丧失时效利益,期外的则否。“这样既可促使出卖人尽快履行办证的义务,也可对买受人给予适当的补偿,有利于平衡当事人之间的利益。”[1]广东省高级人民法院《关于审理房屋买卖合同纠纷案件的指引》(粤高法〔2017〕191 号)第 47 条即规定:“买受人请求出卖人支付逾期办证或者逾期交房违约金,违约金为固定金额的,从合同约定或者法定的履行期限届满之次日起计算诉讼时效期间。按日或者按月等时间单位累计计算违约金的,按每个个别债权分别计算诉讼时效期间。”北京市高级人民法院《关于审理房屋买卖合同纠纷案件若干疑难问题的会议纪要》(京高法发〔2014〕489 号)第 23 条也规定:“房屋买卖合同中约定当事人违反合同义务应承担的违约金为数额确定的一次性违约金的,诉讼时效期间从合同约定的义务履行期限届满之次日起算;约定违约金为按日(月)计付的继续性违约金的,以每个个别的债权分别单独适用诉讼时效,当事人在诉讼中提出时效抗辩的,违约金保护范围为当事人起诉之日前两年。期间有时效中断或中止情形的,适用《民法通则》关于诉讼时效中断或中止的相关规定。”

典型案例170

刘丽与辽宁泰合房地产开发有限公司、辽宁际原房屋开发有限公司商品房销售合同纠纷案[2]

典型案例裁判文书

典型案例170
辽宁省沈阳市中级人民法院(2014)沈中民二终字第142号民事判决书

基本案情:2004 年 5 月 15 日,刘丽与泰合公司签订《商品房买卖合同》约定,刘丽购买黄河南大街 32 号 2 某 1-23-6 室(诉争房屋),总房款264 500 元。关于产权登记的时间,双方未作约定。签订该合同时,诉争房屋已竣工。2004 年 3 月 20 日,刘丽

① 韩延斌:《商品房买卖纠纷中逾期办证责任的认定——对最高人民法院〈关于审理商品房买卖合同纠纷案件适用法律若干问题的解释〉第 18 条规定的解读》,载《民事审判指导与参考》2006 年第 1 集(总第 25 集),第 153~154 页。

② 典型案例 170:“刘丽与辽宁泰合房地产开发有限公司、辽宁际原房屋开发有限公司商品房销售合同纠纷案”,辽宁省沈阳市中级人民法院(2014)沈中民二终字第 142 号民事判决。

向际原公司支付了购房款。2004 年 3 月 24 日,刘丽办理了实际入住手续。后因诉争房屋一直未取得房屋初始登记,刘丽遂诉至法院,要求开发商承担逾期办证的违约责任。

法院观点:沈阳市中级人民法院认为,双方签订的《商品房买卖合同》未就产权登记作出约定,而签订该合同时诉争房屋为已竣工房屋,故依据《商品房买卖合同解释》第 18 条之规定,刘丽自《商品房买卖合同》订立之日起 90 日未能取得房屋权属证书,泰合公司应当承担逾期办证违约责任。双方于 2004 年 5 月 15 日签订《商品房买卖合同》,泰合公司应自该合同订立之日起 90 日内即 2004 年 8 月 12 日前,将办理权属登记需由出卖人提供的资料报产权登记机关备案。因此刘丽从 2004 年 8 月 13 日起即知道或应当知道自己的权利受到侵害、泰合公司已违约的事实。刘丽主张民事权利的诉讼时效期间应从 2004 年 8 月 13 日起算。刘丽于 2013 年 6 月 20 日才向本院提起诉讼、交纳诉讼费,且刘丽在庭审中亦未提供相应证据来证明该诉讼时效有中止、中断的情形,故 2011 年 6 月 21 日前的诉讼请求已超过两年诉讼时效。因此,对刘丽要求泰合公司给付 2011 年 6 月 21 日前逾期办证违约金的诉讼请求不予支持。

裁判规则 171

商品房买卖合同解除后的损失赔偿,包含可得利益损失。在计算可得利益损失时,应当以合同约定价格与合同解除时房屋的市场价格之差为基数,扣除违约方无法预见的损失、非违约方不当扩大的损失、非违约方因违约行为获得的利益、非违约方亦有过失所造成的损失以及必要的交易费用。

对商品房买卖合同被解除导致的损害赔偿是仅限于信赖利益,还是履行利益,最高人民法院的意见有一个转变的过程。在制定《商品房买卖合同解释》时,最高人民法院认为,“可得利益的取得是以合同双方继续履行为前提的。在合同解除的情况下,表明守约当事人不愿继续履行合同,放弃了可得利益,因此,赔偿损失的范围不应包括可得利益的赔偿”。[①] 但其后,最高人民法院民一庭在《民事审判指导与参考》“民事审判信箱”中,针对解除合同的情况下,“房

① 最高人民法院民事审判第一庭编著:《最高人民法院关于审理商品房买卖合同纠纷案件司法解释的理解与适用》,人民法院出版社 2003 年版,第 109 页。

屋差价能否作为非违约方的损失,由违约方予以赔偿”这一问题时指出,“合同法第一百一十三条规定,当事人一方不履行合同义务或者履行合同义务不符合约定,给对方造成损失的,损失赔偿额应当相当于因违约所造成的损失,包括合同履行后可以获得的利益,但不得超过违反合同一方订立合同时预见到或者应当预见到的因违反合同可能造成的损失。在有效的房屋买卖合同履行过程中,由于开发商拒绝履行合同,导致购房人需要另行购买相类似的房屋,则其需要支付的另行购房成本就同其之前签约的购房成本之间存在明显的价值之差,此种房屋差价是由于违约方的违约行为造成的,可以作为守约方所遭受的损失”。[①] 也就是说,可得利益属于合同解除的损失赔偿范围。在 2012 年颁布的《买卖合同解释》中,最高人民法院明确采纳了“赔偿可得利益说”,即“解除合同虽然可使合同溯及地归于消灭,但在赔偿问题上应对溯及力加以限制,仍按可得利益损失进行赔偿,并在赔偿可得利益之后,当事人的订约费用、履约准备费用等信赖利益只能当成交易成本从可得利益中获得补偿;而且,可得利益应当由缔结合同时当事人可预见的规则控制其赔偿范围”。[②] 据此,在商品房买卖合同被解除的情况下,损害赔偿的范围包括可得利益。

那么应当如何界定可得利益的范围?就此,北京市高级人民法院《关于审理房屋买卖合同纠纷案件适用法律若干问题的指导意见(试行)》(京高法发〔2010〕458 号)第 24 条第 1 款规定:“房屋买卖合同签订后,因一方当事人根本违约致使另一方订立合同的目的不能实现,守约方要求解除合同,并要求违约方赔偿房屋差价损失、转售利益损失等可得利益损失的,应酌情予以支持,但当事人另有约定的除外。”第 2 款规定:“在认定和计算可得利益损失时,应从守约方主张的可得利益赔偿总额中扣除守约方未采取合理措施不当扩大的损失、守约方亦有过失所造成的损失、守约方因此获得的利益以及守约方取得利益需要支出的必要的交易成本,并综合考虑守约方的履约情况等因素予以确定。”广东省高级人民法院《关于审理房屋买卖合同纠纷案件的指引》(粤高法〔2017〕191 号)第 40 条规定:“房屋买卖合同因一方当事人违约被解除的,守约方可以要求违约方赔偿房屋差价或者转售利益等可得利益损失。计算损失时,应当扣除守

---

① 《民事审判指导与参考》研究组:《房屋差价能否作为非违约方的损失,由违约方予以赔偿》,载《民事审判指导与参考》2013 年第 4 辑(总第 56 辑),第 228 ~ 229 页。

② 王闯:《关于审理买卖合同纠纷案件的若干重要问题(下)——解读〈关于审理买卖合同纠纷案件适用法律问题的解释〉》,载《民事审判指导与参考》2012 年第 3 辑(总第 51 辑),第 77 页。

约方未采取合理措施不当扩大的损失、守约方因此获得的利益以及取得利益需要支出的必要费用，并综合考虑守约方的履约情况等确定，但不得超过违约方订立合同时预见到或者应当预见到的因违约可能造成的损失。”山东省高级人民法院 2011 年《全省民事审判工作会议纪要》（鲁高法〔2011〕297 号）规定：“商品房买卖合同因一方违约被解除的，守约方有权要求违约方赔偿因合同解除造成的损失，损失的范围包括积极损失和可得利益损失。如因出卖人的原因导致合同解除的，买受人请求出卖人赔偿损失的范围是纠纷发生时讼争房屋的现实价值与合同约定价格之间的差价。”综合上述观点，如最高人民法院在下述【典型案例 171】中所言，“可得利益损失范围的确定，除适用《合同法》第 113 条[①]但书规定外，还应适用该法第 119 条[②]规定的减损规则、第 120 条[③]及《买卖合同解释》第 29 条和第 30 条规定的过失相抵规则，以及《买卖合同解释》第 31 条规定的损益相抵规则”。

典型案例171

中国人寿保险股份有限公司甘肃省分公司与甘肃兰东房地产开发有限责任公司、甘肃聚丰古今商贸有限公司合同纠纷案[④]

典型案例裁判文书

典型案例171
最高人民法院（2017）
最高法民终387号民事判决书

基本案情：2003 年 7 月 11 日，甘肃人寿公司与兰东公司签订《商品房买卖合同》约定，甘肃人寿公司以39 561 705元的价格购买兰东国际金融广场 C 幢地上 1 ~6 层、地下 3 层（建筑面积为 9634. 36 平方米）。合同签订后，甘肃人寿公司先后向兰东公司付款29 693 193元。后双方在履行过程中发生争议，未能协商一致。2014 年 1 月 14 日，兰东公司与聚丰公司签订《商品房买卖合同》约定，兰东公司以

---

① 《民法典》第 584 条。

② 《民法典》第 591 条。

③ 《民法典》第 592 条。

④ 典型案例 171：“中国人寿保险股份有限公司甘肃省分公司与甘肃兰东房地产开发有限责任公司、甘肃聚丰古今商贸有限公司合同纠纷案”，最高人民法院（2017）最高法民终 387 号民事判决。

173 024 580元的价格,将兰东国际金融广场C楼1~6层(面积为7331.55平方米)出售给聚丰公司。2014年1月3日,聚丰公司通过兴业银行向兰东公司委托汇款173 024 580元。1月16日,聚丰公司取得案涉商品房的《房屋所有权证书》。甘肃人寿公司诉至法院,请求解除《商品房买卖合同》,兰东公司返还已付购房款29 693 193元,赔偿分别与聚丰公司、甘肃人寿公司关于标的房产的交易差价损失133 462 875元、承担已付购房款一倍的赔偿责任(29 693 193元)。

法院观点: 最高人民法院在二审中认为,兰东公司将案涉已售楼房1层至6层再出售给聚丰公司,构成根本违约,应当依照《合同法》第113条(《民法典》第584条)的规定,赔偿甘肃人寿公司可得利益损失。该可得利益损失金额应为:系争楼层实际出售总价款与约定总价款之差额,扣除系争合同外兰东公司付出的款项及利润和甘肃人寿公司尚未支付的约定款项利润,以及依照法律规定应当扣除的必要交易成本、兰东公司不可预见的损失金额和因损益相抵、过失相抵、止损义务违反等应由甘肃人寿公司承担的款额。本案中,兰东公司分别与聚丰公司、甘肃人寿公司约定的争议房产的交易差价为133 462 875元,但鉴于聚丰公司的购买范围与甘肃人寿公司部分重合但不完全重合,甘肃人寿公司未尽到协助配合的义务(涉及减损规则),甘肃人寿公司还有部分房款未支付(涉及损益相抵规则),合同约定的迟延交房违约金为2000元/日(涉及可预见规则),酌定甘肃人寿公司可得利益损失赔偿金额为58 744 679.33元(甘肃人寿公司已付购房款及其年利率为6%共计13.5年的利息+500万元)。

裁判规则 172

多重违约行为叠加时的违约责任,应当区分不同违约行为之间的关系。如果彼此独立、指向不同损害的,应当就每一项违约行为单独确定违约责任,然后合并计算;如果彼此牵连、指向的损害存在吸收关系的,应择重处理,避免重复科责。

如前所述,商品房买卖合同可能引发多种违约行为,如逾期交房、合同逾期备案、逾期办理权属证书、房屋存在质量问题或利用方面的瑕疵、未达到约定层高或约定容积率,等等。如果同时存在多项违约行为的,应当如何确定违约责任的范围?

通常情况下,不同违约行为导致的是不同损害。如房屋未达到约定层高,指向的是房屋品质，而房屋未达到约定容积率，指向的是小区品质。对于这类违约行为彼此独立、指向不同损害的，应当就每一个单项违约行为单独确定违约责任，然后合并计算。但也有一些违约行为彼此牵连、指向的损害存在吸收关系。如逾期完善水电气等配套设施的违约责任与逾期交房的违约责任，在房屋交付之前，水电气等配套设施是否完善，对购房人并无实际意义，这就导致逾期交房的违约责任与逾期完善水电气等配套设施的违约责任之间存在吸收与被吸收的关系。对于这类违约行为，不应就每一个单项违约行为单独确定违约责任，然后合并计算，而应择重处理，避免重复科责。重庆市高级人民法院《关于当前民事审判若干法律问题的指导意见》（2007 年 11 月 22 日）第 39 条规定："商品房买卖合同纠纷中，涉及逾期完善水电气等配套设施、逾期交付、逾期办证等多项违约行为的，应根据违约行为的性质和相互关系，综合适用违约责任。除当事人有明确约定的以外，在逾期交付的期限内承担了该项违约责任的，不另计负逾期办证和逾期完善水电气等配套设施的违约责任。有单项违约责任条款和总括性的违约责任条款的，总括性违约责任条款只在重大违约时适用，并不得同时适用单项违约责任条款。"北京市高级人民法院《关于审理房屋买卖合同纠纷案件若干疑难问题的会议纪要》（京高法发〔2014〕489 号）第 20 条第 1 款规定："出卖人存在违反房屋买卖合同约定逾期交房和逾期办证的违约行为，买受人同时主张上述两项违约金的，可予以支持。出卖人主张两项违约金相加数额过高的，法院可以综合买受人所受实际损失、出卖人的过错程度、是否使用格式条款等因素，对于违约行为重复期间的违约金，择一高标准予以支持。"第 2 款规定："商品房买卖合同约定出卖人逾期取得初始登记和逾期办理过户登记应当支付违约金，买受人同时主张两项违约金的，依前款原则处理。"第 22 条规定："房屋买卖合同纠纷中，出卖人以买受人主张的违约金数额过高作为抗辩的，应区分以下情形处理：（1）出卖人存在多项违约行为，买受人分别提起诉讼主张违约金，前诉法院已经做出处理的，后诉法院应当综合考虑前后案件的具体情况、买受人的实际损失、前诉案件的赔偿数额等因素综合确定赔偿数额。（2）买受人就出卖人的同一违约行为分段起诉主张违约金，前诉法院已经确定出卖人支付违约金，出卖人有证据证明前诉案件确定的违约金数额加上买受人在后案中主张的违约金数额过分高于其所受实际损失的，应当判决部分驳回直至全部驳回买受人的诉讼请求。（3）买受人就出卖人的同一违约行为先后主张迟延履行违约金和解除合同违约金，前诉法院已经确定出卖人承担迟延履行违约金的,后诉法院在支持解除合同违约金时,应当扣除出卖人已经承担的迟延履行违约金的数额。”

典型案例172

彭斌与广州市鑫隆房地产开发有限公司商品房预售合同纠纷案①

典型案例裁判文书

典型案例172
广州市番禺区人民法院(2013)穗番法楼民初字第401号民事判决书

基本案情:2011 年 8 月 20 日,彭斌(乙方)与鑫隆公司(甲方)签订《商品房买卖合同》约定:彭斌购买东环路 123 号 7 座 1102 房,总金额为1 132 685 元;第 14 条载明,甲方应当在 2012 年 6 月 1 日前将作为本合同标的物的房屋交付乙方使用,甲方如未能按合同约定的期限交房,逾期不超过 180 日的,本合同继续履行,甲方应自约定交房日期的次日起至实际交付之日止,每日按该总价款 0.05% 的标准向乙方支付违约金;第 24 条载明,甲方在该商品房交付乙方时,该商品房项目的《建设工程规划许可证》规定的公用设施及附属配套项目,应一并建成并经验收合格。甲方未按规定时间建成公用设施及附属配套项目并经验收合格的,该商品房不符合交付标准,乙方按照本合同第 14 条的约定主张权利。2012 年 6 月 9 日,彭斌办理了涉案商品房的收楼手续。后彭斌诉至法院,要求鑫隆公司支付逾期交楼违约金与迟延达到基础设施、公共配套建筑正常使用的违约金。

法院观点:法院认为,“对于迟延交楼违约金的诉请,因彭斌办理收楼手续的时间为 2012 年 6 月 9 日,故彭斌主张从 2012 年 6 月 1 日起至同年 6 月 9 日办理收楼之日止此期间的迟延交楼违约金,具有事实和法律依据,予以支持。对于迟延达到基础设施、公共配套建筑正常使用的违约金的诉请。虽然合同第二十四条有约定,但在涉案商品房纠纷中,涉及逾期完善公共配套设施、逾期交房等多项违约行为。本院认为,应综合使用违约责任,在双方未有明确约定的以外,在逾期交付房屋的期限内承担了该项违约责任的,不宜另计付逾期完善

---

① 典型案例 172:“彭斌与广州市鑫隆房地产开发有限公司商品房预售合同纠纷案”,广州市番禺区人民法院(2013)穗番法楼民初字第 401 号民事判决。

公共配套设施的违约责任。故彭斌向鑫隆公司再另主张同一期限内的逾期完善公共配套设施的违约责任的诉请,本院不予支持”。

裁判规则173

商品房买卖合同约定的免责事由只适用于合同签订后可能发生的不确定风险事项。对于合同签订时已经存在的现实风险,根据诚实信用原则的要求,开发商应当如实告知购房人,否则不得援引免责条款排除自身责任。

房地产项目开发周期较长,其间可能遭遇各种制约、影响开发进度的事件。比如,极端天气导致长时间停工,施工场地发生工伤、工亡事故导致停工整改;又如,行政机关拖延履职(包括迟延办理竣工验收备案、权属证书等)导致交房时间迟延;还如,配套工程(如供水、供电等)迟延完工导致房屋无法交付,等等。这些问题属于房地产开发过程中较为常见且多发的问题,开发商可以预见,但无法或难以控制。为避免承担这类自己难以控制的因素导致的法律责任,开发商常通过补充协议(《商品房预售合同(示范文本)》中没有这类约定)的形式,排除逾期交房或逾期办证责任的承担。

这类免责条款通常是格式条款,但并不构成免除自身责任、加重对方责任、排除对方主要权利,[①]根据《民法典》第496条第2款[②]的规定,只要开发商采取合理的方式提请购房人注意,按照购房人的要求对该条款予以说明,应属有效,对双方具有约束力。但需注意的是,免责条款只适用于合同签订后可能发生的不确定风险事项,不能适用于签订合同时已经发生、发现的现实风险。根据诚实信用原则的要求,对于合同签订时已经发生的现实风险,开发商应当如实告知购房人,让购房人在知晓该现实风险的基础上,作出是否购房、以什么条件购房的判断。如果开发商未如实告知购房人已经发生、发现的现实风险,应视为开发商认为该风险不影响合同约定的交房时间或办证时间。如果最终因该风

---

① 《民法典》第497条规定:“有下列情形之一的,该格式条款无效:(一)具有本法第一编第六章第三节和本法第五百零六条规定的无效情形;(二)提供格式条款一方不合理地免除或者减轻其责任、加重对方责任、限制对方主要权利;(三)提供格式条款一方排除对方主要权利。”

② 该款规定:“采用格式条款订立合同的,提供格式条款的一方应当遵循公平原则确定当事人之间的权利和义务,并采取合理的方式提示对方注意免除或者减轻其责任等与对方有重大利害关系的条款,按照对方的要求,对该条款予以说明。提供格式条款的一方未履行提示或者说明义务,致使对方没有注意或者理解与其有重大利害关系的条款的,对方可以主张该条款不成为合同的内容。”

险导致逾期交房或逾期办证的,开发商不得以该风险为据援引免责条款主张免责。

典型案例173

张宇、张霞诉上海亚绿实业投资有限公司商品房预售合同纠纷案[①]

典型案例裁判文书

典型案例173
张宇、张霞诉上海亚绿实业投资有限公司商品房预售合同纠纷案

基本案情:2015 年 8 月 15 日,张宇、张霞与亚绿公司签订预售合同约定:张宇、张霞向亚绿公司购买《申亚翠庭》5 号 1 层 102 室;亚绿公司于 2015 年 12 月 31 日前交付房屋。合同补充条款一对合同十一条修改、补充如下:甲方(亚绿公司)定于 2015 年 12 月 31 日前将该房屋交付给乙方(张宇、张霞),除不可抗力及其他甲方难以预计的客观情况外,客观情况包括但不限于非因甲方原因导致的以下情况:供水、供电、煤气、排水、通信、网络、道路等公共配套设施的延误、规划调整导致的工程推延、政府政策变化等。2016 年 7 月 1 日,双方办理了交房手续。张宇、张霞认为亚绿公司逾期交房,以致成讼。另查明,系争房屋所在小区的燃气管道外管工程于 2015 年 3 月 23 日由金汇镇人民政府与燃气公司签订合同,约定施工期限 90 天,但由于属地村民为管道建设用地和该小区配套道路建设等要求办理镇保,阻挠施工,导致该工程逾期。2015 年 3 月 27 日,亚绿公司向金汇镇人民政府发函称,地块红线外至今没有燃气外管接口及自来水外管接口,小区红线外配套理应由镇政府落实解决,否则将影响亚绿公司按期交房。2015 年 8 月,亚绿公司完成了系争房屋所在小区范围内的工程量施工。2016 年 4 月 20 日,燃气管道外管工程竣工验收。2016 年 5 月 9 日,燃气公司出具合格证明。2016 年 6 月 2 日,亚绿公司取得上海市建设工程规划验收合格证。2016 年 7 月 1 日,亚绿公司取得上海市新建住宅交付使用许可证。

法院观点:一审法院(上海市奉贤区人民法院)认为,双方约定市政配套工

---

① 典型案例 173:“张宇、张霞诉上海亚绿实业投资有限公司商品房预售合同纠纷案”,载《中华人民共和国最高人民法院公报》2019 年第 5 期,第 43 ~48 页。

程迟延导致交房迟延，交房时间可予以顺延，故张宇、张霞要求亚绿公司承担逾期交房的违约责任无依据。但二审中，上海市第一中级人民法院认为，造成系争房屋逾期交付的原因确实在于配套工程的延误，双方约定这一情形可以免责。但是，系争责任限制条款的适用范围限于签约后发生的不确定风险事项，不能适用于签约时被隐瞒的现实风险事项。2015年3月27日，亚绿公司已经得知配套工程无法开工，陷入停滞状态。此时，"配套工程延误导致逾期交付房屋"虽然还不是确定发生的事实，但也已经不再是抽象的理论可能性，而是亚绿公司已知的现实存在的显著风险。故亚绿公司对自2015年3月27日起签约的购房者均负有对配套工程延误风险的告知义务。系争预售合同的签约日期为2015年8月15日，亚绿公司未对张宇、张霞告知相应风险，违反了合同约定的告知义务，应当承担自2016年1月1日起的逾期交房违约责任。

裁判规则 174

商品房定造合同的标的物，系基于特定主体的特定要求而建造，具有利用上的特殊性，如标的物已经建造，非因重大违约行为，不应解除商品房定造合同。

如【裁判规则101】所言，商品房定造合同的标的物是基于特定要求为特定主体专门建造，具有利用上的特殊性，进而因其利用上的特殊性导致法律适用的特殊性。该特殊性表现在两个方面：一是其不属于向社会不特定公众公开出售的商品房，合同效力不受商品房预售许可证的影响；二是如标的物已经建造，非因重大违约行为，不应解除商品房定造合同。其原因在于，该房屋既然是系基于特定主体的特定要求而建造，能够且愿意接收该房屋的潜在购房人的数量就非常有限。这也就意味着，一旦解除合同，该房屋被闲置的可能性远高于普通商品房，从而导致资源浪费，有悖"物尽其用"的宗旨。因此，对商品房定造合同履行中的一般违约行为，原则上应当通过赔偿损失的方式予以救济，除非发生重大违约行为，否则不应轻易解除商品房定造合同。在下述【典型案例174】中，该案承办法官在评析该案时就指出，"涉案办公大楼，是房产公司根据物价局的特别需要而建设的办公用房，这也是二审判决维持一审判决的一个重要事实根据"；如果二审判决支持物价局解除合同的上诉请求，在双方当事人之间就应相互返还，"在相互返还后，房产公司如不能及时找到需要该办公大楼的业主,将会造成该办公大楼财产的严重损失和浪费”。①

参考案例裁判文书

参考案例111
四川省高级人民法院
(2018)川民终303号民事判决书

当然,如果当事人存在严重违约行为,危及合同目的实现的,则应允许守约方行使合同解除权。在“中海信和(成都)物业发展有限公司、四川康慈医疗投资管理有限公司房屋买卖合同纠纷案”②中,中海信和公司为康慈医疗公司定造一家医院,康慈医疗公司先后支付了 4092 万元。但案涉项目在审批期间,因拟建医院近邻人口密度大的学校项目,规划建设局未在建设项目总平方案会审表中出具审批意见。导致中海信和公司事实上已无法完成案涉项目的报规划、建设、消防等相关部门批准的义务。法院即认为,丧失了履行合同的基础和条件,合同目的无法实现,支持了康慈医疗公司解除合同的请求。

典型案例174

山西省物价局与太原市双燕房地产开发有限公司商品房买卖合同纠纷案③

典型案例裁判文书

典型案例174
山西省物价局与太原市双燕房地产开发有限公司商品房买卖合同纠纷案

基本案情:1999 年 5 月 20 日,物价局与房产公司签订《开发协议》约定,房产公司在太原市东后小河街总面积 3.09 亩自有土地上为物价局建办公大楼,一切按物价局要求设计,大楼 3 层至 8 层、后院平房、小二楼、自行车棚、六楼顶亭台,均出售给物价局。大楼建成后,房产公司只交付了大楼 3 层至 8 层,其余部分未交付,并将小二楼出租给他人获取租金。物价局遂以房产公司未能交付房屋及附属设施等为由,要求解除合同。

---

① 张雅芬:《合同一方当事人不构成根本性违约,另一方当事人请求解除合同不予支持——山西省物价局与太原市双燕房地产开发有限公司商品房买卖合同纠纷上诉案》,载《民事审判指导与参考》2010 年第 1 集(总第 41 集),第 252、253 页。

② 参考案例 111:“中海信和(成都)物业发展有限公司、四川康慈医疗投资管理有限公司房屋买卖合同纠纷案”,四川省高级人民法院(2018)川民终 303 号民事判决。

③ 典型案例 174:“山西省物价局与太原市双燕房地产开发有限公司商品房买卖合同纠纷案”,最高人民法院(2009)民一终字第 64 号民事判决。

法院观点:针对房产公司的违约行为,一审法院(山西省高级人民法院)并未判决解除合同,而是酌情由房产公司赔偿物价局80万元。最高人民法院在二审中也认为,“虽房产公司向物价局交付剩余房屋存在违约,但房产公司诉讼中取得了剩余房屋的权属证明,双方办理土地使用权及房屋产权变更过户已无法律上的障碍。因此,从鼓励交易及财产的有效利用方面考虑,一审判决《开发协议》有效,双方继续履行,并无不妥,本院予以维持。物价局关于房产公司已构成根本性违约,请求解除合同的上诉主张,缺乏事实根据及法律依据,本院不予支持”。

裁判规则 175

商品房包销合同在履行过程中因故解除,在确定合同解除的法律后果时,除衡量双方过错大小以外,还需考虑既有投入在整个包销期间的分摊、已签订但尚未履行完毕的销售合同存在的履行风险、前期投入带来的尚未转化为现实收益的后期收益等问题。

就商品房销售模式而言,根据开发商与购房人之间是否存在中间商,可以分为直接销售模式与间接销售模式。所谓直接销售,又称零级销售,是指没有中间商的介入,由开发商直接把商品房销售给购房人;所谓间接销售,是指开发商将商品房销售给购房人需要经过中间商环节。根据中间商是否负担商品房销售风险的不同,又可以将间接销售分为包销与代销。所谓代销,即代理销售,是指中间商作为开发商的代理人,对外销售商品房,中间商从销售额中提取一定比例的佣金,销售不能的风险由开发商承担;所谓包销,根据《商品房买卖合同解释》第20条的规定,是指开发商将商品房交由包销人以开发商的名义对外销售,包销人获取包销中的差价利益,同时承担推销不出去的风险——包销期满未销售的房屋由包销人按照合同约定的包销价格购买。[①] 实践中,由于包销涉及的开发商与包销人之间的权利义务关系复杂、利益风险巨大,较易引发争议。

包销合同属于继续性合同,开发商与包销人在前期的投入往往是基于包销

---

① 最高人民法院民事审判第一庭编著:《最高人民法院关于审理商品房买卖合同纠纷案件司法解释的理解与适用》,人民法院出版社2003年版,第241~244页。

合同得以完全履行来确定并实施的。如果在履行过程中因故解除，在确定合同解除的法律后果时，除衡量双方过错大小以外，还需考虑既有投入在整个包销期间的分摊、部分销售合同未履行完毕、前期投入带来的尚未转化为现实收益的后期收益等问题。广东省高级人民法院《关于审理房屋买卖合同纠纷案件的指引》（粤高法〔2017〕191 号）第 49 条即规定："委托人违反商品房包销合同约定，将约定由包销人包销的商品房或者商品房项目转让给第三人，导致包销合同无法履行，包销人请求委托人赔偿损失的，应予支持。合同对损失赔偿没有约定的，可以参照包销价格与商品房市场价格的差价、包销人的实际投入等因素确定损失。"第 50 条规定："包销人超出商品房包销合同的授权范围从事包销活动，致使委托人承担赔偿责任的，委托人可以向包销人追偿。"

典型案例175

厦门东方设计装修工程有限公司与福建省实华房地产开发有限公司商品房包销合同纠纷案[①]

典型案例裁判文书

典型案例175
最高人民法院（2005）民一终字第51号民事判决书

基本案情：2003 年 8 月，东方公司与实华公司签订《房产包销合同》约定：(1)实华公司将其开发建设的"实华公寓"楼盘全部交由东方公司包销；(2)东方公司作为包销商，全权负责该楼盘的销售及销售过程中的广告实施及整个楼盘园林景观、绿化的设计施工；(3)包销期限自《商品房预售许可证》签发之日起 30 个月内，车位包销期限为 42 个月；(4)东方公司应向实华公司支付 200 万元的包销保证金；(5)包销底价及包销利润：住宅 2600 元/平方米，店面 6000 元/平方米，车位 7 万元/个，合同销售价超出上述底价的溢价部分，作为东方公司的包销利润全部归其所有。2003 年 7 月 23 日，东方公司向实华公司支付了第一笔包销保证金 100 万元，并委托他人进行景观设计、绿化施工和广告发布，投入费用603 100

① 典型案例 175："厦门东方设计装修工程有限公司与福建省实华房地产开发有限公司商品房包销合同纠纷案"，最高人民法院（2005）民一终字第 51 号民事判决，载《中华人民共和国最高人民法院公报》2006 年第 4 期，第 22～29 页。

元。实华公司分别于2004年2月12日、3月18日、5月11日分三批取得该楼盘19幢楼体的《商品房预售许可证》。后东方公司与部分购房者签订了《商品房预售合同》,并收取了部分购房者的定金。截至2005年8月5日,由东方公司实际销售的住宅189套、店面42户,实现销售溢价为3 896 074元。由东方公司收取定金但实华公司没有出具合同签收单而合同实际履行的有住宅65套、店面2户;由东方公司收取定金但实华公司没有出具合同签收单并由实华公司转售他人的有住宅58套、店面7户。2004年3月30日,实华公司函告东方公司,终止《房产包销合同》。2004年10月27日,东方公司以实华公司严重违约、应承担全部违约责任为由,诉至法院,请求判令实华公司赔偿东方公司经济损失5000万元,退还东方公司包销保证金100万元。

法院观点:最高人民法院在二审中认为,办妥整个楼盘的《商品房预售许可证》是东方公司在包销期限内履行全部包销义务的必要条件。实华公司在2003年11月30日之前未能办妥整个楼盘的《商品房预售许可证》,构成率先违约。此外,实华公司单方宣布终止合同,显属不当。因此,实华公司应当对其因未能在合同约定的最后期限内办妥该楼盘的《商品房预售许可证》的违约行为以及单方宣布终止合同给东方公司造成的损失承担赔偿责任。包销保证金作为对东方公司的一种履约保证已失去意义,实华公司理应返还东方公司已经支付的第一笔包销保证金100万元。对东方公司主张溢价款和赔偿损失的范围应当限定在《房产包销合同》已经履行和已经部分履行的范围之内,并参酌当事人双方的过错程度以及东方公司实际损失的程度来确定实华公司的赔偿范围。参照《房产包销合同》中双方计算包销溢价的标准,东方公司可以实现的包销溢价款为7 310 061元。虑及东方公司在广告投入、景观绿化等方面履约不足以及实华公司在后期销售过程中需要支出的费用和付出的劳动等综合因素,应当在东方公司可以实现的包销溢价款7 310 061元中酌减80万元。

6.5 按揭购房合同的责任界分规则

当购房者按揭购房时,涉及三个主体和四个合同关系。三个主体即购房者、开发商、按揭银行;四个合同关系即购房者与开发商之间的商品房买卖合同关系,购房者与按揭银行之间的借款合同关系,购房者与按揭银行之间的以商品房“楼花”(预售期房)或现房为抵押物的抵押合同关系,开发商与按揭银行之间的表现为保证、回购等具体条款的保证合同关系。[①] 其中,借款合同与抵押合同构成主从合同,而对于商品房买卖合同与借款合同,“通说认为两者之间具有紧密联系但又互相独立的合同关系,并不构成法律上的主从合同关系”。[②]

裁判规则 176

在购房人按揭贷款的情况下,开发商与按揭银行之间约定的回购条款,属于非典型担保,不违反法律、行政法规的禁止性规定,应属有效。但开发商履行回购义务后享有的是代位追偿权,不能依据合同约定直接取得房屋所有权。

所谓开发商与按揭银行之间的回购条款,是指开发商与按揭银行约定,当购房人无力偿还银行贷款时,开发商向银行支付约定金额的对价,银行将合同债权及项下的其他权利转移给开发商。一般认为,“回购担保是一种多方以合同条款约定的关联性担保,属于新类型的非典型担保,并不违反法律、行政法规的禁止性规定,应属有效约定”。[③] 广东省高级人民法院《关于审理商品房买卖合同纠纷案件若干问题的指导意见》(粤高法发〔2003〕24 号)第 8 条即规定:“买受人未按照借款合同的约定还款,担保权人以执行回购条款为由请求出卖人承担连带保证责任、偿还买受人所欠贷款本息的,人民法院应予支持。”江苏省高级人民法院《关于审理房地产合同纠纷案件若干问题的解答(征求意见稿)》(苏高法电〔2017〕559 号)第 16 条第 1 款也规定:“商品房按揭贷款合同中,当事人约定购房人无力偿还银行贷款时,开发商作为连带责任保证人承担还款责任,并由开发商对商品房进行回购,当事人主张该约定无效的,人民法院不予支持。”

需要注意的是,开发商履行回购义务后享有的是代位追偿权,不能依据合同约定直接取得房屋所有权。至于开发商回购商品房的价格,江苏省高级人民法院《关于审理房地产合同纠纷案件若干问题的解答(征求意见稿)》(苏高法电〔2017〕559 号)第 16 条第 2 款规定:“合同对回购价格有约定的,按照约定处

① 参见马莉萍、焦卫:《处理房地产纠纷若干难点的思考》,载《政治与法律》2004 年第 3 期,第 68 页。

② 最高人民法院民事审判第一庭编著:《最高人民法院关于审理商品房买卖合同纠纷案件司法解释的理解与适用》,人民法院出版社 2003 年版,第 309 页。

③ 江苏省高级人民法院民一庭:《商品房买卖合同案件审理疑难问题研究——〈商品房买卖合同司法解释〉施行十五周年回顾与展望》,载《民事审判指导与参考》2017 年第 2 辑(总第 70 辑),第 228 页。

理。合同对回购价格没有约定的，当事人主张按市场价回购的，人民法院予以支持。”

典型案例176

广州侨鑫房地产开发有限公司与林潮森、陈瓦丽商品房买卖合同纠纷案①

典型案例裁判文书

典型案例176

广州侨鑫房地产开发有限公司与林潮森、陈瓦丽商品房买卖合同纠纷案

基本案情：2004 年 11 月 14 日，侨鑫公司与林潮森、陈瓦丽签订《商品房买卖合同》约定，林陈二人购买侨鑫公司开发的汇景新城 C4、C5 栋 G2 梯 2/3 复式 02 单位房产，成交价3 231 443元；买受人支付首期楼款961 443元，余款 226 万元办理银行按揭手续；买受人在银行按揭贷款，累计拖欠六期（六个月）应供款，则自愿放弃原合同业权，该房产从第七期（第七个月）起将与买受人没有任何关系。2004 年 12 月 24 日，中农行东城支行（贷款人）、林陈二人（借款人）、侨鑫公司（保证人）签订《个人购房担保借款合同》约定，借款人因购买涉讼房屋，向贷款人借款 196 万元；如借款人未能按本合同的规定或贷款人的通知履行还款义务，贷款人有权向保证人发出《履行回购保证责任通知书》，保证人收到该通知后，须按通知代借款人还清所欠款项；保证人在履行回购保证责任后，获得《商品房买卖合同》项下的抵押物，有权依法予以处分；若借款人未能履行还款责任，而由保证人代为清偿借款人全部欠款后，贷款人即将抵押物和有关所有权证明文件转给保证人处理。上述合同签订后，林陈二人向侨鑫公司支付首期房款1 271 443元。2004 年 12 月 24 日，农行东城支行将贷款 196 万元转至侨鑫公司账号。涉讼房屋在 2005 年 1 月 24 日办理了抵押登记手续。2006 年 3 月 9 日，因林陈二人未按期还款，农行东城支行向侨鑫公司发出《履行回购保证责任通知书》。2006 年 3 月，侨鑫公司向农行东城支行支付回购款1 915 900元。2006 年 9 月，

---

① 典型案例 176：“广州侨鑫房地产开发有限公司与林潮森、陈瓦丽商品房买卖合同纠纷案”，广东省广州市天河区人民法院（2008）天法民四初字第 1681 号民事判决、广东省广州市中级人民法院（2009）穗中法民五终字第 2072 号民事判决。

侨鑫公司向林陈二人邮寄《解除商品房合同通知书》后,以其已向农行东城支行支付回购款,履行保证责任为由,诉至法院,要求解除合同、收回房屋,林陈二人支付20%购房款的违约金653 443.85元。

法院观点:广州市中级人民法院二审认为,首先,从本案所涉的法律关系来看,侨鑫公司基于与林陈二人和银行签订的两份合同,具有两个法律身份,形成了两个法律关系,即侨鑫公司与林陈二人之间形成的买卖合同关系、侨鑫公司与林陈二人和银行之间形成担保合同关系。其次,银行依据按揭贷款合同所得的是抵押物的优先受偿权,并不能产生房屋买卖和房屋产权变动的效果。最后,从侨鑫公司回购行为的性质分析来看,其应当界定为侨鑫公司承担保证责任的一种形式,同时也是银行实现债权的方式。回购只是在银行依法实现抵押权时,侨鑫公司回购房屋,付清贷款。也就是在对房产依法拍卖变卖时,为避免流拍或所拍卖价格不足以清偿贷款,侨鑫公司才负有回购的义务,同时在回购房款不足以清偿贷款情况下,还要继续承担保证义务。侨鑫公司在履行保证回购责任之后取代银行所取得的只是抵押权人的法律地位,即享有的是代位追偿权。在银行并未取得房屋,侨鑫公司也未向银行出售房屋的情况下,侨鑫公司提出其在履行保证回购责任后,是银行解除抵押权,由侨鑫公司收回讼争房屋,缺乏法律依据。

裁判规则 177

购房者将预购商品房用于抵押贷款,且开发商就该笔贷款向按揭银行提供阶段性担保,如果按揭银行怠于办理抵押权预告登记或抵押权本登记的,开发商的保证责任免除。

实践中,购房者将预购商品房用于抵押贷款时,由于房屋尚未建成,既不能办理抵押权登记,也不能办理预告抵押登记,为了保障债权的实现,按揭银行通常会要求开发商提供阶段性担保。所谓阶段性担保,即自按揭银行发放贷款之后,至办理抵押权登记或预告抵押登记之前,如借款人(购房人)未按期偿还借款的,开发商应承担保证责任(通常是连带保证责任),在按揭银行办理完预告抵押登记或抵押权本登记后,开发商的担保责任即可免除,按揭银行通过抵押权来保障债权实现。既然是阶段性担保,就应当将开发商的担保责任限定在合理的时间段,而不能无限期延长。换句话说,在预购房屋具备办理抵押权预告登记或抵押权本登记的情况下,如果按揭银行怠于办理登记,导致借款丧失抵押权预告登记或抵押权本登记的担保的,开发商有权拒绝承担保证责任。

典型案例177

招商银行股份有限公司大连分行与大连一方地产有限公司保证合同纠纷案①

基本案情:2011年2月10日,招商银行与一方公司签订《担保协议》约定:就一方公司开发的一方公馆项目,双方进行个人住房贷款合作;一方公司对根据本协议的规定向招商银行及其所属分支机构申请个人住房贷款的全部借款人所办理的个人住房贷款承担连带责任保证担保,担保期限为每笔贷款放款之日起至预抵押登记完成之日止;自贷款发放之日起,至预抵押登记完之日止之前,如非因招商银行原因未能在90个工作日内办妥借款人所购房屋预告抵押登记手续的,招商银行有权要求一方公司履行担保责任。2012年7月18日,一方公司与高某签订《商品房买卖合同》约定,就高某购房所需款项,首期房款980.7万元于合同签订时支付,剩余房款979万元以按揭贷款方式于合同签署后30日内支付。2012年9月29日,招商银行与高某就案涉房屋签订《个人购房借款及担保合同》,约定贷款金额为979万元。2012年10月9日,招商银行把高某借款979万元打入高某本人账户后又转入一方公司在招行五一广场支行开立的账号中。2013年7月8日,一方公司在房产部门对案涉房屋进行网签《商品房买卖合同》。2014年1月17日,一方公司将备案合同(2013年7月8日)移交给招商银行。2015年3月6日,案涉房屋因另案被法院查封。自2015年3月10日起,高某未按期偿还银行贷款本金及利息,截至2015年3月10日,未偿还本金余额为

典型案例裁判文书

典型案例177
辽宁省高级人民法院(2017)辽民终156号民事判决书

最高人民法院(2017)最高法民申3474号民事裁定书

① 典型案例177:“招商银行股份有限公司大连分行与大连一方地产有限公司保证合同纠纷案”,最高人民法院(2017)最高法民申3474号民事裁定,载《中华人民共和国最高人民法院公报》2018年第5期,第35~37页。案件相关事实可参见辽宁省高级人民法院(2017)辽民终156号民事判决。

8 111 960.77元。2015 年 4 月 22 日,招商银行提起诉讼,请求判令一方公司就借款人高某所欠银行债务承担连带保证担保责任。

法院观点:最高人民法院在再审审查中认为,双方当事人对保证期间进行了约定,以办妥预告抵押登记为时间节点,保证期间可以延长,也可以缩短。该约定是双方当事人的真实意思表示,但不能与《担保法》的规定相悖,不能无限延长保证期间,也是阶段性担保的应有之义。因此,本案的保证期间应确定为从 2012 年 10 月 9 日招商银行放款之日起,至 2014 年 1 月 17 日一方公司向招商银行交付商品房预告抵押登记手续后,招商银行在合理期限内办理完预告抵押登记止。《担保协议》约定,如出现非因招商银行原因未能在 90 个工作日内办妥借款人所购房屋预告抵押登记手续,招商银行自贷款发放之日起,至预告抵押登记完之日止之前,其有权要求一方公司履行担保责任。同理,一方公司将购房合同的登记备案手续交给招商银行后,招商银行亦应在合理期限内办理预告抵押登记,而合理期限应以上述双方约定的 90 个工作日作为参照。招商银行于 2014 年 1 月 17 日收到一方公司交付的购房预告抵押登记手续后,直至 2015 年 3 月 6 日案涉房屋因另案被法院查封无法办理后,才于 2015 年 4 月 22 日向法院起诉一方公司主张权利。招商银行怠于履行合同义务是显而易见的。根据《担保法》第 26 条第 2 款[①]、《合同法》第 119 条第 1 款[②]的规定,招商银行因怠于履行办理预告抵押登记义务所造成抵押物被法院查封的责任,应当由其自行承担。

裁判规则 178

商品房买卖合同与商品房担保贷款合同具有紧密联系,围绕合同发生的争议,可以分别解决,也可以合并解决。但两个合同的效力相互独立,抵押合同的效力不受商品房买卖合同效力的影响。

当商品房买卖合同与商品房担保贷款合同并存的情况下,即购房人在签订商品房买卖合同的同时,又与按揭银行签订品房担保贷款合同的,这两个合同

---

① 《民法典》第 693 条第 2 款。

② 《民法典》第 591 条第 1 款。

的关系是“具有紧密联系但又相互独立的合同关系”,[①]围绕合同发生的争议,可以分别解决,也可以通过诉的合并一并解决。

一方面,商品房买卖合同的主体是购房人与开发商,商品房担保贷款合同的主体是购房人与按揭银行;商品房买卖合同的目的在于买房,商品房担保贷款合同的直接日的在于借贷;商品房买卖合同的效力与商品房担保贷款合同的效力各自独立、互不影响。因此,围绕合同发生的争议,可以分别解决。

另一方面,商品房买卖合同与商品房担保贷款合同具有紧密联系,主要体现为商品房担保贷款合同对商品房买卖合同具有一定程度的依附性,[②]故《商品房买卖合同解释》第25条第1款规定:“以担保贷款为付款方式的商品房买卖合同的当事人一方请求确认商品房买卖合同无效或者撤销、解除合同的,如果担保权人作为有独立请求权第三人提出诉讼请求,应当与商品房担保贷款合同纠纷合并审理;未提出诉讼请求的,仅处理商品房买卖合同纠纷。担保权人就商品房担保贷款合同纠纷另行起诉的,可以与商品房买卖合同纠纷合并审理。”有独立请求权第三人参加诉讼制度属于诉的合并,[③]也就是说,担保权人(按揭银行)作为有独立请求权第三人,可以在本诉发生后,直接起诉参加本诉,也可以在本诉终结后另行提起诉讼。[④] 参加本诉构成诉的合并,进而实现纠纷的一并解决;在本诉终结后另行提起诉讼,构成新的诉讼,也就是纠纷的分别解决。

有观点认为,如果购房者起诉开发商,请求确认商品房买卖合同无效或者撤销、解除,经通知按揭银行作为第三人参加诉讼,而“按揭银行仍不参加诉讼,由于法院已明确告知其将解除购房合同或认定合同无效,其享有优先受偿权的抵押物将被处置,其不参加诉讼主张权利,应视为其同意抵押人处分抵押物。此种情形下,银行不得行使抵押权的追及权,无权对该抵押物主张优先受偿,而只能向抵押人(购房者)行使物上代位权,即要求购房者将开发商退还的购房款用于提前清偿银行借款本息”。[⑤] 这一观点是对抵押权登记或预告登记的误读。广东省高级人民法院《关于审理房屋买卖合同纠纷案件的指引》(粤高法

① 最高人民法院民事审判第一庭编著:《最高人民法院关于审理商品房买卖合同纠纷案件的理解与适用》,人民法院出版社2003年版,第309页。

② 详细论述参见【裁判规则179】,此处不赘述。

③ 最高人民法院民事审判第一庭编著:《最高人民法院关于审理商品房买卖合同纠纷案件的理解与适用》,人民法院出版社2003年版,第324页。

④ 江伟:《民事诉讼法学原理》,中国人民大学出版社1999年版,第429~430页。

⑤ 马莉萍、焦卫:《处理房地产纠纷若干难点的思考》,载《政治与法律》2004年第3期,第69页。

〔2017〕191 号)第 45 条第 2 款就明确规定:“房屋买卖合同被确认无效或者被撤销、解除,抵押权未消灭,出卖人请求返还房屋,要求办理房屋所有权转移登记的,不予支持;出卖人主张将应当返还给买受人的价款在担保债权的范围内支付给抵押权人或者将该款提存消灭抵押权后返还房屋的,应予支持。”

典型案例178

中国银行惠州分行、李某房屋买卖合同纠纷案[①]

典型案例裁判文书

典型案例178
广东省惠州市中级人民法院(2017)粤13民终768号民事判决书

基本案情:2003 年 2 月 18 日,李某与金世界公司签订《商品房买卖合同》约定:李某购买金世界花园瑞景苑 B 座×层×号房。2003 年 10 月 4 日,新金世界公司将涉案房屋交付给李某。但至今,涉案房屋的产权证仍未办理至李某名下。在李某与新金世界签订上述合同之前,第三人陈某与新金世界公司就涉案房屋签订《商品房买卖合同》约定,陈某以427 025元的价格购买涉案房屋,付款方案为首付 30%,余款办理银行按揭。2003 年 1 月 13 日,陈某与新金世界公司、中国银行惠州分行签订《住房抵押贷款合同》约定,中国银行惠州分行向陈某发放贷款298 000元,陈某将涉案房屋作为借款的抵押。2003 年 6 月 12 日,陈某与中国银行惠州分行办理了预购商品房抵押登记。2003 年 1 月 15 日,中国银行惠州分行将款项298 000元发放至新金世界公司账户。2006 年 10 月 26 日,惠州市公安局出具《关于金世界公司涉嫌虚假按揭贷款情况说明的函》称:新金世界公司恶意使用他人身份证、收入证明等资料虚假按揭购房,与他人签订虚假“广东省商品房买卖合同”,同时向中国银行惠州分行等银行贷款办理虚假的“住房抵押贷款合同”或“个人住房借款合同”申请银行按揭。该局认定,新金世界公司虚假按揭贷款共 330 套,陈某与中国银行惠州分行、新金世界公司之间的借贷担保关系在虚假按揭贷款之列。后李某向法院提起诉讼,请求确认陈某与新金世界公司所签的《商品房买卖合同》为无效合同,陈某与中国银行惠州分行、新金世界公

① 典型案例 178:“中国银行惠州分行、李某房屋买卖合同纠纷案”,广东省惠州市中级人民法院(2017)粤 13 民终 768 号民事判决。

司所签《住房抵押贷款合同》为无效合同。

法院观点：一审法院（惠州市惠城区人民法院）认为，新金世界公司与陈某签订的《商品房买卖合同》因系以合法形式掩盖虚构购房事实、套取银行贷款等非法目的，应认定为无效。由于《商品房买卖合同》无效，陈某、新金世界公司与中国银行惠州分行签订《住房抵押贷款合同》的目的在于套取银行的资金，系以合法形式掩盖非法目的，该合同也为无效合同。但二审中，惠州市中级人民法院认为，《商品房买卖合同》与《住房抵押贷款合同》之间具有紧密联系但又相互独立的合同关系。当商品房买卖合同因法律规定的原因并宣布无效或者被撤销以后，其后果将会导致按揭贷款的担保物发生变化，但并不必然造成按揭贷款合同无效或被撤销。本案中，原金世界公司为套取银行贷款，与陈某签订虚假的《广东省商品房买卖合同》，虚假约定陈某向原金世界公司购买其开发的金世界花园房产，其最终合同目的套取银行贷款，属于以合法形式掩盖非法目的，应当认定为无效。但由于两份合同之间不具有主从合同关系，《商品房买卖合同》无效，并不必然导致《住房抵押贷款合同》无效。从现有证据来看，根据相关行政部门的调查结论，中行惠州分行在审查发放住房抵押贷款时存在一定的过错，但没有证据证明，中行惠州分行与陈某、原金世界公司签订《住房抵押贷款合同》之时，对原金世界公司利用虚假商品房买卖，套取银行贷款知情，并且合同中各方当事人的签字、盖章均为真实。因此，应当认定《住房抵押贷款合同》合法有效。

裁判规则 179

商品房担保贷款合同对商品房买卖合同具有一定程度的依附性。在商品房买卖合同被确认无效或者被撤销、解除的情况下，担保贷款合同的目的已无法实现，当事人可以请求解除商品房担保贷款合同。

商品房担保贷款合同与商品房买卖合同虽然相互独立，但只有在订立商品房买卖合同之后，才有可能订立商品房担保贷款。因此，商品房按揭贷款合同在发生上对商品房买卖合同具有一定的依附性，此其一。其二，一般来说，以按揭贷款作为支付方式的买受人如欲转让其所购商品房或楼花，应经银行同意。因此，商品房按揭贷款合同的转让与商品房买卖合同的转让具有从属性。其三，商品房买卖合同的标的物与商品房担保贷款合同的担保物系同一物，且所贷款项直接用于支付购房款。上述特征决定,在商品房买卖合同被确认无效或者被撤销、解除的情况下,按揭贷款合同的仍然存续对借款人而言已经毫无意义。① 因此,《商品房买卖合同解释》第 24 条规定:“因商品房买卖合同被确认无效或者被撤销、解除,致使商品房担保贷款合同的目的无法实现,当事人请求解除商品房担保贷款合同的,应予支持。”

典型案例179

肖树生、陈晓玲诉上海博锦房地产开发中心有限公司、上海银行股份有限公司青浦支行商品房预售合同纠纷、按揭贷款合同纠纷案②

典型案例裁判文书

典型案例179
肖树生、陈晓玲诉上海博锦房地产开发中心有限公司、上海银行股份有限公司青浦支行商品房预售合同纠纷、按揭贷款合同纠纷案

基本案情: 2010 年 4 月 13 日,肖树生、陈晓玲(乙方)与博锦公司(甲方)签订《商品房预售合同》约定,乙方向甲方购买“金色西郊城三期”9 号 12 层 1201 室房屋。2010 年 4 月 14 日,肖树生、陈晓玲向博锦公司支付了首期购房款 952 848 元,并作为借款人与青浦支行(贷款人)、博锦公司(保证人)签订《个人住房借款担保合同》约定,贷款金额为 141 万元;贷款人将贷款资金划入博锦公司名下账户;借款人以上述所购房屋作为抵押财产提供抵押担保。2010 年 4 月 30 日,青浦支行发放贷款 141 万元。肖树生、陈晓玲自 2010 年 5 月 20 日起逐月向青浦支行归还贷款本息。后因博锦公司未按约定时间交付房屋,肖树生、陈晓玲于 2012 年 4 月 6 日向博锦公司发函解除合同,但博锦公司未有任何回复。肖树生、陈晓玲遂诉至法院,请求判令解除《商品房预售合同》,解除《个人住房借款担保合同》,博锦公司退还已付房款952 848元及已付银行贷款

---

① 最高人民法院民事审判第一庭编著:《最高人民法院关于审理商品房买卖合同纠纷案件的理解与适用》,人民法院出版社 2003 年版,第 307 ~310 页。

② 典型案例 179:“肖树生、陈晓玲诉上海博锦房地产开发中心有限公司、上海银行股份有限公司青浦支行商品房预售合同纠纷、按揭贷款合同纠纷案”,上海市闵行区人民法院(2012)闵民五(民)初字第 2083 号民事判决、上海市第一中级人民法院(2013)沪一中民二(民)终字第 325 号民事判决。该案在最高人民法院中国应用法学研究所、最高人民法院机关团委联合组织的“‘促公正 · 法官梦’第二届全国青年法官案例评选活动”中,荣获特等奖。

本金,博锦公司赔偿支付的首付款利息损失及按揭贷款利息损失,博锦公司向青浦支行返还判决生效之日起的尚余贷款本息。

法院观点:上海市第一中级人民法院认为,肖树生、陈晓玲作为一审原告在提起诉讼时,一并要求解除商品房预售合同及按揭贷款合同,并将作为按揭贷款合同一方当事人的青浦支行列为被告,并无不当。在商品房预售合同解除后,按揭贷款合同的目的已无法实现,依据《商品房买卖合同解释》第 24 条的规定,购房人有权解除按揭贷款合同。银行因按揭贷款合同解除而受之损失,可要求购房人予以赔偿。

裁判规则 180

在商品房买卖合同与按揭贷款合同一并解除的情况下,对购房人尚欠的按揭贷款及相应利息,应由开发商与购房人共同承担返还责任。

《商品房买卖合同解释》第 25 条第 2 款规定:"商品房买卖合同被确认无效或者被撤销、解除后,商品房担保贷款合同也被解除的,出卖人应当将收受的购房贷款和购房款的本金及利息分别返还担保权人和买受人。"就此,需要注意如下问题:

第一,在商品房买卖合同中,购房人向开发商支付的购房款包括两部分,一部分是自有资金,另一部分是贷款资金。在商品房买卖合同与按揭贷款合同一并解除的情况下,就支付的自有资金而言,理应由开发商返还给购房者;就贷款资金而言,理论上有两种选择:一是开发商返还给购房者,购房者再返还给按揭银行;二是开发商直接返还给按揭银行。为"充分发挥诉讼资源解决纠纷的功能,避免当事人的讼累",[①]从《商品房买卖合同解释》第 25 条第 2 款的文义看,该款采取了第二种选择。但是,贷款主体毕竟是购房人,在开发商承担返还责任的同时,按揭银行是否有权要求购房人承担连带责任或其他法律责任?

在前述【典型案例 179】中,在购房合同与贷款合同一并解除的情况下,针对贷款资金的返还主体,银行主张应由购房人与开发商承担连带责任。法院认为,为了减少不必要的重复、烦琐和当事人的诉累,在商品房买卖合同纠纷和按

① 最高人民法院民事审判第一庭编著:《最高人民法院关于审理商品房买卖合同纠纷案件的理解与适用》,人民法院出版社 2003 年版,第 307 页。

揭抵押贷款合同纠纷合并审理时,当然可由贷款的实际收取方即开发商直接将购房贷款返还银行,并直接向银行承担购房人应当承担的责任。最终,一、二审判决都否定了银行对购房人的请求权。但是,站在法律逻辑的角度,购房人作为贷款合同的相对方,理应承担还款责任,即便基于便利的考虑,要求最终责任主体开发商承担还款责任,在购房人与开发商之间也应成立不真正连带责任,即在对外关系上,银行作为债权人有权要求开发商与购房人承担连带责任。就此,下述【典型案例 180】的裁判思路可资参照。

第二,对商品房担保贷款,按揭银行通常会要求开发商承担阶段性担保责任,即在银行取得房屋他项权证之前,开发商对购房人的还款责任承担连带保证责任。但由于《商品房买卖合同解释》第 25 条第 2 款规定,由开发商将购房人尚欠的按揭贷款及相应利息直接返还给按揭银行,也就是直接承担了购房人对按揭银行的责任,导致保证责任与返还责任重合,开发商无须再单独承担保证责任。

第三,一般认为,在商品房担保贷款合同解除的情况下,按揭银行只能主张实际占用该笔贷款期间的利息,不能要求赔偿贷款余期的利息损失。当然,如果商品房担保贷款合同约定了违约金的,基于合同解除与违约金的两立原则,按揭银行可以另行主张违约金。

第四,合同解除后,除相互返还外,还涉及损失赔偿的问题,就此,应结合各方过错,在当事人之间进行合理分摊。而且无论是返还购房款、支付利息或违约金、赔偿损失,均表现为货币给付义务,而货币作为一般等价物,无须根据不同款项的性质机械地分别计算、分别给付,直接在分别计算的基础上进行金额上的抵扣即可。

典型案例180

中国建设银行股份有限公司青海省分行等与王忠诚商品房预售合同纠纷案[①]

典型案例裁判文书

典型案例180
最高人民法院（2017）最高法民终683号民事判决书

基本案情：2015 年 8 月 12 日，王忠诚与越州公司签订《商品房预售合同》，以 147 953 124 元的价格购买越州公司开发的建国南路 66 号 3 号楼 66－16 号商业用房；王忠诚于 2015 年 7 月 15 日首付 73 983 124元，剩余 7397 万元办理按揭贷款。2015 年 8 月 14 日，借款人王忠诚与贷款人建行青海分行、保证人越州公司签订《个人住房（商业用房）借款合同》，王忠诚向建行青海分行借款 7397 万元；抵押财产为 66－16 商业用房。2015 年 8 月 18 日，建行青海分行就 66－16 商业用房办理了他项权利证书。另查明，截至 2015 年 8 月 13 日，王忠诚共向越州公司支付 73 983 124 元购房款；2015 年 6 月 21 日，王忠诚通过建行青海分行借款分 8 笔向越州公司支付购房款 7397 万元；截至 2017 年 3 月 21 日，王忠诚尚欠建行青海分行借款本金 64 799 004.19 元。后因越州公司未按约向王忠诚交付案涉房屋，王忠诚行使合同解除权，起诉要求解除《商品房预售合同》《个人住房（商业用房）借款合同》，越州公司返还购房首付款73 983 124元，越州公司偿还王忠诚已向建行青海分行偿付的贷款本息 1310.4 万元，并赔偿王忠诚购房首付款的利息损失，越州公司偿还建行青海分行借款担保合同项下剩余的贷款本息。

法院观点：在判决解除《商品房预售合同》的前提下，针对一审判决仅要求越州公司向建行青海分行返还剩余借款本息的问题，最高人民法院在二审中认为，根据《商品房买卖合同解释》第 24 条的规定，在《商品房预售合同》解除的情况下，王忠诚从建行青海分行借款支付购房款的目的已经无法实现，王忠诚请求解除《个人住房（商业用房）借款合同》的，应予支持。根据《商品房买卖合同解释》第 25 条第 2 款的规定，越州公司应将剩余的贷款本息返还建行青海分行。不过，就《商品房买卖合同解释》第 25 条第 2 款的本义来说，并没有免除购

① 典型案例 180："中国建设银行股份有限公司青海省分行等与王忠诚商品房预售合同纠纷案"，最高人民法院（2017）最高法民终 683 号民事判决。

房者(同时又是借款合同的借款人)的还款义务。这是因为,商品房出卖人将其收到的购房贷款本息返还银行,从法律关系上来说是受购房者的委托向银行归还贷款本息,其所还款项就是购房者的还款,但还款义务人仍然应当是借款合同的借款人,因为根据合同相对性原理,购房者才是借款合同的借款人,商品房出卖人不是借款合同的借款人,就借款合同而言,其不负有还款义务。《商品房买卖合同解释》第 25 条第 2 款之所以作这样的规定,是考虑到按揭合同的特殊性,因商品房出卖人直接接受了银行支付的贷款,在商品房买卖合同和贷款合同都解除后,就没有必要由商品房出卖人将银行支付的贷款先归还给购房者,然后再由购房者归还给银行,而是应当直接由商品房出卖人归还给银行。因此,一审判决第四项判决越州公司承担对建行青海分行剩余贷款本息的还款责任正确,但免除了《个人住房(商业用房)借款合同》借款人王忠诚的还款责任错误。

7. 商品房买卖合同的惩罚性赔偿规则*

针对开发商在商品房买卖合同中严重背离诚实信用原则、损害购房人利益的恶意违约行为,《商品房买卖合同解释》创设了惩罚性赔偿制度。即第 8 条、第 9 条规定,在商品房买卖过程中,因开发商恶意违约或欺诈,导致商品房买卖合同被确认为无效或者被撤销、解除时,购房人除可以请求返还已付购房款及利息、赔偿损失以外,还可以请求开发商承担不超过已付购房款一倍的赔偿责任。具体包括如下五种情形:一是订立商品房买卖合同后,开发商未告知购房人又将该房屋抵押给第三人;二是订立商品房买卖合同后,开发商又将该房屋出卖给第三人;三是订立商品房买卖合同时,开发商故意隐瞒没有取得商品房预售许可证或提供虚假商品房预售许可证;四是订立商品房买卖合同时,开发商故意隐瞒所售房屋已经抵押的事实;五是订立商品房买卖合同时,开发商故意隐瞒所售房屋已经出卖给第三人或者系拆迁补偿安置房屋的事实。实践中,围绕第 8 条、第 9 条的适用范围、开发商对违约行为进行事后补救的时间限制、与惩罚性赔偿责任相关联的其他法律责任的确定、惩罚性赔偿责任的范围界定等问题,存在争议。此外,对于《商品房买卖合同解释》第 14 条规定的因面积误差导致的法律责任,即开发商交付使用的房屋面积与商品房买卖合同约定面积不符,如房屋实际面积大于合同约定面积,对面积误差比超出 3% 部分的房屋价款由开发商承担,所有权归购房人;如房屋实际面积小于合同约定面积的,对面积误差比超过 3% 部分的房屋价款由开发商双倍返还购房人,实务界也普遍将其归之于惩罚性赔偿责任,故本章予以一并讨论。

7.1 惩罚性赔偿责任的适用范围

惩罚性赔偿是在赔偿实际损失的基础之上,另行科以的附加性赔偿。因

---

* 本部分以《商品房买卖合同中的惩罚性赔偿制度》为题,发表于《中国不动产法研究》2016 年第 2 辑(总第 14 辑),第 3 ~ 20 页,本书进行了修改。

此,惩罚性赔偿不同于传统损害赔偿责任中的损失填补,而是对违法行为人的一种惩罚。大陆法系一般认为,私法领域解决的是个人之间的争执,不具有公法性质,通常情况下不能进行惩罚。[①] 基于此,惩罚性赔偿制度的适用范围应当受到严格限制,"只能在法律明确规定情况下适用"。[②]

裁判规则 181

《商品房买卖合同解释》所确立的惩罚性赔偿规则仅适用于商品房预售合同与商品房现售合同,不包括商品房买卖预约合同以及定造合同。

如【裁判规则 83】所言,只有商品房买卖,才受《商品房买卖合同解释》的约束。因此,只有商品房买卖才可能适用惩罚性赔偿责任。但是,并非所有类型的商品房买卖合同都可能成立惩罚性赔偿责任。

参考案例裁判文书

参考案例112

北京市第一中级人民法院(2018)京01民终2474号民事判决书

北京市高级人民法院(2018)京民申880号民事裁定书

实务界普遍认为,对商品房买卖预约合同,不能适用惩罚性赔偿责任。在"李焱焱与绿地集团北京京腾置业有限公司房屋买卖合同纠纷案"[③]中,针对与京腾置业公司签订的商品房买卖预约合同,李焱焱以京腾置业公司构成欺诈为由,要求适用惩罚性赔偿金,即未得到法院支持。从《商品房买卖合同解释》第 8 条、第 9 条的规定来看,其针对的是本约合同而非预约合同。第一,最高人民法院民一庭称,"《解释》明确规定了商品房买卖合同中属于出卖人恶意违约和欺诈,致使买受人无法取得房屋的五种情形可以适用惩罚性赔偿原则"。[④] 由此可知,第 8 条所要求的"导致商品房买卖合同目的不能实现"系惩罚性赔偿的构成要件,而第 8 条所称的"合同目的"当指实际取得商品房(包括物权登记与实际占有)。而实

---

① 杨立新:《商品房买卖中的惩罚性赔偿》,载 https://www.chinacourt.org/article/detail/2003/07/id/69509.shtml,2019 年 10 月 28 日访问。

② 郑承茂:《审理商品房买卖纠纷的调研报告之六——商品房买卖合同惩罚性赔偿责任的适用》,载 https://www.chinacourt.org/article/detail/2004/08/id/128754.shtml,2019 年 10 月 28 日访问。

③ 参考案例 112:"李焱焱与绿地集团北京京腾置业有限公司房屋买卖合同纠纷",北京市第一中级人民法院(2018)京 01 民终 2474 号民事判决、北京市高级人民法院(2018)京民申 880 号民事裁定。

④ 最高人民法院民事审判第一庭编著:《最高人民法院关于审理商品房买卖合同纠纷案件司法解释的理解与适用》,人民法院出版社 2003 年版,第 114 页。

际取得商品房是商品房买卖本约合同的目的，商品房买卖预约合同的目的只是签订本约。第二，第 9 条第（1）项以没有取得商品房预售许可证明导致商品房买卖合同无效作为惩罚性赔偿的构成要件，而如【裁判规则 96】所言，没有取得商品房预售许可证明只会导致商品房买卖本约合同无效，并不影响商品房买卖预约合同的效力。第三，如【裁判规则 155】所言，预约合同的违约责任是不能签订本约的违约责任，相当于本约的缔约过失责任，其责任范围以本约的信赖利益为限。而第 8 条、第 9 条规定的违约责任，尤其是惩罚性赔偿责任，显然超出了本约信赖利益的范畴。在“中油抚顺石化进出口有限公司、抚顺市正华房地产开发有限责任公司房屋买卖合同纠纷案”[①]中，在将正华公司与中油公司之间的法律关系界定为商品房买卖预约合同的基础上，针对中油公司“退一赔一”的诉请，辽宁省高级人民法院在再审中即认为，“双方协议中所表述的关于购买房屋的约定内容属于预约合同的范畴，并不等同于商品房买卖合同，故对由此发生的纠纷并不适用《商品房买卖合同解释》”。

参考案例裁判文书

参考案例113
辽宁省高级人民法院
（2018）辽民再186号民事判决书

此外，如【裁判规则 83】所言，只有房地产开发企业建造的、向社会公开发售的房屋，才属于商品房，才适用《商品房买卖合同解释》的相关规定。如果开发商与购房人签订的是定造合同[②]，如最高人民法院在【典型案例 171】“中国人寿保险股份有限公司甘肃省分公司与甘肃兰东房地产开发有限责任公司、甘肃聚丰古今商贸有限公司合同纠纷案”[③]中所言，“案涉房产是按照特定买受人甘肃人寿公司的办公使用意图和特定要求，由出卖人兰东公司建造并出售的特定标的物，有别于《商品房买卖合同解释》第 1 条规定的‘向社会销售’的房屋”。“无论从买受人特定、标的物特定、建造要求特定，还是从建设工程分工实施的履行事实来看，案涉房产都不应认定为向社会不特定的人公开出售的商品房。”“甘肃人寿公司以出卖人兰东公司根本违约为由，请求兰东公司偿付一倍的已付购房款赔偿金，缺乏事实根据，与法意亦有不合，本院不予支持。”

---

① 参考案例 113：“中油抚顺石化进出口有限公司、抚顺市正华房地产开发有限责任公司房屋买卖合同纠纷案”，辽宁省高级人民法院（2018）辽民再 186 号民事判决。

② 关于定造合同的界定，请参见【裁判规则 101】。

③ 典型案例 171：“中国人寿保险股份有限公司甘肃省分公司与甘肃兰东房地产开发有限责任公司、甘肃聚丰古今商贸有限公司合同纠纷案”，最高人民法院（2017）最高法民终 387 号民事判决。相关文书可扫描本书第 475 页二维码。

典型案例181

王树建诉宿迁市美华置业有限公司商品房销售合同纠纷案①

典型案例裁判文书

典型案例181

江苏省宿迁市中级人民法院(2014)宿中民终字第01997号民事判决书

江苏省高级人民法院(2016)苏民申445号民事裁定书

基本案情:2010 年 12 月 16 日,王树建与美华公司签订房屋确认单约定:王树建以607 082元的价格定购文化大世界住宅楼 2 号楼 1 单元 2001 室房屋,定金 10 万元;王树建应于 2011 年 1 月 25 日前携带房屋确认单、签约应缴款项507 082元至美华公司售楼处签订正式合同。2011 年 1 月 17 日,王树建、美华公司签订交款确认单约定,房屋成交总价为600 233元;王树建于上房时应支付 20 万元,余款 16 万元于 2011 年 12 月 31 日全部补齐,政策补贴 3% 在余款里扣除,如没有政府补贴,美华公司支付 3% 的政府补贴。当日,王树建缴纳房款240 233元(含 2010 年 12 月 16 日缴纳的定金 10 万元)。2013 年 3 月 10 日,王树建交付购房款 20 万元,2013 年 3 月 13 日,王树建又交付购房款142 000元。后双方一直未签订正式商品房买卖合同,美华公司一直未向王树建交付房屋。另查明,2010 年 3 月 22 日,涉案房屋在泗洪县房产处备案于案外人孙辉。后王树建诉至法院,请求判令解除王树建、美华公司之间商品房买卖合同,退还购房款582 233元及利息,美华公司支付王树建赔偿款582 233元。

法院观点:二审法院(江苏省宿迁市中级人民法院)认为,案涉房屋确认单应视为商品房预约合同。双方至今未签订正式商品房买卖合同,故王树建要求美华公司承担等同于已付购房款582 233元的赔偿责任条件不成立。后王树建申请再审,要求美华公司承担《商品房买卖合同》第 9 条规定的惩罚性赔偿责任。江苏省高级人民法院在再审审查中认为,《房屋确认单》系双方约定应当在 2011 年 1 月 25 日前订立正式商品房买卖合同而签订的预约合同,双方之间关于案涉房屋的买卖合同并未成立,王树建要求美华公司承担不超过已付款项一

---

① 典型案例 181:“王树建诉宿迁市美华置业有限公司商品房销售合同纠纷案”,江苏省宿迁市中级人民法院(2014)宿中民终字第 01997 号民事判决、江苏省高级人民法院(2016)苏民申 445 号民事裁定。

倍赔偿责任的再审申请理由,不能成立。[①]

裁判规则 182

商品房买卖合同的惩罚性赔偿制度应限于《商品房买卖合同解释》明文规定的开发商恶意违约、欺诈等情形,不得随意扩张适用范围。但开发商将土地使用权用于抵押借款,且在签订商品房买卖合同时未告知购房人,导致购房人无法取得房屋的,应当准用惩罚性赔偿规则。

房地产开发企业在商品房买卖活动中,可能发生多种违约行为,如逾期交房、逾期办证、交付的房屋不符合质量标准等。有观点主张,对一切商品房买卖中的欺诈行为,都应实行惩罚性赔偿。[②] 但事实上,惩罚性赔偿"适用的情形有严格的限定",[③]其针对的是"一些开发商严重背离诚实信用原则、损害购房人利益的恶意违约、欺诈等行为"。[④] 即《商品房买卖合同解释》第 8 条针对恶意违约规定的两种情形,第 9 条针对开发商欺诈规定的三种情形。其他违约或欺诈行为原则上不得适用。

有疑问的是,开发商仅就土地使用权设定抵押,但在签订商品房买卖合同时未告知购房人,导致购房人无法取得房屋的,可否适用惩罚性赔偿规则? 众所周知,房地产业是典型的资金密集型行业。在房地产项目开发的前期,面对前期开发费用,已经支付巨额土地出让金或转让金的开发商往往难以为继。此时,用已经获得的土地使用权或正在建设的在建工程向银行进行抵押贷款,从而获得前期开发资金,就成为开发商最常用的融资方式。待商品房符合预售条件后,再用商品房销售的收入偿还银行的贷款。而根据《商品房买卖合同解释》第 9 条第(2)项的规定,出卖人订立商品房买卖合同时,故意隐瞒所售房屋已经

① 严格来讲,本案中,王树建先后支付房款240 233元、20 万元、142 000元。应当考虑适用【裁判规则 81】,即双方签订的虽然是商品房买卖预约合同,但因购房人已经按照预定条款履行了主要义务,应认定当事人之间成立商品房买卖本约合同。

② 钱玉文:《论商品房买卖中惩罚性赔偿责任的法律适用》,载《现代法学》2017 年第 5 期,第 63 ~ 72 页。

③ 《规范房产交易市场 依法审理商品房买卖合同纠纷——最高人民法院民一庭庭长孙华璞就〈最高人民法院关于审理商品房买卖合同纠纷案件适用法律若干问题的解释〉的有关问题答记者问》,载 https://www.chinacourt.org/article/detail/2003/07/id/67833.shtml,2019 年 10 月 28 日访问。

④ 最高人民法院民事审判第一庭编著:《最高人民法院关于审理商品房买卖合同纠纷案件司法解释的理解与适用》,人民法院出版社 2003 年版,第 2 页(序)。

抵押的事实,导致合同被撤销、解除的,应当承担惩罚性赔偿责任。就此,有观点认为,开发商未告知购房人土地使用权已设定抵押的,不属于《商品房买卖合同解释》第 8 条、第 9 条规定的情形。购房人按照上述规定请求赔偿的,不应得到支持。

诚然,《民法典》第 417 条前段规定:“建设用地使用权抵押后,该土地上新增的建筑物不属于抵押财产。”而《商品房买卖合同解释》第 9 条第(2)项的构成要件之一是“故意隐瞒所售房屋已经抵押的事实”,并非单独的土地使用权抵押。但是,《民法典》第 417 条后段规定:“该建设用地使用权实现抵押权时,应当将该土地上新增的建筑物与建设用地使用权一并处分。但是,新增建筑物所得的价款,抵押权人无权优先受偿。”这也就意味着虽然开发商仅抵押土地使用权,但在抵押权实现时,由于房地一体的要求,房屋必须与土地一并处置,购房人的处境与开发商将房地一并抵押并无实质性区别。因此,在此情况下,应当允许准用《商品房买卖合同解释》第 9 条第(2)项的规定,同样适用惩罚性赔偿规则。

当前,一些地方已经着手从预售环节对这一情形进行规制。2017 年 1 月 22 日,重庆市国土资源和房屋管理局、中国人民银行重庆营业管理部、中国银行业监督管理委员会重庆监管局、重庆市金融工作办公室联合发布《关于进一步规范商品房预售许可审批和在建建筑物抵押登记的通知》(渝国土房管规发〔2017〕1 号)。该通知第 1 条要求:“抵押房地产不得用于预售。开发企业依法申请办理商品房预售许可的,申请房屋及所占土地不得抵押。拟预售商品房所对应的土地使用权已抵押的,办理商品房预售许可前应注销抵押权登记,注销抵押权的土地面积应大于该建筑物对应的土地面积。”

典型案例182

海门中盛房地产开发有限公司与陆建兵等商品房销售合同纠纷案[①]

基本案情:2013 年 12 月 4 日,陆建兵、陆姣父女与中盛公司签订商品房买

① 典型案例 182:“海门中盛房地产开发有限公司与陆建兵等商品房销售合同纠纷案”,江苏省南通市中级人民法院(2015)通中民终字第 00735 号民事判决。

卖合同约定,陆建兵父女购买中盛公司开发的海门国际商务花园房屋一套,总金额1 469 352元。2014年1月16日,陆建兵父女支付了购房款。次日,陆建兵父女办理了案涉房屋的交房验收手续,同时缴纳了物业费及其他配套费用。另查明,案涉房屋的国有土地使用权证载明:2012年1月17日,土地使用权抵押给张家港农村商业银行,抵押期限2012年1月16日至2014年1月15日,2013年12月12日该抵押登记注销;2013年12月13日,土地使用权抵押给张家港农村商业银行,抵押期限2013年12月12日至2016年12月11日止,2014年10月29日①该抵押登记注销。陆建兵父女以中盛公司在签订房屋买卖合同时故意隐瞒案涉房屋已经抵押给他人为由,要求撤销与中盛公司签订的商品房买卖合同,并要求中盛公司支付赔偿款。

典型案例裁判文书

典型案例182
江苏省南通市中级人民法院(2015)通中民终字第00735号民事判决书

法院观点:一审法院(江苏省海门市人民法院)认为:中盛公司不仅在出售案涉房屋时故意隐瞒抵押给第三人的事实,在签订商品房买卖合同后为了追求最大经济利益,摒弃了诚实信用原则,在未告知买受人的情况下又将案涉房屋抵押给第三人,严重损害了陆建兵、陆姣的合法权益和商品房的交易安全。现陆建兵、陆姣请求撤销双方签订的商品房买卖合同,符合法律规定,应予准许。在合同撤销后,中盛公司应当返还陆建兵、陆姣购房款及交付的其他费用,并赔偿利息损失。对陆建兵、陆姣要求中盛公司承担赔偿责任的诉请,在综合考虑合同的履行、当事人的过错程度以及预期利益等因素后,法院根据公平原则、惩罚失信行为,同时兼顾利益平衡,酌情确定中盛公司支付陆建兵、陆姣赔偿款50万元。一审判决后,中盛公司提起上诉,江苏省南通市中级人民法院维持原判。②

裁判规则183

基于以房抵债签订的商品房买卖合同,属于对以房抵债合同的履行范畴,而非独立的交易行为,不应适用惩罚性赔偿规则。

---

① 判决书载明,"中盛公司依据诉讼过程中才解除抵押登记的行为",说明该时间为诉讼中,而非诉讼前。

② 需指出的是,该案中,购房人系通过三角债权关系抵扣房款。根据下述【裁判规则183】,这类情形不应适用惩罚性赔偿规则。

实践中,当事人达成以房抵债协议后,为顺利实现房屋的过户,往往会签订专门的商品房买卖合同。如果该商品房买卖合同符合《商品房买卖合同解释》第 8 条、第 9 条规定的,应否适用惩罚性赔偿规则?

参考案例裁判文书

参考案例114
湖南省郴州市中级人民法院(2018)湘10民终948号民事判决书

湖南省高级人民法院(2019)湘民申199号民事裁定书

就此,实务界的裁判不尽一致。在“段世端、欧阳斌、郴州市远大房地产开发有限公司房屋买卖合同纠纷案”①中,段世端与欧阳斌存在借贷关系,欧阳斌系远大公司股东,经三方协商,以远大公司开发的房屋抵偿欧阳斌欠段世端的借款。2011 年 6 月 29 日,段世端与远大公司签订《商品房买卖合同》约定,段世端购买远大公司开发的“在水一方嘉苑”第二期 10 栋 A 幢顶层 1、2、3、4 号房,购房款总额为 1 298 088元。2012 年 9 月 28 日,远大公司将其中的 802 号房出售给他人。段世端遂向法院提起诉讼,要求远大公司就 802 号房承担惩罚性赔偿责任。法院认为,“双方原有的债权债务关系已经转化为商品房买卖合同关系”,并酌情认定欧阳斌、远大公司按已付购房款的 50% 承担赔偿责任。此外,在“李能艳等与湖北广水鑫天地房地产开发有限公司等房屋买卖合同纠纷案”②中,对基于以房抵债签订的商品房买卖合同,法院也判处了惩罚性赔偿责任。

参考案例裁判文书

参考案例115
湖北省高级人民法院(2017)鄂民终1039号民事判决书

上述判决将以房抵债协议与商品房买卖合同割裂开来,进而将商品房买卖合同视为单独的交易行为,与对以房抵债协议的主流认知相背离。如“于国杰与威海市京威房地产开发有限公司商品房预售合同纠纷案”③中申请再审的理由所言,“以房抵债的协议既是当事人之间履行债务的一种形式,也是双方就如何履行原债务达

参考案例裁判文书

参考案例116
最高人民法院(2018)最高法民申4081号民事裁定书

---

① 参考案例 114:“段世端、欧阳斌、郴州市远大房地产开发有限公司房屋买卖合同纠纷案”,湖南省郴州市中级人民法院(2018)湘 10 民终 948 号民事判决、湖南省高级人民法院(2019)湘民申 199 号民事裁定。

② 参考案例 115:“李能艳等与湖北广水鑫天地房地产开发有限公司等房屋买卖合同纠纷案”,湖北省高级人民法院(2017)鄂民终 1039 号民事判决。

③ 参考案例 116:“于国杰与威海市京威房地产开发有限公司商品房预售合同纠纷案”,最高人民法院(2018)最高法民申 4081 号民事裁定。

成的新协议”。就商品房买卖合同而言，其虽具合同之名称与形式，但就实质而言，更类似于以房抵债协议的履行，即以签订商品房买卖合同的形式履行以房抵债的约定，应属于以房抵债协议的履行范畴，所以才会出现如下规则：“当事人在债务清偿期届满前签订的以房抵债协议，违反现行法禁止流质约款的规定，应属无效。”“当事人在债务清偿期届满前签订的以房抵债协议，尚未实际履行的，债权人不得请求实际履行。对双方之间的权利义务关系，应当按照原债权债务关系处理。”“当事人在债务清偿期届满前签订的以房抵债协议，即使已经实际履行的，债权人仍有权要求按照原债权债务关系进行清算，或者按原债权额进行回赎。”①而且以房抵债的债权人与普通的购房人迥然有别，其购房目的在于回收债权，而非购买房屋，所以不宜适用惩罚性赔偿规则。

典型案例183

刘祥春与重庆呈祥房地产开发有限公司商品房预售合同纠纷案②

典型案例裁判文书

典型案例183
重庆市高级人民法院（2006）渝高法民终字第104号民事判决书

基本案情：2002年5月20日，呈祥公司、广东三建重庆分公司、恒山公司签订《债务转移协议》约定，广东三建重庆分公司欠付恒山公司1 624 652.50元材料款，现将该债务转移给呈祥公司。2002年9月26日，恒山公司与刘祥春签订《债务转移协议》约定，恒山公司将其对呈祥公司1 624 652.50元债权中的126万元转移给刘祥春。2004年7月6日，王一平以刘祥春名义与呈祥公司签订《商品房买卖合同》约定，刘祥春购买呈祥公司开发的“城市今典”5幢2层2号非住宅商品房，总成交金额为1 225 900元；如出卖人在合同签订后30日内未办理合同登记备案手续的，买受人有权退房。同日，呈祥公司向刘祥春出具收到1 225 900元购房款、101 219元税费的收款收据。2004年7月31日，呈祥公司按约将房屋交付给刘祥春使用，但至今未办理《商品房买卖合同》备案登记，亦未办理房屋权属证书。

---

① 参见前述【裁判规则89】【裁判规则90】【裁判规则91】。

② 典型案例183：“刘祥春与重庆呈祥房地产开发有限公司商品房预售合同纠纷案”，重庆市高级人民法院(2006)渝高法民终字第104号民事判决。

2004 年 12 月 29 日,刘祥春向法院提起诉讼称,呈祥公司在出卖房屋之前已经将该房屋抵押给银行,其在订立房屋买卖合同时故意隐瞒了该抵押事实,一直未给刘祥春办理房屋权属证书,故请求法院判令解除商品房买卖合同,呈祥公司返还购房款及税费并承担 1 225 900 元赔偿责任等。

法院观点:针对刘祥春以呈祥公司隐瞒房屋已经设定抵押的事实构成欺诈,要求呈祥公司承担已付购房款一倍的赔偿责任,重庆市高级人民法院在二审中认为,刘祥春与呈祥公司是以商品房买卖为名,行以房抵债之实,双方之间并无真实的付款关系,刘祥春不是该《商品房买卖合同解释》所侧重保护的商品房买受人。因此,刘祥春的这一诉讼请求不应得到支持。

裁判规则 184

商品房买卖合同惩罚性赔偿制度并未区分投资性购房与消费性购房。只要是合法的商品房购买人,无论是基于生活需要购房还是出于投资目的购房,无论购买的是住宅还是商业用房,购房人都有权主张惩罚性赔偿。

有观点认为,惩罚性赔偿的制度依据在于《消费者权益保护法》,而《消费者权益保护法》的保护对象仅限于消费者,如果不是因为个人或家庭生活需要而购买、使用商品房,即投资性购房人,不属于《消费者权益保护法》保护的消费者,无权主张惩罚性赔偿。[①]

这一观点是对《商品房买卖合同解释》的误读。最高人民法院在起草《商品房买卖合同解释》时就认为,“商品房买卖合同目前不宜直接适用《消法》第 49 条的规定。”[②]最终,“司法解释未以消费者权益保护法作为其制定依据”[③],“《商品房买卖合同解释》所规定的惩罚性赔偿责任在适用条件和结果上都与《消法》第 49 条的规定有所不同。”[④]时任最高人民法院民一庭庭长的孙华璞也明确表

---

① 李胜利:《购房者利益保护与惩罚性赔偿责任——最高人民法院一则司法解释相关条款之评析》,载《法商研究》2006 年第 5 期,第 60 页。

② 韩延斌:《〈关于审理商品房买卖合同纠纷案件适用法律若干问题的解释〉的理解与适用》,载《法律适用》2003 年第 6 期。需要说明的是,2013 年修订的《消费者权益保护法》已经将惩罚性赔偿规则由第 49 条调整到第 55 条,并对内容进行了大幅修改。

③ 叶林:《惩罚性赔偿在商品房买卖纠纷中的适用问题》,载 https://www.chinacourt.org/article/detail/2003/07/id/69504.shtml,2019 年 11 月 1 日访问。

④ 《最高人民法院副院长黄松有就商品房买卖合同纠纷适用法律司法解释答记者问》,载 http://www.heluolvshi.com/jsgcfdcjf/289.html,2019 年 11 月 1 日访问。

示,"《商品房买卖合同解释》中的惩罚性赔偿责任并不以购房人是否为消费者,是否已取得商品房为条件"。① 也就是说,只要是合法的购房人,无论是基于生活需要购房还是出于投资目的的购房,无论是购买住宅还是商铺或写字楼,均受《商品房买卖合同解释》的保护,都可以主张惩罚性赔偿。除下述【典型案例184】外,在后述【典型案例186】"开封市长江置业有限公司与王建坡房屋买卖合同纠纷案"②中,王建坡购买的是门面房而非住宅,其惩罚性赔偿的请求也得到了法院的支持。

典型案例184

何霁诉如皋绿源置业有限公司破产债权确认纠纷案③

典型案例裁判文书

典型案例184
浙江省绍兴市中级人民法院(2017)浙06民初481号民事判决书

基本案情:2013年6月27日,华融江苏分公司与绿源公司签订《抵押协议》约定,绿源公司将"新北新村水绘绿源"项目在建工程抵押给华融江苏分公司,作为28 798万元借款的担保。后办理了抵押登记,华融江苏分公司分别领取了《土地他项权利证明书》和《在建工程抵押登记证明》。案涉房产在该抵押物清单范围之内。2014年8月11日,何霁与绿源公司签订《商品房买卖合同》约定,何霁向绿源公司预购"新北新村水绘绿源"项目中的40套商品房,合同总金额为56 297 885元。2018年1月30日,江苏省如皋市人民法院受理了绿源公司清算组对绿源公司的破产清算申请。何霁遂提起破产债权确认之诉,要求解除涉案40套房屋的《商品房买卖合同》,并以绿源公司在销售时故意隐瞒房屋已经抵押为由,要求绿源公司承担已付房款一倍的赔偿责任(56 297 885元)。绿源公司清算组辩称,投资性购房与一般性购房存有区别,《商品房买卖合同解释》第9条中的

---

① 《规范房产交易市场 依法审理商品房买卖合同纠纷——最高人民法院民一庭庭长孙华璞就〈最高人民法院关于审理商品房买卖合同纠纷案件适用法律若干问题的解释〉的有关问题答记者问》,载https://www.chinacourt.org/article/detail/2003/07/id/67833.shtml,2019年10月28日访问。

② 典型案例186:"开封市长江置业有限公司与王建坡房屋买卖合同纠纷案",河南省高级人民法院(2011)豫法民提字第169号民事判决。相关文书可扫描本书第514页二维码。

③ 典型案例184:"何霁诉如皋绿源置业有限公司破产债权确认纠纷案",浙江省绍兴市中级人民法院(2017)浙06民初481号民事判决书。

惩罚性赔偿不适用于何霁这样的投资性购房者。

法院观点:浙江省绍兴市中级人民法院认为,双方签订的《商品房买卖合同》合法有效,案涉房屋被法院查封,无法办理产权登记手续,合同目的不能实现,只能予以解除。绿源公司在与何霁签订《商品房买卖合同》时,未告知案涉房屋已于2013 年6 月27 日办理抵押登记的情况,故应当认定绿源公司存在故意隐瞒所售房屋已抵押的情况,属于合同欺诈。根据《商品房买卖合同解释》第9 条的规定,应当承担已付购房款一倍的赔偿责任共计56 297 885元。绿源公司清算组关于何霁属于投资性购房者,绿源公司无须承担惩罚性赔偿责任的辩称意见,于法无据,不予采纳。鉴于绿源公司已经进入了破产程序,故确认何霁对绿源公司享有56 297 885元的债权。

7.2 开发商对违约行为进行事后补救的时间限制

《商品房买卖合同解释》第 8 条、第 9 条规定的惩罚性赔偿,均以购房人不能取得房屋为前提。“如果在发生上述 5 种情形后,卖房人能够及时补救,使商品房买卖合同仍可实际履行,则不应适用惩罚性赔偿责任。”[①]因此,实践中,当购房人提出惩罚性赔偿责任之后,开发商往往会采取相应的补救措施,比如解除抵押、补办预售许可证等,以免除惩罚性赔偿责任的承担。但开发商的事后补救行为应有时间限制,不能无限拖延。[②]

裁判规则 185

购房人依法行使撤销权或解除权,在撤销或解除通知送达之后,商品房买卖合同的效力已经因撤销或解除归于消灭。在此之后,开发商再采取补救措施的,不能免除惩罚性赔偿责任的承担。

购房人以开发商违约为由,通过行使撤销权或解除权撤销或解除合同后,开发商再采取补救措施的,可否免除惩罚性赔偿责任的承担?

---

① 郑承茂:《审理商品房买卖纠纷的调研报告之六——商品房买卖合同惩罚性赔偿责任的适用》,载 https://www.chinacourt.org/article/detail/2004/08/id/128754.shtml,2019 年 10 月 28 日访问。

② 《商品房买卖合同解释》第 14 条规定的惩罚性赔偿责任是因面积问题所导致,而房屋一旦建成,则面积无法变更,故不存在补救的问题。

从合同效力的角度出发，应当将开发商的补救行为限定在合同被撤销或解除前。以开发商“先卖后抵”为例，当开发商将已出卖的房屋抵押给他人时，购房人即享有合同解除权，该权利属于形成权，一旦购房人解除合同的意思表示到达开发商，即产生合同解除的法律后果，购房人也因此丧失取得房屋的合同依据。即使开发商嗣后采取解除抵押的补救行为，由于双方之间已不存在合同关系，故该解除抵押行为的法律后果与购房人无关，再不能起到对违约行为的补救作用。即使开发商将房屋权属登记在购房人名下，由于购房人已经丧失取得房屋的合同依据，购房人也构成不当得利，应当返还已经取得的房屋所有权。因此，在购房人已经解除合同后，开发商才采取补救措施的，为时已晚，其违约行为不能得到补救。与解除权相同，撤销权也属于形成权，在合同被撤销的情况下，其法律效果与前述合同解除相同。据此，开发商的事后补救行为应当发生在合同被撤销或解除前，否则不能产生补救违约行为的法律后果。

典型案例185

舒治洪等诉重庆国盛物业（集团）有限公司商品房预售合同纠纷案[①]

典型案例裁判文书

典型案例185

重庆市沙坪坝区人民法院（2015）沙法民初字第09523号民事判决书

基本案情：2014 年 2 月 28 日，舒治洪、黄洪专与国盛公司签订《重庆市商品房买卖合同》约定，舒治洪、黄洪专以 354 万元的价格购买国盛公司开发的国鑫路 10 号附 7 号房屋。合同签订后，舒治洪、黄洪专支付了首付款 177 万元，余款申请银行按揭贷款。2014 年 9 月 22 日，国盛公司私自将该房屋用于自身抵押贷款，并办理了抵押登记。2015 年 8 月 17 日，在知晓所购房屋被抵押的情况后，舒治洪、黄洪专向国盛公司发出《解除合同律师函》。该函载明，买卖合同即日起解除，并要求国盛公司返还购房款，支付已付房款一倍的赔偿金。同日，舒治洪、黄洪专向法院提起诉讼，其诉讼请求与《解除合同律师函》的要求相同。8 月 18 日，《解

---

① 典型案例 185：“舒治洪等诉重庆国盛物业（集团）有限公司商品房预售合同纠纷案”，重庆市沙坪坝区人民法院（2015）沙法民初字第 09523 号民事判决。

除合同律师函》送达国盛公司。诉讼中，国盛公司于 2015 年 11 月 3 日解除抵押，并为舒治洪、黄洪专办理了房地产权证。

法院观点：重庆市沙坪坝区人民法院认为，《商品房买卖合同解释》针对房屋先卖后抵行为，规定的承担责任方式为不超过已付购房款一倍的惩罚性赔偿，“虽然国盛公司在诉讼中解除抵押，并为原告办理了房地产权证，但此时双方已不存在买卖合同关系，事后补救的对象不复存在，不能产生补救违约行为的法律后果”。但鉴于当前房地产市场处于下行通道，站在利益平衡的角度，将惩罚性赔偿确定为已付购房款 0.3 倍。

裁判规则 186

购房人直接向法院提起诉讼，请求判决撤销或解除合同，开发商在起诉状副本送达之后再采取补救措施的，不能免除惩罚性赔偿责任的承担。

虽然合同撤销权、解除权系形成权，只要购房人撤销或解除合同的单方意思表示到达开发商，就产生合同被撤销、解除的法律后果，但在实践中，也有购房人直接向法院起诉，要求判决撤销或解除合同。如果开发商在起诉状副本送达后法院判决前采取补救行为的，可否免除惩罚性赔偿责任的承担？

参考案例裁判文书

参考案例117
海南省第二中级人民法院（2017）琼97民终1188号民事判决书

有判决认为，开发商可以在诉讼中采取补救措施，进而免除惩罚性赔偿责任。在“海南乐东西海岸实业有限公司与刘晓凤商品房销售合同纠纷案”[①]中，2011 年 7 月 18 日，刘晓凤与西海岸公司签订《商品房买卖合同》约定，西海岸公司将碧海花园第 2 栋 A 座 8 层 801 号商品房出售给刘晓凤，购房款为534 655元。合同签订后，刘晓凤向西海岸公司交纳了全部购房款，西海岸公司一直未将该商品房交付刘晓凤使用。另查明，2012 年 6 月 5 日，西海岸公司在未告知刘晓凤的情况下将案涉房屋抵押给案外人，于 2016 年 11 月 7 日（刘晓凤起诉后、一审法庭辩论终结前）才进行解押。刘晓凤向法院起诉请求解除合同，并主张了惩罚性赔偿。海南省第二中级人民法院在二审中认为，西海岸公司虽然在签订合同后将

① 参考案例 117：“海南乐东西海岸实业有限公司与刘晓凤商品房销售合同纠纷案”，海南省第二中级人民法院（2017）琼 97 民终 1188 号民事判决。

在建工程抵押给第三人,但在诉讼中已经解除抵押,合同目的仍然能够实现,购房人也能够取得房屋,不符合《商品房买卖合同解释》的构成要件,故不应适用惩罚性赔偿规则。认定开发商可以在诉讼中采取补救措施的参照依据是《合同法解释(一)》第9条第1款。该款规定,“法律、行政法规规定合同应当办理批准手续,或者办理批准、登记等手续才生效,在一审法庭辩论终结前当事人仍未办理批准手续的,或者仍未办理批准、登记等手续的,人民法院应当认定该合同未生效”。

理论上来看,开发商在起诉状副本后采取补救措施,有如下时间节点可供选择:一是一审法庭辩论终结前;二是解除合同、撤销合同、确认合同无效的判决作出(或生效)前。选择这些时间节点的优势是可以给开发商更充裕的时间补救违约行为,从而更好地维持合同效力,促进交易实现,但弊端也很明显。一方面,法理学认为,法具有预测功能,“根据法对人们某种行为的肯定或否定的评价及其必然导致的法律后果,人们可以预先估计到自己行为的结果,从而决定自己行为的取舍和方向。”①但是,如果采纳上述两种时间节点,则诉讼结果取决于开发商在诉讼中的行为,购房人在诉前无法预测诉讼结果,就难以决定“自己行为的取舍和方向”。另一方面,与《民法典》第565条第2款构成体系性冲突。根据《民法典》第565条第2款的规定,在起诉状副本送达开发商时,商品房买卖合同解除。已经解除的合同,显然无从补救。

《民法典》第565条第2款规定:“当事人一方未通知对方,直接以提起诉讼或者申请仲裁的方式依法主张解除合同,人民法院或者仲裁机构确认该主张的,合同自起诉状副本或者仲裁申请书副本送达对方时解除。”因此,开发商的事后补救行为,应当限定在起诉状副本送达前。如果将时间限定在一审法庭辩论终结前、判决作出(或生效)前,则会构成对《民法典》第565条第2款的直接违反。当然,开发商在诉讼中采取补救措施的行为,可以作为酌情减少惩罚性赔偿金额的考量因素。在前述【典型案例182】“海门中盛房地产开发有限公司与陆建兵等商品房销售合同纠纷案”②以及下述【典型案例186】中,虽然开发商在诉讼中解除了抵押,但法院均判决开发商承担惩罚性赔偿责任,只不过以已经解除抵押为由,对赔偿责任的范围进行了酌减。

---

① 卓泽渊主编:《法理学》,法律出版社2000年版,第71页。

② 典型案例182:“海门中盛房地产开发有限公司与陆建兵等商品房销售合同纠纷案”,江苏省南通市中级人民法院(2015)通中民终字第00735号民事判决。相关文书可扫描本书第504页二维码。

典型案例186

开封市长江置业有限公司与王建坡房屋买卖合同纠纷案[①]

典型案例裁判文书

典型案例186
河南省高级人民法院（2011）豫法民提字第169号民事判决书

基本案情:2007 年 12 月 16 日,王建坡与长江置业公司签订《商品房买卖合同》约定:长江置业公司将一间 38.94 平方米的门面房出售给王建坡,售价为141 742元。合同签订后,王建坡支付了购房款141 742元,长江置业公司于次日交付了房门钥匙。之后,王建坡多次向长江置业公司要求办理房产过户手续,长江置业公司推脱不予配合。经查,长江置业公司于 2007 年 1 月 30 日将该房屋抵押给了南关信用社,房屋买卖合同签订时,长江置业公司未将该房屋的抵押贷款情况告知王建坡。2008 年 6 月 1 日,王建坡诉至法院,请求确认房屋买卖合同无效,并主张惩罚性赔偿。2008 年 6 月 3 日,长江置业公司向南关信用社申请解除该间房屋的抵押。同日,南关信用社向扶沟县房地产管理所出具证明:同意解除抵押房屋 6 套(包括本案房屋)。

法院观点:一审法院(扶沟县人民法院)在认定房屋买卖合同无效的基础上,对王建坡请求长江置业公司返还购房款及利息并承担已付购房款一倍的赔偿责任的诉讼请求,均予以支持。二审中,针对惩罚性赔偿,周口市中级人民法院认为,“鉴于该抵押房屋已于原审诉讼中解除抵押,并未给王建坡造成重大损失,而且故意向受让人隐瞒抵押的事实也不是必然适用一倍的赔偿,数额过高,应予调整,根据本案的具体情况,应以长江置业公司赔偿20 000元为宜”。再审中,河南省高级人民法院也认为,二审法院基于王建坡的实际损失情况并根据本案具体情况,酌定将损失降低调整为20 000元,已充分考虑到了长江置业公司的利益,故长江置业公司再审要求驳回王建坡的诉讼请求理由不能成立。[②]

---

① 典型案例 186:“开封市长江置业有限公司与王建坡房屋买卖合同纠纷案”,河南省高级人民法院(2011)豫法民提字第 169 号民事判决。

② 需指出的是,该案以出卖抵押房屋未征得抵押权人同意为由认定出卖合同无效,该观点值得斟酌。具体理由可参见本书【裁判规则 106】。

7.3 与惩罚性赔偿责任相关联的其他法律责任的确定

惩罚性赔偿制度既包括惩罚性赔偿责任，也包括与之相关的其他法律责任。根据《商品房买卖合同解释》第 8 条、第 9 条的规定，这些法律责任包括合同无效或者被撤销、解除，返还已付购房款及利息，赔偿损失，承担不超过已付购房款一倍的赔偿责任。在这四项内容中，合同无效或者被撤销、解除是前提，后三项则是因合同无效或者被撤销、解除所导致的给付责任，“不超过已付购房款一倍的赔偿责任”即惩罚性赔偿责任，与返还购房款及利息、赔偿损失可以同时并用，①不能因承担了惩罚性赔偿责任而免除开发商的其他赔偿责任，②故后三项责任呈并列关系。此外，当事人在合同中还可能约定有违约金条款、定金条款。因此，与惩罚性赔偿责任相关联的法律责任包括返还购房款及利息、赔偿损失、违约金、定金。其中，返还购房款及利息、赔偿损失，可参见前述【裁判规则 114】【裁判规则 115】【裁判规则 116】【裁判规则 171】，此处不再赘述。

裁判规则 187

在商品房买卖合同被依法解除、购房人的履行利益获得全额赔偿的基础上，不宜再对开发商科以过高的惩罚性赔偿责任。

《商品房买卖合同解释》第 8 条、第 9 条规制的合同，既有无效或被撤销的，也有被解除的。如【裁判规则 171】所言，商品房买卖合同被解除的，应当赔偿履行利益；又如【裁判规则 114】所言，商品房买卖合同无效、被撤销的，只赔偿信赖利益。若此，由于信赖利益的范围小于履行利益，这就导致同为适用惩罚性赔偿责任的商品房买卖合同，法律效果却有所区别。如何调解这种矛盾，有三种路径可供选择：一是无论是合同无效、被撤销，还是合同解除，均不赔偿履行利益损失。若此，合同无效、被撤销的法律后果符合法律规定，合同解除的法律后果符合《商品房买卖合同解释》的本意，但有违《买卖合同解释》及当前的

① 童琳：《适用商品房买卖合同惩罚性赔偿的 5 种情况》，载《中国建设报》2006 年 11 月 10 日，第 8 版。

② 郑承茂：《审理商品房买卖纠纷的调研报告之六——商品房买卖合同惩罚性赔偿责任的适用》，https://www.chinacourt.org/article/detail/2004/08/id/128754.shtml，2019 年 10 月 28 日访问。

司法政策。二是均赔偿履行利益损失。若此,合同解除的法律后果符合现行法律规则,但合同无效、被撤销的法律后果则明显违背合同法的基础理论。三是区别对待,即无效、被撤销的合同只赔偿信赖利益,解除的合同赔偿履行利益损失,由此造成的赔偿范围上的差异,通过惩罚性赔偿责任予以调整,对无效、被撤销的合同的惩罚性赔偿责任,酌情确定的金额可适当高于被解除的合同。[①]甚至在履行利益获得全额赔偿的前提下,不再科以惩罚性赔偿责任。在"王有虎与绿地地产集团南京置业有限公司商品房买卖合同纠纷案"[②]中,就绿地集团"一房二卖"的行为,法院在判决解除合同、绿地集团赔偿王有虎房屋差价损失264 852元的基础之上,对王有虎要求赔偿其已付房款一倍即1 138 048元损失的请求,就酌定了较低的赔偿金额——20 万元。[③] 比较而言,第三种路径更为可取。在下述【典型案例 187】中,最高人民法院就考虑到《商品房买卖合同解释》制定时的司法政策是,合同解除的,不赔偿履行利益,且购房人免费使用房屋 6 年多,所以在判决支持赔偿履行利益的基础上,未判决惩罚性赔偿责任。

参考案例裁判文书

参考案例118
江苏省南京市中级人民法院(2014)宁民终字第3032号民事判决书

典型案例187

郑国安与青海万通物业发展有限公司商品房买卖合同纠纷案[④]

基本案情:2004 年 3 月 13 日,郑国安与万通公司签订《商品房买卖合同》约定,万通公司将万通中心上铺一层面积 251.77m^2 的 1231、1232 号商铺,以5 035 400元的价格售予郑国安。至 2004 年 3 月 16 日,郑国安付清首付款2 014 400元,余款3 021 000元由郑国安办理了银行按揭贷款。万通公司于

① 就惩罚性赔偿责任的酌情确定问题,下文将做详细论述,此处不赘。

② 参考案例 118:"王有虎与绿地地产集团南京置业有限公司商品房买卖合同纠纷案",江苏省南京市中级人民法院(2014)宁民终字第 3032 号民事判决。

③ 该酌定金额还考虑另一个因素——双方在履行合同中均存在违约。

④ 典型案例 187:"郑国安与青海万通物业发展有限公司商品房买卖合同纠纷案",最高人民法院(2014)民一终字第 198 号民事判决。

2005 年 6 月向郑国安交付该商铺，之后由郑国安对外出租。在郑国安使用商铺期间，该商铺未办理房屋产权过户手续。2012 年 1 月 16 日，万通公司与新华百货公司签订《商品房买卖合同》，将郑国安已购商铺在内的一层 46～67 号商铺售予新华百货公司。2012 年 1 月 20 日，双方办理了房屋产权过户手续。经评估，案涉商铺此时的市场价格为 1654.91 万元。郑国安遂提起诉讼，请求解除《商品房买卖合同》，万通公司返还已付购房款 5 035 400 元及相应揭贷款利息，赔偿房屋涨价损失 12 898 177.10 元，并承担已付购房款一倍的赔偿 5 035 400 元。

典型案例裁判文书

典型案例187
最高人民法院（2014）民一终字第198号民事判决书

法院观点：最高人民法院在二审中认为，考察《商品房买卖合同解释》第 8 条的制定背景及目的，该条规定的"损失"并不包括对可得利益损失的赔偿，而对于在房价涨速过快、涨幅较大的情形下，房地产开发商在较短时间内一房数卖的行为，仅支持返还已付购房款及利息，赔偿所受损失将会导致出卖人违约成本过低、从而在客观上鼓励违约行为的后果，故该条进一步规定了惩罚性赔偿制度。因此，应当综合考虑上述情形，对万通公司应当承担的违约责任加以认定。一方面，郑国安已经占有案涉商铺 6 年多并用于出租，万通公司向新华百货公司过户商铺产权时，就案涉商铺的回购问题与郑国安进行过洽谈，并且万通公司以同样的方式回购了其他商铺，故对郑国安请求赔偿已付购房款一倍的损失 5 035 400 元的主张，不予支持。另一方面，万通公司与郑国安签订《商品房买卖合同》时应当预见到，如其违反合同约定，根据《商品房买卖合同解释》第 8 条的规定，其可能承担的违约责任。综合本案中郑国安已经实际占有案涉房产并出租获益 6 年多，以及万通公司将案涉房产转售他人的背景、原因、交易价格等因素，为了更好平衡双方当事人的利益，酌定万通公司赔偿郑国安可得利益损失 5 035 400 元。

裁判规则 188

开发商承担返还购房款及利息、赔偿损失、不超过已付购房款一倍的赔偿责任之后，一般不应再承担违约金责任或定金责任。但合同另有约定或已付购房款金额较低的除外。

合同约定的违约金与损害赔偿之间存在一定的功能重合。就此，《民法典》

第 585 条第 2 款规定:"约定的违约金低于造成的损失的,人民法院或者仲裁机构可以根据当事人的请求予以增加;约定的违约金过分高于造成的损失的,人民法院或者仲裁机构可以根据当事人的请求予以适当减少。"从而厘清了违约金与损失赔偿的关系。如果商品房买卖合同约定了违约金,开发商的违约行为又满足惩罚性赔偿条件的,应当如何界定损失赔偿、违约金与惩罚性赔偿之间的关系?

就此,应当区分为两种情形:一是约定的违约金低于造成的损失的,由于当事人可以请求予以增加,且"增加后的违约金数额以不超过实际损失额为限",①则"原定违约金 + 增加部分 = 全部损失",最终效果与单纯的损失赔偿并无区别,故不影响惩罚性赔偿责任的承担;二是约定的违约金高于造成的损失的,根据《合同法解释(二)》第 29 条第 2 款的规定,只有当事人约定的违约金超过造成损失的百分之三十的,才构成"过分高于造成的损失",进而可以"适当降低",降低之后,违约金也就相对于实际损失的 130%。因此,违约金中"高于造成的损失但尚未超过损失的百分之三十"的部分,与损失赔偿无关,而是对违约行为的惩罚。在已经实行"不超过已付购房款一倍"的惩罚性赔偿责任的情况下,显然不宜再进行惩罚。据此,从开发商实际承担的赔偿金额来看,只能是"损失赔偿 + 惩罚性赔偿",此外不应再承担其他的赔偿责任。"如果违约金与惩罚性损害赔偿并存时,原则上债权人不能同时就违约金的支付和惩罚性赔偿的承担同时提出请求,而只能在两者之间择一请求。因为惩罚性赔偿已经超出了实际损害,如果在债务人承担了此种责任以后,再要求其支付违约金,对违约方的惩罚过重,非违约方也获得了不应有的利益。"②当然,如果约定的违约金低于实际损失,而购房人既不请求增加,又不要求损失赔偿而坚持主张违约金的,则开发商承担的赔偿金额为"低于实际损失的违约金 + 惩罚性赔偿"。

除违约金以外,有的商品房买卖合同约定有定金条款,应当如何界定定金与其他法律责任之间的关系?首先,根据《民法典》第 588 条第 1 款③的规定,违约金与定金不能并存,购房人只能择一行使。因此,需要界定的是损失赔偿、定

---

① 《合同法解释(二)》第 28 条规定:"当事人依照合同法第一百一十四条第二款的规定,请求人民法院增加违约金的,增加后的违约金数额以不超过实际损失额为限。增加违约金以后,当事人又请求对方赔偿损失的,人民法院不予支持。"

② 王利明:《违约责任论》,中国政法大学出版社 2003 年版,第 633 页。

③ 该款规定:"当事人既约定违约金,又约定定金的,一方违约时,对方可以选择适用违约金或者定金条款。"

金与惩罚性赔偿之间的关系,不涉及违约金。当定金低于实际损失时,定金只具有弥补损失的作用,且就低于实际损失的部分,权利人可以通过损失赔偿请求权予以补足;当定金高于实际损失时,超出实际损失的部分应视为惩罚。[①] 基于与约定违约金同样的理由,在开发商赔偿全部实际损失的前提下,定金与惩罚性赔偿不能并存。在下述【典型案例 188】中,胡百卿的已付款为 18 万元(定金 5 万元 + 房款 13 万元),在已付款全额返还的基础上,法院虽然既适用了定金罚则,又适用了惩罚性赔偿,但总金额仍然是 18 万元(定金37 589元 + 房款142 411元),在结果上就是"返还已付购房款 + 已付购房款一倍的惩罚性赔偿"。

需要说明的是,本【裁判规则 188】存在如下两种例外情形:一是商品房买卖合同约定违约金或定金可与惩罚性赔偿并行的,基于对当事人意思自治的尊重,应当予以准许;二是购房人已付购房款金额较低,如仅支付了小额的预付款,导致惩罚性赔偿金额也较低,则应当允许违约金或定金与惩罚性赔偿责任并行。

典型案例188

胡百卿诉临沂沂兴房地产开发有限公司房屋买卖合同纠纷案[②]

典型案例裁判文书

典型案例188
胡百卿诉临沂沂兴房地产开发有限公司房屋买卖合同纠纷案

基本案情:2010 年 8 月 9 日,胡百卿与沂兴公司就明珠花苑 9 号楼 101 号房达成购房意向,并于当天交定金50 000元。2013 年 8 月 23 日,胡百卿与沂兴公司签订购房合同约定,总价款为187 944元,沂兴公司应于2010 年 8 月 30 日前交付房屋。胡百卿又支付了购房款130 000元,但沂兴公司未按合同约定交房。另查明,沂兴公司已于2006 年10 月 17 日将案涉房屋卖给了杨平,杨平通过产权登记取得了涉

① 参见王利明:《违约责任论》,中国政法大学出版社 2003 年版,第 674 页。

② 典型案例 188:"胡百卿诉临沂沂兴房地产开发有限公司房屋买卖合同纠纷案",该案系最高人民法院发布的 19 起合同纠纷典型案例之七。

案楼房的所有权证。后沂兴公司法定代表人刘伟涉嫌刑事犯罪被刑事拘留,刘伟之妻李永梅自筹现金180 000元归还了胡百卿购房款。因损失赔偿事宜,胡百卿诉至法院,请求解除购房合同,沂兴公司双倍返还购房定金50 000元、承担赔偿责任180 000元。

法院观点:山东省费县人民法院认为,双方于2013 年8 月23 日签订的购房合同为有效合同,但因合同约定的标的物已被他人以合法的方式取得所有权,已不能履行,应当予以解除。根据《商品房买卖合同解释》第 9 条的规定,沂兴公司故意隐瞒所售房屋已经出卖给第三人的事实,又与胡百卿签订商品房买卖合同显系不诚信行为,应承担赔偿责任,并返还定金。但根据《担保法》第 91 条、《担保法解释》第 121 条①的规定,双方约定的定金数额 50 000 元过高,以调整为37 589元(187 944元 ×20%)为宜,其余12 411元应视为购房款,故胡百卿实际支付的购房款应为142 411元(130 000元 +12 411元)。据此判决沂兴公司赔偿胡百卿损失142 411元,返还胡百卿定金37 589元,共计180 000元。

7.4 惩罚性赔偿责任的范围确定

对惩罚性赔偿的责任范围,《商品房买卖合同解释》的表述是,“购房人可以请求开发商承担不超过已付购房款一倍的赔偿责任”。对作为惩罚性赔偿计算基数的已付购房款,应与前述【裁判规则 115】保持一致。此外,还需要澄清如下两个问题:

裁判规则 189

“已付购房款的一倍”是惩罚性赔偿责任的上限。在具体案件中,法院可以根据案件具体情况酌情减少赔偿金额,而不受购房人请求的约束。但低于购房人请求金额确定惩罚性赔偿责任的,必须开发商提出酌情减少的请求或抗辩,不得依职权主动酌减。

对《商品房买卖合同解释》所使用的表述——“购房人可以请求”“不超过已付购房款一倍”,存在不同理解。对下述【典型案例 189】“湖北金华实业有限

① 这两个条文被《民法典》第 586 条第 2 款吸收。

公司与苏金水等商品房买卖合同纠纷案”①,就存在两种不同的解读:第一种解读着重于“购房人可以请求”,认为惩罚性赔偿责任的范围取决于购房人的请求,只要购房人的请求未超过已付购房款一倍,就应当予以尊重。最高人民法院的再审判词——“作为相关权利的有权处分人苏金水在再审中表示尊重二审该判决结果”——表明,应当尊重购房人的选择,法院不得依职权调整。第二种解读着重于“不超过已付购房款一倍”,也就是湖北省高级人民法院的二审裁判思路,认为对于购房人请求的惩罚性赔偿责任,法院可根据个案具体情况予以酌减,只要不超过已付购房款一倍即可。此外,还有一种观点认为,应当理解为“以 1 倍为原则,以 1 倍以下为例外”。②

第一种解读的缺陷在于:一方面,对最高人民法院就苏金水案的再审判词解释过度。在再审中,最高人民法院维持原定惩罚性赔偿责任(已付购房款的 50%)的理由有二,一是基于对二审法院酌情判断权的尊重,二是权利人苏金水对二审判决结果的尊重。也就是说,最高人民法院既未否定二审法院的酌情裁量权,也未认为权利人的请求对该责任范围具有决定性作用。另一方面,过分拘泥于《商品房买卖合同解释》所使用的文句。司法解释立足于法律适用,其表述往往较为通俗,不像全国人大制定法律那样用语严谨、精确,故在理解上应把握其制度目的而非拘泥于文句。以《建设工程施工合同解释(一)》第 2 条为例。该条规定,“建设工程施工合同无效,但建设工程经竣工验收合格,承包人请求参照合同约定支付工程价款的,应予支持”。按照字面意思应当认为,是否参照合同约定支付工程价款,取决于承包人如何请求。但事实上,2010 年 4 月 20 日,最高人民法院立案二庭在给江西省高级人民法院的函[(2010)民申字第 260 号]中指出,“解释对于无效合同的工程价款结算原则上是采取了参照合同约定结算的补偿方式,虽然在其表述中出现‘承包人请求参照合同约定支付工程价款’,但这并不意味着承包人对于两种折价补偿方式享有选择权”。其后,最高人民法院民一庭在发布的两则指导性案例中进一步明确,“无论承包人请求依据何标准支付工程价款,发包人同意并主张参照合同约定支付的,一般就

---

① 典型案例 189:“湖北金华实业有限公司与苏金水等商品房买卖合同纠纷案”,最高人民法院(2012)民抗字第 24 号民事判决,载《中华人民共和国最高人民法院公报》2014 年第 1 期,第 31 ~ 40 页。

② 杨建明:《商品房欺诈销售中的惩罚性赔偿研究——夏洪与重庆荣第房地产开发有限公司商品房买卖合同纠纷案》,载《法律适用》2011 年第 2 期,第 107 页。

应当参照合同约定支付工程价款”。[①] “建设工程施工合同无效,但建设工程经竣工验收合格,发包人请求参照合同约定支付工程价款的,应予支持。”[②]并未拘泥于《商品房买卖合同解释》的文句。

事实上,就这一问题最高人民法院早就予以了明确。最高人民法院民一庭原庭长孙华璞在答记者问时指出,“《商品房买卖合同解释》规定的惩罚性赔偿数额为不超过购房人已付购房款的一倍,即人民法院可根据当事人的过错程度等具体情况,在购房人已付购房款的一倍之内确定赔偿数额,最高赔偿数额为购房人已付购房款的一倍”。[③] 也就是说,“已付购房款的一倍”并非不可调整的确定性数额,亦非购房人所请求的数额,而是“赋予了法官在个案中根据开发商的情节确定赔偿数额的裁量权”。[④] “在具体案件中,法院有权根据购房人的请求以及案情进行自由裁量,决定具体的赔偿金额。”[⑤]而不是机械地一律适用“一倍”的标准。北京市高级人民法院《关于审理房屋买卖合同纠纷案件若干疑难问题的会议纪要》(京高法发〔2014〕489 号)第 19 条也规定:“出卖人具有《最高人民法院关于审理商品房买卖合同纠纷案件适用法律若干问题的解释》第 8、9 条规定的违约情形,导致商品房买卖合同解除,买受人要求同时赔偿房屋涨价损失和不超过已付购房款一倍损失的,可予以支持,但合同另有约定的除外。出卖人有证据证明两项赔偿数额相加过分高于购房人所受实际损失的,可以酌情降低赔偿总额。”

由此引申的问题是,购房人请求一倍的惩罚性赔偿,法院经审查认为过高,但开发商并未申请调减,法院可否依职权主动酌减？就此问题可参考违约金的处理规则。惩罚性赔偿责任的目的在于“惩罚”,而我国《民法典》规定的违约金,在主要发挥填补损失功能的同时,也兼具一定的惩罚功能。尤其是在违约

---

① 最高人民法院民一庭:《建设工程施工合同无效、工程尚未竣工且未经验收,承办人请求支付工程价款,发包人同意并主张参照合同约定支付的,一般应当参照合同约定支付工程价款》,载《民事审判指导与参考》2014 年第 3 辑(总第 59 辑),第 138 页。

② 最高人民法院民一庭:《建设工程施工合同无效,但建设工程经竣工验收合格,发包人请求参照合同约定支付工程价款的,应予支持》,载《民事审判指导与参考》2008 年第 3 集(总第 35 集),第 128 页。

③ 《规范房产交易市场　依法审理商品房买卖合同纠纷——最高人民法院民一庭庭长孙华璞就〈最高人民法院关于审理商品房买卖合同纠纷案件适用法律若干问题的解释〉的有关问题答记者问》,载 https://www.chinacourt.org/article/detail/2003/07/id/67833.shtml,2019 年 11 月 1 日访问。

④ 陈特:《一房二卖相关法律问题研究——北京市宣武房地产经营开发公司与兰州正林农垦食品有限公司北京分公司房屋买卖合同纠纷案评析》,载《中国司法》2003 年第 8 期,第 27 页。

⑤ 李胜利:《购房者利益保护与惩罚性赔偿责任——最高人民法院一则司法解释相关条款之评析》,载《法商研究》2006 年第 5 期,第 59 页。

行为未造成损失或造成的损失低于违约金数额时，根据《民法典》第585条的规定，只有违约金“过分高于”造成的损失时，才可以“适当减少”，违约金的惩罚性较为明显。① 在此意义上，违约金制度具有可参照性。而根据现行立法及学界通说，除非当事人请求，否则法院不得主动对违约金进行调减。②

据此，“已付购房款的一倍”是惩罚性赔偿责任的上限。在具体案件中，法院可以根据案件具体情况酌情确定赔偿金额，而不受购房人请求的约束（当然不得超出购房人的请求金额）。但是，低于购房人请求金额确定惩罚性赔偿责任的，必须开发商提出酌情减少的请求或抗辩，不得依职权主动酌减。

典型案例189

湖北金华实业有限公司与苏金水等商品房买卖合同纠纷案③

典型案例裁判文书

典型案例189
最高人民法院（2012）民抗字第24号民事判决书

基本案情：皓羽公司代理销售金华公司的“楚天星座”房屋。2006年4月，皓羽公司以金华公司名义将“楚天星座”一层06号、07号商铺出售给苏金水，合同约定价款为6 581 010元，苏金水实际支付5 631 010元。2006年9月，金华公司将07号商铺出售给李晶；2007年1月，金华公司将06号商铺出售给李少伟。苏金水遂提起诉讼，要求解除购房合同，返还购房款5 631 010元及利息损失689 235元，赔偿5 631 010元。

法院观点：湖北省高级人民法院在二审中认为，金华公司擅自将出售给苏金水的商铺出售给他人，已构成违约，并导致合同已无继续履行的可能，应当予以解除；根据《商品房买卖合同解释》第8条第2款的规定，金华公司应将购房

① 参见王利明：《违约责任论》，中国政法大学出版社2003年版，第625页以下。

② 如《合同法解释（二）》第27条规定：“当事人通过反诉或者抗辩的方式，请求人民法院依照合同法第一百一十四条第二款的规定调整违约金的，人民法院应予支持。”就要求违约金的调整必须有当事人的反诉或者抗辩。

③ 典型案例189：“湖北金华实业有限公司与苏金水等商品房买卖合同纠纷案”，最高人民法院（2012）民抗字第24号民事判决，载《中华人民共和国最高人民法院公报》2014年第1期，第31～40页。

款 5 631 010 元返还给苏金水并赔偿资金占用期间的利息损失;苏金水有权要求金华公司承担不超过已付购房款一倍的赔偿责任,但考虑到苏金水所持合同原件中存在多处涂改及所附房屋平面图无齐缝印的不正常现象,06 号商铺合同仅有皓羽公司的印章而无金华公司的印章,酌情判决金华公司向苏金水承担购房款金额 50% 的赔偿责任 2 815 505 元。二审判决后,最高人民检察院向最高人民法院提起抗诉,最高人民法院在再审中认为,"只要开发商在商品房买卖合同订立后事实上存在将该房屋出卖给第三人的行为,无法取得房屋的购房人即可请求开发商承担不超过已付购房款一倍的赔偿责任。二审酌情判决金华公司向苏金水承担购房款金额 50% 的赔偿责任,作为相关权利的有权处分人苏金水在再审中表示尊重二审该判决结果,故本院对该赔偿比例不予调整"。

裁判规则 190

法院在酌减惩罚性赔偿金额时,应考量裁判时的房地产市场行情,平衡履行利益损失与惩罚性赔偿之间的关系,以及无效、被撤销合同与被解除合同之间的利益差异。

一般认为,针对惩罚性赔偿责任的确定,"法院在自由裁量时应主要依开发商的过错程度、情节轻重、所得利益大小、造成损失的大小、社会影响程度等来决定赔偿额,这类似于刑法中量刑时考虑情节的方法;同时,还可以考虑开发商的承受能力如何,甚至于购房人的经济能力如何"。[①] 其中,最重要的因素有三:

一是裁判时的房地产市场行情。《商品房买卖合同解释》第 8 条、第 9 条之所以规定惩罚性赔偿责任,是因为开发商的"违约行为可能造成非违约方的财产损失以及其他损失。仅仅是通过补偿性的赔偿,并不能使受害人处于履行下的状况,或者使其处于合同订立前的状况。只有通过惩罚性赔偿,才能使非违约方对其遭受的全部损失能够得到补救,也可以有效地防止违约方从其违约中

① 王阿丽:《商品房买卖中惩罚性赔偿制度分析》,载《规划 · 规范 · 规则:第六届中国律师论坛优秀论文集》,中国政法大学出版社 2006 年版,第 186 页;童琳:《适用商品房买卖合同惩罚性赔偿的 5 种情况》,载《中国建设报》2006 年 11 月 10 日,第 8 版。

获得利益”。[①] 也就是说,惩罚性赔偿的主要目的有二:一是确保购房人的全部损失得到补救,二是防止违约方从其违约中获得利益。

当房地产市场处于上行通道时,房价不断上扬,如果购房合同被确认为无效、被撤销的,购房人无权主张房价上涨所导致的履行利益损失,因此,“仅仅依靠补偿性的赔偿是无法弥补购房人损失的”[②],而开发商则因购房合同被确认为无效、被撤销而获得利益——可以更高的价格转售第三人;即使在购房合同被解除的情况下,虽然购房人可以主张房价上涨所导致的履行利益损失,但需举证证明损失的具体金额。而“举证之所在,败诉之所在”,购房人往往因证明上的困难而遭受不利益。《商品房买卖合同解释》就是在房地产市场突飞猛进的背景下制定颁布。《商品房买卖合同解释》发布于 2003 年,其时“房地产业迅猛发展”,[③]“开发商利用其优势地位,为追求最大经济利益,采取欺诈手段与购房人签订合同,或签订合同后又恶意违约的行为”[④]大量存在,而且“违约方获得的交易资产大幅升值”,[⑤]“仅仅赔偿所受损失,在房价快速大幅上涨的情形下,往往会导致开发商违约成本过低,为了平衡买卖双方的利益,该条司法解释因此还对开发商科以赔偿相应的购房款利息以及不超过已付购房款一倍的惩罚性赔偿”。[⑥] 基于上述原因,当房地产市场处于上行通道时,惩罚性赔偿应从重。

但是,当房地产市场处于下行通道时,站在利益衡量的角度,购房合同被确认为无效、被撤销或被解除的,于购房人而言是受益行为。即从原合同约定的高房价解脱出来,并得以更低的价格购买相同的房屋;于开发商而言则是受损行为,即原本以 100 万元出卖的房屋,再次出售时只能定价为 80 万元,直接贬

---

① 最高人民法院民一庭编著:《最高人民法院关于审理商品房买卖合同纠纷案件司法解释的理解与适用》,人民法院出版社 2003 年版,第 113 页。

② 最高人民法院民一庭编著:《最高人民法院关于审理商品房买卖合同纠纷案件司法解释的理解与适用》,人民法院出版社 2003 年版,第 114 页。

③ 《最高人民法院副院长黄松有就商品房买卖合同纠纷适用法律司法解释答记者问》,载 http://www.heluolvshi.com/jsgcfdcjf/289.html,2019 年 11 月 1 日访问。

④ 韩延斌:《〈关于审理商品房买卖合同纠纷案件适用法律若干问题的解释〉的理解与适用》,载《法律适用》2003 年第 6 期,第 5 页。

⑤ 张能宝:《惩罚性违约金适用问题研究》,载《人民司法·应用》2016 年第 13 期,第 47 页。

⑥ 司伟:《如何理解〈最高人民法院关于审理商品房买卖合同纠纷案件适用法律若干问题的解释〉第八条关于惩罚性赔偿的规定,违约方在承担了合同法第一百一十三条规定的可得利益损失的情况下,是否还应承担惩罚性赔偿——郑国安与青海万通物业发展有限公司其他买卖合同纠纷二审案》,载《民事审判指导与参考》2015 年第 1 辑,第 254 页。

损 20 万元。此外,购房人因签订购房合同而遭受的损失,如大修基金、交易契税等,可以通过合理渠道得到弥补。因此,当房地产市场处于下行通道时,购房合同被确认为无效、被撤销或被解除,实行损失赔偿之后,购房人已经没有损失或损失极小,如仍科以较重的惩罚性赔偿责任,就会导致利益失衡。在此情况下,考虑到对开发商恶意违约行为的惩罚,可以保留惩罚性赔偿,但应从轻判处。在前述【典型案例 185】"舒治洪等诉重庆国盛物业(集团)有限公司商品房预售合同纠纷案"[①]中,法院即认为,"当前房地产市场处于下行通道,一般情况下,购房人就合同解除并无期待利益损失,而且由于价格下行,购房人往往因合同解除而受益,开发商则因合同解除而受损。故站在利益平衡的角度,惩罚性赔偿的金额不宜过高。根据本案的实际情况,本院认为赔偿金为已付购房款 0.3 倍即足以体现惩罚性"。

二是平衡履行利益损失与惩罚性赔偿之间的关系。如前所述,《商品房买卖合同解释》规定惩罚性赔偿责任的背景之一是,在合同解除的情况下,赔偿损失的范围不包括可得利益的赔偿。然而,仅仅通过补偿性的赔偿,又难以使购房人处于履行下的状态,所以通过惩罚性赔偿,使购房人所遭受的全部损失能够得到补救,防止开发商从其违约中获得利益。[②] 但现行《买卖合同解释》已经将履行利益纳入损失赔偿的范围,在合同解除的情况下,购房人的损失得到更全面的保护。因此,基于利益平衡的考量,在赔偿履行利益惩罚的情况下,惩罚性赔偿责任不宜过重。

三是平衡无效、被撤销合同与被解除合同之间的利益差异。如前所述,商品房买卖合同无效、被撤销的,只赔偿信赖利益,不赔偿履行利益,而商品房买卖合同被解除的,则应赔偿履行利益。信赖利益的赔偿通常小于履行利益,这就导致同为适用惩罚性赔偿责任的商品房买卖合同,法律效果却有所区别,应通过惩罚性赔偿责任予以调解,即对无效、被撤销的合同的惩罚性赔偿责任,酌情确定的金额可适当高于被解除的合同。

---

① 典型案例 185:"舒治洪等诉重庆国盛物业(集团)有限公司商品房预售合同纠纷案",重庆市沙坪坝区人民法院(2015)沙法民初字第 09523 号民事判决。相关文书可扫描本书第 511 页二维码。

② 最高人民法院民事审判第一庭编著:《最高人民法院关于审理商品房买卖合同纠纷案件司法解释的理解与适用》,人民法院出版社 2003 年版,第 109、113 页。

典型案例190

陈守义诉四川省南部县鑫鑫房地产开发有限公司等房屋买卖合同纠纷案①

典型案例裁判文书

典型案例190
四川省南部县人民法院
（2017）川1321民初1781号民事判决书

基本案情：2013年3月21日，鑫鑫公司与奇林公司签订《房地开发项目管理协议》约定，奇林公司借用鑫鑫公司名义开发经营国际丽都城。2015年6月2日，奇林公司以“鑫鑫公司国际丽都城项目部”与陈守义签订商品房认购协议约定，陈守义认购买“国际丽都城”1栋2单元14层1403号、1栋2单元17层1704号两套商品房，认购款400 599元、403 847元；在商品房认购协议签订后、双方约定的签订正式《商品房买卖合同》期限届满前，“鑫鑫公司国际丽都城项目部”不得对该房屋在此（再次）进行销售；若任何一方违反此协议所属约定，违约金按房屋总价的20%支付。协议签订当日，陈守义一次性分别支付两套商品房购房款400 599元、403 847元。之后，奇林公司将陈守义认购的1栋2单元14层1403号商品房另行出售给陈某，并于2015年10月13日在房管局登记备案，将1栋2单元17层1704号商品房于2016年1月17日另行出售给张某、王某，并在房管局登记备案。陈守义遂向法院提出诉讼，请求解除商品房认购协议，奇林公司返还购房款并承担商品房认购协议违约金、损失及惩罚性赔偿。

法院观点：四川省南部县人民法院认为，陈守义与鑫鑫公司国际丽都城项目部签订的商品房认购协议，具备《商品房销售管理办法》第16条规定的商品房买卖的主要内容，是双方当事人真实意思表示，应为合法有效。协议签订后，奇林公司将已销售的房屋另行销售给他人并办理预告登记，导致陈守义买卖商品房的目的不能实现，陈守义诉请解除商品房认购协议、返还已付购房款，符合法律规定，予以支持。商品房认购协议中约定“违约金按房屋总价的20%支付”，故奇林公司应按两套房屋的总价款804 446元（400 599元+403 847元）的20%支付违约金160 889元。对于已付购房款一倍的惩罚性赔偿主张，考虑本案

---

① 典型案例190：“陈守义诉四川省南部县鑫鑫房地产开发有限公司等房屋买卖合同纠纷案”，四川省南部县人民法院（2017）川1321民初1781号民事判决。

的实际,结合陈守义的损失及当前房地产市场情况,按照陈守义已付购房款一倍惩罚性赔偿,会加重赔偿义务人的负担,有违公平原则,酌情调整为按照陈守义已付购房款的一半即402 223元进行惩罚性赔偿。

7.5 面积误差超过3%的惩罚性赔偿

《商品房买卖合同解释》第 14 条规定,"出卖人交付使用的房屋套内建筑面积或者建筑面积与商品房买卖合同约定面积不符,合同有约定的,按照约定处理;合同没有约定或者约定不明确的,按照以下原则处理:1. 面积误差比绝对值在 3% 以内(含 3%),按照合同约定的价格据实结算,买受人请求解除合同的,不予支持;2. 面积误差比绝对值超出 3%,买受人请求解除合同、返还已付购房款及利息的,应予支持。买受人同意继续履行合同,房屋实际面积大于合同约定面积的,面积误差比在 3% 以内(含 3%)部分的房价款由买受人按照约定的价格补足,面积误差比超出 3% 部分的房价款由出卖人承担,所有权归买受人;房屋实际面积小于合同约定面积的,面积误差比在 3% 以内(含 3%)部分的房价款及利息由出卖人返还买受人,面积误差比超过 3% 部分的房价款由出卖人双倍返还买受人"。据此,对面积误差绝对值超出 3% 部分的房价款,实行类似于定金的惩罚性规则:以 3% 的误差比为界限,如果面积过大超过这一界限,购房人无须支付房款,如果面积过小超过这一界限,开发商应双倍返还收取的购房款。实践中,围绕这一规则的适用,需澄清以下问题:

裁判规则 191

因规划变更导致的面积误差,不适用《商品房买卖合同解释》第 14 条规定的惩罚性赔偿规则。但开发商应在规定时限内将规划变更告知购房人,否则购房人有权要求解除合同、赔偿损失。

实践中,在签订商品房买卖合同后,规划变更的情形为数不少。规划变更常常引起建筑物的容积率、建筑密度等指标的变化,进而导致建筑面积的变更。但这种变更"与单一的商品房面积误差有着本质的区别,不宜适用本条司法解释规定的面积误差处理原则处理”。[①] 下述【典型案例 191】在认定《拆迁协议书》应当参照适用《商品房买卖合同解释》的前提下，法院也认为，因规划变更导致的建筑面积变更，不应适用《商品房买卖合同解释》第 14 条规定的面积误差处理规则。

需注意的是，《商品房销售管理办法》(2001 年建设部令第 88 号）第 24 条第 2 款规定：“经规划部门批准的规划变更、设计单位同意的设计变更导致商品房的结构型式、户型、空间尺寸、朝向变化，以及出现合同当事人约定的其他影响商品房质量或者使用功能情形的，房地产开发企业应当在变更确立之日起 10 日内，书面通知买受人。”第 3 款规定：“买受人有权在通知到达之日起 15 日内做出是否退房的书面答复。买受人在通知到达之日起 15 日内未作书面答复的，视同接受规划、设计变更以及由此引起的房价款的变更。房地产开发企业未在规定时限内通知买受人的，买受人有权退房；买受人退房的，由房地产开发企业承担违约责任。”《商品房买卖合同（预售）示范文本》(GF－2014－0171）第 14 条针对“规划变更”也载明：“（一）……双方签订合同后，涉及该商品房规划用途、面积、容积率、绿地率、基础设施、公共服务及其他配套设施等规划许可内容经城乡规划主管部门批准变更的，出卖人应当在变更确立之日起 10 日内将书面通知送达买受人。出卖人未在规定期限内通知买受人的，买受人有权解除合同。（二）买受人应当在通知送达之日起 15 日内做出是否解除合同的书面答复。买受人逾期未予以书面答复的，视同接受变更。（三）买受人解除合同的，应当书面通知出卖人。出卖人应当自解除合同通知送达之日起 15 日内退还买受人已付全部房款（含已付贷款部分），并自买受人付款之日起，按照____%（不低于中国人民银行公布的同期贷款基准利率）计算给付利息；同时，出卖人按照全部房价款的____%向买受人支付违约金。买受人不解除合同的，有权要求出卖人赔偿由此造成的损失，双方约定如下：____。”也就是说，如果开发商自规划变更确立之日起 10 日内书面通知买受人的，买受人有权解除合同，如果买受人不解除合同的，则对因规划调整导致的面积差异应当据实结算。如果开发商未履行通知程序的，购房人既有权解除合同，并追究相应违约责任，也有权不解除合同，并在合同继续履行的基础上要求开发商承担违约责任。

---

① 最高人民法院民事审判第一庭编著：《最高人民法院关于审理商品房买卖合同纠纷案件司法解释的理解与适用》，人民法院出版社 2003 年版，第 179～181 页。

典型案例191

丁仁南与常州置信房地产开发有限公司、常州市新天地房屋拆迁有限公司房屋拆迁安置补偿合同纠纷案[①]

典型案例裁判文书

典型案例191
江苏省常州市中级人民法院(2015)常民终字第0594号民事判决书

基本案情:2008 年 5 月 17 日,新天地公司与丁仁南签订《拆迁协议书》约定:新天地公司受拆迁人置信公司委托,拆迁丁仁南坐落本市西横街 3 号东首的房屋及其附属物;补偿安置形式为房屋产权调换,产权调换的房屋坐落置信商务广场 2、8 号房屋,建筑面积 97.9 平方米,该房屋价值2 055 900元;双方结算,新天地公司还应付丁仁南208 000元;回迁房建筑面积为暂测面积,产权登记面积以实际测绘面积为准,如有误差,按实结算,多退少补。同日,置信公司向丁仁南提供了安置房屋的《位置结构图》,其中标示安置给丁仁南的 2、8 号房屋面积分别为 43.6 平方米,55.3 平方米。2013 年 3 月 30 日,置信公司通知丁仁南接收房屋,丁仁南认为交付的房屋面积、结构与约定不符,遂拒绝接收房屋并提起诉讼,要求解除《拆迁协议书》,赔偿房屋损失5 874 000元(97.9 平方米 ×60 000元/平方米)等。置信公司辩称,按照《商品房买卖合同解释》第 14 条的规定,在面积误差比超出 3% 的情况下,应以返还已付购房款及利息的方式来承担违约责任。经查,常州市房产登记中心、常州市房产测绘中心出具的《项目总结及成果说明表》显示 102 室(《位置结构图》中的 2、8 号房屋)建筑面积为 198.86 平方米。由于拆迁时间是 2008 年 5 月,当时施工图纸尚未经过相关部门的审定,故用规划图纸来作为合同附件,施工图纸在拆迁协议书签订后才经过相关部门审定。实际施工图纸与规划图纸的差异导致案涉房屋的面积差异。对施工图与规划图的差异,置信公司事先没有告知丁仁南。经鉴定,置信商务广场 102 室房屋的市场价格为48 609元/平方米,按照 97.9 平方米计算,总价值为4 758 800元。

法院观点:常州市中级人民法院认为,首先,以产权调换为补偿方式的拆迁

① 典型案例 191:“丁仁南与常州置信房地产开发有限公司、常州市新天地房屋拆迁有限公司房屋拆迁安置补偿合同纠纷案”,江苏省常州市中级人民法院(2015)常民终字第 0594 号民事判决。

补偿安置协议是补足价金的互易合同。根据《合同法》第175条[①]的规定，应当参照买卖合同的有关规定。本案中，被拆迁及被安置的房屋均为商品房，故依法可参照我国在商品房买卖合同领域所制定有关法律规定进行处理。其次，本案中产权调换房屋实际面积与安置协议书中约定面积之所以产生巨大差异，正是规划设计的变更所造成的。由于规划、设计变更常常会引起建筑物的容积率、建筑密度等建筑指标的变化，引起建筑面积变化，还会引起户型、朝向、层高等各种变化，与单一的商品房面积误差有着本质的区别，因此不宜适用《商品房买卖合同解释》第14条的面积误差处理原则进行处理。置信公司未就施工图纸与规划图纸存在的差异及时书面通知丁仁南，根据《商品房销售管理办法》第24条的规定，丁仁南有权要求退房并解除双方签订的安置协议书。最后，因置信公司未能按约履行安置协议书，导致丁仁南丧失了在安置地段获得建筑面积为97.9m^2的商品房的利益，应当对该房屋现有价值进行评估并确定置信公司的赔偿金额，即4 758 800元（48 609元/平方米×97.9平方米）。置信公司主张按照《商品房买卖合同解释》第14条中关于面积误差比超出3%的情况下以返还已付购房款及利息的方式来承担违约责任，缺乏相应的事实和法律依据，依法不予支持。[②]

裁判规则192

> 商品房面积有建筑面积、套内建筑面积之分。在确定计算面积误差比的基准面积时，商品房买卖合同有约定的从约定，无约定的，根据合同计价方式所针对的面积确定。

根据《商品房销售管理办法》（2001年建设部令第88号）第20条第2款第（2）项，面积误差比＝（产权登记面积－合同约定面积）÷合同约定面积×100%。实践中，在根据该公式计算确定面积误差比时，需注意以下问题：

一是商品房面积有建筑面积、套内建筑面积、公摊建筑面积之分。其中，建筑面积＝套内建筑面积＋公摊建筑面积，套内建筑面积＝套内使用面积＋阳台

---

① 《民法典》第647条。

② 该案的处理还可以考虑另一思路，即拆迁安置合同并非《商品房买卖合同解释》第1条所规定的严格意义上的商品房买卖合同，所以不应适用《商品房买卖合同解释》，也就不应适用《商品房买卖合同解释》第14条所确立的面积误差规则。

面积+墙体面积;公摊建筑面积是指由整栋楼的产权人共同所有的整栋楼公用部分的建筑面积。那么应当根据建筑面积还是套内面积确定面积误差比?就此,如果商品房买卖合同有约定的,按照约定处理;如果合同没有约定的,则应根据合同计价方式所针对的面积确定。如合同约定按套内面积计价的,则以套内面积作为计算面积误差比的依据;如果同约定按建筑面积计价的,则以建筑面积作为计算面积误差比的依据。

有疑问的是公摊面积可否作为确定面积误差比的依据?《商品房销售管理办法》第21条规定:"按建筑面积计价的,当事人应当在合同中约定套内建筑面积和分摊的共有建筑面积,并约定建筑面积不变而套内建筑面积发生误差以及建筑面积与套内建筑面积均发生误差时的处理方式。"其可能发生的情形包括:一是建筑面积不变,但套内建筑面积增加、公摊面积相应减少,或者套内建筑面积减少、公摊面积相应增加;二是建筑面积变化,包括套内建筑面积与公摊面积均减少,或者套内建筑面积与公摊面积均增加。就此,最高人民法院认为,"应当以是提高或降低房屋实际使用率为标准判断房屋面积比值的提高或降低来决定适用本条司法解释"。[①] 也就是说,如果商品房买卖合同对公摊面积有明确约定的,由于公摊面积虽不能由业主单独使用,但会影响购房人的投资收益以及公共设施功能,故也可以适用这一惩罚性赔偿规则。[②]

二是确定产权登记面积的依据。产权登记面积是指房地产行政主管部门确认登记的房屋面积,一般是房屋产权证上记载的面积。但在实践中,常常因为开发商迟延交纳市政配套费、其他规费,房地产管理部门迟延登记等,导致业主在入住一二年后仍拿不到产权证。如坚持面积误差比的确定只能以产权登记面积为依据,就会导致购房人明知面积不符却无法及时主张权利。针对这一问题,最高人民法院民一庭提出,可以将测绘单位出具的测绘成果表作为确定房屋面积的依据。其理由在于,《商品房销售管理办法》第34条第1款规定:"房地产开发企业应当在商品房交付使用前按项目委托具有房产测绘资格的单位实施测绘,测绘成果报房地产行政主管部门审核后用于房屋权属登记。"《房产测绘管理办法》(2001年建设部、国家测绘局令第83号)第18条规定:"用于

---

① 最高人民法院民事审判第一庭编著:《最高人民法院关于审理商品房买卖合同纠纷案件司法解释的理解与适用》,人民法院出版社2003年版,第182页。

② 最高人民法院民事审判第一庭编著:《最高人民法院关于审理商品房买卖合同纠纷案件司法解释的理解与适用》,人民法院出版社2003年版,第181页。

房屋权属登记等房产管理的房产测绘成果，房地产行政主管部门应当对施测单位的资格、测绘成果的适用性、界址点准确性、面积测算依据与方法等内容进行审核。审核后的房产测绘成果纳入房产档案统一管理。”因此，房地产行政主管部门只对测绘成果进行形式审查，只要测绘程序合法，就以测绘面积作为产权登记面积。如果对测绘成果表有异议的，在诉讼或仲裁阶段，可以申请司法鉴定。[①]

典型案例192

王彬彬等诉襄阳远驰实业有限公司商品房买卖合同纠纷案[②]

基本案情：2012 年 11 月 24 日，王彬彬等与远驰公司签订《商品房买卖合同》约定，王彬彬等购买远驰公司开发的摩卡小镇 2 幢 1 单元 4 层 3 号商品房，房屋建筑面积为 108.74 平方米；双方选择按建筑面积计价，单价为 5520.06 元，总价款为600 251元；根据双方选择的计价方式，面积确认及面积差异均以建筑面积而非套内建筑面积为依据进行处理：合同约定面积与产权登记面积误差比绝对值在 3%以内的，按产权登记面积据实结算；误差比绝对值超出 3%的，王彬彬等可选择退房，远驰公司应及时返还购房款并支付相应利息；若王彬彬等放弃退房，合同继续履行，仍按产权登记面积据实结算差价。该合同签订后，双方根据房地产管理要求，又于 2012 年 12 月 6 日网签一份合同，该合同对房屋面积进一步予以明确，即建筑面积为108.74平方米，其中套内建筑面积为 89.17 平方米，公摊面积为 19.57 平方米，其他主要内容与前述合同一致。王彬彬等依约支付了购房款，远驰公司于商品房竣工验收合格后交付了房屋。诉争房屋经襄阳市房屋测绘中心测算，建筑面积为 108.32 平方米，其中套内建筑面积为 83.04 平方米，公

典型案例裁判文书

典型案例192

湖北省襄阳市中级人民法院（2016）鄂06民终1861号民事判决书

湖北省高级人民法院(2017)鄂民申2965号民事裁定书

---

① 参见最高人民法院民事审判第一庭编著：《最高人民法院关于审理商品房买卖合同纠纷案件司法解释的理解与适用》，人民法院出版社 2003 年版，第 182 页。

② 典型案例 192：“王彬彬等诉襄阳远驰实业有限公司商品房买卖合同纠纷案”，湖北省襄阳市中级人民法院(2016)鄂 06 民终 1861 号民事判决、湖北省高级人民法院(2017)鄂民申 2965 号民事裁定。

摊面积为 25.28 平方米;与合同约定相比,建筑面积减少 0.42 平方米,套内建筑面积减少 6.13 平方米,公摊面积增加 5.71 平方米。王彬彬等以房屋套内建筑面积严重缩水,影响了对购买房屋的实际利用率为由,根据《商品房买卖合同解释》第 14 条的规定,请求赔偿。

法院观点:湖北省高级人民法院在再审审查中认为,商品房面积误差属于物的瑕疵。出卖人交付的商品房面积与合同约定有差异时,出卖人构成瑕疵给付。由于合同条款已经明确约定以建筑面积而非套内建筑面积为依据处理面积确认和面积差异,故判断诉争房屋面积是否存在误差、是否构成瑕疵物以及远驰公司交付房屋是否构成瑕疵给付,均应以房屋的建筑面积为标准,即以诉争房屋的建筑面积与合同约定建筑面积是否相符作为判断瑕疵存在与否的标准,而非以套内面积为依据,故王彬彬、杨海峰主张以房屋套内面积作为判断远驰公司交房违约的依据与双方当事人的合同约定不符。尽管《商品房销售管理办法》第 21 条规定,在选择以建筑面积计价时当事人应约定套内建筑面积发生误差的处理方法,但因《商品房销售管理办法》并非法律或行政法规,其相关规定不影响合同条款的效力。从建筑面积看,远驰公司不应承担《商品房买卖合同解释》第 14 条规定的双倍赔偿责任。

裁判规则 193

因面积误差所导致的惩罚性赔偿,应根据面积误差的具体情况据实计算,不适用酌减规则。但当事人另有约定的除外。

有观点认为,“与《商品房买卖合同解释》第 8 条、第 9 条相比,第 14 条在计算损害赔偿金额时颇有特点,即没有区分补偿性赔偿责任和惩罚性赔偿责任”。① 也就是说,《商品房买卖合同解释》第 14 条针对面积误差超过 3% 的惩罚性赔偿,既包括损失填补的属性,也带有对开发商进行惩罚的属性。这一论断值得斟酌。根据《商品房买卖合同解释》第 14 条的规定,如面积过大超过 3% 这一误差比的,购房人无须支付房款,也就意味着购房人免费取得了该部分房产,这可视为对开发商的惩罚。如果面积过小超过这一界限,在开发商双倍返

① 李胜利:《购房者利益保护与惩罚性赔偿责任——最高人民法院一则司法解释相关条款之评析》,载《法商研究》2006 年第 5 期,第 58 页。

还的购房款中，其中一倍是购房人支付的，在未取得对应房产的情况下应予返还，属于返还的范畴，但开发商实际承担的另一倍，与损失无关——购房人虽未取得相应房产但也未支付相应对价，也应认定为对开发商的惩罚。据此，应当认为“本条规定的惩罚性赔偿责任是仅就超出3%的部分承担惩罚性赔偿责任”①，体现的是对开发商的惩罚，与损失填补无关。尤为重要的是，如【裁判规则189】所述，第8条、第9条规定的“不超过已付购房款一倍”的惩罚性赔偿责任，是可以酌情减少的责任，而第14条规定的责任——如果面积过大超过3%误差比的，购房人无须支付房款，如果面积过小超过3%误差比的，开发商应双倍返还收取的购房款，法院不能根据案件具体情况酌情减少赔偿金额。下述【典型案例193】中，开发商要求法院酌减面积误差的赔偿金额，即被法院驳回。

需要说明的是，如下述【裁判规则194】所言，《商品房买卖合同解释》第14条系任意性规范，而非强制性规范，只有商品房买卖合同无约定或约定不明的，才适用《商品房买卖合同解释》第14条规定的面积误差比规则。因此，对该条所确立的惩罚性赔偿责任是否可以酌情减少，也应当允许当事人另作约定。

典型案例193

镇江美的房地产发展有限公司与田某1商品房买卖合同纠纷案②

典型案例裁判文书

典型案例193

江苏省镇江市中级人民法院（2017）苏11民终2897号民事判决书

基本案情：田某1与美的公司签订《商品房买卖合同》约定：田某1购买美的公司开发的美的城一区第1幢01层0119号房，建筑面积45.14平方米，单价为19 699元/平方米，总金额为人民币889 213元；商品房交付后，产权登记面积与合同约定面积发生差异，面积误差比绝对值在3%以内（含3%）的，据实结算房价款；面积误差比绝对值超出3%时，买受人有权退房。买受人不退房的，产权登记面积小于合同

① 《规范房产交易市场　依法审理商品房买卖合同纠纷——最高人民法院民一庭庭长孙华璞就〈最高人民法院关于审理商品房买卖合同纠纷案件适用法律若干问题的解释〉的有关问题答记者问》，载https://www.chinacourt.org/article/detail/2003/07/id/67833.shtml，2019年11月1日访问。

② 典型案例193：“镇江美的房地产发展有限公司与田某1商品房买卖合同纠纷案”，江苏省镇江市中级人民法院（2017）苏11民终2897号民事判决。

约定面积时,面积误差比绝对值在3%以内(含3%)部分的房价款由出卖人返还买受人;面积误差比绝对值超出3%部分的房价款,由出卖人双倍返还买受人。后经实测,田某1所购房屋建筑面积为38.93平方米。田某1遂向法院起诉要求适用面积误差比规则。

法院观点:一审法院(江苏省镇江市润州区人民法院)认为,田某1购买的房屋约定建筑面积45.14平方米,而实际建筑面积仅38.93平方米,少于合同约定面积6.21平方米,误差比绝对值已经超过3%,故美的公司应按约定返还房屋面积误差比绝对值3%以内(含3%)的房价款26 676.39元($45.14m^2 \times 3\% \times 19\ 699$元$/m^2$);双倍返还田某1房屋面积误差比绝对值超过3%部分的房价款191 308.81元[$(6.21m^2 - 45.14m^2 \times 3\%) \times 19\ 699$元$/m^2 \times 2$],以上两项合计217 985.20元。美的公司上诉称,没有恶意欺瞒田某1的主观故意,也未从中受益;获得双倍赔偿后,田某1所得超出其实际损失,与违约责任的填平原则不符,要求按照一倍补偿房屋面积差。二审法院(江苏省镇江市中级人民法院)认为,违约责任的承担不以过错和违约人获益为条件;美的公司也未提供证据证实其就面积不符有可以免责的事由,故一审法院根据法律规定和合同约定,判令美的公司承担相应的责任,并无不当。双方约定的因房屋面积差异而承担的责任不超过法律规定的责任;面积误差比绝对值超出3%部分的房价款,由出卖人双倍返还买受人,不以买受人实际损失的标准为依据。据此驳回上诉,维持原判。

裁判规则 194

针对房屋面积误差的处理,商品房买卖合同有约定的从约定,无约定或约定不明的,才适用《商品房买卖合同解释》第14条规定的面积误差比规则。但如果商品房买卖合同对面积误差比所作的约定系开发商提供的格式条款的,则开发商应尽到提示说明义务,否则不具有约束力。

针对《商品房买卖合同解释》规定的面积误差处理规则,可否作出不同约定或约定予以排除?如有开发商与购房者通过补充协议约定,“如产权登记套内建筑面积与合同约定套内建筑面积有差异的,甲乙双方一致同意据实结算、多退少补”。应当如何评价?对此,重庆市市场监督管理局组织召开的专家评审会认为,“《商品房销售管理办法》对商品房面积的误差规定了合理的范围,对超出合理范围的,给予了购房人是否退房的选择权。而这类合同条款未设面积误差合理范围,不管误差大小,一律据实结算,多退少补。即使面积误差很大,购房人也不能退房,这对购房人显然是不公平的”。[①]

事实上,无论是《商品房销售管理办法》第 20 条还是《商品房买卖合同解释》第 14 条都明确规定,对面积误差的处理,合同有约定的从约定,没有约定或者约定不明确的,才实行该条规定的惩罚性赔偿。也就是说,针对房屋的面积误差,应当允许当事人自由约定,只有无约定或约定不明的,才适用《商品房买卖合同解释》第 14 条规定的面积误差比规则。在下述【典型案例 194】中,当事人约定的面积误差比为 5%,即得到法院的认可与支持。

此外,江苏省高级人民法院《关于审理房地产合同纠纷案件若干问题的解答(征求意见稿)》(苏高法电〔2017〕559 号)将当事人就面积误差比所作的约定视为格式条款,要求开发商尽到提示和说明义务,该思路可资参考。其第 22 条规定:“出卖人在订立商品房买卖合同中使用格式条款的,对合同中约定的商品房面积误差、层高误差、质量责任或其他加重买房人义务的条款,应与买房人充分协商,并以足以引起买房人注意的文字、字体、符号或者其他明显标志作出提示说明。开发商未按要求提示说明的,应当作出对格式合同提供者不利的解释。”第 39 条规定:“商品房买卖合同订立时,房地产开发企业对商品房买卖合同中的面积误差条款等加重购房人义务的条款,应与买房人充分协商,并以足以引起买房人注意的文字、字体、符号或者其他明显标志作出提示并明确说明。没有提示说明的,适用《江苏省城市房地产交易管理条例》第 17 条的规定处理。有证据证明对于面积误差条款已经协商的,按照合同约定处理。”

由此可以引申出另一个问题:对《商品房买卖合同解释》第 8 条、第 9 条规定的“不超过已付购房款一倍”的惩罚性赔偿,商品房买卖合同可否作出不同约定?例如,开发商与购房人约定,因“一房二卖”导致的惩罚性赔偿为“已付房价款的 1%”,该约定是否有效?就此,重庆市市场监督管理局组织召开的专家评审会认为,“开发商以格式条款方式预先将法定赔偿标准降低为已付房款的 1%,明显减轻了开发商自身的责任,也限制了购房人请求赔偿的权利”。[②] 就此

---

① 刘文新:《重庆开展整治行动规范房地产买卖合同曝光 13 类补充协议霸王条款》,载《中国消费者报》2019 年 1 月 9 日,第 002 版。

② 刘文新:《重庆开展整治行动规范房地产买卖合同曝光 13 类补充协议霸王条款》,载《中国消费者报》2019 年 1 月 9 日,第 002 版。

问题,笔者尚未搜寻到相应案例,但站在理论的角度,笔者更倾向于与【裁判规则 194】相同的处理思路。

典型案例194

长城公司诉远洋大厦公司商品房买卖合同纠纷案①

典型案例裁判文书

典型案例194
长城公司诉远洋大厦公司商品房买卖合同纠纷案

基本案情:长城公司和远洋大厦公司签订《外销商品房预售契约》约定,长城公司购买远洋大厦公司预售的北京远洋大厦 G 层 01 房屋,该房屋暂测面积为 105.62 平方米,总价为 295 736美元。如交房时,房屋的实际面积与暂测面积的差别不超过暂测面积的 ±5%(不含)时,按照契约约定的所售房屋售价进行结算;实测面积与暂测面积之差超过暂测面积的 ±5%(含)时,长城公司有权解除契约。房屋建成后,实测面积为 77.5 平方米。长城公司遂提起诉讼,以《商品房买卖合同解释》第 14 条的规定为据,要求远洋大厦公司双倍返还面积误差比超过 3% 的部分房价款,即1 233 314.26元。

法院观点:一审法院(北京市西城区人民法院)认为,长城公司在与远洋大厦公司签订的购房合同中,已经约定实际面积与暂测面积的差别不超过 ±5%(不含)时,应按照合同房屋售价进行结算,双方当事人应遵守该约定。故本案应以双方在合同中约定的 5% 作为追究远洋大厦公司违约责任的起点,即实际面积与暂测面积的差别在 5%(不含)之内部分的房款,按照双方当事人在合同中约定的售价予以返还,而实际面积与暂测面积的差别在 5% 之外的房款,应按照《商品房买卖合同解释》的规定,由远洋大厦公司双倍返还。二审法院(北京市第一中级人民法院)予以维持。

---

① 典型案例 194:“长城公司诉远洋大厦公司商品房买卖合同纠纷案”,载《中华人民共和国最高人民法院公报》2004 年第 10 期,第 30 ~ 34 页。

8. 开发商与购房人的权属界分规则

随着城市化的进程,大量人口不断涌入城市,城市住房需求日益增大。为因应“居者有其屋”的现实需求,城市在向周边扩展的同时,也向高空发展、向集约化发展,力求用更少的土地建设更多的房屋,高层建筑、住宅小区大量出现。在高层建筑、住宅小区中,一栋建筑物上存在多个所有权人,多个业主共享小区的公用设施。哪些部分属业主单独所有,哪些部分属业主共同所有,哪些部分因开发商未出售而仍由开发商保留所有权,哪些部分随房屋的出售自动归属于业主,往往滋生争议。为明确权利界限、协调权利冲突,“建筑物区分所有权”这一法概念应运而生。《民法典》第 271 条(《物权法》第 70 条)规定:“业主对建筑物内的住宅、经营性用房等专有部分享有所有权,对专有部分以外的共有部分享有共有和共同管理的权利。”对该条规定的业主的建筑物区分所有权,一般理解为专有权(专有部分的单独所有权)、共有权(共有部分的共同所有权)、共管权(共同部分的共同管理权)的结合。[①] 但实践中,针对绿地、会所、车库与车位等,究竟归开发商所有还是归购房人所有,如果归购房人所有,究竟是个人专有还是业主共有,仍然存在权属不清、界限不明的问题。

8.1 绿地、露台的权属界分规则

当商品房买卖合同的标的物是别墅或住宅楼的底层,常常围绕房屋周边的绿地权属发生争议;当商品房买卖合同的标的物是住宅楼的顶层,则屋顶露台的权属常常成为争议焦点。

---

① 胡康生主编:《中华人民共和国物权法释义》,法律出版社 2007 年版,第 167 ~ 168 页;最高人民法院物权法研究小组编著:《〈中华人民共和国物权法〉条文理解与适用》,人民法院出版社 2007 年版,第 224 页。

裁判规则 195

商品房买卖合同对绿地(或露台、天台)使用权的约定,必须符合物权登记或规划审批文件。如果约定与物权登记或规划审批文件不一致的,购房人不能取得绿地(或露台、天台)使用权,但可以要求开发商就此承担违约责任。

《民法典》第 274 条(《物权法》第 73 条)第 2 句规定:“建筑区划内的绿地,属于业主共有,但是属于城镇公共绿地或者明示属于个人的除外。”实践中的争议集中在“明示属于个人”这种例外情形,核心在于这种约定与物权登记或规划审批文件的关系问题。因露台、天台的处理规则与绿地相同,为避免语言上的累赘,下文仅以绿地为视角进行论述。

第一,适用【裁判规则 195】的前提是绿地位于“建筑区划内”。如果绿地位于“建筑区划外”,则属于城镇公共绿地,不可能属于业主个人所有。

第二,有观点认为,“关于明示属于个人的绿地,多指一层建筑物单元窗前绿地权属问题,即于商品房买卖合同中确定窗前绿地同一层建筑物单元一同发售,约定窗前绿地属于该单元业主专有使用”。[①] 也就是说,将商品房买卖合同的约定作为确定绿地权属的依据。但在后述【典型案例 196】“青岛中南物业管理有限公司南京分公司诉徐献太、陆素侠物业管理合同纠纷案”[②]中,其“裁判摘要”提出,“该庭院绿地作为不动产,其使用权的归属必须根据房屋买卖双方正式签订的商品房买卖协议及物权登记情况加以确定”。从而将合同约定与物权登记作为判断绿地归属的标准,但需要注意的是,其在“商品房买卖协议”与“物权登记情况”之间使用的连接词是“及”,也就是说,业主要取得专属于自身的绿地使用权,不仅要有商品房买卖合同的约定,还要取得物权登记,二者必须同时具备。如果尚未取得物权登记的,则必须符合规划审批文件。换句话说,商品房买卖合同关于绿地归属的约定,必须符合权属登记或规划审批文件,如果约定与权属登记或规划审批文件不一致的,购房人不能取得绿地使用权。

第三,《民法典》第 274 条规定的绿地、道路归业主所有,不是说绿地、道路

---

① 杨立新:《窗前绿地的权属争议及解决规则》,载 http://old.civillaw.com.cn/article/default.asp?id=18786,2018 年 11 月 28 日访问。

② 典型案例 196:“青岛中南物业管理有限公司南京分公司诉徐献太、陆素侠物业管理合同纠纷案”,载《中华人民共和国最高人民法院公报》2007 年第 9 期,第 37 ~ 41 页。相关文书可扫描本书第 544 页二维码。

的土地所有权归业主所有，而是说绿地、道路作为土地的附着物归业主所有。更准确地说，业主取得的是对绿地、道路的专属使用权。

第四，如前所述，商品房买卖合同约定的绿地（或露台、天台）使用权须与权属登记或规划一致，否则购房人不能取得绿地（或露台、天台）使用权。在此情形下，商品房买卖合同的约定是否有效？换句话说，开发商应当就此承担违约责任还是合同无效的赔偿责任？广东省高级人民法院《关于审理房屋买卖合同纠纷案件的指引》（粤高法〔2017〕191 号）第 11 条规定："商品房买卖合同违反规划，约定将业主共有的绿地、空地、露台等赠与买受人或者由买受人专用，或者约定出卖人利用建筑物共有部分的，属于违反物权法第七十条、七十六条的规定，应当认定该约定无效。"笔者认为，该规定对物权归属的判断可资赞同，但对合同效力的判断则不无疑问。基于合同效力与物权效力相区分的理论，《民法典》第 215 条规定："当事人之间订立有关设立、变更、转让和消灭不动产物权的合同，除法律另有规定或者当事人另有约定外，自合同成立时生效；未办理物权登记的，不影响合同效力。"因此，购房人不能取得相应物权并不会导致取得物权的约定无效。商品房买卖合同约定将业主共有的绿地、空地、露台等赠与买受人或者由买受人专用，意味着该合同构成无权处分合同。就此，《买卖合同解释》第 3 条第 1 款规定："当事人一方以出卖人在缔约时对标的物没有所有权或者处分权为由主张合同无效的，人民法院不予支持。"第 2 款规定："出卖人因未取得所有权或者处分权致使标的物所有权不能转移，买受人要求出卖人承担违约责任或者要求解除合同并主张损害赔偿的，人民法院应予支持。"也就是说，商品房买卖合同违反规划，约定将业主共有的绿地、空地、露台等赠与买受人或者由买受人专用，由于违反《物权法》的规定，购房人不能取得相应物权，但不影响商品房买卖合同的效力，购房人可以基于未能实际取得合同约定的物权，要求开发商承担违约责任。

该违约责任的确定，通常表现为减少价款。在"重庆联隆房地产开发有限公司与于洪波商品房预售合同纠纷案"①中，于洪波在购买商品房过程中，联隆公司销售人员口头允诺该套房屋额外赠送户外

参考案例裁判文书

参考案例119
重庆市第二中级人民法院
（2016）渝02民终2305
号民事判决书

① 参考案例 119："重庆联隆房地产开发有限公司与于洪波商品房预售合同纠纷案"，重庆市第二中级人民法院（2016）渝 02 民终 2305 号民事判决。

花园 37 平方米,由购房户本人使用。但该项目审定的规划方案中绿化总平面无私家花园显示,双方约定使用的 37 平方米的额外配套户外花园系该小区的公共绿地,属全体业主共有。法院即认定,按照《商品房买卖合同解释》第 3 条的规定,联隆公司承诺将所谓的额外赠送户外花园约定由于洪波个人使用不符合法律规定,应当对于洪波承担违约责任。结合联隆公司的另一违约行为,酌情确定由联隆公司赔偿于洪波房屋差价损失66 000元。如果该违约行为对商品房买卖合同的订立有重大影响的,购房人还可以要求解除合同,或以开发商构成欺诈为由撤销合同。在“王勇与重庆金科星聚置业有限公司商品房买卖合同纠纷案”①中,金科公司在销售宣传时所称的私家花园、私家绿地,根据消防设计,花园墙壁应设置消防门,他人可通过该门自由进出花园,王勇遂以金科公司构成欺诈为由要求撤销合同,得到了一、二审法院的支持。

参考案例裁判文书

参考案例120
王勇与重庆金科星聚置业有限公司商品房买卖合同纠纷案

典型案例195

吴昕诉华勇基、陆燕萍、无锡美新置业发展有限公司排除妨害纠纷案②

典型案例裁判文书

典型案例195
吴昕诉华勇基、陆燕萍、无锡美新置业发展有限公司排除妨害纠纷案

基本案情:吴昕系无锡市新区 M 庄园 174 号业主。2010 年 10 月,吴昕在 173 号房屋东侧绿地中打井 8 口。施工完成后,吴昕将上述施工地段的绿化予以恢复。2012 年 5 月 5 日,华勇基、陆燕萍与美新公司签订“商品房买卖合同”约定,美新公司将 173 号房屋出卖给华勇基、陆燕萍;该房屋周边由绿篱围合的绿地不作为公共绿

---

① 参考案例 120:“王勇与重庆金科星聚置业有限公司商品房买卖合同纠纷案”,重庆市沙坪坝区人民法院(2013)沙法民初字第 06084 号民事判决、重庆市第一中级人民法院(2014)渝一中法民终字第 01064 号民事判决。

② 典型案例 195:“吴昕诉华勇基、陆燕萍、无锡美新置业发展有限公司排除妨害纠纷案”,江苏省无锡高新技术产业开发区人民法院(2013)新民初字第 0013 号一审民事判决、江苏省无锡市中级人民法院(2013)锡民终字第 0773 号二审民事判决。

地,归华勇基、陆燕萍独立使用,其他住户对此放弃使用权,庭院内的绿化维护、保洁、保安、设施设备维修保养由华勇基、陆燕萍负责。华勇基、陆燕萍在对 173 号房屋装修过程中,发现吴昕排放的地源热泵管井,遂以吴昕行为妨碍了其对房屋及绿地行使专有使用权,诉至法院。

法院观点:江苏省无锡高新技术产业开发区人民法院认为,"本案争议绿地虽然在合同中约定其中绿篱围合部分由 173 号房屋业主独立使用,但该绿地并未登记为华勇基、陆燕萍专有,也未经行政规划许可为 173 号房屋专有部分,且该约定未征得其他业主同意而排除了其他业主的权利,应当归于无效,故本案争议部分绿地不符合专有部分的条件。因此,无论绿篱围合部分形态如何,争议绿地均应当认定为小区公共部分绿地"。①

裁判规则 196

对建筑区划内业主共有的绿地、露台或天台,购房人基于所处特定物理位置,事实上处于独占使用地位的,可以独占使用。但基于绿地、露台或天台的共有属性,业主在使用时须遵守业主公约、物业管理规定,不得擅自破坏、封闭绿地、露台或天台,否则需承担损害赔偿责任。

实践中,对于部分绿地(露台或天台与此同理),开发商往往将其设计或建造在特定的物理位置,只有特定房屋的购房人能够占有使用,其他购房人即使想使用也往往"不得其门而入"。如此,既满足了小区绿化率的要求,又可以基于购房人对绿地的独占使用提高特定房屋的销售价格。对于这类处于特定物理位置的绿地、露台、天台,应当如何界定使用主体与使用权限?

针对这类情形,可以参照《建筑物区分所有权解释》第 4 条。该条规定:"业主基于对住宅、经营性用房等专有部分特定使用功能的合理需要,无偿利用屋顶以及与其专有部分相对应的外墙面等共有部分的,不应认定为侵权。但违反法律、法规、管理规约,损害他人合法权益的除外。"一方面,由于设计或建造原因,这些绿地、露台或天台处于特定物理位置,在事实上已经形成了特定购房人独占使用的状态。且特定购房人基于其业主的共有权,对绿地、露台或天台进

---

① 需要指出的是,本案中,认定合同中关于绿篱围合部分由 173 号房屋业主独立使用的约定无效,值得斟酌。根据前文论述,笔者倾向于认定该约定有效,但购房人不能取得相应物权,进而可以追究开发商的违约责任。

行占有使用,并不违反法律的禁止性规定。因此,应当且只能认可特定购房人的独占使用。另一方面,基于绿地、露台或天台的共有属性,特定购房人在使用该绿地、露台或天台,应当须遵守业主公约、物业管理规定中关于小区绿地、露台或天台的管理规定,不得擅自破坏、封闭绿地、露台或天台,否则构成对其他业主共有权的侵害,应当承担损害赔偿责任。

典型案例196

青岛中南物业管理有限公司南京分公司诉徐献太、陆素侠物业管理合同纠纷案①

典型案例裁判文书

典型案例196
青岛中南物业管理有限公司南京分公司诉徐献太、陆素侠物业管理合同纠纷案

基本案情:2005 年 3 月 10 日,徐献太、陆素侠购买了常锦公司开发的麒麟锦城小区房屋 1 套。该房屋南阳台外有一庭院绿地,该庭院绿地周边有高 50 厘米左右的木栅栏围挡,常锦公司建设该房屋时在南阳台上预留了出入门,因此徐献太、陆素侠一家可以进入该庭院绿地,而小区其他业主则无法进入。2005 年 12 月,徐献太、陆素侠在对房屋进行装修时,将该房屋南阳台外的庭院绿地进行了改造,破坏原有绿地后,在庭院里铺设水泥地、砌花台、建鱼池。中南物业南京公司是麒麟锦城小区的前期物业管理公司,2006 年 11 月,中南物业南京公司向法院提起诉讼,要求徐献太、陆素侠停止对该庭院绿地的改建,恢复原状。另查明,徐献太、陆素侠与常锦公司签订的购房合同中并未就该庭院绿地的使用权归属问题作出明确约定,亦未取得该绿地的国有土地使用权证。

法院观点:南京市江宁区人民法院认为,从该庭院绿地的建造设计情况看,似乎该庭院绿地仅供徐献太、陆素侠一家使用。但是,该庭院绿地作为不动产,其使用权的归属不能仅仅依据现实占有、使用的情况进行判断,必须根据房屋买卖双方的协议内容及物权登记情况加以确定。由于徐献太、陆素侠并未领取该绿地的国有土地使用权证,故只能认定被告徐献太、陆素侠对其所购麒麟锦

① 典型案例 196:“青岛中南物业管理有限公司南京分公司诉徐献太、陆素侠物业管理合同纠纷案”,载《中华人民共和国最高人民法院公报》2007 年第 9 期,第 37 ~ 41 页。

城小区房屋南阳台外的庭院绿地享有一般使用权,不享有独占使用权。该庭院绿地属于小区绿地的组成部分,徐献太、陆素侠不能破坏其所购麒麟锦城小区房屋南阳台外的庭院绿地,不能擅自对该庭院绿地进行改造,不得擅自破坏该庭院绿地,损害小区其他业主的合法权益。因此,中南物业南京公司要求徐献太、陆素侠停止对该庭院绿地的改建,拆除水泥地、鱼池、花台,恢复该庭院绿地原状的诉讼请求,应予支持。

裁判规则 197

同时满足以下条件的露台、天台等,可以成为购房人专有部分的组成部分:一是商品房买卖合同有约定;二是物理上专属于特定房屋;三是符合规划。

《商品房销售面积计算及公用建筑面积分摊规则(试行)》(建房〔1995〕517号)第5条第2款规定:"商品房销售面积=套内建筑面积+分摊的公用建筑面积。"第6条规定:"套内建筑面积由以下三部分组成:1. 套(单元)内的使用面积;2. 套内墙体面积;3. 阳台建筑面积。"第8条规定:"公用建筑面积由以下两部分组成:1. 电梯井、楼梯间、垃圾道、变电室、设备间、公共门厅和过道、地下室、值班警卫室以及其他功能上为整栋建筑服务的公共用房和管理用房建筑面积;2. 套(单元)与公用建筑空间之间的分隔墙以及外墙(包括山墙)墙体水平投影面积的一半。"据此,露台、天台既不会计入套内建筑面积,也不会计入公用建筑面积,因此,不能用物权登记来衡量露台、天台的归属。就此,《建筑物区分所有权解释》第2条第2款:"规划上专属于特定房屋,且建设单位销售时已经根据规划列入该特定房屋买卖合同中的露台等,应当认定为物权法第六章所称专有部分的组成部分。"理解上一般认为,露台、天台等要成为购房人专有部分的组成部分,必须同时满足以下条件:

第一,在商品房买卖合同法律关系中,购房人要取得任何专有部分的权利,都必须基于商品房买卖合同的约定。也就是说,露台、天台等要成为购房人专有部分的组成部分,必须商品房买卖合同有约定。"如果开发商没有将露台卖给购房人,合同中没有这样的约定,购房人主张对露台的所有权,其主张就不应得到支持。”[①]第二,争议的露台或天台应当在物理上专属于特定房屋,是该特定房屋的附属物。“也就是说,从物理上看该露台不属于其他任一房屋,只属于该特定房屋。只有该特定房屋才能通到该露台,从其他房屋是不能通到该露台的。”[②]第三,与前述【裁判规则 195】相同,即使商品房买卖合同约定露台或天台归属于特定购房人的,也必须符合规划审批文件,否则,购房人也不能取得露台或天台的专属使用权。下述【典型案例 197】中,对争议的屋顶天台,虽然购房合同约定归某一购房人专有,但因不符合规划文件,该购房人的独占使用行为即被法院判定为违法。

典型案例197

马文新诉洪文胜、李琼业主共有权纠纷案[③]

典型案例裁判文书

典型案例197
马文新诉洪文胜、李琼业主共有权纠纷案

基本案情:马文新系环湖花园湖晖楼 26 楼 A 房权属人,洪文胜、李琼系环湖花园湖晖楼 27 楼 B 房权属人。马文新所有的 26 楼 A 房系顶楼,上为屋顶天台。洪文胜、李琼所有的 27 楼 B 房外有一走廊与诉争天台相通,其“房地产权证”中房屋平面图上载明,该走廊为公用走道。洪文胜、李琼与新时代公司签订“商品房购销合同”时,新时代公司在合同附件 27 楼 B 房平面图上的 26 楼 A 房上的诉争天台处注明“27B 单位专用平台”,并注明洪文胜、李琼对该天台有使用权。洪文胜、李琼收楼后,将原设的自有房屋大门封闭,将门口向北移至与诉争天台门口相接处,将走廊与诉争天台间原设门口向走廊内斜向移动至新设自有房屋大门口外,并安装防盗门,将部分走廊面积及诉争天台封闭,独自占有、使用。马文新以洪文胜、李琼侵害其他业主们的合法权益为由,诉至法院。

---

① 最高人民法院民事审判第一庭编著:《最高人民法院建筑物区分所有权、物业服务司法解释理解与适用》,人民法院出版社 2009 年版,第 49 页。

② 最高人民法院民事审判第一庭编著:《最高人民法院建筑物区分所有权、物业服务司法解释理解与适用》,人民法院出版社 2009 年版,第 49 页。

③ 典型案例 197:“马文新诉洪文胜、李琼业主共有权纠纷案”,广东省佛山市中级人民法院(2009)佛中法民五终字第 430 号民事判决。

法院观点:一审法院(广东省佛山市禅城区人民法院)认为,27楼B房前走廊在产权证上明确载明为公用走廊,故属于建筑物共用部分。虽在购买27楼B房时,开发商将该诉争天台约定给洪文胜、李琼专有使用,但诉讼中洪文胜、李琼未能举证证明该屋顶平台规划上即专属于27楼B房,或洪文胜、李琼专有使用已经过全体共有权人同意;且屋顶平台从其物理属性上属于建筑物的基本结构,功能用途上具有公共性、非排他使用性。因此诉争天台属于建筑物共用部分,洪文胜、李琼的行为构成侵权。二审中,(广东省佛山市中级人民法院)也认为,湖晖楼27B产权证面积内不包含诉争天台,且天台属于建筑物的基本构造部分,具有公共性及非排他性,并不具备专有部分的构成要件,因此,诉争天台应属于建筑物的共用部分。虽然洪文胜、李琼主张其与开发商签订合同时已明确约定诉争天台为27楼B单位的专用平台,但其未能提供充分证据证明诉争天台在规划上专属于27楼B房或经法定数量的共有权人同意其专有使用,故基于诉争天台为建筑物共用部分的性质,洪文胜、李琼以上述约定不能对抗依照法律规定其他业主在诉争天台所享有的合法权益。

8.2 会所等公共场所的权属界分规则

《民法典》第274条第3句规定:“建筑区划内的其他公共场所、公用设施和物业服务用房,属于业主共有。”除物业服务用房外,“其他公共场所”究竟包括哪些场所,并不明确。《建筑物区分所有权解释》第3条第1款规定:“除法律、行政法规规定的共有部分外,建筑区划内的以下部分,也应当认定为物权法第六章所称的共有部分:(1)建筑物的基础、承重结构、外墙、屋顶等基本结构部分,通道、楼梯、大堂等公共通行部分,消防、公共照明等附属设施、设备,避难层、设备层或者设备间等结构部分;(2)其他不属于业主专有部分,也不属于市政公用部分或者其他权利人所有的场所及设施等。”除此之外,小区的会所、幼儿园等,究竟属于开发商单独所有还是小区业主共有?就此,理论上存在约定说、面积分摊说、成本分摊说、规划说等多种观点。[①]

---

① 江苏省高级人民法院民一庭:《商品房买卖合同案件审理疑难问题研究——〈商品房买卖合同司法解释〉施行十五周年回顾与展望》,载《民事审判指导与参考》2017年第2辑(总第70辑),第229页。

裁判规则 198

开发商与购房人就建筑区划内的房屋权属有争议的,有规划的从规划;无规划的,看争议面积是否计入公用建筑面积;未计入公用建筑面积的,从约定;无约定或约定不明的,由开发商享有房屋权属。基于证据偏在的考量,上述事实应由开发商承担证明责任。

对开发商在小区内建造的会所、幼儿园等房屋的权利归属,江苏省高级人民法院主张根据四个层次进行判断:"一是如国家规定开发商应当配套修建并明确其产权归属的,如物业服务用房,则该部分房屋产权按国家规定确定;二是合同有约定且符合规划的,按照约定处理;三是有规划无约定的,看会所、幼儿园等的成本是否列入商品房建造成本,如列入,则构成商品房对外销售价格的组成部分,应归业主所有,反之则归开发商所有;四是根据谁投资、谁所有、谁受益的原则,开发商基于投资行为享有所有权。"①在《物权法(草案)》征求意见时,全国人大宪法和法律委员会认为:"从实际情况看,提供健身、娱乐等服务的会所,绝大多数是作为独立的房屋由开发商出售或者出租经营,一般不作为建筑物的附属设施归业主共有。"最高人民法院民一庭据此提出:"除非开发商通过合同的形式将会所作为小区的共有部分,否则会所属于开发商所有。"②但在下述【典型案例 198】中,其裁判要旨又认为:"开发商与小区业主对开发商在小区内建造的房屋发生权属争议时,应由开发商承担举证责任。如开发商无充分证据证明该房屋系其所有,且其已将该房屋建设成本分摊到出售给业主的商品房中,则该房屋应当属于小区全体业主所有。"

综合上述意见,笔者认为,就此问题,应当区分为两个层次分别讨论:

站在实体权利归属的角度,应当坚持如下判断规则:第一,有规划的从规划。现行法对建筑物的修建实行严格管控,修建与配置必须符合规划,即使有约定,但约定不符合规划的,开发商或购房人也不能基于约定取得会所等公共场所的物权。第二,无规划的,看会所、幼儿园等的面积是否计入公用建筑面积,如果会所、幼儿园等的面积已经计入公用建筑面积,则意味着会所、幼儿园

---

① 江苏省高级人民法院民一庭:《房地产调控背景下房地产纠纷风险防控及司法对策研究》,载《民事审判指导与参考》2017 年第 2 辑(总第 70 辑),第 192 页。

② 最高人民法院民事审判第一庭编著:《最高人民法院建筑物区分所有权、物业服务司法解释理解与适用》,人民法院出版社 2009 年版,第 72 页。

等已被业主通过分摊的形式集体购买，故应属业主共有。第三，既无规划也未计入公用建筑面积的，从约定。当规划对会所的性质（是否属于公共场所）与权属未予明确，也无证据表明已被业主通过分摊的形式集体购买，基于对当事人意思自治的尊重，则应当以开发商与购房人的商品房买卖合同约定为准。第四，既无规划，也无证据表明计入公用建筑，且无约定或约定不明的，则由开发商基于投资行为享有所有权。

站在证明责任分配的角度，下述【典型案例 198】的立场可资赞同。一方面，对于“不属于某一单个的人所有，也不属于开发商所有”①的公共场所，“按照‘非特定权利人所有即为业主共有’的思路”，②会所等公共场所归全体业主共有还是开发商单独所有，属于一般与例外的关系，因此，基于盖然性的考量，应当由开发商举证证明归其单独所有；另一方面，无论是规划手续还是公用建筑面积分摊，开发商作为建设单位，都比业主更易举证，因此，基于证据偏在的考量，也应当由开发商承担证明责任。

需要说明的是，所谓的“成本分摊说”不足为据。所谓成本分摊说，即审查争议房屋是否列入商品房建造成本，如果列入了建造成本，则表明购房人已经通过支付购房款的方式集体“埋单”，故应归全体业主共有，反之则否。“成本分摊说”看似言之凿凿，实则经不起推敲。影响价格的核心因素在于供求关系，争议房屋的建设成本列入商品房建造总成本，并不意味着实际构成商品房对外销售价格的组成部分。相同区位、相同品质的房屋，根据市场行情价格处于波动状态，其销售价格既可能远高于成本价，在市场行情不好时或处理尾盘时，也可能出现亏本甩卖的现象。若销售价格部分高于成本价、部分低于成本价，难道应当认定高于成本价的购房人享有共有权，低于成本价的购房人则不享有？

---

① 最高人民法院民事审判第一庭编著：《最高人民法院建筑物区分所有权、物业服务司法解释理解与适用》，人民法院出版社 2009 年版，第 63 页。

② 最高人民法院民事审判第一庭编著：《最高人民法院建筑物区分所有权、物业服务司法解释理解与适用》，人民法院出版社 2009 年版，第 11 页。

典型案例198

宜兴市新街街道海德名园业主委员会诉宜兴市恒兴置业有限公司、南京紫竹物业管理股份有限公司宜兴分公司物权确认纠纷、财产损害赔偿纠纷案①

典型案例裁判文书

典型案例198
宜兴市新街街道海德名园业主委员会诉宜兴市恒兴置业有限公司、南京紫竹物业管理股份有限公司宜兴分公司物权确认纠纷、财产损害赔偿纠纷案

基本案情:恒兴公司是宜兴市新街街道海德名园一、二、三期小区的开发商。在海德名园二期内建有海德名园会所,建设工程规划许可证载明,建设项目名称为海德名园会所、建设规模为两层1215平方米。该证的"附图及附件名称"内载有:其中物业管理用房建筑面积700平方米,核发红卡等内容。根据规划部门的解释,"核发红卡"的房产不得销售。2008年11月1日,恒兴公司与紫竹物业公司签订物业移交验收接管协议,该协议第一条"移交物业基本情况"载明,移交物业为海德名园118 800多平方米的住宅。第三条载明,本物业管理区域内配置的会所、物业服务用房等情况如下:(1)会所,位于海德名园二期第26幢,面积1123平方米,使用情况为部分开放;(2)物业管理服务用房,位于会所二楼,475平方米,使用情况为实际投入的物业用房还不止475平方米。实际使用中,海德名园二期会所除物业公司使用的476平方米物业用房外,其余面积647.62平方米由恒兴公司使用或控制。后海德名园业委会提起诉讼,要求确认海德名园二期会所中除物业用房外的647.62平方米的房屋所有权为海德名园全体业主所有,并要求恒兴公司赔偿从2008年11月1日起至起诉之日止的占用损失。

法院观点:二审中,无锡市中级人民法院认为,案涉会所位于海德名园小区内,与476平方米的物业用房同属一套建筑的整体,根据建设工程规划许可证、物业移交接管协议备案证明存根以及恒兴公司与紫竹物业公司签订的物业移交验收接管协议等书面证据所载明的内容来看,恒兴公司在移交物业时,是将

① 典型案例198:"宜兴市新街街道海德名园业主委员会诉宜兴市恒兴置业有限公司、南京紫竹物业管理股份有限公司宜兴分公司物权确认纠纷、财产损害赔偿纠纷案",载《中华人民共和国最高人民法院公报》2018年第11期,第40~44页。

会所与物业用房一并作为配套用房移交给紫竹物业公司，而且写明产权归全体业主所有。而恒兴公司辩称会所系其公司所有，作为海德名园小区的开发商，恒兴公司应当进一步提供充分证据予以证明，但恒兴公司所举证据并不足以证明会所系其公司所有。因此，应认定案涉会所属海德名园全体业主所有。

裁判规则 199

开发商应当按照建设工程规划许可证、规划定点图等规划审批文件的要求，建设并交付物业管理用房，不得擅自变更面积与位置，否则应承担相应的赔偿责任。

《民法典》第274条第3句规定："建筑区划内的其他公共场所、公用设施和物业服务用房，属于业主共有。"《物业管理条例》第37条前段规定："物业管理用房的所有权依法属于业主。"上述规定明确了物业管理用房的归属。实践中的争议在于，由于不同位置的房屋价格不同，开发商为了追求更高的经济利益，往往把原定位置的物业服务用房另作经济价值更高的其他用途，而将物业服务用房安排到其他价格更低的位置。就此，应当如何处理？

《物业管理条例》第30条规定："建设单位应当按照规定在物业管理区域内配置必要的物业管理用房。"为了保障开展物业管理服务业务具备必需的场所，物业管理用房需依规划定点建造，即物业管理用房的位置与面积由建设工程规划许可证、规划定点图等规划审批文件具体确定。开发商必须按照建设工程规划许可证、规划定点图等规划审批文件建设并交付物业管理用房，不得擅自变更面积、位置，否则应承担相应的赔偿责任。在"河南开祥置业股份有限公司、开封天下城小区业主委员会房屋租赁合同纠纷案"①中，开祥公司因未依法交付物业管理用房，即被法院要求参照原物业管理用房原被规划同等位置的房屋市场价值予以赔偿。

参考案例裁判文书

参考案例121
河南省开封市中级人民法院（2018）豫02民终2402号民事判决书

① 参考案例121："河南开祥置业股份有限公司、开封天下城小区业主委员会房屋租赁合同纠纷案"，河南省开封市中级人民法院（2018）豫02民终2402号民事判决。

典型案例199

徐州西苑艺君花园(一期)业主委员会诉徐州中川房地产开发有限公司物业管理用房所有权确认纠纷案[①]

典型案例裁判文书

典型案例199
徐州西苑艺君花园(一期)业主委员会诉徐州中川房地产开发有限公司物业管理用房所有权确认纠纷案

基本案情:中川公司是艺君业委会所在的徐州市西苑艺君花园(一期)小区的开发企业。2000 年 6 月 21 日,中川公司取得《建设用地规划许可证》,规划定点图对西苑艺君花园(一期)物业用房规划为:2 层(限高 6 米),物业用房 260 平方米。2000 年 11 月 15 日,中川公司取得《建设工程规划许可证》,在规划定点图上,艺君花园 8 号楼物业管理用房(2 层)的面积是 168 平方米;泵房面积 40 平方米;公厕面积 50 平方米,共计 258 平方米物业用房。2001 年 8 月 30 日,徐州市建设局就该建设项目签发了住宅竣工验收合格证书,中川公司随即交付房屋,但所交付使用的物业管理用房,有两间位于小区 7 号楼西侧的底层、两间位于 4 号楼的底层,均为原规划的车库范围。艺君业委会诉至法院,请求判决确认位于艺君花园 8 号楼东侧的 168 平方米物业管理用房(具体见规划定点图)归艺君花园(一期)全体业主所有。2013 年 3 月 5 日,法院进行现场勘察确认,艺君花园 8 号楼目前正由中川公司向外出租作为幼儿园经营使用。

法院观点:徐州市泉山区人民法院认为,一方面,建筑物建造规划定点是行政机关在建筑物施工前对土地使用人的权利义务的确定,属于行政许可行为。中川公司在行政机关核发建设工程规划许可证后,未对定点规划提出异议,故应当遵守定点规划确定的义务建造物业管理用房。另一方面,规划定点在建筑物竣工验收后,作为物业资料移送管理人,即成为管理规约的一部分,对业主、管理人等产生约束。从本案规划定点图分析,规划的艺君花园小区的物业管理用房应为该小区 8 号楼东侧两层面积为 168 平方米的部分。据此,判决确认艺君花园 8 号楼东侧(两层)物业管理用房归徐州西苑艺君花园(一期)全体业主共同所有。

---

① 典型案例 199:"徐州西苑艺君花园(一期)业主委员会诉徐州中川房地产开发有限公司物业管理用房所有权确认纠纷案",载《中华人民共和国最高人民法院公报》2014 年第 6 期,第 40～44 页。

8.3 车库的权属界分规则

商品房住宅小区停车位的产权归属问题，历来是业主与开发商之间的一大矛盾焦点。而将小区车库单独出售，则是开发商普遍的做法。多年来，由此产生的纠纷层出不穷，业主因此状告开发商的案例也是屡见报端。就此，应当区分情形分别确定权利归属。

裁判规则 200

建筑区划内规划用于停放汽车的车位、车库，由开发商基于建造行为原始取得物权。购房人要使用车位、车库的，应当通过购买、租赁等方式从开发商处受让权利。

参考案例裁判文书

参考案例122
湖北省武汉市中级人民法院（2018）鄂01民终731号民事判决书

如武汉市中级人民法院在“武汉市江夏区江夏首席生态家园小区业主委员会等诉武汉市公交置业有限责任公司物权纠纷案”[①]中所言，“虽然业主购买房屋的土地使用权证载明分摊了土地面积，但车库所占用的土地使用权作为地下空间利用权虽包含在土地使用权之中，其归属应根据规划确定，并非随专有部分的购买而当然取得，地上建筑物与土地使用权不能分割的原则，不适用地下建筑物与土地使用权的关系”。就此，《民法典》第 275 条规定：“建筑区划内，规划用于停放汽车的车位、车库的归属，由当事人通过出售、附赠或者出租等方式约定。占用业主共有的道路或者其他场地用于停放汽车的车位，属于业主共有。”第 276 条规定：“建筑区划内，规划用于停放汽车的车位、车库应当首先满足业主的需要。”《建筑物区分所有权解释》第 5 条第 1 款规定：“建设单位按照配置比例将车位、车库，以出售、附赠或者出租等方式处分给业主的，应当认定其行为符合物权法第七十四条第一款有关‘应当首先满足业主的需要’的规定。”站在权属界分的角度解读上述规定，“从物权法第 74 条第 2 款[②]的文义解释看，原始权利应当归属

① 参考案例 122：“武汉市江夏区江夏首席生态家园小区业主委员会等诉武汉市公交置业有限责任公司物权纠纷案”，湖北省武汉市中级人民法院（2018）鄂 01 民终 731 号民事判决。

② 《民法典》第 275 条第 1 款。

于开发商,其才可以出售、附赠、出租”。[①] 也就是说,开发商基于合法的建造行为,原始取得车库、车位的物权,且有权处分这些车库、车位。虽然“车位、车库是小区业主共同生活的重要辅助设施,性质上属于小区的配套设施”,[②]但地下车库毕竟是与住房相区别、独立的特定物,而非住房的从物,对购房人来说,不能因其购买了住房就自然取得了对车位、车库部分的所有权。购房人要使用车位、车库的,应当通过购买、租赁等方式从开发商处受让权利。江苏省高级人民法院《关于审理房地产合同纠纷案件若干问题的解答(征求意见稿)》(苏高法电〔2017〕559 号)第 51 条即规定:“当事人对车位、车库权属有约定的,按照约定处理。没有约定的,开发商主张所有权的,予以支持。”当然,根据《物权法》第 74 条第 1 款的规定,开发商在处置车库、车位时,应当首先满足业主的需要,包括“任何时候都不能将小区车位、车库出卖给业主以外的第三人”。[③]

参考案例裁判文书

参考案例123
南京市鼓楼区人民法院(2013)鼓民初字第1656号民事判决书

需要说明的是,一是如果法律就此有特别规定的,应当按照特别规定处理。在“星汉城市花园业主委员会与江苏星汉置业有限公司车库纠纷案”[④]中,由于南京市《商品房附属房屋转让等问题的若干规定(试行)》(2004 年 12 月 15 日)第 6 条规定,应有不低于15%(最低6 个)的车库为业主保留,法院即以此为据对车库权属进行了认定。二是用作停车库的人防工程,由于性质特殊,其权利归属有别于普通的车库、车位。就此【裁判规则 203】将作专门论述,此处不赘述。

---

① 江苏省高级人民法院民一庭:《商品房买卖合同案件审理疑难问题研究——〈商品房买卖合同司法解释〉施行十五周年回顾与展望》,载《民事审判指导与参考》2017 年第 2 辑(总第 70 辑),第 230 页。

② 王利明:《物权法论》,中国政法大学出版社 2008 年版,第 172 页。

③ 最高人民法院民一庭编著:《最高人民法院建筑物区分所有权、物业服务司法解释理解与适用》,人民法院出版社 2009 年版,第 96 页。

④ 参考案例 123:“星汉城市花园业主委员会与江苏星汉置业有限公司车库纠纷案”,南京市鼓楼区人民法院(2013)鼓民初字第 1656 号民事判决。该案一审判决在 2011 年作出,判决要求江苏星汉置业有限公司将星汉城市花园地下停车库移交给原告星汉城市花园业主委员会管理,并由星汉城市花园全体业主享有该地下停车库的权益。一审判决后,星汉公司不服,向南京市中级人民法院提起上诉。南京市中级人民法院经审理认为,原审查明事实不清,裁定撤销原判,发回重审。2014 年 9 月,鼓楼区法院经审理作出重审判决(此处所讨论的判决),江苏星汉置业有限公司给付星汉城市花园业主委员会车库出售款500 000元。宣判后,双方均未上诉。

典型案例200

张艳林与安徽龙鼎置业投资有限公司合同纠纷案[①]

典型案例裁判文书

典型案例200
安徽省安庆市中级人民法院（2018）皖08民终671号民事判决书

基本案情：龙鼎公司从2007年5月开始开发“红府购物广场综合楼”，根据建设工程规划许可文件，该综合楼含地下车库，2009年9月竣工。经测绘，地下车库没有纳入地上六层建筑面积的分摊。2010年2月，张艳林与龙鼎公司签订《商品房买卖合同》约定，购买红府购物广场综合楼B幢4单元702室。2012年2月，龙鼎公司将该楼地下7号车库以6.8万元的价格卖给张艳林。后张艳林认为涉案地下车库属于整个小区的组成部分，依法属于小区全体业主所有，龙鼎公司无权买卖，遂诉至法院，请求解除购买车库合同。

法院观点：一审法院（安徽省宿松县人民法院）认为，我国法律并没有规定开发商要将地下车库无偿交给业主使用。地下车库和房屋的关系不同于水电和单元房屋、电梯和高层建筑的关系。地下车库并非房屋必须要配备的设施，系相对独立的建筑物，它可以独立使用而不失使用价值。因此，只要在房屋买卖合同中没有特别约定，则不存在从物随主物一并买卖转让的说法。本案中，龙鼎公司与张艳林签订的《商品房买卖合同》未约定龙鼎公司要向张艳林无偿提供地下车库，再者涉案地下车库非人防工程，在计算公摊面积时也没有把地下车库的建筑面积计算在内。因此，龙鼎公司作为投资兴建涉案地下车库的开发商，对涉案地下车库享有专有使用权，龙鼎公司有权将该地下车库出租、出卖与他人。遂判决驳回了张艳林的诉讼请求。二审中，安徽省安庆市中级人民法院也认为，本案争议车库属于地下车库，而非地上车位，地下车库面积未参与该小区业主分摊的国有土地使用面积，且其结构和利用上具有一定的独立性，不属于业主共用建筑面积，依法不属于业主共有部分。另龙鼎公司系地下车库的合法建设方，又因该地下车库不属于人防工程，故龙鼎公司依法对争议车库有权决定出售、附赠或出租等处分方式。张艳林上诉提出龙鼎公司无权处分争议车库的理由不能成立。

---

① 典型案例200：“张艳林与安徽龙鼎置业投资有限公司合同纠纷案”，安徽省安庆市中级人民法院（2018）皖08民终671号民事判决。

裁判规则 201

在建筑区划内、规划用于停放汽车的车位之外，占用业主共有道路或者其他场地增设的地上车位，属于业主共有，开发商无权处分。

《民法典》第 275 条第 2 款（《物权法》第 74 条第 3 款）规定：“占用业主共有的道路或者其他场地用于停放汽车的车位，属于业主共有。”《建筑物区分所有权解释》第 6 条进一步规定：“建筑区划内在规划用于停放汽车的车位之外，占用业主共有道路或者其他场地增设的车位，应当认定为物权法第七十四条第三款所称的车位。”其理由在于，业主购买房屋后，根据《民法典》第 271 条的规定，除对区分所有的专有部分拥有单独所有权外，还对共有部分享有共有权和共管权。又由于房地无法分割的特性，业主在取得建筑物的共有权时，也一并取得建筑物所依附的土地使用权。在建筑区划内、规划用于停放汽车的车位之外，占用业主共有道路或者其他场地增设地上车位，由于其占用的土地使用权属于业主，那么在该土地上建成的车位，也应当随土地使用权属而确定为业主共有。[1] 除下述【典型案例 201】外，在“西宁品虹物业管理有限公司诉高伟等财产损害赔偿纠纷案”[2]中，青海省高级人民法院也认为，“小区内道路、楼间距用地的合法使用权人应为小区全体业主”，“利用小区建筑区划内的道路、楼间距用地收取小区业主的停车费用，侵犯了业主的共同利益”。

参考案例裁判文书

参考案例124
青海省高级人民法院
（2018）青民申28号民事裁定书

需要明确的是，这一裁判规则仅适用于地上车位，而不适用于地下车库。《民法典》第 275 条第 1 款、第 276 条中所用的表述是“车位、车库”，而第 275 条第 2 款仅表述为“车位”，没有涉及“车库”。这是因为虽然车位和车库都是用于停放车辆的场所，但二者的内涵与外延均有所区别。一般认为，所谓车库，指隶属于整个小区，具有独立的空间、以存放车辆为目的的附属建筑物，与小区在路边、空地设置的露天停车位不同。[3] 通俗地说，《民法典》第 275 条、第 276 条规

---

① 最高人民法院民事审判第一庭编著：《最高人民法院建筑物区分所有权、物业服务司法解释理解与适用》，人民法院出版社 2009 年版，第 104 页。

② 参考案例 124：“西宁品虹物业管理有限公司诉高伟等财产损害赔偿纠纷案”，青海省高级人民法院（2018）青民申 28 号民事裁定。

③ 王利明：《论物权法中车库的归属及相关法律问题》，载《现代法学》2006 年第 5 期，第 76 页。

定的车库是指地下停车库，车位是指地上停车位，全国人大常委会法工委在《中华人民共和国物权法释义》一书中，也分别表述为“地下车库”“地面上的停车场”。① 因此，《民法典》第275条第2款、《建筑物区分所有权解释》第6条的规定，只适用于“那些位于地上的停车位”，②如果开发商在建筑区划内、规划用于停放汽车的车位之外，占用业主共有道路或者其他场地增设的停车场所，是地下停车库的，则应适用【裁判规则202】。

典型案例201

重庆市豪运房地产开发有限公司与重庆市九龙坡区西彭帝景豪苑业主委员会车位纠纷案③

典型案例裁判文书

典型案例201
最高人民法院（2017）最高法民申2817号民事裁定书

基本案情：豪运公司是帝景豪苑小区的建设单位。2007年1月26日，重庆市规划局作出的《建设工程规划设计方案审查意见书》载明，帝景豪苑项目主要技术经济指标为：基本容积率2.42；停车位地上393个，地下243个，共计636个。其中，地上停车位未计入建筑面积。另查明，在豪运公司（甲方）和帝景豪苑小区业主（乙方）所签订的《商品房买卖合同补充协议》约定：“甲、乙双方同意，小区建筑区划内的游泳池、羽毛球场等公共场地及其公共设施的所有权归全体业主所有，并委托前期物管公司重庆昊天宸居物业管理有限公司进行统一维护、管理。如果规划用于停放车辆的车位、车库、幼儿园、医务所和服务会所等归甲方所有，甲方有权通过出售、附赠或者出租等方式进行处理。”后实际建成的地面停车位为270个左右，均不能办理产权登记手续。2015年3月27日，豪运公司拟将部分车位出租。帝景豪苑业主委员会提出，小区地面停车位是利用小区公共用地设立的，属于小区业主共同所有。2015年4月，豪运公司提起诉讼，请求确认帝

---

① 胡康生主编：《中华人民共和国物权法释义》，法律出版社2007年版，第174页。

② 最高人民法院民事审判第一庭编著：《最高人民法院建筑物区分所有权、物业服务司法解释理解与适用》，人民法院出版社2009年版，第103页。

③ 典型案例201：“重庆市豪运房地产开发有限公司与重庆市九龙坡区西彭帝景豪苑业主委员会车位纠纷案”，最高人民法院（2017）最高法民申2817号民事裁定。

景豪苑小区建筑区划内规划用于停放汽车的地上停车泊位 393 个的权属归豪运公司所有。

法院观点:一审法院(重庆市第五中级人民法院)与二审法院(重庆市高级人民法院)均判决驳回豪运公司的诉讼请求,豪运公司向最高人民法院提起申诉。最高人民法院在再审审查中认为,由于案涉车位不能办理产权登记,不能成为专有部分,故该部分停车位属于占用业主共有的道路或者其他场地用于停放汽车的车位。由于豪运公司向小区业主出售房屋,小区内的土地使用权也转移至小区业主,小区共有部分土地使用权相应归小区业主共有。因此,占用业主共有的道路或者其他场地用于停放汽车的车位,也相应归小区业主共有。

裁判规则 202

在建筑区划内、规划用于停放汽车的车位之外,利用小区地下空间增设的地下停车库,属于违法建筑。开发商与业主均不得请求确权,但事实上的使用收益应由开发商行使。

如前所述,在建筑区划内、规划用于停放汽车的车位之外,占用业主共有道路或者其他场地增设的地上车位,属于业主共有,如果是利用小区地下空间增设的地下停车库呢?

首先,“车库本身是建筑物,具有建筑物的一般特点”,且“车库本身四周是封闭的,其可以通过登记表彰权利的范围”,[①]因此,地下停车库属于建筑规划的范畴,应当按照规划进行修建。在建筑区划内、规划用于停放汽车的车位之外,利用小区地下空间增设地下停车库,也就意味着违反规划。《房屋租赁合同解释》第 2 条前段规定,“出租人就未取得建设工程规划许可证或者未按照建设工程规划许可证的规定建设的房屋,与承租人订立的租赁合同无效”。理由在于,未取得建设工程规划许可证或者未按照建设工程规划许可证的规定建设的房屋,属于违法建筑,标的物违法。[②]《国有土地使用权合同解释》第 19 条第(2)项、第(3)项规定,房地产建设项目未取得建设工程规划许可证或者擅自变更建

① 王利明:《论物权法中车库的归属及相关法律问题》,载《现代法学》2006 年第 5 期,第 77 页。

② 最高人民法院民事审判第一庭编著:《最高人民法院关于审理城镇房屋租赁合同纠纷案件司法解释的理解与适用》,人民法院出版社 2009 年版,第 34 页。

设工程规划,合作开发房地产合同的当事人请求分配房地产项目利益的,不予受理;已经受理的,驳回起诉。其理由也是,房地产建设项目未取得建设工程规划许可证,就表明建筑是违法建筑,即标的违法。[①] 因此,违反规划的地下停车场,属于违法建筑。

其次,对于违法建筑,《国有土地使用权合同解释》第 19 条规定,对合作开发的违法建筑不予分配。《全国民事审判工作会议纪要》(法办〔2011〕442 号)规定:"对于未取得建设工程规划许可证或者未按照建设工程规划许可证规定内容建设的违法建筑的认可和处理,按照城乡规划法等法律、行政法规的规定,属于国家有关行政机关的职责范围,应避免通过民事审判变相为违法建筑确权。当事人请求确认违法建筑权利归属及内容的,人民法院不应予以受理;已经受理的,应驳回起诉。"也就是说,"建筑是违法建筑,即标的违法。在标的违法的情况下,人民法院不能对该标的进行裁决",[②]以避免通过民事审判变相为违法建筑确权。

最后,根据《商品房销售面积计算及公用建筑面积分摊规则(试行)》(建房〔1995〕517 号)第 5 条、第 8 条、第 9 条,业主所应分摊的面积,并不包括车库。[③]这也就意味着地下车库不属于业主共有。地下停车库是利用地下空间修建,而"不是利用土地使用权的地表而新建的",[④]且是开发商专门投资建造。《城市地下空间开发利用管理规定》(2011 年 1 月 26 日修正)第 25 条规定:"地下工程应本着'谁投资、谁所有、谁受益、谁维护'的原则,允许建设单位对其投资开发建设的地下工程自营或依法进行转让、租赁。"据此,开发商付出人力、物力、财力修建地下车库,在没有合同规定或者未计入公摊面积的情况下,虽因建造行为违法,不能取得违法车库的所有权,但事实上的使用收益应由开发商行使。在下述【典型案例 202】中,法院判决购买作为违法建筑的车库的业主向开发商返还车库,即意味着事实上的使用收益应由开发商行使。

---

① 最高人民法院民事审判第一庭编著:《最高人民法院国有土地使用权合同司法解释的理解与适用》,人民法院出版社 2005 年版,第 206 页。

② 最高人民法院民事审判第一庭编著:《最高人民法院国有土地使用权合同纠纷司法解释的理解与适用》,人民法院出版社 2005 年版,第 203 页。

③ 方印、黄晓霞:《地下车库的法律性质、权利归属及争议解决——以南京"星汉城市花园"车库纠纷案为例》,载《中国不动产法研究》2017 年第 1 辑(总第十五卷),第 22 页。

④ 王利明:《论物权法中车库的归属及相关法律问题》,载《现代法学》2006 年第 5 期,第 76 页。

典型案例202

郑州德丰房地产开发有限公司与焦彦君等房屋买卖合同纠纷案①

典型案例裁判文书

典型案例202
河南省郑州市中级人民法院（2016）豫01民终11434号民事判决书

基本案情:2012年4月25日,焦彦君缴纳183 000元,从德丰公司购买了德丰·香榭里N－26号地下车库;焦琰彦缴纳183 000元,从德丰公司购买了德丰·香榭里N－27号地下车库;曹喜伟缴纳183 000元,从德丰公司购买了德丰·香榭里N－25号地下车库。该三个地下车库系由建设单位在竣工验收后私自在原项目负一层架空层改造而成,未经建设工程消防设计审核、消防验收和建设工程消防设计、竣工验收消防备案,目前由焦彦君、焦琰彦、曹喜伟占有使用。后焦彦君、焦琰彦、曹喜伟三人以车库系德丰公司违规私自改造而成,属于违法建筑为由,要求返还车库款,并按银行同期贷款利率4倍计算资金损失。

法院观点:二审法院(河南省郑州市中级人民法院)认为,本案诉争的车库系德丰公司私自在原建筑负一层架空改造而成,建筑主管部门、消防部门公开信息显示没有经过设计部门的设计变更、规划部门规划批准、消防部门验收,诉争车库的建设缺乏合法依据。双方车库买卖合同违反法律强制性规定,合同无效。曹喜伟等三人应当向德丰公司返还车库,德丰公司应当返还曹喜伟等三人已缴纳的车库款,并赔偿曹喜伟等三人车库款的利息损失。

裁判规则203

作为停车库使用的人民防空工程属于国家所有,但开发商基于投资建造行为,享有使用、管理、受益的权利。

《人民防空法》第18条规定:“人民防空工程包括为保障战时人员与物资掩蔽、人民防空指挥、医疗救护等而单独修建的地下防护建筑,以及结合地面建筑

① 典型案例202:“郑州德丰房地产开发有限公司与焦彦君等房屋买卖合同纠纷案”,河南省郑州市中级人民法院(2016)豫01民终11434号民事判决。

修建的战时可用于防空的地下室。”“在我国,对人防工程实行多元投资,即不仅仅由国家兴建,而且在城市商品房开发当中也要求城市商品房开发商为了国防利益和国家安全应修建一定的地下防空工事。实践中,大量的人防工事不可能是空闲的,都用于不同的用途,有的作为地下仓库,有的作为地下停车场,有的出租作为经营场所,大量的实际上是作为地下车库来使用的。”①对于这类作为停车库使用的人民防空工程的所有权,司法实践中有归属于国家、归属于投资者和只明确使用受益权这三种处理方式。②

比较而言,“基于人防车库的公共功能属性,应认定属于国家所有,不宜认定属于开发商或者全体业主所有。”③一方面,《民法典》第 254 条第 1 款规定:“国防资产属于国家所有。”由于人防车库系规划的人民防空工程,故应当属于国家所有。另一方面,《人民防空法》第 5 条第 2 款规定:“国家鼓励、支持企业事业组织、社会团体和个人,通过多种途径,投资进行人民防空工程建设;人民防空工程平时由投资者使用管理,收益归投资者所有。”因此,开发商基于投资建造行为,对用作停车库的人民防空工程享有使用、管理、受益的权利,“并可以合同形式向业主转让人防地下车库的投资收益权”。④ 江苏省高级人民法院《关于审理房地产合同纠纷案件若干问题的解答(征求意见稿)》(苏高法电〔2017〕559 号)第 52 条第 1 款即规定:“基于人防车库的公共功能属性,应认定属于国家所有,不宜认定属于开发商或者全体业主所有。”第 2 款规定:“开发商投资兴建人防车库的,可以依法享有对人防车库进行使用、管理与收益的权利。”

---

① 王利明:《论物权法中车库的归属及相关法律问题》,载《现代法学》2006 年第 5 期,第 80 页。

② 沈明磊、张龑:《地下车位、车库归属之判定与不动产登记之完善——基于住宅小区地下车位、车库归属的类型化分析》,载《法律适用》2018 年第 1 期,第 115 页。

③ 江苏省高级人民法院民一庭:《商品房买卖合同案件审理疑难问题研究——〈商品房买卖合同司法解释〉施行十五周年回顾与展望》,载《民事审判指导与参考》2017 年第 2 辑(总第 70 辑),第 230 页。

④ 沈明磊、张龑:《地下车位、车库归属之判定与不动产登记之完善——基于住宅小区地下车位、车库归属的类型化分析》,载《法律适用》2018 年第 1 期,第 119 页。

典型案例203

大连宝玉集团有限公司、大连隆丰房地产开发有限公司与大连金世纪房屋开发有限公司合资、合作开发房地产合同纠纷案①

典型案例裁判文书

典型案例203
辽宁省高级人民法院(2012)辽民一终字第32号民事判决书

最高人民法院(2013)民申字第1997号民事裁定书

基本案情:2000 年,金世纪公司与宝玉集团签订《联建协议》《补充协议》约定,金世纪公司以土地使用权出资,宝玉集团以资金出资,联合开发建设房地产项目;双方分成比例为金世纪公司 33.5%、宝玉集团 66.5%。后在履行过程中发生争议,金世纪公司向大连中院提起诉讼,请求解除《联建协议》及《补充协议》,宝玉集团及隆丰公司支付拖欠的合作款 737 万元及逾期付款违约金。宝玉集团、隆丰公司提出反诉,请求依照协议的分成比例分摊成本后分享利润。大连中院判决解除《联建协议》及《补充协议》,宝玉集团、隆丰公司给付金世纪公司 737 万元及逾期付款违约金,金世纪公司按照 66.5% 的分配比例给付宝玉集团、隆丰公司合作开发房地产的利润及项目房屋。隆丰公司不服,向辽宁高院上诉,主张一审判决对联建的地下停车场等未予分割。

法院观点:辽宁高院认为,涉案项目的地下停车场是人民防空工程的一部分,不属于可销售面积,不能分配。隆丰公司、宝玉集团仍不服,向最高人民法院申请再审。最高人民法院在再审审查中认为,从隆丰公司的上诉请求看,其是要求对地下停车场面积进行分割,而根据《人民防空法》以及国家关于人防工程的有关规定,讼争项目的地下停车场属于人民防空工程的一部分,产权归国家所有,客观上不能分割,故二审判决对该要求对地下停车场面积进行分割的上诉请求不予支持并无不妥。

① 典型案例 203:"大连宝玉集团有限公司、大连隆丰房地产开发有限公司与大连金世纪房屋开发有限公司合资、合作开发房地产合同纠纷案",辽宁省高级人民法院(2012)辽民一终字第 32 号民事判决、最高人民法院(2013)民申字第 1997 号民事裁定。

9. 商业地产租赁合同的裁判规则

商品房,是指经政府有关部门批准,由房地产开发经营公司开发的,建成后用于市场出售、出租的房屋,包括住宅、商业用房以及其他建筑物。其中,商业用房又称商铺、商业地产,主要包括各种零售、餐饮、娱乐、健身服务、休闲等经营用途的房地产。商业地产是一个具有地产、商业与投资三重特性的综合性行业,在经营模式、功能和用途上,有别于以居住功能为主的住宅房地产、以工业生产功能为主的工业地产等。商业地产的经营模式包括全部出售、全部出租、半租半售(又分为订单与售后返租)等。① 本章主要讨论以商业地产为标的物、涉租赁方面的法律纠纷。

9.1 商业地产租赁合同的效力判断

租赁是商业地产的常用经营模式。"与一般住房租赁相比,商业地产租赁具有以下特点:一是商业地产租赁合同的双方均为商人;二是商业地产租赁的目的在于营利;三是商业地产租赁需要履行税收、消防、登记等商业管理义务;四是商业地产租赁双方的信赖程度更高。"②

裁判规则 204

商业地产预租合同约定的标的物未取得预售许可证的,不影响预租合同的效力。

对于商品房预租,《上海市商品房预租试行办法》(1998 年 9 月 1 日上海市

---

① 黎俏:《我国商业地产经营模式探析》,载《中国商论》2015 年第 27 期,第 9 ~ 11 页。

② 江苏省高级人民法院民一庭课题组:《商业地产租赁案件审判疑难问题研究》,载《法律适用》2017 年第 5 期,第 74 页。

房屋土地管理局发布)第1条规定:“商品房预租是指房地产开发经营企业在新建商品房未办理房地产初始登记、取得房地产权证前,与承租人签订商品房租赁预约协议,并向承租人收取一定数额的预收款的行为。”

现行法对商品房预租合同的效力并无特别规定,但在以往的行政管理中,地方建委往往以《商品房预售(预租)许可证》①的形式,把预租与预售一体对待。导致有观点认为,商品房预租行为的效力判断应当与商品房预售行为相同。而《商品房买卖合同解释》第2条要求,预售商品房的,应当取得商品房预售许可证明,否则合同无效。据此推论,未取得预售许可证的商业地产预租合同应属无效。《上海市房屋租赁条例》(1999年12月27日通过)第9条第1款即规定:“房地产开发企业预租商品房,应当符合商品房预售的条件,并依法取得市或者区、县房地产管理部门核发的商品房预售许可证明。”上海市高级人民法院民一庭《关于审理城镇房屋租赁合同纠纷办案要件指南》(沪高法民一〔2010〕13号)第18条进一步提出:“当事人主张商品房预租合同关系成立的,除要举证证明符合合同成立的一般要件外,还应当证明具备下列构成要件:(1)商品房预租人系房地产开发企业;(2)预租商品房应当符合预售条件,并依法取得商品房预售许可证明;(3)预租商品房未被预售。”

但“从目前全国各地法院裁判的相关案例来看,多数裁判意见认为,房屋预租合同只要是双方当事人的真实意思表示,开发商依法取得房地产项目的合法建设等相关审批文件,一般倾向于认定为有效”。② 一方面,现行《城市商品房预售管理办法》(2004年建设部令第131号)所规定的《商品房预售许可证》,针对的是“房地产开发企业将正在建设中的房屋预先出售给承购人,由承购人支付定金或房价款的行为”③,并不包括商品房预租行为。另一方面,虽然从合同内容来看,商品房预租合同与商品房预售合同较为类似,都是对未来建成房屋的权益的预先处分,只不过交易形式由买卖变为租赁。但就性质而言,预租与预售判然有别。预租作为租赁的一种形式,处分的是使用权,承租人取得的是

---

① 在【典型案例119】“重庆雨田房地产开发有限公司与中国农业银行股份有限公司重庆市分行房屋联建纠纷案”[最高人民法院(2011)民抗字第48号民事判决,载《中华人民共和国最高人民法院公报》2012年第5期,第23~34页]中,案涉雨田大厦获得的重房97预字第0039号预售许可证就名为《商品房预售(预租)许可证》。相关文书可扫描本书第344页二维码。

② 王永起:《关于房地产合同效力认定的若干问题》,载《山东法官培训学院学报》2018年第4期,第129页。

③ 《城市商品房预售管理办法》(2004年建设部令第131号)第2条。

债权；预售处分的是所有权，买受人取得的是物权。在性质不同的情况下，参照《商品房买卖合同解释》第2条对商品房预售行为的规定，并不符合类推适用的要求。因此，“商品房预租有别于预售，不宜以房地产开发商预租房屋未取得商品房预售许可证明而认定预租合同无效”。①

典型案例204

佛山润汉房地产开发有限公司与康成投资（中国）有限公司租赁合同纠纷案②

典型案例裁判文书

典型案例204

广东省佛山市中级人民法院（2017）粤06民终8787号民事判决书

基本案情：2014年10月，润汉公司与康成公司签订《商业用房租赁合同（含附属场地及设施）》约定：润汉公司拟在佛山市顺德区某某城南某某路以北B1－1地块建造商业用房（含附属场地、设施），建成后出租给康成公司；租赁期限为20年。2014年11月19日，康成公司向润汉公司支付300万元定金。2017年2月27日，润汉公司以公司原投资人变更，且商业项目整体规划全面作出调整为由，向康成公司发出《关于解除〈商业用房租赁合同（含附属场地及设施）〉》通知函。康成公司回函要求润汉公司继续履约，润汉公司向法院起诉请求终止履行《商业用房租赁合同（含附属场地及设施）》。一审法院（广东省佛山市顺德区人民法院）认为，案涉租赁合同并不存在继续履行的障碍，遂判决驳回了润汉公司的诉讼请求。润汉公司以签订合同时未依法取得商品房预售许可证等为由，提起上诉。

法院观点：针对《商业用房租赁合同（含附属场地及设施）》的效力，二审法院（广东省佛山市中级人民法院）认为，《商品房买卖合同解释》第2条规定针对的是商品房预售合同，本案是润汉公司拟建造并出租商业用房给康成公司使用，双方之间并非商品房买卖合同关系，润汉公司以其签订合同时未取得商品

---

① 王永起：《关于房地产合同效力认定的若干问题》，载《山东法官培训学院学报》2018年第4期，第130页。

② 典型案例204：“佛山润汉房地产开发有限公司与康成投资（中国）有限公司租赁合同纠纷案”，广东省佛山市中级人民法院（2017）粤06民终8787号民事判决。

房预售许可证明主张案涉租赁合同无效,与事实不符,亦与上述法规规定不符,不予支持。

裁判规则 205

商业地产预租合同约定的标的物未取得建设工程规划许可证的,因标的物违法,应当认定预租合同无效。

与商品房预租合同较为类似的,除商品房预售合同以外,当属商品房租赁合同。从合同性质来看,二者属于同一交易类型,只不过履行期限不同。根据《商品房买卖合同解释》第 2 条的规定,商品房预售合同必须取得预售许可证,否则合同无效。根据《房屋租赁合同解释》第 2 条的规定,商品房租赁合同必须取得建设工程规划许可证,否则合同无效。如前所述,对商品房预租合同的效力判断,不应参照《商品房买卖合同解释》第 2 条规定,那么《房屋租赁合同解释》第 2 条是否同样不具有参照价值呢?

就租赁而言,《房屋租赁合同解释》第 2 条之所以规定未取得建设工程规划许可证或者违反建设工程规划许可证的租赁合同无效,其理由在于,"未取得建设工程规划许可证或者未按照建设工程规划许可证的规定建设的房屋,属于违法建筑,标的物违法",[①]"如果不是合法建设的建筑,建筑的存在本身已不合法,更谈不上对其合法的使用和收益,故不论是房屋租赁、预售还是预租都应遵守此规定"。[②] 因此,无论是预租还是现房租赁,在未取得建设工程规划许可证的情况下,均面临标的物违法的问题。故商品房预租合同应当参照《房屋租赁合同解释》第 2 条的规定,如未取得建设工程规划许可证的,应当认定预租合同无效。至于取得建设工程规划许可证的时间,参照《商品房买卖合同解释》第 2 条、《房屋租赁合同解释》第 2 条的规定,限定在一审法庭辩论终结前,较为合理。

需要指出的是,从建设工程规划许可证与预售许可证这两个许可证的先后顺序来看,《城市商品房预售管理办法》(2004 年建设部令第 131 号)第 7 条规

① 最高人民法院民事审判第一庭编著:《最高人民法院关于审理城镇房屋租赁合同纠纷案件司法解释的理解与适用》,人民法院出版社 2009 年版,第 34 页。

② 于蒙:《房屋预租合同的效力如何认定——浙江银泰投资有限公司与包头市中冶置业有限责任公司房屋租赁合同纠纷案》,载《民事审判指导与参考》2017 年第 3 辑(总第 71 辑),第 226 页。

定："开发企业申请预售许可，应当提交下列证件（复印件）及资料：（1）商品房预售许可申请表；（2）开发企业的《营业执照》和资质证书；（3）土地使用权证、建设工程规划许可证、施工许可证；（4）投入开发建设的资金占工程建设总投资的比例符合规定条件的证明；（5）工程施工合同及关于施工进度的说明；（6）商品房预售方案。预售方案应当说明预售商品房的位置、面积、竣工交付日期等内容，并应当附预售商品房分层平面图。"也就是说，取得建设工程规划许可证是申请预售许可证的前提条件，建设工程规划许可证在前，预售许可证在后。这也就意味着预售许可证的取得比建设工程规划许可证更加严格，商品房预售合同在效力上的要求比商品房预租、商品房租赁更高。

典型案例205

浙江银泰投资有限公司与包头市中冶置业有限责任公司房屋租赁合同纠纷案①

典型案例裁判文书

典型案例205
最高人民法院（2017）最高法民终171号民事判决书

基本案情：2011年6月22日，中冶公司与银泰公司签订《房屋租赁合同》约定，中冶公司将时代广场E2地块商业楼地下一层至地上四层、五层5000平方米以及南侧酒店一楼至二楼部分4000平方米出租给银泰公司；中冶公司应当在2013年12月31日前向银泰公司移交租赁房屋；中冶公司迟延交房超过12个月，银泰公司有权解除《房屋租赁合同》，中冶公司应向银泰公司支付解约赔偿金1.3亿元。后因中冶公司未能按期交房，银泰公司于2015年10月30日向中冶公司发送了《解约通知书》，并要求中冶公司支付迟延交房违约金3365万元和解约赔偿金1.3亿元。另查明，涉案《房屋租赁合同》所涉时代广场E2地块至一审法庭辩论终结前未取得建设工程规划许可证。

法院观点：针对《房屋租赁合同》的效力，最高人民法院在二审中认为，《房屋租赁合同》签订时，作为租赁物的房屋尚未建成，因此属于对未来建成房屋的

① 典型案例205："浙江银泰投资有限公司与包头市中冶置业有限责任公司房屋租赁合同纠纷案"，最高人民法院（2017）最高法民终171号民事判决。

预租。关于房屋预租,在现行法律、行政法规没有规定的情形下,可参照适用有关房屋租赁的规定。根据《房屋租赁合同解释》第 2 条、《城乡规划法》第 40 条第 1 款的规定,取得建设工程规划许可证是进行合法建设的前提,也是判断是否为合法建筑的标准。本案中,没有证据证明在一审庭审辩论结束之前,案涉地块建设项目已经取得了建设工程规划许可证,即《房屋租赁合同》约定的租赁物既未建成,也没有取得合法的建设手续,这种情形下,《房屋租赁合同》应当认定无效。

裁判规则 206

商业地产租赁(预租)合同的标的物虽然取得了建设工程规划许可证,但未按照建设工程规划许可证的规定建设,如合法部分与违法部分可以区分的,应当认定合法部分有效、违法部分无效;如合法部分与违法部分混为一体,在使用上无法区分的,应当认定合同整体无效。

如前所述,《房屋租赁合同解释》第 2 条前段规定:"出租人就未取得建设工程规划许可证或者未按照建设工程规划许可证的规定建设的房屋,与承租人订立的租赁合同无效。"实践中,超规划建设的情形并不鲜见,这就导致最终建成的房屋,部分在规划范围内,部分在规划范围外。若就该房屋签订租赁(预租)合同的,应当认定租赁(预租)合同整体无效,还是部分无效——合法建筑部分有效、违法建筑部分无效?就此,如果合法部分与违法部分在使用上可以区分的,可以考虑合法部分有效、违法部分无效的裁判思路。[①] 在后述【典型案例 214】"陕西嘉亨实业发展有限公司诉陕西东大万尚置业有限公司租赁合同纠纷案"[②]中,根据《建设工程规划许可证》,案涉大楼应为地上六层、地下一层,但开发商在顶层(第六层)上加盖了房屋。租赁合同约定的标的物为地下一层至地上三层,该部分属于合法建筑,且与违法建筑部分可以区分,故最高人民法院在再审裁定中认定租赁合同有效。但如果规划范围内的部分与超规划部分结合

① 邬砚:《建设工程合同纠纷:254 个裁判规则深度解析》,法律出版社 2018 年版,第 52 页。

② 典型案例 214:"陕西嘉亨实业发展有限公司诉陕西东大万尚置业有限公司租赁合同纠纷案",陕西省高级人民法院(2015)陕民二终字第 00130 号民事判决、最高人民法院(2016)最高法民申 818 号民事裁定。相关文书可扫描本书第 593 页二维码。

成一体,“成为合法建筑与违法建筑的混合体”[①],在使用上无法区分的,则只能认定租赁合同整体无效。

典型案例206

李某与朱某房屋租赁合同纠纷案[②]

典型案例裁判文书

典型案例206
李某与朱某房屋租赁合同纠纷案

基本案情:朱某的店面房已取得房屋所有权证与土地使用权证,但朱某在未取得建设工程规划许可证的情况下,擅自在店面房内进行地下挖掘,将店面房163.59平方米的地面普遍下挖0.6米,其中约20平方米的地面下挖2.1米。2011年4月22日,朱某将该店面房出租给李某。后双方发生纠纷,李某诉至法院,请求确认租赁合同无效。

法院观点:法院认为,“虽然本案讼争店面房有合法的国有土地使用权证和房屋所有权证,但是因为朱某的改建、扩建行为,使得原本合法的店面房成为合法建筑与违法建筑的混合体,且二者混为一体,不可分割,因此朱某出租给李某的店面房所存在的瑕疵依法导致房屋租赁协议无效”。

裁判规则207

商品房买卖合同约定售后包租或者变相售后包租,当事人主张合同无效的,不予支持。但符合最高人民法院《关于审理非法集资刑事案件具体应用法律若干问题的解释》第2条规定的除外。

所谓售后包租,“是指房地产开发企业以在一定期限内承租或者代为出租买受人所购该企业商品房的方式销售商品房的行为”。[③] 如安徽省蚌埠市龙子

---

① 最高人民法院民事审判第一庭编著:《最高人民法院关于审理城镇房屋租赁合同纠纷案件司法解释的理解与适用》,人民法院出版社2009年版,第31页。

② 典型案例206:“李某与朱某房屋租赁合同纠纷案”,该案以“李某华诉王某悦房屋租赁合同纠纷案”为题,刊登于《商事法律文件解读》总第151辑,第103~109页。

③ 《商品房销售管理办法》(2001年建设部令第88号)第45条第2款。

湖区人民法院在后述【典型案例 208】“修立红诉安徽景文置业有限公司等其他合同(售后包租)纠纷案”①中所言,“售后包租”包含了两层法律关系:第一层法律关系是“出售”,即商品房买卖合同关系;第二层法律关系是“包租”,即在出售的基础上再建立房屋租赁合同关系,有时也约定为委托经营合同关系。

对售后包租,《商品房销售管理办法》(2001 年建设部令第 88 号)第 11 条第 2 款规定:“房地产开发企业不得采取售后包租或者变相售后包租的方式销售未竣工商品房。”就此,实务界普遍认为,“该规定属于对商品房交易市场的管理性规定,且非法律和行政法规,不影响售后包租行为的效力”。② 的确,《合同法解释(一)》第 4 条规定:“合同法实施以后,人民法院确认合同无效,应当以全国人大及其常委会制定的法律和国务院制定的行政法规为依据,不得以地方性法规、行政规章为依据。”而《商品房销售管理办法》仅系部门规章,不能作为认定售后包租协议无效的依据。江苏省高级人民法院《关于审理房地产合同纠纷案件若干问题的解答(征求意见稿)》(苏高法电〔2017〕559 号)第 15 条前段即规定:“出卖人采用售后包租方式销售商品房的,当事人主张售后包租行为无效的,人民法院不予支持。”

但需要注意的是,最高人民法院《关于审理非法集资刑事案件具体应用法律若干问题的解释》(法释〔2010〕18 号)第 2 条规定:“实施下列行为之一,符合本解释第一条第一款③规定的条件的,应当依照刑法第一百七十六条的规定,以非法吸收公众存款罪定罪处罚:(1)不具有房产销售的真实内容或者不以房产销售为主要目的,以返本销售、售后包租、约定回购、销售房产份额等方式非法吸收资金的……”据此,“司法实践中需要区分单纯的售后包租与企业以售后包租名义借贷融资的关系,纯粹的售后包租是一种正常的市场交易行为,不论商品房买卖合同还是租赁合同均应符合法律的规定,但是,名为售后包租,实为借贷融资的,即当事人订立的售后包租合同不具有房地产销售的真实内容

---

① 典型案例 208:“修立红诉安徽景文置业有限公司等其他合同(售后包租)纠纷案”,安徽省蚌埠市龙子湖区人民法院(2015)龙民二初字第 00285 号民事判决。相关文书可扫描本书第 573 页二维码。

② 江苏省高级人民法院民一庭:《商品房买卖合同案件审理疑难问题研究——〈商品房买卖合同司法解释〉施行十五周年回顾与展望》,载《民事审判指导与参考》2017 年第 2 辑(总第 70 辑),第 210 页。

③ 该款规定:“违反国家金融管理法律规定,向社会公众(包括单位和个人)吸收资金的行为,同时具备下列四个条件的,除刑法另有规定的以外,应当认定为刑法第一百七十六条规定的‘非法吸收公众存款或者变相吸收公众存款’:(1)未经有关部门依法批准或者借用合法经营的形式吸收资金;(2)通过媒体、推介会、传单、手机短信等途径向社会公开宣传;(3)承诺在一定期限内以货币、实物、股权等方式还本付息或者给付回报;(4)向社会公众即社会不特定对象吸收资金。”

或者不以房产销售为主要目的的，依据最高人民法院前述司法解释的规定，应认定为借贷融资关系，而非商品房买卖和租赁合同关系，此种情形下，房地产开发商的行为涉嫌非法吸收公众存款犯罪，所订立的售后包租合同应认定无效”。①

典型案例207

罗燕妮等与湘银房地产股份有限公司商品房销售合同纠纷案②

典型案例裁判文书

典型案例207
株洲市中级人民法院
（2011）株中法民四终字第89号民事判决书

基本案情：2006年5月1日，罗燕妮、罗圣女与湘银公司签订《商品房买卖合同》约定，罗燕妮、罗圣女购买湘银公司开发的空中街市2048/3045号房屋，共107.21m^2，购买价为435 701元。同日，罗燕妮、罗圣女又与湘银公司签订《购房折扣协议》约定：由湘银公司给予罗燕妮、罗圣女24%的折让优惠，折后净房款为331 133元。同日，罗燕妮、罗圣女又与博翰公司签订《委托经营协议》约定，委托开发商将铺面直接交付给博翰公司无偿经营及管理，期限为2006年10月1日至2009年9月30日。后在履行过程中发生争议，罗燕妮、罗圣女诉至法院，以售后包租形式违法为由，主张合同无效。

法院观点：二审法院（株洲市中级人民法院）认为，本案的《商品房买卖合同》《购房折扣协议》《委托经营协议》合在一起就形成了一个完整的售后包租方案，折扣的对价实际上就是湘银公司无偿租用三年，而围绕这三个协议的履行存在的问题并不能否定三个协议的法律效力。《商品房销售管理办法》禁止售后包租或者变相售后包租的目的是减少纠纷和降低商业风险，房产商违反该规定，有关部门可以给予行政处罚，但这并不构成合同无效的法定理由。《商品房销售管理办法》仅属部门规章，不能以该规章为依据认定本案售房包租协议

---

① 王永起：《关于房地产合同效力认定的若干问题》，载《山东法官培训学院学报》2018年第4期，第127页。

② 典型案例207：“罗燕妮等与湘银房地产股份有限公司商品房销售合同纠纷案”，株洲市中级人民法院（2011）株中法民四终字第89号民事判决。

无效。据此,罗燕妮、罗圣女关于《商品房买卖合同》《购房折扣协议》《委托经营协议》无效的主张,缺乏法律依据,不能成立。

裁判规则 208

为规避售后包租的禁止性规定,开发商指定第三人与购房人签订"包租"合同,第三人违反合同约定的"包租"义务的,开发商应当与第三人承担连带责任。但当事人另有约定的除外。

由于《商品房销售管理办法》禁止售后包租与变相的售后包租,"为规避禁止售后包租的规定,大型商场的开发商多采用由第三人经营公司委托经营管理的形式,约定固定收益回报。当经营公司承诺的投资回报无法实现时,有的经营管理公司系空壳公司,并无太多资产,业主要求开发商承担连带责任又面临合同相对性和公司人格独立的障碍"。[①]

实践中,承担"包租"义务的第三人,基本都是开发商指定的。前述【典型案例 207】就是如此,罗燕妮等购买商铺时,湘银公司在与罗燕妮签订《商品房买卖合同》后,要求罗燕妮与博翰公司签订《委托经营协议》,并委托其将商铺直接交付博翰公司无偿经营及管理。就此问题,江苏省高级人民法院的思路可资借鉴。其《关于审理房地产合同纠纷案件若干问题的解答(征求意见稿)》(苏高法电〔2017〕559 号)第 55 条第 4 款提出:"开发商与业主签订商品房买卖合同的同时,经营管理公司与业主签订委托经营合同,开发商对于其与经营管理公司系各自独立的主体没有向业主明确披露说明,致使业主对开发商和经营管理公司系关联企业产生合理信赖的,开发商对于经营管理公司的行为应当承担连带责任。"开发商指定第三人承担"包租"义务,一方面,会导致购房人对开发商和第三人系共同经营产生合理信赖;另一方面,这一指定行为也构成变相售后包租的脱法行为,开发商与其指定的第三人应当对购房人承担连带责任。但是,商品房买卖合同或购房人与第三人的"包租"合同约定开发商不承担"包租"义务,或"包租"义务由第三人独立承担的除外。

① 江苏省高级人民法院课题组:《房地产调控背景下房地产纠纷风险防控及司法对策》,载《人民司法·应用》2018 年第 4 期,第 51 页。

典型案例208

修立红诉安徽景文置业有限公司等其他合同(售后包租)纠纷案[①]

典型案例裁判文书

典型案例208
安徽省蚌埠市龙子湖区人民法院(2015)龙民二初字第00285号民事判决书

基本案情:2011 年年初,景文公司通过销售广告和宣传资料等向社会公开承诺,蚌埠钱江商业中心商铺售后包租五年,并与修立红签订协议明确约定了包租五年的回报率及前两年经营回报可先期冲抵购房款等内容。2011 年 1 月 26 日,景文公司独资设立祖玛公司经营包租业务。2011 年 5 月 29 日,修立红与景文公司签订商品房买卖合同约定,修立红购买蚌埠钱江商业中心 4 层 4051 号商品房,单价按 4891.97 元/平方米计(该价款系将承诺的包租前两年经营回报冲抵购房款后的摊薄价)。2011 年 6 月 13 日,修立红与祖玛公司签订委托经营合同约定,委托期限自 2012 年 9 月 20 日起至 2017 年 9 月 19 日止,委托标的物为 4051 号商品房,前两年的经营回报款已预先冲抵了购房款,第三、第四年按约定的房屋价款 6% 计,第五年按约定的房屋价款 7% 计。两份合同签订后,修立红依约支付了房款,但祖玛公司仅给付半年回报款,尚欠 2015 年 3 月至 2016 年 3 月的经营回报款未付。修立红遂诉请景文公司、祖玛公司承担连带支付责任。

法院观点:安徽省蚌埠市龙子湖区人民法院认为,售后包租,包含两层法律关系,一层是"售",即商品房买卖合同关系,另一层是"包租",即房屋租赁合同关系,也就是所谓的委托经营合同关系。因现行法禁止开发商承诺售后包租,开发商往往采取委托他人或由自己的关联公司来代行包租义务,但这并不能免除房地产开发商应尽的义务。修立红与景文公司签订的商品房买卖合同、修立红与祖玛公司签订的委托经营合同,系各方当事人的真实意思表示,应认定有效。祖玛公司未按约支付委托经营回报,已构成违约,应承担全部责任。景文公司虽非《委托经营合同》的相对人,但其事先通过销售广告和宣传资料等承诺

---

① 典型案例 208:"修立红诉安徽景文置业有限公司等其他合同(售后包租)纠纷案",安徽省蚌埠市龙子湖区人民法院(2015)龙民二初字第 00285 号民事判决。

售后包租五年,该承诺促使了修立红接受商品房价格和签订商品房买卖合同,这在签订委托经营合同的同时签订商品房买卖合同就足以说明。根据《商品房买卖合同解释》第 3 条的规定,景文公司对售后包租所作的承诺构成商品房买卖的要约,属于商品房买卖合同内容的一部分,现祖玛公司不按约履行给付委托经营回报款义务,应视为景文公司不履行义务,故对祖玛公司所欠债务应承担连带偿付责任。

9.2 产权式商铺的售后租赁

所谓产权式商铺,是指开发商将整体商业建筑物分割为若干部分分别销售,各独立销售的部分之间通常不设物理间隔;开发商在出售产权式商铺时,通常辅之以“售后返租”“委托租赁”等经营方式,以实现建筑物的统一利用;购房人不实际占有使用商铺,而是通过获得定期定额的“租金”实现投资回报。由于产权式商铺“分割销售导致了单独所有权与统一经营权的分离”,[①]以致“产权式商铺在发展的过程中在产权纠纷、投资者产权分散等多个方面存在严重的问题”。[②] 如开发商在“售后返租”过程中违约,有的购房人主张解除合同,另寻承租人或受托出租人;有的购房人主张追究违约责任,但继续履行租赁合同;有的购房人主张自行经营,面对这些无法并存的不同诉求,应当如何抉择?

需要说明的是,产权式商铺的经营模式不限于“售后返租”与“委托租赁”,但总体而言,“售后返租”(又称售后包租、售后回租、售后承租)是最为常见的模式。此外,如前所述,为了规避现行法对售后返租的限制,开发商通常不直接担任返租人、受托出租人,而是另行设立物业公司或寻找利益攸关的第三人担任返租人、受托出租人,从而形成开发商与购房人的房屋买卖关系、购房人与第三人的(委托)租赁关系。此处仅讨论产权式商铺购房人对房屋的售后利用问题,即购房后的对外(委托)租赁关系。

实践中,普遍将产权式商铺区分为独立商铺与虚拟产权商铺分别讨论。笔者认为,独立商铺与虚拟产权商铺的二分法略显粗疏,二者之间还存在产权独立但利用不独立的商铺这一类型应予区别对待,应当将产权式商铺区分为这三种类型,分别予以规范。

---

① 曹慧:《产权式商铺业主能否要求自主经营》,载《山东审判》2015 年第 1 期,第 91 页。

② 董巍:《对产权式商铺实行法律规制的必要性》,载《商》2015 年第 7 期,第 211 页。

裁判规则 209

具备构造上的独立性、利用上的独立性与登记上的独立性的产权式商铺，购房人享有建筑物区分所有权与自主经营权。就商铺的售后返租问题，不能以整体利益、多数人意志为由，限制或剥夺个别购房人的自主决定权。

具备以下三个特征的产权式商铺一般称为独立商铺：第一，构造上的独立性。即该商铺在建筑物的构造上能够与其他部分明确区分开，可以排他使用、独立使用，如以墙壁间隔成户，各用户可独立支配，或者虽然没有墙体，但通过地面埋设、涂刷标记或是测绘图纸，商铺的位置面积都可以加以明确。[①] 第二，具备利用上的独立性。也就是说，对商铺的利用无须依附于其他商铺，可以独立使用。第三，登记上的独立性。即该商铺符合原《房屋登记办法》（2008 年建设部令第 168 号）的规定要求，能够登记成为购房人所有权的客体。[②]

对于这类产权式商铺，如果购房人通过法定的物权设立和变动程序，已经实现物权登记的，一般认为，购房人享有建筑物区分所有权。[③] 这类商铺存在于整体商业建筑物中，共用大量的公共空间（如楼梯、厕所、通道等）；与此同时，单独区隔出来的商铺本身，具有构造上的独立性、利用上的独立性、登记上的独立性，可以成为专有权的客体。根据《民法典》第 271 条的规定，其购买人享有建筑物区分所有权。

由于独立商铺是从整体商业建筑物中分割形成的若干独立部分，不同商铺之间联系紧密，所以对独立商铺的购买人是否分别享有自主经营权，素有争议。有观点认为，由于"整个市场只有统一规划、统一布局、统一经营、统一管理，业主才能更好地获得利益"，[④]因此，应当尊重整体利益、多数人意志，单个商铺的利益必须服从广大业主的共同利益。"对于商铺经营管理人在期满后要求续约的，或者因经营困难要求调整租金支付标准的，参照物权法第 76 条第 2 款[⑤]的

---

① 曹慧：《产权式商铺业主能否要求自主经营》，载《山东审判》2015 年第 1 期，第 91 页。

② 这三个独立性的要求，即《建筑物区分所有权解释》第 2 条第 2 款关于建筑物区分所有权专有部分的规定。

③ 王利明：《论商铺业主的专有权及其行使》，载《法学论坛》2009 年第 6 期，第 6 ~ 10 页；李建华：《论商铺业主经营权与建筑物区分所有权冲突的司法处理》，载《法学论坛》2009 年第 6 期，第 14 ~ 17 页；曹慧：《产权式商铺业主能否要求自主经营》，载《山东审判》2015 年第 1 期，第 88 ~ 92 页。

④ 江苏省高级人民法院民一庭课题组：《商业地产租赁案件审判疑难问题研究》，载《法律适用》2017 年第 5 期，第 76 页。

⑤ 现为《民法典》第 278 条第 2 款，且条文内容有所变更。

规定,经商铺面积占建筑物总面积 2/3 以上业主且总人数 2/3 以上业主同意的,其续约约定或调整租金的方案有效。"①北京天同南京分所课题研究小组所作统计表明,大部分法院均赞同应当对产权式商铺的物权行使进行特殊限制,统计的 36 个案件中,33 件均坚持整体利益优先。②如"新宇公司诉冯玉梅商铺买卖合同纠纷案"③中,新宇公司开发建设了时代广场,第一、二、三层约 6000 平方米的部分区域,被分割成商铺对外销售给 150 余家业主,其他建筑面积归新宇公司自有。1998 年 10 月 19 日,新宇公司将时代广场第二层编号为 2B050 的商铺出售给冯玉梅,11 月 3 日,该商铺交付冯玉梅使用,但一直未办理产权过户手续。其后,新宇公司经营不善,其新股东为盘活资产,拟回收已售出的商铺,改为统一经营,为此陆续与大部分小业主解除了商铺买卖合同。2003 年 3 月 17 日,新宇公司致函冯玉梅,通知其解除双方签订的商铺买卖合同。由于冯玉梅坚持不退商铺,新宇公司提起诉讼,请求判令解除双方签订的商铺买卖合同,并在退还购房款基础外,愿意给予合理的经济补偿。一审法院(南京市玄武区人民法院)认为,考虑到冯玉梅所购商铺,只是新宇公司在时代广场里分割出售的 150 余间商铺中的一间。为有利于物业整体功能的发挥,买方行使权利必须符合其他商铺业主的整体意志。现在时代广场的大部分业主已经退回商铺,今后的时代广场内不再具有商铺经营的氛围条件。冯玉梅以其在时代广场中只占很小比例的商铺,要求新宇公司继续履行本案合同,不仅违背大多数商铺业主的意愿,也影响时代广场物业整体功能的发挥。考虑到时代广场位于闹市区,现在仅因双方当事人之间的互不信任而被闲置,这种状况不仅使双方当事人的利益受损,且造成社会财富的极大浪费,不利于社会经济发展。因此,尽管双方当事人之间存在的商铺买卖合同关系合法有效,本案的商铺买卖合同也应当解除。一审宣判后,冯玉梅提起上诉,二审法院(南京市中级人民法院)认为,如果让新宇公司继续履行合同,则新宇公司必须以其 6 万余平方米的建筑面积来为冯玉梅的

参考案例裁判文书

参考案例125
新宇公司诉冯玉梅商铺买卖合同纠纷案

---

① 江苏省高级人民法院民一庭:《房地产调控背景下房地产纠纷风险防控及司法对策研究》,载《民事审判指导与参考》2017 年第 2 辑(总第 70 辑),第 187 页。

② 北京天同南京分所课题研究小组:《产权式商铺纠纷案件疑难法律适用问题探讨》,载 https://www.sohu.com/a/145584507_159412,2018 年 6 月 19 日访问。

③ 参考案例 125:"新宇公司诉冯玉梅商铺买卖合同纠纷案",载《中华人民共和国最高人民法院公报》2006 年第 6 期(总第 116 期),第 37 ~ 42 页。

22.50 平方米商铺提供服务，支付的履行费用过高；而在 6 万余平方米已失去经商环境和氛围的建筑中经营 22.50 平方米的商铺，事实上也达不到冯玉梅要求继续履行合同的目的。故一审衡平双方当事人利益，判决解除商铺买卖合同，是正确的。

毋庸置疑，对产权式商铺实施整体经营，通常会取得比分散经营更高的经济效益，这也导致整体经营更符合多数业主的意志与利益。但是，基于对所有权的尊重，对于构造独立、利用独立、登记独立的产权式商铺，应当赋予购房人自主经营权，即使个别购买人决定的经营方式并非最佳的利益实现方式，有悖于多数购买人的意志，也不得以多数决、整体利益为由，限制或剥夺个别购房人的自主经营权。首先，如前所述，购买人享有建筑物区分所有权，其“专有部分的所有权本质上仍然属于所有权，具有完全的所有权的效力，而业主对其财产可以依法自主经营和利用，那么，商铺的所有人对商铺也享有自主经营的权利”。即“商铺业主享有根据自己的经营计划安排商铺存在的利用方式，并排斥他人干涉的权利”，[①]这是所有权的应有之义。其次，这类商铺具备利用上的独立性，可以各自独立经营互不影响，不存在必须整体经营的问题。最后，所谓的整体利益，在本质上仍然属于业主的个人私利，而非《民法典》第 278 条第 1 款第(9)项[《物权法》第 76 条第 1 款第(7)项]规定的“有关共有和共同管理权利的其他重大事项”，“不属于业主共同决定的事项”，[②]也就不应当适用多数决的决策方式。据此，虽然对独立的产权式商铺进行统一经营，有利于充分发挥物的价值，且符合多数人的利益，但“业主的基本权利即专有部分所有权优先于民主即业主自治”[③]，个别业主的专有部分是自主经营还是委托他人经营，应当尊重业主的自主决定，不能由全体业主按照少数服从多数原则投票共同决定。

---

① 王利明：《论商铺业主的专有权及其行使》，载《法学论坛》2009 年第 6 期，第 7 页。

② 李建华：《论商铺业主经营权与建筑物区分所有权冲突的司法处理》，载《法学论坛》2009 年第 6 期，第 14 页。

③ 姜强：《限制业主专有部分所有权的业主公约或章程的效力问题》，载《民事审判指导与参考》2010 年第 1 集（总第 41 集），第 218 页。

典型案例209

山东圣凯置业有限公司与李雪霞、济南京硕教育科技有限公司委托合同纠纷案①

典型案例裁判文书

典型案例209
山东圣凯置业有限公司与李雪霞、济南京硕教育科技有限公司委托合同纠纷案

基本案情:2006 年 8 月 31 日,李雪霞购买了圣凯公司开发的泺源大街 29 号二层 2Z227 号商铺,建筑面积 15.30m^2。2009 年 8 月 12 日,李雪霞取得该商铺的房产证,房产证所附房屋分户平面图注明,户与户之间的隔墙、楼板及公用建筑之间的隔墙、外墙(包括山墙)均为共有。2007 年 9 月 1 日,李雪霞与圣凯公司签订《委托经营管理协议》约定,李雪霞将该商铺委托圣凯公司经营管理,期限 3 年。同日,李雪霞将商铺交付圣凯公司。但该《委托经营管理协议》期满后,圣凯公司未返还李雪霞商铺。2011 年 5 月,圣凯公司与第三人京硕公司签订场地租赁合同,约定京硕公司承租面积为 1180.22 m^2(含 2Z227 号商铺),租赁期限自 2011 年 5 月 16 日起至 2016 年 5 月 15 日止。李雪霞诉至法院,请求确认《委托经营管理协议》终止,判令圣凯公司赔偿损失等。圣凯公司抗辩称,超过 2/3 多数的业主在委托经营协议到期后都续签了合同,少数业主不同意统一委托经营,会影响商场经济效益的发挥、多数业主的利益。②

法院观点:一审法院(济南市历下区人民法院)认为,李雪霞购买圣凯公司开发的房产,并已取得房产证,房产证上关于房屋的记载足以证明其构成独立的物。尽管涉诉房屋没有按约定设置墙壁与商场其他部分分隔,但不能否定其具有独立的使用价值,李雪霞享有房屋独立的产权。基于双方的《委托经营管理协议》期限已届满,双方的委托经营关系业已终止,圣凯公司未经李雪霞许可而一直占用房屋至今,已侵害了李雪霞的合法利益,因此圣凯公司应返还房屋,并向李雪霞赔偿相应损失。圣凯公司不服一审判决,向济南市中级人民法院提出上诉。济南市中级人民法院经审理认为:本案所涉及商铺虽然与其他商铺之

---

① 典型案例 209:“山东圣凯置业有限公司与李雪霞、济南京硕教育科技有限公司委托合同纠纷案”,载《山东审判》2015 年第 1 期,第 88 ~ 90 页。

② 该部分事实系论文作者(曹慧)在【评析】部分提出,判决书中未作交代。参见曹慧:《产权式商铺业主能否要求自主经营》,载《山东审判》2015 年第 1 期,第 92 页。

间无物理间隔，但商铺的位置、面积是具体确定的，商场内部的商铺与商场公共区域相通，能够独立使用，可以作为独立的物权客体，商铺的业主享有的是建筑物区分所有权；商场内分割出售的商铺属于业主的专有部分，业主对专有部分享有完整的、全面的所有权，包括占有、使用、收益以及事实上和法律上的处分权。业主对专有部分的所有权是绝对的、排他性的权利，专有部分自主经营或是委托经营应当属于业主自主决定的事项，不受其他业主的限制，不属于共同决定的范围。因此，在《委托经营管理协议》期满后，李雪霞要求圣凯公司返还商铺符合协议的约定，应当予以支持。

裁判规则 210

具备构造上的独立性与登记上的独立性、欠缺利用上的独立性的产权式商铺，购房人虽享有建筑物区分所有权，但在行使经营权时须考虑整体利益，尊重多数业主的意志。

第二类产权式商铺具备以下三个特征：第一，构造上的独立性。这一点与前述独立商铺相同，不再赘述。第二，登记上的独立性。事实上，这类商铺可否办理独立的产权登记，各地规定不尽一致。[①] 这类产权式商铺由于缺乏利用上的独立性，根据《建筑物区分所有权解释》第 2 条第 1 款[②]第(2)项的规定，不能构成专有部分，也就不应该“登记成为特定业主所有权的客体”。[③] 但实践中，却不乏予以登记的实例。因此，对这类产权式商铺应当根据各地登记政策的不同而作进一步的区别对待，如果可以独立登记产权的，则适用【裁判规则 210】，如果不能独立登记产权的，则购房人不能取得建筑物区分所有权，仅享有对开发商的债权，应适用【裁判规则 211】。第三，不具备利用上的独立性。这类商铺彼此之间四至紧密相连，通常呈网格状，处于外沿的商铺虽可通过物理间隔实现独立使用，但会严重影响相邻商铺的正常利用。而处于外沿以内的商铺，

---

① 目前长沙、南京等地允许这类产权式商铺进行权属登记，而上海、深圳、合肥、重庆等地则否。参见周伯俊：《产权式商铺销售与登记中若干问题的法律评析》，载《中国房地产》2006 年第 4 期，第 31 页。

② 该款规定：“建筑区划内符合下列条件的房屋，以及车位、摊位等特定空间，应当认定为物权法第六章所称的专有部分：(1)具有构造上的独立性，能够明确区分；(2)具有利用上的独立性，可以排他使用；(3)能够登记成为特定业主所有权的客体。”

③ 最高人民法院民事审判第一庭编著：《最高人民法院建筑物区分所有权、物业服务司法解释理解与适用》，人民法院出版社 2009 年版，第 45 页。

必须依附于其他商铺(通过其他商铺才能到达该商铺所处位置),否则无法利用。在整体利用的情况下,"小商铺有的成了走道,有的成了装饰物,有的成了货柜的一部分"。[①] 缺乏利用上的独立性,是这类商铺与独立商铺的核心区别,这也导致两类商铺在自主经营权方面的重大差异。

一般认为,登记独立、构造独立,但不能独立利用的产权式商铺,购房人虽享有建筑物区分所有权,但在行使经营权时须尊重整体利益。也就是说,在确定经营方式时,应当适用多数决的集体决策方式。这类商铺由于可以进行独立的产权登记,故购买人享有建筑物区分所有权、对专有部分享有单独所有权,但由于本人的商铺与其他业主的商铺形成一个统一的整体,彼此之间无法独立使用,"各业主没有各自独立经营的客观条件","难以独自经营,只有走整体运营的道路"。[②] 要实现整体运营,就涉及受托运营方的选择、价金与期限的确定、违约责任的确立等诸多问题,就此,只能通过团体决议的方式,由全体业主共同决策。根据《民法典》第278条第2款的规定,其中涉及的重大问题,"如对于商铺经营管理人在期满后要求续约的,或者因经营困难要求调整租金支付标准的",[③]应当经参与表决专有部分面积3/4以上业主且参与表决人数3/4以上的业主同意;其他事项,应当经参与表决专有部分面积过半数的业主且参与表决人数过半数的业主同意。

需要指出的是,对于这类商铺的经营,之所以实行多数决,并非"为有利于不动产整体功效的发挥,所有权人行使权利必须符合其他商铺业主的整体意志",[④]而是由于这类商铺构造上的缺陷,导致事实上无法独立利用。

---

① 周伯俊:《产权式商铺销售与登记中若干问题的法律评析》,载《中国房地产》2006年第4期,第30页。

② 赵霞:《产权式商铺所有权的界定和行使限制》,载《人民司法》2013年第12期,第27页。

③ 江苏省高级人民法院民一庭:《房地产调控背景下房地产纠纷风险防控及司法对策研究》,载《民事审判指导与参考》2017年第2辑(总第70辑),第187页。

④ 赵霞:《产权式商铺所有权的界定和行使限制》,载《人民司法》2013年第12期,第25页。

典型案例210

李开宁、深圳市龙兴泉商业经营管理有限公司与深圳市龙兴联泰家具有限公司财产损害赔偿纠纷案①

典型案例裁判文书

典型案例210
李开宁、深圳市龙兴泉商业经营管理有限公司与深圳市龙兴联泰家具有限公司财产损害赔偿纠纷案

基本案情：2003年7月18日，李开宁购买了龙兴商业广场其中的一个商铺——2栋2D192号商铺，建筑面积为10.36平方米，2010年7月5日取得房地产证。原开发商康纳公司未对商铺进行独立的分隔。李开宁与康纳公司签订买卖合同的同时，又与其签订了委托经营协议书。2006年，龙兴商业广场因原租户撤离，涉案商铺空置多年。经众多业主努力，亦受到多数业主的委托，2010年5月20日，龙兴泉公司（由业主代表注册成立）将涉案商铺在内的整栋商场出租给海创公司。合同签订后，海创公司成立龙兴联泰公司进行经营，商铺价值大幅提升。李开宁请求判令龙兴泉公司、龙兴联泰公司停止侵权，并不予确认龙兴泉公司、龙兴联泰公司之间的租赁合同。庭审中，龙兴泉公司表示李开宁可随时主张属于其应得的租金收益。

法院观点：深圳市龙岗区人民法院经审理认为，涉案商铺空置多年，大幅贬值。在龙兴泉公司将涉案商铺在内的整栋商场于2010年出租后，商铺价值大幅提升。故龙兴泉公司的出租行为并未损及李开宁的利益，反而盘活了包括涉案商铺在内的整栋商场。此其一。其二，龙兴泉公司的出租行为得到了大部分业主的同意，龙兴泉公司当庭亦表示李开宁可随时主张属于其应得的租金收益。其三，涉案商铺是整栋商场的一小部分，而且该商场未按李开宁所购面积进行分割，李开宁亦未提供充分的证据证明具体商铺位置及坐标，李开宁的该请求无法履行。据此判决驳回李开宁的全部诉讼请求。李开宁不服一审判决，提起上诉。深圳市中级人民法院认为，涉案商铺只是龙兴商业广场2栋2000余间商铺中的一间。该2000余间商铺形成统一的整体，没有分隔，为产权式商

---

① 典型案例210："李开宁、深圳市龙兴泉商业经营管理有限公司与深圳市龙兴联泰家具有限公司财产损害赔偿纠纷案"，深圳市中级人民法院（2011）深中法民五终字第1328号民事判决。

铺。所有权人对该种商铺享有的所有权不能等同独立商铺。[①] 为有利于不动产整体功效的发挥,所有权人行使权利必须符合其他商铺业主的整体意志。现龙兴泉公司取得占广场大多数面积业主的授权,将包括涉案商铺在内的龙兴商业广场2栋整体出租给海创公司,由龙兴联泰公司进行经营,目前处于正常经营中。李开宁要求返还涉案商铺的行为会影响商场整体功能的发挥,损害商场其他业主的权利,造成社会财富的极大浪费。因此,李开宁要求返还涉案商铺的请求,不能得到支持。但因使用涉案商铺,龙兴泉公司作为出租人、龙兴联泰公司作为知晓该情况的实际使用人,应向李开宁支付占有使用费。

裁判规则211

虚拟产权式商铺取得物权登记的,购房人享有建筑物区分所有权,未取得物权登记的,购房人就购买的“商铺”仅享有合同债权。基于虚拟产权式商铺的特性,无论是否取得物权登记,购房人行使权利时都必须考虑整体利益,尊重多数业主的意志。

“虚拟产权式商铺的雏形是盛行于20世纪70年代欧美的产权式酒店”,[②]“是指开发商将大型商业项目,分割成若干没有物理空间分割的小面积单元进行出售的商铺”。[③] 这类商铺名为“商铺”,但并没有实质意义的四至之不动产界址,不是物理形态的空间分割模式,商铺投资者购买的只是商铺所有权量的抽象分割,每一买受人仅享有整个商场的相应价值份额,而非商场分割而成的独立物。[④] 简言之,这类商铺只有概念上的面积存在,并非物理意义上的现实物。

对这类商铺的产权归属,有观点认为,这类商铺的买受人之间是按份共有关系。[⑤] 然而,按份共有作为所有权的一种量的分割,是不可能基于单纯的买卖行为就取得的,必须辅之以相应的物权变更、登记行为。也就是说,如果“商铺投资者按照其投资额在整个商场价款中所占比例,取得了商场房地产权证的

---

① 三方当事人之间先后存在多次诉讼,在(2017)粤03民终1576号民事判决中,深圳市中级人民法院进一步明确,“基于涉案产权式商铺的实际情况,李开宁确难以取回自行单独使用”。

② 戴炜:《虚拟产权式商铺的法理分析》,载《西北大学学报(哲学社会科学版)》2015年第4期,第78页。

③ 李晨毅:《虚拟产权式商铺物权属性分析》,载《人民法院报》2013年11月20日,第007版。

④ 李晨毅:《虚拟产权式商铺物权属性分析》,载《人民法院报》2013年11月20日,第007版。

⑤ 李晨毅:《虚拟产权式商铺物权属性分析》,载《人民法院报》2013年11月20日,第007版。

《共有权证》",[1]那么各商铺买受人之间可以构成按份共有关系,届时"整个商场拥有一个独立的不动产所有权,各商铺购买人拥有其中的份额"。[2] 但对虚拟产权式商铺基于购买份额进行共有的物权登记,目前还停留在立法建议层面,尚未成为现实。[3]

在现实中,由于虚拟产权商铺只是观念上的面积分割,并无与之对应的现实的房屋,既不具有构造上的独立性,也不具有利用上的独立性,不能成立建筑物区分所有权。根据《不动产登记暂行条例实施细则》(2019 年自然资源部第 5 号令)第 5 条[4]的规定,不能独立登记确权。[5] 但是,在原《房屋登记办法》[6]《不动产登记暂行条例实施细则》施行前,因登记条件不明确,有不具备登记条件的虚拟产权式商铺取得了独立物权登记的情形发生,如新疆维吾尔自治区高级人民法院(2017)新民申 457 号案[7]中的购房人刘晓萍。在原《房屋登记办法》施行后的一段时间内,也存在因地方登记机关标准把握不严,导致有的虚拟产权式商铺取得了权属登记。就此,站在解释论的层面应当认为,实际取得权属登记的虚拟产权式商

参考案例裁判文书

参考案例126
新疆维吾尔自治区高级人民法院(2017)新民申457号民事裁定书

---

① 周伯俊:《产权式商铺销售与登记中若干问题的法律评析》,载《中国房地产》2006 年第 4 期,第 31 页。

② 戴炜:《虚拟产权式商铺的法理分析》,载《西北大学学报(哲学社会科学版)》2015 年第 4 期,第 74 页。

③ 周伯俊:《产权式商铺销售与登记中若干问题的法律评析》,载《中国房地产》2006 年第 4 期,第 31 页;朱程:《产权式商铺权属登记实践及探讨》,载《中国房地产》2007 年第 1 期,第 49 页。

④ 该条第 1 款规定:"《条例》第八条规定的不动产单元,是指权属界线封闭且具有独立使用价值的空间。" 第 2 款规定:"没有房屋等建筑物、构筑物以及森林、林木定着物的,以土地、海域权属界线封闭的空间为不动产单元。"第 3 款规定:"有房屋等建筑物、构筑物以及森林、林木定着物的,以该房屋等建筑物、构筑物以及森林、林木定着物与土地、海域权属界线封闭的空间为不动产单元。"第 4 款规定:"前款所称房屋,包括独立成幢、权属界线封闭的空间,以及区分套、层、间等可以独立使用、权属界线封闭的空间。"

⑤ 朱程:《产权式商铺权属登记实践及探讨》,载《中国房地产》2007 年第 1 期,第 48 页。

⑥ 原《房屋登记办法》(2008 年建设部令第 168 号发布,2019 年建设部令第48 号废止)第 10 条第 1 款规定:"房屋应当按照基本单元进行登记。房屋基本单元是指有固定界限、可以独立使用并且有明确、唯一的编号(幢号、室号等)的房屋或者特定空间。"第 2 款规定:"国有土地范围内成套住房,以套为基本单元进行登记;非成套住房,以房屋的幢、层、间等有固定界限的部分为基本单元进行登记。集体土地范围内村民住房,以宅基地上独立建筑为基本单元进行登记;在共有宅基地上建造的村民住房,以套、间等有固定界限的部分为基本单元进行登记。"第 3 款规定:"非住房以房屋的幢、层、套、间等有固定界限的部分为基本单元进行登记。"

⑦ 参考案例 126:"刘晓萍与乌鲁木齐乐福城市生活商业管理有限公司返还原物纠纷案",新疆维吾尔自治区高级人民法院(2017)新民申 457 号民事裁定。

铺,由于该登记系独立的物权登记,而非所有权的量的分割,故不应认定为按份共有,而应认定为建筑物区分所有权;未能进行独立物权登记的虚拟产权式商铺,只能对若干虚拟产权式商铺共同组成的整体商场进行物权登记——登记在开发商名下,“此时,就某一特定的由虚拟产权式商铺构成的商场来说,各个商铺的购买人和房地产商之间构成商铺销售合同关系”。[①] 也就是说,购买人仅享有对开发商(出卖人)的合同债权,并不享有建筑物区分所有权、按份共有等物权。

至于经营问题,无论虚拟产权式商铺是否取得物权登记,由于每一个虚拟产权式商铺都只是观念上的存在,并无相应的物理形态的空间,根本无法拆分到每个购房人名下,也就无法分割使用、独自经营,只能采取整体经营的模式。因此,与具备构造上的独立性与登记上的独立性、欠缺利用上的独立性的产权式商铺相同,只能通过团体决议的方式,由全体业主共同决策。

典型案例211

周兰与成都新界广场商业有限公司等租赁合同纠纷案[②]

典型案例裁判文书

典型案例211
四川省高级人民法院(2014)川民提字第404号民事判决书

基本案情:2001 年,周兰向汇发公司购买了海发商厦 55 号商铺。2011 年 9 月,周兰取得了《房屋所有权证》,但权属证书中未记载房产的四至界线,也未附房产平面图、详细测量尺寸。2001 年 11 月 28 日,洋洋公司与周兰签订《合作经营协议》约定,周兰将商铺交付洋洋公司使用经营。2011 年 11 月 28 日,洋洋公司与周兰约定的合作经营期限届满,周兰起诉请求洋洋公司立即返还商铺。另查明,海发商厦负 2 层至 4 层共有产权面积为28 620.5平方米,小业主共有 1094 户,共有产权面积为25 589.03平方米。合作经营期限届满后,对于是否继续租赁给洋洋公

---

① 戴炜:《虚拟产权式商铺的法理分析》,载《西北大学学报(哲学社会科学版)》2015 年第 4 期,第 74 ~ 75 页。

② 典型案例 211:“周兰与成都新界广场商业有限公司等租赁合同纠纷案”,四川省高级人民法院(2014)川民提字第 404 号民事判决。

司经营小业主意见不一，但已与洋洋公司签协议的业主户数与所占面积均过半。

法院观点：一审法院（成都市锦江区人民法院）认为，周兰要求返还的商铺所处位置零散、界线不明，无法实际分割，不具备返还条件；海发商厦小业主中，选择继续与洋洋公司建立租赁关系的业主无论户数与所占面积比例均超过半数，占有优势地位。据此判决驳回了周兰的诉请。二审中，成都市中级人民法院认为，周兰购买的海发商厦商铺与四邻商铺间在平面上紧密相连，空间上没有明确的区分隔断墙体，不具备独立经营的条件；目前商场对商铺实行统一经营模式，如果将周兰的商铺予以返还，必将影响商厦的整体经营，也必然影响甚至损害其他业主的合法权益。遂判决驳回上诉。二审判决后，周兰申请再审。四川省高级人民法院认为，第一，案涉商铺属于虚拟产权式商铺，其所有权的行使应受到一定的限制。一是在委托经营期间内，业主享有收益权和处分权，但不直接占有商铺，也不经营商铺；二是委托经营期满后，业主对其商铺共有部分所享有的权利和承担的义务，必须遵守管理规约并符合大多数业主的共同决定。周兰在购买商铺时应当知晓该商铺的性质，故其应承担所有权行使受限的相应风险。第二，目前海发商厦的业主中选择与洋洋公司续签合同并由该公司继续经营的业主，人数与所占面积比例均超过半数，既是各续约业主就自己的专有权进行了处分，也就共有部分形成了多数意见，还足以表明全体业主之间实际上难以再形成否定由洋洋公司继续经营的决定，故应当视为超过半数的业主已就由洋洋公司继续经营的重大事项作出了有效的共同决定，周兰应当遵守管理规约和业主的共同决定。

9.3 商业地产租赁中的同业竞争禁止

在商业地产租赁中，承租人为保护其商业经营不受其他竞争者的影响，往往与出租人在租赁合同中约定，禁止出租人将其余商铺出租给同类经营者，以确保其独占客户资源，这类条款通常被称为同业竞争禁止条款或排他性条款。

裁判规则 212

商业地产租赁合同中的同业竞争禁止条款，不违反法律禁止性规定，应属有效。在判断是否构成同业竞争时，有约定的从约定，无约定或约定不明的，应当以是否足以对承租人的经营形成竞争关系作为判断标准。

参考案例裁判文书

参考案例127
上海市第一中级人民法院
（2017）沪01民终4030
号民事判决书

对于商业地产租赁中的同业竞争禁止条款，因系平等主体自愿签订，并不违反法律法规的强制性规定，司法实践中普遍认可其效力。如“上海圆泓贸易有限公司诉上海高正企业发展有限公司房屋租赁合同纠纷案”[①]中，高正公司将涉案商铺租赁给圆泓公司用于从事“乐贝尼”儿童主体乐园的销售经营活动，合同补充条款第 4 条约定，高正公司在圆泓公司经营期间，可另引进不超过 1 家儿童游乐类店铺，面积不超过 300 平方米，此外不得再引进其他同业态儿童游乐商户。但在履行过程中，高正公司先后引进了成长湾、海贝贝、酷宝三家儿童游乐类店铺。圆泓公司主张高正公司违反双方在租赁合同中设定的排他性条款。上海市第一中级人民法院认为，租赁合同第 4 条为典型的排他性条款，属有效约定。

实践中的争议主要集中于如何界定“同业竞争”。在前述“上海圆泓贸易有限公司诉上海高正企业发展有限公司房屋租赁合同纠纷案”中，一审法院（上海市松江区人民法院）认为，虽然圆泓公司与成长湾、海贝贝、酷宝三家商户的服务对象都是儿童，但从双方提供的证据材料及实地情况来看，圆泓公司主要提供各种室内游戏玩具、电子游戏机器、游戏设备供儿童使用；成长湾主要提供各种成人社会的职业服装、道具，供儿童模拟、体验社会职业分工；海贝贝主要提供脚手架类攀爬设施，供儿童攀爬锻炼平衡感；酷宝主要提供碰碰车、摩托车、充气城堡、蹦床等室外娱乐设备，供儿童感受剧烈碰撞、高空弹跳与掉落等感官刺激性的乐趣。由此可知，四家商户提供服务内容存在明显的不同，故高正公司引入商户的行为不构成违约。但二审法院（上海市第一中级人民法院）则认为，虽然从实地情况来看，成长湾为儿童提供的具体服务内容与圆泓公司经营的乐贝尼有所不同，但在本质上两者皆为儿童游乐类店铺，而且商场指引牌显示成长湾和乐贝尼均被划分为“儿童体验区”，因此乐贝尼与成长湾已构成竞争关系，进而认定高正公司引进成长湾已违反租赁合同排他性条款的约定，构成违约。对此，有观点认为，只要前后商家属于同业经营范围的，均属于禁止的范畴。也有观点认为，只有在经营规模、经营业态、商品类别、数量、营业额等方面，对承租人构成对等性竞争或者对经营性利益有较大影响，才能认定为违反

---

① 参考案例 127：“上海圆泓贸易有限公司诉上海高正企业发展有限公司房屋租赁合同纠纷案”，上海市第一中级人民法院（2017）沪 01 民终 4030 号民事判决。

竞业禁止义务。[①] 笔者认为,对是否构成同业竞争,基于对当事人意思自治的尊重,在合同对同业竞争的范围有约定的情况下,应当遵从合同约定;如果合同没有约定或约定不明的,为合理平衡出租人与承租人之间的利益,宜采取"实质竞争关系标准"。也就是说,如果入驻商家与承租人形成实质性的经营竞争关系的,则应认定构成同业竞争,反之则否。

典型案例212

盐城国美电器有限公司与盐城宝龙置业发展有限公司房屋租赁合同纠纷案[②]

典型案例裁判文书

典型案例212
江苏省高级人民法院
(2015)苏民终字第00491号民事判决书

基本案情:2011年4月30日,盐城国美公司(乙方)承租宝龙置业公司(甲方)的宝龙城市广场第1~3层的商铺事宜,双方签订《租赁合同》约定:13. 乙方承诺该租赁物之用途为经营家用电器,摄像器材、电子产品、办公设备、通信产品及配件,电动自行车、摩托车的销售及服务等(具体以乙方营业执照中所确定的经营范围为准);33. 对与租赁物相邻房屋(含同幢其他楼层或非同幢但距离相近的房屋),甲方不得将其出售、出租给第三方全部用于经营或全部用于自营与乙方的本合同的经营用途(乙方自行转租区域的经营用途除外)相同或相似的项目。合同签订后,宝龙置业公司依约交付了场地,盐城国美公司支付了履约保证金、租金。2012年9月14日,盐城国美公司以宝龙置业公司违反合同第33条为由,发出《解约函》。审理中查明,益惠电器经营部(位于宝龙城市广场购物中心1119-B商铺)开业核准时间为2011年12月2日;2010年4月19日,宝龙置业公司将宝龙城市广场第2-5、2-6幢第一层6-102号房出卖给路雪琴和孙虎,后业主将该房出租给他人经营TCL专卖店;2011年3月26日,宝龙置业公司将宝龙城市广场购物中心第一层的编号为1147、1148、1149的店铺租赁给刘

---

① 江苏省高级人民法院民一庭课题组:《商业地产租赁案件审判疑难问题研究》,载《法律适用》2017年第5期,第79页。

② 典型案例212:"盐城国美电器有限公司与盐城宝龙置业发展有限公司房屋租赁合同纠纷案",江苏省高级人民法院(2015)苏民终字第00491号民事判决。

永富用于经营美的空调电器;2011年3月30日,宝龙置业公司将宝龙城市广场购物中心第一层的编号为1155、1156、1157的店铺租赁给胡竹青用于经营格力空调、苏泊尔电器。2011年6月27日,宝龙置业公司将宝龙城市广场购物中心第一层的编号为1152、1153的店铺租赁给封祝军用于经营海尔电器。2013年4月10日,盐城国美公司诉至法院,以宝龙置业公司违反合同第33条"同态禁止"为由,主张《租赁合同》已经依法解除,并要求宝龙置业公司承担违约责任。

法院观点:一审法院(江苏省盐城市中级人民法院)认为,一方面,格力空调、苏泊尔、美的空调等专卖店的出租合同均早于本案合同签订时间,故这类商铺的开设不能认定为是宝龙置业公司的违约行为。另一方面,盐城国美公司的经营范围极其广泛,如果对其他商家经营与盐城国美公司经营范围的重合度、经营额等不加限制即认定为构成对合同第33条的违反,则将会出现该区域几乎不能存在出售商品的商铺,这无疑过分加重了出租方的责任。因此,合同第33条的约定应当是指宝龙置业公司负有协助盐城国美公司排除在类似经营范围、经营形态、经营规模上具有一定对等性的商业竞争。本案中,盐城国美公司主张形成"同业禁止"的商铺均是从事单一类别、单一品牌商品经营,而不同于盐城国美公司综合经营多种电器,无论是从经营规模、经营形态、商品的类别、数量、营业额等方面,均难以构成对盐城国美公司的对等性竞争或经营利益的较大影响,因此,这些商铺的开设不能认定宝龙置业公司构成违约。一审判决后,盐城国美公司提起上诉,江苏省高级人民法院以与一审基本相同的理由维持原判。

9.4 商业地产租赁中的消防验收

在司法实践中,围绕商业地产的消防问题,较易产生如下争议:一是应当由谁负责通过消防验收;二是如果应当由开发商负责,而商铺未能通过消防验收的,是否影响租赁合同的效力。

裁判规则213

商业地产建设时的一次消防验收应由开发商负责。如因装修需经二次消防验收的,由使用人(承租人或购买人)负责。当事人另有约定的除外。

首先需要明确的是,《消防法》第 13 条第 1 款规定:"国务院住房和城乡建设主管部门规定应当申请消防验收的建设工程竣工,建设单位应当向住房和城乡建设主管部门申请消防验收。"第 2 款规定:"前款规定以外的其他建设工程,建设单位在验收后应当报住房和城乡建设主管部门备案,住房和城乡建设主管部门应当进行抽查。"据此,根据建设工程的不同,消防验收的主体也不同:符合相关规定的建设工程,由住房和城乡建设主管部门实施消防验收;其他建设工程,由建设单位自行组织验收,但验收后应当报住房和城乡建设主管部门备案。

实践中,如果承租(或购买)的商业地产面积较大,在承租(或购买)后进行装修的,则需要进行两次消防验收,即一次消防验收与二次消防验收。一次消防验收,是指这个商业建筑在建设时进行的消防设计审核和消防验收,主要目的在于保证建筑物本身的消防安全,主要审查防火分区设置、消防设备安装等问题。至于验收的主体,根据《消防法》第 13 条第 1 款的规定确定。一次消防验收的审核通过,由开发商负责;二次消防验收,是指商业建筑在使用时需要进行的消防安全保护方面的验收,主要针对装修行为。二次消防验收的审核通过,有约定的从约定,无约定的,由使用人(承租人或购买人)负责。根据规定,只有一次消防验收合格后,商铺的装修消防设计才能报审。换句话说,没有一次消防验收合格,就失去了二次消防报审的基础。

并不是所有经过内部装修的商业地产都要进行二次消防验收。根据《建筑工程施工许可管理办法》(2014 年住建部令第 18 号)第 2 条①的规定,工程投资额在 30 万元以下或者建筑面积在 300 平方米以下的装修装饰工程,无须办理施工许可证。而《建设工程消防监督管理规定》(2012 年公安部令第 119 号)第 24 条第 3 款规定:"依法不需要取得施工许可的建设工程,可以不进行消防设计、竣工验收消防备案。"据此,只有工程投资额在 30 万元以上或者建筑面积在 300 平方米以上的装修装饰工程,才需要进行二次消防验收。

---

① 该条第 1 款规定:"在中华人民共和国境内从事各类房屋建筑及其附属设施的建造、装修装饰和与其配套的线路、管道、设备的安装,以及城镇市政基础设施工程的施工,建设单位在开工前应当依照本办法的规定,向工程所在地的县级以上地方人民政府住房城乡建设主管部门(以下简称发证机关)申请领取施工许可证。"第 2 款规定:"工程投资额在 30 万元以下或者建筑面积在 300 平方米以下的建筑工程,可以不申请办理施工许可证。省、自治区、直辖市人民政府住房城乡建设主管部门可以根据当地的实际情况,对限额进行调整,并报国务院住房城乡建设主管部门备案。"

典型案例213

深圳市鸿荣商业管理有限公司与深圳市投资控股有限公司资产管理中心、深圳市福田实业发展有限公司租赁合同纠纷案[①]

典型案例裁判文书

典型案例213
广东省高级人民法院
(2016)粤民申1217号民事裁定书

基本案情:2006年12月1日,深投资产管理中心与鸿荣公司签订《深圳房地产租赁合同》及《房地产租赁补充协议》约定,深投资产管理中心将罗湖区文锦北路源兴居1~3楼共计6610.75平方米商业用途的房产出租给鸿荣公司。2007年1月4日,深投资产管理中心与鸿荣公司办理了场地移交手续,鸿荣公司承租涉案房屋用于开办经营装饰装修建材的商场,即田贝装饰名店。后就消防问题发生争议,诉至法院。另查明,涉案房屋原消防系统于2001年10月已通过了消防部门的竣工验收,但开办田贝装饰名店未进行二次消防施工,也未进行二次消防申报验收。

法院观点:针对当事人争议的消防问题,广东省高级人民法院在再审审查中提出,涉案房屋原消防系统于2001年10月已通过了消防部门的竣工验收,由于涉案的房屋在本次出租前空置多年,部分消防设施已年久失修,对涉案房屋原消防设施的修复义务应由出租人深投资产管理中心承担。鸿荣公司承租涉案房屋用于开办经营装饰装修建材的商场即田贝装饰名店,属于大型人员密集场所改建工程,进行"二次装修"的消防申报、施工及验收义务,应由鸿荣公司承担。而鸿荣公司并未进行二次消防施工,未及时履行二次消防申报验收义务,以致一直未能通过消防验收并产生纠纷,应由鸿荣公司承担主要过错责任。鸿荣公司申报其"二次装修"消防验收,深投资产管理中心作为房屋出租人有义务提交相关的材料配合鸿荣公司进行"二次装修"消防验收,深投资产管理中心未履行该义务,也负有一定的过程错责任。

---

① 典型案例213:"深圳市鸿荣商业管理有限公司与深圳市投资控股有限公司资产管理中心、深圳市福田实业发展有限公司租赁合同纠纷案",广东省高级人民法院(2016)粤民申1217号民事裁定。

裁判规则 214

租赁的商铺未能通过一次消防验收或者经消防验收不合格的，不能以此为由认定租赁合同无效。但如因消防问题导致商铺无法使用的，承租人可以行使合同解除权。因此导致的损失，由承租人与出租人合理分担。

如果租赁的商铺未能通过一次消防验收或者经消防验收不合格的，应当如何评价租赁合同的效力？就此，2004 年 3 月 4 日，针对云南省高级人民法院的请示，最高人民法院作出《关于未经消防验收合格而订立的房屋租赁合同如何认定其效力的复函》(〔2003〕民一他字第 11 号)。复函称："关于房屋租赁合同未经消防验收或者经消防验收不合格，是否应认定房屋租赁合同无效的问题，应根据不同情况分别对待：第一，出租《中华人民共和国消防法》第十条①规定的必须经过公安消防机构验收的房屋，未经验收或者验收不合格的，应当认定租赁合同无效。第二，租赁合同涉及的房屋不属于法律规定必须经过公安消防机构验收的，人民法院不应当以该房屋未经消防验收合格为由而认定合同无效。第三，租赁房屋用于开设经营宾馆、饭店、商场等公众聚集场所的，向当地公安消防机构申报消防安全检查的义务人为该企业的开办经营者，但租赁标的物经消防安全验收合格，不是认定房屋租赁合同效力的必要条件。"虽然复函被《关于废止 1997 年 7 月 1 日至 2011 年 12 月 31 日期间发布的部分司法解释和司法解释性质文件(第十批)的决定》(法释〔2013〕7 号)废止，但该复函影响深远。至今仍有法院认为，《消防法》第 13 条第 2 款规定："依法应当进行消防验收的建设工程，未经消防验收或者消防验收不合格的，禁止投入使用；其他建设工程经依法抽查不合格的，应当停止使用。"因此，江苏省高级人民法院民一庭提出，"对于未经消防验收合格的商业地产租赁，应当区分两种情况：第一，属于《消防法》第 11 条规定的人员密集场所和特殊建设工程的，未经消防验收或者消防验收不合格的，违反了《消防法》的强制性法律规定，租赁合同无效；第二，

---

① 彼时的《消防法》第 10 条第 1 款规定："按照国家工程建筑消防技术标准需要进行消防设计的建筑工程，设计单位应当按照国家工程建筑消防技术标准进行设计，建设单位应当将建筑工程的消防设计图纸及有关资料报送公安消防机构审核；未经审核或者经审核不合格的，建设行政主管部门不得发给施工许可证，建设单位不得施工。"第 2 款规定："经公安消防机构审核的建筑工程消防设计需要变更的，应当报经原审核的公安消防机构核准；未经核准的，任何单位、个人不得变更。"第 3 款规定："按照国家工程建筑消防技术标准进行消防设计的建筑工程竣工时，必须经公安消防机构进行消防验收；未经验收或者经验收不合格的，不得投入使用。"在复函作出后，《消防法》在 2008 年、2019 年先后进行了两次修订。

《消防法》第 11 条规定以外的商业地产租赁的,未经消防验收或者消防验收不合格的,不影响合同的效力,当事人可以据此主张违约责任”。[①] 结合此次《消防法》的新修订(2019 年 4 月 23 日),江苏省高级人民法院民一庭的观点是:属于《消防法》第 13 条第 1 款规定的特殊建设工程,未经消防验收或者消防验收不合格的,违反了《消防法》的强制性法律规定,租赁合同无效;属于《消防法》第 13 条第 2 款规定的其他建设工程,未经消防验收或者消防验收不合格的,不影响合同的效力,当事人可以据此主张违约责任。

事实上,从《关于废止 1997 年 7 月 1 日至 2011 年 12 月 31 日期间发布的部分司法解释和司法解释性质文件(第十批)的决定》(法释〔2013〕7 号)来看,其废止《关于未经消防验收合格而订立的房屋租赁合同如何认定其效力的复函》(〔2003〕民一他字第 11 号)的理由是“与《最高人民法院关于审理城镇房屋租赁合同纠纷案件具体应用法律问题的解释》规定相冲突”,而《房屋租赁合同解释》第 8 条规定:“因下列情形之一,导致租赁房屋无法使用,承租人请求解除合同的,人民法院应予支持:(1)租赁房屋被司法机关或者行政机关依法查封的;(2)租赁房屋权属有争议的;(3)租赁房屋具有违反法律、行政法规关于房屋使用条件强制性规定情况的。”从《房屋租赁合同解释》的制定过程来看,第(3)项所称的“法律、行政法规”指向的正是《建筑法》《消防法》。[②] 也就是说,根据《房屋租赁合同解释》的规定,如果租赁的标的物未经消防验收合格或者消防验收不合格的,并不影响租赁合同的效力,仅在“租赁房屋无法使用”的情况下,承租人可以行使合同解除权。[③]

此外,由于承租人是商铺的实际使用人,如在使用过程中因消防问题导致损害的,承租人通常情况下具有一定过错。因此,租赁的商铺未能通过一次消防验收或者经消防验收不合格,因消防问题导致的损失,应由承租人与出租人合理分担,而非出租人单方承担。在“仪征市兴成塑业包装有限公司诉仪征市新城镇新华村村民委员会、郭玉年财产损害赔偿纠纷案”[④]中,新华村委会将不

---

① 江苏省高级人民法院民一庭课题组:《商业地产租赁案件审判疑难问题研究》,载《法律适用》2017 年第 5 期,第 76 页。

② 最高人民法院民事审判第一庭编著:《最高人民法院关于审理城镇房屋租赁合同纠纷案件司法解释的理解与适用》,人民法院出版社 2009 年版,第 106 页。

③ 最高人民法院民事审判第一庭编著:《最高人民法院关于审理城镇房屋租赁合同纠纷案件司法解释的理解与适用》,人民法院出版社 2009 年版,第 108 ~ 110 页。

④ 参考案例 128:“仪征市兴成塑业包装有限公司诉仪征市新城镇新华村村民委员会、郭玉年财产损害赔偿纠纷案”,载《中华人民共和国最高人民法院公报》2016 年第 3 期,第 42 ~ 45 页。

符合消防安全要求的厂房出租给兴成公司用于生产，后因相邻厂房（郭玉年经营）发生火灾，导致兴成公司损失106万余元，兴成公司起诉要求赔偿。法院即认为，郭玉年作为火灾直接责任人，应承担60%的责任；新华村委会明知兴成公司生产易燃产品，却将不符合消防安全要求的厂房出租给兴成公司用于生产，且在租赁合同中未约定消防责任，在签订合同时以及承租人生产期间也未尽到提醒承租人注意防火的义务，对火灾发生及扩大存在一定过错，应承担10%的责任；兴成公司在租赁合同中未约定消防责任，在未进行必要的符合耐火等级改造的情况下即投入生产，自身对火灾扩大存在一定过错，应自行负担其余损失。

参考案例裁判文书

参考案例128
仪征市兴成塑业包装有限公司诉仪征市新城镇新华村村民委员会、郭玉年财产损害赔偿纠纷案

典型案例214

陕西嘉亨实业发展有限公司诉陕西东大万尚置业有限公司租赁合同纠纷案①

基本案情：2012年3月23日，嘉亨公司与东大万尚公司签订租赁合同约定，嘉亨公司将号金鼎购物广场地下一层至地上三层出租给东大万尚公司。后在履行过程中发生争议，嘉亨公司诉至法院，请求确认双方签订的《租赁合同》无效。东大万尚公司返还租赁场地并赔偿损失等，东大万尚公司则提出反诉。经查，涉案房屋即“金鼎购物广场”并未办理消防设计验收、建筑工程竣工验收手续。

典型案例裁判文书

典型案例214
陕西省高级人民法院（2015）陕民二终字第00130号民事判决书

最高人民法院（2016）最高法民申818号民事裁定书

法院观点：一审法院（陕西省西安市中级人民法院）与二审法院（陕西省高级人民法院）均认为，涉案的标的物属于应当进行消防验收的建设工程。而该标的物至今未经消防验收合格，属于法律明令禁止投入使用的范畴，所以，涉案

---

① 典型案例214：“陕西嘉亨实业发展有限公司诉陕西东大万尚置业有限公司租赁合同纠纷案”，陕西省高级人民法院（2015）陕民二终字第00130号民事判决、最高人民法院（2016）最高法民申818号民事裁定。

租赁合同因违反法律禁止性规定,[①]应属无效。二审判决后,嘉亨公司向最高人民法院申请再审,最高人民法院认为,案涉租赁房屋至今未经消防验收合格,违反《消防法》的相关规定,属于《房屋租赁合同解释》第 8 条第(3)项规定的"租赁房屋具有违反法律、行政法规关于房屋使用条件强制性规定情况的,导致租赁房屋无法使用,承租人请求解除合同的,人民法院应予支持"的情形,并不导致案涉《租赁合同》无效。并据此裁定,指令陕西省高级人民法院再审本案。

① 指《消防法》第 11 条、第 13 条。

图书在版编目（CIP）数据

房地产开发经营纠纷：214个裁判规则深度解析／邬砚著. --北京：法律出版社，2020（2021.3重印）
ISBN 978－7－5197－4822－7

Ⅰ．①房…　Ⅱ．①邬…　Ⅲ．①房屋纠纷－审判－案例－中国　Ⅳ．①D925.118.25

中国版本图书馆CIP数据核字（2020）第148281号

房地产开发经营纠纷：
214个裁判规则深度解析
FANGDICHAN KAIFA JINGYING JIUFEN:
214 GE CAIPAN GUIZE SHENDU JIEXI

邬　砚　著

责任编辑　李　群　陈　熙
装帧设计　鲍龙卉

出版　法律出版社
总发行　中国法律图书有限公司
经销　新华书店
印刷　天津嘉恒印务有限公司
责任印制　张建伟

编辑统筹　法规出版分社
开本　710毫米×1000毫米　1/16
印张　38.25
字数　650千
版本　2020年11月第1版
印次　2021年3月第2次印刷

法律出版社／北京市丰台区莲花池西里7号（100073）
网址／www.lawpress.com.cn
投稿邮箱／info@lawpress.com.cn
举报维权邮箱／jbwq@lawpress.com.cn
销售热线／400－660－8393
咨询电话／010－63939796

中国法律图书有限公司／北京市丰台区莲花池西里7号（100073）
全国各地中法图分、子公司销售电话：
统一销售客服／400－660－8393/6393
第一法律书店／010－83938432/8433　西安分公司／029－85330678　重庆分公司／023－67453036
上海分公司／021－62071639/1636　深圳分公司／0755－83072995

书号：ISBN 978－7－5197－4822－7　**定价**：98.00元
（如有缺页或倒装，中国法律图书有限公司负责退换）